동아시아의 창화 외교
倡和 外交

이 저서는 2016년 정부(교육부)의 재원으로 한국연구재단의 지원을 받아 수행된 연구임(NRF-2016S1A6A4A01018392)

동아시아의 창화 외교

초판 발행일 2019년 12월 30일

지은이 김한규
펴낸이 유현조
편집장 강주한
편 집 온현정
디자인 박정미
인쇄·제본 영신사
종 이 한서지업사

펴낸곳 소나무
등록 1987년 12월 12일 제2013-000063호
주소 경기도 고양시 덕양구 대덕로 86번길 85(현천동 121-6)
전화 02-375-5784
팩스 02-375-5789
전자우편 sonamoopub@empas.com
전자집 blog.naver.com/sonamoopub1

ISBN 978-89-7139-350-5 93910

이 도서의 국립중앙도서관 출판예정도서목록(CIP)은 서지정보유통지원시스템 홈페이지(http://seoji.nl.go.kr)와 국가자료공동목록시스템(http://www.nl.go.kr/kolisnet)에서 이용하실 수 있습니다.(CIP제어번호: CIP2019052384)

동아시아의 창화 외교
倡和 外交

김한규

소나무

일러두기

1. 전통 시대의 역사적 인명과 지명은 우리식 한자 발음으로 표기했다.
2. 현대의 생존 인물과 현재의 지명은 각국에서 통용되고 있는 발음으로 표기했다.
3. 학술 저서나 논문의 저자 이름은 우리식 한자 발음으로 표기했다.
4. 각 장과 절에 처음 나오는 한자 용어나 인명, 지명 등은 한자를 병기하고, 이후에 반복해서 나오는 한자 용어나 인명, 지명 등은 한자 병기를 생략했으나, 문맥상 또는 이해를 돕기 위해 다시 병기하기도 했다.
5. 각 장의 각주에 처음 나오는 저술과 논문의 출판 정보는 표기하고, 반복해서 나오는 저술과 논문은 작자의 이름과 논저의 제목만 기술하되 출판 정보는 생략했다.
6. 참고문헌은 각 장 별로 나누어 기술하고, 각 장의 참고문헌은 발표 연도 순, 저자 이름의 가다나 순으로 기술했다.

책을 펴내며

새벽에 성균관 가서 묘당을 배알하니, 큰 행단(杏壇)이 드넓고 밝은 벽산(碧山)은 드높다.
팔조(八條)의 교전(敎典)으로 기자(箕子)를 생각하고, 만대의 유종(儒宗)으로 소왕(素王)을 추앙한다.
위풍당당 많은 의관 흔쾌히 자리 잡고, 푸른 옷 젊은 선비 기꺼이 열 지었다.
문풍(文風)이 어찌하여 동해에만 미치겠나, 거룩한 덕화(德化)가 지금 팔황(八荒)에 두루 미친다.

성인 배알하고 돌아와서 강당에 따라 드니, 이런저런 담소함이 봄볕처럼 따뜻하다.
풍운 같은 기개가 하늘을 타 오르고, 보불(黼黻) 같은 문장으로 제왕을 보좌한다.
두로(杜老) 시의 미묘한 정취 벌써 얻었고, 난정(蘭亭) 필법의 행서까지 나눠 가졌다.
배종해서 유람한 이날은 정말 하늘이 준 행운인데, 내 재주 서투르고 거친 것이 부끄러울 뿐.

앞의 시는 1450년에 명조의 정사(正使)로 내한한 중국의 저명한 문학지사(文學之士) 예겸(倪謙)이 지은「성균관 선성묘(宣聖廟)를 알현하고, 동행한 여러 군자들께 드린다」(『遼海編』)는 제목의 원창시(原唱詩)고, 뒤의 시는 원접사(遠接使)로서 예겸을 접반한 조선의 저명한 문학지사 정인지(鄭麟趾)가 앞의 시를 차운(次

韻)하여 지은 「고상한 운(韻)을 받들어 잇는다」(『奉使朝鮮倡和集』)는 제목의 화답시(和答詩)다.

예겸과 정인지는 이를 이어서 아홉 차례나 거듭 창화(唱和)하며 상대의 시재(詩才)를 서로 칭송하고 '동문(同文)'인 한·중 양국의 안정된 우호 관계를 적극 구가했다. 그러나 이 두 시는 예겸과 정인지의 아홉 차례 첩운시(疊韻詩)의 첫 시라는 의미만 갖는 것이 아니다. 그것은 전통 시대 한·중 외교사에서 장기간 유행한 창화 외교의 첫 문을 열었다는 의미를 가질 뿐만 아니라 한국, 중국, 월남, 유구(琉球), 일본 등 동아시아의 다섯 '동문지국(同文之國)' 사이에서 광범하게 전개된 창화 외교의 첫 장을 장식한 시라는 의미까지 아울러 포함한다.

> 듣기에 그대 집은 구진(九眞)에 있다 하고, 산수의 역정(驛程)이 만 리나 된다 한다.
> 의관의 제도 다르다 하지 마소, 문자는 다르지 않아 시서(詩書)를 함께하니.
> 백치(白雉)를 바치려고 만요(蠻徼)를 통해 왔고, 포모(包茅)를 공납하러 상여(象輿)로 뫼러 왔다.
> 염주(炎州)로 머리 돌려 돌아갈 길 요원한데, 누가 있어 다시 한 번 지남거(指南車)를 만들리오.

> 정의롭게 안거하면 어디인들 불안할까, 예(禮)로 만나 성실하게 사귀면 즐거움이 넘치리라.
> 피차 사는 산과 바다 비록 같지 않지만, 연원(淵源)은 동일하니 성현의 책 그것이다.
> 교린(交隣)은 곧 신의를 근본으로 삼으니, 진덕(進德)하고 심유(深惟)하며 삼가 수레 만든다.
> 사초(使軺)가 회국(回國)하는 날 확실하게 기억하리, 동과 남의 다섯 빛깔 운거(雲車)를 바라본다.

이 두 수의 시는 1597년에 하성절사(賀聖節使) 신분으로 중국에 간 조선의 문학지사 이수광(李睟光)과 안남의 문학지사 풍극관(馮克寬)이 북경에서 조우하여 창수(唱酬)한 18수의 창화시(唱和詩) 가운데 처음으로 주고받은 것으로, 앞의 시는 이수광이 「정유년 겨울 부경(赴京)할 때 안남국 사신에게 두 수를 증시(贈詩)하여」(『芝峰先生集』) 선창한 것이고, 뒤의 시는 풍극관이 「지봉(芝峰) 사공(使公)의 시운을 삼가 이어서」(『皇越詩選』) 화답한 것이다. 한·월 양국의 두 사신은 다섯 차례나 창수를 거듭하면서 한·월 양국이 함께 동일한 문화와 가치를 공유하며 중국 중심의 국제 질서에 참여함을 가송(歌頌)했다.

한국의 문학지사가 외교관의 신분으로 중국의 외교관과 한양에서 한시를 창화했을 뿐만 아니라, 월남의 외교관과도 북경에서 한시를 창화한 것이다. 이는 한시의 창화가 한·중 양국의 외교관들 사이에만 있었던 일이 아니라 한국과 중국·월남 등을 포함한 전통 시대 동아시아 국제사회에서 일반적으로 유행하고 있었음을 뜻한다. 예겸과 정인지가 한양에서 만나 한시를 창수하고 이수광과 풍극관이 북경에서 조우해서 한시를 창화한 것은 한문학계에서는 이미 널리 알려진 일이고 오래전부터 한·중·월 삼국에서 수없이 회자된 일이다. 그러나 이들 각국의 저명한 문학지사들이 만나 한시를 창화한 일이 어떠한 역사적 의미를 갖는가 하는 문제는 보다 깊이 있는 역사학적 탐색을 요구한다.

7년 전에 『사조선록(使朝鮮錄)』이란 자료집을 번역해서 다섯 권으로 출판한 적이 있다. 이 자료집은 송·명·청 등 중국의 사신이 조선에 왔다가 돌아간 뒤에 쓴 사행록 18종을 모아 놓은 것으로, 한·중 관계사를 연구하고 이해하는 데 매우 중요한 사료로 이용될 수 있다. 여기에 수록된 사행록은 '황화(皇華)' 즉 제왕이 파견한 사신이, '자순(咨詢)' 즉 두루 살펴 정보를 확보해서, '복명(復命)' 즉 군주에게 되돌아와서 보고한 기록이다. 각종 '조선 사행록'은 사신이 거쳐 간 요동과 한국에 관한 귀중한 정보를 많이 담고 있을 뿐만 아니라, 사행 여정을 시로 표현한 사행시와 한국의 접반 관원과 교환한 창화시가 방대한 규모로 수록돼 있다. 특히 여기에 수록된 창화시의 대부분은 조선 정부에서 편찬한 『황화집(皇華集)』이란 시집에도 수록됐는데, 『황화집』에는 개별 '조선 사행록'을 남기지 못한 사신들의 창화시까지 모두 수록돼 있다. 명조 사신의 24차례 조선 출사에 맞추어 23집으로 편찬된 『황화집』에는 모두 6천 수 이상의 창화시가 수록돼 있는데, 이 엄청난 양의 창화시는 명사(明使) 40명과 300명이 넘는 조선의 접반사(接伴使)와 문사들에 의해 창작됐다. 『사조선록』을 번역하면서 중국 명조와 청조의 사신들이 조선의 접반사나 문사들과 한시를 창화하여 이렇게 많은 창화시를 남긴 까닭이 무엇인지 질문을 던지지 않을 수 없었다.

이 질문에 대한 첫 번째 답은 조선에 와서 『사조선록』과 『황화집』에 수많은 창화시를 남긴 명사들은 모두 중국에서 시문으로 명성을 드날린 문학지사 출신이라는 사실이다. 시 짓기에 뛰어난 이들 명사들은 조선에서 자신의 시재를 과시하여 국위를 드높이고 상대를 제압하여 목적한 외교적 성과를 거두기 위해 한시 창화를 선호했다. 두 번째 답은 이들 문학지사 출신의 명사를 상대하여 창화한 조선의 접반사도 모두 한국에서 이름이 높은 일류의 문학지사였다는 점이다. 이들은 뛰어난 문재(文才)로 이미 국제적 명성을 얻고 있는 명사를 상대해서 시문 창화를 통한 시 짓기 경쟁을 사양하지 않음으로써 자국의 문화적 역량을 과시하고 외교적 현안을 해결하는 데 일정한 도움을 얻으려 노력했다. 세 번째 답은 조·명 양국의 정부에서도 이들 책봉사(册封使)와 접반사의 한시 창화가 갖는 의미를 이미 이해하고 적극 준비하거나 후원했다는 점이다. 조선의 문화적 역량을 이미 알고 있던 명조에서는 책봉 등 중요한 사명으로 조선에 파견하는 사신을 선정할 때는 문학적 능력을 가장 중요한 기준으로 설정하고 있었고, 조선에서도 이들 명사와 대적할 수 있는 문학지사 출신의 관원을 접반사로 임명하고 시재가 뛰어난 문사를 종사관으로 임용하여 접반사를 보좌하게 했다. 특히 조선은 국왕이 직접 이들의 시문 창화에 대해 보고받으면서 대응 전략을 수립하기도 했다. 네 번째 답은 명의 책봉사와 조선의 접반사가 전개한 시문 창화는 단순한 문학적 도락이나 창작에 그치지 않고 양국의 외교적 현안을 해결하는 일 등에 적지 않은 영향을 미치는 외교 활동이었다는 사실이다. 양국 정부가 외교 무대에서 이뤄진 한시 창화에 직접 관심을 갖고 대응한 일이나 이러한 한시 창화가 명조와 조선이 병존한 시기 전반에 걸쳐 지속적으로 광범위하게 진행됐다는 사실이 그 증좌가 될 것이다.

『사조선록』을 번역하면서 얻은 이러한 질문의 답들을 정리해서 『사조선록 연구』라는 연구서를 2011년에 출간한 바 있다. 이 연구서에서는 18종 『사조선록』에 기술된 한·중 관계사에 관한 여러 가지 사료들이 정리됐는데, 그중에서도 특히 명사와 조선 접반사의 한시 창화 및 이를 통한 독특한 외교의 전개에 관한 자료의 초보적 정리가 이루어졌다. 그러나 『사조선록』에 대한 기초적 연구 과정에서 또 다른 질문이 하나 더 제기됐다. 사신과 접반 관원 사이에 이뤄진 한시의 창화가 조·명 양국의 외교 무대, 특히 한국의 외교 현장에서만 전개됐는가. 조선 사신과 명조 접반 관원, 혹은 조선 사신과 만청(滿淸) 접반 관원의 한시 창화가 중국의 외교 현장에서는 이뤄지지 않았는가. 더 나아가서 한국 이외의 다른 나라들, 예컨대 월남과 중국, 일본과 중국의 외교 무대, 혹은 월남과 한국, 한국과 일본 등의 외교 무대에서는 한시 창화를 통한 외교가 이뤄지지 않았는가.

이처럼 확장된 질문의 답을 얻기 위해서는 『사조선록』과 같은 성격의 다른 사행록, 예컨대 조선 사신이 북경을 다녀와서 기록한 『조천록(朝天錄)』이나 『연행록(燕行錄)』, 월남 사신이 북경을 다녀와서 기록한 『연행기(燕行記)』나 『북사시문집(北使詩文集)』, 명사나 청사(淸使)가 월남을 다녀와서 기록한 『사교록(使交錄)』, 명사가 유구를 다녀와서 기록한 『사유구록(使琉球錄)』, 조선 통신사가 일본을 다녀와서 기록한 사행록의 모음 『해행총재(海行摠載)』 같은 사료들을 포괄적으로 검토해야 할 것이다. 한 질문에 대한 답을 얻기 위해 너무나 방대한 규모의 작업이 선행돼야 하기 때문에 이 문제에 대한 궁금증은 일찌감치 덮으려 했지만, 시간이 흐를수록 다 끝내지 못한 작업에 대한 미진함이 계속 남아 있고, 동아시아 국제사회가 모두 들어가는 보다 큰 그림을 그려 보고 싶다는 미련을 떨치기 어려웠다. 연구의 범위를 한·중 간의 창화 외교를 넘어, 동아시아 국제사회의 창화 외교로 확장하게 된 사유가 여기에 있다. 다만 그림이 너무 커서 기력이 미치지 못하는 것이 유감스러울 뿐이다.

한시의 창화(唱和)란 한 사람이 선창(先唱)하면 다른 사람이 원창(原唱)의 뜻과 운(韻)을 따라 화답하는 창작 행위를 말하는데, 창화에는 시·공간을 초월해서 화답하는 증답(贈答)도 있고 즉석에서 화시(和詩)를 짓는 창수(唱酬)도 있다. 특히 창수는 원창의 뜻과 운에 맞추어 신속하게 화시를 지어야 하기 때문에 고도의 시재(詩才)와 민첩함이 전제되어야 한다. 이로 인해 한시의 창화는 당대에 처음 발생할 때부터 시재를 다투는 경쟁이나 도락의 성격을 내포하고 있었다. 동문 각국의 사신들이 접반 문사들과 한시를 창화할 때도 전운(前韻)에 맞추어 신속하게 화시를 이어 짓는 투시(鬪詩)를 통해 자신의 시재와 자국의 문화적 수준을 과시하고 상대의 문학적 역량을 제압하여 소기의 외교적 목적을 효과적으로 달성하려 했기 때문에 전통 시대 동아시아 동문 국가의 외교 무대에서 전개된 한시 창화는 일종의 문전(文戰)의 의미를 갖기도 했다.

엄숙한 학술 논저에서 이런 비유가 적절한지 잘 모르겠지만, 다섯 동문국 사신들과 접반 관원들이 벌인 투시 장면을 보면서 비보이의 베틀 장면을 연상한 적이 적지 않다. 텔레비전에서 가끔 보게 되는 비보이의 베틀은 완력으로 상대를 폭행해서 굴복시키는 행위 대신 번갈아 가면서 자신들이 갖고 있는 예능을 마음껏 과시해서 자기들의 문화적 역량을 뽐내고 상대의 탄복을 이끌어 내면서 상대와 함께 기예의 즐거움을 나눈다. 그것은 상대가 선창한 시의 뜻과 운을 이어서 자신의 화시를 선보이고, 상대는 다시 화시의 뜻과 운을 이어 새로운 화시를 지어 자신의 시재를 자랑하는 한시 창화와 흡사하게 보인다. 무엇보다 돋보이는 양자의 공통점은 폭력으로 다투지 않고 문화적 기예로 경쟁해서 자신의 능력을 전시하여 상대의 심복(心服)을 얻는 과정을 함께 즐기려 한다는 것이다. 자국의 이익을 지키거나 타국의 이익을 탈취하기 위해 총과 폭탄으로 타국을 파괴하고 타국인을 잔멸시키는 관행이 예사롭게 감행되는 현대의 국제사회에서, 선인들이 외교 무대에서 투시와 문전으로 자국의 자존감을 지키고 외교적 현안을 조화롭게 풀어 나간 경험과 지혜가 소개되어 음미될 필요가 있을 것이라 생각된다.

1982년에 『고대 중국적 세계 질서 연구(古代 中國的 世界秩序 研究)』라는 연구서를 발표한 이후, 지금까지 전통 시대 동아시아 세계 질서와 관련한 주제로

10여 권의 연구서를 발표했다. 만약 이 일련의 연구를 한 권의 저술로 재구성한다면 이 『동아시아의 창화 외교』가 그 마지막 장에 위치하게 될 것이다.

'마지막'이라는 생각을 하게 되니, 그동안의 연구에 직·간접적으로 가르침과 도움을 주신 여러 선생님과 선후배, 지인, 가족 그리고 국내외의 동료 연구자들과 출판사 관계자들에 대한 감사의 마음을 금할 수 없다. 너무나 많은 이들의 가르침과 도움을 받았기 때문에 일일이 성함을 다 열기하기가 어렵지만, 이 분들에 대한 감사의 정은 결코 잊지 못할 것이다.

특히 '중국적 세계 질서'라는 화두를 던져 주시고 늘 죽비(竹篦)로 깨우쳐 주시다가 지난해에 홀연히 귀천하신 우호(于湖) 전해종(全海宗) 선생님에 대한 간절한 정회는 표현하기가 쉽지 않다. 이 책을 준비하면서 선생님께 직접 드릴 수 있게 되기를 은근히 기대했는데, 하늘이 하는 일이라 어쩔 도리가 없다. 선생님의 영전에 삼가 이 책을 바친다.

2019년 초가을

봉황산록(鳳凰山麓) 영호정(嶺湖亭)에서

동문 5국 사행로同文五國 使行路(14~19세기)

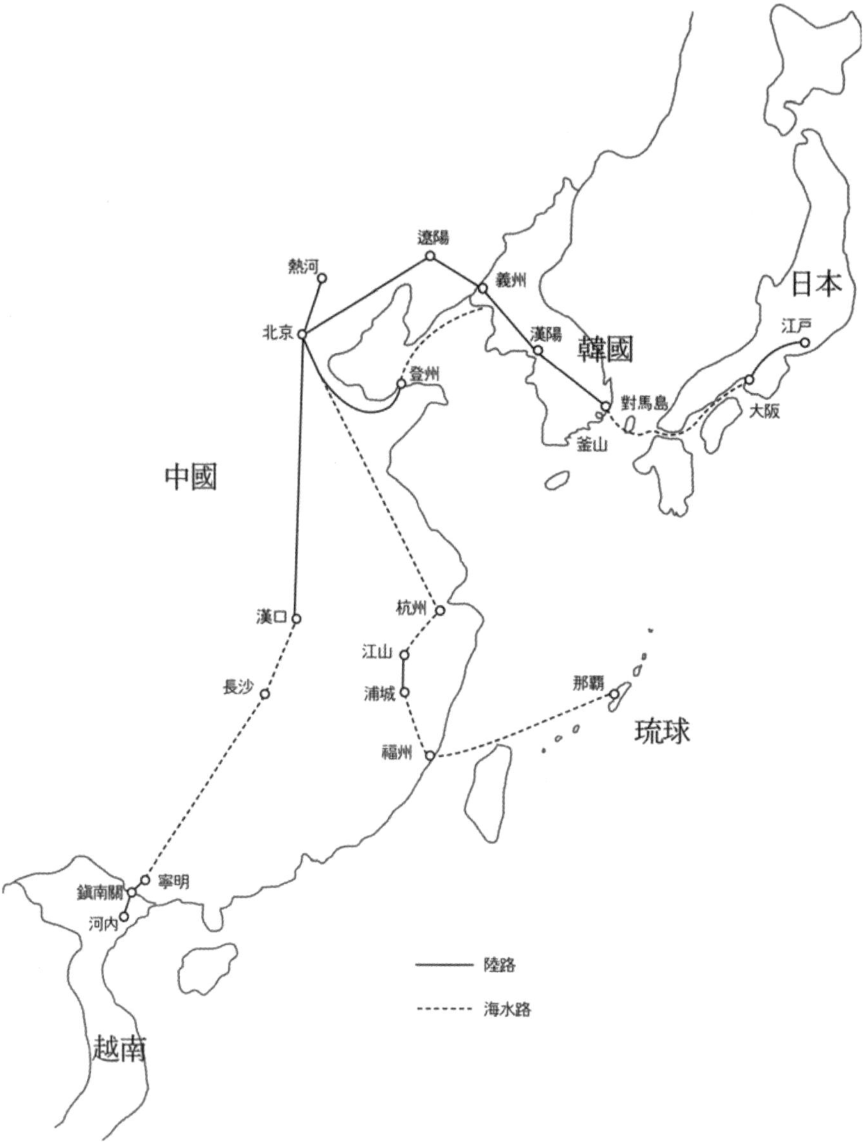

차례

서론

지금까지 동아시아 전체를 대상으로 한 창화 외교 연구는 이뤄진 바 없다. 다만 중국 학계에서 한·중 관계사의 범위에 국한하여 한시 창화에 관한 몇 편의 연구 성과를 생산한 바 있다. 그나마 중국 학계에서 발표된 연구 성과에서는 몇 가지 문제가 발견된다. 중국 학계에서는 중국 사신과 한국 접반사가 한시를 창화한 행위를 '시부(詩賦) 외교'라고 부르는데, 이러한 명칭을 사용하는 것이 합리적인지 반성하지 않을 수 없다.

'시부' 외교란 '시(詩)와 부(賦)'의 외교란 뜻인데, 이들이 주로 창화한 것은 '시'였지 '부'가 아니다. '부'가 전혀 창화되지 않은 것은 아니지만 거의 창화되지 않았다고 할 수 있다. 그렇다고 해서 '시' 외교라 한다면 '시'를 어떻게 했다는 것인지 전혀 나타내지 못하기 때문에, 굳이 달리 표현한다면 '부시(賦詩)' 외교 즉 '시를 짓는 외교'가 차라리 더 적절하다. 그러나 '부시' 외교란 춘추시대에 유행한 특수한 외교 양식을 표현하는 말로 사용됐기 때문에 조선과 명이 병존한 시대나 조선과 만청이 병존한 시대까지 포괄하는 표현으로는 그다지 적합한 것 같지 않다. 더구나 '시부' 외교나 '부시' 외교라는 명칭은, 이러한 표현을 사용하는 이들의 관심이 시(와 부)를 짓는 관행에 집중·제한돼 있음을 나타낸다. 이로 인해 당연히 중국 학계의 관심은 한시의 창화가 외교에 어떻게 작용했는지, 혹은 그것이 갖는 역사적 의미는 무엇인지 하는 문제로까지 확장되지 못했다.

따라서 명사 혹은 청사가 한국에서 조선의 접반사와 한시를 창화하며 전개한 외교를 '시부' 외교 혹은 '부시' 외교로 규정하기보다는 차라리 '창화' 외교라 부르는 것이 더 합리적 선택이 될 수 있다. '창화 외교'라는 말에는 '한시를 창화하는 외교'라는 의미뿐만 아니라 '한시를 창화하듯 하는 외교'라는 의미까지 함축될 수 있다. 명·청의 사신과 조선의 접반사는 흔히 한시를 창화하면서, 마치 한시를 창화하듯이 일방이 선창하면 상대방은 호응하여 서로 조화를 이루며 외교적 현안을 풀어 나갔다. 한시의 창화는 한자로 '唱和'라고 표기하기도 하고 '倡和'로 표기하기도 했는데, 전자는 주로 한시의 창화에만 사용되는 표기였지만, 후자는 한시의 창화뿐만 아니라 앞에서 선창(先倡)하면 뒤에서 호응하는 행위까지 포괄적으로 표현하기도 했다. 따라서 한시를 창화(唱和)하며 한시를 창화하듯 전개한 외교를 표현할 때는 '창화(倡和)' 외교라고 표기하는 것이 더 적절할 것으로 생각된다.

월남과 중국의 국가들 사이에서도 문학지사 출신의 사신들이 빈번하게 왕래하여 한시 창화를 통한 외교적 양식이 존재했음을 역시 미루어 짐작할 수 있다. 실제로 2010년에 14~19세기 역대 월남 왕조의 53명 북사(北使)가 저작한 79종의 연행기와 북사시문(北使詩文), 북사정도(北使程圖) 등의 영인본이 포함된 『월남한문연행문헌집성(越南漢文燕行文獻集成)』(越南所藏編) 25책이 출간되어 그 역사적 존재가 구체적 자료로 확인됐다. 이 자료집에는 월남의 여러 왕조가 중국에 파견한 사신이 창작한 시문과 중국인과 교환한 창화시가 그 주요 부분을 구성하고 있기 때문이다. 그럼에도 불구하고 이처럼 방대한 규모의 자료를 활용하여 중·월 사신과 접반 관원 사이에서 전개된 한시 창화를 역사학적으로 연구한 성과는 발표되지 않고 있다.

유구와 중국 사신의 한시 창화 역시 10여 종의 사유구록(使琉球錄)과 『중국책봉사급종객여유구시인창화시(中國冊封使及從客與琉球詩人唱和詩)』 같은 창화시집의 편집과 출간을 통해 기록된 바 있었지만, 이러한 사료를 분석하여 중·유 창화 외교에 접근한 연구는 아직 생산되지 않았다. 일본과 중국 사신의 시문 창화에 대한 역사학적 연구 성과를 발견하는 일은 처음부터 기대되지 않았다. 일본은 중국 중심의 국제 질서에 참여한 적이 거의 없었고, 당연히 사신을 교환한 통사(通使) 관계도 거의 갖지 않아 사신과 접반 관원의 시문 창화를 중·일 관계사상에서 찾기는 쉬운 일이 아니다. 그럼에도 불구하고 중국과 일본의 국가들은 간헐적으로 사신을 서로 파견하기도 했고, 특히 수·당시대에는 견수사(遣

隋使)와 견당사(遣唐使)가 중국에 파견됐기 때문에 사신과 접반 문사의 시문 창화를 중·일 관계사에서 발견하는 일을 완전히 포기하기는 어렵다.

물론 사신과 접반 관원 혹은 문사들이 시문을 창화하는 관행을 중국과 그 이웃 나라들의 관계에서만 찾을 필요는 없다. 창화 외교가 시문에 능통한 문학지사 출신 사신의 파견을 통해 전개된다는 일반적 조건을 고려한다면, 중국 이외의 다른 나라들 상호간, 예컨대 한국과 월남, 한국과 유구, 한국과 일본의 외교 무대에서도 창화 외교가 발생할 가능성은 얼마든지 상정해 볼 수 있다. 왜냐하면 한국과 월남, 유구, 일본 등의 나라들은 중국과 마찬가지로 한자라는 문자를 사용하고 한시를 지어 즐길 수 있는 '동문(同文)'의 나라였기 때문이다. 한시(漢詩)란 한자(漢字)로 표현되는 한문(漢文)의 대표적 한 양식으로, 유교 등 동아시아 고유의 문화 체제와 예의(禮義)라는 가치 체계를 모두 함축한다. 이들 동문의 나라들은 한시에 능통한 문학지사를 사신으로 파견해서 자국의 문화적 수준을 과시하고 상대국과의 문화적 동질성을 체감하게 할 수 있었다.

따라서 중국과 한국의 관계사에서 전개된 창화 외교에 대한 이해에 그치지 않고, 중국과 월남, 중국과 유구, 중국과 일본 등의 관계사에서도 창화 외교의 정보를 확보하고, 나아가서는 한국과 월남, 한국과 유구, 한국과 일본 등의 관계사에서도 창화 외교의 자취를 확인할 수 있다면, 창화 외교가 특정한 시기, 특정한 공간, 특정한 나라들의 외교 무대에서만 돌출한 특수한 외교 양식이 아니라, 한자와 한시, 한문, 문화, 가치 등을 공유한 중국과 한국, 월남, 유구, 일본 등 동문의 나라가 공존한 전통 시대 동아시아 국제사회에서 일반적으로 존재한 외교 양식이었다는 이해에 도달할 수도 있을 것이다. 조금 더 욕심을 낸다면, 이들 동문의 나라 사이에서 관행화된 창화 외교의 기능을 추적해서 전통 시대 동아시아 국제 질서의 확립과 유지에 창화 외교가 어떻게 기여했는지, 혹은 창화 외교를 통해 동아시아 국제 질서의 성격이 어떻게 규정될 수 있는지 하는 문제를 이해하는 데도 도움을 얻을 수 있지 않을까 하는 생각을 하게 된다.

이 논저는 일정한 시기, 특정한 국가 간의 특수한 외교 양식을 논술하려는 것이 아니라, 전통 시대 동아시아 국제사회, 적어도 '동문지국(同文之國)'이라 일컬어진 중국·한국·월남·유구·일본 등 다섯 나라의 외교 무대에서만 장기간 광범하고 다양하게 전개된 창화 외교의 여러 양상을 총합적으로 논구하여 전통시대 동아시아 국제 질서의 특성을 이해하는 데 도움을 얻으려는 목적으로 준비됐다.

이를 위해 도론(導論)이라 할 제1장에서는 한시 창화의 역사적 연원을 살펴보고 창화시의 출현 과정과 그 본질적 성격을 정리하여 창화 외교를 이해하기 위한 필수적 기초 지식을 먼저 확보해 두려 한다. 제2장에서는 창화 외교의 가장 전형적이고 대표적 사례라 할 수 있는 한·중 외교사상의 창화 외교를 가장 먼저 살펴보려 한다. 이 장에서는 특히 문학지사 출신의 사신이 중국에서 파견된 역사적 배경과 그 의미, 문학지사 출신의 명사와 조선의 접반사가 한시를 창화하며 시재를 경쟁한 주요 사례, 한시를 창화하면서 창화 외교를 전개한 사례 등에 주목하여 동아시아 창화 외교의 핵심적 기본 요소들을 적시할 것이다.

제3장에서는 한국과 가장 유사한 역사적 구조를 가진 월남과 중국의 창화 외교를 살펴볼 것이다. 중·월 관계사는 한·중 관계사와 매우 근사한 구조와 내용을 갖고 있지만, 그 특수성 역시 적지 않다. 한국이 주무대였던 한·중 창화 외교와 달리 중·월 창화 외교의 주무대는 월남이 아닌 중국이었다. 이로 인해 월남 북사(北使)와 중국 반송관(伴送官)들이 중국 각처에서 펼친 한시 창화와 창화 외교에 대해 주목하고, 이 과정에서 표출된 월남 사신의 강렬한 동문 의식을 논술할 것이다. 제4장에서는 유구와 중국의 창화 외교에 대해 다룬다. 유구는 비록 대해(大海) 중에 있는 소국이지만, 유구의 중산국(中山國)은 중국의 명과 병존한 시기 내내 책봉·조공 관계를 유지하며 빈번하게 통사했기 때문에 양국 관계사에서도 창화 외교의 자취가 적지 않게 발견된다.

제5장에서는 한국과 일본의 창화 외교를 주로 통신사의 창화 활동을 중심으로 정리한다. 한·일 양국의 창화 외교는 주로 조선 통신사와 그 접반 인원의 한시 창화를 통해 이뤄졌기 때문이다. 특히 통신사와 접반 문사의 창화에서 보이는 역사적 굴절을 주목한다면, 초기와 중기에는 조선 통신사의 일방적 주도로 증답 형식의 시문 창화가 주로 이뤄졌지만, 후기에 이르면 조선 통신사와 일본

문사가 비교적 대등한 입장에서 창수하는 시투의 양상이 현저하게 나타난다. 제6장에서는 한국과 월남 사신들이 북경에서 전개한 한시 창화를 정리한다. 양자의 창화시에서 공통으로 빈번하게 보이는 핵심 시어는 '왕회(王會)'와 '동문(同文)'이었는데, 이는 양국이 중국 중심의 동아시아 국제 질서에 충실하게 참여함과 아울러 책봉·조공 체제라는 도관(導管)을 통해 중국과 함께 한자와 한시, 한문, 예악 문물 등을 공유한다는 입장에서 인동감(認同感)을 강하게 느끼고 있었음을 뜻한다.

제7장에서는 중국과 일본의 창화 외교, 한국과 유구의 창화 외교에 관한 자료를 정리한다. 일본은 전통 시대 대부분 기간에 중국이 주도한 국제 질서에서 소외돼 있었기 때문에 양국 사신이 접반 문사와 시문을 창화할 기회를 거의 갖지 못했다. 또한 한국과 유구는 직접 통사할 기회가 매우 적었을 뿐만 아니라 북경에서 조우할 기회도 몇 번 갖지 못함으로써 역시 창화 외교에 관한 자료를 충분하게 남기지 못했다. 이로 인해 원래의 연구 계획에서는 중·일, 한·유 창화 외교의 항목은 포함시키지 않았지만, 동아시아 창화 외교의 전체 양상을 하나의 시각 안에 포함시키기 위해서는 비록 불완전하거나 특수한 양상이라 하더라도 함께 정리하는 것이 좋겠다는 생각에 이 장을 새로 첨가했다.

제8장에서는 전통 시대 동아시아 국제 질서와 창화 외교의 관계에 대해 논술한다. 전통 시대 동아시아 국제사회, 특히 동문 5국의 외교 무대에서 장기간 유행한 창화 외교를 종합적으로 정리하는 과정에서 동아시아 국제 질서와 관련된 몇 가지 새로운 지식을 확보할 수 있었다. 그것은 '인신무외교지의(人臣無外交之義)'라는 전통적 외교 원칙의 하나가 창화 외교를 규정하고 있었다는 사실과 월남의 조공사(朝貢使)들이 월남이나 한국을 '이적(夷狄)'으로 규정하는 전통적 '화이지변(華夷之辨)'을 거부하고 문화를 기준으로 하는 새로운 화이론(華夷論)을 주장했다는 사실, 그리고 중국의 역대 책봉사들이 한국과 월남에서 양국의 예관(禮官)들과 '예의지쟁(禮儀之爭)'을 치열하게 펼쳤다는 사실에 관한 지식이다. 창화 외교에 관한 기본 사료에서 빈번하게 발견되는 이러한 사실들은 전통 시대의 동아시아 국제 질서가 어떠한 원리에 의해 형성됐고, 이러한 질서가

어떠한 노력을 통해 유지되고 옹호됐으며, 이러한 질서가 어떠한 의식에 의해 도전받고 변질돼 갔는가 하는 문제들을 이해하는 데 도움을 줄 것으로 기대된다. 마지막으로 결론에서는 앞선 여덟 개의 장에서 논술한 내용을 간략하게 정리하여, 방대한 규모의 본 논술 전체를 다 읽지 않더라도 이 연구의 전체 구조와 논술의 흐름을 쉽게 파악할 수 있도록 했다.

동아시아의 창화 외교에 관한 자료들이 이구동성으로 말하는 것은 '동문'이다. 중국과 한국·월남·유구·일본 등 '동문'의 나라가 파견한 사신들이 한시를 창화하고 창화 외교를 펼칠 수 있었으니, 이들의 창화시에서 '동문'을 합창하는 것은 너무나 당연하고 자연스러운 일이다. 그러나 이들이 노래한 '동문'은 단순히 문자를 공유하고 같은 양식의 시를 지을 수 있다는 의미만 담고 있는 것은 아니다. 이들의 '동문'은 문학 등 문화 양식 전반과 가치 체계까지 공유한다는 의미를 담고 있다. 이들은 다른 나라의 외교관들과 만나 창화시를 이어 만드는 즐거움을 서로 나누었을 뿐만 아니라, 같은 문화와 가치를 공유한다는 놀라움과 기쁨을 창화시에 나누어 담기도 했다. 그것은 일종의 문화적 공동체에 함께 귀속된다는 자의식의 표현이라 할 수 있다.

그런데 이들이 문화와 가치를 공유할 수 있게 된 것은 책봉과 조공의 예(禮)를 교환하는 국제 체제를 통해 중국 중심의 국제 질서에 동참함으로써 가능하게 된 것이다. 따라서 이들 5국의 사신들은 문화와 가치를 공유하는 문화적 공동체의 귀속감뿐만 아니라 정치적 공동체에 동참한다는 동류의식을 창화시를 통해 드러낼 수 있었다. 그러나 이들의 동문 의식 표현은 단순히 문화와 가치를 공유하는 데 대한 인동감을 표현하기 위한 것만은 아니다. 오히려 그것은 자국 문화의 수준과 내용이 상대국의 그것에 못하지 않다는 자부심의 표현이기도 했다. 한 예로, 월남 사신이 중국의 반송관이나 한국의 사신에게 만들어 준 창화시에는 자국이 중국이나 한국에 뒤떨어지지 않는 '문헌(文獻)'의 나라, 문화 대국임을 자랑하는 시구로 가득 차 있고, 이들이 중국 반송관과 한국 사신들과의 창화에 매우 적극적이었던 이유도 자국의 문화적 수준을 전시하고 과시하려는 데 있었다. 이는 조선의 정부와 접반사가 명사와의 한시 창화에 깊은 관심과 열의를 보이고 일본의 접반 관원이 조선 통신사와 한시 창화를 열망하여 투시로 이끈 이유와 다르지 않다. 동아시아의 창화 외교는 동문 의식에 의해 개발됐고, 동문 의식으로 인해 유행했으며, 동문 의식을 통해 전개됐다. 창화 외교의 이러한 성격에 대한 이해가 곧 전통적 동아시아 국제 질서의 문화적 기초에 대한 이해로 안내할 것으로 기대한다.

제1장

한시 창화와 창화 외교

머리말

전통 시대에 중국과 한국·월남·일본·유구 등 한자와 한문·한문학·한학 등의 문화를 공유하는 '동문(同文)'의 동아시아 각국 외교관들이 외교 활동을 하는 과정과 그 무대에서 한시를 서로 창화(唱和)하면서 사명(使命)을 실현하는 독특한 외교적 관행과 양식이 존재했다. 지금까지 이 방면에 관한 연구는 주로 중국 학계에서 이루어졌는데, 중국 학계에서는 이러한 외교 양식을 두고 주로 '시부(詩賦) 외교'라고 부른다. 그런데 중국 학계에서 일컫는 '시부 외교'란 상당히 포괄적인 개념이다. 예컨대 중국의 대표적 '시부 외교' 연구자 박종금(朴鍾錦)은 자신의 '시부 외교' 개념을 다음과 같이 설명하고 있다.

"이른바 '시부 외교'는 외교 무대(會晤, 會談, 講演, 宴會, 記者問答 등 일체의 섭외 무대 포괄)에서 '부시언지(賦詩言志)' 즉 시를 음송(吟誦)하여 자신의 뜻을 밝히거나, 외교에서 음시작부(吟詩作賦)를 통해 입장을 표현하고 전달하는 일종의 외교적 대화 방식을 가리킨다. 그것은 서주(西周)에서 기원하여 춘추(春秋)에서 홍성했는데, 우아하고 함축적이며 간단한 말로 뜻을 충분하게 전하고 기지가 생동하는 등의 특징으로 인해 역사상 역대 왕조의 정치가와 외교가들이 흔히 운용했으니, '부시언지'가 고금의 중국 외교사를 꿰뚫었다고 말할 수 있다. 역사의 발전 과정에서 '부시언지'의 '부시(賦詩)' 방법과 선택된 시가의 내용 등에서 수많은 변화가 발생했지만, 중국 고대 선민(先民)이 창조한 '시로써 말을 대신하고', '시를 인용해서 이치를 따지며', '시를 읊어 뜻을 밝히고', '시를 빌려 소회를 펴는' 독특한 외교적 대화 방식은 시종 소멸되지 않았다. 그것은 역사의 파랑에 의해 씻기면서도 중국 전통문화의 일부가 되어 지금까지 독특한 외교 예술의 매력을 발휘하고 있다."[1]

이처럼 중국 학계에서는 '부시'하여 의사를 전달하는, 서주시대부터 현대에 이르기까지 전 역사를 관통하여 존재한 외교 양식을 일괄하여 '시부 외교'로 규정하고 있다. 그러나 춘추시대 이후 명·청시대까지 외교적 관행으로 유행한 '시로써 뜻을 말하는' 외교 양식을 총괄하여 '시부 외교'로 규정하는 것은 논리적으로 적절하지 못하다. 우선 '시부 외교'에서 일컫는 '시부'가 '시(詩)'와 '부(賦)'라는 두 종류의 문학 장르를 합칭한 말이라면, 실제로 이른바 '시부 외교'에서 '부'가 차지하는 존재의미는 극히 미미했다. 차라리 '부시(賦詩) 외교'라 하여 '부'를 명사가 아닌 동사로 사용한다면 말의 뜻이 통하게 된다.

그러나 각 시대에 사용한 '부시'의 의미는 각 시대의 환경과 조건에 따라 그 내용이 크게 달라졌다. 춘추시대에 외교 현장에서 사용된 '부시'는 『시경(詩經)』의 시구를 따서 자신의 의사를 간접적으로 전달하는 방식을 뜻했지만, 남북조시대의 외교 무대에서는 스스로 시를 창작해서 증답하는 '작시(作詩)'를 가리켜 '부시'라 불렀으며, 명·청시대의 외교 무대에서는 한시의 창수 혹은 창화를 일러 '부시'라 한 경우가 많았다. 이들 세 시대에 유행한 '부시'의 외교 양식은 시와 외교라는 공통분모를 제외하고는 그 형식과 내용이 모두 달라서 하나의 개념으로 묶는 것이 쉽지 않다.

따라서 전통 시대에 유행한 '시로써 뜻을 말하는' 외교 양식을 총괄하여 '시부 외교' 혹은 '부시 외교'라 총칭하기보다는, 차라리 각 시대의 특수성을 반영하여 춘추시대의 그것을 '부시 외교'라 부르고 남북조시대는 '작시 외교', 명·청시대의 외교 양식은 '창화 외교'라 규정하는 것이 보다 합리적일 것이다. 특히 이 책에서 주된 관심과 연구의 대상으로 삼는 '명·청시대에 동아시아 외교 무대에서 한시의 창화를 통해 전개된 독특한 외교 양식'을 가리키는 말로는 '시부 외

---

1. 朴鍾錦, 「中國'詩賦外交'的起源及近代發展」, 『國際政治研究』 2012-1, 149쪽.

교'는 물론 '부시 외교'도 적절하지 않은 것처럼 보인다.

명·청시대 동아시아 외교 무대에서 전개된 외교 양식을 가리켜 '창화(唱和/倡和) 외교'라 지칭한다면, 한시를 창화하며 외교적 현안을 창화하듯 풀어 나가는 외교적 과정을 압축해서 표현하기에 부족함이 없을 것이다. '창화'가 시의 갱수(賡酬)를 의미할 뿐만 아니라 선창(先唱)과 화답(和答)을 이어 나가는 독특한 외교적 행위 양식까지 포함할 수 있기 때문이다. 즉 명·청시대 동아시아 동문 각국이 서로 한시를 창화하면서 외교적 현안을 창화하듯 풀어 나간 외교적 양식을 가리켜 창화 외교라 부르는 것이 '시부 외교'라 부르는 것보다 훨씬 더 적합하다고 할 것이다.[2]

춘추시대의 '부시 외교'와 남북조시대의 '작시 외교', 명·청시대의 '창화 외교'는 각각 서로 다른 형식과 내용을 취했음에도 불구하고 일맥상통한 전통의 고리로 엮여 있다. 이들은 모두 한시라는 '동문'의 대표적 문학 양식을 이용한 외교 양식이라는 점에서 공통된 분모를 갖고 있다. 따라서 명·청시대 동아시아 국제사회에서 유행한 창화 외교를 이해하기 위해서는 그 앞선 시대의 전통적 모태라 할 수 있는 춘추시대의 부시 외교와 남북조시대의 작시 외교뿐만 아니라 창화 외교를 가능하게 한 한시 창화의 본질과 그 역사적 전개에 대한 이해가 선행되지 않을 수 없다.

1. 춘추시대의 부시(賦詩) 외교

중국 학계에서는 일반적으로 '시부 외교'의 기원을 선진(先秦)시대의 '부시언

2. '唱和'란 표기는 한시의 창화에만 주로 사용되지만, '倡和'란 표기는 한시의 창화뿐만 아니라 앞에서 선창하면 뒤에서 호응하는 행위까지 표기하는 데 사용됐다. 한 예로, 『시경』「정풍(鄭風)」 탁혜(蘀兮) 서(序)에서 "君弱臣强 不倡而和"라고 했는데, 정현(鄭玄)의 전주(箋注)에서는 "'不倡而和'란 군신(君臣)이 각각 그 예(禮)를 잃어 서로 창화(倡和)하지 않았다는 뜻이다"라고 해석했다.

지(賦詩言志)' 전통까지 거슬러 올린다. 예컨대, 왕준(王准)은 "이른바 '시부 외교'는 외교 무대에서의 '부시언지' 즉 '음시작부(吟詩作賦)'를 통해 입장을 표현하고 소식을 전달하는 일종의 외교적 대화 방식이다. 그것은 춘추시대 각 제후국 사이의 교왕에 가장 이른 기원을 둔 일종의 정치 활동이다"[3]라고 했고, 역사평(易思平)은 "시부 외교는 사람들이 연향(宴饗)·정맹(訂盟)·취회(聚會) 등 외교적 무대에서 『시경』 중의 시장(詩章)을 음송하는 형식으로 자기의 사상과 태도를 분명하게 표현하여 외교 활동에 종사한 것"[4]이라 했으며, 박종금도 "'시부 외교는 유구한 역사 전통을 갖고 있어, 최초는 서주시기의 '연향지례(燕享之禮)'까지 거슬러 올라간다"[5]고 했다.

중국 학계에서 흔히 일컫는 '부시언지'란 곧 『서경(書經)』 「순전(舜典)」에서 이른 "시언지(詩言志)" 즉 '시로써 뜻을 말하는 것'을 의미하는데, 여기서 말하는 '시'는 춘추시대에 흔히 '부시(賦詩)'로 표현됐다.[6] 실제로 춘추시대의 외교는 이른바 '부시'와 긴밀히 관련돼 있었다. '부시'는 춘추시대의 외교 무대에서 자신의 입장을 표현하고 소식을 전달하는 가장 효과적인 방식으로 인식되고 있었다.[7] 즉 춘추시대의 외교관들은 세계 외교사상 유일무이하게 시로써 말을 대신하는 외교 양식을 활용하고 있었다. 이들은 『시경』(『詩』)을 외교 언어의 원천으로 간주했다. 『좌전(左傳)』에서 부『시』를 기술한 것은 모두 30예(例) 65부(賦)로, 그중 28예 63부는 모두 외교 활동의 무대에서 진행된 것이다. 이는 부시와 외교 활동의 관계가 극히 밀접했음을 의미한다.[8]

'부시'하여 자기의 뜻을 말하는 관행이 춘추시대 각 제후국 사이의 외교 활동에서 성행한 까닭은 공자의 시론(詩論)을 통해서도 이해할 수 있다. 공자는 "시

---

3. 王准, 「論『皇華集』詩賦創作的文學史意義」, 『學術探索』 2014-11, 114쪽.
4. 易思平, 「『詩經』與春秋外交」, 『文史雜誌』 1995-5, 37-38쪽.
5. 朴鍾錦, 「中國'詩賦外交'的起源」, 『學理論』 2013-33, 170쪽.
6. "賦詩斷章, 我取所求"(『左傳』 襄公 二十八年).
7. 楊志才, 「春秋時代外交活動中的賦詩」, 『外交評論』 1986-1, 70쪽.
8. 裘默農, 「外交藝術的奇葩-賦詩言志」, 『外交評論』 1992-4, 56쪽.

(詩)를 '학(學)'하지 않으면 '언(言)'할 수 없다'[9]라고 하여 『시경』이 외교관의 필수적 학습 대상임을 지적했는데, 여기서의 '언'은 외교사령(外交辭令)을 가리킨다. 그는 "『시』 3백 편을 음송해도 수임 받은 정무에 통달하지 못하고 사방에 출사(出使)하여 독자적으로 담판해서 응대할 수 없으면, (『시』를) 많이 읽는다 하더라도 아무런 소용이 없다"[10]고 했다. 이처럼 공자는 『시』 즉 『시경』과 외교적 언어, 외교 활동 등이 밀접하게 연계됐던 것으로 인식하고 있었다. 『한서(漢書)』의 찬자 반고(班固)도 "노래는 하지 않고 읊는 것을 부(賦)라 하는데, 등고(登高)하여 부(賦)할 수 있으면 대부(大夫)라 할 수 있다"[11] 고 하여, 몸이 대부이면 반드시 『시』 삼백을 음송할 수 있어야 한다고 했다.

『좌전』과 『국어(國語)』에 기재된 외교 활동 중의 '부시'의 사례는 노(魯) 희공(僖公) 24년부터 시작해서 노 정공(定公) 4년까지 약 130년간 지속됐고, 양공(襄公)과 소공(昭公) 시기 즉 춘추 중기에 성행했다. 그러면 왜 당시의 외교 활동 중에 '부시'가 성행했는가. 이는 시와 예악(禮樂)의 관계를 통해 설명할 수 있다. 춘추시대에 시와 예악은 불가분의 관계였다. 시는 바로 주(周) 통치자의 '제례작악(制禮作樂)'의 수요에 적응하여 수집·정리·보존됐다. 당시 그것은 악(樂)과 배합해 연창(演唱)하는 일종의 악가(樂歌)였다. 그것은 조정 연향(宴享)과 종묘 제사에 사용됐고, 다른 한편으로는 조빙(朝聘)과 회맹(會盟) 등 외교적 무대에서 사용됐다. 그 뒤 '부시'는 "종고(鐘鼓)로써 뜻을 알리는"(『荀子』 樂論) 차원에서 변천해 '노래는 하지 않고 읊는' 차원으로 발전했다. 음악을 빌려 정의(情意)를 표현하는 단계에서 가사(歌辭)를 빌려 정의를 표현하는 단계로 바뀐 것이다. 이렇게 시는 점차 '악'과 분리되어 언어의 일부, 특히 외교적 언어의 일부가 된 것이다.[12]

이와 함께 춘추시대에 '시로써 뜻을 말하는' 외교적 관행이 성행한 까닭의 하나는 그 정치적 효능에서 발견할 수 있다. 『한서』 예문지(藝文志)에서는 "옛날에

---

9. "不學詩 無以言"(『論語』 季氏).

10. "誦詩三百 授之以政 不達, 使于四方 不能專對, 雖多 亦奚以爲?"(『論語』 子路).

11. "登高能賦, 可以爲大夫"(『漢書』 藝文志).

12. 易思平, 「『詩經』與春秋外交」, 37쪽.

는 제후와 경대부가 인국(隣國)과 교접(交接)할 때 미언(微言)으로 상감(相感)했으니, 읍양(揖讓)할 때는 반드시 칭시(稱詩)하여 그 뜻을 밝혀, 현불초(賢不肖)를 구별하고 성쇠(盛衰)를 관찰했다"[13]고 했는데, 여기서 말하는 '미언'이란 곧 분명하게 말하지 않는 것으로, 자신의 뜻을 암시함을 말한다. 이른바 '칭시'란 시를 인용하는 것으로, 직접 시를 지어 말하지 않고 기왕에 존재하는 시를 차용해 같은 뜻을 전할 수 있었다는 말이다. 이와 함께 부시함으로써 제후와 경대부의 '현불초'를 식별하고 그 미래의 '성쇠'를 엿볼 수 있다는 정치적 작용도 중시됐다. 이로 인해 당시에는 외교 무대에서 부시할 줄 모른다면 실례(失禮)로 인식되어 놀림감이 됐다. 부시에 뛰어나면 문채(文彩)와 재화(才華)가 있는 것으로 인식됐다. 사람들은 그가 '부'한 시를 통해 그의 미래를 추단(推斷)할 수 있었다. 이에 '시로써 뜻을 말하는' 외교적 관행은 제후·경대부에 중시되어 일시에 성행할 수 있었다.[14]

그 외에도 부시 그 자체에 여러 가지 장점이 있었으니, '부'한 시에 대해 모두 잘 알고 있었기 때문에 낭송하기만 하면 피차가 즉시 마음으로 알아듣고 다시 입으로 말할 필요가 없었으며, 시가(詩歌)에는 강렬한 감화력이 있어 그 도움을 빌리면 언어의 효과를 증강할 수 있었다. 또한 직설하기에 불편한 점이 있으면 부시를 통해 암시할 수 있었고, 직설하지 않고 비유와 암시를 하면 직접적 승낙에 비해 보다 많은 보류의 여지가 있고 이후에 행동할 때 보다 많은 선택과 보다 큰 자유가 있었다.[15] 이처럼 춘추시대 제후국 사이의 외교적 교섭 과정에서 '시로써 말을 대신하고', '부시하여 뜻을 말하는' 경우가 매우 많이 있었던 것은 시로써 사상과 감정, 지향, 포부 등을 효과적으로 표현할 수 있다고 생각했기 때문이다.[16]

13. "古者 諸侯卿大夫交接隣國 必微言相感 當揖讓之時 必稱詩以諭其志 蓋以別賢不肖而觀盛衰焉"(『漢書』 藝文志).

14. 楊志才, 「春秋時代外交活動中的賦詩」, 『外交評論(外交學院學報)』 1986-1, 75쪽.

15. 楊志才, 「春秋時代外交活動中的賦詩」, 75쪽.

16. 裴默農, 「詩賦外交」, 『世界知識』 1986-16, 28쪽.

또한『시경』의 시구를 음영하는 '부시'는 매우 강한 감화력과 설득력을 갖고 있어 외교 활동에 효과적으로 참여해 목적한 바를 추진할 수 있었기 때문에『시경』은 춘추시대의 외교 중에서 중요한 작용을 발휘했다.『시경』의 시구를 외교 언어로 사용해서 개인의 문화적 소양과 국가의 문화적 수준을 충분하게 표현할 수 있었다.[17] 따라서 춘추시대부터 '부시'는 사자(使者)가 반드시 갖추어야 할 능력으로 간주됐다. 그것은 정치성이 매우 강한 외교 활동이 문학적 색채를 농후하게 띠게 했다.[18] '부시하여 뜻을 말함'으로써 한 국가의 문학적 소양과 문화적 풍모를 체현했기 때문에 그것은 한 국가가 외교상에서 다른 나라의 존경을 받을 수 있는 지위를 얻을 수 있도록 작용했다.[19]

이처럼 춘추시대의 부시 외교는 연향과 회맹 등 외교 무대에서『시경』중의 시장을 음송하는 형식으로 자기의 사상과 태도를 밝힘으로써 외교적 목적을 성취하는 독특한 외교 양식으로, 각종 공개적 장소에서 주객이 수작(酬酌)하며 '시로써 뜻을 말함'으로써 개인의 학문적 소양과 소속 국가의 문채를 드러내 과시할 수 있었다.[20]『문심조룡(文心雕龍)』「명시(明詩)」에서도 "춘추시대에 뜻을 살핌은, 구장(舊章)을 풍송(諷誦)하여 수작(酬酢)함으로써 빈객의 영광으로 삼고, 토납(吐納)하여 신문(身文)을 이루었다"고 했다. 여기서 말하는 '토납'이란 뱉고 삼킨다는 뜻으로, 소리를 냄 즉 음영(吟咏)을 말하고, '신문'이란 몸의 문식(文飾)이란 뜻으로, 대인 관계에서 필요한 말씨나 예의를 이르는 말이다.

'부시하여 뜻을 말하는' 전통의 기원은 고대 연향의 예(禮)에서 발견할 수 있다. 어떤 통계에 의하면,『좌전』에 기재된 부시의 사례 68조 가운데 6조만 연향(燕享)과 무관하고 나머지 62조는 모두 연향에서 발생한 것이라고 하고,『국어』에 기재된 6조의 부시 사례 가운데 2조가 연향(宴饗)에서 부시한 것이라고 한다.[21] 이른바 연향의 예 즉 연례(燕禮)는 빈객에게 연락(宴樂)을 베푸는 융숭한

17. 王克平,「朝鮮與明外交關係研究-以"詩賦外交"爲中心」,『延邊大學博士論文』, 2009, 34쪽.
18. 裴默農,「外交藝術的奇葩-賦詩言志」, 56쪽.
19. 杜慧月·詹杭倫,「明代金湜,張城出使朝鮮與『甲申皇華集』述論」,『蘭州學刊』2008-1, 144쪽.
20. 易思平,「『詩經』與春秋外交」, 37-38쪽.

의례(儀禮)로 "대개 서주 초 연례는 외교 활동에서 '언(言)'하고자 하는 바가 있어 설치했기 때문에 '언'으로 이 예(禮)를 기록했다"[22]고 한다. 그 뒤에 '연(宴)'과 '언(言)'의 음이 비슷해서 가차하여 '언례(言禮)'라 기록했고, '연례'는 '언례'에서 변화해 왔다.

'언례'는 최초에는 외교 활동에 참가한 각 제후국이 자신의 주장을 발표하고 의견을 교환하기 위해 개설된 것으로, 최초의 '언례'에서는 자유롭게 용시(用詩) 혹은 인시(引詩)하거나 신시(新詩)를 스스로 '부'하여 혹은 칭송하고 혹은 비판했는데, 그 뒤에 서주 지배계급이 등급예의(等級禮儀) 제도를 강화함에 따라 '언례'와 '향례'는 모두 철저하게 등급화·의식화해 시와 악(樂)을 쓰는 고정된 양식의 예의 규범이 됐다.[23] 그 뒤 춘추시대에 이르러 주(周)의 종법적(宗法的) 등급 예의질서는 붕괴됐지만, 주례(周禮)의 유풍(遺風)은 상존했다.

제후국 간의 조빙과 회맹 등 외교 활동이 빈번해짐에 따라 각국의 외교적 대화 방식에 변화가 발생해 과거 연향례에서 충만했던 악장(樂章)의 등급과 교화의 의미가 점차 약화·소실되고 연례의 '언'적 목적과 기능이 점차 증강되어 '시로써 뜻을 말하는' 관행이 발생했다. 이러한 '시로써 말을 대신하는', 즉 '부시(賦詩)하여 언지(言志)하는' 외교적 대화 방식은 완곡하고 고아하며 미묘한 특징이 있어 예악(禮樂)은 붕괴됐으나 천자의 위엄이 남아 있고 예악의 영향이 잔존한 춘추시대의 외교 활동에서는 가장 적절한 선택의 대상이 됐다.[24]

'부시' 즉 송시(誦詩)는 통상적으로 부자(賦者)가 스스로 음송하지만, 어떤 때는 악공이 대송하기도 했다. '부시'는 일반적으로 노래하지 않고 읊는다. 다만 어떤 때는 송시하지도 않고 시편을 뽑아내서 악공에게 연주하게 하거나 가창(歌唱)하게 하기도 한다.[25] 가창할 경우 반드시 가사(歌辭)가 있었고, 가사는 『시』

---

21. 劉麗文, 「春秋時期賦詩言志的禮學淵源及形成的機制原理」, 『文學遺產』 2004-4, 33쪽.
22. 劉雨, 「西周金文中的周禮」, 『燕京學報』 1997-3.
23. 朴鍾錦, 「中國'詩賦外交'的起源」, 170쪽.
24. 朴鍾錦, 「中國'詩賦外交'的起源」, 170-171쪽.
25. 楊志才, 「春秋時代外交活動中的賦詩」, 『外交評論(外交學院學報)』 1986-1, 74쪽.

에서 나왔다. 『시』의 어느 한 장을 '창'하는가 하는 것은 부자가 지정했다. 주인이 『시』를 먼저 '부'하면, 빈객은 반드시 답부(答賦)해서 감사를 표해야 했다. 다만 부『시』가 부당하면 배수(拜受)하지 않고 답부하지도 않는 경우가 있었다. 부『시』가 부당하여 토벌(討伐)을 받는 비상한 경우도 있었다.[26]

이른바 '부시'란 새 시를 짓는 것을 말할 수도 있고 옛 시를 낭송하는 것을 가리킬 수도 있다. 그러나 춘추시대 외교 활동에서 이루어진 '부시'는 대부분 후자에 해당한다. 외교 무대에서 낭송된 시는 당시에 널리 전송(傳誦)되고 숙지된 시 즉 금본(今本) 『시경』에서 확인될 수 있는 시들이다. 『시경』 가운데서도 조정의 연향에 사용된 「소아(小雅)」의 시들이 외교 무대에서 많이 '부'해졌다. 그 외에도 지방의 민가(民歌)인 「풍(風)」, 그중에서도 왕기(王畿)와 접한 「정풍(鄭風)」이 비교적 빈번하게 '부'해졌지만, 묘당의 악가로 제사에 사용된 「송시(頌詩)」는 외교 무대에서 부시된 경우가 아주 적었다.[27]

『좌전』에 기재된 외교 무대의 부시 사례는 희공 24년에 시작됐다. 진백(秦伯)이 중이(重耳)를 위해 베푼 향연에서, 중이가 먼저 「소아」의 하수편(河水篇)을 '부'하여, 백천(百川)이 모두 대해로 모여들듯이 자기도 귀국한 뒤에 당연히 진국(秦國)에 조사(朝事)할 것임을 시사하자, 진(秦) 목공(穆公)이 유월편(六月篇)을 '부'하며 중이를 윤길보(尹吉甫)에게 비유해서 장래 중이가 진(晉)으로 돌아가면 필시 제후의 패자로서 천자의 보좌(輔佐)가 될 것임을 암시했다. 이에 중이가 당하로 내려가서 하배(下拜) 고두(叩頭)했고 목공도 계단을 내려가서 만류했다. 이처럼 진 목공과 중이는 부시를 통해 피차의 심정을 전달했다. 당시에는 피차가 모두 '부'한 시의 내용을 숙지했기 때문에 상대방의 원의를 이해하는 것이 어려운 일이 아니었다.

『좌전』에 기록된 외교 무대에서 이뤄진 부시의 대부분은 연향할 때의 수작(酬酌)이었다. 한 예로, 양공 27년에 향술(向戌)이 발기한 미병회(弭兵會) 뒤에 진

---

26. 裴默農, 「外交藝術的奇葩-賦詩言志」, 57쪽.

27. 楊志才, 「春秋時代外交活動中的賦詩」, 70쪽.

국(晉國)의 집정대신 조무(趙武/趙孟)가 귀국 길에 정국(鄭國)을 지나갔는데, 소국인 정국이 대국인 진국에게 경례(敬禮)를 표하기 위해 정백(鄭伯)이 조무를 초대했다. 연회에서 조무가 부시를 청하자 정국의 7명 대신이 모두 부시하여 조무를 환영하고 찬송했으며 조무는 이에 일일이 응수(應酬)했다. 그러나 교제 응수는 연향 '부시'의 일부 내용일 뿐, 사람들은 그것을 이용해 교섭하고 알선하거나 조정·거간했다.

부시는 외교적 청구를 위해 이용된 경우도 적지 않았다. 가장 유명한 사례는 중국 역사상에서 유명한 여류시인 허목부인(許穆夫人)이 재치편(載馳篇)을 부시한 일이다. 『좌전』 민공(閔公) 2년 조에서 "허목부인이 재치(載馳)를 부하니, 제후(齊侯)가 공자 무우(無亏)를 시켜 전차 300승과 갑사(甲士) 3천 인을 거느리고 조(漕)를 지키게 했다"고 한다.

『좌전』 양공 20년 조에 의하면, 위후(衛侯)가 진(晉)에 잡혀 제후(齊侯)와 정백이 진국에 가서 구정(求情)했는데, 연회에서 제후의 상국(相國) 안자(晏子)가 육소(蓼蕭)를 부시하고 정백의 상국 자전(子展)은 치의(緇衣)를 부시함으로써 진후(晉侯)가 위후를 풀어서 돌려보내 주기를 원하는 뜻을 나타냈다. 이러한 부시 외교를 통한 완곡한 구정으로 인해 "위후가 돌아가도록 진후가 허락했다"고 한다.

이와 같이 완곡하고 함축적인 송시의 효능은 당연히 외교적 윤허와 승낙에서도 발휘됐다. 부시는 모임과 합환(合歡)의 외교 무대에서 사용되어 칭송과 칭찬의 뜻을 표현함으로써 환락의 기분을 불러일으키고 우호와 정의를 교환하는 경우도 더 많이 있었다. 이러한 경우 시는 일종의 예절성 외교 언어와 거의 같은 기능을 발휘했다.

부『시』의 장소와 시기는 국가와 국가의 관계와 밀접하게 관련돼 있었다. 『좌전』에서 기술된 부시의 사례들 가운데서 미병회 이후에 진행된 것이 32부에 달했으니, 그 빈도는 형세의 완화와 정비례해 증가했다. 일반적으로 말해서, 부시는 우호적 분위기에서 진행되어 이해를 증진하고 우호를 촉진했으니, 모종의 난제에 대해 해결 방법을 암시하기도 하고 어떤 요구를 제출하거나 해답을 돌려주기도 했다. 부시를 통한 고상하고 우아한 외교 양식은 혀가 창이 되고 입술이 칼이 되어 얼굴을 붉히고 귀가 새빨개지는 정면 논쟁에 비해 '군자(君子)'의 풍모를 현시할 수 있고 당시 예제(禮制)의 요구에 부합할 수도 있었다.[28]

부시할 때 『시경』에서 시를 골라 취하는 방법은 "부시 단장(斷章)하여 내가 구하는 것을 취한다"[29] 즉 자기의 뜻과 일치하는 어떤 구절 하나를 절취(截取)하거나 원시의 함의를 확대하고 전이하는 것이었다. 고시(古詩)를 '부'할 때는 자기의 뜻과 합치해야 하고 당시의 기분과 서로 부합해야 했다. 그것은 주빈이 '부'하고 답하는 쌍방향 교류 과정이었으니, 곧 부시할 경우 언제나 상대방의 부시에 대해 답배(答拜)하거나 회부(回賦)하여 자기의 이해를 표시했다. 그러나 이를 위해 '단장취의(斷章取義)'하면 부자와 청자가 각각 취하는 바가 따로 있어, 동일한 장구(章句)도 각각 다르게 이해하게 하여 오해와 곡해를 낳기 쉬웠다.

외교상의 접촉, 특히 중대한 사건일 경우 명백한 승낙을 요구하게 되는데, 이처럼 암시하며 직접적 답을 회피하는 방법은 상대방을 만족시킬 수가 없다. 칭송하고 공경하는 데 사용하거나 우호와 원망을 표시할 때는 기분이 느긋하고 평화적이어서 조용하게 부시를 진행할 수 있었다. 그러나 외교 투쟁은 읍양(揖讓) 수작만 하는 것이 아니어서 어떤 때는 순설(脣舌)이란 창검으로 접전을 벌이기도 한다. 이때 따뜻하고 우아한 부시의 방식을 사용하기는 매우 어렵다. 따라서 '부시'는 춘추 중기에 성행했다가 춘추 말기 이후 통행하지 않고, 또 다른 방식인 '인시(引詩)'에 의해 대체됐다.

'인시'는 『시경』 삼백 편 중의 장구를 인용해 자기 이야기의 논거나 보충으로 삼는 것인데, 전국시대에 이르러 매우 성행했다. 제자(諸子)의 저술과 행인(行人)의 사령(辭令)에서는 『시경』을 인용해 논거로 삼는 경우가 일반화됐다. '인시'가 '부시'에 비해 실용에 적합하고 제한을 덜 받으며 보다 강한 생명력이 있어 후대에까지 계속 이용됐다.[30] 춘추시대에 있었던 악기가 반주하는 '가시(歌詩)'와 부조(賦調)를 사용하는 음창(吟唱)의 '부시'는 역사 무대에서 퇴출되어,[31] "춘

28. 裵默農, 「外交藝術的奇葩-賦詩言志」, 58쪽.

29. "賦詩斷章, 余取所求"(『左傳』 襄公 二十八年條).

30. 楊志才, 「春秋時代外交活動中的賦詩」, 76-77쪽.

추 이후 주도(周道)가 점차 무너져 빙문(聘問) 가영(歌詠)이 열국에서 행해지지 않게 됐다"[32]는 새로운 상황으로 변화했다.

2. 남북조시대의 작시(作詩) 외교

춘추시대의 외교 무대에서 유행했던 '부시하여 뜻을 말하는' 양식은 진·한시대 이후에도 지속적으로 살아남았다. 다만 춘추시대의 '부시'와 후대의 '부시' 사이에는 매우 중요한 차이가 있었다. 전자가 『시경』 등 다른 사람의 시를 이용해 자기의 생각을 표현하는 '용시(用詩)'의 방법이었다면, 후자는 자기의 시로써 감정과 뜻을 표현하는 '작시(作詩)'의 방법이었다.[33]

작시 외교는 특히 남북조시대에 이르러 크게 유행했다. 진·한시대는 중국이 통일된 제국(帝國)의 시대였기 때문에 외교 무대에서 부시한 사례가 그다지 발견되지 않는다. 그러나 중국이 정치적으로 분열되어 다원화된 위·진·남북조시대에 이르면, 외교 무대에서 시가 활용되는 방식이 재현되기 시작했다. 특히 남북조시대에 국가들 사이를 내왕한 외교관들은 왕왕 '부시'하여 자신에게 부여된 사명을 보다 효과적으로 수행하려 했는데, 춘추시대의 외교관들과는 달리 '부시'의 두 가지 방식 즉 『시』구를 인용 혹은 차용하는 방식과 스스로 시를 창작하는 방식 가운데 후자의 방식으로 시를 외교에 활용했다.

이로 인해 남북조시대에는 시인이 국가 사절이 되어 출사(出使)하면 문학 작품을 서로 교환하는 중요한 임무를 하나 더 부여받았다. 한 예로, 『남제서(南齊書)』 왕융전(王融傳)에 의하면, 영명(永明) 11년(493)에 북위(北魏)의 사자 송변(宋弁)이 남제의 주객(主客) 왕융의 작품 「곡수시서(曲水詩序)」를 보고는 "옛날에 사

31. 朴鍾錦, 「中國'詩賦外交'的起源及近代發展」, 152쪽.

32. "春秋以後, 周道漸壞, 聘問歌詠不行于列國"(『漢書』 藝文志).

33. 李霞, 「'賦詩言志'與詩歌唱和之關係淺析-以蘇門詩歌唱和爲研究對象-」, 『安徽文學』 2009-12, 111-112쪽.

마상여(司馬相如)의 「봉선(封禪)」을 보고 한 무제(武帝)의 덕을 알았는데, 지금 왕생(王生)의 「시서」를 보고는 제왕(齊王)의 융성함을 보게 됐다"고 하면서 그것을 얻어 가지고 돌아갔다고 한다. 사자가 오면 반드시 연회가 있고 연회가 있으면 반드시 부시가 있어, 이는 이미 정해진 관행이 되어 외교 무대의 연회 중에 쌍방 사자는 '이시상회(以詩相會)' 즉 시로써 서로 만나는 것이 하나의 독특한 풍경이 됐다.

본래 연회상의 연음(宴飮)과 부시는 문사의 우아한 일로, 조비(曹丕)의 「우여오질서(又與吳質書)」에서 "상작(觴酌)이 유행(流行)할 때마다 사죽(絲竹)이 연주되고 취기가 올라 귀가 화끈거리면 우러러 부시한다"고 하고, 안지추(顔之推)의 『안씨가훈(顔氏家訓)』「면학(勉學)」에서는 사대부들이 "공사로 연집(宴集)하여 담고(談古)하며 부시한다"는 장소에서 만약 "입 닫고 머리를 떨구고 있으면서" 시를 짓지 못하면 웃음거리가 된다고 하여, 문학적 재능으로 인물의 고하가 비교됐음을 전하고 있다.

춘추시대의 외교관들이 『시경』의 시구를 읊었던 것처럼, 어떤 때는 선배 시인의 작품을 읊어 자신의 정감을 펼치고 뜻을 전달하기도 했다. 예컨대 이표(李彪)는 태화(太和) 연간에 남제에 출사하여 남제 무제(武帝) 앞에서 완적(阮籍)의 시를 외어서 낭송하니, 떠날 때 남제 무제가 군신에게 명해 '부시' 송별하게 했다(『魏書』 李彪傳). 어떤 때는 남북조의 사절이 서로 상대방의 시작(詩作)을 음송하기도 했다. 연회상에서 서로 칭송(稱誦)한 시구 즉 '보시(報詩)'는 상대방이 증시한 뒤의 답시를 말한다.

어떤 때는 쌍방의 사자가 연회상에서 투시(鬪詩)하기도 했다. 『북사(北史)』 설도형전(薛道衡傳)에 의하면, "진사(陳使) 부재(傅縡)가 북제(北齊)에 내빙하자 설도형에게 주객랑(主客郎)을 겸하게 하여 그를 접대하게 했다. 부재가 50운을 증송(贈送)하자 도형이 화답하여 남북이 칭송했다. 위수(魏收)가 이르기를, '부재는 이른바 이인투어(以蚓投魚, 지렁이를 물고기에게 던져 줌)했을 뿐이다'라고 했다." 부재는 진조의 유명한 문학지사로, 『진서(陳書)』 본전에서 "7세에 옛 시부를 음송한 것이 10여만 언(言)에 이르렀고…군서(群書)에 박통(博通)하며…문장을 전아하게 짓는다"고 했다. 설도형은 북조에서 문명이 더욱 성하여, 위수가 "지렁이를 물고기에게 던져 준 것" 즉 하찮은 시구로 값진 시를 끌어냈다고 함은 당연히 북인(北人)이 자긍한 말이었다.

어떤 때는 남북조 사절이 시로 서로 조롱하기도 했다. 『태평광기(太平廣記)』 권247에 의하면, 북제 노사도(盧思道)가 진에 내빙하니 진주(陳主)가 조귀(朝貴)에 명하여 주연을 베풀어 노사도와 연회하며 연구(聯句) 작시하게 했다. 그중 한 사람이 선창하여 북인을 풍자하여 이르기를 "느릅나무 길러 한(漢)을 배불리려 하니, 풀을 키워 당나귀 살찌우리라"고 했는데, 북인이 느릅나무를 먹고 강남에는 당나귀가 없기 때문에 이런 구절을 지었다. 노사도가 즉시 이를 이어서 읊조리기를 "같은 시루로 지은 밥과 물을 나누고, 같은 쇠꼬챙이에 물고기 따로 익힌다"고 했으니, 이는 남인은 정이 없어서 밥을 같이 지으면서 따로 먹는 것을 풍자한 말이다.

가장 흥미로운 것은 사자의 작품이 상대방 나라에서 선풍적 인기를 얻는 것이다. 당(唐) 유속(劉餗)의 『수당가화(隋唐嘉話)』 상권에 의하면, 북방 시인 설도형이 진(陳)에 빙문(聘問)했을 때 「인일시(人日詩)」를 지어 "봄으로 들어선 지 겨우 이레이지만, 집 떠난 지는 벌써 이 년이나 됐다"고 읊자, 남인이 이를 비웃으며 "이 무슨 말인가. 누가 이 북로(北虜)가 시를 이해하고 짓는다고 말하는가"라고 비난했다. 그러나 설도형이 그 뒤를 이어 "사람은 기러기 내려앉은 뒤에야 돌아가지만, 생각은 꽃피기도 전에 일어난다"라는 2구를 읊어 내자, 남인들은 몹시 기뻐하며 "명하고무허사(名下固無虛士)" 즉 "명성이 자자한 명사에게는 실로 그럴 만한 이유가 있구나" 하면서 찬탄했다. 이로 인해 설도형은 강동(江東)에서 크게 명성을 얻게 됐다. 『북사』 설도형전에서는, "강동이 편십(篇什)을 아호(雅好)하고 진주(陳主)는 조충(雕蟲)을 더욱 사랑하여 도형의 시작이 있을 때마다 남인은 음송하지 않는 이가 없었다"[34]고 했다. '조충'이란 시문을 짓는 데 교묘하게 미사여구로 수식하는 일을 말한다.

34. 胡大雷, 「外交場景中的南北朝詩人詩作」, 『東方叢刊』 2008-4, 209-212쪽.

사절이 출사하여 이국 타향에 이르면 가장 먼저 접촉하게 되는 것은 그곳의 경물(景物)이니, 사절은 이러한 이국 타향의 경물을 부시음영하게 된다. 이웃나라에서 진행된 외교 활동을 기술한 시작(詩作)은 우선 쌍방 우호의 정의(情誼)를 강조하니, 이는 당시 사신으로 파견되는 이의 기본적 직책으로 이해됐다. 이들은 자국의 강성을 은근히 과시하면서 동시에 쌍방의 우호 왕래를 구체적으로 진술해 상호 호의와 정의를 강조한다. 어떤 때는 인국에서 진행된 외교 활동의 시간이 길어서 향수의 감정을 시에 담기도 한다. 사자를 접대하는 시작은 일반적으로 우의를 먼저 서술하고 나아가서는 이번 만남 이후의 이별을 서술한다. 사자의 출국을 즈음해 증송(贈送)하는 시작에는 은근한 부탁도 있고 우인이 멀리 타향에 가는 데 대한 걱정하는 마음도 담겨져 있다.[35]

이 시기에 외교적 쟁승(爭勝)과 문학 교류가 동시에 병존한 것에 대해 중국 학계에서는 "비록 땅은 남북으로 막혔지만 모두 자기가 중화민족이어서 피아가 나뉘지 않아야 한다고 생각했고, 이러한 인동감의 형성이 외교 사령(辭令)을 구성했다.…남북이 '무외(無外)의 뜻을 보이려 함'은 중화일가(中華一家)에 대한 인동(認同)으로, 이는 피차가 모두 한 집안 사람이고 남북의 통일이 이미 대세를 이루었다고 생각했기 때문이다"[36]라고 이해하기도 한다. 그러나 외교적 쟁승과 문학적 교류가 병존한 현상은 남북조 사이에만 있었던 것이 아니라 명·청시대에 중국 국가와 외국의 국가들 사이에서도 엄존했으니, 이러한 해석은 아전인수라 할 수 있다.

3. 명·청시대의 창화 외교

춘추시대의 '(부)시언지([賦]詩言志)'는 중국의 국가들 사이에서만 국한되어 이

35. 胡大雷, 「外交場景中的南北朝詩人詩作」, 216-219쪽.

36. 胡大雷, 「外交場景中的南北朝詩人詩作」, 219쪽.

뤄진 것은 아니다. 제하(諸夏)와 이적(夷狄)이 서로 교섭·접촉하는 빈도가 잦아지고 범위가 넓어짐에 따라 '부시하여 뜻을 말하는' 관행은 '중외(中外)'의 관계까지 확장됐다. "'부시언지'는 춘추시대 정치·외교의 무대에서 성행한 일종의 시속(時俗)으로, 앞서서는 주 왕실과 제후국 사이에서 유행했고, 뒤이어 주변의 일부 만이(蠻夷) 국가도 그 영향을 받아서 국제적 교섭과 왕래 과정에서 '부시언지'했다."[37]

한 예로, 기원전 559년 진(晉)과 제(齊)·송(宋)·위(衛)·정(鄭) 등의 제후국 대부가 향지(向地)에서 모여서 오국(吳國)을 위해 초국(楚國)을 공격할 것을 획책했는데, 진의 대신 범선자(范宣子)가 강융씨(姜戎氏)의 군장 융자구지(戎子駒支)가 누설한 것으로 오해해서 회맹에 참여할 수 없게 하니, 융자구지가 회답하여 "삼심이의(三心二意)는 각로(各路) 제후들의 일이고, 우리 각부 융인은 음식과 의복이 중원과 같지 않고 재례(財禮)가 서로 왕래하지 않고 언어가 불통인데 무슨 나쁜 일을 할 수 있겠는가. 회견에 참가하지 않는다고 해서 우리도 무슨 걱정할 것이 있겠는가"라고 하며, 『시경』 청승편(青繩篇)의 "온화하고 즐거운 군자는 참언(讒言)을 믿지 않는다"는 시구를 부시하고 물러났다. 범선자는 이를 들은 뒤에 즉시 구지에게 사과하고 회의에 참가해 줄 것을 간청하여 자기가 유언비어를 듣지 않는 '군자'임을 과시했다고 한다.[38]

공자가 『춘추(春秋)』에서 "이적이 중국에 들어오면 중국시(中國視)하고, 중국이 이적으로 들어가면 이적시(夷狄視)한다"고 했듯이, 춘추시대의 중국인은 이적이 중국화하면 중국 공동체 참여를 인정했고, 이적인 역시 정치·외교적 필요에 의해 부시의 행렬에 동참했다. 춘추시대의 이적은 제하와 교접하기 위해 종주(宗周) 예악 문화의 전통에서 나온 '시를 통해 자기 뜻을 말하는' 것으로 교섭국의 인정과 존중을 얻을 수 있었다. 이 시기에 용(用)『시』하여 부시한 이적의 국가들에 중산(中山)과 융(戎), 오(吳) 등이 포함됐음도 사료에서 확인된다.[39]

---

37. 陳桐生, 「論詩教」, 『中國詩歌史硏究』 2002-1.

38. 裵默農, 「詩賦外交」, 28-29쪽.

39. 毛振華, 「先秦少數民族用『詩』考論」, 『貴州民族研究』 2011-3, 131쪽.

당대(唐代)에 중국의 문사와 외국의 인사들 사이에 교환된 송별 창화는 '부시하여 뜻을 말하는' 전통의 또 다른 양상이라고 말할 수 있다. 장기간의 전란을 거치고 통일 국면을 회복한 당 왕조는 동쪽의 이웃 신라와 일본 등과 상당히 우호적인 관계를 유지했고, 국력의 강성과 문화의 융성으로 인해 외국에서 입당하는 사절과 승려·문사·상인이 끊이지 않았기 때문에 송별을 위한 창화가 빈번하게 이루어졌다.

『전당시(全唐詩)』에 보이는 가장 이른 경우는 개원(開元) 12년(724) 왕유(王維)와 조화(趙驊)가 조형(晁衡. 본명 阿倍仲麻呂)을 송별하는 시가를 지은 것이고, 가장 규모가 큰 것으로는 정원(貞元)·원화(元和) 시기에 두 명의 저명한 일본 승려 최징(最澄)과 공해(空海)가 입당·구법했다가 귀국할 때였다. 『전당시보편(全唐詩補編)』에는 육질(陸質) 등 9명이 최징을 송별한 시가와 주천승(朱千乘) 등 5명이 공해를 송별한 시가 수록돼 있다.

신라로 출사하는 지인을 송별한 시로는 대력(大曆) 중에 황보증(皇甫曾)이 지은 「귀중승의 신라 사행을 전송하며(送歸中丞使新羅)」가 있는데, 『구당서(舊唐書)』 신라전(新羅傳)에 의하면 대력 3년(768)에 창부낭중(倉府郎中) 겸 어사중승(御史中丞) 귀숭경(歸崇敬)을 보내 신라의 새 왕을 책봉했을 때 지은 것이라 한다. 출사의 대상이 주현(州縣)이나 방진(方鎭)이 아니라 요원한 이국이기 때문에 도로의 험난함이 시인의 가장 큰 걱정거리가 됐다. 출사 송별의 또 다른 특색은 자기 왕조와 이국의 차별을 부각시켜 저들 나라에 은례(恩禮)를 전하는 영예를 선양하고 대국의 사신을 내보내는 심리상의 우월감을 드러내 보였다는 것이다. 예컨대 황보증은 시의 첫 귀에서 "하늘 멀리 상국(上國)을 하직하고, 물길 다하는 고성(孤城)에 다다른다"라고 하여, 당조와 신라를 '상국'과 '고성'으로 표현했고, 경위(耿湋)도 "원국(遠國)이 왕화(王化)에 통한다"고 하여 신라를 교화의 대상으로 폄하하기도 했다. 경룡(景龍) 4년(710)의 「서번(西蕃)으로 시집가는 금성공주(金城公主)를 전송하는 응제시(應製詩)」도 당 중종(中宗) 시기의 송별시를 17수나 포함하여, 당시에 극도로 발달된 궁정 창화의 양상을 보여 주었다.[40]

당대의 '시언지'는 주로 중국인 문사와 외국인 문사들 사이에서 한시가 교환되는 형식이었지만, 명·청시대에 이르면 중국의 외교관과 외국의 외교관, 혹은 외국의 외교관들 사이에서 한시가 창화되는 형식으로 발전했다. 부시 외교의 기원은 춘추시대의 '부시'에 있었지만, 역사적 환경의 여러 가지 영향을 받아 새로운 내용과 형식을 부여받고 성숙하는 과정을 거쳐 명·청시대의 창화 외교가 문을 열었다.

이처럼 창화 외교의 근원이 멀고 흐름이 유장한 까닭은 '부시하여 뜻을 말하는' 관행이 함축적이고 간곡하며, 고상하고 온화할 뿐만 아니라, 생동감이 있고 언어가 간단하며, 강유(剛柔)와 관맹(寬猛)을 공유한다는 여러 특징을 갖고 있어 미언(微言)으로 서로 감지하고 정으로 상대를 움직이며 사람의 마음을 울릴 수 있었기 때문이다.[41] 또한 차운과 답시는 정확도가 매우 높고 깊어서 가장 정련된 국제적 공용어로 활용될 수 있었다.[42] 한시 창화의 경쟁을 통한 창화 외교는 중국과 한국, 중국과 일본, 중국과 월남, 중국과 유구 사이에서만 전개된 것이 아니라, 한국과 일본, 한국과 월남, 한국과 유구 등 동아시아 '동문(同文)' 각국의 외교 무대에서 광범하게 한시 창화가 외교적 언어 소통의 방식으로 이용되어,[43] 세계에 다른 유례를 찾아볼 수 없는 매우 독특한 외교 체제를 형성하는 데 적극 기여했다.

'동문' 국가 외교관들의 한시 창화는 단순한 한시의 창화에 그치지 않고 양국의 외교적 현안을 마치 시를 창화하듯이 조화롭게 풀어 나가는 '창화(倡和)' 외교로 발전했다. '부시하여 뜻을 말하는' 관행이 외교 무대에서 펼쳐지는 전통은 명·청시대 이후 현대에 이르기까지도 존속했다. 물론 서방 열강의 침략과 언어문화의 차이로 인해 '시언지'는 더 이상 과거처럼 태평성세를 노래하는 우호적 창화가 될 수는 없었고, 국가의 명운과 민족의 안위를 걱정하는 지사들이 반제(反帝)·애국·근대화를 표현하는 무기가 됐다. 중화인민공화국이 건립된 뒤

---

40. 岳娟娟, 「唐代唱和詩研究」, 復旦大學博士學位論文, 2004, 115-117쪽.

41. 朴鍾錦, 「中國'詩賦外交'的起源及近代發展」, 162쪽.

42. 林基中, 「韓中交流與燕行錄」, 『歷史上的中韓關係』, 桂林, 廣西師範大學出版社, 2009, 106쪽.

43. 吳伊琼, 「明朝與朝鮮王朝詩文酬唱外交活動考論-以『朝鮮王朝實錄』爲中心」, 28쪽.

에도 원자바오(溫家寶) 총리와 같은 중국의 정치적 지도자들이 왕왕 시로써 외교 문제를 논하고 시를 칭해 자기 뜻을 밝히는 모습을 보여 '시언지' 전통의 잔상을 보여 주기도 했다.[44]

4. 당·송시대의 한시 창화와 창화시

명·청시대에 전개된 중국 국가와 외국 국가들 사이의 창화 외교는 한시의 창화(唱和)를 매개로 이루어진 독특한 외교 양식이다. '시언지(詩言志)'의 부시 외교가 이미 춘추시대부터 개시됐음에도 불구하고 창화 외교가 명·청시대에 주로 전개된 이유는 무엇인가. 그것은 창화시(唱和詩)라는 독특한 시 양식이 남북조시대에 개발되어 당·송시대에 발전했기 때문이다. 즉 명·청시대의 창화 외교는 선진시대의 부시 외교와 남북조 및 당·송시대의 창화시라는 두 가지 밑거름 위에 구축된 새로운 문화 전통이었다는 것이다. 창화시는 동진 시기 도연명(陶淵明)·유정지(劉程之)·혜원(慧遠) 등의 시에서 출현하기 시작해 당·송 시기에는 극성기에 이르렀고, 당·송 이후에도 창화의 기풍은 쇠하지 않고 이어졌다.

한시의 창화와 창화시의 기원은 흔히 원시인의 노동에서 찾는다. 『회남자(淮南子)』 도응편(道應篇)에서 "큰 나무를 든 자가 앞에서 야호(邪呼)라 부르면 뒤에서도 호응했다. 이것이 거중권력가(擧重勸力歌. 무거운 것을 들 때 힘쓰기를 권하는 노래)다"라고 했다. 이 같은 전호후응(前呼後應. 앞에서 부르면 뒤에서 호응하는)의 메김소리는 창화와 창화시의 가장 원시적 형태라는 것이다. 사회의 발전과 문학·예술의 진보에 따라 노동을 위한 소박한 메김소리도 시와 악(樂)의 색채를 띠게 됐다. 『시경』「정풍」 탁혜편(蘀兮篇)에서 "마른 잎 시든 잎은 바람이 부는 대로, 숙(叔)과 백(伯)이 창(倡)하면 나는 화(和)하리"[45]라 하고, 『송서(宋書)』 악지

44. 朴鍾錦, 「中國'詩賦外交'的起源及近代發展」, 162쪽.

45. "蘀兮蘀兮 風其吹女, 叔兮伯兮 唱予和女"(『詩經』「鄭風」 蘀兮).

(樂志)에서 "「단가(但歌)」 4곡은 한대에 나왔는데 현절(弦節)과 작기(作伎)가 없고 가장 먼저 한 사람이 창(唱)하면 세 사람이 화(和)했다"[46]라고 한 것이 그 예라 할 수 있다. 또한 당인 원진(元稹)은 "요·순 시기부터 군신이 갱가(賡歌)하여 서로 화(和)하기 시작했다"(『元稹集』 卷56)고 했고, 송인 황감(黃鑒)은 "창화 연구(聯句)는 일어난 지 오래되어, 순(舜)이 가(歌)를 지을 때부터 고도(皐陶)가 갱재(賡載)했다"(『談苑』)고 했다.[47]

'창(唱/倡)'은 '발성(發聲)' 즉 소리를 일으켜서 앞에서 이끄는 것을 말하고, '화(和)'는 앞선 소리에 호응하여 뒤따르는 것을 가리킨다. 처음에는 '창'하고 '화'할 때에 가사(歌詞) 즉 시가 있었지만, 가사 자체의 의미는 중요하지 않고 가사를 노래하는 곡조(曲調)만 중시됐다. 그러나 한 말에 이르러 시단(詩壇)에 악(樂)에 들어가지 않는 문인시(文人詩)가 출현했다. 이러한 정황에서 증답(贈答) 등 시체(詩體)와 관련이 있으면서도 상대적으로 독립적인 새 체제 즉 창화체(唱和體)도 생겨났다. 창화시는 다시는 음악의 지배를 받지 않은 채 정의(情意)의 표현을 추구했다. '창'과 '화'의 본뜻에 변화가 일어난 것이다. 뒤에 쓰는 화시(和詩)의 정의는 먼저 나온 창시(唱詩)가 읊은 것에 제약받게 됐다. 화시의 작자가 원창(原唱) 작자의 뜻을 따르는 것이니, 이를 '화의(和意)'라고 한다. 당 중기 이전 고대의 화시는 반드시 원창과 그 작자의 뜻에 구속되어 화시 작자 자신의 정서와 뜻을 독립적으로 표현하지 않았다.[48]

연구시(聯句詩)는 창화시와 기원이 같고, 창화시의 일부로 간주된다. 순(舜)과 고도의 갱가는 연구(聯句)이자 창화였다. 한의 백량대(柏梁臺) 연구는 군신(群臣)과 한 무제가 각각 자신의 직분을 밝힌 소박한 시구로, 서로 나뉘어서 창화를 구성했다. 증답시(贈答詩)는 창화시와 서로 엇갈리는 교차 관계를 갖고 있었으니, 양자는 연계되기도 하고 구별되기도 했다. 증답시의 특징은 일증일답(一贈一答)하고, 증과 답의 대상이 매우 명확하며, 내용이 밀접하게 상관되고, 증답

---

46. "但歌四曲, 出自漢世, 無弦節作伎, 最先一人唱, 三人和"(『宋書』 樂志).

47. 筑本棟, 「關于唱和詩詞研究的幾個問題」, 『江海學刊』 2006-3, 161-162쪽.

48. 趙以武, 「'和意不和韻':試論中唐以前唱和詩的特點與體制」, 『甘肅社會科學』 1997-3, 55쪽.

쌍방이 처한 시대가 같다는 것이다. 창화시는 이와 달리, 시인들이 시를 지을 때 왕왕 미리 하나의 증송(贈送) 대상을 마음속에 두는 것이 아니라 다만 화작(和作)의 대상만 명확하게 있으면 상대가 나에게 증송하지 않더라도 화답할 수 있고 시공간의 제한을 받지 않을 수도 있다. 또한 창화시는 시간과 공간의 이동(異同)과 관계없이 군신 사이이든 산골사람이든, 아무런 예외 없이 동일한 제목하에서 문장을 지을 수 있었다. 따라서 화작과 원창은 왕왕 같은 것 가운데 다름이 있고 같으면서도 다른 것이지만, 기본적으로 같은 제목으로 함께 짓는 것이 한시 창화의 본질적 특성이라고 할 수 있다.[49]

창화시의 원형인 증답시는 일찍부터 이미 있었지만, 엄격한 의미의 창화시는 동진(東晉)에 이르러서야 만들어졌다. 창화시가 동진 말년에 처음으로 보인 까닭은 도연명(陶淵明)이 가장 먼저 쓰기 시작했기 때문이다. 도연명 이전에는 중국 고전 시가 창작 중에 창화시가 없었다. 도연명은 일생의 대부분 시간을 여산(廬山) 아래서 보냈는데, 그 시대는 바로 영가(永嘉)의 난 직후여서 "유성(遺聲)과 구제(舊制) 가운데 기록된 것이 없고", "음운(音韻)과 곡절(曲折)을 아는 자가 없었다."[50] 이로 인해 음성(音聲) 창화의 옛 제도가 강남(江南) 동진 일대에는 계승될 수 없었다. 그리고 도연명 본인은 "음성을 이해하지 못해"[51] 창화는 소리에 있지 않고 뜻에 있다고 생각했다. 또한 도연명의 거처인 여산 일대는 당시 강남의 불교 명승지였다. 부처의 공덕을 찬미할 때 '전게후송(前偈後頌)'하는 양식이 창화시의 격식과 아주 비슷한 것으로 보아, 불가의 게송(偈頌)이 창화시의 출현에 모종의 영향을 미쳤을 가능성을 유추할 수도 있다. 도연명이 유정지와 장야(張野)의 시를 '화(和)'했는데, 이들 두 사람은 여산에 들어가서 승려 혜원을 뒤따르면서 「혜원을 봉화(奉和)하며 여산을 노닐다(奉和慧遠游廬山)」란 시를 지었다.[52]

『도연명집(陶淵明集)』에 수록된 「오월 아침에 대주부(戴主簿)에게 화답하다(五

49. 筑本棟, 「關于唱和詩詞研究的幾個問題」, 162쪽.

50 "遺聲舊制, 莫有記者…音韻曲折, 又無識者"(『宋書』 樂志).

51 "不解音聲"(『宋書』 陶淵明傳).

52. 趙以武, 「'和意不和韻':試論中唐以前唱和詩的特點與體制」, 55쪽.

月旦作和戴主簿)」등 6수는 현재 볼 수 있는 가장 이른 시기의 화시다. 창화의 기풍이 열리자 남조 제(齊)에 이르러 화자(和者)의 인원수와 화시의 수량이 크게 증가함과 동시에 '일창중화(一唱衆和)'의 집단 창화가 출현했다. 남조 양(梁)에서는 제왕(帝王)이 창화시 창작에 주도적으로 참여해 대량의 응제시(應製詩)와 봉화시(奉和詩)가 출현했고, '위화이화(爲和而和)' 즉 '화(和)하기 위해 화(和)하는' 기풍과 '경화벽운(競和僻韻)' 즉 '화(和)를 다투어 운(韻)을 가볍게 여기는' 기풍도 나타나기 시작했다. 수대에는 양제(煬帝)의 적극적 제창으로 인해 화시 중에 대량의 응제시가 출현해 화시의 수가 모두 4백여 수에 달하게 됐다. 당대에 이르러 창화의 기풍이 더욱 성행해 화시가 2,600여 수로 증가해서 당시(唐詩) 총수의 20분의 1을 점하게 됐다. 창화시 전집(專集)도 당대에 대량으로 출현해 『신당서(新唐書)』 예문지(藝文志)에 저록된 창화시집만 20종에 이르렀다.

당대의 창화시는 일종의 교제를 목적으로 하고 응제(應製)와·동제(同題)·증답(贈答)·연구(聯句)를 수단으로 하여 시인들의 내왕 관계를 드러내는 시가였는데, 그 역사는 당대 역사와 서로 상응했다. 안사(安史)의 난이 폭발하기 전에 창화시는 제1 번영기 즉 궁정 창화 시기를 겪었다. 수많은 문인이 왕조의 최고 통치자인 황제의 신변을 둘러싸고 모여서 태평성세를 구가하고 화려한 문물을 노래하여 호탕한 동제(同題) 응제의 창화를 전개했다. 당대에 궁정 문신들은 흔히 성전(盛典)과 연유(宴游) 때 천자와 동료 등과 서로 창화했으니, 『당시기사(唐詩紀事)』에 의하면, "천자가 향회(饗會)하거나 유예(游豫 즉 순행)할 때는 오직 재상과 직학사(直學士)만 따를 수 있었는데…황제가 느낀 바 있으면 곧 부시(賦詩)하고 학사들이 모두 속화(屬和)했다"(卷9)고 한다. 개원(開元) 연간에 시인들이 빈번하게 창화하여 왕지환(王之渙)·왕창령(王昌齡)·최국보(崔國輔) 등이 "연달아 창(唱)하고 번갈아 화(和)하여, 그 이름이 일시에 진동했다"[53]고 했다. 중당(中唐)의 막부(幕府)에서도 창화의 기풍이 매우 성했다.

안사의 난이 당대 역사의 방향을 바꾸자 궁정 창화시의 발전도 중지됐고, 이

53. 白居易, 「故滎陽鄭公墓誌銘序」, 『白居易集』 卷42.

를 대신한 것이 지방의 창화 집단과 창화시였다. 중앙정부가 지속적으로 약화된 배경에서 흥기한 각지 창화 집단은 방진(方鎭)의 장군과 지방관, 저명한 막료를 중심으로 그 지역 요속(僚屬)을 기초로 하고, 다시 본지와 외지의 뜻 맞는 문인을 흡수하여, 비록 규모는 궁정보다 작지만 창화자 사이의 관계는 더욱 자유롭고 시가의 형식과 내용도 확장됐다. 창화시 생산을 고무한 또 하나의 계기는 과거(科擧) 고시였으니, 이로 인해 창화 시인의 인간관계에 사생(師生)과 동년(同年)·동문(同門) 등의 관계가 더해지고 집단적 창화가 개인적 창화로 분해되어 사인(私人) 창화가 크게 유행하기도 했다. 이는 창화시에 새로운 생명을 부여했으며, 그 뒤로 두 사람의 우정을 기초로 하여 증답과 동화(同和)·추가(追加) 등을 주요 수단으로 하여 지역 한계와 신분 제한을 극복한 사적 창화가 창화시의 주류가 됐다.

당 전기의 궁정 창화는 오율(五律)과 칠률(七律) 등 율시(律詩) 시체(詩體)의 성숙을 촉진했지만, 당대 중·후기에는 원진(元稹)과 백거이(白居易)의 화운(和韻) 제창을 통해 차운(次韻)의 기풍이 전국을 풍미하고 장편배률(長篇排律)과 소쇄편장(小碎篇章)을 특징으로 하는 원화체(元和體)가 크게 성행했다.[54] 만당(晩唐) 함통(咸通) 중에는 피일휴(皮日休)와 육구몽(陸龜蒙)의 유희성과 경기성을 가진 창화 방식이 화의(和意)를 대체해 광범한 모방의 대상이 됐으니, 『육구몽집(陸龜蒙集)』에 실린 630수의 시 가운데 340수 이상이 창화시였다.[55] 송대에 이르러서 창화의 기풍은 더욱 성하여 그 영향이 청대에까지 미쳤다. 『중국총서종록(中國叢書綜錄)』의 「창수지속(唱酬之屬)」에는 당대부터 민국까지 창화 작품집이 모두 169종이나 수록됐다.[56]

중국의 대표적 창화시 연구자인 조이무(趙以武)는 창화시의 발전사를 화운(和韻)과 화의(和意)의 각도에서 세 단계로 나누어 파악했는데, 동진 말 도연명부터 성당(盛唐) 두보(杜甫)까지의 '화의하되 화운은 하지 않은' 단계, 중당부터 송대

54. 童向飛, 「詩詞唱和的歷史,研究意義及研究現狀概述」, 『湖北大學成人教育學院』 2001-5, 34쪽.

55. 岳娟娟, 「唐代唱和詩研究」, 1쪽.

56. 童向飛, 「詩詞唱和的歷史,研究意義及研究現狀概述」, 33-34쪽.

까지의 '화운하되 화의는 하지 않은' 단계, 명·청 이후의 '화의를 구하지 않고 화운도 구하지 않은' 단계 등이 그것이다.[57] 그는 『창화시연구(唱和詩研究)』에서 당 이전 창화시 약 500여 수(그중 和詩가 400여 수, 原唱詩는 130여 수)와 당대 창화시 2,600여 수의 분석을 통해 청대 시론가(詩論家) 하상(賀裳)이 시론 저작 『재주원시화(載酒園詩話)』에서 제기한 "고인(古人)은 화의했지 화운하지는 않았기 때문에 편십(篇什)에 가작(佳作)이 많았다"고 한 가설을 입증했다.

조이무의 분석에 의하면, 고시 창화는 '화의불화운(和意不和韻)'의 현저한 특징을 갖고 있었는데 중당을 경계로 창화에 근본적 변화가 발생했으니, 곧 '화의'에서 '화운'으로 전향했다고 한다. 즉 중당의 시문을 혁신한 백거이의 창작 이론과 그 '원화체' 창작 실천은 창화체 시의 창작에 결정적 영향을 미쳐, 최종적으로는 후세의 창화에서 다시는 '화의'하지 않는 역사적 변화를 불러왔다는 것이다.[58] 송인(宋人) 장표신(張表臣)도 "전인(前人)은 시를 지을 때 처음에는 화운하지 않았는데, 당 백낙천(白樂天)이 항주자사(杭州刺史)가 되고 원진이 절동관찰(浙東觀察)이 되어 왕래하며 우통(郵筒)을 두고 창화할 때 처음으로 의운(依韻)했으니, 많을 때는 천언(千言)에 이르고 적어도 수백십언(數百十言)으로 편장(篇章)이 매우 풍부했다"[59]고 했다.

이처럼 개별적으로는 그 이전에도 있었다 하더라도 대규모의 '화운' 창작은 원진과 백거이부터 시작됐다. 화운시(和韻詩)는 창화시의 한 종류이자 증답시의 한 종류로서 중당 시기부터 개시됐다. 요컨대 육조의 창화는 '화의불화운'의 원칙을 견지했지만, 원진·백거이의 창화에 이르러 대량의 화운이 이뤄져 중당 이후에는 창화시가 '화운불화의'의 새로운 형식으로 개변됐다고 할 수 있다.[60]

일반적으로 창화시에 대한 개념은 매우 광범해서, 개인의 증답과 연회상의 동제(同題), 군왕 주변에서 쓴 응제시, 시인들이 함께 창작한 연구 작품 등을 모

---

57. 趙以武, 「唐代和詩的演變論略」, 『社科縱橫』 1994-4.

58. 李鼎文, 「古詩唱和有制-讀『唱和詩研究』」, 『西北師大學報(社會科學)』 35-3, 1998, 18-19쪽.

59. 『珊瑚鉤詩話』; 『歷代詩話』, 中華書局, 1981.

60. 趙以武, 「和意不和韻」, 59쪽; 岳娟娟, 「唐代唱和詩研究」, 3-4쪽.

두 포함한다. 일반적 정의에 따르면, "고인(古人)이 시가로써 서로 수창(酬唱)·증답한 것을 가리켜 창화(唱和)라고 하고 혹은 창화(倡和)라고 칭한다. 양(梁) 소통(蕭統)의 『소명문선(昭明文選)』에서 증답시 종류를 세우고 왕찬(王粲) 이하 제(齊)·양의 증답시 80여 편을 수록하여 증답체(贈答體)가 당시에 이미 매우 발달했음을 볼 수 있으니, '증(贈)'이란 시를 먼저 지어 다른 사람에게 보내는 것이고, '답(答)'이란 온 시의 뜻에 회답한 것으로, 전자는 '창(唱)'이라 칭하고 후자는 '화(和)'라고 칭했다. 다만 증시만 있고 답시가 없으면 전자를 '창'이라 칭할 수 없다. 증시는 시제(詩題)에 일반적으로 '증(贈)', '송(送)', '정(呈)', '기(寄)' 등의 글자를 표출하지만 '창(唱)'이라 표시하지는 않는다. 그리고 답시는 '답(答)', '수(酬)' 혹은 직접 '화(和)' 자를 표출하여 경중(敬重)을 표시하고, '봉답(奉答)', '봉수(奉酬)', '봉화(奉和)'라고 칭하기도 한다."[61]

청인(淸人) 풍반(馮班)의 「답만계야시문(答萬季埜詩問)」에서는, "화시(和詩)의 체(體)는 하나가 아니니, 의(意)가 답문과 같아도 운(韻)이 같지 않은 것은 화시라 하고, 그 운과 같아도 그 자(字)는 같지 않은 것을 화운(和韻)이라 하며, 그 운을 쓰면서도 차제(次第)가 같지 않은 것은 용운(用韻)이라 하고, 그 차제에 따르는 것을 보운(步韻)이라 한다"고 정의했다.

창화는 당대 문헌에서 '倡和'로 많이 썼지만, 송대 시화(詩話)에서는 '倡和'가 조금 쓰였고 절대다수는 '唱和'라 했다. 『신당서』「예문지」에 기재된 모든 창화 시집은 '唱和'라 했다. '唱'과 '倡'은 본래 동원어(同源語)였지만, '倡'은 원시 문헌에서 발가(發歌)의 뜻으로 사용했고 '唱'은 뒤에 나온 문헌에서 발견되니, '倡'이 근원이었을 가능성이 더 크다.[62] '倡'이 발가의 뜻이었다면, 그것과 '화(和)'를 이어서 사용하는 것은 가창(歌唱)과 관계있다. 시가 발전의 최초 단계에서 시는 모두 가창(歌唱/倡)의 형식으로 존재했으니, 고염무(顧炎武)가 "『시』 3백 편은 모두 음(音)이 입혀져서 악(樂)이 됐다"[63]고 한 것은 이러한 음악성을 강조한 것이다.

---

61. 褚斌傑, 『中國古代文體概論』, 北京大學出版社, 1990, 260쪽; 岳娟娟, 「唐代唱和詩硏究」, 1쪽.
62. 岳娟娟, 「唐代唱和詩硏究」, 4쪽.
63. 顧炎武, 『日知錄』 樂章, 上海古籍出版社, 1986.

『시경』 중의 가곡(歌曲)은 왕왕 한 개인의 한 노래로 끝나지 않고 교체하며 번갈아 노래를 불렀는데, 앞 사람을 이어서 교체한 부분이 '화'였다. 혹은 한쪽이 상구(上句)를 부르고 다른 일방이 하구(下句)를 이었으며, 혹은 일방이 문제를 제출하고 다른 일방이 해답을 제시했다. '창(唱)'의 인도(引導)는 목적성이 매우 강해 문제를 제출하고 그 해결을 기대했다. 따라서 이른바 창화시는 대화 기능을 가진 시가 유형으로, 만약 뒤따라 호응하는 '화'가 없으면 한편의 독창(獨唱)에 지나지 않으니 '창화(倡和)'라 칭할 수 없다. 따라서 창화시를 정의할 때 그 기준은 '화시(和詩)'의 존재 여부가 된다. 화시의 기증이 없다면 진정한 창화 관계가 형성되지 않기 때문에 '창(唱)'이라 칭할 수도 없다.[64]

'화(和)'는 창화시의 가장 중요한 키워드로, 창화의 종류는 그것으로 표시한다. '화'는 본래 '회응(回應)'의 뜻이 있지만, 시제 중의 '화'와 '답'은 분명하게 구별된다. 백거이는 "같은 것은 화라 하고, 다른 것은 답이라 한다"[65]고 했고, 조익(趙翼)도 "화시 중에서 원창과 뜻을 같이하는 것은 화라 하고 원창과 뜻을 달리하는 것은 답이라고 한다"[66]고 주석했다. '화'와 '답'은 모두 '화시'의 범주에 속하지만, '화'와 '답'의 구별은 원창 사상을 계승하는가 아니면 개역(改易)하는가에 있다는 것이다.

'화'시는 원창과 뜻을 같이할 뿐만 아니라 원창의 시제와 사상을 차용하고 심지어는 원창자의 입장에서 시를 짓는다. '동(同)'도 동제창화(同題唱和)의 표현방식이니, 원창자와 서로 같은 사상과 감정을 반영한다. '기(寄)'와 '증(贈)'은 모두 창자(唱者)가 화자(和者)에게 준다는 뜻이지만, '원기근증(遠寄近贈)'의 차이가 있다. 즉 길이 멀어 서로 생각함이 난해하여 기러기가 글을 전하는 것이 '기'이고, 한곳에서 동거하며 밤낮으로 음영하여 서로 보이는 것이 '증'이다. '헌(獻)', '정(呈)', '상(上)' 등도 기증시(寄贈詩)의 키워드로 모두 공경의 뜻을 갖고 있다. '수(酬)'와 '답'은 화시의 키워드로, '수'는 '헌'의 응답이고 '답'은 '증'의 대응이

64. 岳娟娟, 「唐代唱和詩研究」, 4-6쪽.

65. "同者謂之和, 異者謂之答"(「和答詩十首序」, 『白居易集』 卷2, 中華書局, 1975).

66. 『甌北詩話』, 『清詩話續編』, 上海古籍出版社, 1983.

다. '응제(應製)'와 '응조(應詔)'는 황제가 창한 시에 답하는 화시의 시제에 흔히 출현했고, '응령(應令)'은 황태자의 작품에, '응교(應敎)'는 기타 황자나 공주에 화답하는 작품의 제목에 등장했다.[67]

'시언지(詩言志)'의 부시(賦詩) 외교가 이미 춘추시대부터 개시됐음에도 불구하고 창화 외교가 명·청시대에 주로 전개된 까닭은 창화시라는 독특한 시 양식이 남북조시대에 개발되어 당·송시대에 발전했기 때문이다. 즉 명·청시대의 창화 외교는 선진시대의 부시 외교와 남북조 및 당송 시대의 창화시라는 두 개의 밑거름 위에 구축된 새로운 문화 전통이었다는 것이다. 창화시는 동진 시기 도연명의 시에서 출현하기 시작해 당·송 시기에는 극성기에 이르렀고, 당·송 이후에도 창화의 기풍은 쇠하지 않았다.

창화와 창화시의 기원은 원시시대 '전호후응(前呼後應)'의 메김소리에서 찾을 수 있다. 창화시 개념은 매우 광범해서 개인의 증답과 연회상의 동제, 군왕 주변에서 쓴 응제시, 시인들이 함께 창작한 연구(聯句) 작품 등을 모두 포함한다. 일반적 정의에 따르면, 옛사람이 시가로써 서로 수창·증답한 것을 가리켜 창화(唱和 혹은 倡和)라고 칭한다. '증'이란 시를 먼저 지어 다른 사람에게 보내는 것이고 '답'이란 보내온 시의 뜻에 회답한 것으로, 전자는 '창'이라 칭하고 후자는 '화'라고 칭했다. 요컨대 창화는 한시 창작의 특수한 한 방법으로, 먼저 한 사람이 시를 지으면 이것이 '창'이 되고 이때 얻은 문장은 '원창(原唱)'이라 칭했다. 다른 한 사람이나 여러 사람이 특정한 정경(情景)이나 원창의 의지(意旨) 혹은 형식에 근거하여 회응하면 이는 '수(酬)'가 되고 이때 얻은 문장은 '화작(和作)'이라 칭했다.

창수(唱酬)는 회응 방식에 따라 두 가지 유형이 있었다. 하나는 '화의불화운(和意不和韻)'으로, 특정한 정황에서 원창에 회응할 때 시가의 내용은 원창과 관련이 있지만 형식은 구속되지 않았다. 이러한 양식은 한·위 시기에 이미 만들어졌으니, 그 대표적인 표현 형식은 증답시였다. 또 다른 종류는 화운시로, 곧 원

67. 岳娟娟, 「唐代唱和詩研究」, 10-16쪽.

창의 용운(用韻)에 따라 시를 짓는 것으로 그중 가장 대표적인 것은 '차운(次韻)'이다. '차운상수(次韻相酬)'는 중당의 원진과 백거이가 수창(首創)했고, 그 뒤에 시단에서 유행해 한시 창화의 가장 보편적 방식이 됐다. 후세에서 이른바 '창수'·'창화'라 하는 것은 왕왕 '차운상수'를 가리킨다.

창화는 갱화(賡和)의 대상에 따라 원창과 동시에 진행되는 동시성 화운과 원창과 다른 시대에서 이뤄지는 과시성(跨時性) 화운 등 두 종류로 구분되기도 한다. 특히 과시성 화운 즉 추화(追和)는 소식(蘇軾)에 의해 개창됐다. 소식은 도연명을 앙모하여 그 시를 추화하면서, "옛 시인에게는 의고(擬古)하는 작품이 있었지만 고인(古人)을 추화한 것은 없었으니, 고인을 추화한 것은 내가 시작했다"(『蘇轍集』「子瞻和陶淵明詩集引」)고 자부했다. 그 뒤 과시성 추화는 중국 외에도 일본, 조선, 월남 등에도 영향을 미쳤다. 중국의 시인을 앙모한 이들 나라의 문인들은 왕왕 시공간의 제한을 초월하는 방법으로 중국의 저명한 시인들의 시를 추화했는데, 이백과 두보, 백거이, 소식 등이 추화의 주된 대상이 됐다.[68]

맺음말

지금까지 명·청시대 중국과 한국, 월남, 일본, 유구 등 '동문'의 나라들이 외교적 무대에서 한시를 창화하며 전개한 이른바 창화 외교의 역사적 연원과 그 배경을 살펴보았다. 중국에서는 이미 선진시대부터 시를 활용한 외교가 유행했는데, 특히 춘추시대의 '시언지' 즉 시로써 자기의 뜻을 말하는 관행이 그 대표적 사례라 할 수 있다. 외교적 무대에서 『시경』의 시구를 '부(賦)'하는 '부시' 외교는 춘추시대에서 그 수명을 다했지만, 중국이 정치적으로 다원화된 남북조시대에도 시를 지어 외교에 활용한 '작시(作詩)' 외교가 외교 무대에서 빈번하게 펼쳐지기도 했다.

68. 陳友康,「中日文學交流中的詩詞唱酬問題」,『學術探索』2009-5, 123-125쪽.

이러한 외교적 관행은 중국의 국가와 다른 국가들의 관계에까지 확장됐으니, 명·청시대의 동아시아 국제 무대에서 다양하게 전개된 '창화' 외교가 그것이다. 우리가 이를 두고 '창화' 외교라고 부르는 까닭은 춘추시대나 남북조시대의 그것과는 달리 명·청시대의 외교에서는 '창화시'와 '한시 창화'라는 새로운 요소가 등장하기 때문이다. 창화시는 남북조시대에 출현해서 당·송시대에 크게 발전한 한시의 새로운 한 양식으로, 명·청시대에 이르러 동아시아 외교 무대에서 창화되어 독특한 외교 양식을 창출했다.

중국 학계에서는 춘추시대의 부시 외교는 물론이거니와 남북조시대의 작시 외교와 명·청시대의 창화(唱和 혹은 倡和) 외교까지 모두 총칭하여 '시부(詩賦) 외교'라고 부른다. 물론 창화 외교 역시 한시를 활용하는 외교라는 측면에서 부시 외교의 발전적 한 단계를 가리키는 명칭이라 할 수 있다. 그럼에도 불구하고 명·청시대에 한시 창화를 매개로 동아시아 국제사회에서 전개된 외교 양식을 가리켜 '시부 외교'라 부르지 않고 굳이 '창화 외교'라 부르는 까닭은 '시부 외교'란 명칭 자체에 문제가 있고, '창화 외교'에 간과할 수 없는 중요한 의미가 함축돼 있기 때문이다.

'시부 외교'의 '시부'란 '시(詩)와 부(賦)'라는 뜻인데, 실제 '시부 외교'에서 '부'가 갖는 의미는 매우 제한적이며 '외교'의 내용을 설명하거나 상징할 수가 없다. 차라리 '부시 외교'라 하면 그 '외교'적 특성을 이해할 수 있겠지만, '부시 외교'는 춘추시대의 외교 양식을 특징적으로 설명할 수 있다는 한계를 갖는다. 이와 동시에 '창화 외교'라는 명칭에는 한시 창화를 수단으로 하는 외교라는 의미 외에도 한시를 창화하듯 '창화(倡和)'하는 외교라는 의미까지 포함하고 있다. '倡和'는 '唱和'의 다른 표기이기도 하지만, '시가의 창화(唱和)'를 포함하여 선창(先倡)하고 화답하는 일체의 행위를 포괄하는 말로도 사용됐다. 실제로 명·청시대에 동아시아 국제사회의 외교 무대에서 실행된 '창화 외교'는 단순히 창화시를 창화하는 데 그치지 않고 일방이 선창 혹은 선도하면 또 다른 일방이 화답 혹은 호응하는 외교적 관행이 전개됐음을 확인할 수 있다. 창화 외교의 이러한 특수성은 창화 외교를 전개한 중국과 한국·월남·일본·유구 등 전통 시대 동아시아의 5국이 모두 한자와 한문·한시·한문학·한학 등을 공유한 '동문'의 나라들일 뿐만 아니라 조공과 책봉이라는 예(禮)의 교환을 통해 '왕회(王會)' 즉 이른바 중국적 세계 질서에 동참하고 있었다는 공통성과 깊이 관련돼 있다.

창화의 특성은 화의(和意)와 차운(次韻)에서 찾을 수 있다. 전자는 내용상의 특성이고 후자는 형식적 특징이다. 시대적 추세에 따라 혹은 개인의 성향에 따라 전자를 더 중시할 수도 있고 혹은 후자를 더 중시할 수 있지만, 기본적으로 원창시의 뜻과 운을 이어 화시를 짓는 것이 창화의 가장 본질적 속성이다. 그런데 화의는 곧 동의(同意)와 우의로 이어지기 쉽고, 차운은 곧 투시(鬪詩)와 경쟁으로 연결되기 쉽다. 창화의 형식과 속성을 외교에 적용하는 창화 외교는 창화의 이러한 내용과 형식을 아울러 현실 외교에 실현한다.

한시 창화가 창시(唱詩)에 내포된 상대 시인의 뜻을 읽고 동의를 표하면서 새로운 뜻을 제안하는 화답으로 이어지듯이, 창화 외교 역시 상대국의 의지를 정확하게 파악해 취할 것은 취하고 새로운 뜻을 제안하여 양자 관계를 일층 발전시켜 나가는 외교적 과정을 말한다. 또한 시가 창화가 창시의 형식을 빌려 새로운 화시(和詩)를 만듦으로써 동일한 문자로써 동질적 문학을 향유하는 동지애를 확인함과 동시에 자신의 작시 기술과 문학적 역량을 과시하는 문학 양식이듯이, 창화 외교 역시 상대국의 문화적 수준을 칭양하고 상대국과 자국의 '동문'을 강조함으로써 자국 역시 높은 문화를 창조·향유할 수 있는 문명 대국임을 자부하고 상대국과 함께 동일한 문화공동체에 참여하는 인동감을 확인할 수 있었던 외교 양식이었다.

물론 명·청시대 동아시아 국제사회에서 전개된 창화 외교의 독특한 의미를 강조한다고 해서, 그 이전에 한시를 이용한 외교와의 관련성을 부인할 수는 없다. 명·청시대의 창화 외교는 춘추시대의 부시 외교, 남북조시대의 작시 외교의 발전적 한 양식일 뿐이다. 다시 말해서 『시경』의 시구를 부창(賦唱)하던 춘추시대의 외교에서 시를 창작하고 증답하는 남북조시대의 외교로 변화하고, 나아가서는 창화시를 서로 창화하는 명·청시대의 외교로 발전했기 때문에, 명·청시대의 창화 외교를 이해하기 위해서는 춘추시대의 부시 외교와 남북조시대의 작시 외교에 대한 선행 이해가 불가결하다는 뜻이다. 이와 함께 당·송시대에 발전한 창화시라는 새로운 한시 양식과 한시의 창화라는 새로운 문학적 관행에 대한 이해 역시 명·청시대 창화 외교에 대한 이해를 위해서는 필요불가결하기 때문에, 이 장에서는 창화 외교의 역사적 기원과 전통 및 창화시의 본질과 그 역사적 전개에 대해 살펴보았다. 따라서 이 장은 명·청시대 창화 외교의 이해를 위한 기초적 지식을 확보하기 위해 마련된 도론적(導論的) 과정이었다고 할 수 있다.

제2장

한·중 외교상의 한시 창화와 창화 외교

머리말

춘추시대의 부시(賦詩) 외교부터 명·청시대의 창화(唱和) 외교에 이르기까지 한시를 이용한 외교 양식을 모두 '시부(詩賦) 외교'로 규정하는 중국 학계에서는 한시를 창화하면서 전개한 명과 조선의 외교 행위도 당연히 '시부 외교'라 부른다. 이들이 말하는 '시부 외교'에는 사신과 접대 인원의 한시 창화뿐만 아니라 학문의 토론 등 광범한 문화 교류까지 모두 포함된다.

그 예로 강룡범(姜龍范)과 류자민(劉子敏) 등은 "시부 외교는 모두 문인 유사(儒士)가 사자로 충당되어, 각종 외교 사명을 완성한 것을 제외하고 두드러진 것은 시부 창화와 문화 교류였다"[69]고 하고, 왕홍군(王鴻軍)은 "명사(明使)가 조선에 출사하면 그 나라의 저명한 문인 학사가 관반(館伴)을 담당해 명사의 조선 방문에 배동(陪同)하는 책임을 맡았다. 쌍방 사이의 시문 창화와 상호 소통, 학문 토론 등은 역사상 '시부 외교'라 부른다"[70]고 했다. 왕극평(王克平) 역시 "조선과 명조의 외교 과정 중에 쌍방의 사신은 왕왕 문학에 뛰어난 사인(士人)을 골라 써서 각종 외교 사명을 완성한 것 외에도 상대방 국가의 접대 관원과 문인, 심지어 국군(國君)과 시문을 창화하고 학문을 토론하며 나아가 기타 영역의 교류로까지 확대하는 것을 가리켜 시부 외교라고 한다"[71]고 하여, 명·청시대 '시부

69. 姜龍范·劉子敏,『明代中朝關係史』, 黑龍江朝鮮民族出版社, 1999. 259쪽.

70. 王鴻軍,「明代漢籍流入朝鮮李朝及其影響」,『內蒙古大學碩士論文』, 2007. 46쪽.

71. 王克平,「朝鮮與明外交關係研究-以"詩賦外交"爲中心」,『延邊大學博士論文』, 2009, 39쪽.

외교'의 범주에 한시 창화와 문화 교류를 모두 포함시켰다.

그러나 학문과 서적의 교환 등 문화 교류 전반을 '시부 외교' 범주에 포함시키는 것은 특별한 의미가 없다. 문화 교류 전반이 '시부'라는 말로 규정되기 어려울 뿐만 아니라, 이른바 '시부 외교'의 '부시' 행위가 기타 문화 교류와 직접적으로 관련되지 않았기 때문이다. 따라서 조선과 명의 외교 무대에서 한시의 창화를 통해 펼쳐진 독특한 외교 양식은 '시부 외교'라는 포괄적·일반적 명칭보다는 '창화(唱和/倡和) 외교'라는 특수한 명칭으로 규정하는 것이 보다 합리적이라 할 수 있다.

한국의 조선과 중국의 명이 병존한 시대에 한·중 외교 무대에서 실행된 창화 외교를 춘추시대의 그것과 함께 일괄해 '시부 외교'라 묶을 수 없는 또 다른 이유는 조·명 외교 무대에서의 '부시'가 춘추시대의 '부시언지(賦詩言志)'와 동일시될 수 없기 때문이다. 그 기원이 춘추시대의 '부시 외교'에서 발견된다 하더라도, 조·명의 '부시'는 이미 선진(先秦)의 '단장취의(斷章取義)' 방식으로『시경』에서 인용하여 자기의 생각과 요구를 표현하는 것이 아니라, 즉석부시(卽席賦詩) 방식으로 정황에 부합한 한시를 즉석에서 지어 교환하는 외교 양식으로, 이는 사자 개인의 문학적 소양에 대한 검증이자 그 사자를 파견한 나라의 문화적 수준을 과시하는 과정이었다.[72] 명은 문명(文名)이 매우 높은 문학지사(文學之士)를 사신으로 조선에 파견해 한시를 창화하게 함으로써 군사력 약화로 인한 국위의 저하를 만회하고 문명 대국의 문화적 저력을 한껏 과시하여 동아시아 국제사회의 중심으로서의 위상을 확인하려 했고, 조선도 저명한 문학지사를 접반사로 임명하여 시전(詩戰)에 대응하게 함으로써 중국에 못잖은 문화 대국의 역량을 뽐내 한시를 창화하듯 중국과의 외교적 현안을 자연스럽게 해결하려 노력했다.

조·명시대의 한·중 창화 외교는 동아시아 창화 외교의 전형이었다. 창화 외교는 이 시기에 중국과 한국, 월남, 유구, 일본 등 '동문(同文)'의 나라들로 구성된

72. 杜慧月·詹杭倫,「明代金湜,張城出使朝鮮與『田中皇華集』述論」,『蘭州學刊』2008-1, 144쪽.

동아시아 국제사회에서 광범하게 전개됐지만, 한국에서 발생한 명의 사절과 조선 문신들의 한시 창화에는 가장 많은 외교관이 가장 빈번하게 참여했을 뿐만 아니라 양적으로나 질적으로 가장 두드러진 성과를 남겼다. 한·중 외교 무대에서 펼쳐진 창화 외교는 대부분 시인들이 직접 만나 즉석에서 이루어졌고, 단위 시간 안에 생산된 작품이 가장 많아 총 56권의 『황화집(皇華集)』에 6,289수의 창화시가 수록되기에 이르렀다. 그것은 한시 교류사상 밀도가 가장 높고 성과가 가장 많았던 한시 교류 활동으로 "가히 공전절후(空前絶後)의 높은 봉우리였다"[73]고 평가되기도 하고, 창화시 전체의 역사에서 보아도 "당대의 원백(元白) 창화와 송대의 소황(蘇黃) 창화의 뒤를 이은 제3좌(座)의 고봉(高峯)이었다"[74]고 평가되기도 한다.

중국의 명과 한국의 조선이 병존한 조·명 시기는 한·중 관계사상 매우 우호적이었던 한 시기로, 이 시기 양국 외교에서 가장 주요한 특색은 중국 학계에서 흔히 '시부 외교'라 불리는 창화 외교였다. 창화 외교라는 이 특수한 외교 방식은 "쌍방의 '시부' 창화를 통해 자기의 생각과 주장을 완곡하게 표현하고 감정을 소통하며 우의를 증진하여, 쌍방 외교 중에 출현한 문제를 해결하거나 해결에 도움을 주었다." 그것은 "정치 교섭상의 부족을 보완하여 양국의 상호 이해와 평화 유지의 유효한 길이 되고 양국 관계가 안정적으로 발전하게 하는 유력한 접합제가 되어, 양국 관계 중의 정치문제를 해결하고 양국의 문화 교류를 심화하며 양국의 우호관계를 밀접하게 하도록 촉진하는 측면에서 중요한 작용을 했다"[75]고 평가된다. 따라서 이 장에서는 조·명시대에 한국과 중국의 외교 무대에서 유행한 '한시 창화를 통한 외교'를 '창화(唱和/倡和) 외교'로 규정하여 그 역사적 전개와 정치·외교사적 의미를 살펴보려 한다.

---

73. 趙季, 「中朝詩歌交流的歷史巓峰-明朝使節與朝鮮臣工詩歌唱酬綜論」, 『南開學報』 2016-3, 16쪽.

74. 詹杭倫, 『明代文臣出使朝鮮與『皇華集』』 序, 杜慧月, 『明代文臣出使朝鮮與『皇華集』』, 北京, 人民出版社, 2010; 王准, 「論『皇華集』詩賦創作的文學史意義」, 『學術探索』 2014-11, 117쪽.

75. 王克平, 「朝鮮與明外交關係研究-以"詩賦外交"爲中心」, 34쪽, 「摘要」.

1. 책봉(冊封)과 조공(朝貢)의 예를 교환한 종번(宗藩) 관계와 사대자소(事大字小) 관계, 통사(通使) 관계

주원장(朱元璋) 등이 명(明)을 건립하고 북원(北元)을 중국에서 축출하며 요동(遼東)을 점거한 1368년(洪武 원년, 恭愍王 17년)에, 고려(高麗) 공민왕은 사신을 보내 명과 수교했고, 그다음 해에 명 태조(太祖)도 사신을 보내 고려에 국서를 전달케 했다. 1370년(홍무 3년, 공민왕 19년)에는 명 태조가 사신을 고려에 보내 공민왕에게 금인(金印)과 고문(誥文)을 주며 국왕으로 책봉하고 대통력(大統曆)을 전달함으로써 양국은 정식으로 종번(宗藩) 관계를 맺었다.

주원장은 『황명조훈(皇明祖訓)』 수장(首章)에서 "사방 제이(諸夷)가 모두 산과 바다로 격절돼 한쪽 구석에 치우쳐져 있어 그 땅을 얻어도 공급하기에 부족하고 그 백성을 얻어도 사령(使令)하기에 부족하다. 만약 그들이 스스로 잘 헤아리지 못하고 우리 변경에 와서 소란스럽게 한다면, 이는 상스럽지 못한 일이다. 그들이 이미 중국(中國)의 걱정거리가 되지 못하니, 우리가 군사를 일으켜 가볍게 정벌해도 역시 상스럽지 못한 일이다. 나는 후세의 자손들이 중국의 부강함에 의지해서 일시의 공을 탐하여 아무런 까닭 없이 군사를 일으켜 인명을 살상할까 염려하여 그 불가함을 엄중하게 기록한다"고 하여, 주변 국가들과 평화적 관계를 염원하면서 "후세가 감히 조법(祖法)을 바꾸어서는 안 된다"고 경계했다.[76] 중국의 명이 한국의 조선(朝鮮)과 월남의 안남(安南), 유구의 중산국(中山國) 등 주변 국가들과 책봉과 조공의 예(禮)를 교환하는 종번 관계를 수립한 것은 이러한 의지의 표현이었다.

명 초에 중국 주변에 포진한 국가들 가운데 중국 중심의 세계 질서에 가장 적극적으로 참여한 국가는 한국의 신생국 조선이었다. 『명사(明史)』 조선전(朝鮮傳)에 의하면, "그때 영락제(永樂帝)가 북도(北都)로 천도하여 조선이 더욱 가까워지자 사대(事大)의 예(禮)가 더욱 공손해지고 조정도 이를 예로 대우하니, 다

76. 余繼登, 『典故紀聞』, 中華書局, 1981. 95쪽.

른 나라들은 감히 바라보지 못했다"고 한다. 주체(朱棣)가 "새로 보위에 올랐으나 천하 제후 가운데 조하(朝賀)하는 자가 아직 없었을 때, 오직 조선만 상상(上相)을 보내 진하(進賀)했다. 제(帝)가 그 충성을 가상히 여기고, 이로 인해 조선을 두텁게 대했다"(『太宗實錄』 3년 11월 癸未)고 한다. 명의 성조(成祖) 영락제 주체는 조선의 사신에게 "외방(外邦)이 비록 많지만 조선은 다른 곳과는 비교할 수도 없다"(『太宗實錄』 8년 4월 戊子)고 말하기도 했다.

조선의 적극적 참여는 명의 적극적 예우를 이끌어 냈다. 『명실록(明實錄)』에 의하면, "옛날에 중국 제후(諸侯)는 천자에게 매년 한 번 소빙(小聘)하고 3년에 한 번 대빙(大聘)했으며, 구주(九州) 밖 번방(番邦) 원국(遠國)은 매년 한 번 입조했고 그 공헌(貢獻)한 방물(方物)은 성의와 경의를 표하는 데 그쳤을 뿐이다. 고려는 중국에 자못 가깝고 문물 예악이 상당히 있어 다른 나라와 다르기 때문에 3년 1빙의 예에 의한다"(『明太祖實錄』 洪武 7년 3월 癸巳)고 했다. 예제(禮制)상 고려를 '번방'에서 '중국 제후'와 병렬하는 지위로 상승시킨 것이다. 1394년(홍무 27년)에는 번국조공의(蕃國朝貢儀)를 정하면서 조선을 사이(四夷)의 머리에 놓기도 했다. 1537년(嘉靖 16년)에 명사(明使) 한림원수찬(翰林院修撰) 공용경(龔用卿) 등이 조선에서 돌아와 말하기를, "조선은 평소에 공순(恭順)함이 칭송되어 제이(諸夷)와 비교해서 같지 않으며, 국가가 그 국(國)을 예우하는 것도 일찍이 이례(夷禮)로 대한 적이 없다"(『明世宗實錄』 嘉靖 16년 9월 庚寅)고 했다. 심지어 무역상으로도 특별히 우대하여 "구례(舊例)에 의하면 각처의 이인(夷人)이 조공하여 객관(客館)에 이르면 5일에 한 번 방출(放出)하고 나머지 날은 마음대로 출입하는 것을 불허했는데, 오직 조선과 유구 두 나라의 사신만 출외무역(出外貿易)이 5일의 제한에 들지 않도록 허락했다"(『明孝宗實錄』 弘治 14년 春正月 壬申)고 한다.

그러나 책봉과 조공의 예를 교환하는 종번 관계는 기본적으로 국가와 국가의 관계를 의제적(擬制的) 군신 관계로 규정하는 것이다. 종번 관계의 쌍방 즉 종주국(宗主國)과 번속국(藩屬國)은 본질적으로 서로 독립된 국가였지만, 적어도 명분상으로는 군(君)과 신(臣)의 입장을 취했다. 이로 인해 "천자(天子)보다 귀한 것은 없으니, 온 천하가 다 그 신하다. 중화(中華)보다 더 높은 것은 없으니, 솔토지

빈(率土之濱)이 다 그 땅이다. 군신(君臣)의 의(義)와 빈복(賓服)의 예(禮)는 모두 이치가 언제나 그러하다"[77]라는 말이 이로(李魯)와 같은 조선 사인(士人)의 입에서 나올 수 있었다. 조선 선조(宣祖)의 왕대비도 교서를 내려 광해군(光海君)의 죄상을 열거하면서 "우리나라가 천조(天朝)를 복사(服事)한 지 2백여 년인데, 의리는 군신과 같고 은혜는 부자(父子)와 같았다"(『仁祖實錄』 원년 3월 甲辰)고 했다.

조선과 명은 책봉·조공 관계뿐만 아니라 사대자소(事大字小) 관계도 갖고 있었다. 흔히 이 양자를 구분하지 않고 있지만, 이 양종의 국제 관계는 원래 그 역사적 기원을 함께하지 않았다. 책봉·조공 관계가 성읍국가 공동체의 중심 역할을 하던 '중국(中國)'이라는 성읍국가가 주변의 성읍국가들 즉 '사국(四國)'을 책봉하고 조공을 받던 상(商)·주(周) 성읍국가시대의 국제사회에 기원을 두고 있었다면, 사대자소 관계는 약소한 국가가 강대한 국가를 섬기고 강대한 국가가 약소한 국가를 보호하면서 일정한 국제 질서를 유지하던 춘추전국시대에서 그 기원을 찾을 수 있다. 전자가 사실상 독립된 국가들의 불평등한 의제적 군신 관계였다면, 후자는 국제사회의 중심과 주변의 수평적 국제 관계였다.

이처럼 성격도 다르고 기원도 달랐던 양종의 국제 관계는 중국이 한 국가에 의해 통일된 진(秦)·한(漢)시대 이후에는 하나의 새로운 외교적 양식으로 통합되어 중국 국가와 그 주변 이웃 국가의 국제 관계에 적용됐다. 명과 조선도 건국 초부터 책봉·조공 관계를 맺음과 동시에 사대자소 관계도 갖게 됨으로써 중국적 세계 질서를 구성하는 전형적 모형을 건립했다. 책봉의 예를 주도한 종주국 명이 조공의 예를 주도한 번속국 조선에 출병해 '항왜원조(抗倭援朝)'한 임진왜란(壬辰倭亂)은 책봉·조공 관계와 사대자소 관계가 결합된 전형적 사례라 할 수 있다.

임진왜란 직후에 조선의 대신 홍익한(洪翼漢)이 명조에 출사하는 길에 장구(章丘)를 거쳤는데, 그곳의 중국인 생원(生員) 이여두(李如杜)와 이성룡(李成龍) 등이 홍익한에게 다음과 같이 말했다. "귀국은 평소에 예의(禮義)의 나라라고 칭해

77. 權好文, 『松岩先生文集』 卷6 「松岩先生行狀」, 韓國民族文化推進會 『韓國文集叢刊』 제54冊, 1989.

졌는데, 노적(奴賊. 즉 滿洲)이 요(遼)를 함락시킨 뒤에도 항해를 꺼리지 않고 옥백(玉帛)이 서로 이어졌으니, 사대의 정성이 지극하다 이를 수 있다." 이에 홍익한이 회답하여 "소국(小國)이 어찌 사대의 뜻을 모르고 대국의 은혜를 잊겠는가. 임진년과 정유년에 왜구에게 거의 함몰될 뻔 했는데, 다행히 신종(神宗) 황제의 자소(字小) 흥멸(興滅)의 덕에 의지해서 번방(藩邦)을 재조(再造)할 수 있었다"(洪翼漢, 『朝天航海錄』)고 하여, 양국의 사대자소 관계에 대한 인식을 분명하게 드러냈다.

조선과 명의 사대자소 관계는 의식상으로는 명이 멸망한 뒤까지도 계속 유지됐다. 만청(滿淸)이 중국을 지배한 뒤에 조선의 사인 박지원(朴趾源)은 명과 조선의 관계에 대해 다음과 같이 논술한 적이 있다. "오호, 황명(皇明)은 우리의 상국(上國)이다.…어떻게 상국이 되는가. 중화(中華)다. 우리 선왕 열조가 명을 받은 곳이다. 따라서 그 도읍을 정한 연경(燕京)을 경사(京師)라 하고, 그 순행하는 곳을 행재(行在)라 한다. 우리가 토물(土物)을 바치는 예의를 직공(職貢)이라 하고, 그 당녕(當寧)을 일러 천자(天子)라 하며, 그 조정을 일러 천조(天朝)라 하고, 배신(陪臣)이 궐정(闕庭)에 있음을 조천(朝天)이라 하며, 행인(行人)이 우리 강역에 출사한 것을 천사(天使)라 하고, 속방(屬邦)의 부인(婦人)과 유자(孺子)가 상국을 칭하여 천(天)이라 하며 존숭하지 않음이 없음이 4백 년을 하루같이 했다. 바꾸어 우리 명실(明室)의 은혜는 잊을 수 없다. 예전에 왜인이 우리 강역을 뒤엎었을 때, 우리 신종 황제가 천하의 군사를 일으켜 동쪽으로 원조하고 탕은(帑銀)을 고갈하며 군사를 제공하여 우리 삼도(三都)를 회복하고 우리 팔로(八路)를 되돌림으로써, 우리 조종(祖宗)이 나라를 잃을 때 나라를 갖게 하고 우리 백성이 풀로 짠 만이(蠻夷)의 복장 풍속을 면할 수 있게 했으니, 그 은혜가 골수에 사무쳐 만대에 이르도록 우리 상국의 은혜에 의지한다"(『熱河日記』「行在雜錄」).

명과 조선의 관계는 책봉과 조공의 예를 교환한 종번 관계이자 서로 사대하고 자소하는 관계였으며, 아울러 사신을 서로 교환하는 통사(通使) 관계이기도 했다. 책봉·조공 관계와 사대자소 관계는 사절의 상호 교환으로 비로소 성립되고 유지됐다. 따라서 가장 전형적인 책봉·조공 관계와 사대자소 관계를 유지했던 명과 조선은 당연히 매우 정교하게 구축된 제도적 틀 안에서 빈번하게 사절을 교환했다. 엄종간(嚴從簡)이 "매 조정 대사는 반드시 그 국(國)에 보내 반조(頒詔)하고, 고애(告哀)하여 청봉(請封)하면 반드시 근신(近臣)과 행인(行人)을 보내 조제(弔祭)하며, 책봉은 상례(常例)로 한다"(『殊域周咨錄』)고 했듯이, 명은 조선의 국왕과 왕비, 세자를 책립(冊立)하고 시호(諡號)와 상사(賞賜)를 전달하며 명 황제의 등극과 상존호(上尊號), 태자의 탄생과 책립 등 중대 사건을 전하고 조칙을 반포하기 위해서 사자를 파견하는 것을 제도화했다. 한 통계에 의하면, 명이 건국 이후 쇠망할 때까지 242년 동안 조선에 사신을 파견한 횟수가 모두 186회에 이르렀다고 한다.[78] 명조 사신이 조선에 출사한 행차가 조선 사신이 명조에 출사한 행차보다 훨씬 적었지만, 명조 사신이 조선에 출사한 횟수는 명대 이전의 역대 왕조가 한반도 각국에 파견한 횟수를 훨씬 초과했다. 명조의 16명 황제가 그 재위 기간의 장단과 관계없이 모두 사신을 조선에 파견했다는 점은 그들이 조선과의 관계를 매우 중시했음을 드러낸 것이다.[79]

조선도 매년 네 차례의 고정적 사절 즉 황제의 생일을 축하하는 하성절사(賀聖節使), 정월 초하루를 축하하는 하정사(賀正使), 태자 생일을 축하하는 하천추절사(賀千秋節使), 동지를 축하하는 하동지사(賀冬至使)를 파견했을 뿐만 아니라, 책봉과 사시(賜諡)를 청구하는 주청사(奏請使), 책봉과 상사(賞賜)에 감사하는 사은사(謝恩使), 황제 등극과 상존호, 황후·태자의 책립을 축하하는 진하사(進賀使), 진공(進貢)을 위한 진헌사(進獻使), 국왕과 왕비의 상사(喪事)를 알리는 고부사(告訃使) 등 비상(非常) 사절 및 진주사(陳奏使)·진위사(陳慰使)·문안사(問安使) 등 명목

78. 李鉉淙, 「明使接待考」, 『鄕土서울』 12, 1961, 89쪽.

79. 高艷林, 「明代中朝使臣往來研究」(『南開學報』 2005-5) 70쪽에서는, 명 일대에 명조 사신이 조선에 출사한 것이 모두 153회 행차(行次)로, 평균 매년 0.6회 행차였다고 한다. 특히 사이(四夷)와 교통하는 일에 관심이 고조되고 조·명 양국의 관계가 정상화된 永樂 연간 즉 명 成祖 재위 기간 22년 동안에는 명조가 조선에 사신을 파견한 것이 모두 41회 행차로 평균 매년 1.9회 행차에 이르기도 했다고 한다. 王裕明, 「明代遣使朝鮮述論」(『齊魯學刊』 1998-2) 110쪽에서는, 명이 조선에 파견한 사신이 약 170여 차 있었고 인원수는 200여 명에 달했다고 분석했다. 廖肇亨, 「從「搜奇獵異」到「休明之化」-由朱之蕃看晩明中韓使節文化書寫的世界圖像」, 63쪽; 高艷林, 「明代中朝使臣往來研究」, 『南開學報』 2005-5. 70쪽.

이 번다한 임시 사절을 수시로 파견했다. 엄종간의 『수역주자록(殊域周咨錄)』도 조선이 "매년 만수성절(萬壽聖節), 정단(正旦), 황태자천추절(皇太子千秋節)에 언제나 사절을 보내 봉표(奉表) 조하(朝賀)하고 방물을 공납했다. 그 외에도 경위(慶慰)·사은(謝恩) 등 사절이 비정기적으로, 혹은 귀환하지 않았는데 뒤 사절이 이르기도 했다"고 증언한다.

명조와 조선이 상대 국가에 파견한 사신의 차수를 보면, 조선이 명조보다 훨씬 더 많았다. 명대에 조선이 중국에 파견한 사신은 1,252차로 매년 평균 4.6차에 이르렀다. 어떤 때는 사신이 돌아오지 않았을 때 다른 사신이 출발하여 도중에 서로 바라보기도 하고, 출사 목적이 다른 사신이 북경의 같은 숙소에서 묵기도 했다. 명대 일대에 조선 사신이 중국에 출사한 횟수는 명대 이전 한국의 여러 왕조가 중국에 파견한 사신의 출사 총수를 초과했다.[80]

조·명 양국은 사절이 왕래하는 시간과 차수를 제도적으로 결정했을 뿐만 아니라 사신의 노선까지 상세하게 규정했으니, 북경(北京)에서 산해관(山海關)까지 10참(站), 산해관에서 요동(遼東)까지 17참, 요동에서 압록강(鴨綠江)까지 '동8참(東八站)' 등을 경유했다. 의주(義州)에는 조선의 원접사(遠接使)가 기다리고 있다가 명사가 도강하면 의주에서 한성(漢城)까지 명사를 접대하는 일을 책임졌는데, 그는 한성의 태평관(太平館)에 이를 때까지 여러 명 종사관(從事官)의 도움을 받으며 명사와 한시를 창화했다. 한성에서는 관반(館伴)이 명사를 배동하며 거주와 유람 등을 주선하고 안내했는데, 이때도 명사와의 한시 창화가 주요한 행사의 하나였다. 명사가 귀국할 때는 한성에서 의주까지 반송사(伴送使)가 동반하면서 역시 한시를 창화했고, 압록강 변에서는 유별(留別)과 송별(送別)의 창수(唱酬)가 반드시 이루어졌다. 이에 반해 조선 사신이 중국에 갈 때는 중국 경내에 전문 접대 인원이 없었고, 북경에 도달해서 옥하관(玉河館)에 들어간 뒤에는 마음대로 출입할 수 없었기 때문에, 일반적으로 한시의 창화가 이루어지기 어려웠다.[81]

---

80. 高艷林, 「明代中朝使臣往來研究」, 69-76쪽.

조선과 명 사이에 창화 외교가 꽃피우게 된 데에는 여러 가지 역사적 배경이 작용했는데, 그중 가장 눈에 먼저 띄는 것은 양국의 제도적 정치 관계였다. 한국과 중국 사이에서는 오랫동안 종번 관계와 사대자소 관계 및 통사 관계가 동시에 작동되는 복합적 국제 관계의 전통이 지속적으로 발전해 왔고, 이러한 국제 관계는 조·명시대에 이르러 가장 전형적 단계를 보여 주었다. 조·명 시기는 삼국·남북조시대 이래로 지속적으로 발전해 온 이러한 한·중 관계가 가장 만개했던 시기로 전 시기, 전 세계적으로 보아도 조·명 시기의 한·중 관계는 가장 전형적이고 제도적으로 가장 잘 정비된 종번 관계, 사대자소 관계, 통사 관계였다고 규정할 수 있을 것이다.

조·명시대의 이러한 한·중 관계는 양국의 외교관들이 만나서 한시를 창화하며 외교적 현안을 자연스럽게 풀어 나가는 창화 외교의 제도적 조건이 됐다. 선창(先唱)과 화답(和答)이 시운(詩韻)을 공유하며 갱수(賡酬)하는 한시의 창화처럼, 중국과 사국이 국제 공동체 유지라는 공동의 목표를 공유하면서 서로 창화(倡和)하며 조화롭게 외교 문제를 해결할 수 있었기 때문에, 우리는 조·명시대의 이러한 한·중 외교 양식을 창화 외교로 규정할 수 있을 것이다.

2. 한자(漢字)와 예의(禮義), 모화(慕華)와 소중화(小中華), 그리고 기자(箕子)

책봉·조공 관계와 사대자소 관계 및 통사 관계가 조·명시대 한·중 창화 외교의 정치적 기반이었다면, 한자와 한문·한학·예의 등의 공유와 모화 및 소중화 의식은 문화적 토양이었다고 할 수 있다. 한자는 중국과 한국의 통용 문자였고, 한문학은 중국인과 한국인이 공유하는 문학이었다. 이러한 문자와 문학의 공유와 동질성은 한시를 통한 창화 외교를 가능하게 한 제1의 조건이었다. 그뿐만 아니라 조·명시대의 한국인과 중국인은 예의라는 가치관을 공유했다. 당시

---

81. 趙季,「中朝詩歌交流的歷史巔峰-明朝使節與朝鮮臣工詩歌唱酬芻論」,『南開學報』2016-3, 17쪽.

에 한국을 가리켜 '동방예의지국(東方禮義之國)'이라고 자타가 공인한 것은 당시의 한국인이 중국인과 마찬가지로 예의라는 가치관을 고도한 수준으로 공유했음을 의미한다. 당시 한국인의 '모화' 의식과 '소중화'를 자처한 자의식은 바로 이러한 문화의 동질성과 가치관을 공유한다는 '동문(同文)' 의식이 자연스럽게 발전하여 유행한 것이다.

문자와 가치관의 공유는 정치 공동체의 참여와 무관하지 않다. 책봉과 조공이라는 통로를 통해 문화가 유통됐기 때문이다. 최만리(崔萬理)가 훈민정음을 반대하는 상소문에서 "아조(我朝)는 조종조(祖宗朝) 이래로 지성으로 사대하여 화제(華制)를 오로지 존중했다. 지금 동문동궤(同文同軌)의 시기에 당하여 언문(諺文)을 창작했으니 보고 듣기에 놀랍다"라고 한 까닭도 여기에 있다. 서거정(徐居正)도 한국이 "중국의 번방이 되어 대대로 중국과 친신(親信)하여 봉작(封爵)을 받고 조공이 끊어지지 않았으며, 예의의 도가 결여되지 않고 의관 제도가 모두 중국 각 대의 제도와 같았다. 이로 인해 시서예의(詩書禮義)의 나라라 하고 인의(仁義)의 나라라고 했다"(『筆苑雜記』 卷1)고 했다.

이로 인해 중국인들은 한국을 일본이나 안남 등 다른 주변국에 비해 수준 높은 문화를 향유하는 나라로 매우 높게 평가해 한국의 문화적 우월감을 조장했다. 한 예로, 1475년(成化 11, 成宗 6년)에 조선에 출사한 바 있는 기순(祁順)은 "내가 중조(中朝)에서 벼슬하며 듣기로는 문헌을 가진 외국 가운데 조선이 으뜸이라고 한다. 그 사람들은 유학을 일로 삼고 경전을 학습하며 오직 공성(孔聖)의 도(道)를 존숭하고 기자(箕子)의 가르침을 지킬 뿐이다.…그 문물·전장(典章)은 중화와 다르지 않고 다른 나라를 훨씬 뛰어넘는다"(嚴從簡, 『殊域周咨錄』)고 극찬했다. 명대의 문인 오명제(吳明濟)도 『조선시선(朝鮮詩選)』을 편집할 때 "우리 중국의 부인 여자, 삼척동자까지 조선의 예의와 문학이 융성함을 듣지 않은 자가 없다"[82]고 말하기에 이르렀다.

한국의 문화적 우월성에 대한 중국인의 인정과 칭송은 그 문화적 근사성과

82. 祁慶富 校注, 『朝鮮詩選校注,吳明濟序』, 遼寧民族出版社, 1999, 239쪽.

동질성에 대한 인정과 칭송이었다. 즉 한국의 문화와 가치가 이미 중국과 근사해졌기 때문에 더 이상 이적시(夷狄視)할 수 없다는 것이다. '중국(中國)'은 중원(中原)에 존재한 특정 역사 공동체를 이르는 말이지만, '중화(中華)'는 중국이라는 역사 공동체가 건립한 문화 공동체를 이르는 말이다. 정치상의 '사대(事大)'는 문화상의 '모화(慕華)'에 기초한 것이고, '모화'는 중국과 문화를 공유한다는 '동문' 의식의 다른 표현이었다.

조·명시대의 한국인이 갖고 있던 기본적 문화 심리 가운데 하나가 곧 '모화'였다. 조선의 문사 강희맹(姜希孟)은 "우리나라는 소중화(小中華)라 호칭하니, 무릇 예악·문물과 민풍(民風)·토습(土習)이 모두 황조(皇朝)를 본받았다"(姜希孟, 『私淑齋集』 卷8 「送鄭都事赴黃海幕下序」)고 했다. 조선 시기 명사를 영송(迎送)하는 역관(驛館)의 본명이 '모화루(慕華樓)'였고, 뒤에 '모화관'으로 바뀌었다. 최부(崔溥)의 「모화관기(慕華館記)」에 의하면, "'모화'로 이름을 지은 것은 외천사대(畏天事大)의 뜻을 취한 것이다.…당당한 천조(天朝)는 예악·문물이 모인 곳이요 전장법도(典章法度)가 나오는 곳이며, 보천솔토(普天率土)가 에워싸고 보며 내향(內向)하는 땅이다.…우리 국조(國朝)는 이륜(彝倫)이 질서 정연하고 예교(禮敎)가 밝게 빛나서 화인(華人)도 소중화라 하니, 소화(小華)가 대화(大華)를 사모함은 당연한 일이다. 관(館)의 이름도 당연하다"(崔溥 『錦南先生集』 卷1, 「慕華館記」).

이처럼 적극적으로 모화한 결과, 조선인은 "교화(敎化)가 크게 시행되어 남자는 열사(烈士)의 기풍이 있고 여자는 정정(貞正)의 습속이 있어 역사에서 소중화라 칭한다"(『成宗實錄』 3년 7월 壬辰)고 자찬하게 되고, 중국인은 "(한국)사람들이 경사(經史)를 알고 문물·예악이 중국과 대략 비슷하여 다른 나라와는 비교할 수도 없다"(『明太祖實錄』 洪武 7년 3월 癸巳)고 칭찬하는 지경에 이르렀다. 문화적 우월감이 밑거름되어 형성된 소중화 의식에서 볼 수 있듯이, 조선시대 한국인의 모화는 한편으로는 중국 문화에 대한 문화적 인동감 즉 '동문' 의식의 표현임과 동시에 다른 한편으로는 자기 문화에 대한 자존 의식의 표출이었다. 한국인의 이러한 이중적 모화 의식을 가장 잘 표현하는 것이 곧 기자(箕子) 숭앙 의식이었다.

중국에서 은(殷) 말 '삼인(三仁)'의 한 명으로 숭앙된 기자는 한국에서는 문화적 시조의 한 명으로 존숭됐다. 전통 시대의 한국인은 문화 시조 기자로 인해 문화와 가치를 중국과 공유하게 됐다고 생각했다. 명 태조 주원장은 "동이(東夷)의 호칭 가운데 오직 조선(朝鮮)이란 칭호만이 아름답고 그 유래도 오래됐으니 그 명칭을 근본으로 본받을 것이다"(『太祖實錄』 2년 2월 庚寅)고 하면서, 이성계가 건립한 왕조의 국호로 '조선'이 좋겠다는 의견을 밝혔는데, 그가 말한 '조선'은 곧 이른바 '기자조선'을 가리킨다. 신왕조 조선이 과거의 '기자조선'을 계승했음을 인정한 것이다. 조선의 세종(世宗)도 "우리 동방은 문물·예악이 중국과 비슷해서 지금까지 2천여 년에 이른 것은 기자의 가르침에 의지했기 때문이다"(『世宗實錄』 10년 4월 辛巳)라고 했다. 후세의 조선 국왕도 왕왕 명 태조 주원장을 주(周) 무왕(武王)에 비견하고 조선 태조 이성계를 기자에 비견했으니, 기자에 대한 존숭은 조선 왕조 시기에 전례 없이 성행하여 기자학(箕子學)이 공적 학술이 되고 기자 사당과 무덤이 공식적 제사 장소가 됐으며, 명사가 조선에 와서 평양에 이르면 언제나 기자묘(箕子廟)를 알현·참배하게 했다.

기자에 대한 존숭은 이미 삼국시대부터 유행했으니, 고구려에서는 기자를 신(神)으로 모셨고 고려에서는 기자의 사당과 무덤에 제사를 드리기 시작했다. 그리고 마침내 서거정의 『동국통감(東國通鑑)』「기자조선」에 이르러서는 기자동래설(箕子東來說)이 다음과 같은 전설로 확장됐다. "기자가 중국 5천 인을 이끌고 조선으로 들어오니, 그 시(詩)·서(書)·예(禮)·악(樂)·의(醫)·무(巫)·음양(陰陽)·복서(卜筮)의 부류와 백공(百工)·기예(技藝) 등이 모두 따라왔다. 조선에 와서 언어가 불통하자 번역해서 알게 했다. 시·서를 가르쳐 중국의 예악 제도와 부자·군신의 도, 오상(五常)의 예를 알게 했다. 8조(八條)로써 가르쳐 신의를 숭상하고 유술(儒術)을 돈독히 하여 중국의 풍교(風敎)를 양성했다.…의관 제도가 모두 중국과 같았다. 이로 인해 시서예악(詩書禮樂)의 나라, 인의(仁義)의 나라라고 했으니, 기자가 이를 시작했음을 어찌 믿지 않겠는가." 이처럼 광범한 기자 존숭을 통해 조선인은 스스로 기자의 문화적 적통 후계자로 자처하고 '동방예의지국'을 자칭하기에 이른 것이다.

조·명 시대 한국인의 기자 숭앙은 모화 의식과 자존 의식이 결합된 표현이었다. 기자는 예의라는 최고의 가치와 팔조지교(八條之教)라는 고대 문화 체계를 상징하는 인물이었다. 이러한 인물이 조선에 와서 조선인을 교화하여 이(夷)에서 화(華)로 변화시켰다는 전설은 조·명시대 한국인에게 중국과 고급 문화를 공유함과 동시에 세계에서 가장 수준 높은 문화를 향유함을 자긍하게 해 주었다. 조선의 접반사들이 명사를 안내하여 평양의 기자 무덤과 사당을 참배하게 하는 것을 통상적인 관례로 삼은 것은 바로 이러한 문화적 공유 의식과 자존 의식을 드러내어 양국의 외교 관계를 원하는 방향으로 유도하려는 의도의 표현이었다. 기자 숭앙 의식은 조·명시대 한국인의 모화 의식, 소중화 의식과 함께 한·중 창화 외교를 만개하게 한 문화적 배경으로 작용했다.

3. 외교시(外交詩) 교환의 전통

책봉과 조공을 교환한 한·중 간의 종번 관계와 사대자소 관계가 조·명 시대 한·중 창화 외교의 정치적 배경이 됐다면, 한자와 한문학·가치관 등 문화를 공유하면서 상대국의 문화를 존중하고 자국의 문화에 대한 자주적 자긍심을 강하게 갖는 모화 의식과 소중화 의식은 그 문화적 배경이 됐다. 이와 아울러 이미 나·당시대부터 조·명시대 초기까지 장기간 외교시(外交詩)를 교환한 전통은 조·명시대에 한·중 양국이 전개한 창화 외교의 또 다른 배경이었다.

한자와 한문학은 이미 삼국시대부터 한국에 전래되어 한국 고유의 한 문화 요소로 소화되어 발전했다. 이로 인해 양국 사신이 빈번하게 왕래하는 과정에서 한자로 쓴 시 즉 한시(漢詩)로 정과 뜻을 표현하고 전달하는 전통이 확립되어, 어려운 정치·외교 문제를 해결하고 양국의 우의를 증진하는 데 기여했다. 특히 당과 신라의 관계는 매우 화목해서 한시 창화의 기풍이 크게 성했다. 당의 시인과 신라 시인 사이에는 수많은 창화가 있었으니, 『전당시(全唐詩)』에는 20수 이상의 신라인 시가 수록돼 있는데, 당과 신라 인사가 교환한 시편이 중국과

외국 인사의 시편 왕래의 절반 이상을 점했다.[83]

『삼국사기(三國史記)』「신라본기(新羅本紀)」에 의하면, 650년에 신라 진덕여왕(眞德女王)이 사신을 보내 당 고종(高宗)에게 「태평송(太平頌)」 시를 증송(贈送)했는데, 이는 문헌에 보이는 중국과 한국 최초의 외교시다. 『구당서(舊唐書)』「동이전(東夷傳)」에서도 이를 기재했지만, 당 고종이 화시(和詩)를 신라에 증송하지 않아 엄격한 의미의 한시 창화로 꼽을 수는 없다. 다만 양국 사이에 시문을 교환하는 외교의 전통이 이때 건립됐다고 할 수는 있다. 그 뒤 신라 경덕왕(景德王)이 안사의 난이 일어났다는 소식을 듣고 당에 사절을 보내 성도(成都)에 파천해 있던 현종(玄宗)을 위로하게 하자, 당 현종이 감격해서 한 수의 어제시(御製詩) 「증신라왕(贈新羅王)」을 부시했으니(徐居正, 『東文選』「序」), 진덕여왕의 증시에 대한 때늦은 수답(酬答)이라 할 수도 있다. 한시의 증답을 통해 양국의 외교 관계를 증진하려 했으니, 중국과 한국 사이의 창화 외교는 여기에서 싹이 텄다고 할 수 있다.

당과 신라 군주들의 '어제시' 교환 외에도, 양국 사절 차원의 한시 교환도 이 시기에 일어났다. 당이 신라에 파견한 사신들은 통상적으로 동료의 증별시(贈別詩)를 받았는데, 한 예로 당이 신라에 보낸 조제사(弔祭使) 형옥수(邢玉壽)가 떠나기 전에 "황제가 시서(詩序)를 짓고 태자 이하 백료(百僚)가 모두 부시(賦詩)하여 송별했다"(『三國史記』「新羅本紀」 孝成王)고 한다. 『전당시』에는 이 같은 송별시가 일일이 헤아릴 수 없이 많이 수록돼 있다.

다른 한편으로는 신라가 당으로 파견한 사절도 한시에 능하여 당의 시인 가도(賈島)가 신라 사절과 함께 연구(聯句)를 공동으로 창작하기도 했다. 신라에서 온 견당사(遣唐使)도 왕왕 당 시인의 증시(贈詩) 대상이 됐다. 당과 신라의 왕래가 빈번해져 수많은 신라 사신과 유학생이 당의 장안(長安)에서 중국 문사들과 심후한 우정을 맺었으니, 송별 증답은 언제나 볼 수 있는 시제(詩題)가 됐다. 『전당시』에는 도한(陶翰)과 요작(姚鵲), 장적(張籍), 석무가(釋無可), 허림(許琳), 피일휴(皮

83. 楊鑫鑫, 『唐代及唐以前中國文人與周邊地區人士的交往詩文本事鉤沈』, 復旦大學, 2008, 20쪽.

日休) 등이 신라 우인에게 증별한 시가 수록돼 있다. 그리고 고황(顧況) 등의 「당 사신이 신라에 출사함을 송별하는 시」가 있다.[84]

당에서 학습하거나 관직에 있던 신라의 사자(士子)들도 중국 문인과 깊은 우의를 맺고, 한시를 지어 서로 수창하고 이별시를 서로 증송하기도 했다. 최치원(崔致遠)은 한국 한문학의 기초를 놓은 인물로 입당하여 문명을 크게 떨쳤는데, 특히 당의 시인 고운(顧雲), 나은(羅隱), 장교(張喬), 배형(裵鉶), 오만(吳巒), 정전(鄭畋), 양첨(楊瞻) 등과 우의를 매우 두텁게 나누면서 한시를 창화했다. 최치원의 시집 중에는 그들에게 증송한 시나 함께 창화한 시가 많이 기재돼 있다. 예컨대 「양첨 수재(秀才)의 송별에 대한 수답(酬答)」과 「초주(楚州) 장상서(張尙書)가 수곽(水郭)에서 맞아주어 치사한 시」, 「오만 수재의 석별에 수답한 두 편의 절구(絶句)」 등이 그것이다. 그가 귀국할 때 그의 가장 친한 친구 고운이 시로 그를 송별하기를, "열둘에 배 타고서 바다를 건너와서, 문장이 중화국(中華國)을 감동케 했다. 열여덟에 횡행하며 사원(詞苑)에서 싸웠더니, 한 발의 화살 쏘아 금문책(金門策)을 깨뜨렸다"[85]고 칭송했다.

불교 숭상 기풍의 영향을 받아 그 당시 양국 문학 교류는 불교적 특색을 농후하게 드러냈으니, 시승(詩僧)이 문학 교류의 중요한 주체가 됐다. 통계에 의하면, 수·당시대 중국에 간 신라 승려는 모두 179명으로,[86] 모두 높은 수준의 한문구사 능력을 갖고 있어 한·중 문화 교류의 중추적 역할을 수행할 수 있었다. 수대에 중국으로 간 신라승 혜영(慧英)의 「일삼오칠구언시(一三五七九言詩)」가 그 대표적 성과였다.[87] 당 시인과 신라 유학승의 우정과 이별도 시제로 자주 등장했다. 당 현종 개원 연간에 전제고(典制誥) 판형부시랑(判刑部侍郎) 손적(孫逖)이 「신라 법사의 환국을 송별하며」 시를 짓고, 만당의 대시인 피일휴는 「신라 홍

84. 祈慶富·金成南, 「中韓文化交流史史料的發掘與整理」, 『當代韓國』 2000-秋季, 27쪽.

85. 朴鍾錦, 「中國'詩賦外交'的起源及近代發展」, 『國際政治研究』 2012-1, 153쪽; 楊昭全, 「隋唐宋元時期中朝文學的友誼與交流」, 『延邊大學學報』 1985-1, 92-95쪽.

86. 張非非, 『中韓關係史』 北京, 社會科學文獻出版社, 1998, 137쪽.

87. 吳伊琼, 「明朝與朝鮮王朝詩文酬唱外交活動考論-以『朝鮮王朝實錄』爲中心」, 復旦大學博士學位論文, 2013, 49-52쪽.

혜상인(弘惠上人)을 송별하며」 시를 지었다.[88] 신라의 구법 승려들에 대한 중국 승려들의 증별시도 많다. 이외에도 신라의 바둑 고수 박구(朴球)가 중국을 떠날 때도 당의 시인 장교(張喬)가 송별시를 증송했다고도 한다.[89]

여·송시대에도 나·당시대의 전통을 계승해 송 문인과 고려 문사가 서로 증송한 한시 작품은 모두 60편에 이르렀다. 서거정(徐居正)이 편찬한 『동문선(東文選)』과 『동인시화(東人詩話)』 등에는 고려인과 송인의 증답시와 창화시가 적지 않게 기록돼 있다. 고려시대에는 시문집과 시화(詩話)가 만들어지기 시작했는데, 이인로(李仁老)의 『파한집(破閑集)』에는 다음과 같은 외교시의 교환 기사가 실려 있다. "추부(樞府) 김부의(金富儀)는…문장의 공업이 뛰어났다. 일찍이 중조(中朝)에 사절로 갔는데, 진종(眞宗)이 그 재주를 아껴서 특별히 예우했다.…일찍이 시연(侍宴)하여 술에 취하자 황제가 중인(中人)을 보내 장구(長句) 6운(韻)을 보여 주며 화답해서 올리게 했다. 공은 얼마 생각하지도 않고 붓을 들어 써 내려갔다.…황제가 찬탄하기를 그치지 않고 후하게 하사했다."

이와 동시에 송인의 시화에서도 일부 송 문인과 고려 인사의 증답과 창화의 사적 기록이 출현하는데, 한 예로 섭몽득(葉夢得)의 『석림시화(石林詩話)』에 다음과 같은 일화가 실려 있다. "나는 대관(大觀) 연간에 고려인을 관반(館伴)했는데…그 부사(副使) 한교여(韓皦如)가 말 위에서 갑자기 사람을 시켜 하나의 큰 옥대(玉帶)를 내게 증송하면서…홀(笏) 위에 스스로 시 한 수를 써 주며 이별했다. 나는 고려 사신의 고사(故事)에 전례가 없어 힘써 사양했다. 그 시사(詩辭)는 박졸(朴拙)하지만 그 뜻은 볼 만했다."

중국과 외국의 인사가 교유하고 수창한 작품의 모음집 가운데 가장 이른 것은 북송시대에 만들어졌다. 조공무(晁公武)의 『군재독서지(郡齋讀書志)』「총집류(總集類)」에 『고려시(高麗詩)』 3권이 저록됐다. "원풍(元豐) 중에 고려가 최사제(崔思齊), 이자위(李子威), 고호(高琥), 강수평(康壽平), 이수(李穗) 등을 보내 입공(入貢)하

---

88. 朴鍾錦, 「中國'詩賦外交'的起源及近代發展」, 153쪽.

89. 楊昭全, 「隋唐宋元時期中朝文學的友誼與交流」, 95-97쪽.

니 동궐(東闕) 아래에서 향연을 베풀었다. 신종(神宗)이 시를 지어 관반 필중연(畢仲衍)에게 내리니, 중연과 이들 5인 및 양부(兩府)가 모두 화답하여 올렸다. 그 뒤 사인(使人) 김제(金悌), 박인량(朴寅亮), 배모(裵某), 이강손(李絳孫), 노류(盧柳), 김화진(金花珍) 등이 도중에 70여 편을 수창하고, 스스로 이를 묶어 『서상잡영(西上雜詠)』이라 했다. 강손이 이를 위해 서문을 썼다." 『고려시』는 지금 존재하지 않지만, 이 기사로 보아 송 신종과 필중연 등과 고려의 여러 사신이 창화한 시문을 수록했던 것으로 보인다. 조·명시대에 명사(明使)와 조선 접반사들이 남긴 대량의 한시 창화 작품의 모음집인 『황화집(皇華集)』은 이러한 전통을 계승해 편찬·출간된 것이다.[90]

북송과 고려는 사절의 왕래를 매우 중시해 사절을 골라 파견할 때는 품행과 문재(文才)가 가장 좋은 자를 골랐다. 송의 "황제는 본국(=고려)이 문(文)을 숭상한다고 하여, 매번 조서를 내릴 때마다 반드시 사신(詞臣)이 지은 것 가운데 가장 좋은 것을 선택했다. 파견되는 사자의 서장관(書狀官)은 언제나 중서(中書)에 불려가서 문장을 시험보고 파견됐다"(『高麗史』「世家」 권9)고 한다. 북송은 고려에 출사하는 '국신사(國信使)'를 골라 파견할 때 매우 엄격해서 반드시 사학지사(詞學之士)를 찾아 임용했다. 이들 문사 출신의 송사(宋使)들은 고려 문사와 시문을 교환하고 고려 문사의 시를 중국에 전래하기도 했다. 그 한 예로, 송 태종 단공(端拱) 원년(988)에 기거사인(起居舍人) 여우지(呂佑之)가 부사가 되어 고려에 출사했는데, 귀국한 뒤에 조정에 「해외담황시(海外覃皇詩)」 19수를 헌상했다(『宋史』 296 「呂佑之傳」)고 한다.[91] 고려 사신이 중국에서 지은 시문이 중국에서 시집으로 출간되기도 했다. "(文宗) 34년(1080)에 박인량(朴寅亮)이 호부상서(戶部尙書) 유홍(柳洪)과 함께 사신으로 송에 갔는데…김근(金覲)도 함께 갔다. 송인이 박인량과 김근이 지은 척독(尺牘)과 표장(表狀)·제영(題詠) 등을 보고는 찬탄하기를 마지않고, 두 사람의 시문을 간행하여 『소화집(小華集)』이라 칭하기에 이르렀다"

90. 夏勇, 「論淸代中外文學唱和集的概貌與特質」, 『晉中學院學報』 28, 2011-6, 1쪽.

91. 朴鍾錦, 「中國'詩賦外交'的起源及近代發展」, 153쪽.

(『高麗史』 95 「朴寅亮傳」)고 한다. 이처럼 고려시대의 한문학 발전은 외교시 교환의 전제가 됐을 뿐만 아니라 이후 창화 외교의 전개에 역사적 자산으로 기여하게 됐다.

여·원시대에 이르면 한·중 간에 단순히 외교시를 교환하는 데 그치지 않고 한시 창화가 빈번하게 이루어지게 됐다. 원에 출사한 고려 사절과 원인 사이에 많은 수창이 있었으니, 야율초재(耶律楚材)의 「고려사(高麗使)에 화답한 3수」가 그 대표적인 사례라 할 수 있다. 이 시는 그 제목 자체가 차운(次韻)의 화시임을 분명하게 가리킨다. 그 뒤를 이은 명과 조선의 한시 창화는 이러한 여·원시대의 기풍을 직접 계승한 것이다. 여·원시대 92년 동안 양국 사이에 왕래한 시문이 95수에 이르렀으니, 창화 외교의 극성 시기가 다가오고 있음을 잘 보여 준다.[92]

여·원시대 창화 외교의 대표적 사례는 충선왕(忠宣王)과 이제현(李齊賢)에서 찾을 수 있다. 충선왕은 "태위(太尉)로서 연저(燕邸)에 머무르며 만권당(萬卷堂)을 짓고 서사(書史)를 스스로 즐겼다. 이로 인해 '경사(京師)의 문학지사는 모두 천하에서 뛰어난 인사들인데, 나의 부중(府中)에 그런 사람이 아직 없으니 이는 나의 수치다'라고 하면서 이제현을 연도(燕都)로 불렀다. 그때 요수(姚燧)와 염복(閻復), 원명선(元明善), 조맹부(趙孟頫) 등이 모두 왕문(王門)에서 노닐어, 이제현이 그들과 상종하여 학문이 더욱 진보하니 요수 등이 칭찬하기를 마지않았다. 그는 성균제주(成均祭酒)로 승진하여 서촉(西蜀)에 봉사(奉使)해서 이르는 곳마다 제영(題詠)하여 인구에 회자됐다"(『高麗史』 73 「選擧志」)고 한다.

원조의 명류 학자로서 이제현과 교유한 장양호(張養浩)는 이제현에게 양구의 시를 증송하여, "삼한(三韓)의 문물이 당년에 융성한데, 괄목할 만한 청운(靑雲)이 또 이 현(賢)이로다"라고 하며 흠모의 정을 표현했다.[93] 이 무렵 고려의 문인들은 한국에 전입된 중국 시인의 작품에 대해서도 과시성(跨時性) 창화를 진행하기도 했으니, 이규보(李奎報)가 이하(李賀)의 「장진주(將進酒)」에 대해 「속장진주

---

92. 吳伊琼, 「明朝與朝鮮王朝詩文酬唱外交活動考論-以『朝鮮王朝實錄』爲中心」, 27쪽.

93. 朴鍾錦, 「中國'詩賦外交'的起源及近代發展」, 154쪽.

(續將進酒)」를 짓고 이인로(李仁老)가 도연명의 「귀거래사(歸去來辭)」에 화시를 지은 것이 그 좋은 사례라 할 수 있다.[94]

명조가 중국에서 건립된 뒤 한국의 고려조와 조선조와 수호할 때도 서로 외교시를 교환했는데, 다만 고려 말-명 초, 조선 초-명 초 시기의 외교시 교환은 본격적인 창화 외교의 직전 단계로서, 양국의 외교관들 사이 혹은 외교관과 문사들 사이에 한시가 교환되기 이전에 양국의 군주와 상대국 사신 사이에 외교적 시가 교환됐다는 특징을 갖는다. 명조가 처음 건국되자 태조 주원장이 설사(偰斯)를 보내 고려에 가서 즉위조(卽位詔)를 반포하게 했다. 1368년(홍무 원년, 공민왕 17년)에 설사가 고려에 가서 사명을 완수하고 귀국할 때 고려의 군신이 증여한 안마(鞍馬)와 의복 등을 완곡히 거절했기 때문에, 고려의 공민왕은 문신을 시켜 시를 지어 증송하게 함으로써 외교시 교환의 전통을 이어 나갔다.[95]

명조와 조선의 한시 창화는 명 태조가 조선 사신에게 3수의 어제시를 증여함으로써 시작됐다. 고려의 군주가 명의 사신에게 증시(贈詩)했듯이, 명의 군주도 조선의 사신에게 증시한 것이다. 명 태조가 조선이 "국호를 바꾸고 사은(謝恩) 표전(表箋) 안에 경모(輕侮)한 말을 섞었음"을 질책하여 조선 사신을 구류하게 한 이른바 표전 사건이 발생하자, 권근(權近)이 자청하여 남경(南京)에 가서 문제를 해소하려 했다. 1396년(명 홍무 29년, 조선 태조 5년)에 조선의 명유이자 중신인 "권근이 처음 입조하자 황제가 사대(賜對)했는데, 근이 학문이 있음을 알고는 시 24 편을 부제(賦題)하도록 명했다. 근이 응제(應製)하자 황제가 가상(嘉賞)하면서 문연각(文淵閣)에서 종사(從仕)하게 하고 어제시(御製詩)를 하사하여 총애함을 보였다"(『太祖實錄』 6년 3월 丁丑). 권근이 응제시를 지은 뒤에 명 태조의 노기가 모두 소멸되고 다시는 표전 문제를 제기하지 않았다. 권근과 주원장의 '시언지(詩言志)'가 양국 간의 손에 가시가 된 외교적 장애를 해결하고 외교시 교환의 전범이 된 것이다.[96]

94. 楊昭全, 「隋唐宋元時期中朝文學的友誼與交流」, 100쪽.

95. 王克平, 「朝鮮與明外交關係研究-以"詩賦外交"爲中心」, 35쪽.

96. 朴鍾錦, 「中國'詩賦外交'的起源及近代發展」, 154-155쪽.

「제압록강(題鴨綠江)」, 「고려고경(高麗故京)」, 「사경요좌(使經遼左)」 등 명 태조 주원장이 권근에게 지어 준 어제시 3수는 『명태조집(明太祖集)』과 권근의 『양촌집(陽村集)』, 『명실록(明實錄)』, 『조선실록(朝鮮實錄)』 등에 수록됐다. 「왕경작고(王京作古)」, 「이씨이거(李氏異居)」, 「출사(出使)」, 「봉조선명지경(奉朝鮮命至京)」, 「도경서경(道經西京)」, 「도압록(渡鴨綠)」, 「유요좌(由遼左)」, 「항채주해(航萊州海)」, 「시고개벽동이주(始古開闢東夷主)」, 「상망일본(相望日本)」, 「금강산(金剛山)」, 「신경지리(新京地理)」, 「진한(辰韓)」, 「마한(馬韓)」, 「변한(弁韓)」, 「신라(新羅)」, 「탐라(耽羅)」, 「대동강(大同江)」, 「청고가우내빈(聽高歌于來賓)」, 「열령인우중역(閱伶人于重譯)」 등 권근이 지은 24수의 응제시는 『양촌집』과 『조선실록』에 수록됐다. 명 태조의 3수 어제시는 권근의 「도압록」과 「왕경작고」·「유요좌」에 화답한 화시였다. 오언율시 9수와 칠언율시 15수로 구성된 권근의 응제시는 봉사(奉使) 목적과 여정을 소개한 기행시(紀行詩)와 조선의 역사와 지리·명승 등을 소개한 영사시(詠史詩) 및 명의 남경을 노래한 영경시(詠景詩)였다. 이 사건에 대해 조선족 역사학자 황유복(黃有福)은 "권근의 응제시 24편과 주원장의 어제시는 명과 조선 관계사상의 제1차 '시부상증(詩賦相贈)'이고 '시부 외교'의 효시이기도 했다"[97]고 평가했다.

명 태조 주원장이 개국 초에 몸소 시문 교환을 고무했듯이, 명 성조 영락제도 명조에 진공한 조선 국왕 태종의 세자에게 어제장시를 지어 주었다. 1408년(영락 6년, 태종 8년) 춘정월에 조선 국왕의 세자 이제(李禔)가 귀국 인사를 하자, 황제가 세자에게 백금과 비단·서적·필묵·안마 등을 하사하면서 다음과 같은 시를 지어 주었다. "패수(浿水)의 동변은 옛 봉역(封域)이니, 팔교(八敎)의 지경이 고식(古式)을 준수한다.…높은 산이 갈려지고 큰 바다가 옮겨져도, 만고의 충성은 부곽(郛郭)처럼 든든하다." 황제는 세자에게 "짐은 그대의 부친과 같다"고 하고, 조선의 사자 이천우(李天佑) 등에게는 "짐이 시를 지어 그대의 세자에게 주었다. 이것이 수재(秀才)의 시부는 아니지만 이 시가 그대 나라에 유익하니, 여기에 있는 수재들은 각각 한 수씩 화답하라"(『太宗實錄』 8년 4월 庚辰)고 했다. 이

97. 黃有福, 「『朝鮮詩選』編輯出版背景研究」, 『當代韓國』 2002-秋季號, 76쪽.

처럼 명의 황제들은 어제시를 내려 주었을 뿐만 아니라, 명 태조는 권근에게 시를 지어 올리게 했고, 명의 영락제는 조선의 배신(陪臣) 이천우 등에게 각자 한 수씩 화답하게 했으니, 조·명시대의 한·중 창화 외교가 여기서부터 열렸다고 말할 수 있다.[98]

명의 군주들이 조선의 사신들에게 어제시를 주어서 창수를 기대했다면, 조선의 군주들도 명사와의 창화를 즐겼다. 1401년(建文 3년, 太宗 원년) 2월에 명 혜제(惠帝)가 예부주사(禮部主事) 육옹(陸顒)과 홍려행인(鴻臚行人) 임사영(林士英)을 조선에 보내 신력(新曆)을 반포하며 조선의 건국을 정식으로 승인했다. 이때 명사를 위해 베푼 태평관 향연에서 육옹은 3수의 시를 태종에게 올려, "멀리 은명(恩命) 받들어 사신으로 조선 와서, 명왕(明王)이 대를 이어 어지심을 부러워한다. 풍속은 천리 땅에 오래도록 순후(淳厚)하고, 성화(聲華)는 저 멀리 구중(九重) 하늘까지 다다랐다.…"(『太宗實錄』 원년 2월 辛丑)고 칭송했다. 전별을 위한 연회에서 태종은 육옹이 지은 시 「회덕음(懷德音)」의 원창을 차운하여 화시 2수를 지었고, 육옹이 다시 화시를 차운하며 사례했다(『太宗實錄』 원년 2월 辛巳). 이것이 조선 국왕과 명 사신 사이의 첫 번째 한시 창화였다.

건문 연간에 명조는 몇 차례 조선에 사신을 보냈는데, 그 주요한 정치 임무는 조선과 군마(軍馬) 구매 건을 상의하고 조선과의 종번 관계를 공고히 하여 동북방에서 연왕(燕王) 주체(朱棣)를 견제하는 것이었다. 즉 이때의 명조는 조선에 바라는 바가 있었지만 조선은 명조의 내전에 참여할 뜻이 없어 유예하며 결정하지 않았다. 따라서 창화시의 문사(文辭)에서 매우 겸손하고 공경하는 쌍방의 입장이 잘 드러나 있다. 명사의 시에서는 천조(天朝) 상국(上國)의 오만한 기세가 없이 조선의 풍속과 문치(文治)에 대해 칭송하는 바가 많고 태종과 태상왕의 우정과 대우에 대해 감사하는 진심이 표현됐다. 태종의 시에서도 은혜에 감사하는 마음과 상국에 대한 충정을 거듭 표현했다.[99]

---

98. 趙季, 「中朝詩歌交流的歷史巔峰-明朝使節與朝鮮臣工詩歌唱酬芻論」, 18-19쪽.

99. 吳伊琼, 「明朝與朝鮮王朝詩文酬唱外交活動考論-以『朝鮮王朝實錄』爲中心」, 42-43쪽.

조선의 태종 이방원(李芳遠)은 본래 고려 말기에 문과진사(文科進士) 제2등으로 급제한 문사였다. 그는 명사 육옹과 창화했을 뿐만 아니라 명사 장근(章謹)과 단목례(端木禮)에게도 증시한 바 있다. 1401년 6월에 명조는 통정시승(通政寺丞) 장근과 문연각대조(文淵閣待詔) 단목례를 조선에 보냈는데, 책봉의식이 끝난 뒤에 명사가 귀국 준비를 할 때 태종이 근신(近臣)을 보내 안마·의복·신·모자·세포(細布) 등을 증여하자 장근 등은 사양하면서 "전하의 문예(文藝)가 아름답다는 이야기를 들었으니, 일절(一絶)을 부시해 주시면 감사하겠다"고 요청해서, 태종이 "'내 비록 불민하나 감히 부시언지(賦詩言志)하지 않겠는가'라고 하고 환궁해서 장구(長句) 사운(四韻) 두 편을 지어 두 사신에게 증송했다. 사신들은 기뻐하며 음미하고 완상해 마지않았다"(『太宗實錄』 원년 6월 辛巳). 이뿐만 아니라 장근은 다시 그 숙부를 위해 시를 청했고, 태종은 삼사(三司) 하륜(河崙)과 참찬(參贊) 권근, 첨서(簽書) 이첨(李詹) 등 여러 문신에게 명해 시와 서(序)를 지어 증송하게 하니, 명사 장근 등은 또 두 수의 시를 지어 태종에게 바쳤다.

1401년 10월에도 감생(監生) 송호(宋鎬)가 마필을 압운(押運)하여 귀국을 준비할 때 명시 축맹헌(祝孟獻)이 전시(餞詩)를 지어 송호에게 증송하면서 "동방(東方)은 문헌(文獻)의 나라이니 갱운(賡韻)하여 송호를 전별(餞別)하도록 해 달라"고 청했더니, 태종이 이를 허락하고 "문신을 모아 시를 지어 성축(成軸)해서 증송하게 했다." 11월에도 명사 감생 상안(相安)이 마필을 압운하여 귀국할 때 "상안은 임금이 증송한 말을 받지 않고 신행시(贐行詩)를 찾았다. 이에 하륜과 권근 등이 문사들이 지은 시 사운(四韻) 혹은 장편(長篇)을 모아 성축해서 증송했다"(『太宗實錄』 원년 11월 辛巳).

이처럼 명사가 태종의 하사품을 받지 않고 적극적으로 구시(求詩)한 것으로 보아, 당시 중국인들이 조선의 시문을 귀하게 여겼음을 알 수 있다. 그 뒤 명사 유경(劉敬)과 반문규(潘文奎) 등이 모두 출사의 기회를 빌려 조선에서 구시하면서 역시 스스로 시를 지어 태종에게 바쳤다. 조·명 양국의 관계가 정상화됨에 따라 양국 사이의 시문 교류가 이 시기부터 점차 주객이 수창하는 길로 나아가, 조선 국왕과 중신(重臣) 명유(名儒)의 시작(詩作)도 중국에 유전(流傳)되기 시작했다.[100]

명 건문조에 조선에 출사한 사신 육옹, 장근, 축맹헌 등은 모두 조선에서 시문을 이용한 외교 활동을 선호해서, 조선과 명의 창화 외교가 이 시기에 이미 초보적 단계에 이르렀음을 드러냈다. 다만 이때까지만 해도 창화한 한시의 수량이 그다지 많지 않았고 시집으로 편집·출간되지도 않았다. 그뿐만 아니라 육옹 등 명사의 일탈 행위도 있어 창화 외교의 한계를 부분적으로 드러내기도 했다. 육옹의 일탈이란 출사 기간에 조선 기생 위생(委生)과 있었던 국제적 스캔들을 말한다.

건문 시기에 육옹은 전후 두 차례 조선에 출사했다. 제1차 출사에서는 조선에 도착해서 5~6일 만에 시화(詩畫)를 진헌하여 그 재주를 뽐냈는데, 진상한 시 세 편은 이방원의 차운을 얻었고, 제화시(題畫詩)도 권근의 창화를 얻었다. 육옹은 처음 조선 황주(黃州)에 당도하여 기생 위생을 사랑하게 되어 한성에 이르러서도 잊지 못하자, 예조(禮曹)가 역(驛)을 이용해 그녀를 불렀다. 반년 뒤에 육옹은 제2차로 출사하여 태복시소경(太僕寺少卿) 축맹헌을 따라 조선에서 말을 구매했다. 『조선왕조실록』에 의하면, "처음 육옹이 봉사(奉使)하여 우리나라에 이르자 봉사하여 다시 오겠다고 기생 위생과 몰래 약속했다. 귀국한 뒤에…상주하여 '조선은 말을 생산하는 나라다. 만약 비단으로 말을 구입하면 군사에 대비할 수 있다'고 하여 황제가 매우 기뻐했다"(『太宗實錄』 원년 8월 己卯)고 한다.

애기와 한 사사로운 약속을 지키기 위해 황제에게 상주하여 조선에 가서 말을 구입하여 연(燕)을 정벌하자고 했다 하니, 믿기 어려운 풍류고사(風流故事)라 할 수 있다. 또한 육옹이 황제 앞에서 조선에는 여악(女樂)이 없다는 거짓말까지 늘어놓아 장근의 힐난을 듣기도 하고, 육옹이 다시 조선에 출사해서는 오로지 기생 위생에 빠져서 때로는 스스로 목을 매려고 하기도 하고, 때로는 한밤에 도망해서 조선에 숨어 살며 본국으로 돌아가지 않겠다고 고집을 부리기도 해서, 조선 군신의 이야깃거리와 웃음거리가 됐다. 명조는 부득불 그 마음병을 이유로 단목지(端木智)를 시켜 사신의 직임을 대신하게 했다.[101] 영락제가 즉위한 뒤

---

100. 吳伊琼, 「明朝與朝鮮王朝詩文酬唱外交活動考論-以『朝鮮王朝實錄』爲中心」, 42-43쪽.

에 조선을 찾은 명사 유사길(兪士吉)은 "지난날 육옹의 무리가 이곳에 와서 시주(詩酒)로 황락(荒樂)에 빠졌기 때문에 중국의 사인(士人)들은 이를 듣고 모두 비웃었다"(『太宗實錄』 2년 10월 丙子)고 전했다.

육옹의 출사는 조·명시대 문신 외교의 한 출발점이 됐고, 문학지사(文學之士)의 교류는 창화 외교의 중요한 계기가 됐다. 그러나 육옹 사건 이후 영락 연간부터 정통(正統) 연간까지 명조의 사신은 문신·무관·환관 등이 교대로 맡았으니, 무관과 환관은 대부분 문학적 소양이 없어 주로 통상과 납공(納貢), 군마 구입 등 경제적 사무를 담당했고, 특히 환관 사신은 기회 있을 때마다 뇌물을 밝혀서 명사에 대한 조선 조야의 호감을 급격히 떨어뜨렸다. 조·명시대의 진정한 창화 외교는 조선에 출사하는 명사의 성분이 환관에서 문학지사로 전환하는 흐름이 조성되기를 기다린 뒤에야 비로소 본격적으로 개시됐다.

책봉과 조공을 교환한 한·중 간의 종번 관계와 사대자소 관계, 통사 관계 등 정치적 배경 및 모화와 소중화 의식 등 의식적 배경과 함께 나·당시대부터 조·명시대 초기까지 장기간 이어져 온 외교시 교환의 전통은 조·명시대 한·중 창화 외교의 문학적 배경이 됐다. 한자와 한문학은 이미 삼국시대부터 한국에 전래되어 한국 고유의 한 문화 요소로 소화되어 발전했다. 이로 인해 한·중 양국의 사신이 빈번하게 왕래하는 과정에서 한자로 쓴 시문으로 정의를 표현·전달하는 '시언지(詩言志)'의 전통이 확립되어 어려운 정치·외교 문제를 해결하고 양국의 우의를 증진하는 데 기여했다. 특히 당과 신라의 관계는 매우 화목해서, 양국의 외교관이나 시인들 사이에서 한시 창화의 기풍이 크게 성했다. 이러한 외교시 교환의 전통은 여·송시대까지 계승되어 양국 시인의 창화집인 『고려시』와 고려 외교관의 시집인 『소화집』이 출간되기도 했다.

명조와 조선이 중국과 한국에서 거의 동시에 건립된 뒤에는 양국 사이에 외교시의 교환이 더욱 활발하게 진행됐다. 양국의 한시 창화는 명 태조가 조선 사신 권근에게 3수의 어제시를 증송함으로써 시작됐다. 표전 사건을 해결하기

101. 劉曉東,「明末朝鮮使臣在登州的詩歌唱和」,『河南理工大學學報』13-4, 2012, 452쪽.

위해 명조에 입조한 권근과 명 태조 주원장이 응제시 24편과 어제시 3편을 서로 교환하며 외교적 현안을 해결했는데, 이 사건은 명과 조선 관계사상 첫 번째 외교시 교환이요 창화 외교의 효시였다고 할 수 있다. 그 뒤에도 명 성조와 조선 태종이 서로 상대국 사신과 시문을 교환하여 조·명 창화 외교의 문을 더욱 활짝 열었다.

근년에 진경부(陳景富)가 편집한 『중조역사교왕시집주(中朝歷史交往詩輯注)』(陝西旅游出版社, 1997)란 시집에는 나·당시대 이후 조·명 초기까지 중국과 한국을 내왕한 83명의 양국 시인들이 서로 교환한 286수의 시가 수록돼 있다. 이들 시들이 모두 창화시라 할 수는 없지만 그 가운데에는 양국의 창화 외교를 위해 창화된 시들이 다수 포함돼 있어, 조·명시대에 꽃핀 창화 외교가 이미 오래전부터 준비되고 있었음을 보여 준다.

4. 환관에서 문학지사로

책봉·조공 관계와 사대자소 관계, 모화와 소중화 의식, 외교시 교환의 전통 등 지금까지 논급한 것들이 창화 외교의 보다 근본적이고 역사적인 출현 배경이라면, 명사의 신분이 환관(宦官)에서 문학지사(文學之士)로 전환된 것은 창화 외교 출현의 직접적 원인이 된다. 명조는 건국 초부터 환관이 정치에 깊이 관여했고, 특히 환관을 외국에 나가는 사신으로 임용한 것은 전 시기에 걸친 일반적 관행이었다. 그러나 환관 출사의 폐해와 문제점은 국내외에서 오랫동안 거론됐고, 특히 한국이나 월남 같은 문화 대국에 환관을 파견하는 것은 국체를 훼손하는 심각한 결과를 초래했다. 명조는 '토목보(土木堡)의 변(變)'을 계기로 저명한 문학지사를 조선 등지에 파견해서 떨어진 국가적 위망을 중국의 문화적 역량으로 만회하려 노력했는데, 예겸(倪謙) 이후 조선에 파견된 문학지사 명사들은 조선의 문사 접반사(接伴使)들과 한시를 창화하며 중국의 위신을 드높이고 조·명 양국의 전통적 관계를 공고히 하는 데 상당한 성공을 거두었다.

명조는 홍무(洪武) 초에는 환관에 대해 엄격한 제한을 가해 내관(內官)이 외사(外事)에 참여할 수 없게 했다. 홍무 13년(1380)에 행인사(行人司)를 설립해서 출사의 전문화를 시도했다. 사신은 행인사에 소속되어 파견되니, "다른 아문(衙門)의 침탈을 불허하고, 사람이 부족할 때만 임시로 다른 관리의 파견을 허락했다"(『明會典』 卷117, 行人司). 명 태조는 사신이 국체(國體)에 통달하고 군명(君命)을 욕되게 하지 않는 것이 중요하다고 생각해서, 홍무 27년에는 "진사(進士)가 아니면 제수하지 않도록"(『陸容, 『菽園雜記』 卷6) 규정하기도 했다. 그러나 명 태조의 본의는 홍무 연간에도 실현되지 못했으니, 간간이 환관이 파견됐을 뿐만 아니라 다른 조신(朝臣)이 파견되는 경우가 많았다. 특히 홍무 25년 이후에는 언제나 환관이 조선에 출사했고, 심지어 1년 중에 여러 차례 환관이 출사하기도 했다.

환관이 국외로 출사하는 까닭은 환관이 황제의 최측근으로 황제의 뜻을 가장 잘 전달할 수 있어 사명(使命)을 실현하기에 용이했기 때문이다. 이와 더불어 명의 환관은 조선이나 안남 등 주변 국가에서 온 경우가 많아서 출신 나라의 사정을 잘 알고 있었다. 이들이 자기의 고국에 사신으로 파견되면 언어에 장애가 없고 그 친족을 이용해서 친명 세력을 조성·농락할 수 있었다. 주원장 스스로 "삼한(三韓)에 사자(使者)로 반드시 토인(土人) 엄자(閹者)를 보내는 것은 짐의 뜻이 바로 정성껏 대우하려는 데 있기 때문이다"(『高麗史』「列傳」 49)라 하여, 삼한 출신의 환관 파견이 매우 의도적이었음을 드러냈다. 이로 인해 명은 홍무 2년(1369)에 내신(內臣) 김여연(金麗淵)을 고려에 보낸 이후 한국의 국가로 환관을 빈번하게 파견했다.

건문(建文) 시기에 명조와 조선이 정식으로 종번(宗藩) 관계를 맺은 뒤에는 출사 목적이나 정부(正副)와 관계없이 조선에 출사하는 명사는 문관, 한림(翰林) 혹은 감생(監生) 등으로 충당한 경우가 많았고 환관은 제외됐다. 제도적으로는 행인사를 폐지하고, 행인(行人)을 홍려시(鴻臚寺)의 관할하에 두었다. 명조와 조선의 창화 외교도 이 시기에 정식으로 개시됐다. 그러나 건문제를 축출하고 즉위한 명 성조(成祖) 주체(朱棣)는 태감(太監)을 특별히 신뢰하여 외교사절로 적극 활용했다. 영락(永樂) 연간에 행인사가 회복되어 명 말까지 존속됐지만, 행인의 인원수는 감소되어 30여 명만 남게 됐다. 이로 인해 영락 연간에는 출사 회수와 인원수, 정사(正使)의 비율에서 문관이나 행인에 비해 환관이 절대적 우세를 점했다. 『명사(明史)』 304 「환관열전(宦官列傳)」에서도 성조가 "사이(四夷)와 소통하는 일에 뜻을 두고, 사신으로 중귀(中貴)를 많이 기용했다"고 했다.

환관과 조신(朝臣)이 함께 출사할 때는 언제나 환관이 정사가 되고 조신은 부사가 됐다. 영락 연간에 출사한 유명한 사신은 거의 모두 환관이었다. 이들은 갖가지 행패를 부리고 탐욕을 감추지 않는 경우가 많아 조선 국왕 세종(世宗)이 분노하여 "중국이 조신을 보내지 않고 오로지 환시(宦寺)에게만 맡기니 무슨 까닭인가"(『世宗實錄』 5년 9월 癸卯)라고 불만을 토로하기도 했다. 홍희(洪熙)와 선덕(宣德) 시기에 이르러서는 명조와 조선의 사신 왕래가 더욱 빈번해지고 환관 사신의 조선 출사가 더욱 많아졌다. 이 10년 동안 명조가 사신을 조선에 출사케 한 것이 모두 18차례였는데, 3차례 무관을 통해 여진(女眞)과 도민(逃民) 사무를 교섭하고 2차례 문신을 통해 등극조(登極詔)와 입황태자조(立皇太子詔)를 반송(頒送)한 것을 제외하고, 나머지 13차례는 모두 환관이 정사로 임용됐다. 선종(宣宗) 재위 중에는 오로지 환관을 기용해서 출사케 하여, 조선에서 사치품을 색출하고 민간 여성을 강제로 공납하게 해서 원성이 길에 가득하게 했다. 파견된 환관의 인원수도 많아서 조선에 엄청난 경제적 부담과 고통을 안겨 주었다.[102]

정통(正統) 연간에 일체의 환관 사신을 철폐하고 조신을 사신으로 파견한 것은 바로 이러한 제도적 폐단으로 인한 것이다. 경태(景泰) 이후에 환관이 파견되는 관행이 다시 회복됐지만, 그 차수와 영향은 영락 연간에 비해 현저히 줄어들었다. 1468년(成化 4년, 世祖 13년)에는 조선 국왕 세조가 사망하여 명조가 사신을 보내 시호를 내리고 아울러 태감 정동(鄭同)과 최안(崔安)을 조선에 보내 세자를 왕으로 책봉하게 했는데, 이에 대해 순안요동감찰어사(巡按遼東監察御史) 후영(侯英)이 조정에 상주하여 다음과 같이 반박했다. "지금 동(同)과 안(安)은 모두 조

102. 王克平, 「朝鮮與明外交關係研究-以"詩賦外交"爲中心」, 48-49쪽.

선인으로 분묘와 종족이 모두 (조선에) 있기 때문에, 그 국왕을 만날 때 굴절(屈節)하지 않을 수 없어 특히 중국(中國)의 대체(大體)를 더럽히게 되니, 빌건대 이미 내린 명령을 거두고 한림이나 급사중(給事中) 및 행인 중에서 한 사람을 추천하여 뽑아서 사신으로 가게 하는 것이 좋겠다"(『明史』 320「朝鮮傳」). 그는 "조선국은 비록 외국(外國)이라 칭하지만 그 사람은 다수가 독서하고 예를 알고 있으니, 실로 적합한 인물을 사신으로 보내지 않으면 그들에게 가볍게 보이게 된다"고도 했다. 이에 명 헌종(憲宗)은 "지금부터는 뇌사(賚賜)(할 때)는 내신(內臣)을 보내고 그 책봉 등의 예는 정신(廷臣) 가운데서 학행(學行)이 있는 자를 골라 정·부사로 충원하여 중국의 대체(大體)를 잃지 않고 원인(遠人)의 마음을 따르게 할 수 있게 하라"(『明憲宗實錄』 成化 4년 12월 辛亥)고 했다.

1521년(正德 16년, 中宗 16년)에도 명 세종(世宗)이 즉위하고 얼마 되지 않아 태감 김의(金義)와 진호(陳浩)를 조선에 출사시키니, 순안산동감찰어사(巡按山東監察御史) 양백지(楊百之)가 상서해서 환관의 조선 봉사(奉使)의 폐해를 통렬하게 지적하며 문신으로 바꾸어 기용할 것을 주장했다. "태감 김의와 진호는 조선에 봉사해서 연도에서 토색질하여, 요동(遼東) 한 곳에서만 사복을 채우기를 이미 1천여나 되니 다른 곳은 알 수가 있다. 지금 조정은 여러 번국(蕃國)과 점성(占城), 안남(安南), 만랄가(滿剌加) 등에는 사자를 보낼 때 모두 한림관·급사중·행인 등이 사명을 받들어 가게 하는데, 하물며 조선이야 이들 여러 나라에 비해 더욱 예를 지키는 나라인데 오직 내신을 보내 봉사하게 하니 그 나라를 욕되게 하고 위엄을 손상케 함이 심하다. 듣기에 조선 국왕은 오랫동안 책봉을 청하려 해도 사신의 토색질을 두려워하여 지금까지 미루어 왔다고 한다. 그 나라에서는 '한 차례 책봉을 받으면 5년 동안 궁핍하게 된다'는 말이 있으니, 중국을 높이고 원인(遠人)을 따르게 하는 바가 아니다. 빌건대 지금부터는 조선에 사자를 보낼 때 모두 문직(文職) 중에서 진사(進士) 출신자를 골라 충원하고, 내신(內臣)을 보내 국명(國命)을 욕되게 해서는 안 된다"(『明世宗實錄』 正德 16년 8월 辛巳).

1545년(嘉靖 24년, 仁宗 원년)에도 조선 국왕이 사망하자 산동감찰어사(山東監察御史) 유정(劉廷)이 상주하여 내신을 보내지 말자고 주장했다. "조선은 타국에 비해 예의(禮義)를 많이 알고 사한(詞翰)에 대략 통달했다. 따라서 사신은 응당 신중하게 골라서 충원해야 하니, 이른바 조수(操守)하여 재학(才學)이 볼 만한 자를 기용하여…중국의 대체를 높이고 원인의 마음을 따르게 해야 한다.…지금부터 조선에 봉사하는 자는 한림원과 육과(六科), 행인사 행인 몇 명을 추거(推擧)하여 골라서 임용하도록 청지(請旨)해서 국체를 높이고 원방(遠邦)을 어루만져야 한다"(『明宗實錄』 즉위년 11월 乙巳). 이에 가정제(嘉靖帝)는 관계 부서에 명하여 내신과 행인을 함께 보내게 했다.

이처럼 환관의 조선 봉사는 중국의 체면을 손상케 할 뿐만 아니라 조선에 엄청난 경제적 부담을 가져왔기 때문에 중외(中外)의 반대에 부딪혀 문사의 출사가 확대되는 방향으로 변화가 일어났다. 물론 만력(萬曆)·숭정(崇禎) 연간에 이르기까지 환관의 조선 봉사는 계속 이어졌지만, 문사 사신의 출사도 하나의 새로운 흐름으로 나타났다. 어느 통계에 의하면, 조선 초기 태조 시기부터 성종 시기까지 명사가 모두 116회 조선을 방문했는데, 그 가운데 조관(朝官)이 26명, 요동도사(遼東都司) 관원이 26명인데 반해 환관이 63명이나 됐다고 하고, 환관 출신 명사의 대부분은 조선인 출신이라고 한다.[103]

그러나 명이 건국한 뒤 조선 인조 시기까지 242년 동안 모두 186회에 걸쳐 조선에 사신을 파견했는데,[104] 이 가운데서 문학지사 출신의 사신을 파견한 것이 모두 24 차례에 이르렀고, 문관 출신 정·부사가 모두 39명이었다.[105] 특히 예겸(倪謙) 이후 조선에 출사한 명조의 문신은 거의 다 진사 출신(擧人 출신은 金湜 1인뿐)이다. 당고(唐皐)·공용경(龔用卿)·주지번(朱之蕃) 등 3명은 장원(壯元)이고, 기순(祁順)은 이름이 황제의 휘(諱)를 범했다고 하여 장원에서 이갑제이(二甲第二)로 바뀌었으며, 진감(陳鑒)과 서목(徐穆) 등 2명은 방안(榜眼), 예겸·동월(董越)·고천준(顧天埈) 등 3명은 탐화(探花)였다. 부사도 무관 출신인 무충(武忠)을 제외하고 전부 진사 출신이었고, 그중 사마순(司馬恂)은 해원(解元)이었다. 출사 시의 관적

103. 金暻綠, 「朝鮮初期 對明外交와 外交節次」, 『韓國史論』 44, 2000, 20-27쪽.

104. 李鉉淙, 「明使接待考」, 89쪽.

105. 申太永, 『明나라 사신은 朝鮮을 어떻게 보았는가: 『皇華集』 硏究』, 다운샘, 2005, 25-31쪽.

을 보면, 정사는 한림원 시강(侍講)과 시독(侍讀)·수찬(修撰)·편수(編修) 등이 많고 육부낭중(六部郎中)이나 육과급사중(六科給事中) 등 문관은 비교적 적었다. 그러나 부사는 육과급사중과 행인사 행인 등이 많았다.[106]

이처럼 조선에 파견하는 명조의 사신은 환관 외에 행인사, 한림관, 육과급사중 가운데서 주로 선발했다. "행인사의 직책은 사절(使節)을 잡고 봉사(奉使)하는 일을 오로지 한다. 무릇 조칙(詔勅)을 반행(頒行)하고 종실(宗室)을 책봉하며 제번(諸蕃)을 무유(撫諭)하고 현재(賢才)를 징빙(徵聘)했고, 여부(輿夫)와 상사(賞賜), 위문(慰問), 진제(賑濟), 군려(軍旅), 제사(祭祀) 등의 임무를 맡았다"(『明史』 74「職官」 3). "무릇 조사(詔赦)를 개독(開讀)하고 사이(四夷)에 봉사하며 유로(諭勞)와 상사(賞賜), 현재의 징빙, 대군(大軍)과 군무의 정점(整點), 제사 등"(『明會典』 117 行人司)을 위해서는 항상 행인을 파견했는데, 행인의 출사 차수가 가장 많은 나라는 조선이었다. 명조의 행인 엄종간(嚴從簡)은 조선이 "천조(天朝)를 가장 공근(恭謹)하게 섬기고 천조도 후하게 예우하여 다른 번국(藩國)과 달랐다. 조정에 큰 일이 있을 때마다 반드시 그 나라에 사신을 보내 조서(詔書)를 반포했으니, 고애(告哀)하고 청봉(請封)하면 반드시 근신(近臣)과 행인을 보내 조제(弔祭)하고 책봉함을 일상적인 일로 삼았다"(『殊域周咨錄』 1 朝鮮)고 했다.

한림관은 한림원에서 봉직하는 각급 관원 즉 학사(學士), 시독, 시강학사, 시서(侍書), 대조(待詔), 편수, 검토(檢討) 등을 포괄한다. 홍무 초에는 전문직 사신이 없어 한림으로 사신을 삼은 경우가 많았고, 행인사가 설립된 뒤에도 한림관은 계속 봉사했다. "무릇 조선 등 나라에 반조(頒詔) 등의 흠차(欽差)가 있으면 학사 등 관원을 정사에 충원하여 예부(禮部)에서 주청(奏請)·흠점(欽點)했다"(『明會典』 221). 한림관은 모두 유아지사(儒雅之士)로 박학다식해서 그들을 파견하면 번속국 특히 문화 대국인 조선에 명조의 문화적 권위를 잃지 않아 사명의 완수에 유리할 수 있었던 것으로 판단됐다.

육과급사중은 본래 시종과 감찰관이었으나, 수시로 외국에 봉사하여 명대

---

106. 杜慧月, 『明朝文臣出使朝鮮與皇華集』, 人民出版社, 2010, 92-93쪽.

사신 중에서 상당히 중요한 지위를 점했다. 이(吏)·호(戶)·예(禮)·병(兵)·형(刑)·공(工)의 육과급사중은 제번(諸蕃)을 책봉하고 외국에 고유(告諭)할 때 사신으로 충원됐다. 환관이 정사를 맡고 문신이 부사를 담임한 경우도 간혹 있었는데, 『대명회전(大明會典)』의 예제(禮制)와 관례에 의하면, 반등극조(頒登極詔)와 책립황태자조(冊立皇太子詔), 황태자탄생조(皇太子誕生詔) 등은 한림원이나 예부의 문신이 맡고, 군마의 칭수와 구입, 사물(賜物)·책봉·조문(弔問) 등은 내관이 정사를 담당했다.[107]

한국의 국가들은 일찍부터 중국의 국가들과 책봉·조공 관계를 맺고 책봉·조공 체제를 도관으로 삼아 중국과 광범하고 깊이 있게 문화를 교류하여, 흔히 "문물전장(文物典章)이 중화(中華)와 다르지 않아 다른 나라를 멀리 뛰어넘었다"(『嚴從簡, 『殊域周咨錄』1, 朝鮮)거나, "본조(本朝)에 입공(入貢)하는 여러 나라 가운데서 오직 유구(琉球)와 조선만 가장 공순하여 조정의 예우도 다른 이(夷)와는 달랐다"(沈德符, 『萬曆野獲編』8)는 평가를 받았다. 따라서 명은 사신을 파견하는 과정에서 시·문·서·화에 능한 문신을 골라 조선에 출사하는 사신을 맡겨, 조선에 중국의 문화적 수준과 사신의 문학적 역량을 과시하여 외교상 좋은 효과를 얻을 수 있기를 기대했다.

1460년(天順 4년, 世祖 6년)에 장영(張寧)이 조선에 출사할 때 명 영종(英宗)은 7품 문관 장영을 정사로 삼고 3품 무관 무충(武忠)을 부사로 삼았는데, 그 이유를 장영에게 다음과 같이 설명했다. "너는 근시관(近侍官)이니 어찌 품급을 논하겠는가. 듣기에 (조선 국왕) 이유(李瑈)가 독서한다 하니, 혹 전고(典故)의 문답이 있으면 무충이 할 수 있는 바가 아니니다. 너의 좌차(坐次)는 위에 있다"(張寧, 『奉使錄』)라고 했다. 사신의 위차는 관위 품급의 고저에 의해 결정되지 않고, 학문과 문학으로 조선의 군신을 압도하여 명조의 위망을 지킬 수 있는지 여부에 있었다. 이로 보아 시문 능력과 문학 소양은 명조가 사신을 선발하는 중요한 기준의 하나였음을 알 수 있다. 이로 인해 조선국에서도 "천사(天使) 가운데 우리나라에

107. 吳伊琼, 「明朝與朝鮮王朝詩文酬唱外交活動考論-以『朝鮮王朝實錄』爲中心」, 87-88쪽.

오는 자는 모두 중화의 명사다"라고 하고, "유아지사가 앞뒤로 서로 잇따랐다"(張寧,『奉使錄』)는 정황에 이르게 됐다.

명조가 문학지사 출신의 사신을 파견하지 않을 수 없었던 또 다른 이유의 하나는 '자순(咨詢)'이라는 사신 고유의 기능 때문이다. 채시(采詩)는 주(周)대 이래로 민풍(民風)을 이해하는 방법으로 사신이 열국에 출사할 때 완수해야 할 기본 임무였다. 『병신황화집(丙申皇華集)』에서 명사 기순(祁順)은 채시의 전통에 관해 다음과 같이 술회했다. "옛날에는 사방(四方)에 출사하면 반드시 열국의 시를 채집했으니, 진(晉)의 한선자(韓宣子)가 정(鄭)에 이르러 육경(六卿)이 교외(郊外)에서 전별(餞別)했을 때도 부시(賦詩)를 청해 정(鄭)의 뜻을 보았다. 조선은 문물의 나라로 능언(能言)의 사인(士人)이 다른 나라보다 훨씬 뛰어나서 사자를 위해 기꺼이 아껴서 비밀로 한다"(祁順,「過嘉山嶺」). 명사 공용경(龔用卿)도『정유황화집(丁酉皇華集)』에서 다음과 같이 '자순(咨詢)'을 언급했다. "시가를 창화할 때 산천을 돌아보고 풍토를 자순하여, 간혹 감동하는 바가 있으면 흥을 일으켜 조금 읊조린다.…주관(周官)이 태사(太師)에게 명하여 시를 펼쳐 민풍을 살피게 했으니, 내가 이를 짓는 것도 바로 채풍(采風)의 만일을 준비하는 것일 뿐이다"(龔用卿,「堂于嶺行」詩後』). "주관(周官)이 채시하여 민풍을 살필 때 여리(閭里)의 세민(細民)조차 틈이 없었다. 나는 천조의 사신으로, 순채(詢采)를 직임으로 삼아 이 한 나라의 풍속을 채집하여 명정(明廷)에 진술하고 고사(瞽師)에 나열하여 성대(聖代)의 성치(盛治)를 밝히려 한다"(「漢江之游」). 이처럼 '자순'은 출사의 가장 중요한 목적 가운데 하나였고, 문학지사 출신의 사신은 '자순'하여 이를 기록해서 복명(復命)하는 데 가장 적합했다.

5. 예겸(倪謙)부터 강왈광(姜曰廣)까지

조·명시대 초기에 극성했던 환관 외교는 조선과 명의 안정된 관계를 방해하는 주요한 원인의 하나였지만, 정통 연간에 예겸과 사마순(司馬恂)이 조선에 출사함으로써 문학지사 출신의 명사와 조선의 접반 문신들 사이에 한시를 창화하는 기풍이 조성되어 창화 외교라는 새로운 외교적 전통이 확립됐다. 특히 저명한 문학지사 예겸의 조선 출사는 환관이 주도한 조선 출사가 문학지사의 파견으로 전환된 획기적 사건으로 조·명 창화 외교를 가능하게 한 출발점이 되기도 했다.

1449년(正統 14년, 世宗 31년)에 명 영종(英宗)이 '토목지변(土木之變)'으로 몽고군에 포로가 되자 새로 즉위한 경제(景帝)가 한림원 시강 예겸과 형과(刑科) 급사중 사마순을 조선에 보내 등극조(登極詔)를 반포하게 하고, 조선은 정인지(鄭麟趾) 등 문신들을 접반사(接伴使)로 선발해 이들을 영접했다. 예겸은 조서를 읽어 전하고 조선에 '토목의 변'이 일어난 과정을 설명했다. 진사 출신의 예겸은 박학으로 유명했는데, 연회와 참관 중에 조선의 문신들과 한시를 창화했다. "예겸이 시 한 편을 지어서 정인지에게 증송하자 정인지는 즉시 차운했다. 이로부터 정인지와 성삼문(成三問)·신숙주(申叔舟) 등이 빈 날 없이 창화했다"(『世宗實錄』 32년 閏正月 戊申). 이들 쌍방이 창화한 한시가 50수를 넘기고, 명사가 귀국할 때 조선 문신들이 지은 증별시도 20~30수에 이르러 『봉사조선창화집(奉使朝鮮倡和集)』이 편집됐다. 예겸이 귀국한 뒤 이 시집은 그의 조선 출사 기행록인 『조선기사(朝鮮紀事)』와 묶여 『요해편(遼海編)』으로 출간됐다.

예겸과 사마순은 모두 『명실록(明實錄)』에 열전이 있는 저명한 인물들이었다. 출사할 때 예겸은 탐화(探花) 출신으로 6품 한림원(翰林院) 시강(侍講)이었고, 사마순은 해원(解元) 출신으로 형과(刑科) 급사중(給事中)이었다. 특히 예겸은 "어렸을 때부터 뛰어나게 총명하고 촉문(屬文)을 잘해 재기(才氣)가 뛰어났다"(『明憲宗實錄』 188)고 한다. 명조는 "문학이 심오하고 의관(儀觀)이 출중한 사신(詞臣)을 골라 사명을 받들어 가게 했다"(『遼海編』 4 「送翰林侍講倪君使朝鮮詩序」)고 하니, 조선도 이에 대응해 "지금 조사(詔使)는 모두 유림문한지사(儒林文翰之士)이니 원접사(遠接使)는 응당 문한대신(文翰大臣)을 기용해야 한다"(『世宗實錄』 32년 윤정월 乙丑)고 하여 공조판서(工曹判書) 정인지를 원접사로 선임했다. 정인지는 문과(文科)에 급제해 집현전(集賢殿) 학사(學士)와 예조판서(禮曹判書)·이조판서(吏曹判書)

등을 역임했고, 천문과 역법·아악(雅樂) 등에 달통하여『고려사(高麗史)』를 편찬하고 신숙주·성삼문 등과 함께『훈민정음(訓民正音)』을 제정했다. 예겸과 사마순은 출사 기간에 정인지 등과 여러 차례 학문을 토론했는데, 예겸은 정인지를 높이 평가하여 정인지에게 "그대와 하룻밤 대화하는 것이 십 년 책을 읽는 것보다 낫다"(『世宗實錄』 32년 윤정월 乙巳)고 말했다고 한다.

예겸의 조선 출사는 창화 외교라는 조·명 외교의 새로운 국면을 열었다. 조·명 창화 외교는 바로 예겸의 조선 출사로부터 본격 개시됐다. 또한 예겸의 출사는 새로운 외교 양식의 정식 개시이기도 했다. 이 뒤로 명조의 저명한 문신이 조선에 출사하고 이들이 조선의 접반사들과 교환한 창화시는『황화집(皇華集)』이라는 시집에 수록됐다. 이때부터 명은 외조관(外朝官)이 조선에 출사하는 차수와 인원수가 점차 환관을 초과해 "뇌상(賚賞)을 위해 내신을 보내는 일"을 제외하고 "책봉 등 예는 정신(廷臣) 가운데 학행이 있는 자를 골라 정·부사로 충원하여", "중국의 대체(大體)를 잃지 않고 원인(遠人)이 마음으로 따르게 할 수 있게 했다"(『明憲宗實錄』 成化 4년 12월 壬子). 조선도 이에 대응해 명망과 재능·문채(文彩)가 모두 뛰어난 문신을 원접사로 삼고, 한전(漢典)에 통달하고 시문에 뛰어난 문사를 원접사의 후원단 즉 영위사(迎慰使)와 선위사(宣慰使)·제술관(製述官)·종사관(從事官) 등으로 삼았다. 명사와 조선의 접반사단이 교환한 창화시는 6천 수 가까이『황화집』에 수록됐다.[108]『중한시사(中韓詩史)』의 저자 팽국동(彭國棟)은 이에 대해 "한국과 중국은 평소에 돈독하게 친목했고, 교환한 사절은 모두 그 시기에 가장 빼어난 인물 가운데서 선임됐다. 시사(詩詞) 창수 역시 타국이 미칠 바가 아니었다"[109]고 평가했다.

1452(景泰 3년, 文宗 2년)에 황태자를 책립하는 일로 출사한 진둔(陳鈍)과 이관(李寬)은 조선의 문신과 수창하지 않았지만, 1457년(天順 원년, 世祖 3년)에 조선에 출사한 반복위조사(頒復位詔使) 한림원 수찬 진감(陳鑒)과 부사 태상박사(太常博

108. 吳伊琼, 「明朝與朝鮮王朝詩文酬唱外交活動考論-以『朝鮮王朝實錄』爲中心」, 43쪽.

109. 彭國棟, 『中韓詩史』, 臺北, 正中書局, 1957, 11쪽.

士) 고윤(高閏)은 원접사 박원형(朴元亨) 등과 많은 창화시를 만들었다. 명사 진감은 "글 씀이 해박하고 필찰(筆札)에 힘이 있어 당시 많은 칭송이 있었다"(『明憲宗實錄』 89)고 한다. 그들이 의주에 이르렀을 때 원접사 박원형이 잔치를 열어 기악(妓樂)을 올렸으나 두 명사는 이를 사절하고 「기녀를 물리치다(却妓)」란 시를 지었고 박원형이 이를 차운했다. 성현(成俔)의 『용재총화(慵齋叢話)』에 의하면, "세조 시기에 한림 진감이 우리나라에 이르러 연꽃 그림을 보고 시를 지으니… 박연성(朴延城)이 관반(館伴)이 되어 차운(次韻)해서 시를 지었다. 또 「희청부(喜晴賦)」를 지으니 김문량(金文良)이 의운(依韻)하여 시를 지었다. 한림이 크게 칭찬하여 말하기를 '동방 인사는 중화와 다름이 없다'고 했다." 김안로(金安老)의 『용천담적기(龍泉談寂記)』에서도 이를 언급하면서, "이 뒤로 괴애(乖崖. 金守溫 즉 文良)의 이름이 중조(中朝)에 크게 전파됐다. 그 뒤 괴애가 제정(帝庭)에 입근(入覲)하자 아패(牙牌)를 두른 한림원 학사들이 둘러서서 '이이가 김희청(金喜晴)이다'라고 했다"고 전한다.

진감과 고윤은 한강을 유람하면서 예겸 등이 제영(題詠)한 곳에서 김수온(金守溫)·홍윤성(洪允成) 등과 시를 지어 창화했는데, 이 시에서 특히 예겸과 정인지가 예전에 창화한 방식의 흔적을 흉내 내어 옛 정의를 추억하며 피차의 거리를 좁혀 갔다. 진감은 특히 증시에서 "한림은 언제나 정공조(鄭工曹)를 말했는데, 시어가 사람을 놀라게 하고 의기가 빼어나다", "해외에서 일찍부터 신범옹(申泛翁)을 전하는데 청재(淸材)와 아량이 누가 이와 같을 손가"(『丁丑皇華集』)라고 칭송했고, 정인지와 신숙주도 이를 차운해 화답했다.[110]

1459년(天順 3년, 世祖 5년)에 반칙유사(頒勅諭使) 형과 급사중 진가유(陳嘉猷)가 조선에 출사해서 원접사 박원형과 권람(權擥)·홍윤성·김수온 등 여러 문신과 한시를 창화했다. 그는 조선 국왕이 건주여진(建州女眞) 수령 동산(董山)에게 사사로이 관직을 준 일에 대해 조서를 전해 문책하는 일차적 사명을 수행한 뒤, 한강을 유람하면서 선배 명사의 시를 차운하기도 하고 김수온의 문명(文名)을 듣

110. 吳伊琼, 「明朝與朝鮮王朝詩文酬唱外交活動考論-以『朝鮮王朝實錄』爲中心」, 62쪽.

고 그와 창화하기도 했다.[111]

1460년(天順 4년, 世祖 6년)에 조선이 멋대로 여진 모련위도독(毛憐衛都督) 낭복아합(郎卜兒哈. 조선에서는 浪孛兒罕이라 했다)을 죽인 것을 문책하기 위해 반칙유사 예과(禮科) 급사중 장영(張寧)이 출사했고 원접사 박원형이 이를 접반해 시문을 창화했다. 장영은『명사(明史)』180 본전에서 "사의(辭義)가 강개(慷慨)"하고 "장주(章奏)를 잘 써서 명성이 자심하다"고 했고,『명사(明史)』「예문지(藝文志)」에 그의『독사록(讀史錄)』과『봉사록(奉使錄)』·『장영문집(張寧文集)』등을 수록할 정도로 중국에서 문명이 높은 문학지사였다. 부사인 무충(武忠)은 무신으로 문사(文事)에 능하지 못해 조선의 문신과 수창하지 못했다. 장영은 세조의 요청에 응해 전사(前使)가 한강을 유람한 관례에 따라 시를 지어 창화했다. 성현의『용재총화』에서는 그의 시문에 대해 "대체로 시문이 모두 표표연(飄飄然)하여 구름을 뚫고 올라가는 듯한 생각이 있으니, 다른 속인(俗人)이 모방할 수 있는 바가 아니다"라고 높게 평가했다. 서거정(徐居正)도 "장영 급사의 문장은 진가유(陳嘉猷)와 백중세라"(『筆苑雜記』)고 평가했다.

장영이 조선에서 지은 시는 한·중 양국의 문사들 사이에 널리 알려져 회자됐다고 한다. 최부(崔溥)의『표해록(漂海錄)』에 의하면, 그가 표류하여 중국 절강(浙江)에 이르렀을 때 그곳의 생원(生員) 한 명이 "당신은 시를 지을 줄 아느냐"고 물어, 최부가 "시사(詩詞)는 경박한 사람이 풍월을 희롱하는 수단으로 도(道)를 연구하는 독실한 군자가 할 바는 아니다. 나는 격치성정(格致誠正)으로 연구하지, 시사를 공부하는 데는 뜻이 없다. 만약 혹시 선창(先倡)하는 사람이 있다면 부득불 화답할 뿐이다"라고 답했다고 한다. 그러나 최부도 장영의 시에 대해서는 잘 알고 있었다. 어떤 사람이 와서 묻기를 "경태 연간에 우리나라 급사중관 장영이 당신 나라에 봉사하여「각금정시(卻金亭詩)」『황화집』을 지었는데, 당신은 알고 있는가"라고 해서, "장 급사가 우리나라에 당도하여『황화집』을 지었는데, 그중의「제한강루(題漢江樓)」시의 '빛이 청작방(青雀舫)을 흔든다.…'는 구

111. 詹杭倫,「中國明朝詔使與朝鮮李朝遠接使唱和詩研究」, 44-45쪽.

절이 특히 칭송되고 있다"고 대답했다고 한다.

1464년(天順 8년, 世祖 10년)에 명 헌종(憲宗)이 즉위하여 반등극조사(頒登極詔使) 정사 태복시승(太僕寺丞) 김식(金湜), 부사 중서사인(中書舍人) 장성(張珹)이 조선에 출사하여 원접사 박원형과 김수온·신숙주 등 40여 명의 조선 문사들과 창화시를 만들었다. 김식은 "사죽(寫竹)을 잘했는데, 붓을 움직일 때마다 자태가 넘쳐 나오고 그 위에 소시(小詩)를 지어 썼다"(『浙江通志』)고 한다. 장성은 "시한(詩翰)으로 이름을 날렸다"(『江南通志』 166). 『조선실록』에 의하면, "정사 김식이 병풍에 소죽(素竹)을 그리고 그 위에 시서(詩書)를 써서 박원형에게 증여하자, 원형이 이를 아뢰었다. 상(上)이 화공에게 명하여 그 그림을 모사(摹寫)하여 채색을 입히게 하고 문신에게 명하여 의운(依韻)하여 화답하게 했다. 식은 시에 능하고 서화에 공교(工巧)했으며 팔분전예(八分篆隷)도 잘했다. 부사 장성도 시에 능했다"(『世祖實錄』 10년 5월 壬申). 성현의 『용재총화』에도 신숙주·김수온·서거정·김종직(金宗直) 등의 차운시가 수록돼 있다. 명사가 성균관에 가서 알성(謁聖)하고 한강을 유람할 때는 정인지와 정창손(鄭昌孫), 이변(李邊), 홍윤성, 박원형, 윤자운(尹子雲), 서거정, 이승소(李承召), 노사신(盧思愼), 이파(李坡), 신숙주, 김수온, 윤효백(尹孝伯) 등 조선의 명사(名士)들이 대거 배동하거나 혹은 차운해서 시를 지었다.

김식 등이 돌아갈 때 명사의 시작(詩作)은 승정원(承政院)을 거쳐 경기·황해·평안도 관찰사에게 명해 그들이 돌아가는 여정의 연도에 있는 역관(驛館) 장벽(墻壁)에 걸도록 했다. 이들은 조선을 떠나기 전에 전사(前使) 진감과 고윤·진가유 등이 조선 문신과 수창한 『황화집』을 가지고 돌아갈 수 있게 해 달라고 조선에 요청해서, 조선이 5건씩 각각 기증했다. 김식 등 명사의 문덕(文德)과 재학(才學)은 조선 사인의 칭찬을 받았다. 이승소는 「갑신황화집서(甲申皇華集序)」에서 "지금 태복(太僕)과 사인(舍人) 두 선생은 예겸과 진감 등 여러 선생의 뒤를 이었으니, 그 학행의 높음과 문아(文雅)의 아름다움이 울창하게 앞뒤로 이어졌다"고 칭송했다.

1475년(成化 11년, 成宗 6년) 11월에 명 헌종은 "황태자를 책립하여, 호부 낭중 기순(祁順)과 예부 낭중 악장(樂章)을 정사로, 행인사 좌사부(左司副) 장근(張瑾)과 행인 장정강(張廷綱)을 부사로 삼아 조서를 가지고 조선과 안남국에 가서 개독(開讀)하게 했다"(『明憲宗實錄』 147). 조선의 성종은 좌찬성(左贊成) 노사신(盧思愼)을 원접사로 삼았으나 노사신이 병을 이유로 사양했기 때문에, 성종은 다시 노사신을 관반으로 삼고 좌참찬(左參贊) 서거정(徐居正)을 원접사로 보냈는데, 그가 시에 능했기 때문이다. 성종은 "사자가 만약 시에 능한 자라면 반드시 창화할 것이니, 서거정을 보내는 것이 어떠한가"(『成宗實錄』 7년 정월 壬申)라고 했다 한다.

실제로 성종이 예상한 대로 기순 등은 길에서 서거정 등과 창화하여 회고장편(懷古長篇)을 지었다. 『조선실록』에 의하면, 평양선위사(平壤宣慰使)가 복명하여 원접사 서거정이 천사(天使)의 시에 화답한 것에 대해 아뢰었는데, "천사가 평양에 이르니, 상사(上使)가 평양회고장편을 지어 서거정에게 보이자 거정이 곧 차운하여 증정했다. 기순이 말하기를 '재상의 부시(賦詩)는 매우 빠르고 정교하니, 내가 미치지 못하는 바다'라고 하면서, 통사(通事)에게 '나라 안에 이처럼 시에 능한 자가 얼마나 있는가'라고 물었다"고 했다(『成宗實錄』 7년 2월 寅卯).

이처럼 시에 능한 서거정은 지나친 자신감으로 인해 두고두고 이야깃거리가 된 시화(詩話)를 하나 남겼다. 성현의 『용재총화』에 의하면, 서거정은 관행과 달리 자신이 먼저 선창하여 명사가 곤궁해지기를 기대했지만, 기순은 침착하게 화답하여 오히려 서거정이 '낙패(落敗)'했다고 한다. 그러나 서거정도 이 일로 중국에 이름을 널리 알려, 중국의 인사들이 한국인을 보면 "서 재상은 안녕하신가"라고 물었고, 최부가 소주(蘇州)와 항주(杭州)에 표류했을 때도 '남인(南人)' 가운데 서거정에 대해 묻는 자가 있었다고 한다(金安老, 『龍泉談寂記』).

1487년(成化 23년, 成宗 18년)에 반칙유사(頒勅諭使) 정사 우춘방우서자(右春坊右庶子) 겸 한림원 시강 동월(董越)과 부사 공과 급사중 왕창(王敞)이 조선에 출사했는데, 원접사는 이조판서 허종(許琮)이었다. 명에 다녀온 사신이 성종에게 "지금 오는 상사(上使)는 시에 뛰어나고 부사는 경학(經學)에 정통하다"(『成宗實錄』 19년 3월 甲申)고 보고하여, 조선 정부는 "지금 오는 천사가 모두 문사(文辭)를 잘한다고 하니, 응당 능문지사(能文之士)를 골라 그를 응대하게 해야 한다"고 하면서 허종을 원접사로 정했다.

동월은 허종을 만나 "예전에 듣기로 조선은 독서하고 예를 안다고 한다. 지금 재상의 행례(行禮)를 보니 바야흐로 앞서 들은 것이 잘못된 것이 아님을 믿을 수 있다"고 칭송했다. 한강과 제천정(濟川亭) 등 명승을 유람할 때 서거정 등이 배동했는데, 동월과 왕창이 시를 짓고 허종 등이 차운했다. 김안로의 『용천담적기』에서는, 동월이 안찰사(按察使) 성현과 원접사 허종의 화시를 보고 감탄하고 압록강에 이르러 전별할 때는 창화하며 서로 눈물을 흘렸다고 하면서 "정과 뜻이 같이 돌아갈 때는 풍토를 묻지 않는다는 말을 믿을 수 있다"고 평했다. 이수광(李睟光)의 『지봉유설(芝峯類說)』에서도 허종의 「별동월천사(別董越天使)」 시를 기록하면서, "천사가 이를 보고 눈물을 흘렸다고 한다. 대개 시격이 그다지 높지도 않았지만 어의(語意)가 간절했기 때문이다"라고 논평했다.

1492년(弘治 5년, 成宗 23년)에 명의 효종(孝宗)이 황태자를 책립하여 병부 낭중 애박(艾璞)을 정사로, 행인사 행인 고윤선(高胤先)을 부사로 삼아 조선국에 반조(頒詔)하게 했다. 애박이 조선에서 지은 시는 많지 않아 『황화집』에는 겨우 15수가 수록됐고, 그나마 그중 8수는 조선에 오기 전에 길에서 쓴 것이다. 이는 애박 본인이 문학적 소양이 뛰어나지 못했기 때문이다. 원접사 노공필(盧公弼)이 복명할 때 성종이 "천사의 시를 경이 차운하여 증송했는가"라고 물었더니, 노공필이 다음과 같이 응답했다. "천사가 의순관(義順館)에서 출발하려 할 때 시를 신에게 증송하여, 신이 강혼(姜渾)에게 명해서 말 위에서 초고를 쓰게 하고 신이 이를 윤색하여 배위에서 증정하면서 '나는 본래 시에 뛰어나지 못한데다가 갑자기 써서 이렇게 형편없게 됐다'고 하니, 양사(兩使)가 서로 보더니 '좋다'고 하면서 '우리가 조정에 돌아가면 응당 국왕이 독서(讀書)하고 숭례(崇禮)하여 조정을 흠숭한다고 말할 뿐이다'라고 했다"(『成宗實錄』 23년 6월 壬戌). 『임자황화집(壬子皇華集)』에 의하면, 애박과 노공필은 한 번 창화했을 뿐이다.

1505년(弘治 18년, 燕山君 11년)에 명 무종(武宗)이 즉위하여 한림원 시독 서목(徐穆)과 이과 급사중 길시(吉時)를 조선에 보내 등극조서를 반포했다. 연산군은 "문신 가운데 시문에 능한 자를 골라 창화에 대비하게 하라"(『燕山君日記』 11년

9월 乙未)고 했지만, 『임자황화집』에는 조선 문신의 창화시가 수록돼 있지 않고, 서목이 지은 7수 시 가운데 4수는 기행(紀行)이고 3수는 동월의 시를 차운한 것이다.

1521년(正德 16년, 中宗 16년)에 반등극조사(頒登極詔使) 정사 한림원 수찬 당고(唐皐), 부사 병과 급사중 사도(史道)가 조선에 파견됐고, 원접사는 의정부 좌참찬 이행(李荇)이었다. 당고는 진사 장원 출신으로 조선에 출사하여 많은 창화시를 남겼다. 그는 조선 국왕에게 시를 지어 바치기도 하고(『中宗實錄』 16년 12월 戊子), 승려 설옹(雪翁)에게 시 한 수를 증송하기도 했다. 김안로의 『용천담적기』에 의하면, 원접사 이행이 당고의 「음락(飮酪)」 시를 차운하자, 당고가 얼굴을 고치고 그가 '시단(詩壇)의 노장(老將)'임을 칭송했다고 했다. 임경(任璟)의 『현호쇄담(玄湖瑣談)』에서도 "그 뒤로 수창이 끊어지지 않았는데, 화사(華使)의 작품이 나올수록 더욱 좋아지니 용재(容齋. 李荇)가 '천재로다'라고 감탄했다. 화사도 용재를 소단(騷壇)의 노장이라 칭송하면서 부사에게 '절대 함부로 짓지 말라'고 경계했다"고 전한다.

1537년(嘉靖 16년, 中宗 32년)에 반황태자탄생조사(頒皇太子誕生詔使) 정사 한림원 수찬 공용경(龔用卿), 부사 호과 급사중 오희맹(吳希孟)을 조선에 파견하고, 형조판서 정사룡(鄭士龍)이 원접사로 이들을 맞았다. 이들 명사가 지은 시가 400수를 넘었고, 조선의 문신 정사룡, 소세양(蘇世讓), 이희보(李希輔), 심언광(沈彦光), 김안로, 윤인경(尹仁鏡), 허흡(許洽) 등 20인의 화시도 200수 이상이 됐다. 이들은 출사 기간이 모두 10개월 가까이 걸렸고, 양사 모두 젊은 진사 출신으로 시에 능하고 유흥이 많아 여로에서 시작이 많았다. 예조의 보고에 의하면, "천사가 가는 길에 낮에는 음영(吟詠)하고 밤에는 서사(書寫)한다고 하는데 혹시 시를 지은 것이 아닌가 의심된다"고 했다.

공용경은 칠언율시를 중종에게 헌시했고, 오희맹도 오언배율 한 수를 중종에게 바쳤다. 이들은 한강을 유람하며 여악(女樂)을 엄격하게 거절하지 않고, 여러 문신과 시를 창화했다. 유몽인(柳夢寅)의 『어우야담(於于野談)』에서는 "우리나라에 온 천사 가운데 능문자(能文者)라 칭할 수 있는 자는 필시 공용경이다"

라고 하고, 남용익(南龍翼)의 『호곡시화(壺谷詩話)』에서도 "국조(國朝)의 동사(東槎) 가운데서 공용경보다 더 왕성한 경우가 없다"고 했다. 공용경은 조선 체류 기간이 가장 길고 시명(詩名)도 가장 드높았으니, 조선에서 한시를 창화한 명사 가운데서 가장 대표적인 인물의 하나였다고 할 수 있다.

명조는 1539년(嘉靖 18년, 中宗 34년)에 황천상제(皇天上帝)의 대호(大號)를 올리고 황조(皇祖)의 시호를 올리며 황태자를 책립하고 두 왕을 책봉하는 예를 이룬 뒤에 한림원 시독 화찰(華察)을 정사로 삼고 공과 좌급사중 설정총(薛廷寵)을 부사로 삼아 조선에 파견했다. 조선은 소세양(蘇世讓)을 원접사로 삼았으나 소세양이 노모의 명을 핑계로 사양했다. 이에 성세창(成世昌)을 영위사(迎慰使), 신광한(申光漢)을 도사선위사(都司宣慰使)로 삼아 더 파견했는데, 모두 "능문자를 골라 삼았다." 원접사 종사관도 모두 능문(能文)했다. 앞서 공용경 등이 곳곳에서 머무르며 풍속을 관찰한 것과는 달리, 화찰은 여로에서 오로지 시 짓기에만 힘썼다. 원접사 소세양의 보고에 의하면, 명사가 공강정(控江亭)과 청천강(淸川江)을 유람하며 "양사 일행은 여러 일을 생략하여 돌아보지 않고 오로지 시를 짓고 읊는 것을 일로 삼아 밤에도 자지 않고 새벽에 잠시 눈을 붙였다가 곧 일어나 시를 썼다"(『中宗實錄』 34년 3월 辛未)고 한다. 명사가 시를 지으면 원접사는 반드시 차운하여 화답해야 했기 때문에, 원접사와 다른 접반관들이 모두 감당하기 힘들어했다.

중종이 모화관에서 조칙을 맞이하자 명사는 중종에게 헌시했다. 그 뒤 연회와 유람, 문묘 배알, 전별 등에서 명사는 언제나 시를 지었고, 조선의 문신들도 창화했는데, 앞선 사신들에 비해 한시 수창을 더욱 중시했다. 명사가 시를 지을 때마다 원접사는 즉시 편집하여 책을 만들어 중종에게 보고하고 연도에 현판을 새겨 걸었다. 전별할 때는 전례에 따라 앞서 각인한 『황화집』을 보내 주었다. 화찰 등은 친구들에게 나눠 주기 위해 조선에 『황화집』 간본(簡本)을 여러 건 청했는데, 이는 이전에는 없었던 일이다. 이들의 출사는 오로지 시를 짓기 위해 온 것처럼 보였으니, 공적으로는 명조의 문치(文治)와 교화(敎化)를 곳곳에서 선양했고, 사적으로는 대다수 시를 공용경과 오희맹을 차운하여 지음으로써 은연

중에 앞선 사신들과 경쟁하는 뜻을 내보이기도 했다.[112]

1544년(嘉靖 23년, 中宗 39년)에 중종이 사망하자 그다음 해에 조선이 국왕의 부고를 알렸고 명 세종(世宗)은 관례에 따라 내사(內使)와 행인을 조선에 보내 사제(賜祭)했는데, 정사는 환관인 곽방(郭璈)이고 부사는 행인 장승헌(張承憲)이었다. 『을사황화집(乙巳皇華集)』에 수록된 명사의 시는 모두 장승헌의 것이다. 원접사는 신광한(申光漢)이었으나 칭병하여 유인숙(柳仁淑)을 관반으로 보냈다. 제사를 마친 뒤에 부사 장승헌이 빨리 돌아가려 하자 인종은 만류하며 관례대로 한강을 유람하도록 권하니, 장승헌은 "내가 제명(帝命)을 받들어 당신네 나라에 온 것은 상(喪)을 슬퍼하기 위한 것인데, 유람하며 탐락(耽樂)하는 것은 그때가 아니니 이 말을 다시는 하지 말라"고 했다. 부사가 연회에서는 시를 지어 원접사 신광한과 관반 유인숙, 좌의정 유관(柳灌) 이하 여러 재상에게 증송하면서 "상중이라 감히 화시를 구하지 않는다"(『仁宗實錄』 원년 5월 乙丑)고 했다. 이로 인해 장승헌의 시도 비교적 적고 조선 문신의 창화시도 많지 않았다.

1545년(嘉靖 24년, 仁宗 원년)에 조선 국왕 인종(仁宗)이 사망하여 명 세종이 그다음 해에 사례감(司禮監) 태감 유원(劉遠), 행인사 행인 왕학(王鶴)을 조선에 보내 사시(賜諡)·사제(賜祭)했다. 의주 목사(牧使)의 사전 보고에 의하면, "왕학은 문장이 장승헌 천사보다 뛰어나다"(『明宗實錄』 仁宗 원년 12월 癸卯)고 했다. 유원과 왕학은 문묘(文廟)를 배알하고 한강을 유람했는데, 이때 부사 왕학은 조선 문신과 창화했다. 왕학과 조선 문신의 창화는 앞선 장승헌보다는 조금 많지만, 당시 조선이 국상을 당해 연락(宴樂)이 불편하여 창화에 참여한 조선 문신의 수가 제한됐고 창화시도 공용경이나 화찰 때보다 훨씬 적었다. 권응인(權應仁)은 『송계만록(松溪漫錄)』에서, "호음(湖陰. 鄭士龍)이 왕 천사의 「백상루(百祥樓)」 시를 차운하고… 나를 시켜 천사에게 바치게 하니, 세 번 읽은 뒤에 '정말 학해(學海)로다'라고 감탄했다"고 전했다.

1566년(嘉靖 45년, 明宗 21년)에 명 목종(穆宗)이 즉위하고 그다음 해에는 조선

112. 吳伊琼, 「明朝與朝鮮王朝詩文酬唱外交活動考論」, 87쪽.

선조가 즉위했다. 명은 한림원 검토 허국(許國)과 병과 급사중 위시량(魏時亮)을 조선에 보내 등극조를 반포하게 했다. 『황화집』에는 이들의 시가 40여 수 기재돼 있는데, 그 가운데 원접사 박충원(朴忠元)의 화시는 겨우 2수뿐이다. 그 까닭은 조·명 양국이 모두 국상 기간이어서 창화하기에 적절치 않았기 때문이다. 어숙권(魚叔權)의 『패관잡기(稗官雜記)』에 의하면, "허·위가 왔을 때 조정이 의논하여 원접사에게 조용히 종계변무(宗系辨誣) 등의 일을 알리게 하여, 『목은집(牧隱集)』 중의 「환조대왕(桓祖大王)」과 「이인복묘비(李仁復墓碑)」를 보여 주며 '이를 보면 국주(國主)와 이인임(李仁任)은 한 이(李)가 아님이 저절로 판명된다'고 했는데, 대개 이인복이 이인임의 형이기 때문이다. 허(許)가 읽고 나서 '문장이 아주 좋으니 이 사람의 시편을 보고 싶다'고 했다. 홍순언(洪純彦)이 그 시를 써서 증정하자, 허가 한참 음영하고서 '당신 나라에 어찌 이 같은 시가 있는가'라고 했다"고 한다. 어숙권은 "그 말은 동국(東國)을 가볍게 여기면서도 마음속으로는 목은의 작품에 감복한 것으로 보인다"고 촌평했다. 창화 외교의 독특한 기능의 하나를 보여 주는 시화(詩話)라 할 수 있다.

1567년(隆慶 원년, 明宗 22년)에 명은 중관(中官) 요신(姚臣)과 행인 구희직(歐希稷)을 보내 조선 국왕 이환(李峘)에게 공헌(恭憲)이란 시호를 내리고 조제(弔祭)하면서 그 질자(侄子) 서국사(署國事) 이연(李昖)을 조선 국왕으로 봉했다. 그러나 실제로 조선에 온 정사는 태감 장조(張朝)였다. 『조선실록』에 의하면, "구희직은 신진 문관으로 성품은 조급하여 위의(威儀)가 없었다.…그때 이조판서 박순(朴淳)이 원접사가 됐다. 구희직과 원접사가 창수했는데, 그 시가 말이 되지 않았다"(『宣祖實錄』 원년 2월 癸未)고 한다.

1567년(隆慶 2년, 宣祖 원년)에 명은 동궁(東宮)을 책립하고 조선에 조유(詔諭)하기 위해 한림원 검토 성헌(成憲)을 정사로, 예과 우급사중 왕새(王璽)를 부사로 삼아 파견했다. 원접사 박순의 보고에 의하면, 부사 왕새가 통사(通事)에게 "당신 나라는 문헌지방(文獻之邦)이고 능문자가 실로 많다. 학술에 정(程)·주(朱)와 같은 이가 있는가"라고 물어서, "전에는 정몽주(鄭夢周)·권근(權近), 후에는 조광조(趙光祖)·이언적(李彦迪) 같은 이가 있다. 그 외에도 많이 있어, 내가 그 성명을 다

적을 수 없다"고 대답했다. 부사가 "그러면 필시 세상에 유행한 저술이나 문집이 있을 것이다"라고 하면서 관심을 표명했다. 이에 원접사가 통사를 통해 "우리나라는 중국의 교화를 입어서 대대로 학문에 힘쓴 이가 있다. 다만 학문한 바의 순자(醇疵)는 알 수 없지만, 왕왕 저술이 있다. 만약 보고 싶으면 응당 찾아 구해서 드리겠다"고 했다. 부사가 답하기를 "허다한 문장 가운데 필시 볼 만한 것이 많다. 나는 인재의 융성과 학문의 높음을 알려고 한다. 이제 회답을 듣고 매우 감사하니, 나는 다만 한 번 살펴볼 뿐이다"라고 했다. 원접사는 "이 같은 부사의 말을 보건대 학문에 유의하는 것 같다. 전대 아조(我朝)의 저술을 십분 잘 골라 선사(繕寫)해서 책을 만들어 주어야 할 것이다"(『宣祖修正實錄』 원년 7월 戊申)고 조정에 건의했다. 『황화집』에는 성헌과 왕새, 박순 등의 창화시가 있고, 성헌과 왕새가 선조에게 증별한 시도 있다.

1572년(隆慶 6년, 宣祖 5년)에 명은 한림원 편수 한세능(韓世能)과 이과 좌급사중 진삼모(陳三謨)를 보내 조선에 등극조(登極詔)를 반포하게 했다. 탐행(探行) 통사의 보고에 의하면 "정사 한세능은 사장(詞章)이 한림 가운데서 최고이고 필법(筆法)도 좋다. 부사 진삼모도 사장과 필법이 역시 좋다고 한다"(『宣祖實錄』 5년 9월 乙巳). 이에 노수신(盧守愼)이 원접사가 됐으나 노모를 핑계로 사양하여 가지 않으니, 정유길(鄭惟吉)로 교체되고 노수신은 관반이 됐다. 명사가 곧 이르게 되자, 명사와 수창하는 중임을 감당할 수 없다고 생각한 예문제학(藝文提學) 유희춘(柳希春)이 사양하여, 선조는 오상(吳祥)을 예문제학으로 삼고 사장에 능한 문신 유생들을 선발해 명사 접대에 대비했다. 명사가 한강을 유람할 때 재상과 원접사, 관반 등이 배동하여 한시 창화가 있었는데, 이들은 1개월간 조선에 체류해 시작이 많았다.

1582(萬曆 10년, 宣祖 15년)에 반황태자탄생조사(頒皇太子誕生詔使) 정사 한림원 편수 황홍헌(黃洪憲)과 부사 공과 우급사중 왕경민(王敬民)이 조선에 파견되고, 좌찬성 이이(李珥)가 원접사로 임명됐다. 『조선실록』에 의하면, 이이가 처음 양사를 접했을 때 황홍헌이 역관(譯官) 홍순언(洪純彦)에게 말하기를, "당신네 빈사(儐使)는 산림(山林)의 기상(氣象)이 있는데, 국왕이 산야인(山野人)으로 나를 대

하는 것이 아닌가"라고 했다. 홍순언이 "원접사는 삼장장원(三場壯元)으로 오랫동안 시종하다가 중년에 병으로 임하(林下)로 물러나 쉬면서 몇 년 있었기 때문에 산림의 기상이 있는 것이다. 지금은 의중지신(倚重之臣)이 됐으니 산야인이 아니다"라고 응답했다. 조사(詔使)가 "그렇다면 「천도책(天道策)」 문을 지은 자인가"라고 해서 "그렇다"고 대답하자, 양사가 머리를 끄덕였다고 한다. 연도에서 그 논례(論禮)와 화시를 보고 존경하는 마음으로 대우하며 모든 서찰에서 반드시 율곡선생(栗谷先生)이라 칭했다고 한다. 그때 이덕형(李德馨)이 등제(登第)하여 이미 이름이 있었다. 양사가 한강에서 유람하며 좌우에 있는 사람들에게 "듣기에 조선에는 이덕형이란 이가 있다고 하는데 한번 보기를 원한다'고 했는데, 이덕형이 사양하며 만나지 않았다. 이에 왕경민이 시를 남겨 그에게 증정하면서 신교(神交)를 원한다고 말했다"(『宣祖修正實錄』 15년 9월 壬戌)고 한다.

1601년(萬曆 29년, 宣祖 34년)에 명조 예부에서 책립의 예를 이룬 뒤에 한림원과 급사중에서 한 명씩을 선발해서 조선에 보내 조서를 개독하게 했는데, 수찬 고천준(顧天埈)을 정사로 임명하고 부사는 과원(科員)이 적어서 행인을 임명해서 보냈다. 고천준은 "나이 19세에 남경(南京) 향시(鄕試) 제삼인(第三人)이 됐고 회시(會試)에서는 제이인(第二人)으로 입격(入格)했다고 한다." 그로 인해 선조는 그가 "필시 능문(能文)이다"라고 하고, 관반 이정귀(李廷龜)는 명사와의 수창에 대해 선조에게 청시(請示)하기도 했다(『宣祖實錄』 34년 11월 辛亥). 그러나 『조선실록』에는 고천준 출사 때의 시문 수창에 관한 기록이 전혀 없다. 그 대신 명사가 사신의 지조가 조금도 없어, 거리낌 없이 탐욕을 부리는 행위가 환관보다도 초과함을 기록하고 있다.

1606년(萬曆 34년, 宣祖 39년)에 황태자 맏아들의 탄생을 천하에 반포하기 위해 한림원 수찬 주지번(朱之蕃)과 예과 좌급사중 양유년(梁有年)을 조선에 파견했다. 주지번은 『명실록』에 열전이 있고, 만력 을미과(乙未科)에서 장원해서, 오기도 전에 이미 그 문명이 조선의 군신들에게 알려져 있었다. 이호민(李好閔)이 얻은 정보에 의하면, "중원 사람 가운데서 학사 문장을 헤아린다면 단지 초굉(焦竑), 황휘(黃輝), 주지번 등 세 사람만 칭한다고 하니, 대체로 유명한 사람이었다"(『宣祖實錄』 39년 정월 壬辰)고 한다. 또한 원접사의 보고에 의하면, "대개 상사(上使)는 조용한 것을 좋아하고 책을 보고 시를 짓는 것을 좋아했다." 이로 인해 대량의 시편이 수시로 만들어져서, 『황화집』 권38에서 42까지 주지번과 양유년 및 조선 문신 유근(柳根)과 이호민 등의 600여 수 시작이 기재됐다.

주지번은 시문을 잘 지었을 뿐만 아니라 시문 감상력도 뛰어나서 조선인이 잊지 못하게 했다. 유몽인의 『어우야담』에서 "중국 문사의 문감(文鑒)이 매우 밝았다. 주지번 천사는 '조선이 비록 소방(小邦)이지만 각로(閣老)를 쓸 때는 반드시 문장이 매우 높은 자를 골라 쓰니, 수각로(首閣老) 유영경(柳永慶)은 문장이 가장 높다'라고 하면서, 그 시를 볼 때마다 탁자를 치면서 '동방 제일의 문장'이라고 칭찬했다"고 했다.

주지번은 조선인의 시재(詩才)에 대해 특별히 유의하여 조선에서 시문을 구해 가서 중국에 소개하기도 했다. 김득신(金得臣)의 시화집 『종남총지(終南叢誌)』에 의하면, "당(唐) 천사 주지번이 일찍이 우리나라에 봉사했다가 돌아갈 때 동방의 사실을 황제에게 회주(回奏)했는데, 그중의 한 조목은 '조선에는 차천로(車天輅)라는 자가 있어 문장이 특별히 빼어난데, 일찍이 북관(北關)에 귀양 가서 시 한 구절이 있어 「풍외(風外)의 노성(怒聲)이 발해(渤海)에 들리고, 설중(雪中)의 수색(愁色)이 음산(陰山)에서 보인다」고 했으니, 그가 중국을 무겁게 봄이 여기에 이르렀다'고 했다." 그는 조선의 여류시인 허경번(許景樊. 蘭雪軒)과 허균(許筠) 오누이의 시집을 중국에 소개하기도 했다. 그는 "국(國)은 비록 화이(華夷)로 나뉘었지만, 시(詩)에 어찌 내외(內外)가 있겠는가"(許筠, 『惺所覆瓿藁』 18, 「丙午紀行」)라고 하면서, 기본적으로 중국과 외국의 문화적 격차를 인정하지 않고 조선의 문화를 존중했다. 한·중 창화 외교가 낳은 적극적 소득의 하나라 할 수 있다.

1609년(萬曆 37년, 光海君 원년)에 명은 조선 국왕의 시호를 정해 주기 위해 행인 웅화(熊化)를 조선에 보냈다. 웅화는 원접사 유근(柳根)과 관반 이정귀·이호민 등과 한시를 창화했는데, 특히 이정귀의 화시를 재삼 읊으며 "여기에는 당운(唐韻)이 있다"(洪萬宗, 『小華詩評』)고 감탄했다고 한다. 그리고 "조사(詔使)가 한강을 유람할 때 당시에 시로 이름을 날린 자는 모두 제술관(製述官)이 되어 그를 뒤

따라 배에 올라 서로 고금의 시를 논평했는데, 온 배가 시끌시끌했다"(梁慶遇, 『霽湖詩話』)고 한다. 웅화는 관반인 이정귀와 원접사 유근 등과 한시 창화 등을 통해 깊은 우의를 나누었다.

1621년(天啓 원년, 光海君 13년) 명조는 등극조 반포를 위해 한림원 편수 유홍훈(劉鴻訓)과 예과 급사중 양도인(楊道寅)을 조선에 보냈다. 그러나 이들은 좋지 않은 품행으로 인해 『조선실록』 찬자의 날카로운 비판을 받았다. 이들은 "무려 은 7~8만 량을 거두어 동토(東土)의 물력(物力)이 다 소진됐다. 조사로 우리나라에 온 자 가운데 장영과 허국처럼 기풍이 맑고 지조가 빼어난 이를 비록 쉽게 볼 수는 없었지만 학사대부(學士大夫)의 풍류와 문채는 앞뒤로 이어졌다. 은·삼(蔘)과 찬품(饌品)의 절가(折價)로 토색질하는 것은 고천준부터 시작됐지만 유(劉)·양(楊)이 가장 심했다"(『光海君日記』 13년 5월 壬寅).

1626년(天啓 6년, 仁祖 4년) 황태자탄생조를 반포하기 위해 강왈광(姜日廣)과 왕몽윤(王夢尹)이 조선으로 출사했지만, 이번 출사는 "해외의 정세를 상세하게 살핀다"(『明熹宗實錄』 76)는 또 다른 임무를 띠고 있었다. 그리고 이들은 처음으로 해로로 조선에 갔는데, 이는 육로가 후금(後金)에 의해 차단됐기 때문이다. 이들의 출사는 명조와 조선의 통사(通使) 역사에서 한 획을 그었다. 이후 조선에 출사하는 명사는 무장이 담임하고 다시는 문신이 왕래하지 않았기 때문이다. 이들은 청렴한 문학지사 명사의 전통을 회복해 극도로 행동을 조심하고 청렴한 자세를 지켜 조선 군신과 백성을 감동시켰다. "이번의 조사는 청렴하고 검소함이 근고에 듣기 드물어, 양서(兩西)의 인심이 모두 비석을 세워 맑은 덕을 칭송하려 했고, 양도(兩道) 감사(監司)의 뜻도 일로(一路)의 민정(民情)에 따라 돌아가기 전에 비를 세워 송덕하려 했다." 명사가 한성에 있을 때도 "도중(都中)의 부로(父老) 등이 와서 '조사(詔使)의 맑은 덕이 근고에 없었으니, 시정 백성의 마음이 모두 편안할 수 있었다'고 말했다"(『仁祖實錄』 4년 5월 壬子)고 한다.

이들 문학지사 출신의 명사들은 조선에서 문사들과 나눈 창화시의 자취를 모두 『황화집』이라는 문집에 남겼다. 『황화집』은 명조 사신과 조선 문신이 서로 창화하며 타국의 아름다움을 빌려 본국의 강성함을 표현한 한시의 총집(總

集)이다.[113] 1457년(天順 원년, 世祖 3년)에 명조는 한림원 편수 진감과 태상시(太常寺) 박사 고윤을 조선에 보내 영종의 복위조서를 반포하게 했다. 그해 태상황 영종이 '탈문지변(奪門之變)'을 발동해 경제(景帝)를 폐하고 복위하여, 진감 등의 사명은 조선에 명정(明廷)의 정국 변화를 통보하는 것이었다. 그들은 정치적 사명을 이행한 것 외에도 조선이 파견한 접반사와 조선 문사들과 한시를 창화했다. 그 뒤 조선은 쌍방이 창화한 한시를 한 편(編)으로 편집하고 각인(刻印)해서 『황화집』이라 명명했으니, 이에 대해 『조선실록』에서는 "이에 앞서 명사 진감과 고윤이 와서 정통(正統) 황제의 복위조를 반포했다. 진과 고 등의 잡흥(雜興)이 시로 지어진 것이 모두 약간 수(首)로 본국인이 화답했는데, 각인하여 『황화집』이라 했다. 그 뒤에 본국인이 연경에 가면 중조인(中朝人) 가운데 이를 구하는 자가 자못 많아 곧 인쇄하여 보내 주었다"(『世祖實錄』 天順 2년 윤2월 乙丑)고 했다.

후대에 『정축황화집(丁丑皇華集)』이라 이르는 이 시집은 『황화집』 시리즈의 문을 열었다. 그 뒤에 예겸이 출사하여 남긴 창화시는 비록 『경오황화집(庚午皇華集)』에 수록됐지만, 『황화집』이라는 명칭은 진감과 고윤이 조선에 출사하여 창화한 작품을 편집하면서 비로소 사용되기 시작했다. 조선 측이 '황화집'이라는 이름을 골라 쓴 것에 대해, 송조인(宋朝人)이 고려 사신 김근(金覲)과 박인량(朴寅亮)의 시문을 모아 『소화집(小華集)』을 간행한 영향을 받았다는 일설이 있지만,[114] 『시경』 「소아(小雅)」 '황황자화(皇皇者華)' 편명(篇名)의 뜻을 취했다는 설이 일반적이다.[115] 「시서(詩序)」에서 "'황황자화'란 군주가 사신을 파견할 때는 예악으로 보냈으니, 멀리 가도 광화(光華)가 있음을 말한 것이다"라고 했다.

그런데 『조선실록』에 의하면, 명사 장영이 원접사 박원형에게 "지난해에 진(陳鑒)과 고(高閏) 때는 『황화집』이 있었지만, 나의 시문 같은 것은 문집이 있을 수 없다"고 하자, 박원형이 "대인의 말씀은 정말 겸양하는 말이다. 대인이 만든 것을 모두 내가 전하께 아뢰겠다"고 했다. 장영이 "전하의 명이 있으면, 진·고

113. 王淮, 「論『皇華集』詩賦創作的文學史意義」, 116쪽.

114. 葉泉宏, 『明代前期中韓國交之硏究』, 臺灣商務印書館, 1991.

115. 鄭麟趾 等, 『皇華集』, 臺北珪庭出版社, 1978, 「出版說明」.

문집의 속편일 필요 없이 따로 집록(輯錄)하는 것이 좋겠다"(『世祖實錄』 6년 3월 18일 乙未)고 했다고 한다.

그 뒤에 남곤(南袞)이 예겸의 내한과 시문집의 편찬에 대해 다음과 같이 언급한 바 있다. "세종조에 중조(中朝)의 예겸이 봉사하여 왔는데, 우리나라 문학지사가 이때 융성했다. 그 창수한 시는 중조에서 만든 것보다 떨어지지 않았다. 예겸이 상국으로 돌아가서 우리 문장의 융성함을 극찬했다. 그리고 예겸이 일을 마치고 장차 돌아가려 하자, 세종이 조정에 있는 문신에게 명하여 모두 송별시를 지어 주라고 하고 정인지에게 명하여 그 서문을 쓰게 하고 성삼문에게 명하여 그 발문을 쓰게 하니, 예겸이 받아서 돌아간 뒤에 그 엮은 바를 이름 하여 『요해편(遼海編)』이라 했다. 중조의 사람들이 간판(刊板)하여 전파하니, 정말 성사(盛事)였다"(『中宗實錄』 13년 6월 丙子).

이러한 자료들에 의하면, 예겸의 시를 수록한 『경오황화집』은 예겸의 『요해편』이 간각되어 조선에 유전(流傳)된 이후 즉 성화 5년(1469) 이후에야 조선에서 각인됐음을 알 수 있다. 『경오황화집』에는 예겸의 시(詩) 112수와 부(賦) 2수, 기(記) 2편, 명(銘) 1편이 수록됐고, 『요해편』에서는 예겸의 시 283수와 기 2편, 사부(辭賦) 4편, 명 1편, 서발(序跋) 5편, 기사(紀事) 1권이 수록됐으니, 『경오황화집』은 혹 『요해편』을 참고하여 편찬했을 가능성도 있다.[116]

명조는 1450년(景泰 원년, 世宗 32년)부터 1633년(崇禎 6년, 仁祖 11년)까지 184년간 문학에 뛰어난 사신을 선발해 조선에 파견했고, 출사 기간에 그들은 조선 문인과 한시를 창화했다. 조선 정부는 명사의 24차례 출사 때 지은 창화시들을 매차 한 집(輯)씩 묶어 『황화집』이라 칭했다. 그중 정덕 원년(1506)에 서목이 출사했을 때는 시편이 몇 편밖에 되지 않아 1492년 애박이 출사하여 만든 『임자황화집(壬子皇華集)』에 함께 넣었다. 이로 인해 『황화집』은 모두 23집으로 나눠어져 조선 정부에 의해 편집·간행됐다.

현행 『황화집』 가운데 비교적 완전한 것은 조선 영조가 1773년에 중간(重刊)

116. 殷雪征, 「明景泰年間的中朝詩賦外交-以倪謙出使朝鮮爲中心的考察」, 『중국문학』 65, 2010, 80쪽.

을 명한 50권『황화집』의 영인본이다.『조선실록』에 의하면 "임금이『황화집』 중간을 명했다. 예전 황명(皇明)의 조사(詔使)가 출래했을 때 그 창수(唱酬) 시문을 매번 한 질(帙)씩 집록(輯錄)하여『황화집』이라 명명했는데, 세월이 오래되어 산일(散逸)됐으니 임금이 황조(皇朝)의 사적(事跡)은 지워질 수 없다고 하여 찾아 모아서 합질(合帙)하여 중간하도록 명했다"(『英祖實錄』 49년 6월 5일)고 한다. 그 외에 1978년에 대만 규정출판사(珪庭出版社)에서 출판한 23부(部)가 있는데, 24 차례 출사의『황화집』을 포괄하고 있다. 최근에 조계(趙季)가 집교(輯校)한『족본황화집(足本皇華集)』상·중·하(南京, 鳳凰出版社, 2013)가 출간되기도 했다.

『황화집』에 기재된 시는 6,289수, 부 20여 편, 산문 271편에 달하니, 작품이 풍부하고 문체가 다양했다.[117] 창작에 참여한 중국·조선 시인의 총계가 353명으로 그 대오가 방대하고 진용이 호화로웠다. 여기에 참여한 명조의 사신 40명 가운데 30여 명이 진사였고 그중 15명은 한림이었다. 시문 창화에 참여한 조선의 문신들은 300여 명인데, 당시 국내의 저명한 시인들이 다수 포함됐다.[118]『황화집』의 정문(正文)은 명사와 조선 문사의 창화 작품으로 구성됐다. 작품 체재는 다양하여 시(詩)·사(詞)·부(賦)·문(文) 등을 포괄하는데, 그중에서도 시의 수량이 압도적으로 가장 많고, 오언시와 칠언시가 주를 이룬다. 내용은 매우 풍부해서 조선의 풍토, 인정, 역사, 문화, 습속 및 쌍방 교유와 창화의 정황, 상대의 시격(詩格) 등이 담겼다.

첫『황화집』이라 할 수 있는『경오황화집』에는 예겸의 시 112수와 부 2편, 기 2편, 명 1편 외에도, 부사 사마순의 시 9편, 원접사 정인지의 시 7수, 관반 성삼문의 시 6수, 신숙주의 시 6수, 부 1편이 실려 있다. 예겸의 시 위주로 수록되고 조선 접반사들의 차운시는 점하는 비례가 매우 적었음을 볼 수 있다. 이는 그 후의『황화집』에 조선 측 차운시(次韻詩)가 대량으로 수록된 것과 대비된다. 아마도『황화집』이 중국에 전해져서 "구하는 자가 매우 많았기" 때문에 조선

117. 王准,「論『皇華集』詩賦創作的文學史意義」, 117쪽.

118. 趙季,「中朝詩歌交流的歷史巔峰-明朝使節與朝鮮臣工詩歌唱酬芻論」, 19-20쪽.

측이 이에 기대어 동인(東人)의 작품을 영구히 전하려 했기 때문인 것으로 보인다.[119]

『황화집』 출간의 목적에 대해 『갑신황화집』 서문에서 예문제학 이승소(李承召)는 다음과 같이 밝히고 있다. "우리 국가가 일어나…성의로써 사대함에 잘못이 없었기 때문에 조정이 이를 대우하기를 내제후(內諸侯)와 다르지 않게 했다. 무릇 조명(詔命)이 있으면 반드시 사신을 보내왔는데, 모두 문장과 재행(才行)이 당시에 중망(重望)이 있는 자를 사신으로 삼았다.…이는 비록 조정이 총애하여 내린 은혜에서 나온 것이지만, 우리 국가가 평소에 예의와 문헌을 지키는 곳이기 때문이기도 했다." 요컨대 조선이 『황화집』을 간행한 것은 조선이 문화 대국임을 자긍하여 본국의 문화적 수준과 문학적 역량을 자랑하기 위해서였다. 『황화집』은 시문 창화를 통해 한·중 양국 문화의 이념적 동질성과 상호 인동감(認同感)을 체현하여 양국의 우의관계를 확인·과시하기 위해 출간됐다. 『황화집』은 한·중 한시 창화의 총집(總集)이요 창화 외교의 결정(結晶)이었다.

조·명 시대 초기에 극성했던 환관 외교는 조선과 명조의 안정된 관계를 방해하는 주요한 원인의 하나였지만, 정통 연간에 예겸이 조선에 출사함으로써 문학지사 출신의 명사와 조선 접반사들 사이에 한시를 창화하는 새로운 기풍이 조성됐다. 명 영종이 '토목지변'으로 몽고군에 포로가 되자 새로 즉위한 경제가 한림원 시강 예겸을 조선에 보내 등극조를 반포해서 상황을 설명하게 했는데, 이때 진사 출신의 예겸은 정인지와 성삼문·신숙주 등 조선의 저명한 문사들과 빈 날 없이 창화하여 50여 수의 창화시를 남겼다.

예겸의 조선 출사는 창화 외교라는 조명 외교의 새로운 국면을 열었다. 이 뒤로 문학지사 출신의 외조관(外朝官)이 조선에 출사하는 차수와 인원수가 점차 환관을 초과했고, 조선도 이에 대응하여 명망과 재능·문채가 모두 뛰어난 문신을 선택해 원접사로 삼았다. 문학지사 출신의 명사들은 조선에서 문사들과 나눈 창화시의 자취를 모두 『황화집』이라는 문집에 남겼다. 조선은 『황화집』의

---

119. 殷雪征, 「明景泰年間的中朝詩賦外交-以倪謙出使朝鮮爲中心的考察」, 74쪽.

간행을 통해 본국의 문화적 수준과 문학적 역량을 자랑함과 동시에, 시문 창화를 통해 양국 문화의 이념적 동질성과 상호 인동감을 체현하여 조·명 양국의 우의 관계를 확인·과시하려 했다.

6. 투시(鬪詩)와 쟁시(爭詩)의 문전(文戰)

명대 중엽의 문사 정민정(程敏政)은 당시 안남과 조선에 출사한 사절과 이국의 문사들이 시재(詩才)를 경쟁한 현상에 대해 다음과 같이 비난한 적이 있다. "나는 지난날 조선과 안남에 출사한 자들 다수가 시부 창화(倡和)로써 즐겨 장웅(長雄)한 것을 보고 마음속으로 언제나 의아하게 생각했으니, 대저 두루 자순(咨詢)하고 진시(陳詩)하여 민풍(民風)을 살피는 것은 옛날 사신의 직임인데, 만약 그 사묵(詞墨)이 화묘(華妙)하다고 해서 스스로 자랑하며 만맥(蠻貊)과 승부를 다툰다면, 저들보다 기예가 열배나 뛰어나다고 하더라도 그것이 사의(使義)의 득실과 무슨 관계가 있단 말인가"(『篁墩文集』, 「送行人王君使朝鮮序」).

그러나 당시의 중국 지식인들이 모두 이 같은 일방적 중화 의식에 젖어 있었던 것은 아니다. 다른 한 예로, 명대의 문학가 심덕부(沈德符)는 조선의 문화적 역량 특히 작시(作詩)의 능력이 일방적으로 무시할 수준이 아니었음을 잘 인지하고 있었다. "조선의 풍속은 시문(詩文)을 가장 숭상하고, 또한 거향(擧鄕) 회시(會試)한다. 조공하러 오는 그 배신(陪臣)의 다수가 대료(大僚)로, 의정(議政)이라 칭해지는 자는 곧 재상이다. 반드시 한 명의 어사(御史)가 있어 이를 감찰하니, 모두 문학에 뛰어난 자를 잘 선발하여 사개(使介)로 삼는다.…천조(天朝)에서 그 나라에 사신을 보낼 때는 한 명은 한림(翰林), 한 명은 급사(給事)를 보낸다. 가려는 자는 곧 사모(四牡)를 타는데, 저 나라는 붓을 먹물에 적셔 창화에 대비하지만 우리의 사명을 띠고 가는 자는 재주가 간혹 도리어 저들에게 손색이 있기도 한다. 앞선 무리 한둘은 북비(北扉. 즉 學士)로서 그 비웃음과 모욕을 입은 것이 한 번이 아니었다. 크게 황화(皇華)의 치욕이 된다. 앞으로는 마땅히 사신을 가려서 골라 보내 원토(元菟/玄菟) 사군(四郡) 사람들의 웃음거리가 되게 해서는 안 된다"(『萬曆野獲編』 卷30).

그는 명과 조선의 창화 외교가 국가의 체면을 건 일종의 전쟁이었음을 인정했다. 한시 창화는 조·명 시대 한국인 문사들이 중국인 문학지사(文學之士)를 농락할 수 있는 효과적인 수단이었고, 한국이 중국과 맞겨룰 수 있는 문화적 역량이었다. 시(詩)는 정과 뜻을 소통하는 좋은 매개임과 동시에 전쟁에서 이길 수 있게 하는 위력적인 무기이기도 했던 것이다.

중국에서도 저명한 문학지사로서 선발되어 조선으로 파견된 명사(明使)는 그 뛰어난 작시 능력으로 인해 당연히 조선의 문사들로부터 많은 찬사를 받았다. 예컨대 성현(成俔)의 『용재총화(慵齋叢話)』에서는 명사 장영(張寧)의 문학에 대해 "대체로 시문이 모두 (바람에 가볍게 날리듯) 표표연(飄飄然)하여 구름을 뚫고 뾰쪽하게 나가는 듯한 생각이 있으니, 다른 속인이 모방할 수 있는 바가 아니다"라고 높게 평가했다. 이로 인해 장영이 조선에서 지은 시는 한·중 양국의 문사들 사이에 널리 알려져 회자됐다고 한다.

김식(金湜) 등 명사도 조선 사인(士人)의 많은 칭송을 받았다. 이승소(李承召)는 「갑신황화집서(甲申皇華集序)」에서 "지금 태복(太僕)과 사인(舍人) 두 선생은 예겸(倪謙)과 진감(陳鑒) 등 여러 선생의 뒤를 이어 그 학행의 높음과 문아(文雅)의 아름다움이 울창하게 앞뒤로 서로 이어졌다"고 칭송했다. 당고(唐皐)는 진사 장원 출신으로 조선에 출사한 자로, 임경(任璟)의 『현호쇄담(玄湖瑣談)』에 의하면 "그 뒤로 수창(酬唱)이 끊어지지 않았는데 화작(華作)이 나올수록 더욱 좋아지니, 용재(容齋)가 감탄하여 '천재로다'라고 찬탄했다"고 한다. 공용경(龔用卿)도 뭇 문사로부터 칭찬받았다. 유몽인(柳夢寅)의 『어우야담(於于野談)』에서는 "우리나라에 온 천사 가운데 능문자(能文者)라 칭하는 자는 필시 공용경이다"라고 하고, 남용익(南龍翼)의 『호곡시화(壺谷詩話)』에서도 "국조(國朝) 동사(東槎) 가운데서 공용경보다 더 왕성한 경우가 없다"라고 칭송했다.

그러나 모든 문학지사 출신 명사가 그 시 짓기 능력으로 조선 사인들의 칭송을 받은 것은 아니다. 명사의 문학적 역량에 대한 조선인의 혹평도 적지 않았다. 명사의 수준이 열악한 작품에 대한 한국인의 태도와 평가는 전달하는 문헌에 따라 다르게 나타난다. 중국인에게 자주 선물로 보내져 읽혀진 『황화집』에서는 형식적 예의와 칭송이 일관되게 갖추어져 있어 소극적 비평이나 혹평은 전혀 보이지 않지만, 한국인이 지은 각종 시화(詩話)에서는 가끔 조소와 혹평이 기술돼 있고, 『조선실록』에도 이러한 혹평이 자주 보인다.[120]

예컨대 서거정(徐居正)의 『필원잡기(筆苑雜記)』에서는 "지금 시강(侍講. 倪謙)의 『요해편(遼海編)』 전편을 읽어 보니 그저 평범한 시문일 뿐, 깨끗이 씻어 버리듯 빼어나거나 매우 뛰어나게 훌륭한 문사(文辭)는 보이지 않는다"고 했고, 진가유(陳嘉猷)에 대해서도 "문장이 평담(平淡)하다"고 평가했다. 허균(許筠)의 시화집에서는 "황조사(黃詔使)의 시는 사람들이 모두 비판했다"(許筠, 『鶴山樵談』)고 했는데, '황조사'란 만력 10년에 조선에 온 황홍헌(黃洪憲)을 말한다. 그 뒤에 온 황손무(黃孫茂)도 여러 번 조선 시인의 비평을 받았다. 예컨대 장유(張維)는 "황손무가 연도에서 지은 시는 평측(平仄)을 이해하지 못하고 압운(押韻)을 알지 못했다"고 지적하기도 했다(張維, 『谿谷漫筆』). 정태제(鄭泰齊)의 『국당배어(菊堂俳語)』에서는 애박(艾璞)에 대해 더욱 혹독한 비평을 가했다. "낭중(郎中. 艾璞)이 왕래하며 지은 시가 10여 수에 불과하고, 시어는 매우 유치해서 보기에 부족하다." 『조선실록』에서도 이와 근사한 혹평이 빈번하게 발견된다. "(부사) 구희직(歐希稷)이 원접사와 창수한 시는 말이 되지 않았다"(『宣祖實錄』 원년 2월 癸未)고 한다.

유몽인은 『어우야담』에서 명사와 조선 문신의 시문 수준에 대해 총평하면서 "『황화집』은 후대에 전해질 수 있는 책이 아니고 필시 중국에서도 드러나지 않을 것이나, 천사(天使)의 작품은 미악(美惡)을 불문하고 우리나라에서 감히 물리치지 못하고 그것을 받아 간행했다. 우리나라 사람은 천사 가운데 능문자로 반드시 공용경을 말하지만, 주지번(朱之蕃)에게 물어보면 그 성명을 들은 적이 없다고 하고, 기순(祁順)과 당고(唐皐)는 (명성이 자자해서) 쟁쟁(錚錚)하며 (강하고 높아서) 교교(矯矯)하지만 시가(詩家)의 철장(哲匠)이 아니다. 장영은 조금 청려

120. 吳伊琼, 「明朝與朝鮮王朝詩文酬唱外交活動考論」, 126쪽.

(淸麗)한 것 같지만 유약하여 무골(無骨)이어서 결국은 소가(小家)로 돌아간다. 주(지번) 천사의 시는 (뒤섞여서 순수하지 못해) 박잡(駁雜)하고 (바르고 떳떳하지 못해) 무상(無象)하여 오히려 웅화(熊化) 천사의 연약함만 못하다. 그 밖에는 무언가 언급할 만한 것이 있겠는가"라고 명사의 시문을 혹평했다.

이에 반해 문학지사 명사들은 자신들과 한시를 창화한 조선 접반사(接伴使)들의 문학적 역량을 비교적 높게 평가했다. 그 첫 사례로, 예겸이 정인지(鄭麟趾)를 높이 평가하며 "그대와 하룻밤 대화하는 것이 십 년 책을 읽는 것보다 낫다"(『世宗實錄』 32년 윤정월 乙巳)고 찬탄한 일은 유명하다. 진감도 박연성(朴延城)·김문량(金文良) 등과 창화한 뒤에 "동방의 인사는 중화와 다름이 없다"(成俔, 『慵齋叢話』)고 칭송했다고 한다. 기순도 서거정의 화시(和詩)를 보고 "재상의 부시(賦詩)는 매우 빠르고 정교하니, 내가 미치지 못하는 바다"라고 하면서, 통사(通事)에게 "나라 안에 이처럼 시에 능한 자가 얼마나 있는가"라고 물었다(『成宗實錄』 7년 2월 寅卯)고 한다. 또한 동월(董越)은 평양성에 도달했을 때 안찰사(按察使) 성현(成俔)의 화시를 보고는 얼굴을 고치며 "이 사람은 무슨 까닭으로 주관(州官)을 하는가"(金安老, 『龍泉談寂記』)라고 물었다고 한다.

정인지·서거정·성현 등이 명사의 칭송을 많이 받았다면, 이행(李荇)·정사룡(鄭士龍)·이정귀(李廷龜) 등도 명사의 칭송을 받은 조선의 대표적 시인이었다. 김안로(金安老)의 『용천담적기(龍泉談寂記)』에 의하면, 원접사(遠接使) 이행이 명사 당고의 시를 차운(次韻)하자 당고가 얼굴을 고치고 그가 '시단의 노장'임을 칭예했다고 한다. 김득신(金得臣)의 『종남총지(終南叢誌)』에서도 명사 당고가 빈상(儐相)인 용재(容齋) 이행의 용모가 추한 것을 보고 언제나 근접하지 않게 하다가 그의 화시를 접하고는 칭찬하여 말하기를, "정말 기어(奇語)로구나"라며 다시 예우했다고 전한다. 임경의 『현호쇄담』에서도 "화사(華使)도 용재를 소단(騷壇)의 노장이라 칭송하면서 부사(副使)에게 '절대 함부로 짓지 말라'고 경계했다"고 했다. 어숙권(魚叔權)의 『패관잡기(稗官雜記)』에서는 "공용경 천사가 왔을 때에 호음(湖陰. 鄭士龍)이 원접사가 되고 안분(安分. 沈彦光)이 선위사(宣慰使)가 됐다. 안분이 천사의 시를 차운하여 (화시를 짓자) 천사가 '이 시는 가작(佳作)이니 예수(禮數)보다 우대하여 그 시에 답해야 마땅하다'고 했다. 안분이 들어가 절할 때마다 천사는 반드시 의자에서 내려와서 답했다"고 했다. 권응인(權應仁)의 『송계만록(松溪漫錄)』에서도 왕학(王鶴)이 호음(湖陰. 鄭士龍)의 화시를 세 편 읽은 뒤에 "정말 학해(學海)로다"라며 찬탄했음을 전한다. 명사 웅화는 관반(館伴) 이정귀의 시구를 재삼 읊으면서 '이는 당운(唐韻)이 있다'고 감탄했다"(洪萬宗, 『小華詩評』)고 한다.

이이(李珥)와 유영경(柳永慶)도 창화 시화에서 이름이 빠지지 않는다. 명사 황홍헌은 원접사 이이의 "논례(論禮)와 화시를 보고 공경하는 마음으로 예우하여 모든 서찰에서 반드시 율곡선생(栗谷先生)이라 칭했다"(『宣祖修正實錄』 15년 9월 壬戌)고 한다. 유몽인의 『어우야담』에서는 "주지번 천사가 '조선은 비록 소방(小邦)이지만 각로(閣老)를 쓸 때는 반드시 문장이 매우 높은 자를 골라 쓰니, 수각로(首閣老) 유영경은 문장이 가장 높다'라고 하면서, 그 시를 볼 때마다 탁자를 치면서 '동방 제일의 문장'이라고 칭찬했다"고 한다.

조선인 접반사의 시재(詩才)에 대한 명사들의 높은 평가는 시 짓기에 대한 조선 문사의 자신감을 자극했다. 조선인 문사 자신도 조선인 문사의 시재가 결코 문학지사 명사의 그것에 뒤떨어지지 않는다는 강한 자신감을 갖고 있었다. 한 예로, 서거정은 "시강(侍講. 倪謙)의 「설제등루부(雪霽登樓賦)」도 뛰어나지만, 신숙주 문충공(文忠公)이 차운한 부사(賦辭)도 문자가 순하고 경묘한 초성(楚聲)이 있어 역시 시강과 백중세였다고 할 수 있다"(『筆苑雜記』)고 스스로 자랑했고, 김안로도 "실로 우리나라의 문사들이 중국에 들어가서 제로(諸老)에게 높낮이를 물어 정한다면 어찌 모두 저쪽에 많이 양보하겠는가. 고금(古今)과 이하(夷夏)에는 차이가 없음이 분명하다"(『龍泉談寂記』 下)고 하여, 자신감을 강렬하게 피력하기도 했다.

물론 조선의 문사들도 마냥 자신감만 갖고 오연한 태도를 취한 것은 아니다. 스스로 엄격하게 자평하면서 자국 접반사의 시에 대해서도 객관적 평가를 피하지 않았다. 한 예로, 유몽인의 『어우야담』에서 다음과 같은 자평을 내놓았다. "그러나 우리나라 문인은 함께 수창할 때마다 미치지 못한 경우가 많았다. 정말 그랬다. 대소와 정편(正偏)이 다를 뿐이다. 원접사 서거정은 기순에 대해 감히 선창하여 도전한 뒤에 결국…곤란을 겪었다. 우리나라가 화사(華使)를 대할 때는 일시의 문인 가운데 시를 조금 할 줄 아는 자를 모집해 응수하지만, 뛰어나지 못한 이를 선발해서 천인(天人)의 웃음거리가 됐다. 정사룡은 비록 소장(騷將)이라 칭해졌지만, 그 시는 이치에 닿지 않는 것을 억지로 끌어다 맞추어 시편을 이루는 수준을 벗어나지 못했다. 오직 이행만이 찌그러진 데가 없이 온전한 모양으로 문장을 이루었지만, 격조가 매우 비루하여 과거에 응시하는 문장 같은 것이 있다."

명사 동월과 왕창(王敞)이 돌아간 뒤 성종(成宗)은 수창에 참여한 조선 문신의 차운시(次韻詩)에 대해 심한 불만을 드러낸 적도 있다. "지금 사신의 시를 보니 그 차운이 모두 치졸하여 사신에게 보일 수가 없으니, 국체(國體)에 어떠한가. 이는 다름이 아니라 사재(士才)가 등과(登科)함에 경학(經學)과 사장(詞章)을 마치 물고기 잡는 통발과 토끼 잡는 올가미처럼 보기 때문이다. 비록 법을 세워 장려한다 하더라도 쓸데없는 문구(文具)가 될 뿐이니, 이는 염려하지 않을 수 없다. 어떻게 하면 문사를 배출하여 국화(國華)를 떨칠 수 있는가"(『成宗實錄』 19년 3월 甲申).

이로 인해 조·명시대의 한국인들은 문학지사 명사들과의 시문 경쟁에 대비해서 긴장감을 늦추지 않고 철저하게 사전 준비를 하는 것이 관행화됐다. 예겸이 출사할 때 명조가 "문학이 심오하고 의관(儀觀)이 출중한 사신(詞臣)을 골라 사명을 받들어 가게 했다"(『遼海編』 卷4 「送翰林侍講倪君使朝鮮詩序」)고 하니, 조선도 이에 대응해 "지금 조사(詔使)는 모두 유림문한지사(儒林文翰之士)이니 원접사는 응당 문한대신(文翰大臣)을 기용해야 한다"(『世宗實錄』 32년 윤정월 乙丑)고 하여 정인지를 원접사로 선임했다.

특히 예겸 이후 한시 창화가 관행화하자 조선에서는 시 짓기에 능한 문학지사를 원접사 등 접반사로 선임해 한·중 시문 경쟁에 대비했다. 한 예로 기순이 출사할 때 성종은 좌참찬 서거정을 원접사로 보냈는데, 그가 시에 능했기 때문이다. 성종은 "사자가 만약 시에 능한 자라면 반드시 창화할 것이니, 서거정을 보내는 것이 어떠한가"(『成宗實錄』 7년 정월 壬申)라고 했다 한다. 또한 동월이 출사할 때 명에 다녀온 사신이 성종에게 "지금 오는 상사(上使)는 시에 뛰어나고 부사는 경학에 정통하다"(『成宗實錄』 19년 3월 甲申)고 보고하자, 조선은 "지금 오는 천사가 모두 문사(文辭)를 잘한다고 하니, 응당 문장에 능한 문사를 골라 그를 응대하게 해야 한다"고 하면서, 처음에는 김종직(金宗直)을 원접사로 골랐다가 나중에 허종(許琮)으로 정했다.

이미 파직된 관원이라도 시재가 뛰어나면 접반사로 임용해서 시문 경쟁에 대비하려 했을 정도로 조선 측의 대응은 적극적이었다. 문학지사 장승헌(張承憲)이 부사로 내한했을 때 소세양(蘇世讓)은 다른 일로 파직됐으나, 그가 창화에 능하다고 하여 인종은 "소세양은 문재가 있는 재상으로 침체(沈滯)된 지 이미 오래됐다. 천사가 오면 그가 한 구석을 보완할 수 있을 것이다"(『仁宗實錄』 원년 5월 乙丑)라고 했지만, 대신의 반대가 매우 많아서 그만두었다고 한다.

한·중 시문 경쟁에서 우수한 시를 창작하거나 명사의 칭송을 받으면 국가에서 포상하기도 했다. 한림원 시독 서목(徐穆)이 출사할 때도, 연산군은 문신 가운데 시문에 능한 자를 골라 원접사와 관반으로 삼음으로써 문학지사 명사를 감당하게 했다. 그는 "천사(天使) 2인은 모두 능문자이니 임사홍(任士洪)이 어찌 혼자 당해 내겠는가. 문신 가운데 시문에 능한 자를 골라 창화에 대비하여 천사가 부끄러워하며 돌아가게 하라"고 하고, "듣기에 지금 오는 천사는 문(文)에 매우 능하다고 하니 시에 능한 자를 골라 서로 창화하게 하여 우리나라에 인재가 부족하지 않음을 알게 하라. 그리고 문은 정(情)을 표현할 수 있으니, 천사와 함께 시를 만들 때 우리나라가 사대(事大)하는 정성을 표현해서 그 아름다움을 드러내게 하라. 좋은 시를 만들거나 천사의 칭송을 받는 자가 있으면 응당 상을 논하라"(『燕山君日記』 11년 9월 乙未)고 명하기도 했다.

이처럼 군주 이하 전 조정이 나서서 한·중 시문 경쟁에 대응하자, 원접사 등 명사 접반의 책임을 맡은 관원들은 심각할 정도로 심리적 부담을 갖기도 했다. 그 결과 시문에 능한 중국의 저명한 문학지사가 사신으로 임용되어 조선에 온다는 소식이 전해지면, 평소에 문재로 이름난 문관조차 칭병하여 접반사의 임무를 사양하는 경우가 빈번하게 발생하기도 했다. 한 예로 화찰(華察)이 왔을 때

노사신(盧思愼)은 원접사의 직위를 사양해서 서거정이 대신 원접사를 맡고 노사신은 관반이 됐다. 또 성세창(成世昌)을 영위사(迎慰使), 신광한(申光漢)을 도사선위사(都司宣慰使)로 삼아 더 파견했는데, 종사관(從事官)도 "능문자를 골라 삼아" 소세양을 보조하게 했다. 원접사로 추천된 민제인(閔齊仁)은 "천사가 만약 문사(文詞)를 좋아하는 자가 나왔으면 신이 천박하여 화답할 수 없을 것이다.…신과 같이 노둔한 자를 시켜 이를 맡게 한다면, 신은 중조(中朝)에서 우리나라에 사람이 없다고 말할까 두렵고 국체(國體) 역시 크게 훼손될 것이다. 청컨대 다시 재망(才望) 있는 자를 골라 국가의 체면을 높이시라"(『明宗實錄』 즉위년 11월)고 하며, 시문 경쟁의 선수로 나서는 것을 적극 사양했다.

조선은 명사를 상대하는 접반사로 주로 대제학(大提學)이나 예문제학(藝文提學)의 직위에 있는 문사를 임용했다. 『조선실록』에서 "문신 천사가 나오면 대제학이 그 접대를 맡았다"(『中宗實錄』 31년 12월 17일)고 했듯이, 조선 측에서는 문관 명사의 14차 내방에 13차례나 현직 문형(文衡) 즉 대제학을 접반사로 선임해 접대하게 했다.[121] 이에 대제학이나 예문제학이라는 관직 자체를 사양하는 경우도 적지 않았다. 그 한 예로, "정사 한세능(韓世能)은 사장(詞章)이 한림 가운데서 최고이고 필법도 좋다"는 탐행 통사의 보고가 있자, 명사와 수창하는 중임을 감당할 수 없다고 생각한 예문제학 유희춘(柳希春)은 다음과 같이 사양했다.

"예문제학이란 사신(詞臣) 가운데서 극선(極選)한다. 비단 사명(辭命)을 제찬(製撰)할 뿐만 아니라 한 나라의 문장을 주관하기에 이르니, 많은 사인의 자랑스러운 모범이 된다. 무릇 사대 문서의 수열(修閱)은 모두 그 손에서 나온다. 화사가 오면 경계상에서 영송하고 수십 백리를 왕복하며 서로 수창하니, 대제학은 국가의 대임이고 예문제학은 그 계제(階梯)다. 하루라도 적절한 사람을 쓰지 않을 수 없음은 분명한 사실이다. 신은 촉문(屬文)함에 있어 성분(性分)이 매우 치졸하고, 비록 경사(經史)는 조금 섭렵했지만 필력이 매우 약해 문장을 이룰 수가 없다. 시사부전(詩詞賦箋)의 종류는 더욱 잘 알지 못하는 바여서, 비록 친구

121. 申太永, 『明 나라 사신은 朝鮮을 어떻게 보았는가』, 25-31쪽.

를 멀리 환송할 때에도 한 구절의 작품도 증언(贈言)하지 못한다. 신 스스로 저력(樗櫟. 가죽나무와 상수리나무)처럼 쓸모없음을 알고 있을 뿐만 아니라 동류들도 서두(書蠹)라고 빈정거린다. 지금 신으로 하여금 예원(藝苑)에서 제학이 되게 하고 신도 어쩔 수 없이 이를 받게 되면, 이는 마치 봉사로 하여금 오색(五色)을 구별하게 하고 절뚝거리는 자라를 몰아 산 위에 오르게 하는 것과 같다"(『宣祖實錄』 5년 11월 癸未).

이에 선조는 유희춘의 뜻을 받아들여 오상(吳祥)을 예문제학으로 삼고 사장에 능한 일단의 문신 유생들을 선발해 명사와의 창화에 대비했다. 유희춘은 "당대의 사장지사(詞章之士)로 노수신(盧守愼), 김귀영(金貴榮), 윤현(尹鉉), 이후백(李後白), 기대승(奇大升), 박승임(朴承任) 등이 최고"라고 추천하고, 예문관에서는 허봉(許篈), 최운부(崔雲溥), 조확(趙擴), 홍인헌(洪人憲) 등 한림을 천거했다.

『조선실록』에서 "천사가 오면 으레 수창에만 힘을 썼기 때문에 조종(朝宗)의 시기부터 문학지사를 많이 선발해서 종사관으로 삼아 원접사의 일에 참여해서 보좌하게 하여 궁색한 지경에 이르지 않게 했다"(『中宗實錄』 32년 1월 8일)고 한 것처럼, 조선은 원접사 등 집빈사의 부담을 덜어 주기 위해 시 짓기에 뛰어난 '사장지사'들을 원접사의 종사관이나 영위사 등으로 임용해서 접반사의 시문 창화를 돕게 했다. 황홍헌(黃洪憲)이 올 때도 대신들이 "도사영위사는 반드시 능문의 인물로 삼아야 한다. 광주목사(光州牧使) 신응시(辛應時)를 도사영위사로 차출해 역마에 태워 오게 하고, 정유길(鄭惟吉)을 관반, 이이를 원접사로 삼아야 한다"(『宣祖實錄』 15년 9월 壬戌)고 주장했고, 이이는 능문지사(能文之士) 다수와 동행할 수 있도록 해 달라고 주청했다. 이에 "좌통례(左通禮) 황정욱(黃廷彧), 응교(應教) 허봉, 서산군수(瑞山郡守) 고경명(高敬命) 등을 벽소(辟召)하여 종사관으로 삼았고, 예조판서 정유길은 관반으로 삼았다"(『宣祖實錄』 15년 9월 壬戌).

고천준(顧天埈)이 내한할 때도 관반으로 임명된 이정귀가 "소신은 4~5년 이래로 연달아 힘든 일이 있어 책을 펴서 읽지 못한데다가 돌아온 지 얼마 되지 않아 정신이 혼미한데, 응접하는 일 외에도 수창까지 해야 하니 필시 감당하지 못할까 매우 걱정된다"면서, 전례에 따라 비록 외관을 맡고 있더라도 혹 능문이면 올라와서 제술관(製述官)을 맡도록 청하자고 건의했다. 그는 "연소한 사람 중에 해운판관(海運判官) 허균은 시에 능할 뿐만 아니라 성품도 총민하며 전고(典故)와 중조(中朝)의 일을 많이 알고 있다. 양주목사(楊州牧使) 김현성(金玄成)은 나이는 비록 많지만 역시 시재가 있고 글을 잘 쓰니 뒤따라 들어오게 하고 싶다"(『宣祖實錄』 34년 11월 辛亥)고 해서 선조의 허락을 받았다. 주지번(朱之蕃)이 올 때도 원접사 유근(柳根)이 재력(才力)이 뛰어나지 않고 나이가 많다는 이유로 사양했지만 선조가 허락하지 않자, 유근은 홍서봉(洪瑞鳳), 김상헌(金尙憲), 이민성(李民宬), 조희일(趙希逸), 백진남(白振南) 등 문장에 능하고 글을 잘 쓰는 이들을 동행해서 같이 데리고 가서 보필하게 해 달라고 요청했다(『宣祖實錄』 39년 正月 壬辰).

특히 시 짓기가 왕성한 명사가 출사하면 원접사 혼자서 수많은 원창시(原唱詩)에 일일이 화답하기 어렵기 때문에 종사관 등의 도움이 불가피했던 것으로 보인다. 공용경(龔用卿)과 오희맹(吳希孟)이 출사했을 때 예조의 보고에 의하면, "천사가 지나가는 길에서 낮에는 시를 읊고 밤에는 글을 쓴다고 하는데 혹시 시를 짓는 것이 아닌가 의심된다. 길 위에서 시를 지어 일시에 모두 내놓으면 원접사가 혼자 감당할 수 없을까 걱정된다. 의순관(義順館)에서 벽제(碧蹄) 여러 참(站)까지 판(板) 위에 시를 쓰면 원접사는 반드시 종사관 등과 모두 차운해야 한다. 만약 태평관(太平館)과 제천정(濟川亭) 등처의 제영(題詠)과 『황화집(皇華集)』에 기재된 앞선 천사가 만든 여러 시와 「희청태평관(喜晴太平館)」 등 부(賦)는 미리 문신 등에게 옮겨 써서 각자 스스로 차운하고 기다리게 하면 어떠한가"라고 해서, 중종이 "그렇게 하라"고 허락했다(『中宗實錄』 32년 3월 辛巳).

특히 화찰은 앞선 공용경 등이 곳곳에서 머무르며 풍속을 관찰한 것과는 달리, 여로에서 오로지 시 짓기에만 힘썼기 때문에 원접사의 응수를 더욱 어렵게 했다. 당시 원접사 소세양의 보고에 의하면, 명사가 공강정(控江亭)과 청천강을 유람하며 "양사(兩使) 일행은 여러 일을 생략하여 돌아보지 않고 오로지 시를 읊고 만드는 것을 일로 삼아 밤에도 자지 않고 새벽에 잠시 눈을 붙였다가 곧 일어나 시를 썼다." 명사가 시를 지으면 원접사는 반드시 차운하여 화답해야 했다. 왕이 "천사가 지은 시를 원접사가 모두 차운했는가"라고 묻자, 영위사 민제인이 복명하기를 "천사가 내보여 주면 차운하지 않은 것이 없다.…천사가 시를 많이 만들었는데, 정주(定州)에서 만든 것이 20여 수에 이르고 원접사 혼자서 다 차운했다"고 했다. 황주(黃州)에서 소세양이 보고하기를 "양사가 시를 만들어 내보였는데, 정사의 시가 10수, 부사 시가 11수였다.…그 지은 시는 모두 공용경의 시를 차운한 것이다. 일행은 모든 일을 생략하여 고문(顧問)하지 않고 오직 시 짓기로 일을 삼아 하루에 지은 것만 무려 20여 수였다. 하루에 100여 리를 가고 또 숙소연(宿所宴)도 그치지 않아, 신은 경각도 편안하게 앉아 있을 수 없어 혹은 말 위에서 혹은 야간에 겨우 화답을 만들고, 종사관과 서사관(書寫官)들이 줄지어 앉아 글을 바로잡는 데 밤낮을 이어 쉴 틈이 없다"고 하고, 혹은 "천사가 와서 때때로 시를 만드는데, 많으면 20수, 적어도 10여 수 이하로 내려가지 않으니, 신이 여로에 일이 많아 혼자 버틸 수가 없다"고 하소연하기도 했다. 관반 김안국(金安國)도 중종에게 상주해서 "화사(華使)가 시장(詩章)을 많이 만든다고 들었다. 신은 본래 능문하지 못하고 늙을수록 소싯적만 못하다. 더구나 작년에 큰병을 앓아 지기(志氣)가 혼미하여, 그 회답은 더욱 당할 수 없다"(『中宗實錄』 34년 3월·4월)고 했다.

원접사 혼자서 양사의 시를 모두 차운해서 화시를 만들어 낼 수는 없기 때문에 원만한 창화를 위해서는 종사관 등 제술관들의 도움이 불가피했다. 종사관의 도움이란 명사가 시를 지어 보내오면 종사관들이 화시(和詩)의 골격을 만들고 원접사는 약간 가필 수정하는 형식으로 이루어졌다. 김득신은 『종남총지』에서 당고가 출사했을 때 원접사의 종사관이 어떤 역할을 했는지 다음과 같이 전하고 있다. "천사가 안주(安州)에 이르러 백상루(百祥樓)에 올라 오언율시를 지어 빈상(儐相)에게 보내 화답하게 하니, (원접사) 용재(容齋. 李荇)가 바야흐로 취해서 자고 있어 여러 종사관이 먼저 시를 엮고 기다렸다. 용재가 깨어나서 눈을 비비면서 그것을 보고 이르기를 '노부(老夫)가 응당 고친 다음 즉시 구호(口號)해서 써서 증정하겠다'고 하고, '곤(坤)' 자를 압운하여 이르기를 '이수(二水)가 나뉘어져 감(坎)이 되고, 삼산(三山)이 끊어져서 곤(坤)을 만든다'고 했다. 천사가 그것을 보고 칭찬하여 '정말 기어(奇語)로구나'라고 하며 더욱 예우했다. 용재가 세 종사에게 '나 같은 원접사는 뒤에도 있겠지만 제군들 같은 종사는 다시는 얻기 어려울 것이다'라고 했다. 그때 종사를 맡을 사람을 얻는 일이 어떠했는지 역시 짐작할 수가 있다."

어숙권의 『패관잡기』는 이행이 다른 이의 붓을 빌려 대필하게 한 일을 전하기도 한다. "병인(丙寅)년에 내가 의주에서 퇴휴당(退休堂) 소(세양) 상국(相國)을 모시고 밤에 앉아 당고의 『황화집』을 보았다. 내가 '용재의 한강시(漢江詩)에 나오는 「멀리 희미하게 보이는 삼산(三山)이 복정(覆鼎[山])을 바라보고, 굽어 흐르는 띠 하나가 투금(投金[江])과 이어진다」는 시련(詩聯)이 아주 좋다'고 하자, 공이 웃으며 '그대는 정말 안목이 있구나. 이것은 내가 지은 것이다. 용재가 일이 많아서 나보고 대신 짓게 했을 뿐이다'라고 했다.…복정은 삼각산(三角山)의 일명이고 양화진(楊花津)을 투금강이라고도 한다. 대우(對偶)가 매우 정교하다."

원접사가 화시를 짓다가 궁색해지면 종사관이 대필하는 경우도 있었다. 의주목사의 사전 보고에 의하면 "왕학(王鶴)은 문장이 장승헌 천사보다 뛰어나다"(『明宗實錄』 仁宗 원년 12월 癸卯)고 했는데, "호음(鄭士龍)이 왕 천사의 「백상루(百祥樓)」 시를 차운하여…'정말 학해(學海)로다'라는 칭송을 받았지만…왕학 천사가 기자묘(箕子廟)를 배알하고 시를 지으니, 호음이 '사(師)' 자를 압운했다가 군색해졌다. 여러 날 단련했으나 만들어 내면 낼수록 더욱 더러워져서 종사에게 압운하도록 맡겼더니, 이홍남(李洪男) 정랑(正郎)이 즉시 붓을 휘둘러 화시를 지었다"(權應仁, 『松溪漫錄』)는 일화가 있다.

종사관이 지은 시를 원접사가 가필 혹은 수정했다가 오히려 명사의 혹평을 받은 경우도 있었다. 유몽인은 『어우야담』에서 "주지번 천사가 유영경(柳永慶)의 문장을 볼 때마다 탁자를 치면서 '동방 제일의 문장'이라고 칭찬했다"고 전했다. 그러나 이수광(李睟光)의 『지봉유설(芝峯類說)』에 의하면, 유영경 이름의 모든 창화시는 모두 최립(崔岦)의 손에서 나왔다고 한다. 김득신의 『종남총지』에서도 이 점을 인증하여 "천사 주지번 태사(太史)가 한강을 유람하며 장편(長篇) 한 수를 지어 수규(首揆) 유영경에게 이를 차운하게 했다. 그때 동고(東皐. 崔

岦)가 제술관으로 대신 지었는데, 원접사 서경(西坰) 유근(柳根)이 '한강은 예로부터 가객(佳客)을 즐겁게 하니, 십 리도 가지 않아 왕경(王京)의 경계로다'라는 시구를 보고 '왕경' 두 자를 '장안(長安)'으로 고치자, 동고가 이를 가볍게 비웃었다. 그러나 태사에게 증정하니, 태사가 크게 탄상(歎賞)하며 '장안' 두 자를 집어내면서 '장안은 본래 당신네 지명이 아니고 위약(委弱)하기도 하니 왕경 두 자가 차라리 더 좋겠다'고 말했다. 서경이 이를 듣고 무척 부끄러워했다"고 했다.

이처럼 조선은 시에 능한 인재들을 총동원해서 집단적으로 대응했을 뿐만 아니라, 명사가 내한하기 전부터 명사에 대한 정보를 중국에서 탐사해서 그 문학적 역량 등을 면밀하게 사전에 분석·대비하기도 했다. 그 한 예로, 주지번(朱之蕃)이 내한했을 때 선조와 군신이 머리를 맞대고 주지번의 인물과 문학에 대해 사전에 진지하고 치밀하게 분석·연구하는 모습은 당시 조선의 군신이 문학지사 명사와의 창화를 얼마나 중시하고 있었는지 여실히 보여 준다.

선조가 "이번에 오는 천사(天使)는 유명한 사람인가. 어떤 사람인지 모르겠다"고 군신에게 묻자, 이호민(李好閔)이 "주지번은 을미년(乙未年) 장원(壯元)이다. 천조(天朝)의 과거(科擧)는 우리나라와 같지 않아 장원은 반드시 골라서 삼으니, 유명하지 않으면 될 수가 없다. 이로 보아 그가 심상한 사람이 아님을 알 수 있다. 그리고 중조(中朝) 사람 가운데 새로 서책을 지은 자가 있으면 이 사람이 서문을 쓰게 한다고 한다. 신이 최근에 만난 이덕형(李德馨)이 '중원 사람 가운데서 학사의 문장을 헤아린다면 단지 초굉(焦竑), 황휘(黃輝), 주지번 등 세 사람만 칭한다'고 했으니, 대체로 유명한 사람이다"라고 대답했다.

이에 선조가 "천사가 만든 시는 경들이 보기에 어떠한가"라고 물으니, 이호민은 "기력과 격률(格律)은 어떤지 모르겠지만, 대개 시에 공을 들이는 사람이다.…이 사람은 필시 시에 종사하는 사람이다. 그가 만든 시를 보면 오로지 공교(工巧)에 힘쓰지만 격은 높지 않은 것 같으니, 대개 당시(唐詩)를 숭상한 시다"라고 했다.

선조가 "원접사의 소견은 어떤가"라고 묻자, 원접사로 내정된 유근은 "그는 필시 시에 힘쓰는 자인 것 같다"고 대답했다. 윤방(尹昉)도 "소신이 부경(赴京)하여 들은 바로는, 주지번은 학사 중에서도 매우 명성이 높다. 초굉이 편찬한 『사기기평(史記奇評)』과 『한서기평(漢書奇評)』을 보면 『사기』는 황홍헌이 서문을 썼고 『한서』는 주지번이 서문을 썼다"고 했다. 선조가 "그의 시는 부섬(富贍)한 것 같다. 당인(唐人)의 글은 대개 원기(元氣)가 두터운데, 다만 이 시는 화려함을 알 수 없다"고 자신의 의견을 피력하자, 유근이 "속성된 수법 같다. 그 시는 간혹 화려한 곳이 있지만, 구법(句法) 역시 무엇을 모방했는지 알 수가 없다"고 응답했다(『宣祖實錄』 39년 正月 壬辰).

이처럼 조선의 군신은 내한하는 명사의 시재(詩才)와 시품(詩品)을 미리 정밀하게 분석하여 진지하게 토론하여 대응책을 강구했다. 또한 명사가 이미 내한하여 조선의 접반사 등과 시문을 창화하던 중에도 원접사는 수시로 군왕과 조정 대신들과 연락하며 대응 방안을 모의했다.

그 한 예로, 화찰(華察)과 설정총(薛廷寵)이 출사했을 때 원접사 소세양(蘇世讓)이 보고하기를 "근래 천사는 매번 문자(文字) 사이의 일을 좋아해서 혹은 유람에 탐닉하고 혹은 부시(賦詩)를 즐겼기 때문에 양사는 미리 방안에서 다수의 시를 제술(製述)하여 일시에 모두 내놓고서 이를 화답하라고 해서 막히는 경우가 많다. 전부터 시문에 능한 사람을 의생(醫生)과 뒤섞어 몰래 출입해서 찬조하게 했다. 종사관은 도감낭관(都監郎官)으로 천사가 일찍 아는 바여서 출입할 수 없다. 조종조(祖宗朝)에 혹은 젊은 문신을 시켜 분주하게 도와주는 일꾼에 섞어들어 돕게 했다.…"고 하면서 그 대책을 물었다.

이에 중종이 "원접사가 아뢴 바가 맞다. 강위에서 유람하기만 한다면 혹 옆에서 보고 도울 수 있겠지만, 방안에서는 그 형편이 어려울 것 같다. 만약 의생과 뒤섞여 출입한다면 천사가 실로 모를 것이다"라고 했다. 좌의정 홍언필(洪彦弼)은 "화찰 등과의 수창(酬唱) 제영(題詠)은 미리 염려해 두지 않을 수 없다. 조신(曹伸)은 천인(즉 서자)이지만, 성종(成宗)은 오히려 그에게 참여하게 했다. 실로 재능이 있는 자는 버릴 수 없다. 신 등과 같은 이는 비록 천사의 유람에 참여하더라도 어찌 능히 시문을 지을 수 있겠는가. 반드시 능문의 인재를 많이 모은 뒤에야 가능하다"(『中宗實錄』 34년 3월 辛未)고 건의했다.

예부에서도 "천사가 시를 많이 만든다고 들었다. 제술관이 이미 많이 차출됐지만, 전사성(前司成) 장옥(張玉)과 학관(學官) 심의(沈義), 전검열(前檢閱) 남규(南糾), 생원 신잠(申潛), 진사 김인후(金麟厚) 등은 혹은 한산(閑散)이고 혹은 유생이어서 참여하지 못하고 있다. 「문무루(文武樓)」『황화집』을 내 주어서, 앞서 차출한 제술관과 함께 많이 차운하게 해서 그 쓰임에 대비함이 어떠한가"라고 건의하니, 왕이 "그렇게 하라"고 허락했다(『中宗實錄』 34년 4월 甲辰).

조·명시대 한·중 외교관들의 시전(詩戰)은 이미 예겸(倪謙)의 내한부터 시작됐다. 예겸의 출사는 곧 문학지사(文學之士) 출신 명사(明使)와 조선 접반사의 창화(唱和)가 한·중 간의 치열한 문전(文戰)이 될 것임을 처음부터 알리는 예고편이었다. 명사와 접반사가 처음으로 창화시를 교환한 것은 예겸이 성균관 선성묘(宣聖廟)를 참배했을 때였다. 예겸이 「성균관 선성묘를 알현하고, 동행한 여러 군자(君子)들에게 드린다」는 시를 지어 "문풍(文風)이 어찌 동해에만 미치겠나, 거룩한 덕화가 지금 온 팔황(八荒)에 두루 미친다"고 선창하자, 정인지(鄭麟趾)가 그 「고상한 운(韻)을 받들어 이어서」 "성인 배알하고 돌아와 강당에 따라 들어가, 담소를 나누다 보니 봄날처럼 따뜻하다"고 차운했다. 그 뒤 예겸과 정인지의 창화는 아홉 차례나 이어졌다. 예겸은 주로 기자(箕子)의 팔조지교(八條之教) 이후 중국의 덕화가 멀리 미쳐서 한국의 문풍이 이루어졌음을 강조했고, 정인지는 주로 예겸의 뛰어난 문재(文才)를 칭송하면서 한국과 중국이 '동문(同文)'임을 강조했다.

예겸은 『요해편(遼海編)』에서 이 시를 자주(自注)하여 당시의 상황을 전했다. "처음 「알묘시(謁廟詩)」를 지은 것은 본래 그들이 이인(夷人)임에도 문학을 숭상하는 것이 가상했기 때문인데, 뜻밖에도 공조판서 정인지가 그 자리에서 화답하는 시를 읊조리며 우쭐거리는 뜻이 있는 것 같아 화답한 것을 따라서 돌려주었다. 이때부터 그 시에 화답할 때는 언제나 보자마자 즉시 답하여 잠깐 동안에 지었기 때문에 비로소 모두들 경탄하고 탄복했다." 예겸은 『조선기사(朝鮮紀事)』에서도 "매번 한 수의 시가 나갈 때마다 여러 관리들이 머리를 모아 다투어 시를 읊었는데, 모두 목을 움츠리고 혀를 빼고 놀라며 자리를 향해 웃었다"며, 이 시전(詩戰)에서의 승리자가 자기였음을 은근히 자랑했다.

『요해편』의 「서문」을 쓴 노옹(盧雍)도 예겸이 이 시전의 일방적 승리자였음을 확신했다. "공이 관각(館閣)에서 나왔음을 알고서는, (조선) 나라 안에서 문학에 뛰어난 신료를 골라 뽑아 관반으로 삼았다. 공이 말과 얼굴빛을 부드럽게 하고 고개를 숙이며 그곳에 갔더니, 그 나라 사람들 가운데에는 붓을 놀려 면전에서 방자하게 자랑하고 뽐내는 자가 있었다. 이에 공이 그 빼어난 재주를 펼쳐 그들이 시를 가져와서 올릴 때마다 한번 훑어보고 얼마 지나지 않아 운에 따라 곧 답했으니, 혹 찾는 바가 있으면 생각이 샘솟듯 일어나 붓 가는 대로 즉시 써서 특히 마음에 남겨 두지 않았다. 글의 취지가 범속을 초탈해서, 흘겨보며 마음대로 부리는 것이 마치 옆에 아무도 없는 것처럼 하니, 만석(萬石)의 종을 매달아 놓고 조금만 두드려도 그 울림이 끝없는 것과 같았다. 온 나라가 비로소 모두 놀라고 감탄하여 가없이 우러러보며 앞서 천조에서 그 나라에 보낸 사신들 가운데 아직 공 같은 이를 본 적이 없다고 했다. 공은 조정을 받들어 외이(外夷)를 복속시키는 데 뜻을 두어 군주의 명령을 욕되게 하지 않았다."

『요해편』의 「발문(跋文)」을 쓴 오절(吳節)도 이와 비슷한 글을 남겼다. "선생은 마치 산에서 샘물이 솟아나듯 재치 있는 생각이 빠르고 날래며, 글쓰기에 정통해서 모임의 자리에서 드러내고자 하는 뜻이 있을 때마다 장편이든 단장(短章)이든 거리낌 없이 붓을 휘둘러 잠깐 동안에 글을 완성했다. 이로 인해 나라 안의 사인들이 이를 듣고는 모두 머리를 모아 칭송하고 감탄하며, 위축되어 자신의 장기를 감히 내놓지 못했는데, 오직 정인지·신숙주·성삼문 등 세 명만이 경책(警策)할 줄 조금 알아 틈틈이 선생과 속화(屬和)하여 여러 번이나 권하며 이끌어 주었다."

심지어 조선의 시화집에서도 예겸의 우월성을 인정했으니, 성현의 『용재총화』에서는 한·중 투시(鬪詩)의 정세를 다음과 같이 전하고 있다. "천사로 우리나라에 온 자는 모두 중화의 명사들이다. 경태(景泰) 초년에 시강 예겸과 급사중 사마순(司馬恂)이 우리나라에 왔다. 순은 시 짓기를 좋아하지 않았는데, 겸은 즐기었다. 겸이 처음 오는 도중에서는 시제(詩題)를 내어 시 짓는데 유의하지 않더니, 성균관에서 공자묘에 참배하는 날에 이르러 겸이 시를 지어 '제제(濟濟)한 청금(青襟)이 좌우에 나뉘었고, 삼삼(森森)한 취백(翠柏)이 줄지어 늘어섰다'고 읊었다. 이때는 집현전의 유사(儒士)들이 매우 융성할 때여서 (예겸의) 시를 보고서는 비웃으며 이르기를, '정말 시대에 뒤떨어진 교관(教官)이 지은 것이니 한 쪽 어깨를 드러내고서도 제압할 수 있겠다'고 했다. 그러나 한강을 유람하면서 시를 짓고 …「제설등루부(霽雪登樓賦)」를 지으니…먹을 찍어 붓을 휘두를수록 명시(名詩)가 나오는 것을 유사들이 보고 자기도 모르는 사이에 무릎을 꿇었다. 관반 정(인지) 문성공(文成公)도 능히 대적할 수 없어 세종이 신(숙주) 범옹(泛翁)과 성(삼문) 근보(謹甫)에게 명하여 가서 그와 유람하면서 「한강을 노닐며 지은 시」를 차운하게 했다. 시강은 두 사인을 사랑하여 형제가 될 것을 약속하고 서로 수창(酬唱)하기를 그치지 않았다. 일이 끝나 돌아갈 때 서로 눈물을 흘리며 헤어졌다."

그러나 서거정의 『필원잡기』에서는 모든 조선인이 예겸의 의견에 동의하지는 않았음을 보이기도 했다. "애석하다, 노옹과 오절 두 사람이 시강은 존숭하면서도 우리 동방의 현자를 억누름이 너무 심하다. 지금 시강의 『요해편』 전편을 읽어 보아도 다만 평범한 시문일 뿐, 깨끗이 씻어 버리듯 빼어나거나 매우 뛰어나게 훌륭한 문사(文辭)는 보이지 않는다. 시강의 「눈이 개어서 누각에 올라 지은 부」 같은 것은 비록 가작이기는 하지만, 신숙주가 차운한 「부사(賦辭)」도 문자가 순하고 경묘한 초사(楚辭)의 음향이 있으니, 역시 시강과 백중세라 할 수 있다. 어찌 가볍게 볼 것인가. 그러니 노와 오 두 사람의 말은 실로 공정한 평이 아니다." 이로 보아, 성균관에서 이뤄진 예겸과 정인지 등의 수창은 단순한 한시의 창화에 그친 것이 아니라 저 유명한 '정시지음(正始之音)' 즉 조(曹)·위(魏)시대 정시(正始) 연간에 있었던 하안(何晏)과 왕필(王弼)의 청담(清談)에 비견할 만한 일대 문학적 승부요 외교적 결전으로 이해되고 있었음을 알 수가 있다.[122]

조선에 출사한 명사 가운데서 시전(詩戰)에 가장 적극적으로 임한 자는 김식

122. 金翰奎, 『사조선록(使朝鮮錄) 연구』, 서강대학교출판부, 2011, 137-141쪽.

(金湜)과 장성(張珹)이었다. 이들은 조선에 있을 동안 자기의 시재와 화예(畵藝)를 적극 과시하고 한시의 창화를 통해 자기 국가의 문덕(文德)을 드러내 보였다. 이들이 창수한 시문은 『갑신황화집』에 수록됐는데, 그 창화시 가운데 수창자(首倡者)는 언제나 김식이나 장성으로, 북경에서 조선 왕경에 이를 때까지 지은 시제 중에는 언제나 '구화장(求和章)', '청교(請教)', '영정(郢正)' 등 겸사가 붙어 있어 이들의 적극적 도전의식을 드러냈다. 명사가 시를 지으면 조선 문신은 거의 반드시 차운했으니, 조선의 창화 참여자가 41명에 이르렀다. 평소에 '예의지방(禮義之邦)'과 '소중화(小中華)'를 자처한 조선은 본국 인재의 역량을 드러내 보여 주기 위해 고심해서 대응했다.[123]

그러나 가장 인구에 회자된 한·중 시전은 기순(祁順)과 서거정(徐居正)의 투시(鬪詩)였다. 1475년에 명 헌종(憲宗)은 황태자를 책립하여 호부 낭중 기순을 정사로, 행인사 좌사부(左司副) 장근(張瑾)을 부사로 삼아 조선에 가서 조서를 열어 읽게 했다. 이에 조선의 성종은 좌찬성 노사신을 관반으로 삼고 좌참찬 서거정을 원접사로 보냈는데, 그가 시에 능했기 때문이다. 이때 성종은 "사자가 만약 시에 능한 자라면 반드시 창화할 것이니, 서거정을 보내는 것이 어떠한가"(『成宗實錄』 7년 正月 壬申)라고 했다. 실제로 성종이 예상한 대로 기순 등은 길에서 회고장편(懷古長篇)을 지어 서거정과 창화했다. 평양선위사가 보고한 바에 의하면 "평양에 이르러 상사(上使)가 평양회고장편을 지어 서거정에게 보이자, 거정이 곧 차운하여 증정했다. 기순이 '재상의 부시는 매우 빠르고 정교하니, 내가 미치지 못하는 바다'라고 하면서 통사에게 '나라 안에 이처럼 시에 능한 자가 얼마나 있는가'라고 물었다"(『成宗實錄』 7년 2월 寅卯)고 한다.

이처럼 시에 능한 서거정은 지나친 자신감으로 인해 두고두고 이야깃거리가 될 시화를 남겼다. 한 예로, 성현은 『용재총화』에서 서거정이 "도전해서 낙패(落敗)한" 에피소드를 다음과 같이 전하고 있다. "호부 낭중 기순과 행인 장근이 일시에 왔다. 호부(戶部. 祁順)는 순수 신중하고 온화 상냥하며 시를 잘 지어서,

123. 杜慧月·詹杭倫, 「明代金湜,張珹出使朝鮮與『甲申皇華集』述論」, 144-146쪽.

상(上)이 매우 두텁게 대우했다. 호부는 상의 의채(儀采)를 흠모하여 '정말 천인(天人)이다'라고 했다. 노사신과 서달성(徐達成. 居正)이 관반이 되고, 나와 홍겸선(洪兼善)·이차공(李次公)이 종사관이 되어 만약의 일에 대비했다. 달성이 말하기를 '천사는 비록 시를 잘 만들지만 모두 미리 구상해 놓았기 때문에 내가 먼저 시를 만드느니만 못하니, 갱운(賡韻)하면 저쪽이 반드시 크게 막힐 것이다'라고 했다. 한강에서 유람하는 날에 제천정(濟川亭)에 올라 달성이 시 몇 수를 내어 증정하며 말하기를, '장인(丈人)의 운이 빼어나서 내가 수답(酬答)할 수가 없다. 이제 두서없는 말을 지어 높은 화답을 우러러 기대한다'고 했다. 호부가 미소를 지으며 일람하고는 즉시 붓을 뽑아 써 내려갔는데, 문장에 점 하나 더하지 않았다.…달성은 낙담하여 모자를 젖혀 올려 이마를 드러내면서 길게 신음했을 뿐이다. 김문량(金文良)이 혀를 빼고 거두지 못했다." 정태제(鄭泰齊)의 『국당배어(菊堂俳語)』에서도 "한강을 유람하는 날, 서거정은 천사가 비록 시를 잘하지만 모두 미리 지어 둔 것이니 내가 먼저 지어서 그 재주를 시험할 수 있다고 생각했다. 이에 칠언율(七言律)을 던졌더니…정사(正使)는 곧 붓을 들어 차운했는데…나올수록 더욱 기이하여, 보는 자가 혀를 뺐다. 조사(詔使) 가운데 문장에 능한 자로서 예시강(倪侍講)과 장급사(張給事)의 뒤에는 기호부(祁戶部)를 칭한다"고 했다.

그러나 김안로의 『용천담적기』에서는 이 사건을 약간 달리 전한다. "성묘조(成廟朝)에 기순 호부가 와서 제명(帝命)을 반포했는데, 지나가는 길에서 사물을 구경하며 흥이 일어나 시를 읊조리니, 원접사인 사가(四佳) 서거정이 평범하다고 생각해서 마음속으로 이를 가볍게 여겼다. 사신의 일이 끝난 다음 날 사가가 한강 유람을 청했다. 기순이 '좋다. 길에서의 수창은 손이 주인보다 먼저 선창했으니 내일 강상에서는 주인이 객보다 먼저 선창해서 흥을 일으키는 것이 좋겠다'고 했다. 사가는 미리 일찍부터 만들어 둔 영천(永川) 「명원루(明遠樓)」 시운을 기록하여 이르기를 '더벅머리 대적하는 이 노인이 깃발 눕힌다'고 했다. 제천정에 이르러 술이 아직 취하기 전에 자리 위에서 미음(微吟)하며 마치 구상하는 듯한 모습을 짓다가 붓을 찾아 일련(一聯)을 써서 증정하니…기순은 즉석에서 붓을 달려 화답했다.…필봉이 자유자재하여 구애됨이 없어 더 이상 버틸 수 없게 되자 사좌(四座)가 모두 기색이 꺾였다.…배가 잠두봉(蠶頭峯) 아래에 이르자 호부가 눈을 떠서 말하기를 '이곳의 지명은 무엇인가'라고 하니, 통역하는 자가 '양화도(楊花渡)'라고 했다. 즉흥으로 일률(一律)을 읊으니 사가가 차운했다.…두 공의 기교와 속도가 대략 상적(相敵)하여 마치 양웅이 대진하여 오래도록 결판을 내지 못하는 것 같았다.…기순이 일찍이 이르기를, '선생이 중조에 있어도 마땅히 사오명 안에 들 것이다'라고 했다. 되돌아 나루터에 다다라 배 위에서 사가가 고풍(古風) 장운(長韻)을 먼저 짓자 기순이 지면의 끝부분을 말아 책상 위에 놓고 손으로 서서히 펴면서 한 구절을 볼 때마다 한 구절을 만들어 …한 편을 완성했다. 사가는 마음속으로 탄복하고, 기순의 종사는 '빠르다, 많다'고 감탄했다. 이마에 조금씩 삼가는 모습이 보이다가 곧 두 건을 연이어 갱가(賡歌)하는데, 뜻과 생각이 샘처럼 솟아나 길게 이어져 마르지 않았다. 저쪽에서 한 번 다시 선창하면 화답이 반드시 거듭돼 여러 번 승부가 이어졌으니, 이 역시 희대의 첩수(捷手)였다."

서거정과 기순의 창화는 조·명시대 한·중 창화 가운데서 유일하게 조선 측이 선창한 경우였다. 『조선실록』과 『용천담적기』에서는 명사가 서거정의 선창을 먼저 요청했다고 했고, 『용재총화』와 『국당배어』, 『증정(證正)』 등에서는 서거정이 먼저 선창했다고 했는데, 어느 것이 맞든 대체로 당시와 후세 조선 문인들의 평론은 서거정을 비판하는 방향으로 이루어졌다. 성현은 『용재총화』에서 서거정이 "도전했다가 낙패했다"고 하고, 홍만종(洪萬鍾)의 『증정』에서도 서거정이 '선창'한 것을 두고 "천사의 깃발을 눕히려 했다"고 표현했다.

유몽인의 『어우야담』에서는 "우리나라 문인이 매번 수창할 때마다 미치지 못하는 경우가 많았다. 대소와 정편(正偏)이 같지 않았을 뿐이다. 원접사 서거정은 기순에게 감히 선창하여 도전했지만, 끝내는 '백제(百濟)의 지형(地形)은 물가에서 다하고, 오대(五台)의 천맥(川脈)은 하늘에서 내려왔다'는 구절에서 곤란해졌다"고 하면서, "사가는 각희(角戲)하는 자와 비슷함이 있었으니 먼저 교각(交脚)했다가 뒤에 땅에 엎어졌다. 하방(下邦) 사람이 천사를 대할 때는 마땅히 받들어 맞아 수화(酬和)할 뿐, 어찌 감히 선창했는가"라는 율곡의 평가를 전하면서, "이는 정말 식자(識者)의 말이다"라며 적극적으로 동의했다. 유몽인은 "우리나라가 화사를 대함은 일시(一時)의 문인 가운데 시를 조금 할 줄 하는 자를 모아서 응수하는 것인데, 정확하게 선택하지 못해 천인의 웃음거리가 됐으니 이 무슨 한스러운 일인가"라고 한탄하기까지 했다.

그러나 기순 본인은 『서거정문집(徐居正文集)』의 「서(序)」에서 불쾌한 감을 보이지 않았고, 오히려 이 문전(文戰)으로 인해 서거정의 명성이 중국 특히 남인(南人)에게까지 널리 알려지게 되는 계기가 됐다. 김안로는 『용천담적기』에서 "중조 인사가 우리나라 사람을 만나면 '서재상은 안녕하신가'라고 물었다. 최부(崔溥) 사간(司諫)이 일찍이 탐라(耽羅)에서 표류해서 대주(臺州)에 이르렀다가 소주와 항주를 거쳐 왔는데, 남인도 묻는 자가 있었다. 사가의 명성이 천하에 알려졌음을 알 수 있다"고 전했다.

명사와 접반사의 시문 창화는 실제로 일종의 시전이었다. 양국의 문화적 역량을 걸고 벌인 다툼이었다. 그럼에도 불구하고 적어도 표면적으로는 예양(禮讓)과 화락(和樂)의 표현일 뿐이었다. 특히 조선의 입장에서는 노골적으로 싸움을 걸어서 상대에게 모욕을 주는 일은 결코 용납될 수 없는 일이었다. 한 예로, 고천준(顧天埈)이 내한했을 때 조선의 조정이 취한 태도가 이를 잘 보여 준다.

관반 이정귀(李廷龜)가 명사와의 수창에 대해 선조에게 청시(請示)하자, 선조는 "만약 억지로 하라고 하면 해도 괜찮다. 그러나 반드시 사양하여 부득이한 뒤에 응해야 한다. 다만 그들과 쟁승(爭勝)해서는 안 된다. 전일에 서거정이 원접사가 되고 심언광(沈彦光)이 관반이 됐을 때 모두 시를 지어 먼저 증정했는데, 매우 불가한 일이다"(『宣祖實錄』 35년 윤2월 己亥)라고 했다.

선조는 주지번 출사에 대한 대응책을 신료들과 상의할 때도 "평소에 내 뜻으로는 시운을 서로 차운함은 편안하지 않다고 여겼다"고 하면서, "고(顧)와 최(崔) 때에도 나는 그 미안한 뜻을 말했다. 왜 꼭 조사와 서로 비교하려 하는가. 설사 미치지 못한다 하더라도 무방하다. 다만 지성으로 대해야 한다는 것이 나의 뜻이다"(『宣祖實錄』 39년 正月 壬辰)라고 말했다.

물론 조선의 입장에서는 명사와의 갱수가 부득이한 일일 수도 있다. 신설(申渫)이 선조에게 "전혀 수창하지 않는 것도 미안한 것 같다"는 조정의 논의를 전하면서, "대개 높은 사람이 낮은 사람에게 시키는 일이니, 어찌 화답하지 않을 수 있겠는가. 또한 문자(文字)의 사이에서는 혹 그 환심을 얻는 것도 있다. 조사가 동유(東游)하여 과장하는 뜻도 없을 수 없으니, 이런 일은 무조건 안 한다고 할 수도 없어 걱정된다"(『宣祖實錄』 35년 윤2월 己亥)고 말했다. 그러나 조선의 접반사들이 명사와 한시를 창화하며 완강하게 시전을 전개한 의식적 배경에는 자국 문화에 대한 독립적 자의식과 자신감이 깔려 있었다. 한국의 한문학은 비록 중국 문학과 서로 유사한 형태와 체재를 갖고 있었지만 그 자체로서 독특한 환경에 기인한 주체성을 갖고 있었기 때문에, 한국의 문인들은 중국 문학과는 같지 않은 독자적 자국 문학에 대한 강렬한 자의식을 드러냈다.

한 예로 박지원은, 우리 "산천의 풍기(風氣)는 중화와 지리가 다르고, 언어 풍속은 한·당과 세태가 다르다. 만약 중화에서 법을 본받고 한·당에서 체재를 계승한다면, 우리는 그 법이 높아질수록 뜻은 실제로 낮고 체재가 비슷해질수록 말은 더욱 진실성이 떨어짐을 보게 된다. 좌해(左海)가 비록 궁벽하지만 국(國)은 역시 천승(千乘)이다. 신라와 고려가 비록 넉넉하지 않아도 백성의 수는 많고 풍속은 아름다웠다. 그 방언을 아끼고 그 민요를 읊으면 자연히 문장이 이뤄지고 진기(眞機)가 발현된다"(『燕巖集』 7 「別集」, 鍾北小選)고 자부했다. 한·중 창화를 통한 경쟁과 다툼은 이처럼 강렬한 문화적 자의식에서 비롯된 것으로, 이러한 문화적 자의식은 한국인의 기자(箕子) 숭앙 의식으로 표출됐다. 조·명시대 한국인의 기자 숭앙은 곧 모화 의식과 자존 의식이 결합되어 나타난 문화적 자의식의 표현이었다.

명사와 조선 원접사는 명승지에 머무르며 산수를 읊으며 즉흥 창수했는데, 그중에서도 평안도 곽산군(郭山郡)의 효녀비(孝女碑), 평양의 기자 무덤과 사당, 한성의 공묘(孔廟)와 한강 등은 명사가 반드시 경유해야 할 곳으로 안내됐다. 명사와 접반사들은 이 세 곳을 함께 답사 혹은 참배·유람하면서 조선의 민속과 역사, 문명, 풍광 등에 관한 시문을 창화했다. 그 대표적인 예로, 예겸(倪謙)과 왕창(王敞)이 오고장편(五古長篇)으로 효녀를 찬양하여 조선이 충효가 빛나는 나라임을 칭송했고, 명사 당고(唐皐)와 사도(史道)도 「곽산효녀(郭山孝女)」에 관한 시를 쓰고 조선의 접반사 이행(李荇) 등이 화시로 답하기를 거듭하여, 조·명 시인 6명이 효녀의 일에 대해 56수를 창수했다. 기자에 대한 수창도 거듭됐으니, 한 예로 명사 기순(祁順)이 「기제기자묘(寄題箕子廟)」 4수를 써서 한·중 두 나라 공동의 문화적 연원인 기자를 조고(弔古)하자 접반사 서거정이 즉시 차운했고, 부사 장근(張瑾)이 「알기자묘(謁箕子廟)」를 쓰자 서거정이 또 차운했다. 기순이 "동번(東藩)의 제도는 예전에 이룬 봉군(封君)이니, 천년의 유풍(遺風)으로 예문(禮文)을 숭상한다"고 읊으면서 기자 전장(典章) 제도의 조선 동전(東傳)을 찬탄하자, 서거정이 "예악과 시서(詩書)가 찬란하게 빛났으니, 만고에 조선 백성이 그 은덕을 받았다"고 화답하면서 기자가 전래한 중국 문화가 조선에서 꽃피게 됐음에 감사의 뜻을 표했다. 한성 창화는 공묘 참배와 한강 유람 등 두 부분으로 이루어졌다. 예겸이 「알문묘(謁文廟)」 시를 써서 조선이 유교 문화를 받아들여 크게 발전시킨 나라임을 예찬하자, 원접사 정인지가 보운(步韻) 수화(酬和)하여 천조에 대한 번국의 존중과 천사에 대한 배신(陪臣)의 존경을 표현했다.[124]

이 중에서도 기자에 관한 시문은 조선과 명이 사절을 서로 파견하여 외교 관계를 강화한 경태 원년부터 숭정 6년 사이에 대량으로 출현했으니, 『황화집』 50권에만 100여 수의 시(詩), 6편의 부(賦), 12편의 사(辭), 2편의 문(文), 2편의 조(操), 1편의 변(辨) 등 총 120여 편이 수록됐다. 200여 년간 명조가 조선에 사신을 25차례 파견했는데, 두 번만 '기자제영(箕子題詠)'의 시문이 출현하지 않고, 나머지 22차례는 매번 적어도 명사의 원창 1편과 조선 접반사의 차운 1편이 있었다. 많을 경우 동월(董越)이 출사하여 8제(題) 20편의 기자 관련 작품을 지었는데, 그중 시에는 동월의 「평양성알기자묘(平壤城謁箕子廟)」 2수, 허종(許琮)의 「차운(次韻)」 2수, 왕창의 「알기자묘(謁箕子廟)」 3수, 허종의 「차운」 3수, 부는 동월의 「조선부(朝鮮賦)」와 「조기자묘사(弔箕子墓辭)」, 왕창과 허종의 「차운사」가 있

124. 趙季, 「中朝詩歌交流的歷史巔峰-明朝使節與朝鮮臣工詩歌唱酬芻論」, 21-26쪽.

다. 마지막으로 조선에 출사한 명사 정용(程龍)도 기자묘(廟)를 배알하고 "황화(皇華)가 이곳 지날 때 붓은 산봉우리 같았는데, 하배(下拜)가 정성 펼치려니 시구가 궁핍하다"라고 하며 명사의 전통을 어김없이 지키려 했다.[125]

명사와 접반사들이 창화한 '기자제영(箕子題詠)'은 회고(懷古)의 소재와 외교의 사명이 결합한 결과물이었다. '알(謁)', '조(弔)', '배(拜)', '관(觀)', '제(祭)' 등의 글자로 제목을 삼은 모든 '기자제영'은 그 대상이 기자 무덤과 기자 사당, 기자 정전(井田) 등 세 곳을 벗어나지 않았다. 명사는 평양을 경유하면서 혹은 관광을 위해 혹은 조고(弔古)를 위해 이 세 곳을 찾았다. 예겸의 「알기자묘(謁箕子廟)」 서문에서 "봉사하여 평양을 지나다가 사당 아래에서 배알하고, 다음 날 성 서쪽으로 나가서 다시 구롱(丘壟)을 참배할 수 있었다. 이에 1장(章)을 부시하여 경앙(景仰)의 뜻을 편다"고 했듯이, '기자제영'은 모두 빼어난 유적을 유람하고 옛 사람을 마음 아파하는 회고의 작품임과 동시에, 이 유적이 사행 과정에서 본 것이기 때문에 왕왕 기행의 내용과 결합한다.

명사와 조선 접반사는 각자의 외교적 목적을 실현하기 위해 상대방을 칭송하고 양국의 우호 관계를 강조하니, 기자는 바로 이러한 목적을 실현하는 가장 이상적인 매개가 됐다. 공동의 문화적 연원인 선현(先賢)을 찬미하여 양국의 문화적 친근감을 강조함으로써 양국의 우호 관계를 강화할 수 있었던 것이다. 이로 인해 명사와 조선 접반사는 고적을 음영하는 기행 작품에 수호(修好)의 사명감을 포함시켜 기행과 조고, 외교 등을 성공적으로 융합할 수 있었다.[126]

강왈광(姜曰廣)의 「조기자부(弔箕子賦)」와 장유(張維)의 「차운작(次韻作)」은 기자를 매개로 한 기행과 조고·외교 등의 결합이 어떠한 의미를 갖는지 잘 보여주는 대표적 사례라 할 수 있다. 강왈광의 「기자를 조상(弔喪)하는 부」는 주로 기자를 애도하고 추모하지만, 그 공덕을 가송(歌頌)한 것은 거의 없다. 그는 다만 기자에 대한 비장한 감정을 강조했을 뿐 다수의 외교시에 보이는 현장감이

---

125. 權赫子, 「從『皇華集』"箕子題詠"看辭賦的外交功能」, 8쪽.

126. 權赫子, 「從『皇華集』"箕子題詠"看辭賦的外交功能」, 8-9쪽.

나 사명감은 표현하지 않아 조선의 문사 장유의 혹독한 비평을 받았다. 장유는 사부(辭賦)의 대가로 '문장사대가(文章四大家)'라 칭해진 인물이다. 『황화집』에 수록된 「기자를 조상하는 부」의 차운작은 접반사 김유(金瑬)의 작품으로 기록돼 있지만, 실제로는 장유가 대작(代作)한 것으로, 기자 교화의 공을 빌려 국풍(國風)을 드러냄으로써 강왈광의 부(賦)가 미치지 못한 기행과 외교 등의 내용을 보충했다. 그는 강왈광의 부를 비평하여 "기자의 고도(故都)를 거치면서 구묘(丘墓)의 소재와 정전의 유허(遺墟)를 볼 수 있어 마땅히 천고(千古)를 앙부(仰俯)하는 감회가 있었을 터인데, 부 중에는 단지 기자를 범칭(泛稱)했을 뿐, 특히 지나가며 목격한 의미가 없다"고 하여, 명사가 '관풍(觀風)'의 사명을 다하지 못한 데 대한 불만을 표현했다. 동월은 『조선부(朝鮮賦)』에서 "무릇 산천과 풍속, 인정, 물태(物態) 등을 매일 주람(周覽)하며 자순(咨詢)한 것"을 기록했다고 했지만, 강왈광은 기자의 불행을 슬퍼하기만 할 뿐, 그 사신의 사명감을 표현하지 않아 부의 외교적 기능을 돌아보지 않음으로써 장유의 비평을 받았다고 할 수 있다.[127]

기자는 조·명시대 한국인의 문화적 자부심의 원천일 뿐만 아니라 한·중 양국 지식인의 심리적 연결고리이기도 했다. 반황태자탄생조사(頒皇太子誕生詔使)로 내한한 부사 왕경민(王敬民)은 원접사 이이(李珥)에게 "내가 기자의 고허(故墟) 가까이에 있으면서도, 홍범(洪範)의 사당에서 홍범의 뜻을 풀어내 기자가 동쪽으로 들어간 실적(實迹)을 다 알지 못하니 매우 한스럽다. 본국에 지재(志載)와 같은 것이 있으면 보여 주기를 원한다"고 해서, 이이가 일찍이 지은 『기자실기(箕子實紀)』를 그에게 증정한 일도 있었다(『宣祖修正實錄』 15년 9월 壬戌). 이처럼 한·중 양국의 외교관들이 역사와 문화를 함께 공유한다는 의식을 바탕으로 해서 외교적 현안을 조화롭게 풀어 나갈 수 있었던 것도 창화 외교의 한 특징이라 할 수 있다.

한시의 창화는 단순한 시 짓기가 아니라 원창을 차운하여 즉흥적으로 화시

127. 權赫子, 「從『皇華集』"箕子題詠"看辭賦的外交功能」, 10-11쪽.

를 창작하는 과정이기 때문에 그 자체가 문학적 역량을 뽐내고 기예를 다투는 일종의 경연이었다. 따라서 조·명 양국의 외교관들은 시문의 창화를 자신의 문학적 역량을 자랑할 뿐만 아니라 자국의 문화적 수준을 드러내 보이는 기회로 삼으려 했다. 그 당연한 결과, 양국은 국가적 차원에서 이 시문 창화에 대비했으니, 명조는 시문에 능한 문학지사를 한림원 등에서 신중하게 선발해 조선에 파견했고, 조선 역시 당대 최고의 문사에게 원접사의 역할을 맡겨 명사를 응접하게 했다. 명사는 정사와 부사 모두 시를 지어 원접사에게 증송하는 경우가 많아 원접사 혼자서 수백 편의 시를 감당할 수 없었기 때문에, 조선은 시에 능한 이들을 제술관 혹은 종사관으로 특별히 선발해 원접사의 시 짓는 일을 돕게 했다. 따라서 조·명 외교관들이 행한 시문 창화는 고상한 문학 활동이나 정의(情誼) 표현의 차원을 이미 넘어 양국이 명예를 걸고 벌이는 투시(鬪詩)와 쟁시(爭詩)의 문전(文戰)이었다.

시를 선창하며 화시를 청하는 행위는 그 자체가 하나의 도전이었고 화시를 지어 되돌려 주는 것은 당당한 응전이었다. 대부분의 경우 명사가 선창했지만, 조선의 원접사가 선창한 경우도 없지 않았다. 조선 원접사가 선창한 것은 중국의 저명한 문학지사 못지않은 시 짓는 능력을 갖고 있음을 자신했기 때문이지만, 조선인들은 일반적으로 손님인 명사가 선창하게 하는 것이 예의라고 생각했다. 명사가 선창하고 조선 원접사가 화답하는 창화의 관행은 왕왕 외교 현안을 풀어 나가는 창화(倡和)의 과정으로 활용되기도 했다. 그것은 중국 중심의 전통 시대 동아시아 세계 질서를 구축하고 유지해 나가는 방법으로 원용된 것이다.

7. 창화(唱和)를 통한 창화(倡和) 외교

조(朝)·명(明)시대 창화 외교는 조·명 양국의 정치 문제를 해결하는 데 기여했다. 특히 조·명 창화의 제1 주제가 책봉과 조공의 예를 교환하는 양국의 종번 관계와 사대자소 관계를 칭양(稱揚)하는 것이어서 종번 관계와 사대자소 관계의 틀 안에서 양국의 주요 정치 현안을 해석하고 해결하는 데 공헌했다. 조·명시대의 창화 외교는 단순히 한시를 창화한다는 의미를 넘어 외교적 현안을 '창화(唱和)'하듯 풀어 나가는 외교적 과정이라는 점에서 차라리 '창화(倡和) 외교'라 부를 수도 있을 것이다. 다시 말해서 조·명시대의 한·중 외교는 '창화(唱和)를 통한 창화(倡和)' 외교였다고 규정할 수 있다.

조·명시대 '창화를 통한 창화(倡和)' 외교의 첫 사례는 조·명시대 초기에 양국 관계의 걸림돌이 된 표전(表箋) 문제와 종계변무(宗系辨誣) 문제를 해결하는 과정에서 발견된다. 무주공산이 된 요동(遼東)을 사이에 두고 신흥 명조와 조선이 힘겨루기 하는 과정에서 이른바 표전 사건이 발생하자, 조선의 문학지사 출신 중신 권근(權近)이 1396년(洪武 29, 太祖 5년)에 자진해서 명의 남경(南京)으로 가서 명 태조 주원장(朱元璋)과 교환한 "권근의 응제시(應製詩) 24편과 주원장의 어제시(御製詩)는 명과 조선 관계사상 제1차 '시부상증(詩賦相贈)'이요 '시부(詩賦) 외교'의 효시이기도 했다."128

권근의 응제시 내용은 봉사(奉使) 목적과 여정을 소개하는 기행시이자, 조선 역사·지리·명승 등을 소개하는 영사시(詠史詩)였고, 남경을 노래한 영경시(詠景詩)로서 주원장이 "극구 칭찬함이 그치지 않게" 했다. 그는 「이씨이거(李氏異居)」란 제목의 응제시에서 "동국(東國)은 바야흐로 어려움이 많았는데, 우리의 국왕께서 공(功)을 끝내 이루었다. 백성을 어루만져 혜정(惠政)을 닦았으며, 대국을 사대(事大)하여 충성을 다했다. 국호를 내리시는 천총(天寵)을 받아 들고, 거처를 옮기어서 읍성(邑城)은 만들었다. 바라건대 직공(職貢)을 닦으리라 말씀드리니, 만대가 지나도록 황명(皇明)을 받들리라"(權近, 『陽村集』 卷1)고 하여, 한시의 형식과 표현을 빌려 사대자소 관계와 책봉·조공 관계를 아울러 기대했다. 명 태조는 권근의 응제시에 표현된 정치적 결의와 약속을 받아들여 표전 문제로 분기탱천한 노기를 가라앉히고 다시는 이 문제를 제기하지 않음으로써 양차에

---

128. 黃有福, 「『朝鮮詩選』編輯出版背景硏究」, 76쪽.

걸쳐 지속된 표전 현안은 종결됐다. "권근과 주원장의 '부시 상증'은 양국의 손에 박힌 가시와 같은 외교적 걸림돌을 제거하고 명조 '시부 외교'의 전범이 됐다"[129]는 평가를 받았다.

종계변무 문제 역시 조·명 양국이 창화 외교를 통해 풀어 낸 현안의 하나였다. 주원장이 이성계(李成桂)가 이인임(李仁任)의 아들이고 이들 부자가 왕씨(王氏) 네 왕을 시해한 것으로 오해하여『대명회전(大明會典)』에 기술하게 함으로써 종계변무 사건은 조·명시대 후기에 가서야 비로소 해결되는 오래된 숙제가 됐다. 태종 이방원(李芳遠)이 대신을 북경에 보내「종계변명주본(宗系辨明奏本)」을 올려 개정해 달라고 청원한 뒤에도 조선은 여러 차례에 걸쳐 명조에 사신을 보내『대명회전』의 수정을 요구했지만, 매번 그렇게 하겠다는 약속만 받고 실행되지는 않았다. 수많은 사신이 명조에 파견되고 수많은 명사가 조선에 와서 시문 창화의 수단을 통해 설득된 결과『대명회전』은 만력(萬曆) 15년(1587)에 이르러서야 비로소 수정됐다.[130]

어숙권(魚叔權)의『패관잡기(稗官雜記)』에서는, 명사 허위(許魏)가 왔을 때 조선의 조정이 원접사를 시켜『목은집(牧隱集)』과 목은 시편을 보여 주며 종계변무를 설득하게 했음을 전하고 있다.『조선실록』에 의하면, 명사 공용경(龔用卿)이『대명회전』을 수찬(修撰)하는 관원이 됐다는 이야기를 전해 듣고 '종계변무'를 직접 요청했고, 공용경도『대명회전』의 수정을 위해 노력하겠다고 약속했다. 조선도 이에 화답하여 명사의 내방을 기념해서 신료들을 일괄 승진시키고 과거를 열었으며 빚을 탕감해 주는 등 일련의 정치적 조처를 취했다. 공용경은 이에 다시 화답하듯 귀국한 뒤에 "조선은 문물과 예의 법제가 중국과 다름이 없다"고 극구 칭양했고, 이를 들은 명의 예부(禮部) 상서(尙書)는 옥하관(玉河館) 책임자에게 명하여 "조선의 사신을 삼가 소홀히 대하지 말라"고 주의시켰다. 성절사(聖節使)로 명조에 다녀온 조현범(趙賢範)은 "(龔用卿) 천사가 돌아가서 우리

---

129. 黃有福,「『朝鮮詩選』編輯出版背景硏究」, 76쪽.

130. 王克平,「朝鮮與明外交關係硏究-以"詩賦外交"爲中心」, 119쪽.

나라를 예의의 나라라고 칭찬하며 권장했다. 이 때문에 예부에서 신들을 대우하는 것이 지난날과 달랐으며 유람하고자 하는 곳이 있으면 모두 유람하도록 허락했다"(『中宗實錄』 32년 12월 8일)고 보고했고, 진하사(進賀使) 이기(李芑)도 "천사들이 모두 우리나라가 예의를 안다는 뜻으로 황제 앞에서 아뢰었기 때문에 중국 조정 사람들이 전에는 우리나라 사람을 보고 반드시 오랑캐라고 하더니 지금은 사신이라고 했다"(『中宗實錄』 34년 8월 24일)고 보고했다.

공용경이 귀국한 뒤에 드러나는 창화 외교의 성과는 여기에 그치지 않았다. 공용경은 황제에게 상주해서 "지금부터는 예제(禮制)에 관해 조칙으로 천하에 고할 일이 있으면 그 나라 사신이 조공하러 왔다가 돌아갈 때 법식에 따라 조고(詔誥) 한 부를 등황(謄黃)해서 그 나라 사신이 가지고 귀국하여 스스로 개독하여 의례를 행하게 함으로써 일통(一統)을 이룬 것을 빛내게 하면 좋겠다"(『中宗實錄』 36년 10월 7일)고 건의하여, 이후 등황 제도가 한·중 외교 관계에서 중외(中外)를 구별하지 않는 제도적 장치로 기능하게 했다.

유이징(柳詒徵)이 쓴 『사조선록(使朝鮮錄)』의 「발문(跋文)」에서 공용경이 제창한 예론(禮論)에 의해 "안남국 막(莫)씨의 교활하고 난폭함을 감히 본받지 못하게 했다"고 한 것으로 보아, 문학지사 명사들이 조선에서 치열하게 전개한 예론의 목적이 어디에 있었는지 짐작하기 어려운 일이 아니지만, 가정(嘉靖) 사절단을 이끈 명사 공용경과 오희맹(吳希孟)은 조선의 원접사 등 문사들과의 창화를 통해 모두 453편의 시문을 남기면서 조·명 책봉·조공 관계를 유지·강화하는 데 적극 기여함으로써 창화 외교의 한 전형을 보여 주었다고 할 수 있다.

창화 외교가 풀어 준 또 하나의 외교적 현안은 명정(明廷) 내부의 제위(帝位) 다툼에서 비롯된 정통성 문제였다. 영종(英宗)이 정통(正統) 14년(1449)에 몽고(蒙古) 오이라트 부(部)의 추장 야선(也先)을 친정(親征)하다가 오히려 토목보(土木堡)에서 포로가 되자 감국(監國)하던 영종의 동생인 경제(景帝)가 스스로 제위에 올랐는데, 그 7년 뒤에 영종이 복위하는 이른바 중조(重祚) 사건이 발생했다. 이에 명조는 경태(景泰) 원년(1450) 한림원(翰林院) 시강(侍講) 예겸(倪謙)과 형과(刑科) 급사중(給事中) 사마순(司馬恂)을 조선에 보내 새로 즉위한 경제의 등극조

(登極詔)를 반포하게 했고, 천순(天順) 원년(1457)에는 반복위조사(頒復位詔使) 한림원 수찬(修撰) 진감(陳鑒)과 부사 태상박사(太常博士) 고윤(高閏)을 조선에 다시 보내 영종의 복위 조서를 반포하여 "감국하던 사람이 갑자기 임금의 위를 훔쳤음"을 통보하게 했다.

요컨대 저명한 문학지사 예겸 등은 매우 심각한 수준에 놓여 있던 명 황제의 정통성 문제를 설명하여 조선과의 전통적 책봉·조공 관계를 안정시키는 사명을 띠고 조선에 출사한 것이다. 이로 인해 습가언(習嘉言)이 지은 「한림 시강 예군(倪君)이 사신으로 조선에 가는 것을 떠나보내며 지은 시의 서문」에서 "거룩하신 천자께서 용이 날아오르듯 구오(九五)에 오르신 당일에…천자께서 '…번국(藩國)을 자칭하는 나라 가운데서 오직 조선만이 특히 가까운 동방의 번국으로 신하의 직분을 더욱 조심스럽게 받들고 있으니, 다른 나라보다 먼저 조서를 내려 효유함이 있어야 마땅하다'고 하셨다"고 했고, 한림 시강 오절(吳節)도 「중조증언(中朝贈言)」에서 "거룩하신 황상께서 잠저(潛邸) 나와 제위에 오르시니, 신룡(神龍)의 비상을 만방이 기뻐하며 바라본다. 조선은 평소에 시서(詩書)의 나라로 불리고, 해마다 광비(筐篚)를 좌우 두 문으로 공납했다. 예관(禮官)이 황상의 뜻을 전해 사신(詞臣)을 골라 뽑아, 멀리 고래 파도 건너가서 은덕을 깨우친다"(『遼海編』)고 노래했다.

경태 원년에 문학지사 예겸이 조선에 출사한 것은 통상적인 일이 아니라 경태제(景泰帝)의 즉위라는 매우 비상한 상황을 타개하기 위해 명조가 취한 매우 비상한 조처였다. 이 비상한 조처는 명조와 조선의 책봉·조공 관계에 대한 양국의 입장을 역전시켰다. 조·명 시대 초기에는 명이 3년 1공(貢)을 요구한 데 반해 조선은 1년 4공을 고집해서 관철시키는 등 책봉·조공 관계에 대한 조선의 기대가 명조의 그것보다 훨씬 더 적극적이었다. 그러나 '토목보의 변(變)'과 경태제의 즉위라는 비상한 상황의 전개로 양측의 입장이 역전되기에 이르렀으니, 명조는 경태제의 정통성을 인정받기 위해 조선이 오래전부터 요구해 온 환관 사신의 출사를 중지하고 명망 높은 측근의 문학지사(文學之士)를 파견해 해묵은 외교적 현안을 일거에 해소하고 조선 조정과 사대부들의 환심을 얻을 수 있었다.

예겸은 한림원 시강으로 황제의 최측근 근신(近臣)이요 시신(侍臣)이었다. 예겸의 친구 습가언은 “예군이 조정의 강관(講官)으로 가까이 모시는 청화(淸華)의 지위에 있으면서 하루아침에 그 나라에 크게 왕림했다”고 하면서, 이는 “그 이전에는 없었던 일이어서, 어찌 그 나라의 군주와 신하가 마음속으로 놀라고 눈으로는 높이 우러러보며 서로 감홍해서 백 번 절하고 이마를 조아리지 않았겠는가”라고 했다. 그러나 예겸이 경태 사절단을 이끌게 된 보다 중요한 이유의 하나는 한림원 시강 사련(謝璉)이 “성군께서 황통 이어 용처럼 날아오르신 날, 사신(詞臣)에게 명하여 구천(九天)에서 내려가게 하셨다”고 환송했듯이, 그가 시문 창작에 뛰어난 사신이었다는 사실이다. 한림 대조(待詔) 추순(鄒徇)은 환송시에서 “만 리 먼 곳에 위엄을 펴서 왕화(王化) 새로 베푸시려, 학문 삼장(三長) 두루 갖춘 준재에게 맡기셨다”고 하여 예겸이 재능·학문·식견 등 삼장을 두루 갖춘 준재임을 강조했고, 내각(內閣) 중서(中書) 왕겸(王謙)은 “그대 시문 잘 지어 전대(專對)할 수 있으니, 동벽(東壁)의 문성(文星)이 더욱 빛나게 되리라”고 하여 예겸이 문학적 능력과 외교적 역량을 함께 갖추어 시문으로 ‘전대’할 수 있을 것이라 칭송했다.

이러한 동료와 친우들의 기대에 부응하여 예겸은 조선에 출사해서 조선 최고의 문사들과 창화하여 탁월한 문학적 역량을 과시하고 소기의 외교적 목적을 성취했다. 『요해편』의 「서문」을 쓴 노옹은 예겸이 조선에서 뛰어난 문학적 역량을 과시하자 “온 나라가 비로소 모두 놀라고 감탄하여 가없이 우러러보았다”고 하면서, “공은 조정을 받들어 외이(外夷)를 복속시키는 데 뜻을 두어 군주의 명령을 욕되게 하지 않았다”고 칭양했다. 이는 예겸 등을 접반한 신숙주(申叔舟)가 「조선영별(朝鮮詠別)」의 서문에서 증언한 바와도 다르지 않다. “거룩한 천자께서 새로 대통을 이으시고 천하에 널리 은혜를 베푸시니, 시강인 전당(錢塘)의 예공(倪公)이 급사중 사마공(司馬公)과 함께 조서를 받들고 와서 전했다. 우리 폐방(弊邦)은 대소 구별 없이 우러러 쳐다보면서 기뻐하고 손뼉을 치지 않은 이가 없었다.…내한공(內翰公)은 가히 시를 읊고 예의를 알며 덕이 있고 좋은 말을 할 줄 아는 군자라 하겠다.…무릇 윤음(綸音)을 받들어 하국(下國)에 오는 자는 반드시 큰 유학자나 저명한 고관에게 명했지만, 이번처럼 경악(經幄)과 고문(顧問)의 지위에서 나온 경우는 아직 없었으니, 황상이 폐방을 총애해서 대우하는 뜻을 엿볼 수 있다"(『遼海編』).

이처럼 명은 조선에 환관 대신 저명한 문학지사를 사신으로 파견함으로써 조선이 기피해 온 환관 출사라는 묵은 외교적 현안을 해결했을 뿐만 아니라, 한시 창화를 통해 중국의 문화적 역량을 과시하여 문화 지향성이 강한 한국인들의 마음을 쉽게 얻을 수 있었다. 한·중 양국이 기대하는 창화 외교의 효능은 다르지 않았다.

조·명시대에 창화 외교를 통해 해결한 가장 중요한 사건은 여진 문제였다. 조·명시대 초기에 발생한 여진 문제는 명조와 조선의 종번 관계를 가름하는 매우 중요한 의미를 갖고 있었기 때문에, 이 사건은 창화 외교가 한·중 관계의 전개에 어떠한 의미를 갖는지 여실히 보여 주었다고 할 수 있다. 명조는 조선과 건주여진(建州女眞) 사이의 사적 교섭과 구살(仇殺)이 명조의 국가 이익에 부합하지 않을 뿐만 아니라 명조와 조선의 종번(宗藩) 관계의 본질을 파괴한다고 판단해 문학지사 출신의 명사를 연이어 파견해 조선과 여진의 관계에 적극 개입했다.

명 초 건주여진의 주체는 건주삼위(建州三衛)와 모련위(毛憐衛)로 구성됐는데, 그 추장들은 명조와 조선의 책봉을 동시에 받으며 양속(兩屬)돼 있었다. 조선은 이들을 직접 통할하려 하다가 결국 충돌이 일어나 구살하기에 이르렀다. 1449년(正統 14년, 世宗 31년)에 '토목지변(土木之變)'이 있은 뒤 건주여진 수령 동산(董山)이 준동하여 명조에 건주삼위 도독(都督)을 겸하게 해 달라고 요청하는 한편, 조선에 친부(親附)하여 정헌대부(正憲大夫) 직을 받기도 했다. 1459년(天順 3년, 世祖 5년)에 저명한 문학지사 진가유(陳嘉猷)가 조선에 출사해서, 조선 국왕이 건주여진 수령에게 사사로이 관직을 준 일에 대해 조서(詔書)로써 문책했다. 진가유의 출사로 인해 조선은 비록 겉으로는 사사로이 여진과 교통하지 말라는 명조의 뜻을 받아들이면서 실제로는 계속 여진과 왕래함으로써 조·명 양국은 적절하게 타협하여 여진 문제를 미봉할 수 있었다.

양국의 이러한 타협에는 수없이 반복된 명사와 조선 원접사 사이의 시문 창화가 일정한 역할을 담당했다. 명사와 조선 원접사 및 문신의 창화시에는 이 같은 조·명 양국의 모순이 가려지거나 꾸며져 있어 문책하는 뜻을 조금도 찾아볼 수 없다. 이러한 조·명 갈등은 『실록』 등 사서에서는 보이지만 시에서는 보이지 않는다. 시(詩)에서는 풍랑이 보이지 않지만, 사(史)에서는 파란이 일고 있었던 것이다.[131] 진가유는 한강을 유람하면서 전사(前使)의 시를 차운하기도 하고, 김수온(金守溫)의 문명을 듣고 그와 창화하기도 했다.

그 뒤 명 영종(英宗)은 1460년(天順 4년, 世祖 6년)에도 문학지사 출신의 장영(張寧)을 다시 조선에 보내, 조선이 마음대로 모련위 도독 낭복아합(郎卜兒哈)을 살해한 일을 질의하고 문책했다. 조선 정부는 모련위의 분규가 조선 국내의 일임을 강조하고 명조가 내정에 간섭함을 은근히 지적했다. 이 사건은 명과 조선이 건국 이래 지속적으로 전개해 온 창화 외교의 한 대표적 사례였다고 할 수 있다. 천순 사절단의 조선 방문은 양국의 외교적 갈등을 해소하기 위한 것이었다기보다는 여진에 대한 보다 효과적인 대응책 마련을 위한 협력 방안을 찾기 위한 것이었기 때문이다. 명이 조선에 요청하면 조선은 자국의 국익을 지키면서 일정 부분 협조하여 여진에 대한 정책의 조화를 꾀했으니, 이러한 조·명 창화 외교는 명사와 조선 접반사 사이에 전개된 한시의 창화와 미묘한 내적 연관성을 갖고 있었다.

장영은 세조의 요청에 응해 전사(前使)가 한강을 유람한 관례에 의해 시를 지어 창화했는데, 좌의정 신숙주(申叔舟) 등이 모두 장영의 시에 차운했다. 장영은 「등태평관루육십운(登太平館樓六十韻)」에서 "금궐(金闕)과 옥관(玉關)으로 호표(虎豹)를 경계하고, 백모(白旄)와 황월(黃鉞)로 비웅(羆熊)를 평정한다"며 명조가 '호표'와 '비웅' 같은 여진 등 이적(夷狄)을 잘 방어하고 제압하고 있음을 강조하고, "이전부터 동토(東土)에는 문풍(文風)이 양호해서, 옛날부터 중조(中朝)에서 사여(賜予)가 융숭했다"며 '문풍'이 빼어난 '동토'와 '중조'의 좋은 관계를 상기시

131. 吳伊琼, 「明朝與朝鮮王朝詩文酬唱外交活動考論-以『朝鮮王朝實錄』爲中心」, 111-113쪽.

켰다. 당시 명은 조선과 여진의 사이에 군사적으로 개입할 실력을 갖고 있지 않았기 때문에, 조선의 뜻에 영합해 사태를 잠재우려 한 시도가 이 시에서 읽혀진다.[132]

예겸과 정인지가 그러했듯이, 장영과 원접사 박원형(朴元亨) 등의 창화는 단순한 문학적 교섭이라기보다는 국가 이익을 염두에 둔 외교적 길항과 협조의 성격을 띠고 있었다. 주이존(朱彝尊)의 『명시종(明詩綜)』에서는 두 사람의 창화를 다음과 같이 전하고 있다. "황문(黃門)의 시재(詩才)는 민첩하지만 깊은 생각을 하지 않는다. 사신으로 조선에 두 번 가서 물가의 수많은 관사(館舍)와 역참에 시를 두루 남겼는데, 배신(陪臣) 박원형이 형조판사(刑曹判司)로서 관반(館伴)이 되어 시편을 수창했지만 서로 우열을 가리지 못하다가, 함께 태평관의 누각에 올라 황문이 칠언(七言)의 긴 율시(律詩) 60운(韻)을 지으니, 박원형이 읊다가 '봄 전에 내린 눈이 개울에 하얗게 남아 있고, 한밤에 분 바람에 버들가지 누렇게 부러졌다'는 구절에 이르러서는 붓을 거두며 '계속 속화(屬和)할 수 없다'고 했다." 그 뒤 성종 시기에 주강(晝講)을 마친 뒤에 시독관(侍讀官) 이창신(李昌臣)이 국왕에게 아뢰기를 "사장(詞章)이 치국(治國)과 관계없는 것처럼 보이지만, 중조의 사신으로 장영과 기순 같은 무리가 나온다면 반드시 더불어 창화해야 하니, 사장을 여사(餘事)로 여겨 익히지 않아서는 안 된다"(『成宗實錄』 11년 10월 26일)고 했으니, 장영은 이후 조선에 창화 외교의 가치를 불러일으킨 역할을 했다고 할 수 있다.

조선과 명이 만든 외교적 갈등 가운데서 가장 심각한 것은 예의(禮儀) 문제였다. 왜냐하면 양국 관계의 본질이 책봉과 조공의 '예(禮)'를 교환하는 종번 관계였기 때문이다. 예겸(倪謙) 이래로 문학지사 출신의 명사가 조선에 출사할 때마다 거의 빠짐없이 발생하는 문제는 바로 영조예의(迎詔禮儀)에 관한 이론(異論)이었으니, 명사와 원접사는 영조예의를 어떻게 하느냐는 문제로 매우 격렬하고 상습적으로 충돌했다. 특히 중국의 명조는 존속 기간 내내 위약한 군사력

132. 吳伊琼, 「明朝與朝鮮王朝詩文酬唱外交活動考論-以『朝鮮王朝實錄』爲中心」, 114-115쪽.

으로 인해 국제적 위상이 견고하지 못했기 때문에, 언제나 예제(禮制)의 확립을 통해 중국 중심의 세계 질서를 유지하려 노력했다.

한 예로, 명조가 '토목보의 변'을 당했을 때 조선이 많은 어려움을 무릅쓰고 사신을 보내 조하(朝賀)했지만, 명조는 조선이 출병 조전(助戰)을 거절했기 때문에 조선과의 종번 관계에 대해 의구심을 갖고 있었다. 명의 영종이 몽고 오이라트 부 추장 야선을 친정하면서 요동지휘(遼東指揮) 편에 조선에 칙서를 보내 출병을 요청했을 때 조선은 이를 거절했을 뿐만 아니라, '토목보의 변'으로 영종이 포로가 된 뒤에도 2만~3만 필의 군마를 보내라는 명의 요구에 겨우 5백 필을 보내면서 상황을 살피고 있었다. 문학지사 예겸과 사마순이 이때 조선에 파견된 것은 명의 영종이 포로가 된 뒤 그 아우 경제가 마음대로 제위에 올라 황제의 정통성에 문제가 발생했기 때문이지만, 이에 앞서 조선의 미묘한 변화가 명 측에 의해 감지됐기 때문이기도 했다. 예겸 등이 조선에 이르러 '토목보의 변'을 간곡하게 변명하고 "조정에 일이 있다고 해서 두 마음을 품어서는 안 될 것이다"(『遼海編』「朝鮮紀事」)라고 경계하면서, 국왕과 세자의 교영(郊迎)을 강요하며 영조예론(迎詔禮論)을 적극 제기한 까닭도 바로 자국의 약점으로 인해 조선과의 책봉·조공 관계가 흔들리게 될까 염려했기 때문이다.

예겸은 이미 명조 안에서 전례(典禮)에 밝은 문학지사로 널리 알려져 있었던 인물로, 그에게는 밝은 예론으로 '외이(外夷)'를 위복(威服)케 하라는 사명이 부여돼 있었다. 실제로 예겸 일행은 한양에 도착하기도 전에 영조예론을 꺼내 조선 측을 강하게 압박했다. 예겸이 황주에 이르렀을 때 조선 국왕이 예조 정랑(正郎)을 보내 영조례(迎詔禮) 즉 조서를 맞이하는 의례에 대해 의논하면서 국왕과 세자가 모두 병으로 의례를 행할 수 없게 되어 왕자가 대신 행하게 됐음을 통지하니, 예겸은 입경을 거부하면서 세자가 직접 영조하도록 강력하게 요구했다. 그러나 수양대군(首陽大君)이 주재한 태평관 하마연(下馬宴)에서 정·부사의 자리를 남쪽으로 향하게 하고 주석은 동쪽으로 향하도록 배치하자, 예겸은 명조를 존중함이 지나치다고 하며 양측의 자리를 동서로 재배치하도록 권하기도 했다. 이처럼 예겸은 명 황제의 비정상적인 즉위를 승인받으러 가는 아쉬운 입장임에도 불구하고 책봉과 조공을 교환하는 예를 엄격하게 준수하기를 조선 측에 당당하게 요구하고, 조선 측이 과도하게 수례(殊禮)를 베풀 때는 오히려 정상적인 상례(常禮)를 따라 수정하도록 했다. 영조례에 대한 문제 제기로 상대를 제압하려 한 예겸의 예론은 이후 역대 문학지사 출신 명사들이 거의 예외 없이 따라서 하는 모범적 선례가 됐다.

또한 예겸의 예론은 영조례에 그치지 않고 '여악(女樂)'에 관한 예론으로까지 이어졌다. 경태 사절단이 안흥관(安興館)에 이르렀을 때 예조 참판이 "왕명을 받들어 한성에서 데리고 왔다"는 여악 30명으로 연회를 베풀자, 예겸은 엄하게 사양하여 물리치고 「각악시(卻樂詩)」를 지어 "아름다운 비파소리 화려해서 귀와 눈을 더럽히니, 이 마음 넓고도 굳다고 자부한다"고 되새겼다. 그 뒤 사절단이 개성부(開城府)에 다다랐을 때도 조선 국왕이 사위를 보내 연회를 베풀면서 왕경에서 데려온 여악을 내보냈지만, 예겸은 이를 물리치며 「개성의 주석에서 여악을 물리치다」는 시를 지었다.

여악을 둘러싼 논쟁은 한양에서 본격적으로 이뤄졌다. 태평관 하마연에서 국왕이 예조 참판을 보내 여악을 거듭 주장했지만, 예겸은 여악을 물리친 일에 관한 두 편의 시를 주며 끝내 거절했다. 그는 귀국길에 「개성부에 묵으며」라는 시에서 "술자리에 임할 때는 이제까지 여악을 물리쳤으니, 새 시 하나 더 써서 등불 앞에서 읊조린다"고 했다. 예겸은 조선 국왕이 상례적으로 명사에게 주는 전별금과 행신(行贐)도 굳이 물리쳐서 받지 않고, 다만 관반인 신숙주와 성삼문에게서 칼·먹·붓·종이 등의 선물만 받았다. 이처럼 밝은 예론으로 조선과의 책봉·조공 관계를 단속·강화하고 여악과 뇌물을 굳이 물리쳐서 도덕적 우위를 과시한 문학지사 예겸의 출사가 예에는 무지하면서 뇌물만 탐하던 환관 출신 명사들의 사행과 분명하게 구별됨으로써, 경태 사절단은 조선 군신의 신뢰를 획득해 본래 의도했던 외교적 목적을 성공적으로 성취할 수 있었다.

장영(張寧)도 일급의 문학지사여서 예론에 정통했기 때문에 선배 예겸이 그러했듯이 조선에서 세자 교영례(郊迎禮)와 여악의 사용에 관한 예론을 적극적으로 개진했다. 천순 사절단이 용천참(龍川站)에 이르렀을 때 조선은 관행대로 예조 정랑을 보내 「의주(儀注)」를 보여 주며 칙서를 맞이하는 의례에 관해 의논했는데, 이때 장영은 홍무(洪武) 27년에 정한 「의주」를 꺼내 "사자가 객관으로 돌아가면 배신들이 공손히 양배례(兩拜禮)를 행하고 사자는 서서 이를 받는다"는 조목을 조선의 「의주」에도 써 넣으라고 강요하면서, "예도(禮度)는 조금이라도 어긋나지 못한다"고 강조했다. 원접사가 "세자는 나이가 어려서 나오지 못한다"고 하자, 장영은 "비록 나이가 어리더라도 이미 봉작을 받았으면 명을 맞이하지 않을 수 없다"고 하며 세자의 친영을 고집하기도 했다. 명사와 조선 예관의 여러 차례에 걸친 논쟁 끝에 결국 "세자가 질병이 있다면 친영하지 않아도 된다"는 양해를 얻을 수 있었으니, 이는 이후 세자 교영례에 관한 하나의 선례가 됐다. 장영도 예겸의 모범을 따라 여악을 거절했고, 조선 정부가 건네주는 선물도 거의 받지 않았다. 이 역시 선배 예겸과 마찬가지로 문학지사 출신의 명사가 보여 주는 일반적 특성의 하나로서, 정확한 예론과 청렴한 도덕성을 수단으로 하여 조·명의 책봉·조공 관계를 유지 혹은 강화하려는 노력의 일환이었다고 할 수 있다.[133]

영조례를 둘러싸고 전개된 조·명 간의 논쟁은 동월(董越)의 출사를 맞아 더욱 격화됐다. 동월이 지은 『조선부(朝鮮賦)』에는 조·명 책봉·조공 관계를 유지하는 예제(禮制) 가운데서 핵심을 이루는 조서를 맞이하는 예 즉 영조례가 매우 상세하게 기재돼 있는데, 조선에서 실행된 것으로 『조선부』에 기재된 영조례는 명사 동월과 조선 예관들이 치열하게 토론하고 협상해 합의한 결과였다. 특히 국왕이 교영하여 귀환할 때 연(輦)을 타고 가는가 아니면 말을 타고 가는가 하는 문제는 동월로 인해 야기된 영조례 논쟁의 핵심을 이루었다. 동월은 국왕이 말을 타고 영조하기를 굳이 고집했다. 동월과 조선 예관의 치열한 논쟁 끝에 실행하게 된 의례는 국왕이 두 번이나 모화관(慕華館)에 거동하여 한 번은 조서(詔書)를 인도하여 연을 타고 경복궁(景福宮)으로 돌아오고 또 한 번은 칙서(勅書)를 맞이하여 말을 타고 경복궁으로 돌아와서 반포하는 것이었다. 동월이 처

133. 金翰奎, 『사조선록 연구』, 204-208쪽.

음으로 주장해서 시행한 이 새로운 의례는 이후에 하나의 관례가 되어 한·중 외교 관계에 적지 않은 영향을 미쳤다.

영조례에 관한 조·명의 논쟁은 명사 공용경(龔用卿)의 내한을 맞아 정점에 다다랐다. 그는 중국의 친왕(親王)들이 하듯 영조할 때 국왕이 오배삼고두(五拜三叩頭)의 예를 먼저 행하고 생원(生員)들이 영조의례에 참여하도록 요구하여, 조선 측의 완강한 저항을 물리치고 끝내 이를 관철시켰다. 공용경은 「보산(寶山)에 이르러 국왕이 우리의 말을 따라 교외에서 조서를 맞이하여 먼저 다섯 번 절하고 세 번 고두하는 예를 행하기로 했다는 소식을 들었는데, 이전에는 없었던 일이다. 그래서 이 시를 지어 기쁨을 적어 둔다」는 긴 제목의 시를 지어 "성대(聖代)의 문풍이 멀리까지 미치니, 현명한 번왕(藩王)의 예교(禮教)가 넉넉하다. 수레와 문자가 밝게 통일되고 예의의 규범은 여러 고을에 갈마든다"고 노래했다(『使朝鮮錄』). 공용경이 오배삼고의 영조의례를 주장한 의도는 조선을 내제후시(內諸侯視)하여 조·명 양국의 종번 관계를 더욱 강화하려는 데 있었음은 물론이다. 실로 이 새로운 의례는 이후 하나의 관행으로 정착되어 조·명 책봉·조공 관계에 적지 않은 영향을 미쳤다. 공용경은 귀국한 뒤에 조선 출사의 경험을 바탕으로 출사의 예와 방교(邦交)의 예, 사신의 임무 등을 정리해 『사조선록(使朝鮮錄)』이라는 사행록에 상세하게 담았으니, 명사 예론의 집대성이라 할 만한 이 책은 이후 조선을 찾는 명사들이 반드시 참고하는 필독서가 됐다.[134]

문학지사 명사의 고압적인 예론 전개는 명이 멸망하기 직전까지 끈질기게 이어졌다. 명 말 천계(天啓) 연간에 조선을 방문한 명사 강왈광(姜曰廣)은 요동을 이미 상실한 누란의 위기에 해로로 출사했음에도 불구하고 모화관에서 상복(喪服) 논쟁을 벌여 조선의 군신을 압박했다. 영조례를 위해 모화관까지 출영한 조선 국왕이 상복 입은 것을 문제 삼아 조복(朝服)으로 갈아입고 조서를 맞이하라는 요구를 끝내 관철시키고, 상견례에서도 국왕이 정사보다 아래에 서도록 요구해서 이 역시 관철시켰다. 명조가 요동과 실력을 이미 상실한 상황에서 강왈

134. 金翰奎, 『사조선록 연구』, 243-260쪽.

광이 이처럼 집요하게 형식적 예론을 고집한 것은 명과 조선의 명분적 관계를 분명하게 하여 기울어 가는 명조의 위신을 지켜 기왕의 책봉·조공 관계 형식을 계속 유지하고 명과 신흥 여진 사이에서 애매모호한 태도를 취하는 조선에 경고를 보내려는 정치적 의도가 강하게 내포돼 있었다. 이와 더불어 강왈광은 조선 정부가 제공하는 모든 사적 선물을 받지 않았음은 물론, 사절단에 필요한 물품을 제공하는 관행조차 거부함으로써 조선 국왕과 조선 인민을 감동시켜 생사(生祠)의 건립이라는 망외의 선물을 받았을 뿐만 아니라 피난 요민(遼民)과 동강진(東江鎭)의 구제라는 외교적 목적까지 자연스럽게 달성할 수 있었다.[135]

여악에 대한 예론 역시 예겸 이후 문학지사 명사들에 의해 계속 제기됐다. 동월은 『조선부』의 도처에서 조선이 예의지국임을 노래하면서도 '비례(非禮)'에 해당하는 것에 대해서도 지적했다. 동월이 지적한 '역관에서 일하는 부녀자'란 곧 명사를 접대하는 '여악(女樂)'을 말한다. 공용경도 조선에 입경하기도 전에 요동도사(遼東都司)를 통해 조선 국왕에게 자문(咨文)을 보내 이를 금하게 했다. 예겸 이후 역대 문학지사 출신의 명사들은 언제나 영조례를 단속하여 조·명 책봉·조공 관계를 유지 혹은 강화하려 노력했는데, 이를 위해 먼저 여악을 거부하고 뇌물성 선물을 사양함으로써 자신의 예적 입장을 확보해 두었나. 동월 역시 여악을 적극 사양하고 예물을 거절함으로써 자신의 엄정한 예적 입장을 확고하게 과시했다. 이 뒤로 조선은 명사를 접대할 때 여악을 쓰되 명사가 여악을 물리치면 남악(男樂)을 쓰기로 했다(『中宗實錄』 31년 12월 12일).

이 외에도 문학지사 출신 명사의 다수가 여악을 물리치는 자신의 예적 입장을 '각기시(却妓詩)' 혹은 '열기시(閱妓詩)'로 과시했으니, 장성(張珹)은 「안주관(安州館)의 석상(席上)에서 각기(却妓)하다」라는 시와 「석상에서 열기(閱妓)하다」는 시를 남기고, 김식(金湜)은 「장내한(張內翰)과 열기(閱妓)한 시」와 「열기시에 재화(再和)하다」는 등의 시를 남겼다. '각기' 혹은 '각여악'은 자기의 도덕성을 드러내려는 행위로 '열기' 역시 '각기'와 같은 심리를 표현한 것이다.[136]

---

135. 金翰奎, 『사조선록 연구』, 391-410쪽.

문학지사 출신 명사는 상중(喪中)에는 시문 창화를 절제하기도 하고 절조를 지켜 청렴을 실천해서 조선의 군신을 감동시키기도 했다. 기순(祁順)과 당고(唐皐), 사도(史道), 장승헌(張承憲), 성헌(成憲), 왕새(王璽), 주지번(朱之蕃) 등은 조수(操守)가 모두 좋았다고 칭송됐다. 특히 당고와 사도는 조선의 궤증(饋贈)을 완곡하게 거절하고 다만 법첩(法帖)과 약물 등만 받았다. 주지번과 양유년(梁有年)도 청렴하여 조선의 군신에게 좋은 인상을 심어 주었다. 등극조를 반포하러 조선에 출사한 허국(許國)과 위시량(魏時亮)은 일을 끝내고 돌아갈 때 "낭장(囊裝)이 소연(蕭然)하여 동인(東人)이 그 청렴함에 감복했다"(『宣祖修正實錄』 즉위년 7월 庚午)고 한다.

환관 출신의 명사가 일반적으로 탐욕스러워서 명사가 내도하면 조선 정부가 '인정단자(人情單子)'를 증정하는 것이 관행으로 이뤄졌지만, 애박(艾璞) 같은 문학지사 명사는 '인정물건(人情物件)'을 단호히 거절했다. 황태자탄생조를 반포하기 위해 조선으로 출사한 강왈광과 왕몽윤(王夢尹)은 이전의 허국 등 명사와 같이 청렴하여 조선의 군신과 백성이 감동했다. 이와 같이 문학지사 출신의 명사들이 조선에 출사해서 재화를 가까이 하지 않고 오직 시권(詩卷)만 구하며 조선의 문신 유사와 한시를 창화하여 대국의 풍모를 드러내 보이자 조선인들은 왕왕 그들을 위해 비관(碑館)을 세워 기념하기도 했다.

문학지사 출신 명사의 뛰어난 도덕성은 환관 출신 명사의 몰염치한 가렴주구와 달리 조선과의 외교적 현안을 해결하는 데 매우 효과적인 무기로 작용했다. 이들 문학지사 출신의 명사들은 탐욕스러운 환관 출신의 명사들과 분명하게 대조적으로 인식됐다. 대체로 보아 문학지사 출신 명사의 품행과 청렴함이 환관에 비해 훨씬 더 좋게 보였다.

물론 문학지사 출신의 명사가 모두 청렴한 품행을 보였던 것은 아니다. 특히 한세능(韓世能), 진삼모(陳三謨), 진감, 고윤, 김식, 장성, 고천준(顧天埈), 최정건(崔廷健), 유홍훈(劉鴻訓), 양도인(楊道寅) 등은 탐욕으로 인해 조선인의 한탄과 비난

136. 王克平, 「朝鮮與明外交關係研究-以"詩賦外交"爲中心」, 108쪽.

을 불러일으켰다. 명사의 청렴 문제 외에도 언동이 예의에 어긋나고 오만한 태도가 문제시된 적이 있었다. 특히 동월, 왕창, 공용경 등은 오만함과 무례함으로 조선 조신의 눈살을 찌푸리게 했다. 명사의 무례뿐만 아니라 지칙(支勅) 즉 명사의 왕래와 유람 등에 대한 경제적·사회적 부담의 문제도 빈번하게 거론됐다.

그럼에도 불구하고 이들 문학지사 출신 명사들이 한국에 체류한 기간은 한·중 창화 외교가 가장 많은 성과를 거둔 시기였다. 수많은 창화시가 생산되어 『황화집』의 편폭을 방대하게 만들었다. 물론 이들이 조선에 남긴 폐해는 창화시에 한마디도 언급되어 있지 않다. 명사의 무례와 거만은 조선인의 자존심에 상처를 줄 수도 있었지만, 접대하는 측의 불만은 사서에만 보이고 창화시에는 노출되지 않았다. 만약 사서는 읽지 않고 창화시만 읽는다면, 읍양(揖讓)의 예와 빈주(賓主)의 즐거움만 볼 수 있지 시문의 배후에 있는 이 난처한 사실(史實)은 알 수 없을 것이다.[137] 그러나 바로 이러한 점이 창화 외교의 특징이요 존재 의미일지도 모른다. 동아시아 세계 질서의 확립과 유지라는 보다 큰 공동의 목적을 위해 외교 현장에서 발생한 불유쾌한 일들이 있는 그대로 노출되어 외교적 갈등으로 확대되지 않도록 조절하는 것도 창화 외교의 중요한 기능의 하나로 이해될 수 있기 때문이다.

창화 외교의 가장 기본적 기능은 무엇보다 양국의 구성원이 서로 문화를 교류하고 상대의 문화를 이해하는 데 적극적으로 기여했다는 것이다. 창화 외교의 의의는 단순한 시문의 교환 혹은 문학의 교류에 국한되지 않고 보다 광범한 문화 영역이 교류되고 상호 문화적 이해를 증진시키는 데 있었다. 조·명 양국은 모두 박학다식한 문학지사를 파견하여 창화 외교를 진행했기 때문에 이들 사신과 접반사의 문화적 접촉 범위는 매우 넓었다. 이러한 교류는 비슷한 문화 기초 위에 건립된 일종의 사상적 교류, 감정적 소통, 문화적 융합이었다. 교류의 결과, 양국의 지식인들 사이의 정서적 친밀감을 더욱 심화시켰을 뿐만 아니라 양국 군주와 관료들의 의식에까지 영향을 미쳐 양국의 우호관계를 더욱 밀접

137. 吳伊琼, 「明朝與朝鮮王朝詩文酬唱外交活動考論-以『朝鮮王朝實錄』爲中心」, 124-126쪽.

하게 했다.

중국의 사신은 귀국한 뒤에 황제에게 보고하는 것 외에도 조정의 동료 관원들에게 널리 선전하여 조선의 정치 형세의 변화를 이해하는 데 정보를 제공하고 양국 정치 관계의 소통을 위해 적극적인 역할을 수행했다. 한 예로 명사 육옹(陸顒)은 귀국한 뒤에 건문제(建文帝)에게 조선 국왕의 '지성사대(至誠事大)'하는 태도를 여실히 보고하여(『太宗實錄』 元年 3월 辛巳) 건문 시기에 양국 관계가 호전되도록 적극 기여했다. 당고·공용경·오희맹 등도 조선에 출사했다가 귀국한 뒤에 황제에게 조선 국왕의 중국에 대한 지극정성을 보고하고 "조선의 문물예제(文物禮制)가 중화와 다른 것이 없다"(『中宗實錄』 32년 11월 丁丑)고 극구 칭찬하여 조선에 출사하지 않은 관원까지 모두 조선에 좋은 인상을 갖게 했다. 명조와 조선의 관계가 이전의 어떠한 중국과 한국 국가들의 관계를 뛰어넘은 것은 명조와 조선의 창화 외교가 양국 관계에서 발휘한 작용이 적지 않았음을 보여준다.

조선을 다녀간 명사들이 조선에 관한 우호적인 정보를 자국의 황제와 조정에 보고한 것은 이들이 조선에서 접반사 등 문사들과 나눈 한시 창화를 통해 얻은 호감의 한 표현이기도 했다. 이들 조선을 다녀간 명사들은 대부분 귀국한 뒤『사조선록(使朝鮮錄)』을 저술·간행하여 황제와 조정에 복명(復命)했는데, 이들 『사조선록』에는 기행문과 함께 조선의 문사들과 나눈 창화시들이 수록돼 있어 조선의 시문학을 중국에 알리는 매체로서의 역할도 수행했다. 그 한 예로, 진감(陳鑒)과 창화하여 진감으로부터 "동방의 인사는 중화와 다름이 없다"는 칭송을 받은 "괴애(乖崖. 金守溫)는 그 이름이 중조에 크게 전파됐다. 그 뒤 괴애가 제정(帝庭)에 입근(入覲)하자 아패(牙牌)를 찬 한림원 학사들이 둘러서서 '이이가 김희청(金喜晴)이다'라고 했다"(金安老, 『龍泉談寂記』)고 한다.

이와 함께 명의 사신들은 시문 창화를 통해 알게 된 조선의 시작(詩作)을 중국에 직접 알리는 역할을 자임하기도 했다. 그 한 예로 주지번(朱之蕃)은 조선의 문사 허균(許筠)과 그 누이 허난설헌(許蘭雪軒)의 시집을 중국에 소개했다. 주지번을 접반하며 창화에 참여한 바 있는 허균의 전언에 의하면, "상사(上使)가 먼저 공강정(控江亭)에 올라 나도 함께 갔다. 상사는 나를 불러 가자(家姊)의 시권(詩卷)에 대해 물었다. 상사에게 올렸더니 풍송(諷誦)한 뒤에 칭찬했다"(許筠, 『惺所覆瓿稿』 卷18, 「丙午紀行」)는 것이다. 허균은 또 그의 누이 허난설헌의 시문을 수집해서 시집 『난설헌집(蘭雪軒集)』을 1608년에 간행했는데, 허균의 요청에 응해 주지번이 「소인(小引)」을 쓰고 부사 양유년(梁有年)이 「제사(題辭)」를 썼으며, 조선의 저명한 문인 유성룡(柳成龍)과 허균이 「발문(跋文)」을 썼다. 허난설헌의 시는 주지번이 가지고 중국에 돌아간 뒤에 많은 관심을 모아 두루 전초(傳抄)됐다고 한다. 중국인의 허난설헌 발견은 임진왜란에 참전한 명의 장령(將領) 남방위(藍芳威)와 문사 오명제(吳明濟) 등에 의해 이뤄졌고, 뒤이어 책봉사 주지번이 크게 칭양하여 만명(晩明)의 시선(詩選)과 시주(詩注)는 거의 예외 없이 허난설헌의 작품을 골라 넣었다.

주지번은 허경번(許景樊. 난설헌) 외에도 그 아우 허균을 중국 사인들에게 소개하기도 했다. 그는 "조선은 기자가 책봉된 곳이기 때문에 홀로 먼저 그 교화를 입었다. 허문(許門)은 대악지윤(大嶽之胤)이어서 그 예능(藝能)을 마음껏 발휘할 수 있었다. 그 형자(兄姊)의 작품은 모두 대아(大雅)로 풍송됐다"(李廷謏, 『惺所覆瓿藁』 「序文」)고 허씨 집안을 칭송했다.

주지번은 조선의 한시에 대해서 매우 관심이 많았다. 허균과의 대화에서 "상사(上使. 朱之蕃)가 '연도에 있는 관역(館驛)의 벽판(壁板)에 왜 귀국의 작품은 없는가'라고 물어, 내가 '조사(詔使)가 지나는 곳에는 감히 누추한 시를 보일 수 없기 때문에 철거했다'고 했다. 상사가 웃으면서 '국(國)은 비록 화이(華夷)로 나뉘어 있지만, 시(詩)에 어찌 내외(內外)가 있겠는가. 하물며 지금 천하는 일가(一家)이고 사해(四海)가 모두 형제로서 나는 그대와 함께 땅에 떨어져 천자의 신서(臣庶)가 됐는데, 어찌 중국에서 태어났다고 스스로 자랑할 수 있겠는가. 근래에 귀국 사대부를 보니 예모(禮貌)가 정숙 우아하고 문채(文彩)가 모두 빼어나서 천조에 입사(入仕)한다면 어찌 우리보다 못하겠는가'라고 했다"(許筠, 『惺所覆瓿藁』 「丙午紀行」)고 한다. 김점(金漸)의 『서경시화(西京詩話)』에는 권응인(權應仁)이 "무릇 조사가 오면 평안(平安) 관역의 동인(東人) 시판(詩板)은 일체 철거하고 다만 대동강선정(大同江船亭)의 정지상(鄭知常) 시만 남겼다"고 한 말이 있다. 유몽인(柳夢寅)의 『어우야담(於于野談)』에서도 "자고로 중국 문사는 우리나라 사람을 낮추어 봐서 수백 년 이래로 연로(沿路) 수천 리의 벽에 걸린 우리나라 시는 한 편도 없다"고 했다. 그러나 주지번은 '중외(中外)'의 문화적 차별을 극복하고 대등한 입장에서 조선의 문화를 이해하려 했고, 그 결과 조선의 시인과 시작들을 중국에 소개한 것으로 보인다.[138]

주지번은 조선인의 시재(詩才)에 대해 특별히 유의하여, 귀국한 뒤에 조선인의 시를 신종(神宗)에게 바치기도 했다. 김득신(金得臣)의 시화집 『종남총지(終南叢誌)』에 의하면, "당(唐) 천사 주지번이 일찍이 우리나라에 봉사했다가 돌아가서 동방(東方)의 사실을 황제에게 회주(回奏)했다. 그중의 한 대목은 '조선에는 차천로(車天輅)라는 자가 있어 문장이 기장(奇壯)한데, 일찍이 북관(北關)에 귀양가서 지은 시 한 구절이 있어 「풍외(風外)의 노성(怒聲)이 발해(渤海)에 들리고, 설중(雪中)의 수색(愁色)이 음산(陰山)에 보인다」고 했으니, 그가 중국을 무겁게 봄이 여기에 이르렀다'고 했다."

그러나 한시 창화가 갖는 가장 중요한 외교상의 의의는 무엇보다도 한시 창화를 통해 서로 '동문(同文)'임을 확인하고 이러한 동류 의식을 통해 전통적 책봉·조공 관계를 안정시키는 정치적 효과를 기대할 수 있다는 데서 발견할 수 있을 것이다. 「성균관 선성묘(宣聖廟)를 알현하고, 동행한 여러 군자들에게 드린다」는 예겸의 선창에서 시작된 명사와 조선 접반사의 창화가 바로 한·중 창화의 이러한 특성을 여실히 보여 준다.

예겸은 아홉 차례에 걸쳐 이어진 정인지와의 창화에서 기자 이래로 중국의 '문화(文化)' 즉 문덕(文德)에 의한 교화(敎化)가 한국과 같은 '황복(荒服)'까지 미쳤음을 여러 차례 강조하면서, 정인지 같은 걸출한 시인이 한국에서 배출된 것도 중국의 '문풍(文風)'이 '팔황(八荒)'에까지 미친 결과임을 은근히 시사했고, 정인지 역시 예겸의 시를 두보(杜甫)에 비견하여 칭송하면서, "새 황제께서 뭇 사물에

138. 廖肇亨, 「從「搜奇獵異」到「休明之化」-由朱之蕃看晚明中韓使節文化書寫的世界圖像」, 65-66쪽.

고루 은택 베푸시니, 외국(外國)이 성의 바쳐 일왕(一王) 받든다. 황제 측근의 근신(近臣)이 봉황 궁궐을 떠나고, 조칙 받든 학사가 원추새 반열에서 멀리 떠나왔다. 동국(東國)에 미친 덕화(德化)가 예전 것을 뛰어넘으니, 문성(文星)이 구석진 황복을 비추는 것 함께 본다"고 화답했다. 이들의 창화시에서는 다음의 세 가지 내용이 거듭 강조됐다. 그 하나는 상대방의 문학적 역량에 대해 적극 칭송한 것이고, 그 둘은 수준 높은 시작을 통해 서로의 문학적 역량을 교통함으로써 상호 심정적 결합이 가능함을 확인한 것이며, 그 셋은 시작의 교환을 통해 쌍방의 문화적 바탕이 동질적임을 확인함으로써 기왕의 책봉·조공 관계를 유지·강화할 수 있음을 확인한 것이다.

예겸이 귀국한 뒤에 쓴 『조선기사(朝鮮紀事)』에는 이들이 창화를 통해 이루어낸 심정적 결합에 대해 다음과 같이 묘사하고 있다. "압록강에 이르자, 강가에서 신숙주가 글을 지어 송별하기에 즉석에서 시로 화답했다. 송별 연회가 파한 뒤에 배에 올랐는데, 배 안에서 다시 술을 마셨고, 강안에 도달한 뒤에도 또 술잔을 들었다. 차마 떠나지 못하고 머뭇거리며 술 취하는 것을 그만두지 못하자 좌우에서 억지로 부축해서 말을 타게 해서 헤어졌다"(『遼海編』 3). 성현(成俔)의 『용재총화(慵齋叢話)』에서도 "예겸이 (신숙주와 성삼문) 두 선비를 사랑하여 형제의 의를 맺고 서로 시를 주고받기를 그치지 않았다. 겸이 일을 마치고 돌아갈 때에 그들은 서로 눈물을 닦으면서 작별했다"고 했다. 이러한 양측 외교관들의 심정적 결합이 양국의 전통적 관계를 유지하고 강화하기 위한 경태 사절단의 파견 목적에 유리한 조건으로 작용했음은 의심할 여지가 없다.

예겸은 귀국해서 복명한 뒤에 동료 오절(吳節)에게 조선인과 창화한 원고 53편을 꺼내 보여 주고 찢어 버리려 했는데, 그때 오절이 다음과 같이 만류했다고 한다. "그렇지 않다. 무릇 조선이란 본래 고구려라 불렸고, 기자를 계승했기 때문에 동쪽 끝 큰 바다 사이에 책봉됐으며, 평소에 시서예악(詩書禮樂)을 숭상했다. 우리 황조(皇朝)의 역대 황제께서 서로 이으며 사자를 통했고, 여러 차례 경사(經史) 등 서적을 내려 주어 그 나라 사람들을 교화로 이끌었다. 따라서 그 나라 사람들은 모두 예의(禮義)를 밝게 익히고 시문(詩文)에 익숙하고 정통하다. 이는 이(夷)이면서도 중국과 비슷해진 경우다.…이번에 선생이 한번 그 땅에 이르자 관반을 맡은 여러 사람들이 천사와 더불어 창화하며 울림이 소리에 따라 응하듯 상응하여 화답할 수 있었으니, 중국의 풍속과 사물을 사모하고 귀한 것을 존중할 줄 안다고 말할 수 있다. 근래에 북로(北虜)가 밝은 (조정의) 하사품을 여러 번 받고서도 오히려 금수와 같은 행동에 힘쓰는 것과 비교한다면, 그 선함과 악함이 어떠한가. 바로 이 원고를 드러내어 알려서 문유(文儒)가 먼 데 있는 나라를 교화한 업적을 보여야 마땅한데, 어찌 그것을 찢어 버려서 스스로 그 공로를 없애 버릴 수 있겠는가." 이처럼 조·명 양국 외교관들의 창화는 양국이 '동문' 즉 동질적 문화를 비슷한 수준으로 함께 향유하고 있음을 확인하게 했다. '중국(中國)'이란 역사 공동체 개념이자 문화 공동체 개념이었으니, 명대의 중국인은 동문의 한국을 사실상 중국으로 간주해 '금수'와 같은 '북로(蒙古)'와 명확하게 구별했다.

예겸 등 역대 문학지사 명사들이 한양을 오가면서 언제나 평양의 기자(箕子) 사당을 들러 참배하며 '조고(弔古)'한 것도 한·중 양국이 기자라는 고리를 통해 문화와 역사를 공유하고 있음을 강조하는 외교적 제스처였다. 이들이 한국을 '기봉(箕封)' 즉 기자가 책봉(冊封) 받은 곳으로 인식한 것은 두 가지 의미가 있었다. 그 하나는 중국과 한국의 책봉·조공 관계가 이미 한·중 관계사의 서장부터 시작됐던 것으로 인식했음을 뜻하고, 또 하나는 한국은 기자를 통해 중국과 '동문동궤(同文同軌)' 즉 중국과 문화와 제도를 공유하게 된 나라로 인식했음을 뜻한다. 실제로 전통 시대 한국과 중국은 한문학과 유교적 가치 등을 매우 높은 수준으로 공유했다. 조선과 책봉·조공 관계를 유지·강화하려 한 명조는 '기자'와 '동문'이라는 고리를 적극 활용했으니, 저명한 사신(詞臣) 가운데서 선발된 문학지사 명사들은 기자의 사당과 무덤을 방문해 조선의 접반사들과 한시를 창화하며 함께 조고했다.

예겸은 평양성 안에 있는 「기자의 사당을 참배하고」에서 "내가 와서 배알하여 감회가 더욱 깊어지니, 그분이 남겨 준 교화가 구석진 바다 모퉁이까지 점차 적셨다"(『遼海編』)고 노래했고, 접반사 신숙주는 「시강 예 선생이 사명을 다하고 돌아가심을 송별하는 시의 서문」에서 "우리 동방은 기자가 책봉을 받은 이래로 예악과 문물은 일찍부터 중하(中夏)를 사모했다"(『遼海編』「朝鮮詠別」)고 하여 조·명의 책봉·조공 관계가 기자의 책봉에서 기원했고 문학지사 예겸의 출사가 중국과 한국의 '동문' 전통을 확인하는 일이었음을 지적했다. 이처럼 한·중 양국이 동질적 문화를 향유하고 있다는 '동문' 의식을 공유하여 전통적 책봉·조공 관계의 문화적 정당성을 확인하는 일이야말로 문학지사 명사의 출사 및 조선 접반사와의 한시 창화를 통해 이뤄진 창화 외교의 일차적 효능이라 할 수 있을 것이다.[139]

명조와 조선은 관계가 상당히 우호적이었으나 모순과 마찰이 전혀 없었던 것은 아니었는데, 문학 교류를 주요 내용으로 하는 창화 외교가 양국의 외교적 모순을 해결하는 하나의 유효한 경로가 됐다. 이러한 외교 방식은 정치적 교섭의 부족한 부분을 보완해 이상적인 외교 효과를 얻게 하는 등, 양국 관계에서 중요한 작용을 발휘했다. 『중한시사(中韓詩史)』를 저술한 팽국동(彭國棟)이 말했듯이, "시는 흥분하게 하고 관찰하게 하며 사교하게 하고 원망하게도 할 수 있다. 따라서 양국 교왕에서는 반드시 먼저 시를 읊었다. 합군(合群)의 의미가 있기 때문이다. 사물에 감동하여 시를 읊거나 풍속을 살펴서 시를 짓는 일은 그다음이다. 중·한 양국은 당대 이후 시로써 정(情)을 전달했다. 명·청에 이르러 사절의 창수(唱酬)와 소인(騷人) 사객(詞客)의 증답(贈答)은 양국 교의(交誼)와 관계된 바가 지대했다."[140]

조·명시대 창화 외교는 단순히 양국 외교관들이 시문을 교환하여 우의를 강화하는 데 그친 것이 아니라 조·명 양국의 현실 문제를 해결하는 데 직접 기여했다. 특히 조·명 창화의 제1주제가 책봉과 조공의 예를 교환하는 양국의 종번 관계와 사대자소 관계를 칭양하는 것이어서, 창화 외교는 종번 관계와 사대자소 관계의 틀 안에서 양국의 주요 정치적 현안을 해석하고 해결하는 데 공헌할

139. 金翰奎, 『사조선록 연구』, 138-144, 157쪽.

140. 彭國棟, 『中韓詩史』, 1957, 191쪽.

수 있었다. 조·명 시대 창화 외교는 단순히 한시를 창화한다는 의미를 넘어 외교적 현안을 '창화'하듯 풀어 나가는 외교적 과정이라는 점에서 차라리 '창화(倡和) 외교'라 부를 수도 있을 것이다. 다시 말해서 조·명시대의 한·중 외교는 '창화(唱和)를 통한 창화(倡和)' 외교였다고 규정할 수도 있다.

조·명 양국의 외교적 현안 가운데 표전 문제와 종계변무 문제, 여진 문제, 중조(重祚) 문제 등의 난제를 해결하는 과정에는 언제나 창화 외교가 작동하고 있었다. 명조는 종주국(宗主國)으로서 세계 질서의 중심 역할과 위치를 계속 유지하기 위해 허약한 군사력 대신 예제(禮制)로써 번속국(藩屬國)들을 단속하려 했다. 이로 인해 조선에 출사한 문학지사 출신 명사들은 강화된 영조례(迎詔禮)를 강요해 조선 측과 예제 논쟁을 빈번하게 벌였는데, 이런 논쟁들은 언제나 '창화(唱和)를 통한 창화(倡和) 외교'로써 극복하고 양국의 안정된 관계를 유지했다. 문학지사 명사들은 상대에게 예의 준수를 강요함과 동시에 '각기(却妓)' 즉 여악을 물리치고 청렴을 과시하여 스스로 예적(禮的) 우위에 있음을 과시하기도 했다. 조·명 양국 외교관들의 시문 창화는 상대국에 대한 우호적 인식을 제고할 뿐만 아니라, 시편 등 문학작품과 시집 등을 교환하여 본국에 소개하는 기회를 제공하여 문화 교류의 측면에서도 중요한 역할을 수행했다.

8. 명조 출사 조선 사신의 창화 외교

외교란 일방적인 것이 아니라 양방향적인 것이다. 따라서 창화 외교 역시 양방향적인 것이어야 한다. 명사가 조선에 출사해서 조선의 접반사들과 한시를 창화했듯이, 조선의 사신이 명조에 출사해서 명조의 접반사들과 시문을 창화하는 일은 당연하고 자연스러운 일이다. 그럼에도 불구하고 조선의 사신이 중국에서 창화 외교를 전개했다는 사실은 확인하기가 쉽지 않다. 조선의 사신 권근이 중국에 가서 명 태조 주원장과 '응제시' 24편과 '어제시' 3편을 교환한 사건은 명과 조선 관계사에서 첫 번째 창화 외교였다. 그러나 이 일이 있은 뒤로 조선의 사신이 명의 황제와 시문을 교환했다는 기록은 발견할 수 없을 뿐만 아니라 조선의 사신이 명의 접반사와 창화 외교를 전개했다는 기록도 거의 발견되지 않는다. 조선의 사신은 사사로이 스스로 외국 사인과 교유·창화할 수 없다는 정책적 제한을 받아, 이들이 중국에서 시문을 교환한 사례는 『조천록(朝天錄)』과 개인 문집, 한인 시화(詩話) 등에서만 산견될 뿐 국사(國史)에는 수록되지 못했으며, 창화자 개인의 교제 행위에 속하지 국가 대 국가 차원의 공식적 외교 활동에는 속할 수가 없었다.[141]

『조선왕조실록』은 조선 사신과 명조 인사의 창화 시작에 대해 기록하지 않았다. 조선 정부는 '인신무외교(人臣無外交)' 원칙을 지키기 위해 명조에 파견된 조선 사신이 외국 사인(士人)과 사적인 교제와 창화 활동을 할 수 없도록 규제했다. 한 예로 중종 시기에 정사룡(鄭士龍)이 명사 공용경(龔用卿)과 오희맹(吳希孟)을 응접한 바 있다는 이유로 사은사(謝恩使)로 천거됐지만, 만약 그가 사신으로 가게 되면 공용경과 오희맹이 필시 자주 왕래하며 시를 지어 줄 터인데 정사룡이 어쩔 수 없이 응수(應酬)하게 되면 명조에서 '경외지교(境外之交)'라 오해할 수도 있다고 해서 결국 정사룡의 파견이 포기된 바 있다(『中宗實錄』 34년 3월 己卯). 명조에서 조선 사신의 사적 활동을 싫어하기 때문에 조선 정부에서도 조선 사신이 중국에서 창화 활동하는 것을 염려한 것이니, '인신(人臣)에게는 외교가 없다'는 원칙이 조·명 종번(宗藩) 관계와 중국 중심의 세계 질서를 유지하기 위한 기본적 장치로 작동됐음을 엿볼 수 있다.

조선 정부가 조선 사신의 창화 활동을 꺼린 또 다른 이유는 이들이 지은 시문이 뛰어나지 않아서 혹시 '국체(國體)' 즉 나라의 체면을 손상시키지는 않을까 우려했기 때문이다. 어숙권(魚叔權)의 『패관잡기(稗官雜記)』에 의하면, "가정(嘉靖) 갑오년에 소퇴휴(蘇退休. 蘇世讓)가 진하사(進賀使)로 연경에 갔을 때 (鴻臚寺의) 서반(序班) 등이 공의 「알문묘(謁文廟)」와 「즉사(卽事)」 등 두 시를 제독주사(提督主事)를 통해 상서(尙書) 하(夏)에게 보이게 했다. 하가 이를 보고 '일찍부터

141. 吳伊琼, 「明朝與朝鮮王朝詩文酬唱外交活動考論-以『朝鮮王朝實錄』爲中心」, 55-56쪽.

재주가 있음을 알았으니 응당 이례(異禮)로 대우해야 한다'고 하면서, 마침내 그 시고(詩稿) 1권을 증송(贈送)했다. 돌아온 뒤에 공이 그 일을 아뢰자, 그때 이임(李任)이 대간(大諫)이 되어 유계(諭啓)하여 '소모(蘇某)는 악시(惡詩)를 제멋대로 중원에 과시(誇示)했으니 그 죄를 구명하기를 청한다'고 탄핵했다"고 한다.

또한 이수광(李睟光)의 『지봉유설(芝峯類說)』에 의하면, 이미 송대 이래로 중국에서는 조선의 사신과 창화함을 엄격하게 통제하고 있었음을 알 수 있다. "황명(皇明)에 이르면 부경(赴京) 사신의 문금(門禁)이 매우 촘촘하여 중조(中朝)의 문인과 서로 접할 수가 없었다.…『설부(說郛)』에 의하면 '지명주(知明州) 장중(張中)이 사사로이 여인(麗人) 박인량(朴寅亮)과 시를 창화한 죄로 종신 폐고(廢錮)됐었다'고 하니, 이는 금제(禁制)의 엄함이 송대 이래로 이와 같았음을 알게 한다"(『芝峯類說』 卷4 「使臣」). 이로 인해 조선 정부는 사신이 중국에서 시 짓는 것을 고무하지 않았을 뿐만 아니라 어떤 때는 사납게 금지하기도 했다.

그럼에도 불구하고 조선의 사신이 중국에서 창화 활동을 전혀 할 수 없었다거나 하지 않았다고 단언할 수는 없다. 함풍(咸豐) 연간에 양광총독(兩廣總督)을 지낸 바 있는 노숭광(勞崇光)은 일찍이 『남국풍아통편(南國風雅統編)』「서문(序文)」에서 "중하(中夏)와 가까이 하고 유술(儒術)을 숭상하며 시서(詩書)를 좋아하여 문물지방(文物之邦)으로 함께 세상에 이름을 드날리며 받들어진 곳으로는 반드시 조선(朝鮮)과 월남(越南) 두 나라가 칭해진다. 조선 사신은 매년 경사(京師)에 이르러, 때로는 중조 사대부와 서로 창화한다"고 전하고 있다. 한국의 각종 시화집 외에도 조선 사신의 기행록인 『조천록』에는 수많은 창화시가 기재돼 있다.

임기중(林基中)이 편집·출판한 『연행록전집(燕行錄全集)』에는 96종의 『조천록』이 수록돼 있는데, 임기중은 "시문 교류는 당시 양국 사이의 가장 자연스럽고 중요한 외교 수단으로, 시주문종(詩主文從) 차운화답(次韻和答)으로 이뤄졌으니, 『조천록』과 연행록에 보이는 차운화답시는 국제 공용어 중 가장 정확하고 가장 심층적이며 가장 정련된 형식으로, 시문 교류를 통해 양국 문사가 상대방 시단(詩壇)의 수준과 경향을 탐측할 수 있었고, 정치·사회·역사를 비교적 상세하게 인식할 수 있었다"[142]고 증언했다.

조선 사신은 중국의 경내에 들어가도 조선 원접사(遠接使)와 같은 전문 접대 관원의 접반(接伴)을 받을 수 없었고, 북경(北京)의 옥하관(玉河館)에 들어가서도 마음대로 출입할 수 없었기 때문에 기본적으로 시문 창화가 발생할 수 있는 충분한 조건이 갖추어져 있지 않았다.[143] 홍치(弘治) 연간에 회동관(會同館)을 제독(提督)하는 예부 주사(主事)의 말처럼, "구례(舊例)에 의하면 각처 이인(夷人)이 조공(朝貢)하러 객관(客館)에 이르면 5일에 한 번 방출(放出)하고 나머지 날은 마음대로 출입하는 것이 허락되지 않았다. 오직 조선과 유구(琉球) 두 나라의 사신만 그 출외무역(出外貿易)이 5일의 수 안에 들지 않도록 허락됐다"(『明孝宗實錄』 弘治 14년 春正月 壬申). 조선 사신에 대한 '오일지금(五日之禁)'의 해제는 무역 활동을 편리하게 할 뿐만 아니라, 광범한 교왕에 편리를 제공하고 멀리 주유(周遊)하는 것도 금지하지 않았다. 명에 출사한 조선의 사신은 문신 유사(儒士)가 많았고, 특히 수행원 중의 서장관(書狀官)과 질정관(質正官)은 시문에 능한 인재만 담임했다. 이들은 명의 관원·문인과 넓게 교유하고 시문을 창화하여 서로 우정을 나누고 양국의 우의 증진에도 공헌했다.[144]

다만 명조에 출사한 조선 사신의 창화 활동은 원접사와 같은 명조의 고위 관리들과 공식적으로 이뤄진 것이 아니라 주변에서 접촉 가능한 관계 관원이나 민간인 문사들과 비공식적으로 이뤄졌다. 그 한 예로, 1604년(萬曆 32년, 宣祖 37년) 이정귀(李廷龜)는 주청사(奏請使)로서 명조에 두 번째로 출사해 홍려시 관원인 서반(序班) 등여주(鄧汝舟)와 교유하며 창화했다. 1620년(泰昌 원년, 光海君 12년)에는 변무진주사(辯誣陳奏使)로 네 번째로 출사해 소주인(蘇州人) 진창언(陳昌言)과 보정(保定) 거인(擧人) 왕손번(王孫蕃) 등을 옥하관에서 만나 많은 창화를 나누었다. 웅화(熊化)가 조선에 출사했을 때 이정귀는 관반(館伴)을 맡아 서로 시문을 창수한 바 있었는데, 1616년(萬曆 44년, 光海君 8년) 이정귀가 명조에 출사했을 때

142. 林基中, 「韓中交流與燕行錄」, 『歷史上的中韓關係』, 桂林, 廣西師範大學出版社, 2009, 106-107쪽.

143. 趙季, 「中朝詩歌交流的歷史巔峰-明朝使節與朝鮮臣工詩歌唱酬芻論」, 17쪽.

144. 王克平, 「朝鮮與明外交關係研究-以"詩賦外交"爲中心」, 89쪽.

는 웅화가 도어사(都御史)를 맡아 이정귀를 극진하게 영접했다. 두 사람은 자연히 한시 창화를 계속해서 이정귀는 웅화에게 한시 3수를 증송하고 웅화는 2수를 회증(回贈)했고, 이정귀가 다시 2수를 더 지었다. 이에 이정귀의 제자 최유해(崔有海)는 "화인(華人)이 마음을 열어 성의를 보이고 문자로 결의(結義)한 것은 월사(月沙)와 웅공의 교제만한 것이 없었다"(『月沙集』「別集」卷7)고 감탄했다. 이정귀는 조선의 명유로 명조에서도 존경을 많이 받아 네 차례 명조에 출사하는 과정에 도처에서 그의 시와 제선(題扇)을 구했고 일일이 그들의 요구를 만족시켜 주었다고 한다.

허균(許筠) 역시 중국에 출사하여 중국의 문사와 창화하며 우의를 나누었다. 1602년(萬曆 30년, 宣祖 35년)에 고천준(顧天埈)과 최정건(崔廷健)이 조선에 출사할 때 원접사 이호민(李好閔)의 종사관(從事官)이 된 허균은 명사의 종사관 구탄(丘坦)과 빈번하게 접촉하며 우의를 나누었다. 2년 뒤에 허균이 천추사(千秋使)가 되어 명조에 파견됐을 때 구탄은 요동유격(遼東游擊)을 맡고 있었다. 두 사람은 소절(小節)과 예법에 구속되지 않고 우정을 나누었다. 다시 1년 뒤에 허균이 동지(冬至) 겸 진주부사(陳奏副使)로 명조에 갔을 때 구탄은 일이 있어 요양(遼陽)에 가 있었기 때문에 만나지 못했는데, 허균은 애석해 하면서 『을병조천록(乙丙朝天錄)』에 구탄과 '부시상증(賦詩相贈)'한 일을 회상하는 「칠장정(七長亭)」이란 시를 지어 수록하고 이지(李贄)의 『분서(焚書)』를 읽은 소감을 「독이씨분서(讀李氏焚書)」 시에 남겼다. 허균은 조선의 이지로 불렸고, 구탄은 이지보다 37살 젊은, 이지의 망년지우(忘年摯友)였다. 이들은 사사로이 외국 사신을 회견하는 것을 금지하는 예법에 얽매이지 않고 미복(微服)으로 만났다고 한다.[145]

중국에 출사한 조선의 사신들은 정치·외교와는 직접 관련이 없는 지식인들을 만나 시문을 창화한 경우도 적지 않았다. 그 한 예로, 이이(李珥)는 명조에 출사하여 장지(張芝)라는 태의(太醫)를 만나 한시를 창화하며 교유했다. 이이의 시제(詩題)가 「장지 태의의 시운(詩韻)을 이어서」였던 것으로 보아, 장 태의가 먼저

145. 王克平, 「朝鮮與明外交關係研究-以"詩賦外交"爲中心」, 82-83쪽.

시를 지어 증여하고 이이가 그 시에 화답했음을 알 수 있다. 1626년(天啓 6년, 仁宗 4년)에 출사한 김상헌(金尙憲)은 제남(濟南)에서 장연등(張延登)이란 문사와 알게 되어 한시를 수창하며 깊게 사귀었다. 귀국한 뒤 중국에서 관광한 시문을 장연등에게 보내 주었고, 장연등은 이를 읽고 매우 고맙게 생각해 김상헌에게 서문을 써 주었을 뿐만 아니라 그를 대신해서 세상에 간행해 주었다. 김상헌과 오대빈(吳大斌)의 우정도 사람들에 회자됐다. 오대빈은 호가 청천(晴川)으로 요동(遼東)에 오래 살다가 명 말에 등주(登州)로 피난했는데, 그 조카가 임진왜란 때 조선에 출전했기 때문에 조선에 대한 특별한 정감을 갖고 있었다. 조선의 사신 이민성(李民宬)은 그가 "중후하고 온아(溫雅)하며 시성(詩聲)이 있다"(『癸亥朝天錄』)고 평가했다. 오청천은 등주에 온 조선 사신과 내왕이 많았는데, 특히 김상헌과는 한시를 창화하며 정의를 깊게 했다. 김상헌의 『조천록』에는 오청천과 서로 주고받은 시가 적지 않다. 김상헌은 오청천의 『요해유종(遼海遺踪)』에 「후서(後序)」를 써 주기도 했다.[146]

이처럼 산동반도의 등주(지금의 蓬萊市)는 고대 한·중 해상 왕래의 중요 길목으로, 조선 사신이 통관문첩(通關文牒)을 처리하기 위해 등주에서 머문 시간이 비교적 길어, 특히 요동이 여진(女眞. 後金)에 점령돼 해로를 통한 내왕이 불가피했던 명 말에는 중국에 출사한 조선 사신이 등주의 관원이나 문인과 광범하게 접촉하면서 서로 시문을 주고받으며 우정을 나누었다.

김상헌 외에도 1622년(天啓 2년, 光海君 14년)의 조선 등기사(登基使) 정사 오윤겸(吳允謙)은 등주에서 나눈 많은 창화시를 저서 『추탄집(楸灘集)』에 수록했다. 그다음 해의 조선 주문청봉사(奏聞請封使) 정사 이경전(李慶全)과 부사 윤훤(尹暄), 서장관 이민성 등이 등주의 관원과 문인과 창화한 한시들이 이민성의 『연사창수집(燕槎唱酬集)』에 수록됐다. 1624년의 조선 사은주청사(謝恩奏請使) 정사 이덕형(李德泂)도 등주에서 창화시를 많이 만들어 그 저서 『조천록(朝天錄)』에 수록했다. 1624년에 진하사(進賀使) 부사로 정사 김상헌과 함께 중국에 출사한 남이웅

146. 王克平, 「朝鮮與明外交關係研究-以"詩賦外交"爲中心」, 89쪽.

(南以雄)이 등주 문인 오대빈에게 증여한 시는 등주 사람들이 "극구 칭송(稱誦)하여 봉래각(蓬萊閣)에 새겨 걸었다"고 하고, 서장관 김지수(金地粹)도 등주의 관원과 문인과 시가를 창화하여 자신의 『조천록』에 수록했다. 1628년(崇禎 원년, 仁祖 6년)의 동지성절사(冬至聖節使) 정사 송극인(宋克訒)과 서장관 신열도(申悅道)도 등주에서 창화시를 지어 신열도의 『나재집(懶齋集)』에 수록했다. 그다음 해의 뇌칙사(賚勅使) 정사 최유해(崔有海)는 등주에서 여러 번 많은 창화시를 지었고, 1630년의 동지사(冬至使) 정사 고용후(高用厚)도 등주에서 많은 창화시를 지어 『조천록』에 수록했다. 이 가운데서도 최유해와 오대빈의 창화가 가장 유명하다. 오대빈은 최유해가 등주에 이르자 술을 가지고 가서 한시를 창화하며 항금(抗金) 투쟁에 대한 공감을 나누었다고 한다.[147]

조선의 사신이 중국의 문사와 시문을 창화하는 일이 제도적으로 제한됐음에도 불구하고 광범하게 존재했음은 청 말의 한 중국인 문사가 북경을 찾아온 조선의 사신들과 나눈 창화시 모음집의 존재를 통해서도 확인할 수 있다. 『추회창화시(秋懷唱和詩)』는 19세기 청대 동문환(董文渙)이란 문사가 두보(杜甫)의 「추흥팔수(秋興八首)」에 차운해서 지은 시를 다시 동인(同人)들에게서 차운 받아 엮은 수창 시문집으로, 19세기 후반에 이르기까지 조선 사신과 중국 문사들의 창화가 끊이지 않고 계속됐음을 보여 준다. 편찬자 동문환은 1861년(咸豐 11년, 哲宗 12년)에 조선에서 연경(燕京)으로 온 동지사(冬至使) 사신들과 처음으로 교유했는데, 동문환이 세상을 떠난 1877년까지 그와 교유한 조선 학자는 25명에 이르렀다. 평소에 동인들과 결사(結社)하여 시문을 수창하던 동문환은 특히 조선인의 시문에 관심이 대단히 많아 조선 역대 시인의 시문을 선별하여 『한객시록(韓客詩錄)』이라는 조선 시문선집을 편찬하는 동시에 연경에서 만난 조선 사신과의 직접 교류를 통해 모은 시문도 간행했으니, 『추회창화집』은 바로 동문환이 조선 지인들과 수창한 결과물이었다.

함풍 11년에 연경에 온 조선의 동지사 일행 신석우(申錫愚), 서형순(徐衡淳), 조

---

147. 劉曉東, 「明末朝鮮使臣在登州的詩歌唱和」, 『魯東大學學報』 30-4, 28-34쪽.

운주(趙雲周) 등은 한림편수(翰林編修) 심병성(沈秉成)의 누각에서 열린 주연에서 동문환과 사귄 뒤로, 서로 방문하여 편지를 주고받으며 지속적으로 한시를 창화했다. 동문환의 「조선 정사 신금천(申琴泉) 중추(中樞) 석우와 서한산(徐漢山) 상서(尙書) 형순, 조난서(趙蘭西) 학사(學士) 운주께 증정한다」는 시에는 다음과 같은 구절이 있다. "덕(德)은 기자(箕子)의 옛 것이고, 서(書)는 고금이 같음을 기뻐한다. 정삭(正朔)의 별은 북으로 돌아가도, 돌아가는 노정은 일출(日出)의 동쪽이다. 해마다 사절(使節)을 쳐다보며, 머리 돌려 춘풍을 기다린다. 부평초 만남을 어떻게 기대할까, 마침내 교칠(膠漆) 같은 깊은 우정 던진다. 여럿이 일하(日下)에서 둥글게 모시고, 주옥같은 풍류를 토하게 됐다. 해동(海東) 삼한(三韓)의 재덕 빼어난 선비들, 동양태수(東陽太守) 심약(沈約)이 팔영시(八詠詩) 읊은 누각. 어찌 함께 촛불의 심지 자르며, 이별의 비를 미리 이야기해야 하나."[148]

한편 민간 차원의 한·중 창화도 존재했다. 명조와 조선의 민간 창화시는 극소수지만 한·중 문집에서 영성하게 산견된다. 권응인(權應仁)의 『송계만록(松溪漫錄)』에서, "가정(嘉靖) 병진(丙辰) 연간에 대명인(大明人) 유응기(劉應基)가 왜구에 잡혔다가 우리나라 사람에게 인도되어 한양에 와서 시를 지었는데…이(李) 재상 아계공(鵝溪公)이 어렸을 때 그 시운(詩韻)을 이어서 시를 지었다"고 했다. 유몽인의 『어우야담』에서도 "우리나라의 한 문사가 중원에 가서 길에서 미매(美妹)가 나귀 끄는 수레에 앉아 가는 것을 보고…양구시(兩句詩)를 지었더니…미인도 나귀에서 이를 이어 양구의 시를 지었다"고 했다. 임진왜란 중에는 양국 무장과 문신이 한시를 이용해서 충성과 우의를 표현하기도 했다. 동정제독(東征提督) 이여송(李如松)은 평양대첩 후에 강개하여 시를 지으니, 조선의 대신 송익필(宋翼弼)도 차운하여 화답했다고 한다. 이러한 한·중 창화의 전통은 오늘까지 이어져서 중국 학자와 한국 학자가 학술 교류 중에 한시를 창화하기도 했으니, 동방시화학회(東方詩話學會)의 창수 시집 『장외시화(場外詩話)』가 2015년에 출간되기도 했다.[149] 이러한 사례들은 엄격한 의미로 말하면 외교 무대에서 이

148. 劉婧, 「19세기 朝淸 문인들의 唱和詩集 『秋懷唱和詩』 연구-서지 및 편찬배경을 중심으로-」, 『한중인문학연구』 36, 2012, 214-229쪽.

뤄진 창화 외교라 할 수는 없겠지만, 보다 넓은 의미로 본다면 이것도 창화 외교의 한 형태라 할 수도 있을 것이다.

조선에서는 명사와 접반사 사이에 한시 창화가 그토록 활발하게 전개됐지만, 조선의 사신이 명조에 출사해서 명조의 접반사들과 시문을 창화하는 일을 사료에서 확인하기는 쉽지 않다. 조선 정부는 '인신무외교(人臣無外交)'의 원칙을 지키기 위해 명조에 파견된 조선 사신이 외국 사인과 사적인 교유와 창화 활동을 할 수 없도록 규제했는데, 이는 명조에서 '경외지교(境外之交)'로 문제 삼을 것을 걱정했기 때문이다. 그럼에도 불구하고 명조에 출사한 조선의 사신들은 중국에서 접촉한 관원들이나 문사들과 시문을 교환 혹은 창화하면서 우의를 나누었고, 이러한 전통의 자취는 조(朝)·청(淸)시대 말기까지 남아 있었다.

그러나 이들이 중국에서 시문을 교환한 사례는 『조천록』과 개인 문집, 한국인 시화집 등에서만 산견될 뿐 사서(史書)에는 수록되지 못했으며, 창화자 개인의 교유 행위에 속하지 국가 대 국가 차원의 공식적 외교 활동으로 인정되지는 않았다. 이처럼 창화 외교가 조선의 외교 무대에서만 이뤄지고 명조의 외교 무대에서는 이루어지지 않은 것은 양국의 관계가 '독립적이나 불평등한' 종번(宗藩) 관계로 규정돼 있었던 것과 무관하지 않았다. 창화 외교란 중국(中國)이 선창(先唱)하고 사국(四國)이 화답(和答)하는 '중국적 세계 질서' 안에서 유효하게 작동한 외교 시스템이었다.

맺음말

조선과 명이 병존한 조·명 시기에 조선과 명조 사이에 창화 외교가 꽃피우게 된 데에는 여러 가지 역사적 배경이 보인다. 그 하나는 한·중 양국이 오랫동안 가져온 종번 관계와 사대자소 관계 및 통사 관계를 동시에 작동시키는 복합적

149. 趙季, 「中朝詩歌交流的歷史巔峰-明朝使節與朝鮮臣工詩歌唱酬芻論」, 28-29쪽.

국제 관계 전통의 존속과 발전이다. 종번 관계란 책봉과 조공의 예를 교환하는 국제 관계를 말하고, 사대자소 관계란 약소국과 강대국이 서로 예우하고 보호하는 국제 관계를 일컬으며, 통사 관계란 사절단의 교환을 통해 정치적 현안을 해결하고 문화를 교류하며 물자를 교역하는 국제 관계를 이른다. 조·명 시기는 삼국·남북조시대 이래로 지속적으로 발전해 온 이러한 한·중 관계가 가장 만개했던 시기로 전 시기, 전 세계적으로 보아도 조·명 시기의 한·중 관계는 가장 전형적이고 제도적으로 가장 잘 정비된 종번 관계, 사대자소 관계, 통사 관계였다고 규정할 수 있을 것이다.

조·명시대의 이러한 한·중 관계는 양국의 외교관들이 만나서 한시(漢詩)를 창화(唱和)하며 외교적 현안을 자연스럽게 풀어 나가는 창화 외교의 제도적 조건이었다. 선창과 화답이 시운(詩韻)을 공유하며 갱수(賡酬)하는 시문의 창화처럼, 중국과 사국이 국제 공동체 유지라는 공동의 목표를 공유하면서 서로 창화하며 조화롭게 외교적 문제를 해결할 수 있었기 때문에, 우리는 조·명시대의 이러한 한·중 외교 양식을 창화(倡和) 외교로 규정한다.

조·명시대에 창화 외교를 실현하게 한 또 하나의 요인은 한·중 양국인의 문화적 동질성과 의식적 접근성이라 할 수 있다. 한·중 양국은 이미 삼국·남북조시대 이전부터 한자라는 문자를 공유하고 한문학을 함께 발전시켜, 조·명시대에 이르러서는 서로 대등한 경쟁이 가능할 정도로 높은 수준의 한자 문화를 향유하게 됐다. 특히 조·명시대의 한국 문사들은 중국인 외교관들과의 한시 창화를 통해 자신의 작시 능력을 자랑하고 자국의 문화적 역량을 과시할 수 있을 정도로 한자와 한문학을 자신의 문자, 자신의 문학으로 소화하고 있었다. 이와 더불어 조·명시대 한국인은 여러 방면에서 중국과의 '동문(同文)' 즉 문화적 동질성을 의식하고 있었기 때문에, 중국 문화를 좋아하는 '모화(慕華)' 의식과 스스로 중국과 다름없는 문화 수준에 이르렀다고 자부하는 자의식 즉 '소중화(小中華)' 의식에 고양되어 있었다.

'동방예의지국'이란 한국인이 스스로 중국과 다를 바 없는 문화 대국임을 자부하는 말로 흔히 사용하고 중국인이 한국의 문화적 수준을 칭송하는 말로 흔히 사용했지만, '예의(禮義)'란 중국과 한국 등 동아시아의 '동문' 나라들이 함께 창조하고 함께 향유한 문화와 가치를 상징하는 말이기 때문에 '동방예의지국'이란 중국의 동쪽에 있는, 중국과 다를 바 없는 문화 대국이라는 말과 다르지 않다. 조·명시대 한국 지식인이 공유한 이러한 문화적 자의식은 당시에 중국과 공유한 종번 관계, 사대자소 관계라는 제도적 관계와 서로 연계돼 한·중 창화 외교의 또 다른 배경으로 작용한 것으로 볼 수 있다. 한·중 외교관들의 한시 창화는 흔히 투시(鬪詩)와 쟁시(爭詩)의 문전(文戰)으로 진행됐고, 특히 한국 문사들의 도전은 흔히 '동문' 의식과 '소중화'라는 강렬한 자의식에서 유발됐다.

조·명시대에 창화 외교가 만발하게 된 또 하나의 배경으로 한·중 양국이 이미 오래전부터 외교시(外交詩)를 교환하는 전통을 축적해 왔다는 점을 지적할 수 있다. 삼국·남북조시대부터 한국과 중국은 외교관과 유학생·승려 등의 잦은 교왕으로 인해 시문을 교환하는 관행이 있어 왔고, 특히 중국에서 명조(明朝)가 건립되고 한국에서 조선(朝鮮)이 건국될 무렵부터는 양국의 군주와 사신들 사이에 한시를 교환하면서 현안의 문제를 풀어 가는 외교적 관행이 빈번하게 나타나서, 명사(明使)와 접반사(接伴使)가 한시를 창화하면서 외교 현안을 해결하는 이른바 창화 외교의 출현을 촉진하게 됐다.

여기에 더해서 조선에 파견되는 명조의 사신이 환관(宦官)에서 문학지사(文學之士)로 교체되는 흐름이 창화 외교의 출현을 근본적으로 가능하게 한 결정적 요인이 됐다. 명조는 주지하는 바와 같이 환관 정치로 유명한 왕조였고, 그 부수적 현상의 하나로 환관이 사신으로 외국에 출사하는 일이 빈번하게 일어났다. 특히 조선에 출사하는 환관들 가운데는 조선에서 공납된, 조선 출신 환관이 다수 포함되어 많은 폐해를 불러일으켰기 때문에, 환관 사신의 출사 그 자체가 당시 한·중 외교의 중요한 현안이 되기도 했다. 황제가 포로로 잡히는 '토목보(土木堡)의 변(變)'으로 인해 국제사회에서 국가적 위신을 크게 잃은 명조는 중국 중심의 세계 질서를 계속 유지하기 위해 조선인이 기대하는 문학지사 출신의 사신을 조선에 파견함으로써 환관 사신에서 문학지사 사신으로 교체하는 중요한 흐름을 조성했다. 이때 저명한 문학지사로서 엄선되어 파견된 예겸(倪謙)은 조선에서 정인지(鄭麟趾)·성삼문(成三問)·신숙주(申叔舟) 등 조선의 저명한 문학지사들의 접반을 받으면서 한시를 창화하여 조선 군신의 호감과 호평을 받을 수 있었고, 이로 인해 명조도 문화 대국으로서의 위망을 지키고 세계 질서의 중심으로서의 위상을 지킨다는 원래의 외교적 목적을 성취할 수 있었다. 예겸의 성공은 명조를 고무시켜 이후 명조는 중요한 외교적 임무는 문학지사 사신들에게 위임했고, 이들 문학지사 출신의 명사들은 조선에서 문사 접반사들과 한시를 창화하며 외교적 현안을 조화롭게 풀어 나갈 수 있었다.

그러나 한시의 창화가 평화로운 유락(遊樂)은 아니었다. 한시 창화는 선창시(先唱詩)의 운을 따고 그 뜻을 계승해 화시(和詩)를 만드는 일련의 시 짓기 과정이기 때문에 고도한 수준의 문학적 기교와 역량을 드러내는 일종의 경쟁이었다. 그것은 시인 자신의 작시 능력을 자랑할 뿐만 아니라 국가의 문화적 역량을 과시할 수 있는 기회이기도 했다. 이로 인해 저명한 문학지사 출신의 명사를 맞는 조선 정부는 사전에 명사에 대한 정보를 수집해서 엄밀하게 분석하여 이에 대적할 수 있는 문사를 물색해서 원접사(遠接使)로 임명할 뿐만 아니라, 원접사가 어떻게 창화에 응할 것인지 그 전략과 전술을 미리 준비하기도 했다. 나아가서는 원접사의 작시를 도와줄 종사관(從事官)이나 제술관(製述官)들을 임명하기도 했는데, 이들 종사관과 제술관은 원접사를 대신해서 시를 지어 주기도 했다. 뛰어난 창화 능력을 가진 접반사와 종사관을 확보하기 위해서는 이미 파직된 인물이나 서출의 인물, 지방에서 봉직하고 있는 인물이라도 시에 능한 문사라면 선발해서 임용하기도 했다. 창화는 일반적으로 명사가 선창하고 조선 접반사가 화답하는 형식으로 진행됐지만, 조선의 접반사가 먼저 선창해서 도발하는 경우도 없지 않았다. 따라서 외교적 현안을 해결하기 위해 방문하는 사신과 이를 응접하는 접반사가 진행한 시문의 창화란 차라리 투시와 쟁시의 문전(文戰)이었다.

그럼에도 불구하고 명사와 조선 접반사의 한시 창화는 왕왕 양국의 외교적 현안을 해결하는 중요한 과정으로 활용됐다. 명 태조(太祖)와 권근(權近)이 만나 어제시(御製詩)와 응제시(應製詩)를 교환하며 표전(表箋) 문제를 해결한 전통을 계승해서, 조·명시대 초기의 여진(女眞) 문제를 해결하고 오래 묵은 숙제였던 종계변무(宗系辨誣) 문제를 푸는 데도 창화 외교의 도움을 받았다. 명조 역시 '토목보의 변'으로 인해 야기된 중조(重祚) 문제를 해결하기 위해 창화 외교의 방식을 적극 활용했다. 그뿐만 아니라 명사와 접반사의 시문 창화는 영조예의(迎詔禮儀) 문제나 명사지칙(明使支勅) 문제 등 간헐적으로 제기되는 외교적 문제들을 해결하는 데도 도움이 됐고, 한·중 양국의 상호 이해를 증진하고 양국 문화의 교류를 촉진하는 데도 도움이 됐다.

창화 외교는 주로 한국의 외교 무대에서 진행됐다. 그 주역은 조선에 파견된 문학지사 출신의 명사 그리고 원접사 등 문사 출신의 접대 관원들이었다. 중국에 파견된 조선의 사신들은 '인신무외교(人臣無外交)'의 원칙에 규제되어 중국 측 접대 관원들과 시문을 창화할 기회를 거의 갖지 못했다. 중국으로 파견된 조선의 사신들은 비록 제도적 규제를 뚫고 주변의 하급 관원이나 민간인 지식인들과 시문을 창화하기도 했지만, 근본적으로 명사가 조선에서 창화 외교를 전개할 수 있었던 것과 같은 기회와 조건을 얻지 못했다. 이는 조·명시대 창화 외교가 갖는 본질적 특성과 한계를 보여 주는 것이다.

시문의 창화 과정에서 명조의 사신이 선창하고 조선의 접반사가 화답하듯이, 창화 외교에서도 선창자는 명조의 사신이고 조선의 접반사가 할 수 있는 역할은 선창시의 뜻과 운을 따서 화답하는 일이었다. 이러한 창화 외교는 중국이 중심 역할을 하고 사국은 주변적 역할을 맡는 이른바 '중국적 세계 질서'를 확립하고 유지하는 데 매우 적합한 외교 양식이었다.

제3장

중·월 외교상의 한시 창화와 창화 외교

머리말

월남(越南. 베트남)은 세계에서 한국의 역사와 가장 근사한 역사를 갖고 있는 나라다. 이미 수천 년 전부터 독립된 국가를 건립해서 발전시켰고, 중국의 국가들과 책봉(冊封)과 조공(朝貢)을 교환하는 종번(宗藩) 관계를 유지해서 약소국의 약점을 보완했으며, 책봉과 조공의 도관(導管)을 통해 중국과 동질적 문화를 교환·향유했다.

물론 양국의 역사에서는 미묘한 차이점도 적지 않게 발견된다. 특히 월남은 독자적 연호(年號)와 제호(帝號)를 계속 사용하면서 동남아 국제사회에서 종주국(宗主國)의 역할을 고집하고 중국 국가들의 연이은 침략을 완강하게 격퇴함으로써, 한국에 비해 보다 강력한 정치적 독립성과 자주성을 과시했다. 이에 반해 한국은 중국과의 문화 교류를 보다 활발하게 전개해서 동아시아 국제사회에서 가장 수준 높은 문화 대국의 하나임을 과시할 수 있었다.

물론 양국 역사에서 발견되는 이러한 차이는 양국이 처한 역사적 상황과 환경의 차이에서 비롯된 것이기는 하지만, 그것은 어디까지나 상대적 차이일 뿐 본질적 차이라 할 수는 없다. 기본적으로 전통 시대의 한국과 월남은 동아시아 국제사회에서 중국과 전형적 책봉·조공 관계를 유지하면서 동질적 문화를 수준 높게 향유한 '동문(同文)'의 문화 대국이었다는 점에서 매우 근사한 국제적 위상을 공유하고 있었다고 말할 수 있다.

한국과 월남이 중국과 책봉·조공 관계를 유지하면서 동질적 문화를 공유했다는 사실은 무엇보다도 양국이 중국과 가졌던 통사(通使) 과정에서 빈번하게 나타난 창화 외교의 양식을 통해서 가장 잘 확인된다. 중국의 사신이 책봉을 위해 한국에 와서 접반사(接伴使) 및 문사(文士)들과 한시를 창화(唱和)하며 독특한 창화(倡和) 외교를 전개하고 한국의 사신이 조공을 위해 중국에 가서 그곳 관원과 문사들과 창화시(唱和詩)를 교환했음은 이미 앞 장에서 논급한 바 있거니와, 월남의 사신도 중국에 조공하러 가서 중국 측 반송관(伴送官)이나 문사들과 한시를 창화하고 중국의 사신이 월남에 책봉하러 가서 월남의 군신이나 문사들과 창화하며 외교적 목적을 성취했다.

이 방면에서도 양국의 창화 외교에는 약간의 차이가 발견된다. 한·중 관계사에서 확인된 창화 외교는 주로 중국의 책봉 사신과 한국의 접반사들 사이에서 활발하게 전개됐던 반면, 중·월 관계사에서는 중국의 책봉 사신과 월남 군신 사이의 창화 외교보다는 월남의 조공 사신과 중국 관원이나 문사 사이에서 전개된 창화 외교가 훨씬 더 두드러지게 드러나 보인다. 이 역시 한·중 관계와 중·월 관계의 특수성과 한·월 양국의 국가적 성격의 차이에서 비롯된 것이겠지만, 적어도 책봉과 조공의 제도적 도관을 통해 창화 외교가 활발하게 이뤄졌다는 점에서는 일정한 공통성을 확인할 수 있다고 하겠다.

한시를 창화하며 전개된 창화 외교가 한·중, 특히 명조와 조선의 외교관들 사이에서 성행됐음을 확인된 바 있지만, 중·월 창화 외교에 관한 연구는 지금까지 거의 발표되지 않았기 때문에 기존 연구를 통해 그 존재 여부를 확인할 수는 없다. 다만 근래에 방대한 규모의 관련 자료집이 출판돼서 연구의 기반이 조성됐음은 주목할 만한 일이다. 2010년에 복단대학(復旦大學) 문사연구원(文史硏究院)과 월남사회과학원(越南社會科學院) 한남연구원(漢喃硏究院)이 함께 정리·편찬한 『월남한문연행문헌집성(越南漢文燕行文獻集成)』(越南所藏編) 25책에는 14~19세기 역대 월남 왕조의 53명 북사(北使)가 저작한 79종의 연행기(燕行記)와 북사 시문, 북사 정도(程圖) 등의 영인본이 포함돼 있는데, 특히 월남인 사신이 창작한 시문과 중국인과 교환한 창화시가 그 주요 부분을 구성하고 있다. 중·월 관계에서 만들어진 이 신출 문헌집성은 한·중 관계에서 생산된 『연행록전집(燕行

錄全集)』이나 『황화집(皇華集)』에 버금가는 귀중한 자료집이라 할 수 있지만, 이 자료를 이용한 연구 성과는 아직 본격적으로 생산되지는 않았다.[150]

따라서 이 장에서는 이 신출 자료를 주로 이용하여, 월남 북사와 중국인 반송관 등 문사들 사이에서 교환된 창화시를 분석·정리하고 시문 창화를 중심으로 전개된 중·월 창화 외교의 의미를 파악할 것이다. 다만 한 가지 아쉬운 것은 월남인 북사의 창화시집과 같은, 중국인 책봉사의 창화시가 종합된 문헌집성이 아직 출현하지 않아, 중·월 간 쌍방향의 창화 외교를 전면적으로 조명하기에는 일정한 한계가 있다는 점이다. 현재로서는 중·월 양국 학계의 노력으로 새로운 자료가 출현하기를 기대할 뿐이다.

1. 전통 시대 중국과 월남의 종번 관계와 통사

월남과 중국은 일산대수(一山帶水)의 인국(隣國)으로, 전통적으로 밀접한 정치·역사·문화 관계를 가졌다. 968년에 월남의 정부령(丁部領)이 '대승명황제(大勝明皇帝)'를 자칭하고 '대구월국(大瞿越國)'을 건립함으로써 월남은 독립·자주의 왕조 시기로 진입했다. 975년(開寶 8년)에 송(宋) 태조(太祖)가 정부령을 교지군왕(交趾郡王)으로 책봉한 뒤부터 천 년 가까운 긴 기간 동안 중국의 역대 왕조와 월남의 국가들은 책봉과 조공의 예(禮)를 교환하는 이른바 종번 관계 즉 종주국(宗主國)과 번속국(藩屬國)의 관계를 건립·유지했다.[151]

명(明) 성조(成祖) 시기에 월남은 명의 침공을 받아 14년간 정치적 지배를 직접 받기도 했지만, 여리(黎利)가 1428년에 여조(黎朝)를 건립한 뒤로 중국의 명조와 월남의 여조는 다시 종번 관계를 회복했다. 그 뒤에 정씨(鄭氏)가 장악한 후여조(後黎朝)와 고평(高平)의 막씨(莫氏), 그리고 광남(廣南)의 완씨(阮氏)가 월남을

150. 劉曉聰, 「淸代越南使臣之'燕行'及其'詩文外交'研究-以『越南漢文燕行文獻集成』爲中心」, 廣西民族大學碩士學位論文, 2013. 한 편의 석사논문이 발견된다.

151. 劉玉珺, 「越南使臣與中越文學交流」, 『學術研究』 2007-1, 1쪽.

3분하여 지배했는데, 만청(滿淸)의 강희제(康熙帝)가 후여의 군주를 '안남국왕(安南國王)'으로 책봉하고 1667년에 후여의 사은사(謝恩使)가 '여청(如淸)'하여 중·월 종번 관계가 다시 재건됐다.[152] 완문악(阮文岳)과 완문혜(阮文惠)·완문려(阮文侶) 등이 영도한 서산농민기의(西山農民起義)가 폭발해 후여조를 전복시키자 만청은 후여조를 회복시키기 위해 월남을 침공하기도 했지만, 1789년에 만청의 건륭제(乾隆帝)가 완문혜 즉 서산조(西山朝)의 군주 완광평(阮光平)을 안남국왕으로 책봉해 서산조와 종번 관계를 갖게 됐다. 광남 완씨의 구완(舊阮)으로 섬라(暹羅. 태국)에 도망가 있던 완복영(阮福映)이 1802년에 서산조를 전복시키고 청조에 책봉을 요청하자, 청의 가경제(嘉慶帝)가 완조 군주 완복영을 '월남국왕(越南國王)'으로 책봉해 종번 관계를 다시 세웠다. 이처럼 만청 일대에 책봉이란 수단을 통해 월남의 세 왕조를 번속국으로 번갈아 승인했고, 월남의 세 왕조는 조공이란 수단을 통해 만청을 종주국으로 승인해, 1885년에 청불신약(淸佛新約)이 체결될 때까지 중·월 양국의 종번 관계 즉 책봉·조공 관계가 지속됐다.[153]

종번 관계란 곧 책봉과 조공의 예를 교환하는 관계로, 책봉과 조공은 양국의 군주가 사신을 파견하는 통사(通使)에 의해 실현된다. 전통 시대 월남의 왕조들은 모두 조공을 매우 중시해 완조 반휘주(潘輝注)의 『방교지(邦交志)』에서는 "나라를 위하는 일 가운데 목린(睦隣)이 큰일이니 응수(應酬)할 때 관계를 가볍게 할 수 없다"고 하면서, "우리 월남은 남토(南土)를 엄유(奄有)하며 중화(中華)와 통호(通好)한다. 비록 군민(君民)이 건국하여 규모(規模)를 스스로 구별하지만 내제외신(內帝外臣)하여 봉호(封號)를 받으니, 이치와 형세로 보아 이리함이 실로 마땅하다. 따라서 그 책봉과 공빙(貢聘)의 예의는 역대 방교(邦交)에서 특별히 중시됐다"[154]고 했다.

송대 이후 월남의 공기(貢期) 즉 조공 횟수는 일반적으로 4년 1공(貢)으로 이

---

152. 陳重金, 『越南通史』, 上海, 商務印書館, 1992, 195-220쪽.

153. 張寧, 「越南貢使與中國伴送官的文學交游-以裵文祀與楊恩壽交游爲中心」, 『學術探索』 2010-4, 40쪽.

154. 「歷朝憲章類志」 卷46, 漢喃研究院抄本復印本, 1쪽.

뤄졌다. 그러나 1663년의 여청(如淸) 조공 후에는 3년 1공으로 정해졌고, 강희 연간에 후여의 요청으로 6년 양공으로 바뀌었다가 건륭 시기에 이르러 다시 2년 1공으로 바꾸었다. 이처럼 빈번한 입청(入淸) 조공은 실제로 중국 지방정부의 부담을 증가시켜 청조의 희망에 따라 최종적으로 도광(道光) 연간에 4년 1공의 공기가 회복됐다.[155] 청대 후여조는 29차례, 서산조는 8차례, 완조는 32차례, 모두 69차례 조공했다.

이러한 월남 안남국의 연행(燕行) 총수는 같은 기간 한국의 조선(朝鮮)과 유구(琉球)의 중산국 등의 중국 출사 차수와 매우 큰 차이가 있다.[156] 월남의 국가들이 청조에 파견한 사절단의 차수는 그 나머지 '동문지국(同文之國)', 예컨대 조선이 청조에 파견한 사절단의 횟수보다 훨씬 적었다. 당시 월남이 삼분되는 등 정국이 불안정하고 월남의 국가들이 청조에 파견한 사절단의 북행(北行) 노선이 조선 사절단에 비해 훨씬 길었다는 등의 표면적 이유가 일견 눈에 띄지만,[157] 월남 국가들의 북사(北使) 차수가 한국의 그것에 비해 훨씬 적었다는 사실은 한·중 관계와는 구별되는 중·월 관계의 특수성을 설명할 것이다.

월남 북사의 연행 노선은 광서(廣西)와 광동(廣東), 복건(福建), 강서(江西), 호남(湖南), 호북(湖北), 강소(江蘇), 하남(河南), 산서(山西), 산동(山東), 직례(直隸) 등 중국의 11개 성(省)을 지난다. 사행로(使行路)는 기본적으로 모두 수로를 위주로 하는데, 입관(入關)한 뒤 광서 영명주(寧明州)에 이르면 육지를 버리고 배에 올라 곧바로 하남 혹은 산동에서 하선하여 승차해서 직례로 들어간 뒤에는 다시 교자를 탄다.

1841년(道光 21년) 정사(正使)로 북행한 이문복(李文馥)은, 그의 출사(出使) 시집 『주원잡영초(周原襍詠草)』에 의하면 3월에 하내(河內. 하노이)를 출발해 양산(諒

155. 劉曉聰, 「淸代越南使臣之'燕行'及其'詩文外交'硏究-以『越南漢文燕行文獻集成』爲中心」, 41쪽.

156. 徐東日, 『朝鮮朝使臣眼中的中國形象-以『燕行錄』『朝天錄』爲中心』, 北京, 中華書局, 2010, 11쪽에 의하면 "淸代 1637년부터 1894년까지 258년 동안 入燕使行이 모두 694차례, 연평균 2.69차였다." 월남 後黎와 西山, 阮朝 3자의 燕行 총수가 조선의 10분의 1 정도에 불과했다.

157. 劉曉聰, 「淸代越南使臣之'燕行'及其'詩文外交'硏究-以『越南漢文燕行文獻集成』爲中心」, 21쪽.

山)을 경유해서 진남관(鎭南關)으로 들어간 후 광서의 영명·신녕(新寧)·남녕(南寧)·심주(潯州)·오주(梧州)·계림(桂林), 호남의 형주(衡州)·장사(長沙), 호북의 한구(漢口), 하남의 신양(信陽)·영주(潁州)·허주(許州)·황하(黃河)·은도(殷都), 하북의 한단(邯鄲)·정정(正定)·청원(清苑) 등을 거쳐 7월에 북경(北京)에 도착해 1개월간 머문 뒤, 백향(柏鄉), 탕음(湯陰), 신향(新鄉), 정주(鄭州), 수평(遂平)을 거쳐 한구에서 배를 타고 가어(嘉魚), 기양(祁陽), 전주(全州)를 지나 다음해 초에 월남으로 돌아갔다.[158]

1793년(乾隆 58년, 西山朝 景盛 원년) 청에 출사한 오시임(吳時任)은『황화도보(皇華圖譜)』의 권두에서 "나는 구봉사(求封使)로 충임돼 2월 20일에 계정(啓程)해서 27일에 관문(關門)을 지나 5월 8일에 연경(燕京)에 도달한 뒤, 20일에 귀국길에 올라 9월 가을에 귀경했다. 무릇 월(粵)·초(楚)·송(宋)·위(魏)·정(鄭)·조(趙)·연(燕)의 터전을 지났으니, 모두 1만 2,200여 리(里)였다"[159]고 했다.

월남 사절단의 북행 일정에 대해서는 여준(黎峻), 완사한(阮思僩), 황병(黃竝) 등이 쓴『여청일기(如清日記)』에 더 자세하게 기록되어 있다. 여준 등이 1868년(同治 7년)에 여청(如清) 정사와 갑을(甲乙) 부사(副使)가 되어 북사하면서 기록한 이 일기에 의하면, 8월 초하루에 진남관을 나가서 영명, 오주, 계림, 전주, 장사, 한양(漢陽), 형택(滎澤), 청원 등을 경유해서 다음해 정월 29일에 북경에 도착하여, 181일이 걸렸는데 유주(留駐)한 날이 64일이어서 실제 주행한 날은 117일이었다. 귀국은 4월 10일 출발해서 11월 13일 진남관에 도착하니 모두 206일이 걸렸는데, 머무른 날 75일을 빼면 실제 주행한 날은 131일이었다.[160]

또한 1876년(光緒 2년, 嗣德 29년) 4년 1차의 정공(正貢) 정사로 출사한 배문사(裵文祀)는 2년 뒤에 귀국했는데, 이 사행에서 지은 시가집『만리행음(萬里行吟)』의「자서(自敍)」에는 그의 출사 행정(行程)이 다음과 같이 기록되어 있다. "병자(丙子) 6월 9일에 배명(拜命)하고, 19일에 도성에서 나아가서 8월1일에 출관(出

158.『越南漢文燕行文獻集成』(이하『集成』으로 약칭) 14冊, 149-150쪽.

159.『集成』7冊, 105쪽.

160.『集成』18冊, 71쪽.

關)했다. 정축(丁丑) 4월 9일에 연(燕)에 도착하고 7월 3일에 출경(出京)했다. 무인(戊寅) 3월 5일에 입관(入關)하고, 4월 11일에 도성(都城)으로 돌아왔다. 17일 복명(復命)했다. 왕복을 계산하면 22개월이다."

월남 사절단이 북경에 들어간 뒤에는 일반적으로 사역관(四譯館)에서 묵었는데, '사이관(四夷館)'이라고도 칭해지고 1748년(乾隆 13년)에는 회동관(會同館)과 합해 '회동사역관(會同四譯館)'이라 칭해졌다. 1849년(道光 29년) 세공(歲貢)을 바치기 위해 북행한 공사단(貢使團)은 「진표문(進表文)」과 함께 토환(土紈)·토견(土絹)·토주(土綢)·토포(土布) 각 100필(疋), 사인(砂仁)과 빈랑(檳榔) 각 45근(斤), 침향(沈香) 200량(兩), 속향(速香) 600량, 서각(犀角) 2좌(座), 상아 2지(枝) 등 공물을 휴대했다.[161]

월남 사절단의 구성은 사뭇 독특하다. 일반적으로 월남의 북사는 정사(正使) 한 명과 부사(副使) 두 명으로 구성됐다. 후여의 북사 여귀돈(黎貴惇)이 쓴 『북사통록(北使通錄)』에 의하면, "정사 1원(員), 부사 2원, 행인(行人), 통사(通事), 의사(醫士) 9명, 수인(隨人) 10명…"으로 구성됐다고 했다. 청조에 파출된 월남의 연행사(燕行使)는 모두 69차 있었는데, 그중 48차가 3명(정사 1명, 부사 2명)으로 조성됐으니, 비율로 따진다면 68퍼센트에 해당한다. 사신의 인원수가 4~5명인 경우도 있었는데, 이는 사명(使命)이 다중(多重)하거나 양공(兩貢)이 동시에 진행됐기 때문이다. 정·부사가 3명씩, 모두 6명인 경우도 있었다. 정·부 사신이 모두 2명인 경우도 있었고, 정·부 사신이 모두 3명인 경우도 있었다. 다만 정사 한 명, 부사 두 명으로 구성된 경우가 가장 많았는데, 부사는 갑부사(甲副使)와 을부사(乙副使)로 나뉘었다.[162]

사절은 국가를 대표해 국가 의지를 표현하고 국익을 수호해야 했기 때문에, 월남의 국가들은 사신의 선택을 매우 중시하고 그 선발 과정을 엄격하게 단속했다. 서산조 완제(阮偍)의 『화정소견집(華程消遣集)』에서 "국가의 대임(大任)에는

161. 李娜, 「1849年越南與清朝伴送官唱和試芻議」, 『廣西師範學院學報』 2014-6, 59쪽.

162. 劉曉聰, 「清代越南使臣之'燕行'及其'詩文外交'研究-以『越南漢文燕行文獻集成』爲中心」, 23-27쪽.

셋이 있으니, 상(相)과 장(將)과 사(使)가 그것이다. 치란(治亂)은 상에 있고, 승부는 장에 있으며, 영욕은 사신(使臣)에 있다. 삼자는 모두 대임을 가진 자다. 육경(六卿)이 분직해 각각 그 하속을 통솔한다. 재상은 그 대강을 총괄할 뿐, 지자(智者)가 꾀를 내고 용자(勇者)는 힘을 내니, 주장(主將)이 그 중추를 잡을 뿐이다. 만약 동쪽으로 달려가서 만리 먼 곳에서 변화를 맞는다면, 말 한 마디라도 무겁게 되고 말 한 마디라도 가볍게 된다. 사(使)에 대해 어찌 쉽게 말할 수 있겠는가. 우리 월(粤, 越)은 문헌지국(文獻之國)으로, 막정지(莫挺之)와 완충언(阮忠彦) 등 제공(諸公) 이래로 능히 고변웅문(高辯雄文)으로 중국에서 말을 타고 달릴 수 있는 자가 우리나라를 위해 힘차게 혁혁한 업적을 세웠다"[163]고 했다.

따라서 이른바 '황화성선(皇華盛選)'의 기준은 매우 엄격해, 사회적으로는 명성이 뛰어난 명문 출신이고, 정치적으로는 현임 고위 관리이며, 문화적으로는 대부분 과거(科擧) 출신자가 사신으로 선발됐다. 특히 중국에 파견된 월남 사신의 대부분은 높은 학식과 문학적 소양을 갖춘 인물이었으니, 이는 사신의 언변을 통해 월남이 '문헌예의지방(文獻禮儀之邦)'임을 드러내 보여서 중국 왕조에 의해 '만이(蠻夷)'로 무시되지 않게 하려는 사명(使命)과 깊은 관계가 있다. 따라서 월남의 국가들은 언제나 고금에 박통(博通)하고 한문학에 뛰어나서 전대(專對)의 능력이 강한 명사(名士)를 골라 중국에 출사케 했으니, 그 정사와 부사는 반드시 진사(進士) 출신자였다.[164]

월남 사신은 사명을 욕되게 하지 않기 위해, 왕왕 한편으로는 중국 중심의 국제 질서에 영합하며 언행을 삼가고, 다른 한편으로는 '남국(南國)의 산하는 남제(南帝)가 다스린다'는 전통적 자주의식을 굳게 지키면서, 중국과의 종번 관계를 훼손하지 않는 범위에서 상호 평등한 '대화권(對話權)'을 쟁취하기 위해 힘써 노력했다.[165] 월남에서 중국에 파견한 사절단의 사명은 기본적으로는 조공(朝貢)

---

163. 『集成』 8冊, 165쪽.

164. 李娜, 「1849年越南與清朝伴送官唱和試芻議」, 59쪽.

165. 陳國保, 「越南使臣與清代中越宗藩秩序」, 『清史研究』 2012-2; 彭茜, 「試論國內學界對越南來華使節及其漢詩的研究」, 『東南亞縱橫』 2013-8, 54쪽.

이었지만, 조공이라는 형식을 통해 실제로 추구하는 사명은 월남이 문명·문헌국임을 과시하여 중국인의 존중을 획득하는 것이었다.

한편 종번 관계의 또 다른 일방인 중국의 국가들은 월남에 책봉사(冊封使)를 파견했다. 973년에 송 태조가 처음으로 우영군위대장군(右領軍衛大將軍) 왕소원(王昭遠)과 한랑사(閑廊使) 양중미(楊重美)를 교주(交州)에 사신으로 보내 안남국왕(璉)을 검교태사(檢校太師)로 특진(特進)하고 정해군절도관찰처치등사(靜海軍節度觀察處置等使)로 충임(充任)했다. 이로부터 중국 왕조들이 안남국(安南國. 혹은 越南國)에 사신을 보내 선유(宣諭), 책봉(冊封), 유제(諭祭), 조해(調解) 등 각종 사명을 수행케 했다. 이것은 1885년에 청 정부가 프랑스의 월남 보호국(保護國) 지위를 승인할 때까지 지속됐다. 일부 통계에 의하면, 10~18세기에 중국의 역대 왕조가 월남에 파견한 사절단은 모두 120차례로, 그중 송조(宋朝)가 25차, 몽원(蒙元)은 27차, 명조(明朝)는 57차, 만청(滿清)이 12차 파견했다.[166]

송·원·명·청 등 각 왕조는 모두 월남에 파견하는 사신의 인선을 매우 중시하여 책봉사의 대부분은 시문에 뛰어난 과거 출신의 저명한 문신이었다. 그중에는 송조의 이약졸(李若拙)·이각(李覺), 몽원의 장립도(張立道)·이사연(李思衍)·진부(陳浮), 명조의 장이녕(張以寧)·담약수(湛若水)·오백종(吳伯宗)·노탁(魯鐸), 만청의 주찬(周燦)·덕보(德保)·고여수(顧汝修) 등 같은 대학사(大學士)가 포함돼 있었다.

월남에 파견된 중국의 사신들 가운데는 기율을 위반해서 귀국 후에 처벌받는 경우도 있었다. 그 예로, 명사(明使) 임형태(任亨泰)는 1396년(洪武 29년)에 "안남에 사신으로 갔다가 돌아와서 감찰어사(監察御史)로 강등됐다. 형태는 안남에서 사사로이 만인(蠻人)을 사서 종복으로 삼았기 때문에 강등됐다."[167] 1475년(成化 11년)에는 정사 예부낭중(禮部郎中) 악장(樂章)과 부사 행인(行人) 장정강(張廷綱)이 안남에 출사해서 황태자를 세우고 채폐(綵幣)를 하사했는데, 2년 뒤에 귀국해서 "서창옥(西廠獄)에 갇혀서 그가 안남에 출사했을 때 화물을 무역하고

166. 李娜, 「10-18世紀中國赴越使臣與越南官員交流方式淺析」, 『文史縱橫』 2014-14, 89쪽.
167. 『明太祖實錄』 卷244.

뇌물을 많이 받은 여러 일에 대해 국문(鞫問)당했다."[168] 청사(淸使) 고여수가 귀국 길에 사사로이 안남국왕에게 글을 보내 견책(譴責)한 사건에 연루되어 덕보가 삼급(三級) 강등되어 임용되기도 했다.[169] 월남은 창려(瘴癘)의 땅이고 월남까지 출사하는 길이 요원하고 험난해 월남에 출사하는 중국 사신 가운데는 도중에 병사하는 이가 없지 않았으니, 명사 유간적(劉簡迪)·장이녕·유돈(兪敦), 청사 손탁(孫卓) 등이 도중에 병사하기도 했다. 그럼에도 송대 이래로 명·청시대까지 '황화사자(皇華使者)'로 충임되는 것은 영예로운 일로 여겨졌고, 힘써 사명을 수행해서 귀국한 뒤에 상을 받거나 승진하는 것이 일반적 관례였다.[170]

월남측에서도 이러한 '천조(天朝)'·'상국(上國)'의 사신을 영접하기 위해 조정 중신을 매우 신중하게 선택·안배해 중국 사절단을 접대하게 했다. 이 기회에 월남의 역대 왕조들도 월남이 '문명·문헌의 나라'임을 과시하기 위해 한시의 창작에 뛰어나고 학식이 깊은 문학지사(文學之士)를 접반관으로 선택했으니, 대부분 과거 특히 진사과(進士科)에 급제하고 일찍이 중국에 출사한 적이 있는 중신으로 중국 사절단의 접반사단을 구성했다. 예컨대 1683년에 명도(明圖)가 정사를 맡은 만청의 사절단을 접반한 월남의 10명 대신은 모두 과거 삼갑(三甲) 급제자였으니, 월남 국가가 중국 사절단의 접대를 얼마나 중시했는지 알 수 있다.[171]

10세기 후반에 월남이 이른바 '북속시대(北屬時代)'를 벗어나 독립한 이후 중국과 월남은 19세기 후반까지 1천 년 가까운 긴 기간 동안 이른바 '종번' 관계 즉 종주국과 번속국의 관계를 건립·유지했다. 종번 관계란 곧 책봉과 조공의 예를 교환하는 관계를 말하고, 책봉과 조공은 양국의 군주가 사신을 파견하는 통사(通使)에 의해 실현된다. 전통 시대 월남의 왕조들은 모두 '내제외신(內帝外臣)'하여, 국내나 동남아시아 국제사회에서는 칭제(稱帝)하며 독자적 연호를 사용했지만, 중국의 책봉사를 받아들여 책봉을 받고 중국에 정기적으로 조공사

---

168. 『明憲宗實錄』 卷167.

169. 『明高宗實錄』 卷656.

170. 李娜, 「10-18世紀中國使安南使臣出使詩歌綜述」, 『百色學院學報』 2014-3, 97쪽.

171. 李娜, 「10-18世紀中國赴越使臣與越南官員交流方式淺析」, 89쪽.

(朝貢使)를 보내 조공했다. 안남의 공기(貢期) 즉 조공 횟수는 상황에 따라 몇 차례 변화가 있었지만, 일반적으로 4년 1공으로 이뤄졌다. 이러한 횟수는 같은 '동문(同文)의 나라'이고 중국과 전형적 종번 관계를 유지한 조선의 1년 4공에 비해 훨씬 적은 것이었다.

월남인은 중국과 자국을 남북의 대등한 관계로 인식해서 중국을 '북국(北國)', 자국을 '남국(南國)'이라 부르고, 중국으로 출사하는 것 혹은 그 사신을 '북사(北使)'라고 불렀다. 북사가 만청의 수도인 북경 즉 연경(燕京)으로 출사하는 것을 '연행(燕行)' 혹은 '여청(如淸)'이라고 했다. 월남의 북사는 보통 정사 한 명과 부사 두 명으로 구성됐는데, 학문(學文)이 뛰어난 문학지사 가운데서 엄격하게 선발된 이들은 중국에서 월남이 '문헌과 예의의 나라'임을 드러내 보이는 사명을 부여받았다. 종번 관계의 또 다른 일방인 중국의 국가들도 월남에 파견하는 사신의 인선을 매우 중시해 책봉사의 대부분은 시문에 뛰어난 과거 출신의 저명한 문학지사였다. 이로 인해 월남 조공사의 북상과 중국 책봉사의 남하 과정에서 중·월 양국의 문화가 교류되고 이른바 창화 외교가 전개될 수 있는 조건이 준비되어 있었다고 할 수 있다.

2. 북사시(北使詩)와 사교시(使交詩)

중·월 양국의 저명한 문학지사들이 외교 활동을 빈번하게 전개함에 따라 자연스럽게 중·월 문화 교류, 특히 문학 교류가 높은 수준으로 이루어졌고, 양국 사절단이 주도한 문학 교류의 과정에서 이른바 북사시문(北使詩文)과 사교시문(使交詩文)이 출현했다. 월남인들은 흔히 중국을 가리켜 '북(北)'으로 표현했으니, 북사시문이란 월남 사신이 중국에 출사했을 때 만든 각종 시문을 말한다. 이에 반해 중국인들은 흔히 월남을 가리켜 한대 이래의 전통에 따라 '교주(交州)'라 불렀고, 월남에 파견된 사신들이 출사 과정에서 지은 시문을 사교시문이라고 했다. 특히 월남 사절단의 한문화 소양의 높이와 월남 통치자의 시문 외교에 대한 중시로 인해 북사의 과정에서 매우 많고 수준 높은 시문이 생산됐기 때문에 월남 사절의 출사는 문화 교류의 의의가 정치 의의를 이미 초과했다는 평가를 받는다.[172]

기왕의 연구에 의하면,[173] 월남 북사 문헌으로 모두 "8종의 연행기(燕行紀)와 80여 종의 북사시문, 8종의 북사정도(北使程圖)가 있다." 그중 가장 이른 시기의 것은 진조(陳朝) 완충언(阮忠彦)이 몽원에 출사해서 지은 『개헌시고(介軒詩稿)』로, 완충언이 1317년(延祐 4년)에 출사해 지은 81수의 시가 수록돼 있다.[174] 완충언은 「북사가 구온역(口溫驛)에 묵으며」에서 "강산이 유한하여 남북으로 나뉘었지만, 호월(胡越)은 동풍(同風)이라 서로가 형제 같다.…"고 노래했는데, 여기서 말하는 '호(胡)'는 몽원(蒙元)을 가리킨다. 또한 「태평로(太平路)」란 시에서는 "강산이 유의(有意)하여 남북으로 나뉘었는데, 만촉(蠻觸)이 무심하여 갑병(甲兵)을 쓴다. 호월이 일가(一家)임은 금일의 일, 변민(邊民)이 이로 인해 삼경(三耕) 즐긴다"고 노래했다. '태평로'는 원대에 설치된 부(府)의 이름으로, 지금의 광서(廣西)에 있었다. '만촉'은 달팽이의 오른뿔에 있는 만씨(蠻氏) 나라와 왼뿔에 있는 촉씨(觸氏) 나라를 가리키는데, 사소한 일로 서로 다투는 것을 비유하는 말로 『장자(莊子)』 칙양(則陽)에 나온다.[175]

월남의 사신이 중국에서 이처럼 고급한 한시 창작력을 구사할 수 있었던 것은 오랜 역사의 중국 문화 수용과 소화에 기인한다. 중국 문화의 월남 전파는 북속 시기 즉 월남에 중국 국가의 군현(郡縣)이 설치된 때부터 본격적으로 개시됐다. 월남 사가(史家)들은 사섭(士燮)을 월남 문화의 시조로 보았으니, "우리나라가 시서(詩書)에 통하고 예악(禮樂)을 익혀 문헌(文獻)의 나라가 된 것은 사왕(士王)부터 시작됐다"[176]고 했다. 1075년에는 과거(科擧)를 실행해 과거를 거쳐

172. 劉玉珺, 『越南漢喃古籍的文獻學研究』, 北京, 中華書局, 2007, 337, 294쪽.

173. 王小盾·劉春銀·陳義 主編, 『越南漢喃文獻目錄提要』, 臺北, 中央研究院中國文哲研究所, 2002.

174. 劉玉珺, 「越南使臣與中越文學交流」, 142-143쪽.

175. 羅長山, 「越南陳朝使臣中國使程詩文選輯」, 『廣西教育學院學報』 1998-7, 206쪽.

탄생한 진사(進士)·거인(擧人)·수재(秀才) 등이 월남 한문학 창작과 전파의 중견 역량을 이루었고, 사신의 직은 왕왕 그중 뛰어난 자들이 담임했다. 반휘주(潘輝注)가 편찬한『과방표기(科榜標奇)』에 의하면, 진조(陳朝)·전여(前黎)·막(莫)·후여(後黎) 등 각 왕조의 과거 장원(壯元) 출신이 북사의 직을 맡았다.

여조의 과거는『대명회전(大明會典)』을 참조해 3년에 한 번씩 치렀고, 시법(試法)도 명제(明制)를 모방해 "제일장(第一場)은 사서론(四書論) 3제(題), 맹자(孟子) 4제, 중용(中庸) 1제로, 모두 8제인데, 사인(士人)이 스스로 그중 4제를 선택해 작문하되 오경(五經)을 빠뜨릴 수 없어 경마다 각 3제로 하고, 오직『춘추(春秋)』만 2제로 했다. 제이장은 시(詩)와 부(賦) 가운데 각 하나씩 선택했는데, 시는 당률(唐律)을 쓰고 부는 이백(李白)을 썼다. 제삼장은 조(詔)·제(制)·표(表) 가운데 각 하나씩 선택했다. 제사장은 책문(策問)인데, 그 책제(策題)는 경사동이(經史同異)의 뜻으로 했다."[177]

따라서 과거에 합격한 자는 경사(經史)에 능통할 뿐만 아니라 상당한 수준의 한문학 소양을 갖춰 시문의 창작에 능했다. 출사에서 문사(文辭)의 응대가 요구됐기 때문에 월남 사신은 왕왕 월남의 가장 우수한 학자 혹은 시인이었다. 예컨대 1760년(乾隆 25년)에 북사한 후여 부사 여귀돈(黎貴惇)은 '저작등신(著作等身)'이라 불렸으니, 9종의 역사 저작과 12종의 고적(古籍) 교석주석서(校釋注釋書), 2종의 비평서, 9종의 시문집, 2종의 시문총집, 10종의 자부전적(子部典籍)을 저술했다고 한다. 이처럼 중국에 파견된 사신은 월남에서 한문학 소양이 가장 높은 문화집단을 구성하고 있었다고 할 수 있다.[178]

월남에서 한시 문학의 전통은 깊고 넓었기 때문에 과거 출신의 연행사(燕行使)에게는 한시의 창작, 특히 창화(唱和)는 여행의 피로와 무료함을 씻게 해 주는 일상적 도락 즉 여사(餘事)로 즐겨졌다. 월남의 사신들은 북사의 긴 여로에서 서로 시문을 창화하면서 사행의 피로를 풀어 갔는데, 어떤 경우에는 다른 사

---

176. 吳士連 等,『大越史記全書』外紀 卷3.

177.『大越史記全書』本紀 卷13.

178. 劉玉珺,「越南使臣與中越文學交流」, 1-2쪽.

절단과 조우해 창화하기도 했다. 한 예로, 도공정(陶公正)은 후여조 사람으로 진사 방안(榜眼)에 급제하고 한림시서(翰林侍書)·이부우시랑(吏部右侍郎) 등을 역임했으며 1673년(康熙 12년, 陽德 2년) 부사로 청조에 출사했는데, 그의 『북사시집(北使詩集)』은 정사와 부사 3명과 중국 지방 관신(官紳) 등의 창화시 60여 수의 모음집으로, 귀국 후에 이 문집을 후여 희종(熙宗)에게 올려 어람(御覽)하게 했다. 『북사시집』에 실린 「추월시(秋月詩)」는 부사 도공정이 선창(先唱)하고 반송관(伴送官), 부사 무공도(武公道), 부사 무유해(武惟諧) 등이 화답(和答)했다. 「동송시(冬松詩)」는 도공정이 선창하고 정사 호사양(胡士揚)과 부사 무공도·무유해가 화답하고 도공정이 재화(再和)했으며, 염주성(廉州城) 유학(儒學)과 참군(參軍)이 화답했다.[179] 이로 보아 한시 수창(酬唱)은 연행 사신의 출행 과정에서 중요한 오락 활동이었음을 알 수 있다.

동일한 사절단의 구성원 사이에서 창화가 유행했을 뿐만 아니라 다른 사절단 성원과의 창화도 눈에 띈다. 한 예로, 1802년(嘉慶 7년) 완조 최초로 출사한 정회덕(鄭懷德)은 연행시집 『간재관광집(艮齋觀光集)』의 「동월(冬月)에 광동(廣東) 수로를 거쳐 광서성(廣西省)에 가서 청봉사(請封使)를 만나 함께 진경(進京)하는 도중에 오(吳)·황(黃) 양 부사와 입옹(笠翁) 삼십운(三十韻)을 차운(次韻)하여 읊다」라는 제목의 시에서, "남국이 수성(輸誠)하여 월동(粵東)으로 향해 가고, 서구(西甌)가 올라가서 북신궁(北辰宮)을 알현(謁見)한다.…"[180]고 읊었다. 이는 곧 북사의 같은 사절단 내 정사와 부사들끼리 창화했을 뿐만 아니라, 동시에 파견된 다른 사절단의 사자들과도 창화했음을 보여 준다.

월남에서 북사를 파견할 때는 동료 관원들이 전별(餞別)하면서 전별시를 짓는 관행이 있었는데, 이들 전별시에는 북사의 사명이 반복해서 표현됐다. 한 예로, 범세충(范世忠)은 1838년(道光 18년, 明命 19년)에 북사하고 귀국한 뒤 『사청문록(使淸文錄)』을 지어 월남 군주에게 올렸는데, 「본국관원전하이하(本國官員餞

179. 『集成』 1冊, 216쪽.

180. 『集成』 8冊, 277-278쪽.

賀以下)」에서 다음과 같이 말했다. "우리 황상(皇上)께서 임정(臨政)한 지 만만년 중 18년째인데, 청사(淸使)로 선임된 자가 여섯이었다. 갑과(甲科)가 그중 셋을 차지하니…장정(長亭)의 조전(祖餞)에서 동조(同朝) 사대부들이 모두 이를 영광이라 한다. 어렸을 때는 배우고 다 커서는 벼슬한다. 또한 대군(大君)의 명을 받들어 상국(上國) 가는 사신이 되어 뗏목 띄워 우두(牛斗)를 방문하고, 깃 떨치고 날개 쳐서 산천의 명승을 찾아올라 우주의 대□(大□)를 다하는 일이라면 기쁘게 힘쓸 만하다. 사방에 출사하여 군명(君命)을 욕되게 하지 않으면 이를 사(士)라고 할 수 있다. 우리 월남은 문명국(文明國)이다.…" 이부서낭중(吏部署郎中) 완문리(阮文理) 등 동료들이 쓴 전별시에서는 "문헌(文獻)이 천 년 동안 해국(海國)에 전해지고, 의관(衣冠)이 삼 년마다 명당(明堂)에 모인다", "예로부터 우리나라 문헌이라 칭했는데, 사화(使華)하는 지금도 고주(古州)에 속한다", "관면(冠冕)하는 우리나라 문헌국이라, 전분(典墳) 구학(舊學)이 노추(魯鄒)를 존숭한다"고 했으며, 「북제(北帝)가 안남(安南) 풍경이 어떠한지 물으신다면」이란 시에서는 "안남의 풍경은 중화(中華)와 다르지만…그래도 서로 같은 점이 있다 하소, 예악과 문장이 일가를 이루었으니"라고도 했다.[181]

배궤(裵樻)도 1848년(道光 28년, 紹治 8년) 정사로 중국에 출사했는데, 그의 연행록 『연행총재(燕行總載)』에 실린 「전별문(餞別文)」에는 "우리 대남(大南)은 문헌의 망국(望國)으로 평소에 북조(北朝)에 의해 존중됐다" 혹은 "우리 대남월(大南越)은 유서(儒書)의 명망(名望)이어서 그 사자는 중주(中州)에 의해 존중됐다"고 하면서, 이로 인해 "성조(聖朝)는 방전(邦典)에 신중하여 행개(行介)를 묘선(妙選)했으니, 개국 이후 지금까지 수십 년 동안 부끄러움이 전혀 없었다"고 자부했다.[182] 이를 보아, 월남인들은 자국이 '문헌국(文獻國)' 혹은 '문명국'이라는 자의식이 매우 강했고, 역대 북사들은 월남이 '문헌국' 혹은 '문명국'임을 중국인이 알 수 있도록 해야 한다는 사명감에 충만해 있었음을 알 수 있다.

---

181. 『集成』 14冊, 63-145쪽.

182. 『集成』 14冊, 63; 15冊 235-246쪽.

중·월의 종번 관계는 송 초부터 시작됐지만 송대의 사교시(使交詩) 문집은 발견되지 않고, 『송사(宋史)』 교지전(交趾傳)에 이도(李度)가 월남에 사신으로 다녀와서 편찬한 사교집(使交集) 『봉사남유집(奉使南游集)』이 있었다는 기록은 있다. 원·명·청 3대에 편찬된 사교집으로는, 장립도(張立道)의 『안남록(安南錄)』, 이극충(李克忠)의 『이안남서(移安南書)』, 서명선(徐明善)의 『안남기행(安南紀行)』, 진부(陳孚)의 『교주고(交州稿)』, 소태등(蕭泰登)의 『사교록(使交錄)』, 문구(文矩)의 『안남행기(安南行紀)』, 지희선(智熙善)의 『월남행고(越南行稿)』, 부여려(傅與礪)의 『남정고(南征稿)』(이상 元代), 장이녕(張以寧)의 『안남기행집(安南紀行集)』, 왕렴(王廉)의 『남정록(南征錄)』, 임필(林弼)의 『사안남집(使安南集)』, 오백종(吳伯宗)의 『사교집(使交集)』, 임형태(任亨泰)의 『사교고(使交稿)』, 황복(黃福)의 『봉사안남수정일기(奉使安南水程日記)』, 황간(黃諫)의 『사남고(使南稿)』, 전부(錢溥)의 『사교록(使交錄)』, 여헌(呂獻)의 『사교고(使交稿)』, 장홍지(張弘至)의 『사교록(使交錄)』, 노탁(魯鐸)의 『사교고(使交稿)』, 손승은(孫承恩)의 『사교기행(使交紀行)』, 서부원(徐孚遠)의 『교행적고(交行摘稿)』(이상 明代), 오광(吳光)의 『봉사안남일기(奉使安南日記)』, 이선근(李仙根)의 『안남사사기요(安南使事紀要)』와 『안남잡기(安南雜記)』, 양조걸(楊兆傑)의 『일남기사(日南記事)』, 주찬(周燦)의 『사교기사(使交紀事)』와 『사교음(使交吟)』, 등정(鄧廷)의 『황화시초(皇華詩草)』, 개향(丐香)의 『월남죽지사(越南竹枝詞)』, 보청(寶清)의 『월남기략(越南紀略)』 등 모두 30종이 있다. 이들 사교집은 내용 불상의 2종을 제외하면, 13종은 비교적 역사성이 풍부한 사행록이고, 15종은 문학성이 풍부한 시문집이다. 이처럼 중국의 사절 문헌은 대체로 역사성과 문학성을 함께 갖추고 있어 문학성이 보다 풍부한 월남의 북사 문헌과는 비교된다. 한편 조선인이 편찬한 연행록(燕行錄)은 지금 440종이 남아 있고, 그중 독립성이 있고 작가가 확인되는 것은 418종으로, 주로 역사성이 풍부한 기사(記事) 산문으로 구성되어 있다.[183] 이는 한국, 월남, 중국 등 삼국의 사행문학(使行文學)이 각각 상이한 역사적 배경과 조건하에서 발전했음을 보여 준다고 할 수 있다.

---

183. 劉玉珺, 「中國使節文集考述-越南篇」, 『首都師範大學學報』 2007-3, 29-35쪽.

3. 북사와 중국 반송관의 한시 창화

월남인의 북사는 도로가 요원했기 때문에 매 역참(驛站)마다 중국 관원이 접대했고, 이로 인해 자연히 많은 중·월 문인이 서로 만나 교제하는 기회가 만들어졌다. 같은 문화적 배경하에서 한시 창화는 양국 문인이 교제하는 가장 중요한 방식이 됐다. 북사와 중국 사대부(士大夫)의 한시 창화는 긴 여로에서 자연스럽게 이뤄졌다.

그 한 예를 들면, 1868년(同治 7년, 嗣德 21년)에 완사한(阮思僩)이 홍려시소경(鴻臚寺少卿)으로 여청사 갑부사에 충원됐는데, 이들 일행이 귀국길에 보정(保定)을 경유하며 직례총독서(直隸總督署)에서 증국번(曾國藩)을 만나고 무한(武漢)에서는 호광총독(湖廣總督) 이홍장(李鴻章)을 만났으며, 호남성 장사(長沙)에서는 호남순무(湖南巡撫)와 포정사(布政使)를 만나면서, 그 부속 주부(州府)의 관원과 사대부들이 만나서 한시를 창화할 기회를 자주 가졌다. 그때 호남 사대부들이 장사에 있는 소가(蘇家) 고택 '완원(宛園)' 모임에 참가해 함께 노닐다가, 월남의 사자가 왔다는 소식을 듣고 여러 사람이 각각 일률(一律)씩 부시(賦詩)했다. 이때 장자목(張自牧)이란 사인이 시를 지어 자주(自注)하기를 "가경(嘉慶) 시에 선군자(先君子. 張學尹)께서 대만에서 관리(臺灣同知)로 재직할 때 부시하여 유구(琉球)의 오군(吳君)에게 증송(贈送)했다. 40년 뒤에 아들을 따라 경사(京師)에서 고려(高麗)의 김군(金君)을 만났을 때도, 전시(前詩)를 부채에 써서 해동(海東)에 유전(流傳)되게 했다"고 하여, 부자가 청조와 대만, 유구, 조선, 월남 등 '동문' 각국과 교왕했음을 과시한 적도 있다. 『연초시문집(燕軺詩文集)』에서 완사한은 "배를 타고 장사에 이르니, 상사(湘士)들이 매일 배에 와서 혹은 시장영련(詩章楹聯)을 투증(投贈)하고 혹은 시문집을 기증했으며, 혹은 제선(題扇)을 구하고 혹은 여로에서 근래에 지은 작품을 보고 싶어 하니, 4~5일간 응접하느라 시간이 없었다"고 술회하기도 했다.[184]

---

184. 『集成』 19冊, 271쪽; 張京華, 「三'夷'相會-以越南漢文燕行文獻爲中心」, 『外國文學評論』 2012-1, 22-26쪽.

이처럼 월남의 사자가 북행하는 연도에는 주변의 사대부와 시객들이 월남 사자들에게 구시(求詩)하거나 증시(贈詩)하는 경우가 허다해서, 한시에 일가를 이룬 월남의 사자들은 자국이 문헌국임을 과시하고 자신의 문학적 역량을 드러낼 기회를 빈번하게 갖게 됐다. 몇 가지 사례를 더 소개하면 다음과 같다.

완공항(阮公沆)은 후여 사람으로 진사에 급제해 병부좌시랑(兵部左侍郎)을 지내다가, 1718년(康熙 57년) 청조에 출사했다. 그의 『왕북사시(往北使詩)』에는 50여 수의 시가 실렸는데, 중국 사대부들의 구시(求詩)가 흥미롭다. 이 시집에 수록된 시들의 시제(詩題)를 보면, 「창오현(蒼梧縣)을 지날 때 정당(正堂)인 유홍도(劉洪度) 천총(千摠)이 구시하여 시 한 수를 증송했다」, 「영주현(靈州縣)에 다다랐을 때 현공(縣公)이 오언시(五言詩)를 짓고 시고(詩稿)를 청동(青童)을 시켜 가져와서 보여 주며 원운(原韻)을 차운해 달라고 요청했다」, 「양점(陽店)에서 묵었는데, 한 동자(童子)가 권전(卷前)에 오운(五韻)을 쓴 『맹자』서 한 본을 가지고 와서 스승의 명을 받들어 구시한다고 말했다」, 「기양현공(祁陽縣公)이 배에 와서 구시하여 증시한다」고 했으니, 중국 사대부의 구시가 얼마나 성행했는가 알 수가 있다.

또한 「절강(浙江) 거인(擧人)이 시를 지어 "의관(衣冠)의 다름을 말할 수 없고, 문물(文物)의 같음을 알 수가 있다"고 하니, 완사공이 전운(前韻)에 대해 "북남(北南)의 봉역(封域)은 달라도, 신심(身心)의 학문은 같다"고 화답했다」거나, 「천조흠차관(天朝欽差官) 영(寧)이 완사공과 선상에 앉아 (蘇東坡의 月亭詩韻을 써서) 서로 창화했다」, 「북국인(北國人)이 남사(南使)의 회국(回國)을 축하하는 시 한 수」 등[185] 같은 시제를 보아도, '북국인(北國人)'과 '남국사(南國使)'가 서로 대등한 입장에서 같은 문물과 의관을 공유하는 '동문' 의식을 가지고 서로 '창화(唱和)'를 즐겼음을 알 수 있다.

또한 완조(阮朝)의 관원으로 학문과 시문에 뛰어난 정회덕(鄭懷德)이 1802년(嘉慶 7년)에 완조 최초로 출사하고 연행시집 『간재관광집(艮齋觀光集)』을 남겼

185. 『集成』 2冊, 3-4쪽.

는데, 정씨와 청인이 교환한 시가 적지 않게 포함된 이 시집에는 이역 사자에 대한 청인의 호기심이 잘 표현되어 있다. 예컨대 「확산야발(確山夜發)」이란 시에서는 당지 주민들이 야밤에 "거리에서 사자를 보려고 다투었다"고 하고, 「제오하이미인도(題梧下二美人圖)」라는 시에는 "사부(使部)가 이르는 곳마다 사부(士夫)가 다투어 고화(古畫)와 호선(好扇)에 제영(題詠)하거나 혹은 지축(紙軸)에 그 연대(聯對)를 써 달라고 청구하고, 각각 완상하고 윤필(潤筆)해 준 데 대한 감사의 뜻으로 예물을 보내 월남국사(越南國使)의 성명을 낙관(落款)하여 희귀한 만남을 기록해 두려 했다"는 주기(注記)가 있다.[186]

이러한 중국 사대부들의 적극적 '구시(求詩)'와 '색시(索詩)'에 대해 대부분의 월남 북사들은 화답을 피하지 않았다. 예컨대 완종요(阮宗窐)는 후여 사람으로 진사 제이갑(第二甲) 제삼명(第三名)으로 급제해 형부좌시랑을 역임하고, 1742년(乾隆 7년, 景興 3년)과 1744년에 부사와 정사로 두 번 중국에 다녀왔는데, 연행시집인 『사정시집(使程詩集)』 정문 뒤에 부록된 「부증답제률(附贈答諸律)」은 모두 중국 각지의 관신(官紳) 사인과 창화한 작품으로 구성됐다. 한 예로, 그가 「장사 성내에 도착하니, 거사(居士) 왕윤(王允)이 서찰을 보내 맞이하며 시고(詩藁)를 보게 해 달라고 요청하고, 그의 시 세 수를 녹정(錄呈)하여 청교(請教)하넌서」, "남월(南越)의 봉강(封疆)이 스스로 일가를 이루었고, 시서(詩書)가 사군(使君)의 수레를 빛나게 한다.…남교(南交)의 번술(藩術)이 도당(陶唐)을 뒤따르고, 상군(象郡)의 유봉(遺封)이 왕(王) 누리기에 적합하다.…"고 읊자, 완종요는 「즉석에서 화답하여」, "연못물이 이하(珥河)에 쌓임은 땅을 따라 이뤄지고, 지경(地境)이 동주(銅柱)로 나눠짐은 하늘과 함께 장구하다. 이주(二周)의 문헌은 군재(群才) 가운데서 두드러지고, 양한(兩漢)의 위의(威儀)는 백대(百代) 가운데서 드러난다.…"고 갱수(賡酬)했다. 그 뒤로도 완종요와 왕윤의 창화는 네다섯 번 계속 이어졌으며, 완종요에 대한 구시는 왕윤에 그치지 않았다. 「맹하(孟夏) 중에 한주(澣舟)가 호북성성(湖北省城)에 정박하니, 강하현령(江夏縣令) 진균(陳鈞)이 시고(詩藁)를

186. 『集成』 8冊, 282-335쪽.

보게 해 달라고 구하면서 시 한 폭(幅)을 증송했다」고 하고, 「이부정당(伊府正堂) 왕운상(王雲翔)은 계축과(癸丑科) 진사인데 시고를 보고 싶다고 하며 시 한 폭을 증송했다」, 「강남에 도착해서 금방규홍점(錦坊奎興店)의 시객(詩客) 친구가 와서 시고를 보고 싶다고 했음을 듣고…화답했다」고 한다.[187]

반휘주(潘輝注)의 『화정속음(華程續吟)』은 1831년(道光 11년, 明命 12년)에 제2차로 북사했을 때의 시집이다. 이 책에는 은제창(銀際昌) 등 중국에서 글로 사귄 우인들과의 창화시가 다수 실려 있어, 월남 사신과 중국 사대부들이 시문 창화를 통해 우의를 나눈 또 다른 사례를 보여 준다. 이 시집에 실린 시제에 의하면, 「유주(柳州) 무재(茂材) 은제창이 나를 만나 시초(詩草)를 보게 해 달라고 청하고 그 두 작품을 가지고 돌아갔다. 다음날 따로 시전(詩箋)을 가지고 배에 와서 투증(投贈)하며 걸화(乞和)해서, 즉석에서 다음과 같이 화답했다」고 한다. "관새(關塞)에 다시 온 것이 오년 만인데, 청산과 녹수의 홍에 절로 춤춘다. 천애(天涯)에서 다시 지기를 기쁘게 만나, 강상(江上)의 시성(詩聲)이 강변에 다다른다." 그 뒤에 「무재 은제창이 그 친구 공일정(龔一貞)과 장대렬(蔣大烈)을 데리고 함께 와서 내게 사정(使程) 이집(二集)을 직접 봐 달라고 청하고 아울러 절구(絶句)를 써서 차례로 보여 주어서 즉석에서 써서 답했다」 하고, 「은(銀)과 공(龔), 장(蔣) 등 삼생(三生)이 각각 시전을 가지고 송행(送行)했다」고 하며, 「신원(紳員)이 사장(四章)을 송행했는데, 계림(桂林)의 무재 삼원(三員) 가운데 공일정이 칠언장편(七言長篇) 한 장(章), 은제창이 오언배율(五言排律) 한 수(首), 장대렬이 칠언율(七言律) 한 수를 지었다」고 한다.

다음은 공일정의 칠언장편이다. "우리 황제 도덕(道德) 있어 왕업이 번창하고, 남면(南面)하여 단공(端拱)하며 의상(衣裳)을 드리웠다.…남국(南國)의 시인인 연세 높은 반악(潘岳)께서, 필세 왕성한 대필(大筆)로 삼당(三唐)을 뒤따른다. 지난해에 봉사(奉使)하여 천자를 조하(朝賀)할 때, 우리 친구(銀衍堂) 뒤따라서 요장(瑤章)을 볼 수 있었다. 이때 차운하여 함께 속화(屬和)했더니, 지금까지 잠 못 들

187. 『集成』 2冊, 346-378쪽.

고 아직도 못 잊는다. 갑자기 꽃 날리며 상국(上國)을 떠난다 하니, 이강(漓江)의 문 밖에서 귀국선을 멈춰 세운다.…문자로 맺은 인연이 뜻하지 않게 이뤄졌으니, 그대와의 이번 만남은 심상한 일이 아니었다.…(潘梅峯 副使가 故國으로 榮歸하여, 長歌 一篇을 지어 송별한다. 桂林의 龔一貞 初草)."[188]

을부사 반휘주와 함께 1831년에 북사한 갑부사 장호합(張好合)도 청조의 조야와 빈번하게 접촉하며 적지 않은 창화시를 『몽매정시초(夢梅亭詩草)』에 남겼다. 예컨대 「기주(蘄州) 우름생(優廩生) 장련벽(張聯璧)을 유별(留別)하며 원운(原韻)에 화답한다」는 시의 자주(自注)에 의하면, "내 초거(軺車)가 한양현(漢陽縣)으로 돌아가니, 그때 기주 장련벽이 언제나 와서 본집(本集)을 평열(評閱)했다. 그때 그가 떨어지기 아쉬워하는 마음이 있어 시를 가지고 와서 환송했다"고 한다. 그는 "형(兄)은 남에서 제(弟)는 북에서 천애(天涯)를 함께하니, 갈림길에서 보내기 어렵지만 일로(一路) 평안하시기를…"이라는 「우름생 장련벽의 원운을 부록(附錄)함」이란 시를 소개했다. 또한 「한양 거인(擧人) 황장정(黃章廷)의 원운에 화답한다」는 시에서 "내가 한양에 다다랐을 때 황장정이 갑자기 와서 내 연음(連音)을 색구(索求)하여 내가 감히 반롱(班弄)하기에는 재주가 없다고 사양했지만, 그가 수긍하지 않고 자리 앞에서 선창했기에, 나는 부득이 즉시 전운(前韻)에 의거하여 회답했다"고 스스로 주를 기록하면서, "북과 남의 문치(文治)가 모두 서로 같으니, 내 재명(才名)의 반은 역시 허명(虛名)이라 웃는다.…"고 화답했다. 그는 「광서(廣西) 계림 무재 공일정 무전(茂田)과 헤어지며」란 시의 주기(注記)에서 "내 배가 계림성(桂林省)으로 돌아왔다. 그때 공일정이 은제창·장대렬과 배에 와서 본집을 평열하고 또 헤어지기 아쉬워하는 마음이 있어 출행에 임박해 내가 시로써 이별했다"고 하여, 월남 사절단의 갑·을 부사가 모두 동일한 인사들과 창화했음을 알려 주었다.[189]

이문복(李文馥)의 『주원잡영초(周原雜詠草)』는 1841년(道光 21년, 紹治 원년)에

188. 『集成』 12冊, 29-30, 110-112쪽.

189. 『集成』 12冊, 119-205쪽.

예부우참지(禮部右參知)로 정사가 돼 북사하면서 쓴 시집으로, 중국 사신(士紳)과 왕래한 창화시가 수록되어 있다. 특히 계림의 이도(李塗)·이필(李泌)·이창(李倉) 형제의 원창과 이문복의 차운이 수록되어 있다. 「이소예(李小藝) 형제에게 차운하여 수답(酬答)한다」는 시의 주기에서 "배가 계림에 정박한 어느 날 저녁에 이삼(李三) 청호(晴湖)와 6제(弟) 남서(南墅)가 함께 배에 와서 만났다. 나는 동성(同姓)이라 기뻐서 필묵(筆墨)으로 말을 했다. 마침 내가 근래에 지은 시들을 가지고 돌아갔다. 다음날 그 2형(兄) 소예가 와서 스스로 선가군(先家君)이 남긴 화축(畵軸) 하나와 선백부(先伯父) 송보부공(松甫部公)의 시집, 선가형(先家兄) 춘호부랑공(春湖部郎公)의 서첩(書帖) 각 하나를 보내고 각각 시를 증송했다. 나는 월해(粤海)에 이르러 성(城)의 왼쪽 변두리에 이시랑원(李侍郎園)이란 것이 있다는 사람들의 말을 듣고 그곳에 가서 완상했는데, 그 아들 곤중(昆仲)도 현관(顯官)이 됐다 하니 대개 월중(粤中)의 명문이다.…이에 서로 문자를 아니, 각각 원운을 차운하여 돌려보낸다"고 하면서, 「이이(李二) 소예에 차운 수답한다」(이름은 塗), 「이삼(李三) 청호 낭중(郎中)에 차운한다」(이름은 泌), 「이육(李六) 남서에 수답한다」(이름은 倉)는 화시(和詩)와 이들 3인의 원시(原詩)를 모두 기재했다. 「남서원증어(南墅元贈語)」에는 "인지(隣芝) 이 선생이 봉사하여 월(粤)을 지나며 알게 되어 평생에 매우 위로가 됐는데, 더구나 신시(新詩)를 보여 주어 이를 읽으니 깊이 감복하게 됐다.…"는 주기와 함께, "오래전부터 일남(日南) 변방에 문망(聞望) 있음을 들었는데, 상스러운 백치(白雉) 바친 일이 이미 옛날이었다. 동주(銅柱) 세운 만언(讕言)이 몰역(沒域)을 구획하고, 동문(同文)이라 응당 함께 요천(堯天)을 떠받든다. 먼 역(驛)에서 온 사람의 관상(冠裳)이 예스럽고, 종풍(宗風)을 이은 시는 금수(錦繡)같이 아름답다. 임랑(琳琅)을 기술하려 묘묵(妙墨)을 남겼으니(그때 부채를 가지고 와서 글을 써 달라고 요청했다), 설니홍과(雪泥鴻瓜. 눈 위에 난 기러기 발자국)는 아쉬워 연연하기에 충분하다"란 시구가 기재됐다.[190]

완사한(阮思僩)은 여로에서 중국의 사대부들과 시문 창화를 가장 많이 즐긴

190. 『集成』 14冊, 149-150-181쪽.

월남 사신 사운데 한 명이다. 1868년(同治 7년)에 갑부사로 출사한 완사한의 『연초필록(燕軺筆錄)』에 의하면, "배가 장사에 머물렀더니, 상사(湘士)들이 매일 배 안에 와서 혹은 시장영련(詩章楹聯)을 투증(投贈)하고 혹은 시문집을 선물하고, 혹은 부채에 글 써 주기를 청했으며, 도중에 쓴 근작(近作)을 보게 해 달라고 요구해서, 4~5일간 응접하느라 빈 시각이 없었다"[191]고 했다. 이때 중국 우인들과 나눈 증별시(贈別詩)들은 『연초시문집(燕軺詩文集)』 부록 「중주경요집(中州瓊瑤集)」에 수록됐는데, '경요(瓊瑤)'란 『시경(詩經)』 「위풍(衛風)」 목과(木瓜)의 "내게 목도(木桃) 던지면 경요로써 보답한다"는 시구에서 나온 말로, 중·월 양국의 우호를 희망하는 작자의 원망을 표현한 것이다.[192]

완사한은 「최정사(崔貞史)가 투증한 원운에 화답하면서 제선(題扇)함」이란 시의 주기에 최정사란 인물이 "제생(諸生)으로 종군하여 공이 있어 훈도(訓導) 후보가 됐다. 저서에는 『우여시권(禹輿詩卷)』 원본(原本)이 있는데 우공(禹貢)에 대한 고증이 상세하고 해박하다. 하루는 배에 와서 2권을 가지고 보여 주었다"고 하면서, 「호남 후선훈도(候選訓導) 최간(崔暕. 호 貞史, 자 啓晦)이 투증함」이란 제목의 시를 소개했다. "성조(聖朝)의 성교(聲敎)가 당우(唐虞)보다 뛰어나니, 만리 먼 곳에서 제항(梯航)하는 길 모두 멀고도 멀다. 일찍 익힌 문장이 외복(外服)에서 뛰어나니, 어찌 일찍이 기류(氣類)가 궁벽한 구석에 □했는가."[193]

완사한은 「상담(湘潭) 담여선(覃荔仙)에게 기증한다」는 시에서 담려선이란 시객과의 교분을 기록했는데, 담여선은 "이름이 부(傅)이고 상담인(湘潭人)으로 장사에 우거(寓居)했다. 나이는 70여 세로 지금까지 포의(布衣)로 지낸다. 유사(游士)에게 물었더니 그의 시문과 서화가 이미 오래전부터 해내(海內)에 널리 알려졌다고 한다." 「시옹(詩翁)이 늙음은 가고 깊은 정은 있어, 유초(遺草)를 잊지 않고 월선(粤船)을 지나간다」는 시의 주기에 의하면, "여선이 30년 전에 광동(廣東)을 여행하다가 이인지(李隣芝)의 아버지 문복(文馥)과 우연히 만났는데, 그

191. 『集成』 19冊, 270-271쪽.

192. 『集成』 20冊, 3-4쪽.

193. 『集成』 20冊, 78, 242쪽.

때의 시주(詩酒)가 더욱 아름다웠다. 이날 배에 올라 자기가 지은 『사조당시집(四照堂詩集)』을 가지고 와서 증여했다. 이야기가 소식을 묻는데 미쳐, 그 시가 이미 간행되지 않았는지 물었다.…여선은 언제나 자기가 만든 「문관해도(門觀海圖)」를 보여 주었다. 사주(使舟)가 출발하려 하자 칠률(七律) 한 장(章)을 지어서 송별해 주었다"고 한다.[194]

완사한은 「이정(李楨) 개생(介生)이 기증한 원운에 화답하면서 유매(幼梅)에게 보여 준다」는 시에서 "개생은 유매의 당숙이다. 생원 보주(保奏)를 통해 일찍이 현령(縣令)이 됐다가 정우(丁憂)로 귀가했다"고 설명하면서, 중국인의 입장에서 중·월의 역사적 관계를 간결하게 노래한 「개생 이정」 시를 다음과 같이 수록했다. "충주(冲主)가 사위(嗣位)한 초기에, 중원은 여전히 어지러웠다. 부녀(婦女) 가운데 요·순이 있어, 장수(將帥)에게 명하여 천토(天討)를 펴게 했다. 창오(蒼梧)에서 구월(甌越)까지, 차제에 연진(烟塵)이 청소됐다. 구중(九重)에서 따뜻한 조서 내려, 인택(仁澤)이 해도(海島)까지 미쳤다. 사신 보내 삼가 조공하니, 만리 길을 반복했다.…붓 흔들어 신시(新詩)를 지었는데, 눈에 가득 화조(華藻)가 찬란하다. 금을 덜어 이서(異書)를 구입하니, 장축(裝軸) 막대가 모두 상표(緗縹)다. 초목이 우거지듯 인문(人文)을 일으켜, 속국(屬國)이 작다고 말하지 않게 한다. 교주(交州)는 본래 내지(內地)였는데, 오계(五季. 五代)에 영표(嶺表)와 떨어졌다. 송대에 천록(天籙)을 받아, 이어진 성들이 조(趙)씨에게 돌아가지 못했다. 원·명에 다시 차례로 바뀌어서, 반복(叛服)을 두루 살필 수 있다. 아조(我朝)가 크게 일통(一統)하여, 봉뢰(封賚)하는 은혜가 크고도 넓다. 동주(銅柱)가 남쪽 구석에 우뚝 솟아, 홀로 일찍 문교(文敎) 입었다. 상국(上國)을 차례차례 지나가서, 풍아(風雅)가 두루두루 소개됐다. 고인(古人) 가운데는 교찰(僑札)이 있어, 이지(異地)에서 회포를 함께한다. 지금 나는 한거(閒居)를 부끄러워하고, 재명(才名)은 여전히 실망스럽다. 시를 던져 보장(報章)을 바라면서, 저호(紵縞)의 우정을 즐길까 한다."[195]

---

194. 『集成』 20冊, 155-156쪽.

195. 『集成』 20冊, 261-262쪽.

'상표'는 담황색과 담청색이란 뜻으로, 담황색 비단으로 만든 서질(書帙) 즉 서책을 이르는 말이다. '교찰'이란 춘추시대 정(鄭)의 공손교(公孫僑)와 오(吳)의 계찰(季札)을 이르는 말로, 절친한 벗끼리의 사귐을 뜻한다. '저호'는 모시옷과 흰 생사로 만든 띠라는 뜻으로, 친구 사이의 깊은 우정을 이르는 말이다. 모두 우정을 표현하는 시어로 자주 애용된다.

완사한이 복수의 시객과 동시에 시문을 창화하는 경우도 있었다. 「평강(平江)의 이원도(李元度) 차청(次青)」은 "백치(白雉)는 월상(越裳)의 공납을 더욱 수고롭게 하고, 주애(珠崖)의 동주(銅柱)는 제항(梯航) 위해 힘을 쓴다.…"는 창화시를 지었는데, 이 시에는 다음과 같은 서문이 첨부되어 있다. "동치 기사년(己巳年) 7월 20일에 장역신(張力臣)·황자수(黃子壽) 두 방백(方伯), 익오(益梧) 태사(太史), 양봉해(楊蓬海)·진계생(陳薊生) 두 사마(司馬) 등과 함께 운록선생(雲麓先生) 사자를 방문하고 반나절 청담(清淡)하며 가편(佳篇)을 즐겁게 읊다가 마침내 칠언 2장을 만들어 질정(叱正)을 기대한다."

또한 「장사의 황유(黃瑜) 자수(子壽)」도 "사해(四海)에 성교(聲教)가 이르니 사문(斯文)이 사신에게 이어졌다.…"는 창화시를 짓고, 작시의 경과를 다음과 같이 설명했다. "완운록(阮雲麓) 선생은 월남의 대홍려(大鴻臚)다. 그 시가 그 나라에서 울렸다. 동치 무진년(戊辰年)에 신경(神京)에 입공하는 길에 장사에 나섰다. 그때 일이 있어 찾아뵐 수 없었다. 기사년 가을에 이차청·장역신 두 방백과 왕일오(王逸梧) 태원사(太原史), 양붕해(楊鵬海) 사마, 진계생 제거(提擧) 등과 함께 벽랑호(碧浪湖)를 유람하다가 사초(使軺)가 이르렀다는 소식을 듣고 호상(湖上)으로 나아가 지름길로 달려가서 일률(一律)을 받들고 단선(團扇)에 글을 써서 이 감사의 수답(酬答)을 짓는다."[196]

이 외에도 완사한은 「팽어해(彭漁陔. 이름 錫昌)와 서죽허(徐竹虛. 이름 文炳)가 선두매려합려도(扇頭梅荔合荔圖)를 그리고 또 연구(聯句) 한 절(絶)을 지었으며, 유매(幼梅)가 한 절을 이어 짓고, 그다음에 진좌경(陳左卿)이 서관(書款)한 뒤에 유매

196. 『集成』 20冊, 281-283쪽.

가 화시를 요청해, 마침내 즉석에서 화시를 지어 유매에게 부탁해서 이를 쓰게 했다」고 한다. 그는 「상음(湘陰)의 학생(學生) 이보요(李輔燿)는 자(字)가 유매인데 두 수를 정증(呈贈)하여」라는 시를 지어, "박해(薄海. 즉 四海)가 동문(同文)으로 성대(聖代)를 기뻐한다"고 노래했다. "전해주(田海籌) 장군의 막객(幕客)"인 「제안(齊安) 유영민(劉詠民)이 투증한 원운 세 수에 화답하여」에서는 "동문은 원래 예전부터였고, 지절(指節. 즉 使行)도 지금에야 시작된 것은 아니다"라고 읊기도 했다.[197]

또한 완사한은 청조의 여러 관원들과도 시문을 교환했다. 「호남(湖南) 선화지현(善化知縣) 마유서(麻維緖)가 『절루우집(節樓寓集)』을 보여 주며」, "동주(銅柱) 있는 부상(扶桑)이 만 리나 멀리 있고, 험한 바람 바다 알아 중흥(中興)을 조하(朝賀)한다. 스물 해 만에 다시 보는 의관이 예스럽고, 팔좌(八座) 가마로 귀인 모시니 절월(節鉞)이 드높다. 성세(聖世)에 회유하여 성교가 멀리 미치니, 해방(海邦)이 모여들어 사신이 수고롭다.…"라고 '공기(恭紀)'했고, 「을축년(乙丑年) 회시(會試)에서 장원(壯元)한 병부주수(兵部主守) 요학년(廖鶴年)」은 "주애(朱厓)는 남으로 가서 연비(鳶飛)와 접하고, 멀리 금조(今朝)에 출사하여 배사(拜謝)하고 돌아간다. 삼군(三郡)의 시서(詩書)는 초(楚)·월(越)과 통하고, 오조(五朝)의 관대(冠帶)는 모미국(擧微國)과 같지 않다.…"고 했으며, 「호남 단송(短送) 여세전(呂世田)」은 "수성(輸誠)하여 기꺼이 천자께 입조하니, 반상(頒賞)이 외신(外臣)에 미쳤음이 자주 들린다.…"는 시를 '투증'했다고 한다.[198]

범희량(范熙亮)의 『북명추우우록(北溟雛羽偶錄)』은 1870년(同治 9년, 嗣德 23년) 갑부사로 북사했을 때 지은 연행시집으로, 왕복 도중에 중국의 수많은 사대부들과 교제하면서 수화(酬和)한 시들을 수록했는데, 그와 창화한 수많은 중국 문사들 이름이 시제(詩題)로 기록되고 주기로 설명돼 있다. 예컨대, 「영명(甯明) 여숭산(黎崧山) 효렴(孝廉)」은 "이름이 신(申)으로…사람됨이 역시 문아(文雅)하여

197. 『集成』 20冊, 94, 242쪽.

198. 『集成』 20冊, 245-260쪽.

전사부(前使部)의 제군(諸君)이 모두 그와 왕래했는데, 사주(使舟)에 와서 서로 필담하고 이로 인해 시를 던져 의운(依韻)해서 수답했다"고 한다. 「손시초(孫詩樵)」는 "이름이 운(檼)으로 연중인(燕中人)이다. 창오현의 윤손림(尹孫霖)이 담생공자(潭生公子)라 불렀다. 시전(詩箋)과 접화음관시초(蜨花吟館詩鈔)를 선물하고 이어서 또 그가 지은 시화(詩話)를 가지고 배에 와서 필담하며 준제암(準提庵)을 유람하자고 약속했지만 그렇게 하지 못했다." 「장연산(張燕山)」은 "절강인(浙江人)으로 이름이 언(彥)이다.…배에 와서 필화(筆話)했다. 빙정사(氷井寺) 화원을 유람하자는 말을 가지고 왔는데, 이를 끝내 실행하지 못했다. 배로 옮긴 날 매괴화(玫瑰花) 가지를 가지고 증별하니, 이에 시를 지어 답했다." 「영릉지현(零陵知縣) 혜유경(嵇有慶)」은 "무석인(無錫人)으로, 배에 와서 필담한 뒤에 돌아가서 서(書)와 시를 보내왔기에 즉시 원운을 차운했다." 「이보요(李輔燿) 공자(公子)」는 "상담인(湘潭人)으로 자는 유매(幼梅)다. 이궁보(李宮保) 성완(星浣)의 손자다. 사주(使舟)가 장사에 도착하니 매일 따라왔다. 어느 날 저녁에는 두 번이나 내방하여 증시하니, 차운하여 수답했다."[199]

북사가 중국 사대부와 나눈 한시 창화는 주로 개인적·즉흥적으로 진행됐지만 왕왕 집단적·조직적으로 전개된 경우도 있었다. 그 대표적인 경우가 이문복(李文馥)이 주강(珠江) 군영회(群英會)와 누선회(樓船會)에 참여해 여러 문인과 시문을 창화한 것이다. 1832년(道光 12년, 明命 13년)에 중국 광동 수사(水師)의 전선(戰船) 한 척이 순라하다가 풍랑을 만나 월남 해안에 정박한 사건이 발생했는데, 그다음 해에 안남국(安南國) 군주 성조(聖祖)가 이문복 등을 파견해서 배 위의 관병들을 해로로 광동까지 호송하게 했다. 이문복은 이때 반년 동안 중국 경내에 체류하면서 호문(虎門)의 문인집단에 적극 녹아 들어가서 무간(繆艮), 양옥서(梁玉書), 유묵지(劉墨池), 양천(梁釧) 등과 교제했다. 이문복의 『월행음초(粵行吟草)』는 『이극재월행시(李克齋粵行詩)』의 일부로, 이 시집 안에는 출유(出遊), 축수(祝壽), 정절(旌節), 심지어 납첩(納妾) 등 일을 주제로 지은 시가 많이 있어, 그들과의 교

199. 『集成』 21冊, 3-42쪽.

제가 밀접했음을 보여 주었다. 그와 당지 사인의 교제는 주로 한시 창화의 방식으로 진행됐다.[200]

이문복은 「주강주회(珠江舟會)에 관해 유묵지 군과 무연선(繆蓮仙. 이름은 艮이고 字는 兼山으로 杭州 錢塘人이다)에게 증정함」이란 글에서 "기영회(耆英會)란 옛일을 새롭게 한 이가 누구인가. 월동(粵東)의 유묵지(劉墨池) 군이다. 항주(杭州)의 명숙(名宿)으로 연선(蓮仙)이 있다. 무연선(선생)이 지은 문장과 유희집(遊戲集)은 대략 보아도 그 재품(才品)이 뛰어나다. 내가 일찍이 그를 사모하여 한번 보기를 원하니, 유군이 흔쾌히 말하기를 '무 선생은 지금 무헌(撫憲)의 막빈(幕賓)이다. 소개하고 싶다'고 했다. 이에 배를 빌려 자리를 마련해서 '중외기영회(中外耆英會)'라 이름하고, 나와 동사(同事)한 사이좋은 군자들을 초청했다. 모두 이르니 무연선 선생과 두셋 문사가 모두 와 있다. 좌중에서 오직 무 선생만 나이가 68세다.…"라고 하고, 「주강군영회(珠江群英會)에 관해 무연선에게 수정(手訂)하여 써 준 책후(册後)」라는 글에서는 "강역은 비록 나뉘어져 있어도 천지의 정기(正氣)를 같이 얻었으니 동류(同類)로써 동류를 모은 것이 어찌 이상하겠는가. 의복은 비록 달라도 추로(鄒魯)의 한 맥(脈)을 같이했으니, 문자로써 문자를 모은 것이 어찌 이상하겠는가.…"라면서, 중국 사대부와의 동류·동문 의식을 여과 없이 드러냈다. 이문복은 특히 무간(繆艮)과의 교분을 각별히 중시해 여러 차례 한시를 창화하면서 문자연(文字緣)을 강조했다. 한 예로 그는 「무연선과 유별(留別)하며」 "문자의 인연으로 교계(交契)를 이루었고, 천애에 종적 남겨 비린(比隣)을 만들었다. 이십사 년 동안 노닐던 막객(幕客), 수천여 리 떨어진 곳에서 사인(槎人)을 만났다.…"고 했고, 「연선도 화시를 지어」 "결교(結交)함에 왜 꼭 강역을 나누는가, 방국(邦國)은 비록 달라도 덕(德)에는 이웃이 있다. 만 리 동쪽으로 천상(天上)의 사신 됐다가, 일조(一朝)에서 함께 지어 중인(中人)을 만났다. 문자의 인연을 모르는가, 사장(詞章)의 잦은 창화를 싫증내지 않는다. 우리 너무 늦게 만난 것이 안타깝지만, 지란(芝蘭)의 취미(臭味)가 마음 깊이 불어

---

200. 『集成』 13冊, 3-4쪽.

온다"고 수답했다.[201]

한편 이문복, 황문형(黃文炯), 여문겸(黎文謙), 완문장(阮文章) 등과 함께 출사한 여백사(汝伯仕)도 『월행잡초편집(粵行雜草編輯)』에서 중국 사대부와의 교유·내왕의 수많은 정황과 세절(細節), 예컨대 당시 양광총독(兩廣總督) 노곤(盧坤)과 광동순무(廣東巡撫) 주계정(朱桂楨) 등과의 교왕, 무간·진춘산(陳春山)·유문란(劉文瀾) 등과의 한시 창화와 교류 등을 기록했다. 특히 그가 도광 13년(1833년) 7월 7일에 쓴 「중외군영회기(中外群英會記)」는 여백사·이문복·황문형·여문겸·완문장 등 일행과 중국 문인 유문란·무가(繆家) 등이 가진 주강 모임의 장면을 기술해, 월남사신이 매우 높은 한문화 수양을 갖추고 중국 문인과 심후한 우정과 광범한 문학 교류를 나누었음을 보여 준다.[202]

여백사의 「중외군영회기」에서도 이 모임의 경과와 성격을 상세하게 설명하고 있다. "우리 관선(官船)이 월(粵, 越)에 온 7월 5일, 유묵지 군이 주강 해주사(海珠寺)의 동쪽에 배를 정박하고 술과 안주를 깨끗하게 준비해 무연선 선생과 우리나라 여수맹(黎受孟) 군, 완환호(阮煥乎) 군, 이인지(李隣芝) 군, 황건재(黃健齋) 군 등을 초청해서 모두 나와 함께 자리에 가서 회동했다. 연선이 이에 시를 지어 보여 주니, 모두 전일에 나와 인지·건재가 묵지에게 증정한 운을 썼다. 나와 동인(同人)이 즉석에서 화답하여 4~5수가 있게 됐다. 연 선인(仙人)은 늙었으나 신□(神□)하여 수답이 물 흐르는 듯해서, 붓을 내릴 때마다 곧 일휘(一揮)에 다 마쳤다. 묵지는 아들 백양(伯陽)과 함께 양남명(梁南溟)을 서빈(西賓)으로 모시면서, 합석해 권수(勸酬)함에 웃었다 말했다 하면서 한 잔 마시고 한 수 읊었다.…"[203] '서빈'이란 동쪽을 향해 서쪽 자리에 앉는 손이란 뜻으로, 스승을 이르는 말이다.

그리고 무간은 「유백양(劉伯陽)이 그린 중외군영회도(中外群英會圖)에 제(題)하여」란 시를 지어 이 모임에 대한 소회를 다음과 같이 토로했다. "청대에 원인

201. 『集成』 21冊, 32-100쪽.

202. 『集成』 13冊, 105쪽.

203. 『集成』 13冊, 149쪽.

(遠人)을 회유해, 천하가 하나로 통합됐다. 산 넘고 바다를 건너와서, 의관(衣冠)이 만국을 모았다. 옛날의 월상(越裳)만을 생각한다면, 동문(同文)으로 교화된 지 이미 오래됐다. 거대한 배가 장풍(長風)을 타고, 뜨거운 교주(交州)에서 거듭 발섭(跋涉)했다. 나의 친구 유묵지는, 중외(中外)에서 교접(交接)하기를 즐긴다. 고회(高會) 열어 군영(群英)을 모으고, 화방(畫舫)에서 환연(賓筵)을 벌였다. 일남(日南)에서 대부(大夫)를 청하니, 처음 만나 서로 공읍(拱揖)했다. 한 배 안에 둘러앉아, 아전이 지필(紙筆) 주기를 기다린다. 서로 마주 담박하게 말을 잊고, 붓 휘둘러 혀 놀림을 대신한다. 술 마시며 시를 지으니, 정의(情意)가 서로 닿은 듯하다. 노쇠한 나의 재주 이미 거칠어졌지만, 잘못을 저질러도 따뜻한 우정의 시선이와 닿는다. 친우 다섯 명이 있어, 가사(歌詞)의 투증(投贈)이 끊임없이 이어진다. 일일이 응수해 화답하니, 쇠약하고 고갈됨을 스스로 부끄러워한다. 묵지의 뜻이 은근해서, 가효(嘉肴)를 다투어 나열한다. 술 권해서 취해도 사양하지 않고, 잔 전하며 즉석에서 술을 마신다. 갈바람이 서늘한 기운 불러들이고, 물과 하늘의 색깔이 다르지 않다.…백양이 동석해 옆에서 모시기에, 이 그림을 그리라 명했다. 가화(佳話)를 오(吳)·월(越)에 전하려 하니, 남쪽으로 날아가는 참새가 다리 되리라. 하늘에 기쁨의 조짐이 모이니, 계사년(癸巳年) 칠월 초오일에 삼가 적어 둔다."[204]

이 사건에 대해 진가찬(陳家璨)은 「월행잡초서(粵行雜草序)」에서 1833년(明命 13년)에 월남 여백사·이문복·황건재 등이 광동공간(廣東公幹)에 도착해서 "우리 월의 명류와 창수(唱酬)·속화(屬和)하여, 혹은 구름과 달을 부르며 술 마시고 노래하고, 혹은 먹으로 연기를 몰며 높은 곳에 올라가서 시를 지었다"고 했다. 무림인(武林人) 무간 역시 이문복의 『월행속음초(粵行續吟草)』의 서언에서 이 중·월 문인들의 성회(盛會)를 다음과 같이 묘사했다. "계사년에 월남국사 이인지 군이 동관(同官)과 함께 사선(使船)을 호송하여 월에 왔다. 우인 유묵지 군이 나를 초청해 인지 등 제군과 중외군영회를 만들었다. 술 마시고 시 읊은 뒤에 왕래 창

204. 『集成』 13冊, 203-204쪽.

화할 수 있었는데, 수개월이 지나 헤어졌다." 그는 『중외군영회록(中外群英會錄)』을 편집해 중국 문인과 이문복·여백사·완문장·황경(黃冏) 등 월사(越使)의 창화시를 수록했다.

또한 무간은 「월남국자수춘공시집서(越南國子壽春公詩集序)」에서 월남 사자 이인지 등과의 시주(詩酒) 교환에 관해 다음과 같이 회상했다. "계사년 가을, 우인 유묵지가 중외군영회를 만들어 월남국사 이인지 군과 동파(同派) 제공(諸公)을 초청해 주강에 배를 띄우고 술 마시고 시 지으며 즐겼다"고 하고, 「월행음초서(粵行吟草序)」에서도 이 일에 대해 "나는 인지와 문자를 깊이 나누어 삼생석(三生石)의 인연이 끝나지 않은 것처럼 생각되니, 이것이 하늘이 만든 만남이 아니라면 이렇게까지 되지는 못했을 것이다"라고 술회했다. '삼생석'이란 절강성 항현(杭縣) 천축사(天竺寺) 뒷산에 있는 돌로, 당대 승려 원관(圓觀)이 재생(再生)하여 이원(李源)과 이 돌에서 재회했다는 고사가 있다. 월남에 현존하는 적지 않은 시문집에는 이 일에 관한 문헌기록이 모두 수록되어, 월남 사람들이 이 모임을 얼마나 중시했는지를 잘 보여 준다.[205]

이문복은 누선회(樓船會)라 불린 군영회에 대해서도 다음과 같이 소개했다. 「누선회에서 진임재(陳任齋)에게 즉석에서 화답하여 보여 주면서 그 일을 기술한다」라는 글에서, "진임재 군은 남해(南海) 국원(菊園) 선생의 철사(哲嗣)다. 선생의 별호는 청계(清溪)다. 『청계음초(清溪吟草)』가 행세(行世)한다. 임재는 시학(詩學)으로 그 가문을 세습했다. 그 나이는 61세다. 가을 8월 9일에 양의암(梁毅菴) 군이 나와 동관을 초청해 화원에서 뱃놀이 했다. 누선(樓船)에는 임재 등 문사들이 모두 있었다.…임재가 나에게 일률(一律)을 써서 증시(贈詩)하여…나는 신속히 그 원운에 화답했다.…"[206]고 기록했다.

물론 월남 북사의 한시 창화가 연도의 지방 사대부들과만 이뤄진 것은 아니다. 북사가 북경의 중앙정부 관료들과도 시가를 창화한 경우가 적지 않았다. 한

205. 何仟年, 「越中典籍中的兩國詩人交往」, 『揚州大學學報』 2006-10, 51쪽.

206. 『集成』 21冊, 53-54쪽.

예로, 범세충(范世忠)의 『사청문록(使淸文錄)』은 1838년(道光 18년, 明命 19년)에 북사하고 돌아온 뒤에 안남국 군주에게 올린 관련 공문집(公文集)인데, 그 「부록 청국 사부(士夫) 창화 이하」에는 다음과 같은 시들이 수록돼 있다. 「의부종실(儀部宗室) 연방혁(蓮舫奕)이 연경의 공관에서 시를 읊고 화시를 요청하며」, "남국 현번(賢藩)이 부지런히 납공(納貢)하니, 보내어 온 가사(佳士)는 문장으로도 칭송된다"고 노래하니, 범세충이 「답화(答和)하여」 "만리 먼 곳 제항(梯航)하며 부지런히 일하는데, 해국(海國)은 평소부터 칭문(稱文)했다 감히 말한다"고 화답했다.[207]

또한 1825년(道光 5년, 明命 6년)에 여청갑부사(如淸甲副使)로 북행한 반휘주(潘輝注)는 그의 북사시집 『화초음록(華軺吟錄)』의 「예부주사(禮部主事) 이지보(李芝甫)에 답하여」에서 "규장(圭璋)과 전례(典禮)는 온전하게 중역(重譯)되고, 기저(機杼)와 문장은 일가를 이루었다"고 했고, 「부기된 원시(原詩)」에서 "문헌의 우리나라 두벌(斗閥. 大闕)에 전해지고, 풍류와 운사(韻事)는 성사(星槎)를 기록한다"고 한 것으로 보아,[208] 북사의 입조를 관장하는 예부의 주사와도 시가 창화가 이뤄졌음을 알 수 있다.

1880년(光緒 6년, 嗣德 33년) 세공정사(歲貢正使)로 북사한 완술(阮述)의 『매회음초(每懷吟草)』에서도 선부주사(選部主事)와 나눈 창화시가 수록돼 있다. 「선부주사 당경숭(唐景崧)이 구점(口占)하여 기증한 원운 두 수에 대한 화시」에서 "황지(黃支)와 오익(烏弋)도 왕인(王人)을 다 보냈는데, 하물며 동문(同文)인 옛 구진(九眞)이야. 관전(關前)에서 사절(使節) 받들어 우설(雨雪)을 노래하고, 천규(天規) 밖을 우러러보며 성신(星辰)을 식별한다"[209]고 읊었다.

월남의 북사는 연도의 성급(省級) 고위 지방관과도 시가를 창화했다. 한 예로, 호사동(胡仕棟)이 1777년(乾隆 42년, 景興 38년)에 부사를 맡아 다음해 북사하면서 지은 시집 『화정유흥(花程遺興)』에는 「광서순무(廣西巡撫) 오(吳)에게 하례(賀禮)하며」와 「포정주(布政州)에게 하례하며」, 「강남장군(江南將軍) 보국공(輔國公)에

207. 『集成』 14冊, 63-123쪽.

208. 『集成』 10冊, 173, 343-347쪽.

209. 『集成』 23冊, 3-4, 109쪽.

게 하례하며」와 같이 고위 지방관과 창화한 작품이 많이 수록되어 있다. 그는 「광서순무 오에게 하례하며」에서 "문무를 겸자(兼資)해 개세(蓋世)함이 호기롭고, 민용(民庸. 民功)이 현저하게 뛰어나고 융도(戎韜)가 있다"고 칭송하고, 「포정주(그는 앞서 廣西按察을 맡았고 뒤에 雲南으로 승진했다가 다시 廣西에 임명됐다)에게 하례하며」에서는 "북방의 정수(精粹)는 군사를 단속하고, 남국은 소당(召棠)나무 그늘을 널리 알린다"라고 읊었다. '소당'이란 관리의 덕정(德政)을 칭송하는 말로, 주(周) 소백(召伯)이 남쪽 제후국을 순행할 때 감당(甘棠)나무 아래서 쉰 적이 있었는데, 그 뒤 소백의 덕을 사모해 그 나무를 베지 말라고 노래한 고사에서 유래했다. 그리고 「강남장군 보국공이 제증(題贈)하여」 "성치(聖治)의 문명(文明)이 만방에 미치니, 주거(舟車)가 가는 끝에 재량(才良)이 있다. 공사(貢使)가 연제(聯題)한 글을 보니, 풍아(風雅)가 응당 옛 월상(越裳)보다 넉넉하다"고 노래하자, 이에 호사동이 「화답하여」 "정겨운 필세(筆勢)가 대방(大方)을 아우르고, 봄바람 같은 태도는 극도로 온량(溫良)하다. 분 넘치게 많은 선물 마음속으로 받았는데, 넌지시 풍영(諷詠)함이 마치 월상 대하는 듯하다"고 응수했다.[210]

반휘영(潘輝泳)의 『인정수필(駰程隨筆)』은 1852년(咸豐 2년, 嗣德 5년)에 답사정사(答謝正使)로 북사하며 쓴 시집인데, 「광서무대(廣西撫臺) 노대인(勞大人. 勞湖南은 善化 사람이다. 黃甲翰林 출신으로, 연전에 廣西按察로 欽使에 충임됐다. 선화에는 嶽麓書院이 있는데, 4대 서원의 하나다)」에게 "악록(嶽麓)의 문원(文源)이 옛 성현으로 거슬러 올라가고, 아문(雅聞)과 성망(聲望)이 조변(朝邊)에 가득하다"는 시를 보내자, 「무대도 차운하여」 "듣기에 치방(雉邦) 가는 길 예전과 비슷하고, 백성 강녕하고 물산 풍부해서 풍년을 즐긴다 한다"고 응수했다. 그 뒤에도 반휘영이 「광서무대 노대인에게」 다시 회답하며 "주한(周翰) 천리에 아장(牙璋=兵符)을 옹유(擁有)하니, 영각(鈴閣)의 아름다운 명성은 해강(海疆)에 퍼져 있다"고 칭송하자, 「무대도 차운하여」 "남방의 인물은 규장(圭璋)을 중시하고, 소재(少宰)의 명성이 사강(四疆)에 넘친다"고 응수했다. 이외에도 그는 「광서 번대(藩臺) 신임

210. 『集成』 6冊, 3-4, 43-47쪽.

태상시경(太常寺卿) 오대인(吳大人. 吳는 江南 江寧人으로 黃甲翰林 출신이다)」과 「광서 얼대(臬臺) 허대인(許大人)」과 나눈 창화시를 기재했는데, 「오주(梧州)에 이르러 광서 얼대 허대인에게」 "변번(邊藩)의 풍기(風紀)는 촉문(屬文)이 뛰어나다"고 가송(歌頌)한 시를 보냈고, 「번대가 차운하여」 "용매(龍媒. 駿馬)가 멀리서 삼년공(三年貢)을 들이고…시명(詩名)이 상국(上國)에서 내달림을 기뻐한다.…돌아가서 중조(中朝)의 일을 묻거든, 우정(虞庭)에 봉의(鳳儀) 있음에 의거해서 말해 주소"라 화답했다고 한다.[211]

비록 총독(總督)이나 순무(巡撫)급의 관원은 아니라 하더라도 월남의 국익과 관련된 주요 지방의 관원과도 시가를 창화했다. 한 예로, 이문복(李文馥)의 『경해속음초(鏡海續吟草)』는 1836년(道光 16년, 明命 17년)에 여요보(黎瑤甫)·호양헌(胡養軒) 등과 함께 사명을 받들어 평양호(平洋號)를 타고 광동에 가서 바람 만나 실종한 월남 배를 찾으러 오문(澳門)에 정박했을 때 쓴 시집으로, 이 책에는 그곳에서 지방 사신(士紳)과 교유한 작품이 수록됐다. 그중 가장 중요한 것은 「오문분부(澳門分府) 마사룡(馬士龍)에게 주다」와 「향산현승(香山縣丞) 김천택(金天澤)에 증여하다」란 시다. 향산현승은 오문 사무를 관리하기 위해 설치한 관직이고, 마사룡의 정식 관명은 오문해방동지(澳門海防同知)로 정5품인데, 건륭 8년에 오이사무(澳夷事務) 관리를 강화하기 위해 향산현승 위에 증설한 관직이다. 「오문분부 마사룡에게 주다」에서는 "눈앞의 화자(華字)는 이자(夷字)가 대신할 수 있으니, 족하(足下)의 순성(循聲. 관리로서 선량하다는 명성)은 바다도 알고 있다"라 했고, 「향산현승 김천택에게 증여하다」에서는 "그대를 알고 경력을 드러내어 지금에 이르렀는데, 겨우 한 번 만났지만 감개가 깊다"고 노래했다.[212]

월남 북사의 창화 상대에는 월남으로 출사한 중국의 사신도 포함되어 있었다. 한 예로 청사(淸使) 노숭광(勞崇光)과 월남 시인의 문자인연(文字因緣)이 유명하다. 노숭광은 1848년(道光 29년) 월남에 출사했는데, 『노숭광시초(勞崇光詩草)』

211. 『集成』 17冊, 223-224, 337쪽.

212. 『集成』 14冊, 3-4, 12쪽.

에서 다음과 같이 술회했다. "월남은 4년마다 양공(兩貢)을 병진(竝進)하는데, 사신은 중도에 기행(紀行)하고 화인(華人)과 서로 투증한 작품은 인구에 전파됐지만 그 전모를 엿볼 수 없다. 도광 기유년(己酉年)에 나는 천자의 명을 받들어 월남을 선봉(宣封)하고 배신(陪臣) 완군(阮君)을 청봉(請封)했는데, 공상(貢使) 반군정(潘君靖)·매덕상(枚德常)·완문초(阮文超) 군 등이 앞뒤로 계림을 지나면서 와서 알현하며, 모두 시를 지어 선물로 삼았다. 그 시들은 모두 바르고 고상해서 음송(吟誦)할 만하니…그 가운데 뛰어난 시구는 그대로 중화(中華) 작자의 당(堂)에 올라 점점 고시(古詩)에 다가섰다. 나는 조선의 시인과 비교하면 어떠할지 알 수가 없지만, 그 외의 다른 나라들이 그 나라와 앞뒤를 서로 돌아볼 수 있는 바가 아님(즉 서로 비교할 수 없음)은 분명하다." 이 서문은 월남에 광범하게 유전되어 월남에서 현재까지 보존된 중국 작품 가운데서 보기 드문 것이라 할 수 있다.

『순해별서시합집(循陔別墅詩合集)』(1864)의 서문에 의하면, "창산(倉山) 선생의 시는 한 시대의 관면(冠冕)이었으니, 노숭광 공이 창산일노(倉山一老)라 칭송하여 남방에 경의를 표했다. 노공은 청국의 흠사(欽使)로, 그가 중원의 제일류인(第一流人)임은 사방의 예원(藝苑) 가운데 다른 말을 하는 이가 없다"고 했다. 여기서 '창산'은 월남 시인 면심(綿審)을 가리키는데, 노숭광과 창산의 교제는 『창산시화(倉山詩話)』에 보인다. 『월남집략(越南輯略)』 권2 「문학(文學)」에는 노숭광과 월남 시인들의 창화시 7수가 수록되어 있고, 월남 관원 위극순(魏克循)이 노숭광을 송별하는 시 2수가 있다.[213]

월남의 북사는 북경에서 청조의 황제를 직접 만나 어제시(御製詩)를 받고 응제시(應製詩)를 올리기도 했는데, 어제시와 응제시의 교환은 한시 창화의 한 양식이다. 한 예로, 무휘진(武輝瑨)은 서산조(西山朝)와 청조의 관계를 개선하기 위해 1789년(乾隆 54년, 光中 2년)에 파견되어 『화원수보집(華原隨步集)』을 남겼는데, 이 시집에 실린 「성추(盛秋)에 열하(熱河)의 공관에 도착하니 예부관(禮部官)이 피서산장(避暑山莊) 행궁(行宮)으로 알현을 이끌고 어제시 한 수를 받들어 반출(頒

213. 何仟年, 「越中典籍中的兩國詩人交往」, 51쪽.

出)했다」라는 제목의 어제시에서, "삼번(三番)의 강폭한 군대는 가병(佳兵)이 아니어서, 작년에 안남(安南)에는 거듭 정벌 있었다. 다시 살린 여씨(黎氏)가 아쉽게도 덕치(德治)를 싫어해서, 완씨(阮氏)를 교봉(敎封)했더니 완씨는 수성(輸誠)한다. 봉강(封疆)을 지켜 타성(他姓)이 번성케 하지 말고, 자손에게 전해서 영구히 대청(大淸) 받들기를" 당부하니, 무휘진은 「어전에서 화시(和詩)를 받들어 진람(進覽)하니 칭장(稱奬)을 많이 받고 상으로 규조룡장필(奎藻龍章筆) 일극십매(一亟十枚)를 받았다」는 응제시에서, "성세(盛世)에는 의상이 갑병(甲兵)을 대신하고, 정벌 대신 정의(正義)를 말해 남을 감복케 한다. 촌토(寸土)로써 상공(常貢)을 바치기에 부족하지만, 일찍부터 중천(重天)을 짊어지고 지성(至誠) 살핀다. 저 옛날에는 해빈(海瀕)이 부용국(附庸國)과 같았는데, 지금은 번복(藩服)으로 황청(皇淸)에 속해 있다. 크나큰 은총 깊이 깨달아 계제(階梯) 없이 응답하니, 신자(臣子)로 길이 붙어 항아리 쉬 채우리라"고 화답했다. 무휘진은 그다음 해에도 새로 안남국왕으로 책봉된 완광중(阮光中)을 호종해 건륭제를 근현(覲見)하는 임무를 맡아 북사했는데, 실제로는 국왕이 아니라 그 아우였다. 가짜 안남국왕이 열하에서 조복과 어제시를 받을 때 대신 화시를 지은 이도 무휘진이었다. 『화정후집(華程後集)』에는 이때 받은 어제시와 응제시가 모두 수록되어 있다.[214]

반휘익(潘輝益)도 1790년에 건륭제(乾隆帝)의 팔순을 경하하기 위해 출사해서 '사화(使華)의 독보자(獨步者)'로 칭송받았는데, 그의 『성사기행(星槎紀行)』에 의하면 "열하 행궁에서 폐현(陛見)하고 국왕에게 어사(御賜)한 시장(詩章)을 받들어 화시를 올려 황제의 칭찬을 받았다"고 한다. 황제가 「어제시」에서 "구경(九經)이 유원(柔遠)하여 중역(重譯)을 존중하고, 경사스런 모임에서 몸소 인도(仁道) 실행한다. 무력을 사용 않고 문덕(文德) 닦아 천도(天道) 따르니, 대청(大淸)의 복은 길이 만천의 봄에 영구하리"라고 선창하자, 반휘익은 「어제시에 화답하여」 "만 리 먼 곳에서 제항하여 천극(天極)으로 돌아오고, 구천(九天)에서 우로(雨露) 내려 동인(同仁)의 은택 입는다. 건행(乾行. 天道)을 우러러 사모하여 만수무강 축

---

214. 『集成』 6冊, 291, 318-348쪽.

원하고, 온 천하가 빠짐없이 제세(帝世)의 봄을 기뻐한다"고 수답했다고 한다.[215]

반휘익은 오시임(吳時任)이 편찬한 『연대추영(燕臺秋詠)』에 수록된 「원명원시연기사(圓明園侍宴紀事)」에서 원명원에서 시연하며 창화한 상황을 다음과 같이 술회했다. "20일, 열하에서 명을 받들고 먼저 원명원으로 돌아와서 어가(御駕)를 기다렸다. 29일, 어가가 도착하기를 기다렸다가 길 왼편에서 맞이했다. 8월 초하루부터 초열흘까지 연이어 시연하며 음식을 대접받았다. 매일 밤 사경(四更)에 일어나 조방(朝房)에서 기다리다가 묘각(卯刻)에 어보좌(御寶座)를 받들었는데, 왕·공·대신, 내속(內屬) 몽고(蒙古)·청해회회(青海回回)·합살극(哈薩克)·객이객(喀爾喀) 등의 여러 추장(酋長), 외번(外藩) 안남·조선·면전(緬甸)·남장(南掌)·대만 생번(生番) 등의 여러 사부(使部)가 배열해 시립했다. 미각(未刻)에 희군(戲軍)했다. 진기한 완물(玩物)을 상사(賞賜)하는 것 외에도 매일 세 번씩 사식(賜食)하고 전후 두 차례씩 술과 고기를 하사했으며, 중간에는 밀품(蜜品)을 하사함을 일상으로 삼았다. 협순(浹旬)에 어연연(御宴筵)을 받들고 음악을 연주했다. 때때로 각신(閣臣)을 불러 정사를 의논하고 정의(政議)를 결재했으며, 사방의 장소(章疏)를 친람하여 비답(批答)함을 차제에 보여 주었다. 또 때때로 어제시문을 받들어 제사(題寫)하고 전첩(箋帖)함이 없는 날이 없었다.…"[216] 안남과 조선 등의 사신들이 정 황제의 팔순 잔치에서 어제시와 응제시를 어떻게 교환했는지 여실히 전해 주는 글이다.

완제(阮偍)는 서산조를 위해 1789년(乾隆 54년, 光中 2년)과 1790년(乾隆 60년, 景盛 3년) 두 번 을부사로 출사했는데, 첫 번째 출사는 완문혜(阮文惠)를 안남국왕으로 책봉해 준 것에 대한 김사의 뜻으로, 두 번째는 건륭제의 선위(禪位)와 가경제(嘉慶帝)의 등극을 축하하기 위한 것이었다. 그도 건륭제를 모시고 응제시를 지었으며, 건륭 선위 의식과 각종 연회에 참석하고 어제시에 갱화(賡和)하여 건륭제의 포장(褒奬)을 받기도 했다.[217]

---

215. 『集成』 6冊, 183-184, 231-232쪽.

216. 『集成』 7冊, 251-252쪽.

217. 『阮氏世譜』; 『集成』 8冊, 103-104쪽.

그러나 월남 북사와 한시를 창화한 중국의 관원은 대부분 연도의 부(府)·주(州)·군(郡)·현(縣) 등의 장관인 하급 지방관이었다. 그 한 예로, 등문철(鄧文哲)의 『화정략기(華程略記)』는 1829년(道光 9년, 明命 10년)에 여청을사(如淸乙使)에 충임된 등문철이 출사해 청조 사인과 교제하며 주고받은 시문을 수록했는데, 「한양현(漢陽縣) 정당(正堂) 장조훤(蔣祖喧)에게 증송」한 시에서 "거궤(車軌)와 서문(書文)이 일가(一家)로 모이고, 기인(騏駰)이 길을 얻어 중화에 다다랐다"[218]고 노래했다. 반휘주도 1831년(道光 11년, 明命 12년)에 제2차로 북사하여 「태평부(太平府) 이(李) 정당에게」 "6년 전에 도대(道臺)를 만난 일 기억하니, 화연(華筵)의 신패(紳珮)가 추배(趨陪)를 허락한다. 봄바람에 정절(旌節)이 어제처럼 온전해서, 남해(南海)의 기인이 이번에 다시 왔다.…"[219]는 증시를 지어 주었다. '신패'란 사대부의 복식인 큰 띠와 옥패를 말하고, '추배'는 비위를 맞추며 모시는 것을 표현한 말이다.

완술(阮述)도 1880년(光緖 6년, 嗣德 33년)에 세공정사로 북사하여 「장사부(長沙府) 이필창(李必昌. 諸生으로 從軍하여 功이 있는데, 현재 監運使銜補同知府다)」의 시를 차운하여, "제덕(帝德)이 환영(寰瀛)을 넉넉하게 적시고, 힘쓰는 일은 땅 넓힘이 아니다. 비유컨대 태산처럼 높다 해도, 원래 한 촌의 땅도 사양하지 않는다. 또한 북신(北辰)처럼 있으면, 뭇 별들이 함께 사방(四方)에서 향해 온다. 다 같이 문헌(文獻)의 나라이니, 술직(述職)하여 편안하고 시원하기도 하다. 제항(梯航)하여 해외(海外)에서 이르니, 정절(旌節)은 행인(行人)이 받들었다.…"[220]고 화답했다.

이처럼 월남의 북사가 주로 연도의 지방관들과 한시를 창화했음에도 불구하고, 북사 창화의 가장 주요한 파트너는 기본적으로 중국인 반송관(伴送官)이었다고 할 수 있다. 중국과 월남의 종번 관계는 책봉과 조공을 교환한 관계였고, 책봉과 조공의 예를 교환하기 위해 상대국에 파견된 사신이 접대를 책임진 상대국의 관리들과 가장 밀접하게 접촉하는 것은 자연스러운 일이었다. 월남 공

---

218. 『華程略記』; 『集成』 12冊, 23-25쪽.

219. 『華程續吟』; 『集成』 12冊, 29-30쪽.

220. 『每懷吟草』; 『集成』 23冊, 156-157쪽.

사(貢使)의 영송(迎送)은 강희·옹정(雍正) 양조 모두에서 입조(入朝)는 역참을 거쳐 진경(進京)하고 회국(回國)은 예부에서 인원을 차출해서 광서(廣西)까지 반송(伴送)하도록 규정했다.[221]

따라서 월남의 조공사절과 교유하고 한시 창화를 가장 많이 한 중국 문인은 당연히 중국의 중앙정부와 각 성(省)에서 파견한 호공관(護貢官)으로, 이들은 흔히 반송관이라 칭해졌다. 반송관의 정식 직함은 '흠명판리반송사무(欽命辦理伴送事務)'였다. 1760년(乾隆 25년, 景興 21년)부터 1762년까지 여청사 갑부사로 북사한 여귀돈(黎貴惇)을 반송한 청조 관리 진조우(秦朝釪)의 정식 관함은 '봉직대부예부원외랑흠명판리반송사무(奉直大夫禮部員外郎欽命辦理伴送事務)'였는데, 『북사통록(北使通錄)』에서는 간칭으로 '흠차관(欽差官)' 혹은 '반송관'이라 했다.[222]

반송관이란 중국 조정과 지방정부가 사사(使事)가 순리롭게 진행하도록 특파한 문무(文武) 호송관을 일컫는 말로, 전체 노정의 반송을 장송(長送)이라 하고 경로의 각 성(省) 경내에서 호송하는 것을 단송(短送)이라 했다. 반청간(潘清簡)의 저술로 알려진 『사정시집(使程詩集)』은 1791~1794년(乾隆 56~59년)에 출사한 이의 저작으로, 이 책에는 「문단송(文短送) 소숭아(蕭崇阿)에 증송함」, 「무단송(武短送) 모극풍(毛克豊)에게 증송함」, 「문장송(文長送)에게 화답함」, 「문장송 장노야(張老爺)를 전별함」, 「무장송(武長送) 주노야(朱老爺)에게 증송함」 등 청조의 호송 인원 즉 반송관과의 창화와 증별의 시가 다른 책에 비해 많다. 이로 보아 호송 인원은 직무상 문무의 구분이 있었을 뿐만 아니라 호송 시간상으로도 장단의 구별이 있었음을 알 수 있다. 사자가 「문단송 소숭아에게 증송함」에서 "반월(半月)씩 바람과 먼지가 노정을 함께한다"고 하고, 「무단송 모극풍에게 증송함」에서는 "매 역마다 삼순(三旬)씩 수고를 함께한다"고 했으니, 이른바 '단송'의 배동(陪同) 시간은 대략 1개월을 넘지 않았음을 알 수 있다. 그리고 사자가 '무장송'에게 증별한 지점이 광서의 유주(柳州)였던 것으로 보아, '장송'은 기본적으로

221. 張寧, 「越南貢使與中國伴送官的文學交游-以裴文祀與楊恩壽交游爲中心」, 140쪽.

222. 張京華, 「三'夷'相會-以越南漢文燕行文獻爲中心」, 6쪽.

전 노정을 왕래하며 동반했음을 알 수 있다.[223]

『화정우필록(華程偶筆錄)』은 1833년(道光 13년, 明命 14년)에 북사한 완조 여광원(黎光院)의 사행시집(使行詩集)으로, 3분의 1은 월남 사신을 접대한 중국 관원을 위해 지어 준 작품이다. 이들은 대개 초대를 책임진 지방관으로 평소에 지현(知縣)의 직분을 수행했다. 장송의 관계(官階)가 단송의 관계보다 높은 경우가 많았고, 대부분 5품 이상의 무산관(武散官)이었다. 호남(湖南)의 형(衡)·영(永)·유(柳)·계(桂) 등 4부(府) 도대(道臺)인 장증(張增)이란 관리에 관해, 작자는 특히 증시의 후주(後注)에서 "장도대가 성성(省城)까지 단송하고 다시 죽선(竹扇)을 증송해, 이에 시로 답사(答謝)했다"고 했다. 또 월남 사신이 장증의 단송을 따라 장사(長沙)에 이르고 다른 관리가 전주(全州)까지 단송한 것으로 보아, 이른바 '단송'이란 인근 부의 부치(府治)까지 배송(陪送)하는 것임을 알 수 있다.[224]

1790년에 출사한 반휘익은 「증왕분부(贈王分府)」란 시를 쓰면서 주기(注記)를 통해 반송관의 역할 및 북사와의 관계에 대해 다음과 같이 설명했다. "왕무당(王撫棠)은 절강 사람이다. 기유년 겨울에 남녕좌당(南寧左堂)을 거쳐 선봉부원(宣封副員)을 담당했다. 내가 사명을 받들어 대궐에 나아갔을 때 영접하여 서로 알게 됐다. 이번 봄에 왕은 용주분부(龍州分府)로 전임해 우리나라 문서에 관한 여러 일을 심복(審覆)했다. 입근(入覲)에 관한 논의를 위해 복(福) 총독이 왕에게 먼저 가서 유의(諭意)하게 했다. 초여름에 왕은 두 차례 출관(出關)하여 경사(京師)의 북계(北界)로 가서 우리 배신(陪臣)과 상의했다. 사부(使部)가 출발할 때 왕은 사명을 받들어 장송했는데, 모든 일에 대해 마음을 써서 배호(拜護)하고 특히 내게 정을 주었다. 명강(明江)으로 돌아왔을 때 왕은 맞아 와서 배에 앉아 술 마셨는데, 이별을 아쉬워하는 말이 있어 이에 시로 사의를 표했다"(『星槎紀行』).[225]

월남 북사와 중국 반송관의 한시 창화 사례를 몇 가지만 예시한다.

1789년(乾隆 54년, 光中 2년)에 출사한 무휘진은 「천상당(川上塘) 공관에서 반

223. 『集成』 8冊, 3-4쪽.

224. 『集成』 12冊, 325-326쪽.

225. 『集成』 6冊, 263쪽.

송 이공(李公)과 월하(月下)에 잠시 술잔 기울이며」라는 시를 지었다. "부평초와 가시나무는 원래 사해인(四海人)인데, 덩굴이 감겨 다행히 서로 이웃됐다. 팔천 여 리 노상에서 아름다운 약속 맺고, 오백 년 전 일찍부터 친하게 지냈었다.…"(『華原隨步集』). 무휘진은 그다음 해에도 가짜 안남국왕 완광중(阮光中)을 호종해 건륭제를 근현(覲見)하고「조선선(朝鮮扇)에 장반송을 유별하는 시」를 써서, "정중하게 갈림길에 임했지만 드릴 것 없어, 조선의 부채에 일남(日南)의 시를 쓴다"(『華程後集』)고 노래했다.[226]

『사정시집(使程詩集)』의 저자(반청간[潘淸簡]으로 추정)도 "응접(應接)하여 마침내 천고의 벗 만들고…반월(半月)의 바람과 먼지가 노정을 함께한다"는 시를 지어「문단송 소숭아에게 증송」하고, "난향(蘭香)의 일실(一室)에서 정을 더욱 깊게 맺고, 매 역마다 삼순의 수고로움을 함께한다"는 시를 지어「무단송 모극풍에게 증송」했으며, 문무 단송관들과의 정의(情誼)를 토로하면서 "빙호(氷壺)처럼 맑은 성가(聲價)가 조정에 알려지고, 덕광(德光)이 번쩍 흘러 사절이 내달린다"는 시를 지어「문장송 장노야를 전별」하고, "남북의 정회를 어떻게 줄 수 있나, 원컨대 화살 세 개 가지고 고훈(高勳)을 점치소서"라는 시를 지어「무장송 주노야에게 증송」하여, 문무 장송관들과의 정의(情誼)를 토로하고 이별을 아쉬워했다.[227]

『몽매정시초(夢梅亭詩草)』는 1831년(道光 11년, 明命 12년)에 갑부사 장호합(張好合)이 을부사인 반휘주와 함께 북사하며 지은 시들의 모음인데, 이 시집에는 그가 반송관들과 주고받은 창화시가 많이 수록돼 있다. 그는「장송 조의대부(朝儀大夫) 지심주부사(知潯州府事) 손세창(孫世昌) 협진도독(協鎭都督) 다라액부(多羅額駙)에게」"금륵(金勒)이 상군(象郡)의 하늘을 방금 떠나, 산(山) 호로(壺路)를 열고 우러러 주선(周旋)한다"는 시를 지어 주고,「조의대부 지심주부사 손세창의 원운에 회답하여」"지금 봉사하여 왕명 머금고, 중화에 이른 일도 인연이 있

---

226. 『集成』 6冊, 291-394쪽.

227. 『集成』 8冊, 32-73쪽.

다"고 노래했다. 그는「조의대부 지심주부사 손세창이 단연(端硯)을 보내 준 데 대해 감사하며」 시로 답사했고,「호송(護送) 조의대부 지심주부사 손세창에게 고별하며」"내일 아침 한 번 열어 대륜(臺錀) 밝히고, 남북이 길 나누어 각각 홀로 돌아간다"는 고별시를 지어 주었다. 을부사로 동행한 반휘주도『화정속음(華程續吟)』에「장송 손부당(孫府堂)과 호진당(胡鎭堂) 두 분에게 글 써 드림」이란 시를 수록했는데, 그는 이 시에서 "주원(周原) 향해 사정(使程)을 거듭 펴니, 남궐(南闕)은 이번에도 청안(青眼)으로 돌봐준다"고 노래하니,「장송도 화답했다」고 한다. 그는 심주지부 손세창이 지은 시의 자주에서 손세창이란 장송관이 "한림원 임술과(壬戌科) 진사"였음을 밝히기도 했다.[228]

범지향(范芝香)은 1845년(道光 25년, 紹治 5년)과 1852년(咸豐 2년, 嗣德 5년) 두 차례 출사하고『미천사정시집(郿川使程詩集)』이라는 시집을 남겼는데,「회경태수(懷慶太守) 왕맹자(汪孟慈) 청명재자도(清明栽藉圖)를 위해 지은 시」에서 "태수는 강도(江都) 사람으로 성은 왕(汪), 이름은 희순(喜荀)이다. 하남성(河南省)이 파위(派委)하여 송사(送使)했는데, 도중에 서로 흔쾌히 교합했기 때문에 수권도축(手卷圖軸)을 꺼내 청제(請題)하니…이름하여 '청명재자도'라 했다"고 설명했다. 그리고 장송 사성지부(泗城知府) 유명지(劉銘之, 大烈)가 대련(對聯) 시선(詩扇)을 혜증(惠贈)해 붓을 달려 두 수의 율시로 화답했다고 한다. "풍류 태수가 먼지를 멀리 뛰어넘고, 일찍이 황화(皇華)와 주빈(主賓)이 됐다.…양년(兩年)에 사절이 한중(閒中)에 지나가고, 사해(四海)가 교정(交情)하여 외친(外親) 나눈다. 시구는 금련(錦聯)에 있고 시는 부채에 있어, 백붕(百朋)이 나란히 이별의 시간 갖는다."[229]

안남국은 1852년(咸豐 2년, 嗣德 5년)에 답사(答謝)와 세공(歲貢)을 위한 두 사절단을 동시에 파견했는데, 그중 반휘영(潘輝泳)은 답사정사, 범지향은 세공정사로 북사했다. 반휘영은 1853~1855년(咸豐 3~5년, 嗣德 6~8년)에도 북사했다가 태평천국(太平天國)으로 곤경을 겪었지만, 그의『인정수필(駰程隨筆)』에는 중국

228.『集成』12冊, 119-120쪽.

229.『集成』15冊, 139-205쪽.

문사들과의 창화시가 다수 실려 있다. 그는 「단송 이인암(李寅庵)의 원운에 갱부(賡復)하여」 "인암은 사천(四川) 사람으로 진사 출신이다. 현재 상덕청군부(常德淸軍府)를 맡아 원(沅)에 가서 호송했다. 이로 인해 「보월루문편(步月樓文編)」을 보여 주었다. 문집 안에서 팔고제예문(八股制藝文)을 찬술한 것은 문사(文思)가 용솟음치듯 빼어나다. 또 나의 시초(詩草)를 보고 싶다고 하여 삼절(三絶)을 증송했다"고 설명하면서, "두남(斗南)과 두북(斗北)은 각각 운천(雲天)인데, 강역(江驛)에서 문장을 논하는 숙연(宿緣)이 있다"는 시구를 기록했고, "봉화를 자주 올려 호천(湖天)이 떨어져 있는데, 해각(海角)에 오래 머물러 필묵(筆墨)의 인연 있다"는 이춘훤(李春暄)의 원작도 부록했다. 또한 「새로 파견된 문장송 주제람(周霽嵐)에 증여한 시」에서는 "제람은 진사 출신으로, 현윤(縣尹)을 지내고 지금은 강주(降州)에 보임됐다. 그래서 원래 파견된 장송 남녕태수(南寧太守) 서진(舒津)이 정간(丁艱)하여 광서에서 다시 주제람을 보내 대신 장송에 충임했다. 일찍이 이별을 아쉬워하며 『음관시초(陰館詩草)』를 보여 주었다"는 설명을 덧붙이면서, "남북은 동문(同文)이고 강산이 오래됐다"는 「주제람의 원운을 갱부하여」라는 시를 남겼다.[230]

『방정만리집(方亭萬里集)』은 완문초(阮文超)가 1849년(道光 29년, 嗣德 2년)에 부사로 출사하면서 지은 시집으로, 권말에 청조 관원 특히 장·단송 반송관들과의 창화시들이 많이 수록됐다. 월남의 사절단이 진남관(鎭南關)에서 들어가자 중국의 광서무부(廣西撫部)에서 문장송 유주지부(柳州知府) 합문매(哈問梅)와 무장송 참융(參戎. 參將) 서춘(舒春) 등을 파견해서 경사까지 전 노정을 반송하게 했다. 문장송관인 "지광서유주부사(知廣西柳州府事) 합충아문매(哈忠阿問梅)는 장백인(長白人)으로 학식이 있고 시를 잘 지어서 이번 행차에서 창화가 매우 많았다"고 했다. 하남 단송 하남태수 가진(賈臻)은 진사 출신으로 어사(御史)에 이르렀는데, 그때 하남후보태수(河南候補太守)를 맡아 성내에서 접호(接護)하는 단송관의 임무를 부여받았다. 가진은 월남 삼사(三使)와 오언율시(五言律詩) 16수를 4차례 창

230. 『集成』 17冊, 223-337쪽.

화했다. 가진은 먼저 "듣기에 남교(南交) 땅은 중원에 동화되어 다르지 않다는데, 의관은 고처(古處)를 따르고 성교(聲敎)를 입은 지 오래됐다"고 하여, 월남이 중원 문화에 동화되어 의관이 고대를 따르고 성교에 젖은 지 오래됐는지 묻고, 요·순의 인덕이 바다 구석까지 고루 미쳤으니 사절단의 여로가 고단해도 황도 연경에 곧 도달할 것이라 위로했다. 이에 월남 정사 반정(潘程)은 화시에서 월남과 중국이 "산천은 비록 구별이 있지만, 성기(聲氣)는 본래 다르지 않다. 건곤(乾坤)을 우러러봄이 크니, 우로(雨露) 같은 은혜에 젖었다. 순풍(淳風)이 일로를 거치니, 아름다운 교화가 삼우(三隅)에 가득하다. 규곽(葵藿)의 마음이 천 리를 달리고, 진광(辰光)이 제도(帝都)를 바라본다"고 화답했다. 완문초도 「단송 하남 태수 운생(運生) 가진의 네 수 원운에 화답하여」 "풍조와 기풍이 명극(明極)과 떨어지고, 인문(人文)과 혁도(革道)가 같지 않았다. 요(의 시대)부터 성교가 처음 미치고, 공자 이후에는 예와 시에 젖었다"[231] 고 하면서, 원래 월남의 지리가 중국과 떨어졌고 인문·습속도 같지 않았지만, 요·순과 공자 이후에는 중·월 양국이 정치적·문화적으로 밀접한 관계를 갖게 됐음을 강조했다.

범희량(范熙亮)도 1870년(同治 9년, 嗣德 23년)에 갑부사로 북사하고 연행시집 『북명추우우록(北溟雛羽偶錄)』을 지었다. 그는 「호북(湖北) 호공(護貢) 원찬(袁瓚)과 오계훈(伍繼勳)이 보이고 증여한 원운에 수답하여」라는 화시를 지었는데, '호공'이란 곧 반송을 말한다. 그는 「호남 위원(委員) 곽감곤(郭鑑袞)의 원운을 차운하여」 "해방(海邦)은 사재(四載)에 한 번씩 내왕하는데, 원습(原濕)하고 인차(駰車) 있어 옛날의 불상(拂裳)이다"라고 하고, 「하남 단송 지부(知府) 가전(賈佺)의 차운에 수증(酬贈)하여」 "선공(先公)이 예전에 통적(通籍)했고, 관반(館伴)에게는 유편(遺編)이 있다. 명부(明府)가 지금 환송하니, 화정(華程)에 인연이 있는 것 같다"고 화답했다.[232]

그러나 북사와 반송관의 가장 대표적인 한시 창화의 사례는 배문사(裵文祀)

---

231. 『集成』 16冊, 159쪽.

232. 『集成』 21冊, 40-63쪽.

와 양은수(楊恩壽)의 그것이다. 1876년(光緖 2년, 嗣德 29년)에 완조 군주 완복시(阮福時)가 청조에 사신을 보내 조공했는데, 이 진공은 4년 1차의 관례 따른 '정공(正貢)'으로, 공사(貢使)는 정사 예부우시랑 배문사, 갑부사 홍려시경(鴻臚寺卿) 임굉(林宏), 을부사 시강학사(侍講學士) 여길(黎吉) 등 세 명이었다. 배문사가 귀국한 뒤에 회각(匯刻)한 『만리행음(萬里行吟)』 2권에는 산천풍광을 묘사한 경물시(景物詩) 29수, 고인승적(古人勝迹)을 조고(弔古)한 회고시(懷古詩) 34수, 수창·증답의 창화시 34수, 기타 행정기회(行程羈懷)를 기록한 행역시(行役詩) 등 모두 170여 수의 시가 수록됐는데, 광서후보도(廣西候補道) 예무례(倪懋禮), 이부주사(吏部主事) 용문빈(龍文彬), 호북후보지부(湖北候補知府) 양은수, 호남후보지부(湖南候補知府) 성경발(盛慶紱), 광서순무 양중아(楊重雅) 등 5명의 중국인이 서문을 썼다. 창화의 상대로 보면, 왕복 연도 각 성에서 영송한 반송관이 19수, 연도 각 성과 재경 관원이 15수를 썼다. 배문사와 반송관의 19수 창화시 가운데 호북 반송관 양은수와 관련된 것이 15수다.

호북후보지부 양은수는 저명한 희곡(戲曲) 작가이자 이론가로서, 배문사를 호송해 호북 지경을 나간 뒤에 두 사람이 창화한 모든 한시를 모아 새겨서 『치주수창집(雉舟酬唱集)』을 만들었다. 양은수가 편찬한 이 시집에는 배문사의 『만리행음』에 수록되지 않은 창화시들이 다수 수록되어 있는데, 두 시집에 수록된 창화시의 대부분은 배문사와 양은수 두 사람이 서로 교환한 창화시였으니, 두 사람의 문학적 교감과 우의가 얼마나 깊었는지 짐작할 수 있다. 양자는 만나자마자 시를 증답하여 신양(信陽)에서 헤어질 때까지 모두 106수의 시를 지었으니, 배문사가 49수, 양은수가 56수를 지어 『치주수창집』으로 모아졌다. 『치주수창집』에는 두 사람의 창화시 제목이 36개 있는데, 그중 행역시가 10제(題), 경물시는 7제, 회고시가 9제, 증답시가 10제다. 외교관 신분에 제한되어 정치 등 굉대한 주제에 대해 깊은 이야기를 나눌 수는 없었지만, 두 사람은 이별한 뒤에도 서로 상대방 저작의 서문을 써 주거나 증시하여 우의를 지속시켰다.[233]

233. 張寧, 「越南貢使與中國伴送官的文學交游-以裵文禩與楊恩壽交游爲中心」, 140-142쪽.

배문사의『만리행음』에 수록된「호북 단송 양봉해(楊蓬海) 도전(都轉)이 만나 투증하여 원운에 의해 화답함」이란 시의 주기에서 "양(楊)은 이름이 은수(恩壽), 호는 봉해로 장사인(長沙人)이다. 거인(擧人)으로 염운사함후보지부(鹽運使銜候補知府)에 임용됐다. 사람됨은 학문이 매우 심원하고 문사(文事)에 능하며 시재(詩才)가 민첩하여 사조(詞調)가 모두 볼 만하다. 매우 도량이 넓고 호기가 있다. 저작에는『탄원시초(坦園詩草)』와 가사(歌詞)가 있어 이미 간행됐다. 한 번 보고서도 마치 오래전부터 서로 아는 것처럼 정호(情好)가 아주 넉넉하다"고 했다.[234]

배문사의『중주수응집(中州酬應集)』「양은수고(楊恩壽稿)」편에는 다수의 시편이 실려 있다. 양은수는「안남의 공사(貢使) 배주강(裴珠江) 시랑이 새 시를 보여줘서 의운(依韻)하여 가르침에 화답하다」는 시에서, "먼지 없는 대지가 제궐(帝闕)과 통해 있고, 구중에 가까운 하늘에 흐린 구름 많지 않다. 회유(懷柔)하는 성대(聖代)에는 중외(中外)의 구별 없으니, 만 리 제항(梯航) 아득하다 두려워하지 마소. 빈침(賓琛)이 계해(桂海)에서 비륜(蜚輪)으로 다다르고, 제역(鞮譯)의 직공(職貢)이 당년(當年)에 빈번하다. 왕회(王會)가 은총으로 전성일(全盛日)을 만났고, 유림(儒林)은 지금 보니 노성인(老成人)으로 보인다. 의관은 한대(漢代)의 풍류가 남아 있고, 사부(詞賦)에서는 강관(江關)의 초목에 봄이 서린다.…"고 노래했다. '제역(鞮譯)'은 적제(狄鞮)와 역(譯) 즉 서융(西戎)과 북적(北狄)의 언어를 중국어로 통역하던 역관을 말하는데, 변방의 먼 지역을 두루 이르기도 한다. '강관(江關)'은 호북성 형문산(荊門山)과 호아산(虎牙山)이 장강을 끼고 대치하는 곳을 가리키는 말로, 해내(海內)를 이르는 말로도 쓰인다.

또한 양은수가 편찬한『치주수창집』은 양은수가 호북 호공관(護貢官)의 임무가 끝난 뒤에 호남의 집에서 각간(刻刊)한 책으로,「자서(自敍)」에서 월사와 한시를 창화하게 된 사연과 경위를 다음과 같이 설명했다. "월상(越裳)이 세공(歲貢)을 닦아 초북(楚北)으로 길을 취해 은수가 사신을 접반했는데, 파릉(巴陵)에서 맞이하고 신양에서 송별했으니, 구장(舊章)을 따른 것이었다. 광서 정축(丁丑) 정

234.『集成』21冊, 250쪽.

월 20일에 사신 배 시랑 문사(文祀[禩])가 파릉(巴陵)에서 정박해 처음으로 서로 만났고, 악양루(岳陽樓) 아래에서 한양으로 물을 건너 육지에 올라 북상해서 대복산(大復山)을 경유하고 마침내 사신과 헤어졌다. 이때가 2월 23일이었으니, 사신과 함께 한 아침저녁을 계산하면 1개월 남짓했을 뿐이다. 중간에 혹 일이 바쁘거나 몸이 아파서 3~4일 보지 못할 때 이외에는 반드시 시를 요구하고 화답이 엄하여 급히 따랐으니, 저녁을 넘기도록 보장(報章)하지 않았던 적이 없었다. 아, 사신은 먼 곳에 사는 사람이다. 삼춘(三春)은 좋은 날이다. 동정(洞庭)과 강한(江漢)은 명승지다. 안개와 연무가 낀 수면 위에 화방(畫舫)을 띄우고 매일 창수함을 낙으로 삼으니, 비록 은수 같은 비리(鄙俚)라도 해외의 군자와 문자의 인연을 맺어 우리 국가의 회유가 멀리 미치고 중외 동문(同文)의 성대함을 울릴 수 있었다. 이는 소신의 두터운 행운이다."[235]

배문사와 양은수는 즉석에서 한시를 창수했을 뿐만 아니라 서신을 통해 증답하기도 했다. 양은수는 「남갑부사(南甲副使) 완운록(阮雲麓) 광록(光祿. 思僩)과 시로 서로 증답하고, 잠시 주강(珠江) 시랑에 대해 물었더니 그가 무양하다고 해서 기뻐하며 시를 지어 운록에게 맡기고 주강에게는 편지를 썼다」고 하면서, "지난해엔 왕성(王城)을 정했고, 청담(清淡)으로 완생(阮生)을 얻었었다. 배 안에서 문자와 술 마시며 해외의 고인(故人)과 정 나누었다. 안부를 물어보고 무양함에 기뻐하니, 다행히 귀로에 부탁해서 말을 전한다. 남교(南交)는 기이한 색채 마음대로 하니, 귀 기울여 봉황의 울음 자세히 들으리라"고 증시했다. 이에 배문사도 「화작(和作)」을 지어 "하루라도 서로 만나 보지 못하면, 문득 쑥처럼 흐트러진 마음이 벌써 쌓인다. 이틀이나 시가 오지 않아서, 더욱 서로 생각하게 다그치게 된다. 새로 알게 된 이가 옛 친구 같아, 만나면 기꺼이 도극(倒屐)하며 맞이한다.…마음 내키는 대로 산천을 수습하니, 음낭(吟囊)이 가득 차서 한 척이나 된다.…"고 화답했다.

헤어질 때도 양은수는 「주강 시랑을 송별하며」 다음과 같이 노래했다. "그

---

235. 『集成』 22冊, 195-200쪽.

대의 집은 맥룡군(貉龍郡)이고, 나의 집은 형산(衡山) 옆이다. 중외가 만 리나 떨어져 있어도, 아득히 먼 하늘의 한 지방이다. 산호(珊瑚)의 해에 납공이 있어, 왕명을 머금고 이어서 내왕했다. 내 일 다 마치고 남의 일도 보살피니, 멀리서 거듭 배 타고 호수를 항해한다. 파릉에서 한두 번 만났는데, 이번 만남은 좋고도 또 좋다. 이전부터 의기가 투합하여, 오로지 문장만을 좋아하고 숭상한다. 시를 읊조림이 하루의 일과가 되고, 수창(酬唱)에 익숙해져 일상이 됐다. 각촉(刻燭)하며 매번 빠르기를 겨루었고, 구운(鬮韻)하며 언제나 강함을 내기했다. 해노(奚奴)가 분주히 다니다가 지치고, 깊은 밤에 음낭(吟囊)을 갖게 된다. 옷 걸치고 일어서기도 전에, 펼쳐서 읽어 보거나 침상 위에 놓아 둔다. 처음에는 가어포(嘉魚浦. 호북성 武昌縣의 남서쪽)를 건너갔고, 점차 황곡강(黃鵠岡. 호북성 武漢市에 있는 산)에도 올라갔다. 맑게 갠 날 비각(飛閣)에 머물렀더니, 예스런 역(驛)이 황곡강 좇아 뒤따른다. 예로부터 이름난 명승지는, 왕왕 시광(詩狂)의 밑천이다. 강산이 문조(文藻) 속으로 들어가서, 서로 더욱 빛낼 수 있다. 남새밭가 달빛을 기쁘게 모아, 홀홀(忽忽)히 이별의 슬픈 마음 꺾는다. 어찌 멀리 가서 보내고 싶지 않겠나, 직책을 지키느라 출강(出疆)하기 쉽지 않다. 그대는 이제 궐정(闕庭)으로 달려가니, 검(劍)과 패(珮)가 관상(冠裳)과 잇닿아 있다. 그대가 조천(朝天)을 읊었었기에, 나 역시 제향(帝鄕)을 마음에 품게 된다.…"[236] '구운(鬮韻)'이란 시사(詩詞)를 지을 때 험운(險韻)으로 서로의 실력을 겨루는 일을 말한다. 북사와 반송관의 창화도 하나의 투시(鬪詩) 혹은 쟁시(爭詩)였음을 보여 주는 표현이다.

이에 배문사도 「화작」을 지어 다음과 같이 화답했다. "사해에 파도가 일지 않고, 주성(周聖)이 선중광(宣重光)을 선포하셨다. 하신(下臣)이 멀리서 납석(納錫)하고, 규곽(葵藿)의 마음이 태양을 향한다. 우로(雨露) 같은 은혜는 본래 사사로움이 없고, 원습(原隰)에 경장(瓊漿) 같은 술이 흩뿌려진다. 화초가 맑은 홍취 북돋아주고, 산천은 술잔 날리기에 모자람 없다.…후직(候職) 맡아 우연히 그대를 만나, 동정(洞庭)의 뱃속에서 교분 맺었다. 예로부터 장사국(長沙國)은, 기재(杞梓)

236. 『集成』 22冊, 258-260쪽.

의 재료가 가장 좋았다. 치안(治安)은 가의(賈誼)의 육책(六策)이요, 이소(離騷)는 굴원(屈原)의 구장(九章)이다. 학문에는 연원이 있고, 식견은 상식을 뛰어넘는다. 의기(意氣)는 나와 기약했고, 단점(壇坫. 文壇)에서는 각각 쟁강(爭强)했었다. 창화(시)가 행협(行篋)을 가득 채우고, 필지(筆紙)가 해낭(奚囊)에 한가득 찼다(筆談을 말한다).…아 옛날의 군자는, 군명(君命)을 머금고 출강(出疆)했었다.…동문(同文)이지만 동성(同聲)은 아닐진대, 자순(咨詢)한다고 어찌 상세히 알 수가 있나. 황학루(黃鶴樓)로 머리를 돌려, 그대를 생각하니 마음이 무너진다."[237] '선중광(宣重光)'이란 대대로 덕이 높아 공업(功業)이 계속 이어진다는 뜻으로, 『서경』 고명(顧命)편의 "옛 임금 문왕(文王)과 무왕(武王)이 선중광했다"는 문장에서 나왔다.

배문사의 『만리행음』에 수록된 「석오(錫吾) 관찰(觀察)이 송행(送行)하니, 원운에 의거해서 화답함」이란 시에서는 "중외(中外)가 일가와 같고, 산천이 우전(禹甸)과 합쳐 있다. 천자가 제후를 회유하니, 사세(四歲)에 한 번씩 내현(來見)한다. 남교(南交)는 당우(唐虞)의 시대부터, 동문(同文)으로 필연(筆硯)을 일삼았다. 규폐(珪幣)로 비공(篚貢)을 닦고, 황화(皇華)가 백 편을 읊는다.…"[238]고 하여, '중외', '천자', '제후', '사세일래(四歲一來)', '남교', '동문', '비공', '황화', '백 편' 등 창화 외교와 관련된 중요한 개념이 모두 나온다.

배문사는 『중주수응집』이란 시집도 출간했는데, 이는 중국에 출사하여 받은 중국 인사의 증시(贈詩)와 서찰의 모음집으로, 이 책에도 '석오(錫吾)'가 쓴 증시가 수록되어 있다. 「성경수(盛慶綬)」편의 「주강 선생이 남악(南嶽)을 유람하고 싶어 했지만 쌓인 눈이 녹지 않아 끝내 오르지 못한 것이 한이 되어 시 한 수를 만들었는데, 그 심정이 글에 잘 보인다. 이에 차운해 이를 바치고 고정(敲正)을 청한다. 광서 정축(丁丑) 신정 삼일 석오 성경수 씀」이란 시에서, "구주(九州) 밖에 인물이 있어, 중방(中邦)에서 오히려 아쉬워한다.… 월남은 옛날의 교주(交州)인데, 남쪽으로 점랍(占臘)과 통한다. 당우(唐虞) 이래 동문(同文)이라, 이미 옛

237. 『集成』 22冊, 203-261쪽.

238. 『集成』 21冊, 254쪽.

날부터 그러했다.…"[239]고 하여, 이곳에서도 '구주', '중방', '월남', '교주', '동문', '인방(隣邦)', '경사(經史)', '시편(詩篇)' 등 주요한 개념을 빈번하게 노출했다.

월남 사신은 북사하면서 여러 가지 문학적 방법으로 외교 활동을 전개했는데, 그 가운데서도 이들이 가장 선호한 방법은 한시의 창수와 증답이었다. 월인 북사는 도로가 요원했기 때문에 북사와 중국 사대부의 한시 창화는 긴 여로에서 자연스럽게 이뤄졌다. 월남의 사자가 북행하는 연도에는 주변의 사대부와 시객들이 월남 사자들에게 구시(求詩)하거나 증시(贈詩)하는 경우가 허다해서, 한시에 일가를 이룬 월남의 사자들은 자국이 문헌국임을 과시하고 자신의 문학적 역량을 드러낼 기회를 빈번하게 갖게 됐다. '북(국)인'과 '남(국)사'는 서로 대등한 입장에서 같은 문물과 의관, 문자 등을 공유한다는 '동문' 의식을 가지고 서로 한시 창화를 적극적으로 즐겼다. 중국 사대부들의 적극적 '색시(索詩)'에 대해 대부분의 월남 북사들은 화답을 피하지 않았다.

북사가 중국 사대부와 나눈 한시 창화는 주로 개인적으로 진행됐지만, 왕왕 집단적으로 전개된 경우도 있었다. 그 대표적인 경우가 1832년에 북사한 이문복이 광동에서 사인들과 사귀면서 주강군영회와 누선회 등 문인 집단에 참여해 여러 문인들과 시문을 창화한 것이다. 중국인 문사들에게는 '중외군영회'라 불린 이 모임은 이후 중·월 양국의 문사들에게 널리 회자되어 수많은 시문집에 기록되어 오랫동안 기억됐다.

물론 월남 북사의 한시 창화가 연도의 지방 사대부들과만 이뤄진 것은 아니다. 북사가 입조를 관장하는 예부의 주사 등 북경의 중앙정부 관료들과도 시가를 창화한 경우가 적지 않았다. 월남의 북사는 순무 등 연도의 성급 고위 지방관과도 시가를 창화했다. 비록 총독이나 순무급의 관원은 아니라 하더라도, 오문해방동지(澳門海防同知)와 같이 월남의 국익과 관련된 주요 지방의 관원과도 시가를 창화했다. 월남 북사의 창화 상대에는 월남으로 출사한 중국의 사신도 포함돼 있었다. 월남의 북사는 북경에서 청조의 황제를 직접 만나 어제시를 받

239. 『集成』 22冊, 17-19쪽.

고 응제시를 올리기도 했는데, 어제시와 응제시의 교환도 시문 창화의 한 방식이었다. 그러나 월남 북사와 한시를 창화한 중국의 관원들은 대부분 연도의 부·주·군·현 등의 장관인 하급 지방관이었다. 그리고 북사와 한시를 창화한 중국의 관리들 가운데 북사 창화의 가장 주요한 파트너는 기본적으로 중국인 반송관이었다.

중국과 월남의 종번 관계는 책봉과 조공을 교환한 관계였고, 책봉과 조공의 예를 교환하기 위해 상대국에 파견된 사신은 접대를 책임진 상대국의 관리들과 가장 밀접하게 접촉하는 것은 자연스러운 일이었다. 따라서 월남의 공사와 교유하고 시문 창화를 가장 많이 한 중국 문인은 당연히 중국의 중앙정부와 각 성에서 파견한 호공관으로, 이들은 흔히 반송관이라 칭해졌다. 반송관이란 중국 조정과 지방정부가 사사(使事)가 순리롭게 진행하도록 특파한 문무 호송관을 일컫는 말로, 전체 노정의 반송을 장송이라 하고, 경로의 각 성 경내에서 호송하는 것을 단송이라 했는데, 직무상 문무의 구분이 있었을 뿐만 아니라 호송 시간상으로도 장단의 구별이 있었던 것이다. 이들 반송관은 외교관 신분에 제한되어 월남의 북사와 정치 등 광대한 주제에 대해 깊은 담화를 나눌 수는 없었지만, 이들이 북사와 교환한 창화시는 시가 창화를 통해 월남이 '눈녕·문헌지국'임을 중국에 드러내 보인다는 월남 북사의 고유한 사명을 실현하는 유효한 수단이 될 수 있었다.

참고로 『월남한문연행문헌집성(越南漢文燕行文獻集成)』에 수록된 각종 『연행시집(燕行詩集)』에 나오는 월남 북사의 창화 상대를 정리하면 다음과 같다('월남 북사 이름 | 연행시집 제목 | 왕조 | 과거급제 등급 | 출사할 때의 관직 | 출사 시기 | 정·부사 | 창화 상대' 순으로 정리).

- 풍극관(馮克寬) | 『사화수택시집(使華手澤詩集)』 | 후여(後黎) | 진사(進士) | 공부(工部)좌시랑 | 만력(萬曆) 25 | 조선사(朝鮮使)
- 풍극관 | 『매령사화수택시집(梅嶺使華手澤詩集)』 | 천황제(天皇帝), 조선국사(朝鮮國使), 유구국사(琉球國使)
- 도공정(陶公正) | 『북사시집(北使詩集)』 | 후여 | 진사방안(進士榜眼) | 이부(吏部)우

시랑|강희(康熙) 12|부사(副使)|횡주독량관(橫州督糧官), 염주부(廉州府) 유학(儒學), 염주부 참군(參軍), 신흥현(新興縣) 정당(正堂), 양광관(兩廣官), 뇌백현(雷白縣) 정당, 석성현(石城縣) 위(尉), 합포현(合浦縣) 정당, 악주부(岳州府) 정당

•완공항(阮公沆)|『왕북사시(往北使詩)』|후여|진사|병부(兵部)좌시랑|강희 57|창오현(蒼梧縣) 정당, 형산현(衡山縣) 정당, 영주현(靈州縣) 정당, 동자(童子), 재상왕공자(宰相王公子), 진정부서(眞定府署), 기양현공(祁陽縣公), 금화주(金華州) 봉인(峯人), 절강(浙江) 거인(擧人), 천조(天朝) 흠차관(欽差官), 조선 정·부사, 판관(判官)

•완종요(阮宗窐)|『사정시집(使程詩集)』|후여|진사 제이갑제삼명(第二甲第三名)|형부(刑部)좌시랑|건륭(乾隆) 7|부사(副使), 정사(正使)| 남녕문관반송(南寧文官伴送), 무관반송(武官伴送), 오주부(梧州府) 정당, 광서영무관(廣西迎撫官), 포정관(布政官), 안찰관(按察官), 염도관(鹽道官), 전주주관(全州州官), 장사거사(長沙居士), 상상오인(湘上澳人), 강하현령(江夏縣令), 부정당(府正堂), 회음감생(淮陰監生), 시객(詩客)

•여귀돈(黎貴惇)|『계당시휘선(桂堂詩彙選)』|후여|진사 제일갑제이명(第一甲第二名)|한림원(翰林院) 시독(侍讀)|건륭 25|부사| 조선 정·부사, 서장관(書狀官), 반송관예부원외랑(伴送官禮部員外郎), 금릉공생(金陵貢生)

•완휘형(阮輝瑩)|『봉사연경총가병일기(奉使燕京總歌幷日記)』|후여|건륭 30|정사

•호사동(胡仕棟)|『화정유흥(花程遺興)』|후여|건륭 42|부사|광서순무(廣西巡撫), 포정주(布政州), 강남장군보국공(江南將軍輔國公), 악록서원생원(嶽麓書院生員), 은사(隱士), 조선사(朝鮮使), 파릉현(巴陵縣) 정당, 무반송 수하노장(手下老將)

•반휘익(潘輝益)|『성사기행(星槎紀行)』|서산(西山)|건륭 55|팔순경하사(八旬慶賀使)|화어시(和御詩), 조선국사, 부사, 서장관, 예부주사, 용주분부(龍州分府)

•무휘진(武輝瑨)|『화원수보집(華原隨步集)』|서산|건륭 54|정사|사은부(思恩府) 정당, 반송(伴送), 위휘부(衛輝府) 정당, 응제시(應製詩), 구시자(求詩者), 선사(禪師), 임빈현윤(林頻縣尹), 수재(秀才), 진록현지현(眞祿縣知縣)

• 무휘진 | 『화정후집(華程後集)』 | 서산 | 건륭 55 | 호종사(扈從使) | 응제시, 조선국사, 부사, 예부주사, 내각중서(內閣中書), 광동도대(廣東道臺), 장원(狀元), 통사(通事), 반송관

• 단준(段浚) | 『해연시집(海煙詩集)』 | 서산·완조(阮朝) | 건륭 55 | 한림대제(翰林待制) | 조선 판서(判書), 길수(吉水) 유의(儒醫), 대황제(大皇帝), 조선 서장관(書狀官)

• 오시임(吳時任) | 『황화도보(皇華圖譜)』 | 후여 | 진사 | 건륭 58 | 구봉사(求封使)

• 무휘진·오시임·반휘익 | 『연대추영(燕臺秋詠)』 | 조선 국사, 응제시, 예부주사

• 일명(佚名) | 『사정시집(使程詩集)』 | 서산 | 건륭 56~59 | 문단송, 무단송, 문장송, 무장송, 광서순무, 형부관(刑部官), 수재, 정주지주(定州知州)

• 완제(阮偍) | 『화정소견집(華程消遣集)』 | 후여·서산 | 건륭 54, 건륭 60 | 을부사 | 응제시, 단송한양분부(短送漢陽分府), 송호원사성부(送護原泗城府) 정당, 호송(護送), 통사(通事), 조선국 사신, 숙주(宿州) 정당, 봉려도조대인(鳳廬道刁大人), 길수 정당

• 정회덕(鄭懷德) | 『간재관광집(艮齋觀光集)』 | 완조 | 가경(嘉慶) 7 | 정사 | 수재, 혜진상인(慧眞上人), 동완현(東莞縣) 정당, 월성(粵城) 반사(伴使), 절강 감생(監生), 광서성 수직랑팽숭령반사(修職郎彭嵩齡伴使), 산가노포(山家老圃), 안양현(安陽縣) 거인(擧人), 사부(士夫)

• 오인정(吳仁靜) | 『습영당시집(拾英堂詩集)』 | 완조 | 가경 7 | 부사 | 향산시사(香山詩社), 하남독학정(河南督學政)

• 여광정(黎光定) | 『화원시초(華原詩草)』 | 완조 | 가정삼가(嘉定三家), 가경 7 | 청봉정사(請封正使) | 광서태평부정당총리변무(廣西太平府正堂總理邊務), 상담륙예지현(湘潭陸豫知縣), 한양원외랑(漢陽員外郎), 하남독학정, 단송하간분부(短送河間分府), 중주(中州) 진사

• 완가길(阮嘉吉) | 『화정시집(華程詩集)』 | 후여 | 진사 | 완조 가륭(嘉隆) 4 | 을부사 | 개봉성성(開封省城) 하남독학사(河南督學使), 숙허주(宿許州) 진사

• 무희소(武希蘇) | 『화정학보집(華程學步集)』 | 완조 | 가경 9 | 사부녹사(使部錄事) | 수재,

염도관(鹽道官)

•정상보(丁翔甫)|『북행우필(北行偶筆)』|완조|가경 24|하수사(賀壽使)|조선국사

•반휘주(潘輝注)|『화초음록(華軺吟錄)』|완조|도광(道光) 5|여청갑부사(如淸甲副使)|예부주사(禮部主事), 형조낭중(刑曹郎中)

•등문철(鄧文哲)|『화정략기(華程略記)』|낭중(郎中)|도광 9|여청을사(如淸乙使)|태평부(太平府) 단송, 형주(衡州) 단송, 한양현(漢陽縣) 정당, 접공(接貢)

•반휘주(潘輝注)|『화정속음(華程續吟)』|도광 11|재차북사(再次北使)|장송, 태평부 정당, 유주(柳州) 무재(茂材), 황주(黃州) 공생(貢生), 장송, 심주지부(潯州知府), 계림(桂林) 무재

•장호합(張好合)|『몽매정시초(夢梅亭詩草)』|도광 11|갑부사|장송조의대부지심주부사(長送朝儀大夫知潯州府事), 협진도독(協鎭都督), 장송직례흥업현위(長送直隸興業縣尉), 기주우름생(蘄州優廩生), 한양거인(漢陽擧人), 거인, 선호(船戶), 광서계림 무재

•이문복(李文馥)|『민행잡영(閩行襍詠)』|도광 11|복건사행(福建使行)|등무과진사반송(登武科進士伴送), 흥화부동지진사(興化府同知進士), 사마(司馬), 참군(參軍), 진사

•여광원(黎光院)|『화정우필록(華程偶筆錄)』|도광 13|북사|귀현지(貴縣知), 등강현현지(滕江縣縣知), 오주(梧州) 단송, 양상지현(陽翔知縣), 계림 단송무덕기위(短送武德騎尉), 단송, 광서 장송우강병비도(長送右江兵備道), 장송의녕협진(長送義寧協鎭), 영릉지현(零陵知縣), 기양지현(祁陽知縣), 호남형영류계(湖南衡永柳桂), 도대단송(道臺短送), 한양지현(漢陽知縣), 기현지현(淇縣知縣)

•이문복|『월행음초(粵行吟草)』|도광 12|광동출사(廣東出使)|거사, 중외기영회(中外耆英會), 문사(文士), 주강군영회(珠江群英會)

•여백사(汝伯仕)|『월행잡초편집(粵行雜草編輯)』|명명(明命) 13|광동행(廣東行)|양광총독(兩廣總督), 광동순무(廣東巡撫), 중외군영회(中外群英會), 묵지서영회(墨芝犀英會)

•이문복|『삼지월집초(三之粵集艸)』|도광 15|광동출사|문사

•이문복|『경해속음초(鏡海續吟草)』|도광 16|광동|오문분부(澳門分府), 향산현승(香山縣丞)

•범세충(范世忠)|『사청문록(使清文錄)』|도광 18|북사|청국 사부(士夫), 단송하남개봉부정당거인(短送河南開封府正堂擧人), 홍안훈도거인(興安訓導擧人)

•이문복|『주원잡영초(周原襍詠草)』|도광 21|예부우참지(禮部右參知)|정사|사신(士紳), 신파호송진사(新派護送進士)

•범지향(范芝香)|『미천사정시집(郿川使程詩集)』|도광 25|갑부사|조선 서장관, 태수(太守), 거인

•완문초(阮文超)|『방정만리집(方亭萬里集)』|도광 29|부사(副使)|장송유주태수(長送柳州太守), 광서무대(廣西撫臺), 단송하남태수(短送河南太守), 반송, 무장송참융(武長送參戎)

•범지향|『지암동계시집(志庵東溪詩集)』|도광 25, 함풍(咸豐) 2|양차북사(兩次北使)|한양거인(漢陽擧人), 조선 서장관, 회경(懷慶)태수, 태평군수(太平郡守), 담원군백(澹園郡伯), 사관감생(史館監生), 단송신녕지주(短送新寧知州), 광서무대, 장송평락동지부광서얼대(長送平樂同知府廣西臬臺), 영명거인(寗明擧人)

•반휘영(潘輝泳)|『인정수필(駰程隨筆)』|함풍 2|답사정사(答 謝正使)|광서무대, 광서번대(藩臺), 광서얼대(臬臺), 단송상덕청군부(短送常德清軍府), 단송, 문장송

•등휘착(鄧輝㸑)|『동남진미록(東南盡美錄)』|동치(同治) 4, 동치 6|양차 광동봉사(廣東奉使)|하남성사(河南星士), 수새

•완사한(阮思僩)|『연초시문집(燕軺詩文集)』|동치 7|선화현지현(善化縣知縣), 훈도(訓導), 호남 단송, 파릉 막객(幕客), 호북 접공(接貢), 호북 직례주지주서한양부사(直隷州知州署漢陽府事), 호남도사(湖南都司), 장군막객(將軍幕客), 조선 사신, 남양태수(南陽太守), 호남위원(湖南委員), 유사(游士), 절강안찰(浙江按察), 후보(候補), 호남반송, 호남 후선훈도(候選訓導), 상음학생(湘陰學生), 호남 선화지현(善化知縣), 호남 영주지부(永州知府), 호남 호공(護貢), 부양지현(富陽

知縣), 호남도사, 조선 대배신(大陪臣), 이배신(二陪臣), 삼배신(三陪臣), 생원(生員), 병부주수(兵部主守), 남양태수(南陽太守), 호남 단송, 호남 호접(護接), 사마(司馬), 계림현지현(桂林縣知縣), 장사정사(長沙貞史)

- 범희량(范熙亮) | 『북명추우우록(北溟雛羽偶錄)』 | 동치 9 | 갑부사 | 숭산현령(崇山縣令), 효렴(孝廉), 호남 위원(委員), 영릉지현(零陵知縣), 호공(護貢), 호북 호공(護貢), 호찰고사(湖扎皐使), 신양도대(信陽道臺), 하남 단송지부(短送知府), 장송, 조선 영력관(領曆官), 반송, 정사(貞史), 호남 단송, 광서 반송, 반송사마(伴送司馬)
- 배문사(裵文祀) | 『만리행음(萬里行吟)』 | 광서 2 | 판내각사무(辦內閣事務) | 정사 | 영천대윤(靈川大尹), 광서방백(廣西方伯), 호공관찰(護貢觀察), 호남 단송관찰(短送觀察), 장군(將軍), 호북 단송후보지부(短送候補知府)
- 양은수(楊恩壽)(中)·배문사(越) | 『치주수창집(雉舟酬唱集)』 | 염운사함호북후보도호북호공관(鹽運使銜湖北候補道湖北護貢官)=접반사(接伴使)
- 완술(阮述) | 『매회음초(每懷吟草)』 | 광서 6 | 세공정사(歲貢正使) | 호북 호공관찰(護貢觀察), 호북 경력(經歷), 국자감제주(國子監祭酒), 한림태사(翰林太史), 선부주사(選部主事), 공부낭중(工部郎中), 내각시독(內閣侍讀), 하남반송남양부지부보용도(河南伴送南陽府知府補用道), 호북반송후보지현(湖北伴送候補知縣), 장사부감운사함보동지부(長沙府監運使銜補同知府), 전주지주(全州知州), 영천현령(靈川縣令), 계림태수(桂林太守)

4. 책봉사와 월남 반송관의 한시 창화

월남의 북사가 중국에서 황제, 관료, 사대부 그리고 반송관들과 한시를 창화했듯이, 중국의 사신들도 월남에서 군주와 신료, 특히 접대 관원들과 한시를 창화했다. 월남은 이미 궁정에서 군신이 창화하는 전통이 있었으니, 15세기에 후여(後黎) 성종(聖宗)이 소단회(騷壇會)를 만들고 친히 주도적으로 20여 저명한 문신과 한시를 창화한 것이 그 대표적 사례라 할 수 있다. 월남의 역대 군주들은 대부분 한시를 잘 지어서 중국 사신의 사교시집(使交詩集)에는 언제나 월남 군주의 증별시(贈別詩)가 수록됐으니, 여즉(黎崱)의 『안남지략(安南志略)』에는 진조(陳朝)의 적지 않은 군주들이 원사(元使)에게 증여한 한시가 수록됐고, 명사(明使) 담약수(湛若水)와 반희증(潘希曾), 청사(淸使) 덕보(德保)와 고여수(顧汝修)의 문집에도 여조(黎朝) 군주들의 증시(贈詩)가 수록돼 있다. 월남 안남국(安南國)의 군주는 과거(科擧) 출신으로 시를 잘 짓는 문사(文士)들을 시켜 중국 사신을 접대하며 한시를 창화(唱和)하게 해서 월남이 '문헌예의지방(文獻禮儀之邦)'임을 중국인에게 알려 월남이 만이(蠻夷)로 멸시되지 않기를 기대했다.[240]

기왕의 연구에 의하면, 지금까지 사교시(使交詩)로는 중국 사신 40명이 쓴 사교시집 6부(部)와 출사시(出使詩) 1,200여 수가 남아 있다. 송조(宋朝)는 사교시가 있는 사신의 수가 1명이고, 시작(詩作)의 수는 2수, 안남인의 창화시 혹은 증시가 1수 있지만, 사교시집은 없다. 원조(元朝)는 사교시를 지은 사신이 15명이고, 시작은 228수, 창화시가 9수 있고, 시집은 1부 남아 있다. 명조(明朝)는 사교시 사신 19명, 시작 787수, 창화시 10수, 시집 3부이고, 청조(淸朝)는 사교시 사신 5명, 시작 204수, 창화시 49수, 시집 2부가 있다. 총계는 사교시가 남아 있는 사신이 모두 40명이고, 시작이 1221수, 안남인의 창화시 69수, 시집 6부가 남아 있다. 송·원조 가운데 1292년에 출사한 진부(陳孚)는 107수의 사행시(使行詩)를 남겼고, 1335년에 출사한 부약금(傅若金)은 100수의 출사시를 남겼다. 명조는 1369년에 출사한 장이녕(張以寧)이 87수, 1370년과 1377년에 출사한 임당신(林唐臣)은 94수, 1431년과 1442년에 출사한 장창(章敞)은 62수, 1506년에 출사한 노탁(魯鐸)은 92수, 1506년에 출사한 장홍지(張弘至)는 146수, 1512년에 출사한 반희증(潘希曾)은 44수, 1522년에 출사한 손승은(孫承恩)은 140수, 1658년에 출사한 서부원(徐孚遠)은 54수의 출사시를 남겼다. 청조(淸朝)는 1664년에 출사한 오광(吳光)이 123수, 1688년에 출사한 주찬(周燦)이 48수, 덕보가 17수, 고여수가

---

240. 李娜, 「10-18世紀中國赴越使臣與越南官員交流方式淺析」, 89쪽.

12수의 출사시를 남겼다. 이로 보아 명조에서 안남에 사신을 보낸 차수가 가장 많고, 명사의 사교시가 가장 많이 남아 있음을 알 수 있다.[241]

중국 사신의 사교시는 여정에 따라 사행 경로를 기술하거나 월남의 풍광을 묘술하고 충절과 사명감을 표현하기도 했다. 특히 사교시의 제목은 사행 경로의 지명으로 지어져서 문자 지도의 역할을 하기도 했다. 예컨대, 「순승문(順承門)을 나와 노구교(盧溝橋)를 지나, 사신이 진정(眞定)과 무창(武昌)에 이르고, 다시 장사(長沙), 웅파령(熊罷嶺), 광서요(廣西謠), 계림(桂林)에 이르렀다」는 등 시간과 지명으로 시명(詩名)이 지었는데, 호광(湖廣)의 등왕각(滕王閣)·악양루(岳陽樓) 등과 광서(廣西)의 복파묘(伏波廟)·오만탄(烏蠻灘)·유후사(柳候祠) 등의 경관이 가장 많이 묘사됐다.

사교시 가운데서 월남 노선의 시가 중국 노선의 시보다 훨씬 적다. 6부의 사교시집에 의하면, 총 570수의 사교시 가운데 월남 노선이 157수로 27.5퍼센트에 지나지 않아 '사교'의 이름과 걸맞지 않게 느껴진다. 이는 월남 노선이 전체 여정의 10분의 1에 지나지 않고 월남에 체류하는 시간이 보통 3순(旬)에 지나지 않았으며, 사신이 기율에 구속되어 공적인 일 이외에는 월남인과 가볍게 접촉할 수 없었기 때문이다. 원사(元使) 진부(陳孚)와 청사(清使) 이선근(李仙根) 등은 "안남에 들어가서 관사(官事)가 끝나지 않으면 절대 시를 짓지 않는다"는 원칙을 견지했다. 월남 노선의 매우 많은 시, 특히 창화시는 사절의 일이 끝난 뒤에 지은 것이 많다. 진부의 『교주고(交州稿)』에는 107수의 한시가 기재됐는데, 월남 노선에서 지은 시는 18수였다. 명조 노탁(魯鐸)의 『사교고(使交稿)』에는 92수의 한시 가운데 월남 노선 시는 19수, 장홍지(張弘至)의 『만리지(萬里志)』에는 146수의 시 가운데 19수, 서부원(徐孚遠)의 『교행적고(交行摘稿)』는 54수 가운데 45수, 청조 오광(吳光)의 『사교집(使交集)』에는 123수 가운데 8수, 주찬(周燦)의 『사교음(使交吟)』에는 48수 가운데 48수로, 총계 570수의 시 가운데 157수가 월남 노선의 시였다.

241. 李娜, 「10-18世紀中國使安南使臣出使詩歌綜述」, 99쪽.

월남의 풍광을 묘사한 시는 주로 그 자연과 인문, 예컨대 남녀가 비녀와 신을 착용하지 않고 빈랑(檳榔)을 생으로 씹는 풍습, 검은 이빨, 짧은 웃옷과 굽은 소매의 옷차림, 땅에 자리 깔고 앉는 습관, 많은 수의 군사용 코끼리, 1년 3모작, 봄이 일찍 오는 날씨 등 특이한 산천·초목과 동물·인물 등을 묘사했다. 그중 원조의 진부가 지은 오언장시(五言長詩) 「안남즉사(安南卽事)」는 안남의 역사와 당시 정치·물산·풍속 등 정황을 가장 상세히 서술해서 매우 높은 역사적 가치를 갖고, 명사 반희증의 『남교기사(南交紀事)』도 상당한 사료적 가치를 갖는다.[242] 홍무(洪武) 제일장원(第一壯元) 출신인 오백종(吳伯宗)은 귀국한 뒤에 황제와 문답한 「상(上)께서 안남의 일을 묻다」라는 시에서 "상께서 안남 일을 물으시니, 안남의 풍속은 순박하나 의관은 당대(唐代)의 일월(日月)이고, 예악은 순(舜)시대의 건곤이라"[243]고 응답했다고 한다. 중국 사신의 사교시에는 왕왕 사신의 숭고한 인품과 애국충정, 절조 등이 표현되기도 했다.

그러나 중국 사신의 사교시 가운데 가장 많은 부분을 차지하는 것은 월남 군주나 관료들과 교환한 창화시였다. 월남의 사신들이 서로 한시를 창화하며 무료함을 달랬듯이 중국 사신들도 서로 창화했을 뿐만 아니라, 빈번하게 월남 군주나 접대 관원들과 만나 서로 시문을 창화하며 '천조(天朝)'의 일시동인(一視同仁)과 안남국의 충성 등을 가송(歌頌)했다. 월남의 군주나 세자 가운데는 시문에 능한 사람이 많아, 보다 적극적으로 중국 사신에게 증시하여 창화를 유도했고, 과거에 급제한 문망(文望) 있는 관원을 보내 사신을 접반하며 빈번하게 창화하게 하여 안남도 '문명예의의 나라'임을 중국에 과시하게 했다. 원사 장립도(張立道)는 월남에 세 번 출사해 이를 비교적 깊이 체감했기 때문에, 스스로 시를 지어 "안남은 비록 작지만 문장(文章)이 있어, 우물 안 개구리라 가볍게 말할 수 없다"[244]고 했다.

매우 많은 사교시의 제목을 통해 월남인이 증시하고 사신이 화답했거나 사

242. 李娜, 「10-18世紀中國使安南使臣出使詩歌綜述」, 100쪽.

243. 黎貴敦, 『全越詩』.

244. 李娜, 「10-18世紀中國使安南使臣出使詩歌綜述」, 102쪽.

신이 증시하고 월남인이 차운(次韻) 화답하는 두 가지 양식으로 중국 사신과 월남 접대 관원의 창화가 이뤄졌음을 알 수 있다. 첫 번째 양식은 월남 접대 관원이 먼저 중국 사신에게 증시한 뒤에 중국 사신이 화시(和詩)를 회증(回贈)하고, 접대 관원과 사신이 일창일화(一唱一和)로 순환 창화하여 국경에서 유별(留別)하는 것이다. 이 같은 형식의 창화시로 지금까지 가장 많이 보존된 것은 1861년에 월남에 출사한 청사 덕보와 고여수가 여조 군주 현종(顯宗)과 신료 진명림(陳名林)·단완숙(段阮俶)·여귀돈(黎貴惇)·진휘필(陳輝泌) 등과 창화한 것으로 모두 72수에 이른다. 두 번째 양식은 중국 사신이 먼저 시를 지어 안남 접대 관원에게 보인 뒤에 안남 접대 관원이 차운 화답하거나 중국 사신의 시재(詩才)를 칭송하여 수증(酬贈)하는 것이다. 이 같은 형식의 창화로서 현재 비교적 많이 남은 한시는 청사 주찬과 진공망(陳公望)·무유광(武惟匡)·황공진(黃公真) 등 10명의 접대 관원이 교환한 창화시들이다. 주찬이 48수의 칠언절구(七言絶句)를 창작하고, 10명의 접대 관원이 6수의 칠언절구와 28수의 칠언율시(七言律詩)를 창작했다.

지금까지 수집된 중국 사신과 월남 접대관원의 창화시는 그리 많지 않아서 완전한 형식의 창화시 즉 압운(押韻)하고 창시(唱詩)와 화시(和詩)가 있는 시는 대개 100여 수에 불과하다. 실제로는 이보다 훨씬 더 많았을 것이지만, 지금 남아 있지 않거나 아직 수집되지 못한 것이 적지 않다.[245] 한시 짓기에 능숙한 월남 문사들은 중국 사신과 한시를 증답(贈答) 혹은 창화함으로써 중국 사신을 탄복시키고 자국의 문화적 수준을 선양하여 외교적 이익을 극대화할 수 있었다.

중국의 문사들이 월남에 가서 월남의 문사들과 창화한 과정을 간략히 살펴보면 다음과 같다.

당(唐)이 월남 중북부에 안남도호부(安南都護府)를 설치하여 중국과 월남 사이에 문화 교류가 증대하고, 중국의 많은 문인·묵객이 남하하여 중국의 시풍(詩風)이 남쪽으로 전해졌다. 당조의 과거에는 월남인도 응시할 수 있어 "안남에서 진사(進士)는 8인까지, 명경(明經)은 10인까지 보낼 수 있었다."[246] 이러한 환경

245. 李娜,「10-18世紀中國赴越使臣與越南官員交流方式淺析」, 89-90쪽.

에서 당대의 월남은 문풍(文風)이 매우 성하여 요유방(廖有方), 강공보(姜公輔), 유감(惟鑒) 법사, 봉정(奉定) 법사 등 저명한 시인들이 활발하게 활동했고, 월남 시인과 중국 시인 사이에 우호적 교제와 시문의 창화가 다양하게 진행되어 적지 않은 가화(佳話)를 남겼다.[247] 이로 인해 "예로부터 지금까지 당시(唐詩)는 월남인이 가장 사랑하는 중국 문학이 됐다."[248]

송대에는 980년(太平興國 5년)에 정조(丁朝) 대장(大將) 여환(黎桓)이 찬탈하고 스스로 여조(黎朝)를 건립하여 북송(北宋) 태종(太宗)이 찬역(簒逆)이란 이유를 들어 월남을 침공했지만 실패했다. 송조는 986년(雍熙 3년)에 월남에 사신을 보내, 여환을 검교태보(檢校太保) 사지절(使持節) 도독교주제군사(都督交州諸軍事) 안남도호(安南都護) 충정해절도사(充靜海節度使) 경조군후(京兆郡侯)로 책봉하여 그의 실질적 통치를 승인했다. 『대월사기전서(大越史記全書)』「여기(黎紀)」에 의하면, "병술(丙戌) 7년, 송 옹희 3년 겨울 10월에 송이 좌보유(左補遺) 이약졸(李若拙)과 국자감박사(國子監博士) 이각(李覺)을 보내 제책(制册)을 가지고 와서 제(帝)를 안남도호 정해군절도사 경조군후로 책봉했다.…(帝가) 약졸과 각에게 이르기를 '작은 소방(小邦)의 산천이 천조로부터 만리나 멀리 떨어져 한쪽 구석진 땅에 있어 사신으로 왕래하고 산천을 발섭(跋涉)함이 역시 수고롭지 않은가'라고 하니, 각이 대답하여 말하기를 '본조의 제봉(提封)이 만 리에 달하고 열군(列郡)이 4백이며 땅에는 평평함이 있으니, 이 일방이 어찌 멀다고 할 수 있겠는가'라고 했다"고 한다. 그런데 『송사(宋史)』「유림전(儒林傳)」에서는 이 일이 조금 다르게 기술되어 있다. 이각이 "옹희 3년에 우보궐(右補闕) 이약졸과 함께 교주(交州)에 출사하니, 여환이 '이 땅의 산천은 험난해서 중조인(中朝人)이 갑자기 지나가기에 어찌 고달프지 않겠는가'라고 했다. 이에 이각이 '국가의 제봉(提封)이 만 리에 달하고 열군이 4백이어서 땅에는 평이한 곳도 있고 험난한 곳도 있는데, 이 일방(一方)

---

246. 『安南志略』, 374쪽.

247. 劉俊濤, 「淺析唐代安南詩人與中原士人的交往」, 『東南亞縱橫』 2011-10, 82쪽.

248. 陳忠喜, 「越南唐詩研究和飜譯的情況」, 『唐代文學研究年鑒』, 廣西師範大學出版社, 1999, 392쪽; 劉俊濤, 「淺析唐代安南詩人與中原士人的交往」, 『東南亞縱橫』 2011-10, 85쪽.

이 어찌 운운하기에 족한가'라고 하니, 환이 아무 말도 하지 못한 채 기색이 꺾였다"고 한다. 여환과 이각의 대화가 이렇게 날카롭게 부딪힌 것은 바로 송과 여조가 전쟁한 뒤에 긴장관계에 놓여 있었기 때문이다.

그러나 987년에 다시 월남에 출사한 이각이 월남 법사 순(順)과 연구(聯句) 부시하여 일단의 우호적 가화를 남겼다. 『대월사기전서』「여기」에 의하면, "이각이 다시 안남에 출사하여…책강사(册江寺)에 이르니, (월)제(帝)가 거짓으로 이름이 순인 법사(法師)를 강령(江令)으로 삼아 그를 맞게 했다. 이각은 문담(文談)을 아주 잘했는데, 그때 마침 아(鵝, 거위)가 두 마리 물 위에 떠 있어 이각이 기꺼이 음시(吟詩)해 읊기를 '아(鵝) 아(鵝) 두 마리 아(鵝) 아(鵝), 천애(天涯)를 향해 우러러 본다'라고 하니, 법사가 노를 잡고 차운해서 이르기를, '백모(白毛)가 녹수에 펴져 있고, 홍도(紅棹)가 청파(淸波)를 연다'고 했다. 이각이 이를 기이하게 여겼는데, 관사(館舍)로 돌아가서 시를 지어 보내 이르기를 '다행히 밝은 때 만나 성대한 책략 돕기 위해, 한 몸이 두 번이나 교주에 출사한다. 동도(東都)와 두 번째 이별해서 마음 더욱 그리운데, 남월(南越)은 천 겹이라 이별하기 쉽지 않다. 말은 연무와 구름 밟으며 낭석(浪石)을 뚫고, 수레는 청장(靑嶂)과 헤어져서 장류(長流)에 배 띄운다. 하늘 밖에 하늘 있어 응당 멀리 비쳐지고, 계담(溪潭)의 평온한 물결에 달빛 비친다'고 했다. 순이 시를 바치자 제가 승려 오광월(吳匡越)을 불러 보여 주었더니, 광월이 이르기를 '이 시는 폐하를 높여서 그 임금과 다르게 보지 않은 것이다'라고 해서, 제가 그 뜻을 가상히 여겨 후하게 보내 주었다. 이각이 돌아간다고 인사하니 광월에게 명하여 곡(曲)을 지어 전별(餞別)하게 했는데, 그 가사(歌辭)에서 이르기를 '상스러운 빛 좋은 바람에 비단 돛 펼치고, 멀리 신선(神仙) 바라보며 제향(帝鄕)으로 돌아간다. 만 겹의 산수 너머 창랑(滄浪)을 건너가니, 구천(九天)으로 돌아가는 길이 길기도 하다. 비참한 마음 절박하여 이별잔을 마주하고, 구름 위에 올라가는 사성랑(使星郎)이여. 원컨대 변강(邊疆) 위하는 깊은 뜻 가지고, 우리 황상께 분명하게 아뢰 주오'라 하니, 이각이 절하고 돌아갔다"고 한다.[249]

13세기 초부터 월남은 진조(陳朝)가 통치하기 시작했고, 중국은 몽원(蒙元)에 의해 지배되기 시작했다. 몽원은 1253년과 1279년에 대리국(大理國)과 남송(南宋)을 병탄하고 1257년과 1284년·1287년에 세 차례 안남(安南)을 대거 침입했으나, 몽고(蒙古) 군대가 수토(水土)에 익숙하지 않고 월남인이 강렬하게 저항해 아무런 공을 거두지 못하고 돌아갔다. 성종(成宗)이 즉위한 뒤에 원조와 안남 진조는 안남국 군주의 입조(入朝) 거부 등 외교적 현안이 남아 있었음에도 불구하고, 기본적으로는 종번(宗藩) 관계로 진입해 빈번하게 사자를 교환했다. 기존의 연구에 의하면, 원조는 모두 27차례 사자를 월남에 파견했다.[250]

이들 사자들은 적지 않은 수의 사행록(使行錄)을 남겼는데, 장입도(張立道)의 『안남로(安南路)』, 서명선(徐明善)의 『천남행기(天南行紀)』, 소태등(蕭泰登)의 『사교록(使交錄)』, 문구(文矩)의 『안남행기(安南行記)』 등이 그것이다. 이 외에도 그들은 대량의 안남 기행시(紀行詩)를 남겼으니, 진부(陳孚)의 『교주고(交州稿)』, 지희선(智熙善)의 『월남행고(越南行稿)』, 부여려(傅與礪)의 『남정고(南征稿)』 등이 그것이다.[251]

원대에 중국에 귀화한 월남 사대부 여즉(黎崱)은 월남 진조(陳朝) 사람으로, 1285년(至元 22년)에 원조에 귀부하여 한양(漢陽)에 거주하며 산수를 즐기고 명사와 사귀면서 문헌을 연구했는데, 만년에는 가장 오래된 월남 역사서인 『안남지략(安南志略)』을 저술해 본국에 대한 지식을 집약했을 뿐만 아니라 중국에서 습득한 문학과 역사적 소양을 드러냈다.[252] 『안남지략』의 권17 「지원이래명현봉사안남시(至元以來名賢奉使安南詩)」에는 원대에 안남에 출사한 사절 14명의 시

249. 陸小燕·葉少飛, 「李覺使安南考」, 『紅河學院學報』 2011-5, 65-68쪽: 그러나 李覺과 順法師의 聯句 일화는 믿기 어렵다는 해석이 있다. 이 시가 唐代 駱賓王이 7살 때 쓴 아동시 「詠鵝雜言」과 아주 닮았기 때문이다. "鵝, 鵝, 曲項向天歌. 白毛浮綠水, 紅掌拔淸波"(陳熙晉 箋注, 『駱臨海集箋注』, 中州古籍出版社, 1985, 166쪽). 그리고 이각이 "天外有天"이라 한 것은 匡越의 해석과 달리 "在天之南"이란 뜻으로, 交州가 아주 멀리 있음을 가리킨다. 요컨대 이 일화는 後人이 이각의 이름을 빌려 增補한 것이라는 것이 육소연 등의 주장이다.

250. 馬明達, 「元代出使安南考」, 『明清之際中國和西方國家的文化交流-中國中外關係史學會6次學術討論會論文集』, 1997.

251. 張建偉, 「從元代安南紀行詩看中越文化交流」, 『西南邊疆民族硏究』 2016, 1쪽.

252. 杜藝玫, 「元朝與安南陳朝的文學交流-以黎崱『安南志略』爲中心」, 『山東大學碩士論文』, 2016, 5쪽.

가 수록됐다. 여기에 수록된 「옥당(玉堂)의 제공(諸公)이 천사(天使)에게 증송(贈送)한 시(詩)의 서문」에 의하면, 이들 사절 시인들은 모두 당대에 명성이 높은 문사들과 창화시를 교환했다. 『안남지략』의 권18 「안남명인시(安南名人詩)」에는 월남의 군주와 중신들이 이들 원조의 사신들과 나눈 창화시가 수록됐다. 원대에는 월남에 파견된 사신들이 안남국 군신과 한시를 창화하는 것이 관례가 됐다. 『지원 이래로 명현(名賢)이 안남에 봉사(奉使)하여 지은 시』에 수록된 14명 사신과 『전원시(全元詩)』에 수록된 2명을 포함해서 모두 16명의 사절이 안남에 출사해서 한시를 남겼다.[253]

원조의 사절 가운데 이사연(李思衍)의 경우 『전원시』에 「세자(世子)가 연석(燕席)에서 색시(索詩)하다」, 「세자가 전운(前韻)에 화답했는데, '재주 없음 돌아보고 석토(錫土)를 부끄러워하며, 단지 병이 많아 조천(朝天)을 빠뜨린다'는 구절이 있어 즉석에서 차운하다」, 「행신(行贐)의 예물을 사양하니, 세자가 육가(陸賈)의 일을 들어 일일이 받도록 권면해서 감사의 마음을 시로 나타낸다」 등 25수가 수록됐는데, 이들 시에서 안남국군(安南國君)이 친히 북상하여 조근(朝覲)하는 것을 원하지 않았음이 암시되기도 하고, 육가의 남월(南越) 출사 전고(典故)를 인용해 안남국군에게 책봉(冊封)·조공(朝貢) 관계의 회복을 권유하고, 혹은 자신이 궤금(饋金)을 받지 않았음을 과시하기도 했다. 여기서 말하는 '세자'란 즉 월남 진조의 국군(國君)을 가리킨다.

이사연과 함께 출사한 서명선(徐明善)은 「양산(兩山)을 도와 사교(使交)하여 봄밤에 바둑을 구경하고 세자에게 증송하다」란 시를 써서, 바둑을 빌려 원조와 안남국의 전국(戰局)을 은근히 비유했으니, 1288년에 몽원(蒙元)의 제3차 안남국 침공이 실패하자 안남국 군신이 전쟁의 승리로 인해 자만하는 심리를 갖게 됐음을 암유함과 동시에, 당시 이사연과 서명선의 담판이 어렵게 진행됐음을 시사하기도 했다. 그리고 「석상(席上)에서 구점(口占)한다」는 시에서 "안남세자 진일현(陳日炫)이 자리에서 색시하여 구점해서 응답한다"고도 했는데, 이에 대해

253. 王涵, 「元代出使安南使節詩人考」, 『長治學院學報』 2017-4, 39쪽.

진연(陳衍)의 『원시기사(元詩紀事)』에서는 "서방곡(徐芳谷)이 일찍이 교지국(交趾國)에 봉사했는데, 그 왕자 진일현이 공이 시를 잘한다는 말을 듣고 치주(卮酒)를 들고 일어나 색음(索吟)하자, 공이 구점하여 운운했다. 일현은 마침내 성의를 바쳐 봉공(奉貢)하니, 공의 성명(聲名)이 크게 떨쳐졌다"고 설명한 바 있다.

양증(梁曾)은 「여지화(荔枝花)」란 시를 썼는데, 『원사(元史)』 본전(本傳)에서는 "양증이 안남국에 출사했을 때 안남국군이 사절을 영접하는 태도가 거만해서 안남국군과 다툼이 발생해, 이 시를 통해 옛일을 빌려 지금의 일을 음영(吟詠)하여 사명(使命)을 욕되게 하지 않으려는 결심을 나타냈다"고 설명했다. 이간(李衎)은 「동묘자진(洞妙自眞) 세자의 운(韻)에 화답하다」를 썼는데, 여기서 '세자'란 진조의 인종(仁宗) 진일존(陳日燇)을 가리킨다.

1294년에 원 세조(世祖) 홀필렬(忽必烈)이 죽은 뒤에 원조는 안남국 공격을 포기했고 이간이 출사한 뒤부터 양국은 우호적 종번 관계로 들어갔기 때문에, 사절의 시는 대부분 한정시(閑情詩)에 속한다. 소태등(蕭泰登)은 『사교록(使交錄)』을 저술했는데, 그 권말에 안남국군의 수창시집(酬唱詩集)과 국서(國書)·봉공표문(封貢表文) 등을 부록했지만, 이 책은 남아 있지 않다. 전쟁이 끝난 뒤에 지은 「즉석에서 세자의 운에 화답하다」는 시에서, "지금부터 안남은 낙토(樂土)를 이뤘으니, 소심(小心)하게 오래도록 함께 요천(堯天) 받들리"란 시구를 통해 종전(終戰)에 대한 감개를 드러내기도 했다. 문구는 『안남행기』를 짓고 「세자 태허자(太虛子)에게 증송하다」란 시를 지었는데, 여기서 말하는 '태허자'란 진조 명종 진일광(陳日爌)의 호를 가리킨다.[254]

원대 사대부에게는 안남국이 이미 중국의 일부분이 아니었다. 당대 피일휴(皮日休)가 「삼수시(三羞詩)」에서 "남황(南荒)에 관리를 잘못 골라, 우리 교지(交趾)가 전복(顚覆)되기에 이르렀다. 삼사 년간 끊임없이 이어져서, 잘못 중화(中華)의 치욕이 돼 버렸다"고 읊었듯이, 당대 이후 월남은 중국과 완전히 다른 풍속과 문화를 갖게 됐다. 월남은 이제 더 이상 중국의 주(州)·현(縣)이 아니었고

254. 王涵, 「元代出使安南使節詩人考」, 39-41쪽.

몽원과 안남은 국(國)과 국의 관계였으니, 원조의 사신들은 모두 이국(異國)에 들어간 외국인의 입장에서 안남국을 관찰했다. 이들은 '월상조주(越裳朝周)', '육가사월(陸賈使越)', '마원동주(馬援銅柱)' 등 중·월 관계의 긴밀함을 표현하는 역사적 전고(典故)를 인용했지만, 진부가 「안남에서 즉사(卽事)하다」에서 "오대(五代)에 왕뉴(王紐)가 떨어지고, 제방(諸方)이 패도(霸圖)를 찢었다. 마침내 이제 풍기(風氣)가 격절(隔絶)하니, 문득 판장(版章)이 다름을 느끼게 된다"고 읊었듯이, 오랜 정치적 격절로 인해 양국의 기풍과 문화가 달라졌음을 스스로 인정했다.[255]

이로 인해 원조의 사신들은 원조와 진조의 평화 관계를 선양했으니, 진부는 「교지(交趾) 조지역(朝地驛)에서 즉사(卽事)하다」에서 "제(帝)의 덕이 요(堯)와 같이 크고, 산하가 모두 하나의 하늘에 덮여 있다. 새서(璽書)가 만 리에 시행되고, 동주(銅柱) 또한 천 년이나 됐다. 적치(赤幟)가 구름 사이에서 밝게 빛나고, 조의(烏衣)가 말 앞에서 절하고 있다. 무계(舞階)와 간우(干羽)가 있으니, 꼭 누선(樓船)에 기댈 필요 있겠는가"라고 읊었다. 여기서 말하는 '무계간우'는 『상서(尙書)』 대우모(大禹謨)의 "제(帝)가 문덕(文德)을 크게 펴서 베푸니, 양계(兩階)에서 간우를 춤추다"는 문장에서 나오는 말로, 문덕으로 교화함을 가리키는 말이다. 그리고 '누선'은 한 무제가 남월을 정벌할 때 동원한 전선(戰船)의 이름이다. 따라서 이 시구의 뜻은 몽원이 이제 더 이상 용병하여 월남을 침공하지 않고 덕으로 교화시킬 것임을 시사한다. 양증이 「취려지(吹荔枝)」에서 "황조(皇朝)는 본래 포모(包茅)를 요구할 뿐, 한(漢)과 당(唐)의 무익한 일은 하지 않는다"고 한 것도 같은 의미다. 유가적 소양과 식견을 갖춘 원조의 사신들은 기본적으로 '유원(柔遠)' 의식으로 무장돼 있었다. 이에 장백순(張伯淳)은 「이중빈(李仲賓)과 소방애(蕭方厓)를 보내는 서문」에서 "안남은 옛 월지(越地)로, 비록 구주(九州) 밖에 있지만, 혹 우(禹) 시대의 구복(舊服)이다. 옛날에 자사(刺史)를 두고 혹은 지키고 혹은 다스려서 정화(政化)가 미쳤다. 따라서 그 풍속은 문물(文物)을 알아 응당 임금을 존숭하고 부모를 친애하는 의리(義理)에 어둡지 않다"고 했다. 여즉의 『안남지

---

255. 王涵, 「元代出使安南使節詩人考」, 41-42쪽.

략』 권17에서도 "대저 유원(柔遠)은 덕(德)과 위(威)이니, 덕이란 성인(聖人)이 먼저 하는 것이고, 위란 성인이 부득이 하는 것이다"라고 하여, 안남 진조에 대해 위력을 행사하지 않고 덕으로 복속시켜야 한다는 의식을 드러냈다.[256]

한편 여즉의 『안남지략』 권18 「안남명인시」에는 진태왕(陳太王. 陳光昺), 안남국공(安南國公) 선락노인(善樂老人. 陳益稷), 진인왕(陳仁王. 陳日燇), 진영왕(陳英王. 陳日㷃), 진태허자(陳太虛子. 陳日烜) 등 10여 명이 포함됐고, 고사립(顧嗣立)의 『원시선(元詩選)』 「초집(初集)」에는 안남국군 진익직(陳益稷)의 시 12수가 수록되고, 3집에는 여즉의 시 15수가 수록됐으며, 「규집(癸集)」에는 진광병(陳光昺), 진일존(陳日燇), 진일훤(陳日烜) 등 '안남구인(安南九人)'의 시가 수록됐다. 원조의 사신 장현경(張顯卿)이 "안남은 비록 작지만 문장(文章)이 있어, 우물 안의 개구리라고 가볍게 말할 수 없다"고 할 정도로, 안남 진조의 왕실은 상당히 높은 수준의 한시 소양을 갖추고 있었고 조신 중에도 한시에 정통한 자가 적지 않았다.

이러한 문화적 조건으로 인해 원조 사자가 안남에 있는 동안 안남국 군주와 조신 등은 한시를 많이 증답하고 창화했으니, 이사연(李思衍)과 이중빈(李仲賓), 문구, 장기이(張期頤), 서명선, 진부, 양종서(楊宗瑞) 등의 사절들이 그 주요한 상대였다. 이사연은 출사할 때 안남 '세자'와 여러 차례 창화했는데, 세자가 연회 석상에서 색시(索詩)하여 이사연이 칠률(七律) 한 수를 짓자 세자가 전운(前韻)에 화답했고, 이사연이 다시 즉석에서 차운했다. 이사연이 안남을 떠나며 세자에게 고별했을 때, 세자는 또다시 칠률 한 수를 지어 증별(贈別)했다. 이중빈은 「동묘자진(洞妙自眞) 세자의 운에 화답하여」에서 "순아(笋芽)가 앞서 용신(龍神)을 자칭하며, 아름다운 무늬 빛내며 새롭게 출토(出土)했다. 어느 날 조천(朝天)하여 곧 대나무로 자라나니, 이 임금은 정신(精神)이 백배나 빼어나다"[257]고 하여, 세자가 원정(元廷)에 입조한 뒤로 재능이 크게 성장했음을 대나무에 비유해 칭송했다. 문구는 「세자 태허자(太虛子)에 증송하여」란 증시를 통해 세자가 원조

256. 張建偉, 「從元代安南紀行詩看中越文化交流」, 3쪽.

257. 『安南志略』 卷17.

의 사자를 접대함이 예절에 합치함을 칭송했고,[258] 진부는 청명일(淸明日)에 10수의 시를 지어 안남의 군신이 중국 당·송의 시문을 숙지하고 있어 쌍방이 모두 공동의 문화적 배경을 갖고 있음을 강조했다.[259]

원조 사자들의 이러한 칭양에 대해 월남의 군신도 적극적으로 화답하여, 창화시를 통해 상대방을 칭양하고 양국의 평화를 기원했다. 『안남지략』 권18 「안남명인시」에는 모두 14수의 시가 실려 있는데, 원조를 가송(歌頌)한 시가는 모두 5수로, 그중에는 4대 인왕 진일존이 쓴 3수와 6대 진태허자의 2수가 있다. 진인왕은 「천사(天使) 이중빈과 소방애를 송별하며」라는 증시에서 "상국(上國)의 은혜 깊고 정도 쉽게 느껴지지만, 소방(小邦)은 풍속이 천박하고 예도 부끄러운 점 많다"고 하며 정치적 겸손을 드러냈고, 6대 진명왕(陳明王)은 「운을 다시 써서 천사(天使)께 드린다」란 화시에서 "성은(聖恩)이 자운(慈雲) 사이에 호탕(浩蕩)하고, 교화가 만든 감로(甘露)가 세간(世間)에 가득하다"고 노래했다. 사자를 가송한 시는 4수 있는데, 소명왕(昭明王)이 쓴 「천사 시장경(柴莊卿) 이진(李振) 등에게 증송하다」란 시에서 "입에 머금은 위복(威福)이 임금을 포폄(褒貶)하고, 몸에 찬 안위(安危)가 나라의 중경(重輕)을 결정한다"고 하여 천사의 중요한 역할을 강조했다.

안남 군신과 사자의 친분을 가송한 시는 모두 5수 있다. 진태허자는 「천사 살지와(撒只瓦) 조자기(趙子期)를 송별하며」라는 시에서 "역기(驛騎)가 가는 곳에는 장무(瘴霧)가 깊지만, 해변에 빛 비추어 사성(使星)이 임했다. 사방에서 전대(專對)함은 남아의 뜻이고, 일시동인(一視同仁)함은 천자의 마음이다. 월국(越國)의 산하가 걸구(傑句)를 바치고, 주가(周家)의 우로(雨露)가 윤음(綸音)을 퍼뜨린다. 명조(明朝)가 구름의 남북에 서로 떨어져 있지만, 금일에 아름다운 말과 술이 술잔에 가득하다"고 하며 양국의 우호를 노래했다.[260] 사자를 송별하며 친분을 나눈 창화시로는 진광계(陳光啓)의 「시엄경(柴嚴卿)을 송별하며」라는 시가

---

258. 『安南志略』 卷17.

259. 張建偉, 「從元代安南紀行詩看中越文化交流」, 4쪽.

260. 杜藝玫, 「元朝與安南陳朝的文學交流-以黎崱『安南志略』爲中心」, 2-32쪽.

유명하다. 진태종(陳太宗)의 제3자인 진광계는 무장이자 외교가로 여러 나라 언어에 정통해 여러 차례 스스로 원조 사신을 영송(迎送)한 바 있는데, 이 시를 통해 "그대의 귀환을 환송하며 홀로 방황하는데, 말머리는 무척 빠르게 제향(帝鄉)을 가리킨다. 남북의 심정이 반정(返旌)에 걸리고, 주빈의 도미(道味)가 이별 술잔에 넘친다. 한번 담소하는 잠깐 동안에 분메(分袂)를 탄식하고, 함께 창수하는 사이에 침상 마주하며 아쉬워한다. 언제 다시 만나보게 될는지 알 수가 없어, 은근히 악수하며 쓸쓸한 마음 드러낸다"면서 이별을 아쉬워했다.[261]

『명사(明史)』 권321 외국열전(外國列傳) 2에 의하면, "안남은 옛 교지(交趾) 땅이다. 당 이전에는 모두 중국(中國)에 속했다. 오대(五代) 시에 처음으로 토인(土人) 곡승미(曲承美)가 제멋대로 점거했다. 송 초에 정부령(丁部領)을 교지군왕(交趾郡王)으로 봉했는데, 세 번 (왕위를) 이어 전하다가 대신 여환(黎桓)에 의해 찬탈됐다. 여씨도 3전(傳) 하여 대신 이공온(李公蘊)에게 찬탈됐다. 이씨는 8전 했는데 아들이 없어 그 사위 진일거(陳日炬)에게 전해졌다. 원 대에 그 나라를 여러 번 깨뜨렸다. 홍무(洪武) 원년에 이르러 왕 일규(日煃)가 요영충(廖永忠)이 양광(兩廣)을 평정했다는 소식을 듣고 사신을 보내 정성을 바치려 했다가, 양왕(梁王)이 운남(雲南)에 있어 그렇게 하지 못했다. 12월에 태조(太祖)가 한양지부(漢陽知府) 역제(易濟)에게 명해 초유(招諭)하게 했다. 일규는 소중대부(少中大夫) 동시민(同時敏), 정대부(正大夫) 단제(段悌)·여안세(黎安世) 등을 보내 봉표(奉表) 내조(來朝)하고 방물(方物)을 공납했다. 명년 6월에 경사(京師)에 도착했다. 황제가 기뻐하며 연회를 내리고 시독학사(侍讀學士) 장이녕(張以寧)과 전부(典簿) 우량(牛諒)에게 명해 안남국왕(安南國王)으로 봉하고 타뉴도금은인(駝紐途金銀印)을 하사하게 했다. 조서(詔書)에서 이르기를 '그대 안남국왕 진일규(陳日煃)는 조부 때부터 남수(南陲)를 수경(守境)하며 중국에 칭번(稱藩)하고 신직(臣職)을 공손하게 감당해 오래도록 대대로 봉해졌다. 짐은 천지의 영(靈)을 짊어지고 화하(華夏)를 숙청(肅清)하고 글을 보내 가서 알리게 했다. 경은 즉시 봉표(奉表) 칭신(稱臣)하며

261. 羅長山, 「越南陳朝使臣中國使程詩文選輯」, 『廣西教育學院學報』 1998-7, 210쪽.

사신을 보내 내하(來賀)하고 전인(前人)의 교훈을 본받아 먼 땅의 백성을 안정케 했다. 이 같은 정성을 돌아보고 매우 가상하게 생각한다. 이에 사신을 보내 인장(印章)을 가지고 가서 그대를 안남국왕으로 봉하게 한다. 아, 일시동인(一視同仁)하여 철왕(哲王)의 성전(盛典)을 생각해서 본받으니…영구히 번보(藩輔)가 되라…'고 했다."

그리고 『명사』 권285 문원열전(文苑列傳)에 의하면, 장이녕이 "홍무 2년 가을에 안남에 봉사하여 그 군주 진일규를 국왕으로 봉하고 어제시(御製詩) 한 장(章)을 보냈다. 그 지경에 다다랐을 때 일규가 사망하여 국인(國人)이 인조(印詔)를 그 세자에게 주라고 요청했으나 이녕은 허락하지 않고 이강(洱江) 가에 머물러 있으면서 세자에게 조정에 고애(告哀)하고 습작(襲爵)을 청하도록 타일렀다. 명을 얻은 뒤에도 사자 임당신(林唐臣)이 이르기를 기다린 뒤에야 입경(入京)해 일을 처리했다. 일이 끝난 뒤에 세자에게 삼년복상(三年服喪)을 가르치고 국인(國人)에게는 중국을 본받아 돈수계수(頓首稽首)의 예를 하도록 했다. 천자가 이를 듣고 가상히 여겨 새서(璽書)를 하사하고 육가(陸賈)와 마원(馬援)에 비유하며 다시 어제시 8장을 내렸다"고 한다.

원조 사신이 월남에 파견되어 진조의 군신과 한시를 창화한 전통은 당연히 명·청시대까지 면면히 이어졌다. 『대월사기전서』에 의하면, 1513년(正德 8년, 襄翼帝 洪順 5년) 정월에 "명이 정사 한림원편수(翰林院編修) 담약수(湛若水)와 부사 형과우급사중(刑科右給事中) 반희증(潘希曾)을 보내와서 (양익)제를 안남국왕으로 책봉했다." 그리고 헤어질 때 양익제와 두 사신은 증시하고 창화했다고 한다.[262] 『월남한문연행문헌집성』에 실린 완공항(阮公沆)의 『왕북사시(往北使詩)』 말미에는 양익제와 담·반 두 사람이 창화한 시 8수가 중·월 교류사의 진귀한 사료로 수록됐다.[263]

「천조(天朝)의 황제께서 은자(銀子) 십이 홀(笏)과 금수(錦繡) 십삼 필(疋)을 어

---

262. 何仟年, 「越中典籍中的兩國詩人交往」, 50쪽.

263. 『集成』 2冊, 3-4쪽.

사(御賜)하셨다. 처음 여조(黎朝)의 홍순(洪順) 4년 정월에 명에서 정사 한림원편수 담약수와 부사 형부급사중 반희증을 보내와서 홍순제(洪順帝)를 책봉해 안남국왕으로 삼고, 아울러 피급(皮笈) 한 부(副)와 상복(常服)을 증여하니, 제(帝)께서 담약수에게 시 한 수를 하사하셨다」는 제목의 시에서, "봉조(鳳詔) 삼가 받들어서 구중(九重) 나오니, 황화(皇華)가 가는 곳마다 봄바람이 모인다. 은혜가 월전(越甸)의 산천 밖까지 미치니, 사람들이 요천(堯天)을 일월(日月) 중에 우러러본다. 문궤(文軌)와 거서(車書)가 혼일(混一)로 돌아가고, 위의(威儀)와 예악(禮樂)이 우거져서 밝게 드러난다. 사성(使星)이 환하게 그 빛 두루 비치니, 삼태(三台)의 서색(瑞色) 같음을 미리 앞서 좋아한다"고 하여, 사신의 행차를 칭양하면서 월남이 문명국임을 은근히 자랑했다. 이에 「담약수가 차운하여 화답」해서, "산성과 수곽(水郭)이 겹겹이 에워싸고, 신시(新詩)를 처음 읊으니 국풍(國風)을 알 수 있다. 남복(南服)은 말하지 마소 땅이 멀다고, 북신(北辰)이 보천(普天) 중에 오래 있으니. 봄바람이 호탕(浩蕩)하여 꽃들 함께 춤을 추고, 화일(化日)이 밝게 돌아와 다시 함께 녹아든다. 천어(天語)의 뜻 잊지 않고 선전(宣傳)하여, 중외(中外) 함께 태평하기를 오래도록 기약한다"고 응수했다.

이에 안남국의 「제(帝)가 반희증에게 시 한 수를 하사하여」, "홍운(紅雲)이 안전(案前)에서 붉게 빛나자, 사성(使星)의 광채가 남천(南天)에 환히 비친다. 예규(禮規)와 의구(義矩)가 주선(周旋)하는 사이에, 화기(和氣)와 춘풍(春風)이 소어(笑語)에 잇닿는다. 은조(恩詔)가 널리 베풀어져 우로(雨露)를 새롭게 하고, 염봉(炎封)의 제사 기리 지내 산천은 오래된다. 정지(情知)를 원대하게 현업(賢業) 펼쳐 벌리어서, 황가(皇家)를 억만 년 동안 힘써 보좌하리라"고 명조와의 우호를 다짐하자, 「희증이 차운 봉화(奉和)하여」에서 "황가(皇家)의 성교(聲教)가 예전에는 없었으니, 오늘의 봄바람이 남천(南天)을 움직인다"고 응답했다.

사절이 일을 마치고 귀국할 때도 「제가 또 시를 지어 담약수를 전별(餞別)하며」 "성조(聖朝)의 치화(治化)로 문명(文明)을 바로잡고, 내상(內相)이 삼가 받들어 사절(使節)이 행차했다. 성례(盛禮)가 옹용(雍容)하여 도수(度數)를 밝혀 주고, 지인(至仁)이 광탕(廣蕩)하여 은영(恩榮)을 밝게 한다. 위로하여 머무르게 은근한 뜻 전하지만, 친히 전별하며 굽이치는 정을 이길 수 없다. 이후로는 난파(鑾坡. 翰林院의 별칭)에서 (황제의) 고문(顧問)을 받들고, 남방(南邦)의 민물(民物)은 승평(昇平)의 동산에서 살리라"고 이별을 아쉬워하자, 「담약수가 차운 봉화하여」 "더욱 삼가 직방(職方) 닦아 성덕(聖德)에 보답하여…만 리 먼 곳에도 명위(明威)의 도가 탕평하기를" 기원했다. 「제가 또 시를 지어 반희증을 전별하며」 "건곤(乾坤)이 청태(清泰)하여 삼춘(三春)에 속하는데, 사절이 광림(光臨)하여 희색(喜色)이 새롭다.… 오늘 성초(星軺)가 북궐(北闕)로 돌아가니, 전연(餞筵)의 배주(杯酒)를 자주 사양하지 마소"라고 이별을 아쉬워하자, 「희증이 차운 봉화하여」 "만 리 먼 곳 백월(百越)에서 봄바람을 바라보니, 장연(瘴烟)이 소진하고 사물이 새로 아름답다. 문서(文書)가 다르지 않아 주제(周制)를 이루었고, 비약해서 같은 바탕으로 인정(仁政) 크게 이루었다"고 월남의 문물을 칭양함으로써 외교적 행사를 화목하게 마무리했다.[264]

월남의 북사(北使)가 중국에서 황제, 관료, 사대부 그리고 반송관(伴送官)들과 한시를 창화했듯이, 중국의 사신들도 월남에서 군주와 신료, 특히 접대 관원들과 한시를 창화했다. 월남은 이미 궁정에서 군신이 창화하는 전통이 있었고 월남의 역대 군주들은 대부분 한시를 잘 지어서, 중국 사신의 사교시집에는 언제나 월남 군주의 증별시가 수록됐다. 월남 군주는 과거 출신으로 시를 잘 짓는 문사들을 시켜 중국 사신을 접대하며 한시를 창화하게 해서 월남이 '문헌예의 지방'임을 중국인에게 알려서 월남이 만이(蠻夷)로 멸시되지 않기를 기대했다. 중국 사신의 사교시(使交詩)는 여정에 따라 사행 경로를 기술하거나 월남의 풍광을 묘술하고 충절과 사명감을 표현하기도 했다. 중국 사신의 사교시에는 왕왕 사신의 숭고한 인품과 애국충정, 절조 등이 표현되기도 했지만, 가장 많은 부분을 차지하는 것은 월남 황제나 관료들과 교환한 창화시(唱和詩)였다.

월남의 사신들이 서로 한시를 창화하며 무료함을 달랬듯이 중국 사신들도 서로 창화했을 뿐만 아니라, 빈번하게 월남 황제나 접대 관원들과 만나 서로 한

264. 『集成』 2冊, 5-38쪽.

시를 창화하며 '천조'의 일시동인과 안남국의 충성 등을 가송했다. 월남의 군주나 세자 가운데는 시문에 능한 사람이 많아 보다 적극적으로 중국 사신에게 증시하여 창화를 유도했고, 과거에 급제한 문망 있는 관원을 보내 사신을 접반하며 빈번하게 창화하게 하여 안남도 '문명예의의 나라'임을 중국에 과시하게 했다. 매우 많은 사교시의 제목을 통해 월남인이 증시하고 사신이 화답했거나 사신이 증시하고 월남인이 차운 화답하는 두 가지 양식으로 중국 사신과 월남 접대 관원의 창화가 이뤄졌음을 알 수 있다. 한시에 능숙한 월남의 문사들은 중국의 사신과 시가를 증답 혹은 창화함으로써 중국 사신을 탄복시키고 자국의 문화적 수준을 선양하여 외교적 이익을 극대화할 수 있었다.

5. 시언지(詩言志)와 투시(鬪詩)

월남과 중국의 사신이 상대국의 반송관과 한시를 증답(贈答)하거나 수창(酬唱)한 창화 외교는 그 연원이 『시경(詩經)』의 행역시(行役詩)와 춘추시대 시언지(詩言志)의 전통까지 거슬러 올라간다. 행역이란 병역과 노역, 공무로 인한 출장 등을 말하는데, 사신의 출사(出使) 행역시는 가장 일찍 『시경』의 「소아(小雅)」 황황자화(皇皇者華)와 「국풍(國風)」 소남(召南)·소성(小星) 등에서 보인다. 이러한 『시경』의 영향으로 인해 사신은 출사할 때 시로써 기정(紀程) 즉 사행의 노정을 기록하는 것이 문학적 전통이 됐으니, 남북조(南北朝)시대 시인 범운(范雲)의 북사시(北使詩)와 양송(兩宋)시대 시인 범성대(范成大)의 사금시(使金詩) 등이 그 대표적 사례라 할 수 있다.

월남 북사(北使)와 중국 반송관(伴送官)의 한시 창화(唱和)도 행역시의 성격을 띠고 있고 시가 내용도 기정한 작품이 많다. 용문빈(龍文彬)은 『만리행음(萬里行吟)』 서문에서 "삼백 편 중에 나오는 열국 경대부(卿大夫)의 행역 작품은 백세 동안 음송됐으니, 그 땅을 밟고 그 사람을 접함은 엄폐할 수가 없다"고 하여, 북사 배문사(裵文祀)의 시가를 칭찬했다. 시언지(詩言志)는 춘추시대 경대부가 연향

(燕享)과 빙문(聘問) 등의 장소에서 부송(賦誦)하거나 인시(引『詩』) 즉 『시경』 장구를 인용해 자기의 뜻을 에둘러 표현한 것을 말하는데, 이러한 형식은 점차 사신과 출사국 문신 사이의 한시 증답과 창수로 변화해 하나의 독특한 외교적 전통으로 발전했다. 『치주수창집(雉舟酬唱集)』의 성경발(盛慶紱) 서문에서 "춘추시대에 그 사신이 빙문할 때 숙향(叔向)과 자산(子産), 계찰(季札), 안평중(晏平仲) 같은 무리는 모두 '부시아가(賦詩雅歌)'하며 '종용연음(從容燕飮)'하여 주빈(主賓)의 성대함을 이루었는데, 후세에 일본 조감(晁監)과 고려 최치원(崔致遠)이 당에 출사했을 때도 왕우승(王右丞), 배서자(裵庶子), 고비서(高祕書) 등과 칭선(稱善)했다. 지금 그대는 조(晁)와 최(崔)에 부끄럽지 않다"고 하여, 춘추시대 시언지의 전통이 당대의 일본 견당사(遣唐使) 조형(晁衡)과 왕유(王維)의 창화, 신라 사인 최치원과 배졸(裵拙)·고언휴(高彦休)의 창화로 발전했음을 지적함으로써 중·월 사신 창화의 연원을 시사한 바 있다.[265]

중·월 사자와 반송관의 한시 창화는 춘추시대 시언지에 그 역사적 연원을 두고 있었을 뿐만 아니라, 창화시가 원래부터 갖고 있었던 투시(鬪詩) 혹은 쟁시(爭詩)의 본질적 성격도 계승하고 있었다. 북사 즉 중국으로 출사한 월남 사신과 이들을 접반한 중국 반송관의 한시 창화는 단순한 문학적 교유 과정에 그치지 않고 서로 재주를 뽐내어 승리를 다투는 투시 혹은 쟁시의 의미도 있었다. 이러한 문학적 경쟁은 월남 사자 배문사와 반송관 양은수의 창화 과정에서 가장 잘 나타났다. 두 사람이 악양(岳陽)에서 처음 창화한 뒤로 창화가 끊어지지 않고 이어진 것은 일종의 경쟁의 연속이었다. 양은수는 이러한 정황을 다음과 같이 전했다. "내 전시(前詩)가 처음 가자 화작(和作)이 곧 뒤따라옴에 일(日)이 쌓이지 않고 시(時)가 쌓이지도 않고 각(刻)도 쌓이지 않았다. 비바람에 밤이 깊어 옷을 벗고 누웠는데, 시(詩)가 이르러 벌떡 일어나서 동방이 밝아짐을 기다리지 않았다.…" 두 사람은 화시를 짓는 속도가 비슷했을 뿐만 아니라 한시의 격조에서도 비슷한 수준을 드러냈기 때문에 시 짓기 기교상의 경쟁을 계속 이

265. 張寧,「越南貢使與中國伴送官的文學交游-以裵文祀與楊恩壽交游爲中心」,142쪽.

어 갔다.

두 사람은 창화할 때 두 가지의 용운(用韻) 방식을 써서 화시의 난도를 높였다. 그중 한 방법은 한 개의 시제(詩題)하에서 반복적으로 첩운(疊韻)하여 이화(二和) 심지어는 삼화(三和)하는 것이니, 예컨대 「호상춘설(湖上春雪)」이란 일제(一題)로 양은수가 눈 속에서 수창(首唱)하면 배문사가 화작(和作)하고, 양은수가 첩운하여 재화(再和)하면 눈이 온 뒤에 배문사가 전운(前韻)을 다시 첩운하여 삼화했다. 「달밤에 청천각(晴川閣)에 올라」란 시제는 양은수가 선창하고 배문사가 화답했는데, 그 뒤에 배문사가 병으로 시를 지을 수 없게 되자 양은수가 이 시제의 운을 거듭 사용하여 세 수의 시를 연작해서 문병했다. 전후 세 개의 시제가 한 운을 동첩(同疊)하여 모두 7수를 첩운했는데, 그중 양은수가 5수, 배문사가 2수를 지었다.

양은수는 헤어질 때 「주강 시랑을 송별하며」라는 시를 지어 배문수와의 창화가 치열한 쟁시였음을 추억했다. "시를 읊조림이 하루의 일과가 되고, 수창에 익숙해져 일상이 됐다. 초에 금 새겨가며 매번 빠르기를 겨루었고, 구운(鬮韻)하며 언제나 강함을 내기했다. 시종이 지치도록 분주하게 다니다가, 깊은 밤에 음낭(吟囊)을 갖게 된다. 옷 걸치고 일어서기도 전에, 펼쳐서 읽어 보거나 침상 위에 놓아둔다."[266] '구운' 즉 험운(險韻)으로 실력을 겨루었다고 직접 토로하였으니, 북사와 반송관의 창화가 하나의 투시 혹은 쟁시였음은 의심할 바가 없는 일이었다.

월남 사신과 중국 반송관은 그 신분이 모두 각자의 국가를 대표했기 때문에, 말 한 마디 행동 하나가 반드시 각자 국가의 위신과 연계된 것으로 의식됐다. 이로 인해 배·양 두 사람에게 한시의 창화는 표면적으로는 개인적 문학 교류에 불과했지만, 내면적으로는 국가의 체면을 보존하는 보다 깊은 뜻이 숨겨져 있었다. 이와 동시에 쌍방은 '진공수호(進貢修好)'라는 국가적 성사(盛事)로 인해 지나치게 상대방을 난감하게 할 수는 없었기 때문에, 창화할 때는 쌍방이 모두 적

266. 『集成』 22冊, 258-260쪽.

절한 힘의 균형을 배려하기도 했다.[267]

청 말 이전에 '천하'에는 '동문지국(同文之國)'이 다섯 있었으니, 중국과 월남, 한국, 일본, 유구 등이 그것이다. 경물이 같지 않지만 문교(文教)는 같았고, 풍속은 달라도 예악은 같았다. 특히 이들 다섯 나라는 함께 한자 문화권에 속하여 동일한 문자를 사용하고 동질의 문학을 향유했으니, 특히 한시(漢詩)는 이들 다섯 나라를 묶어 주는 유대의 역할을 수행했다. 월남 공사(貢使) 갑부사 여귀돈(黎貴惇)이 북경에서 조선 정사 홍계희(洪啟禧) 일행을 만나 시가를 창화했는데, 귀국한 뒤에 여귀돈이 추억하기를 "연도에서 중주(中州) 관료 사대부를 만나 문난(問難)하고 담변(談辨)한 것은 거의 적(敵)을 만난 것과 같았다. 또 조선 공사와 흠차(欽差) 반송관이 있어 모두 일시의 문호(文豪)였으니, 해외의 비루함을 보이지 않고 여러 번 서로 결어(結語)했다. 다행히 수답(酬答) 사이에 가볍게 비웃음을 받지 않고 오히려 칭찬을 받았다.…사람의 마음은 다르지 않아 성의로 서로 대하고 문자로 서로 알게 되니 사해가 모두 형제였다"[268]고 술회했다. 당시에 안남, 조선, 청조 등 동문 국가들의 외교관들은 한시 창화라는 문화적 교류를 통해 자국의 체면과 위신을 건 한바탕의 '우호적 경기'를 다투었다고 할 수도 있다.[269]

1869년(同治 8년)에 북경에 도착한 월남 사신 완사한(阮思僩) 일행은 정양문(正陽門)에서 내성(內城)으로 진입하여 길 위를 달리다가 조선 사자와 공교롭게 만났는데, 완사한은 그들의 의관에 대해 자세하기 기록했다. "그 사람은 사모관(紗帽冠)을 쓰고 교령남의(交領藍衣)와 백릉의령(白綾衣領)을 입었다…"[270] 공관에 도착해서 완사한은 시로써 그 흥분을 다음과 같이 기술했다. "마침 문관(門館) 부근에서 조선인 만나 반가운데, 서로 만나 옛날의 의관을 대략 알게 됐다."[271] 만청의 복제(服制)는 월남과 다르고, 월남의 복제는 명조와 같지만, 명

267. 張寧, 「越南貢使與中國伴送官的文學交游-以裴文禩與楊恩壽交游爲中心」, 142-143쪽.

268. 『集成』 4冊, 12쪽.

269. 張京華, 「三'夷'相會-以越南漢文燕行文獻爲中心」, 21쪽.

270. 『集成』 19冊, 174쪽.

이 이미 승국(勝國)이 됐는데, 지금 홀연히 조선의 복제가 만청 이전의 옛 중국 복식과 비슷함을 목도하고 기뻐서 자기도 모르게 시로써 인동감(認同感)을 표현하게 된 것이다.

다음 날 완사한이 방문하려 했을 때 조선 사신 김유연(金有淵)과 남정순(南廷順), 조병호(趙秉鎬) 등 3명이 먼저 와서 투첩(投帖)하여 만나자고 청하면서 시를 증송했다. 완사한은 그날 곧 시를 지어 수답하여 "저 멀리 있는 동해와 남해, 연계(燕薊)에서 상봉한다. 조금의 면식도 없는데 문에 나와 기다리며, 풍속이 본래 삼동(三同)인지 묻는다"고 하면서 "의상에 고풍(古風)이 엿보인다"고 했다.[272] 조선 사신이 며칠 지나서 먼저 귀국하게 되자, 완사한은 시를 지어 "만 리 관산(關山)에 손님 보내기 어려운데, 사주(四洲)의 인물 가운데 동풍(同風)이 얼마인가"[273]라면서 송별했다. 조선 사신 김유연도 "해빈(海濱)에 각각 나라 있지만, 다만 여도(輿圖) 중에서 알 뿐이다. 증계(證契)함에 기연(奇緣)이 합쳐지고, 논시(論詩)함에 일격(逸格)이 동일하다"고 화답하고, 남정순은 "산하는 응당 다름 있지만, 한묵(翰墨)은 절로 서로 같다"고 응답했으며, 조병호는 "교계(交契)는 삼생(三生)이 무겁고, 거서(車書)는 사해(四海)가 같다"고 수답했다.[274] 완사한의 시에 나오는 '삼동(三同)'은 『중용』의 "천하의 수레는 궤를 같이하고, 문서는 글을 같이하고, 행동은 윤리를 같이한다(天下車同軌 書同文 行同倫)"를 말한다. 이른바 '사주(四洲)'·'사해(四海)'는 중국, 월남, 한국, 유구, 일본 등 동문의 나라들을 가리킨다.[275] 월남 사신과 조선 사신들은 북경 회동을 통해 강렬한 동문 의식을 확인할 수 있었다.

이처럼 월남 북사와 중국 반송관의 한시 창화는 단순한 문학적 교유 과정에 그치지 않고 서로 재주를 뽐내어 승리를 다투는 투시 혹은 쟁시의 의미도 갖고

---

271. 『集成』 20冊, 113쪽.

272. 『集成』 20冊, 114쪽.

273. 『集成』 20冊, 116-117쪽.

274. 『集成』 20冊, 253쪽.

275. 張京華, 「三'夷'相會-以越南漢文燕行文獻爲中心」, 33-34쪽.

있었다. 월남 북사와 중국 반송관은 그 신분이 모두 각자의 국가를 대표했기 때문에, 이들의 한시 창화는 표면적으로는 개인적 문학 교류에 불과했지만 내면적으로는 국가의 위신과 체면을 지키고 드러내는 외교의 일환이었다.

전통 시대에 동아시아에는 문물과 문자를 함께하는 동문(同文)의 나라가 다섯 있었으니, 중국과 월남, 한국, 일본, 유구 등이 그것이다. 경물이 같지 않지만 문교는 같았고, 풍속은 달라도 예악은 같았다. 이들 다섯 나라는 함께 한자 문화권에 속하여 동일한 문자를 사용하고 동질의 문학을 향유했는데, 특히 한시는 이들 다섯 나라를 묶어 주는 유대의 역할을 수행했다. 월남의 북사들은 흔히 북경에서 조선의 사신들을 만나 시문을 창화하기도 했는데, 당시 월남과 한국, 중국 등 동문 나라들의 외교관들은 한시 창화라는 문화적 교류를 통해 자국의 체면과 위신을 건 우호적 경기를 다툼과 동시에, 강렬한 동문 의식을 드러낼 수도 있었다.

6. 동주(銅柱)와 동문(同文)

중·월 간에 전개된 창화 외교는 단순한 한시의 창화를 통한 문화적 교류나 개인적 교분에 그치지 않고, 한·중 사이의 그것처럼 당면한 외교 현안을 해결하는 창화(倡和) 외교로 작동하기도 했다. 그 몇 가지 사례를 살펴보면 다음과 같다.

방안(榜眼)으로 급제하여 진사가 된 도공정(陶公正)은 1673년의 연행(燕行) 과정에서 지은 시로 『북사시집(北使詩集)』을 남겼는데, 여기에는 연행 도중에 동료와 반송관(伴送官) 등 청조 관원, 향신(鄉紳) 문인 등과 증답하고 창수한 60여 수의 시가 수록됐다. 도공정은 북사 중에 중국 사인(士人)들과 시문을 주고받으면서 두 가지 중요한 정보를 획득할 수 있었다. 하나는 만청(滿淸)과 오삼계(吳三桂)의 대치 정황에 관한 것이고, 둘은 만청이 후여조의 고평(高平)에 대한 정책을 반대하지 않는다는 것으로, 이는 사신이 후여조(後黎朝)의 정통성을 쟁취하려 한 노력에 큰 도움이 됐다. 도공정 등의 창화 외교는 한시 수창과 서신, 필담 등의 형식을 통해 안남 후여조가 '삼번지란(三藩之亂)' 중에 만청의 신임을 획득하고 고평을 취득하는 데 중요한 작용을 한 것이다.[276]

1789년(乾隆 54년)에 북사(北使)한 서산조(西山朝) 부사 무휘진(武輝瑨)은 한시 창화의 방식으로 중국 관원과 우호적 관계를 가졌을 뿐만 아니라 건륭제와도 직접 응대하여 월남의 문화적 지위를 제고했다. 그의 연행시집『화원수보집(華原隨步集)』과『화정후집(華程後集)』에는 모두 "성추(盛秋)에 열하(熱河) 공관에 도달하니 예부관(禮部官)이 피서산장(避暑山莊) 행궁으로 알현을 안내하여 어제시(御製詩) 한 수의 반출(頒出)을 받들었다"고 했는데, 무휘진은 어전에서 건륭제를 근현(覲見)하고 그 어제시를 받자마자 즉시 창수하여 화답했다. 건륭제는 시 짓기를 좋아해서 그 시를 살펴본 뒤 칭찬하고 상을 내렸다. 무휘진은 응제시에서 "성세(聖世)에는 의상(衣裳)이 갑병(甲兵)을 대신하고, 바른 말로 심복시키지 정벌을 말하지는 않는다. 촌토(寸土)로써 상공(常貢)을 바치기에 부족해도, 일찍부터 중천(重天)을 짊어지고 지성(至誠) 살핀다. 예전에는 저 해빈(海濱)이 부용국(附庸國)과 같고, 지금은 번복(藩服)처럼 황청(皇淸)에 속해 있다.…"고 하여, 서산조가 청조에 신복(臣服)함을 표현하는 동시에 대국이 문화로써 소국을 심복케 해야지 무력으로 정복하려 해서는 안 됨을 은근히 강조했다. 그는 그 뒤에 건륭제의 팔순에서도 만수무강을 찬양하여 상을 받았다.

무휘진은 조선의 사신과도 한시를 창화하여 연행 도중의 '동문지국(同文之國)' 사이에서도 한시 증답과 수창을 통해 창화 외교가 가능함을 보여 주었다. 양국 사신 간의 시문 교제는 일반적으로 모두 '청간(請柬)' 즉 짧고 작은 신찰(信札)을 통해 하는 것으로, '청간(請簡)'이라고도 한다. 무휘진은 1790년(乾隆 55년)에 군주 완광평(阮光平)을 위장한 인물과 함께 건륭제에 입근(入覲)하여 연경에 있을 때 하수(賀壽)하러 온 조선 사신과 마주쳤는데,『화정후집』에 이때 교환된 창화시가 기재됐다.

무휘진은「조선국사(朝鮮國使)에게 청간하여」에서 "바다의 남쪽과 바다의 동

---

276. 劉曉聰,「淸代越南使臣之'燕行'及其'詩文外交'硏究-以『越南漢文燕行文獻集成』爲中心」, 71-76쪽.

쪽, 봉역(封域)은 달라도 도맥(道脈)은 상통한다. 왕회(王會)에 처음 오니 문헌을 함께하고, 황화(皇華)가 여기 오니 근첨(覲瞻)이 다르지 않다. 의관(衣冠)은 지금 제도 조금만 따랐고, 호저(縞紵)는 고풍을 그대로 뒤이었다. 예전부터 저 황화는 우리와 닮았으니, 잇따라 내조(來朝)하여 연연(宴筵) 중에 담소한다"고 하여 양국의 문화적 동질성을 강조했고, 뒤에 다시 「전운(前韻)에 의거해 재간(再柬)하여」에서 "남북과 서동(西東)이 갈리지 않고, 성도(聖道)로 회유하니 길이 각각 상통한다. 일조(一朝)에서 의기투합하여 부평초가 물에서 만났고, 사문(斯文)은 천고에 기성(氣聲)이 동일하다"고 하여 월남과 한국의 문화적 동질성 즉 동문 관계를 다시 한 번 강조했다. 조선 사신도 이에 대해 "비록 지금 제방(諸方)의 언어는 다르지만, 예로부터 의관은 두 곳이 동일하다"고 화답하며 무휘진의 생각에 동의를 표했다.

무휘진은 귀국 도중에도 여러 차례 조선국 사신에게 '청간요시(請柬邀詩)'하여 『화정후집』에는 「조선국사에게 삼간(三柬)하다」, 「조선 부사 이교리(李校理)에게 사간(四柬)하다」, 「또 조선 사행인(使行人) 내각검서(內閣檢書) 모서가(摸書家)의 시운에 화답하다」 등의 작품이 다수 기재되어 있다. 무휘진은 시문 교류를 통해 건륭제와 청조의 호의를 이끌어 내고 서산조의 정통성 상의 약점을 해소했으며, 조선국 사신과도 빈번하게 시가를 창화하여 문화인동(文化認同)의 방식을 통해 안남 정권의 동문 번속국(藩屬國) 중의 지위를 강조했다. 이러한 창화 외교는 청조와 서산조의 종번 관계뿐만 아니라 서산조와 조선의 동문 관계에서 자국의 문화적 지위를 확보하는 데 기여했다고 할 수 있다.

여광정(黎光定)은 시문에 능해 정회덕(鄭懷德)·오인정(吳仁靜) 등과 함께 '가정삼가(嘉定三家)'로 불렸다. 1802년(嘉慶 7년)에 청봉정사(請封正使)로 출사해서 완조(阮朝) 건국의 승인과 국호의 개정을 요청했다. 그의 시집 『화원시초(華原詩草)』에는 청조 관원과 막빈(幕賓)·문인과 왕래하며 만든 창화시들이 집중적으로 기재돼 있다. 여광정은 "해법(楷法)을 잘하고 시화 특히 수묵난죽(水墨蘭竹)에 뛰어났다. 유헌(輶軒) 일로(一路)에 묵적시편(墨跡詩篇)이 청인의 칭상(稱賞)을 받았다."[277] 여광정의 이번 사명 즉 책봉 청구와 국호 개정 문제는 시집에도 나오는

데, 「유서하산사(遊栖霞山寺)」의 제주(題注)에서 "광서성(廣西省) 성(城) 앞의 강 대안에 산이 있는데, 그때 사초(使軺)가 삼사 개월 정주(停駐)했었다"고 하고, 「계림해람차운(桂林解纜次韻)」의 시제 주석에서는 "그때 명을 기다리며 계림성에 있었는데, 계해(癸亥) 여름 4월에 조칙을 받들어 상경해서 처음으로 국호를 바꾸고 기치에 월남국사(越南國使)라고 썼다"고 한 것으로 보아, 사절단이 광서에 수개월 머무른 것이 사명의 수행이 쉽지 않은 난제였음을 알 수 있다.

『청인종실록(淸仁宗實錄)』 권106 본년 12월 19일조에 의하면, 완복영(阮福英)이 처음으로 청조에 책봉을 요구하고 국호를 '남월(南越)'로 고치겠다고 청했지만, 인종은 이 이름이 예로부터 있었고 그 범위가 양광(兩廣)을 포함하기 때문에 표문(表文)을 박회(駁回)할 뿐만 아니라 양광 해관(海關)에 명해서 방비에 유심하도록 했다. 뒤에 완조가 다시 진표(進表)해서야 비로소 '월남(越南)'이란 이름을 흠정(欽定)하여, "'월(越)' 자를 그 위에 덮어서 선세(先世)의 구강(舊疆)을 계승하게 하고 '남(南)' 자를 그 아래에 넣어서 새로 번봉(藩封)을 내렸음을 드러나게 하여, 백월(百越)의 남쪽에 있어 옛 남월(南越)과 뒤섞이지 않게 하라"고 했다. 여광정이 출사하기 전에 완조는 정회덕·오인정·황옥온(黃玉蘊) 등의 사절단을 보내 광서에 머물러 있다가 함께 북상하게 했다.[278]

여양신(黎良愼)이 쓴 『화원시초(華原詩草)』의 「서문」에서도 '월남' 국호 제정을 위한 여광정 출사가 갖는 역사적 의의와 창화 외교를 통한 사명의 수행 과정을 다음과 같이 전하고 있다. "우리 월(越)이 문헌(文獻)이라 호칭하는 것은 정씨(丁氏)의 건국 이래로 북조(北朝)와 통호하여 사명이 왕래할 때는 반드시 유명한 사대부가 선임됐기 때문이다. 그 예문(禮文)의 교제와 서찰의 수답, 웅대의 명변(明辨), 그리고 지나가는 연도에서 지은 시편의 음영(吟詠)이 왕왕 북조 진신(縉紳)의 존경을 불러일으켰다. 무릇 학자란 양기(養氣)보다 앞서는 것이 없으니, 우리가 호연지기를 기를 수 있으면 세상과 사물에 응수함에 여유가 있게 된다. 따

277. 『大南正編列傳初集』 卷11, 黎氏本傳.

278. 『集成』 9冊, 89-90쪽.

라서 이소사대(以小事大)의 예도 우리가 꺾이지 않는 강력한 기세로 임하여 작다고 스스로 무너지지 않는다면, 우리의 기세는 언제나 뻗쳐질 것이다. 무릇 우리가 평일에 얻는 것, 듣는 것은 모두 일에 따라 가꿀 수 있다. 전조(前朝)의 명경(名卿)·거공(鉅公)들이 능히 국체(國體)를 무겁게 하고 문헌의 이름을 욕되게 하지 않을 수 있었던 것도 여기에 있다. 황조(皇朝) 가륭(嘉隆) 원년 임술(壬戌) 해에 천하가 크게 평정되어 승룡성(昇隆城)에 어가(御駕)를 받들고 사신을 선택해 구전(舊典)을 강구하게 했다. 진재(晉齋) 여공(黎公)은 특히 병부상서(兵部尙書)로서 구봉(求封) 정개(正介. 正使)의 임무를 맡았는데, 이 행차는 구방(舊邦)의 끝나는 칭호를 벗어나 신봉(新封)의 국호를 새로 세우는 일의 대체(大體)가 더욱 중요했다. 황조 사명 제일과(第一科)를 위해 공은 이해 11월에 지절(持節)하여 가서, 다음 해 12월에 천조(天朝)의 칙봉흠명사(敕封欽命使)와 함께 왔으니, 공이 국사를 맡아서 처리한 행실장(行實狀)을 뚜렷하게 살필 수 있다.…출강(出疆)한 뒤 복명할 때까지 모두 14개월이 걸렸고 70여 수의 시를 얻었다.…우리 남교(南交)의 문헌은 북조가 중시할 뿐만 아니라 문헌의 은택이 국인(國人)에게 미친다.…가륭 6년 정묘년(丁卯年)…한림원제고(翰林院制誥) 여양신."[279]

한편 이에 앞서 같은 해에 북사한 정회덕(鄭懷德)의 출사 역시 월남 완조에 대한 청조의 승인을 획득하는 데 일조했다. 정회덕은 완조의 관원으로 학문과 시문에 뛰어났는데, 『간재관광집(艮齋觀光集)』은 1802년(嘉慶 7년)의 완조 첫 번째 사절단 파출에서 정사로 출사한 연행시집이다. 그는 「운간(雲間) 요건(姚建) 수재(秀才)가 보여 준 원운(原韻)에 화답하다」라는 시의 협주(夾注)에서 월남의 완조가 중국 동남 해안에서 창궐한 해적을 소탕하고 그 우두머리를 잡아 중국에 압송하게 된 사명을 설명했다. "그때 민월(閩粵) 비도(匪徒)가 해상에서 무리지어 두 개의 돛대를 만들어 서로 도우면서 순풍과 역풍을 이용해 상선을 겁탈할 수 있었으니, 이를 제외(齊桅)라고 불렀다. 이들 해적들은 서산적(西山賊)에 의지하여 서로 공급하고 구제하며 해양에서 창궐한 지 거의 30년이 됐다. 상선과 주

279. 『集成』 9冊, 93-98쪽.

민들이 그 피해를 거듭 입었지만 민월의 곤수(閫帥)가 통제하지 못했다. 우리나라가 중흥하여 참란(僭亂)을 평정하고 위동해왕(僞東海王) 막관부(莫觀扶) 등을 잡았는데, 그가 광동인(廣東人)이어서 사부(使部)에 명해서 모두 월해(粤海)로 계송(械送)하게 했다." 이에 대한 관련 기사는 『청사고(淸史稿)』 권527과 『청인종실록』 권106에 기재돼 있고, 정회덕이 화답한 시에도 이 일이 언급돼 있다.[280] 당시 완조는 아직 청조의 승인을 얻지 못하고 있었기 때문에 완조는 이번 출사로 청조에 성의를 보인 것이다.

1803년(嘉慶 8년)에 청조는 인수(印綬)와 책봉유지(册封諭旨)를 가지고 가서 완조 군주 완복영(阮福映)을 책봉하게 하니, 양국이 정식으로 종번(宗藩) 관계로 진입했다. 완조는 전조의 2년 1공 혹은 4년 1공의 제도를 이어 청조에 정기적으로 조공했다. 1852년(咸豐 2년)에 이르러 서방의 침략을 받아 책봉과 조공의 예를 교환하던 양국의 전통적 관계는 정체됐지만, 1803년부터 1852년까지의 50년 동안 월남 사절단은 빈번하게 청조 경내로 진입하여 책봉·조공 관계를 유지했다. 『월남한문연행문헌집성』에 수록된 월남 북사의 저작으로 보면, 이 시기에 출사한 사신 가운데 차수가 가장 많고 저작도 가장 많았던 이는 완조 명명제(明命帝) 시기의 이문복(李文馥)이었다.

이문복은 그 조상의 원적이 복건성(福建省) 장주(漳州)로, 명청지제(明清之際)에 도해하여 월남으로 이사했다. 그는 30여 년 동안에 싱가포르, 필리핀, 광동, 복건, 오문(澳門), 북경 등 여러 곳으로 출사했는데, 특히 1831~1836년(道光 11~16년, 明命 12~17년)에 광동에 네 번 갔고, 복건 공간(公幹)에 한 번 갔으며, 1841년(道光 21년, 紹治 원년)에 정사 신분으로 청조에 출사했다. 그는 문명(文名)이 높았고 개인 저작이 비교적 많았는데, 『월남한문연행문헌집성』에는 청조에 출사한 시문집과 견문록 등 저작 9종이 수록됐다. 완조 시기 창화 외교의 증답과 수창, 청서(請序)와 제사(題詞), 감상과 평점(評點), 서신과 필담 등 갖가지 양식을 이문복의 북사 저작을 통해 모두 볼 수 있다.[281]

---

280. 『集成』 8冊, 277-282쪽.

281. 劉曉聰, 「清代越南使臣之'燕行'及其'詩文外交'研究-以『越南漢文燕行文獻集成』爲中心」,

이문복이 1832년에 월남 해안에 피난한 중국 광동 해군의 전선 한 척의 관병을 호송하기 위해 광동에 갔을 때 광동인 나신향(羅信鄕)이 「부록(附錄)된 원작(原作)」이란 시에서 "월남은 문헌국(文獻國)으로, 성교(聲教)가 중주(中州)와 병행한다. 도는 삼강(三綱)을 무겁게 숭상하고, 정치는 육부(六部)를 모두 갖추었다. 시서는 공(孔)·맹(孟)을 존중하고, 학교는 상(商)·주(周)를 본받았다. 땅은 남북으로 나뉘었지만, 빛은 두우(斗牛)를 쏠 수 있다. 의관은 고제(古制)가 남아 있고…"라고 월남의 문명을 칭송하자, 이문복은 「나신향의 20운에 수답하여」에서 "풍난(風難) 만난 손님이 있어, 무단으로 우리 주(州)에 다다랐다. 큰 은혜로 일시(一視)를 생각해서, 파손된 배 기꺼이 중수했다. 불쌍히 여겨 목숨을 건져내고, 두루 음식 먹여 줘서 생환하게 했다.…"라며 자신이 중국에 온 사유를 밝혔다.[282]

한편 이문복은 북사 중에 독특한 화이론(華夷論)을 펼쳐서 중국 사대부의 광범한 공명을 획득하고 월남이 중국과 같은 동문의 나라임을 적극 전시했다. 그는 복건성 복주(福州)에 있는 사신의 공관문 제액(題額)에 '월남이사공관(粵南夷使公館)'이라 쓴 글자를 보고는 "나는 이(夷)가 아니니 이 이관(夷館)에 들어가지 않겠다"[283]고 해서, 공관의 제액을 '월남국사관공관(粵南國使官公館)'으로 고치게 하고 「공관에 다다라 문제(門題)의 '이(夷)' 자를 보고 짓다」란 율시를 지어 월남은 문교(文敎)의 나라이기 때문에 결코 이적시(夷狄視)될 수 없음을 밝혔다. "예로부터 관상(冠裳)이 개린(介鱗)을 구별하고, 아울러 천지로써 편순(偏純)을 나눈다. 니산(尼山. 孔子)의 대필(大筆)은 초인(楚人)을 엄하게 다루었고, 동해의 고풍(高風)은 진제(秦帝)를 부끄럽게 한다. 북두칠성이 문헌국을 찬란하게 빛내는데, 성사(星槎)가 송시(誦詩)하는 이의 명예를 욕되게 한다. 한 자라도 아끼지 않으면 정필(情筆) 없으니, 사명 띠고 남에서 온 이 몸이 부끄럽다."[284] 그는 「이변(夷

118-120쪽.

282. 『粵行吟草』, 『集成』 13冊, 32쪽.

283. 『閩行雜咏』, 『集成』 12冊, 258쪽.

284. 『閩行雜咏』, 『集成』 12冊, 257쪽.

辨)」이란 문장을 지어 "화이(華夷)의 뜻에 통달하려면 당연히 문장과 예의에서 찾아야 한다"[285]고 주장하기도 했다. 이들 시문이 알려지자 복건 총독이 즉시 "귀사(貴使)가 본성에 와서 후신(侯臣)의 예로 대우했지 감히 외이시(外夷視)하지 않았다"[286]고 했고, 중국의 관원과 문인들이 서로 이어 초록(抄錄)을 전해 읽으며 깊은 관심을 표명했다.

그는 소치 원년(道光 21, 1841)에도 북사해서 연경의 공관 벽 사이에 크게 써 놓은 '월이회관(越夷會館)'이란 네 글자를 보고는 매우 노해서 행인(行人)을 시켜 '夷' 자를 깨부수게 한 다음에야 들어가서 「변이론(辨夷論)」을 써서 "월남은 도학(道學)은 공맹과 정주(程朱)를 스승으로 삼고 법도는 주(周)·한·당·송을 준수하며 아직 편발좌임(編髮左衽)하여 이(夷)의 행동을 한 것이 없는데…감히 우리를 이시(夷視)하는가"라고 해서, 청인이 크게 부끄러워하며 사과했다고 한다.[287] 이문복의 이러한 시문 활동은 월남이 중국이나 한국과 문화를 공유하는 '동문지국'으로 '문헌·문명의 나라'임을 과시함으로써, 중국의 국가들이 월남을 침공하거나 압박하는 정책의 문화적 근거를 미연에 제거하려 한 월남 북사들의 전통적 노력의 마지막 단계에 위치해 있었다.

물론 월남 북사가 중국 반송관 등과 시문을 창화한 결과가 외교정책에 직접적·결정적 영향을 미쳤다는 증거는 거의 없다. 창화의 상대인 중국 측 반송관이나 지방 문사들이 외교에 영향을 미칠 수 있는 정치적 역량을 갖고 있었던 것으로 볼 수도 없다. 이들이 나눈 창화시에는 실제 외교에 관한 내용이 거의 보이지 않는다. 그러나 월남 북사에 부여된 기본 사명이란 관점에서 본다면, 이들이 중국의 관련 관원들과 유력 문사 혹은 지방의 향신들과 시문을 창화한 행위는 상당한 수준의 성과를 얻었다고 말할 수 있다. 왜냐하면 이들 북사들은 뛰어난 창화시를 통해 자국의 문화적 정체성과 역량을 과시하고 중국인과 높은

285. 『閩行雜咏』, 『集成』 12冊, 261-262쪽.

286. 『閩行雜咏』, 『集成』 12冊, 262쪽.

287. 潘叔直 編纂, 『國史遺編』 下集, 香港中文大學 新亞研究所 東南亞研究室 刊, 1965; 陳國保, 「越南使臣與淸代中越宗藩秩序」, 『淸史研究』 2012-2, 68쪽에서 인용.

수준으로 가치와 문화를 공유함을 확인하여 광범한 국가적 이익을 지키려 한 원래의 목적을 수행하는 데 실패하지 않았기 때문이다. 요컨대 중국인과 동문의식을 함께 나누어 월남이 중국과 같은 문헌·문화의 나라임을 인정받는 것이 월남 북사의 기본 사명이었으니, 이러한 사명의 실현이 바로 창화 외교의 성과라 할 수 있을 것이다.

중국의 책봉사와 월남의 조공사들은 '인신무외교(人臣無外交)'의 원칙에 의해 왕왕 서로 한시를 창화하는 데 일정한 한계를 갖고 있었다. 그럼에도 불구하고 중·월 외교관들과 문사들 사이의 창화는 전통 시대에 광범하고 지속적으로 이루어졌다. 월남 왕조의 통치자가 창화 외교를 중시하고 추동한 배경에는 명확한 정치적 목적이 있었으니, 사신의 창화 외교를 통해 본국의 문화적 역량을 과시하여 중국에 비해 문화적으로 손색이 없음을 전시하려 한 것이다. 월남의 북사들은 중국인 문사들과의 한시 창화를 통해 자국의 문화적 주체성을 선전하고 월남이 중국과는 구별되는 독자적 문화 공동체임을 확인받고 싶어 했다. 이는 북사의 창화시에 수없이 자주 등장하는 '동주(銅柱)'의 존재가 시사하는 바와 같다.

16세기부터 19세기까지 베트남 지식인들은 마원(馬援)의 동주(銅柱)가 적어도 상징적으로는 존재했음을 믿었고 그것이 국경을 가리키는 것이라 인식했다. 그러나 이 국경은 현대의 국경처럼 두 개의 대등한 정치체를 구별하지 않았다. 사실 베트남 지식인들에게는 마원의 동주는 두 개의 '분명한 문화 영역' 사이의 구분을 표시했다.[288] 한(漢)이나 몽고(蒙古), 만주(滿洲) 등 중화 제국을 지배한 여러 왕조는 모두 월남을 19세기에 서구 열강이 아시아를 바라본 것과 비슷한 방식으로 보았으니, 곧 여러 세기 동안 그들은 "언제나 교화(敎化)의 이름으로 남쪽으로 진군할 첫 번째 기회, 빤한 구실을 눈여겨보았다."[289] 따라서 월남 엘리

288. Liam C. Kelley, *Beyond the Bronze Pillars, Envoy Poetry and the Sino-Vietnamese Relationship*, Association for Asian Studies and University of Hawaii' Press, Honolulu, 2005, p.9.

289. Huynh Sanh Thong, ed. and trans., *The Heritage of Vietnamese Poetry*, New Haven: Yale University Press, 1979, XXVi.

트들에게는 그들이 이미 문명화됐다는 사실을 밝히는 것이 가장 우선시해야 할 중요한 일이었다.

그들은 이를 책봉·조공 체제의 구조를 통해 수행했다. 중국 조정에 사신을 보내고 조공함으로써 월남인들은 중화 문화를 공유한다는 외관을 표현할 수 있었고, 그것을 통해 중국인들이 월남 문제에 직접 개입할 필요가 있다는 생각을 어느 정도 자제하게 할 수 있었다. "중국 조정에서 중국어와 중국 문화의 수단으로 자신을 유창하게 표현할 수 있는 월남 사신의 능력은 월남이 이미 '문명화'된 나라이고 중국인의 '교화'를 더 이상 받을 필요가 없음을 설명할 수 있는 중요한 방법이었다."[290]

월남 지식인들이 자기가 사는 곳이 '개화된 영역'이 됐음을 확인하는 일은 북국(北國) 지식인의 존경과 찬사를 받음으로써 이뤄졌다. 중국이 남국(南國) 지식인이 믿고 경외한 것들의 많은 것이 태어난 곳이었음은 역사적 사실이다. 그러나 남쪽 자신의 왕국에서 멀리 떨어져 살았기 때문에 이 사람들은 자기 삶의 대부분을 이 세계로부터 단절된 채 보냈다. 따라서 북국으로의 출사는 남국 지식인에게는 그들이 여전히 그 올바른 길을 따르고 있는지 여부를 확인하는 기회였다. 북국을 여행하는 동안 남국의 사신들은 좋은 시를 쓰면서, 적절하게 "예를 수행하고 저작을 교환하며 적절한 반응을 구별"할 수 있어, 북국 지식인의 존경을 받았다. 이는 곧 개화된 영역으로서의 남국의 지위에 적극적으로 반영됐다.[291]

창화 외교의 유행으로 인해 시문(詩文) 재능은 월남 사인이 사신으로 충임되는 가장 중요한 조건이 됐다. 그리고 월남에서 사신으로 충임되는 것은 다량의 상사(賞賜) 외에 벼슬길의 발전에도 중요한 영향을 미쳤다. 다수의 월남 재상이 연행(燕行) 사행의 경력을 가졌다. 한 연구 성과에 의하면, 막조(莫朝)와 여조(黎

290. Keith W. Taylor, *The Birth of Vietnam*, Berkeley: University of California Press, 1983, p.298.

291. Liam C. Kelley, *Beyond the Bronze Pillars, Envoy Poetry and the Sino-Vietnamese Relationship*, p.51.

朝) 중흥 이후의 46명 재상 가운데 명·청 양조에 출사한 이가 22명으로 47.8퍼센트에 달했다.[292] 요컨대 월남 사인은 연행을 자기 재능을 드러낼 중요한 기회로 보았고, 시문을 자기 재화(才華)를 체현할 중요한 교제 수단으로 사용했다. 대부분의 연행 사신은 한문학의 정수를 깊이 이해하고 있었지만 대부분 중국어는 알지 못했기 때문에 중국 사인들과의 교류는 필담의 방식으로만 가능했다. 월남의 사신들이 한시 창화를 가장 중요한 외교 수단의 하나로 활용한 까닭도 여기에 있다. 월남 사신이 창화 외교를 적극 추구한 원인의 하나는 통치자의 기대와 권유뿐만 아니라 벼슬길에 대한 월남 사신 자신의 기대와 인식도 크게 작용했다고 할 수 있다.[293]

월남 사신이 연행 과정에서 창화 외교의 방식을 채용한 것은 중국 사인과 관원에게 월남 한문학의 수준을 과시하여 중국이 월남을 이적시하는 관념을 바꿈으로써 정치적 목적을 수행하는 데 필요한 환경을 조성하는 것이었지만, 보다 직접적인 목적의 하나는 중국 문화계에서 사신의 명성과 지위를 제고하는 것이었다. 여양신이 『화원시초』「서문」에서 "우리 월이 문헌이라 호칭된 것은 정씨(丁氏)의 건국 이후 북조와 통호하여 사명(使命)이 왕래한 이래로 반드시 유명한 사대부가 선임됐기 때문이니, 그 예문의 교제와 서찰의 수답, 응대의 명변(明辨), 지나가는 연도에서의 시편의 음영 등이 왕왕 북조 진신의 존경심을 불러일으켰다"[294]고 말한 것처럼, 월남 사인은 모두 '문헌의 나라'라고 자긍하며 연행의 기회를 통해 창화 외교의 수단을 운용해 중국 사인의 존경심을 불러일으켜서 심후한 문화적 수준과 명성을 중국에 전하려 했다. 다른 한편으로는, 월남 사신이 중국의 인사들과 시문을 교환함으로써 월남의 사인 사회에서 문화적 지위가 제고되는 데 도움이 됐다. 『화정학보집(華程學步集)』은 "그 아름다운 이름이 성대하게 드러나서 역대의 간책(簡冊)에 올라 있었다"[295]고 했듯이, 월남

---

292. 陳文, 「科擧在越南的移植與本土化」, 暨南大學歷史系 博士論文, 2006, 207쪽.

293. 劉曉聰, 「清代越南使臣之'燕行'及其'詩文外交'硏究-以『越南漢文燕行文獻集成』爲中心」, 151-152쪽.

294. 阮朝 黎光定, 『華原詩草』, 『集成』 9-2, 93쪽.

사신의 연행록과 연행시집은 왕왕 사책(史册)에 기재되어 대대로 유전됐고, 연행 문헌의 서문과 제발(題跋)에서 월남 명신의 연행 사신 저작에 대한 품평이 빈번하게 발견된다.

사신이 창화 외교를 추구하는 두 가지 원인 즉 정치적 벼슬길의 발전과 문화적 지위의 제고는 서로 긴밀하게 연계되어 있었다. 사신은 월남의 엘리트 집단에서 재학(才學)으로 유명한 이가 엘리트 집단의 추천으로 선임되는데, 연행 사신이 출행한 뒤에 중국의 사인과 교환한 시문이 국내에 소개되어 월남 엘리트 집단에서의 문화적 지위를 제고하는 데 도움이 되기 때문에, 이러한 상관관계가 다시 월남 사신이 창화 외교를 추구하도록 촉진하는 조건이 됐다. 사신의 창화 외교는 정치적 필요성에 부합하고 그들의 문화적 지위의 제고에 도움이 됐다. 이는 이익의 순환 고리를 형성해 사신의 선임과 창화 외교의 채용, 사절의 이익 획득이 긴밀하게 연계되어 일어나고 창화 외교 방식이 사신에게 풍미되도록 하는 강력한 추동력을 구성했다.[296]

월남 사신이 연행 과정에서 남긴 대량의 연행 저작은 월남 고전문학 유산의 주요한 부분이 됐다. 그리고 중국 문사들의 시문도 사신의 연행을 따라 월남에 유전되어 중·월 문화 교류사상의 중요한 유산이 됐다. 대만에서 만들어진 『월남한남문헌목록제요(越南漢喃文獻目錄提要)』에 수록된 북사의 시문집은 82종으로 전체 월남 한남(漢喃) 문헌 총수의 12.7퍼센트를 점한다고 하니,[297] 전통 시대 월남 문학계에서 창화 외교의 저작이 얼마나 성행했는지 잘 볼 수 있다. 연행 문헌은 월남 문인에게 매우 중시되어 그 내용이 부단히 전초(傳抄)됐고, 특히 중국 사인의 평가와 제서(題序)·감상(鑑賞)을 거친 저작은 판본이 증가하고 작자의 지위도 제고됐다. 중국의 고전문화 저작에도 적지 않은 수의 연행 시문이 수록됐다. 대만 학자 팽국동(彭國棟)은 원대부터 명·청시대까지 월남의 한시가 중

295. 『集成』 9-4, 235쪽.

296. 劉曉聰, 「清代越南使臣之'燕行'及其'詩文外交'研究-以『越南漢文燕行文獻集成』爲中心」, 151-153쪽.

297. 劉玉珺, 『越南漢喃古籍的文獻學研究』, 345쪽.

국의 저작에 수록됐음을 지적하면서, "월남은 중국 문화에 영향을 받은 것이 깊고 오래됐다. 시도 깊이 영향을 받아 청대에 이르러 이미 족히 중토(中土) 인사와 나란히 구가했으니, 수작(酬酌)의 작품에 법칙이 있을 뿐만 아니라 풍경을 묘사하고 소회를 노래하는 시편도 청아하여 읊을 만했다"[298]고 평가했다.

1832년(道光 12년)에 이문복이 중국 사인과 교제하며 시문 집회를 열고 편찬한『중외군영회록(中外群英會錄)』은 중·월 양국 사인이 합작하여 편찬한 시문집으로 중국에서 유전됐을 뿐만 아니라 월남에서도 광범하게 전파됐다. 이 책에는 이문복 등 월남 사신과 중국 인사가 창화한 시와 서신이 포함됐고, 책 뒤에는 월남 정부가 중국의 조난 어선을 구조한 사건에 대해 도광제(道光帝)가 치사한 편지도 부록됐다. 중국 측과 월남 측은 모두 창화 외교의 산물을 중시했으나 월남 측이 더욱 중시했으니, 이는 월남 사신이 창화 외교를 진행하도록 추동한 동력의 하나가 됐다. 요컨대 이 같은 창화 외교 방식의 중시와 추구는 한편으로는 월남의 한문화 수준을 제고하고 사신을 통해 중국 왕조에 과시함과 동시에 다른 한편으로는 월남이 이적(夷狄)이라는 선입견에서 탈피해서 중국과 비슷한 수준의 문화 체계로 진입한 동문의 나라로 인정받을 수 있게 했다.[299]

이로 인해 월남 사절은 "월남 관방(官方) 문화의 대표로서, 자주(自主) 시기에 한문 전적(典籍)의 가장 주요한 전파자요 창작자였을 뿐만 아니라 월남이 한문화를 익히는 선도적 역할을 수행했다"[300]는 평가를 받았다. 월남의 사절은 종주국에 출행하여 '공순(恭順)'의 뜻을 전달함으로써 책봉·조공 체제를 유지하여 궁극적으로는 자기 왕조의 정통성과 안정성을 획득하려 함과 동시에, 월남의 사신들은 문화·외교적 색채가 강렬한 창화 외교를 전개하여 '문화인동'을 통해 '정치인동'의 효과까지 얻으려 도모했다는 것이다. 이들은 부단히 중국의 엘리트 집단에 자국의 한문화 수준을 과시해 월남이 시종일관 중국과 동질적 문화

---

298. 彭國棟,『談越南漢詩』,『中越文化論集』第一冊, 臺北, 中華文化出版事業委員會, 1956, 159-179쪽.

299. 劉曉聰,「淸代越南使臣之'燕行'及其'詩文外交'硏究-以『越南漢文燕行文獻集成』爲中心」, 154쪽.

300. 劉玉珺,『越南漢喃古籍的文獻的硏究』, 363쪽.

를 향유하는 '동문'의 나라임을 과시하는 '문화 신호'를 발신하려 노력했다.[301]

1940년대에 페어뱅크(John K. Fairbank)가 중국 고대 대외 관계에 관해 제출한 '조공 체제(tributary system)'의 모식[302]은 이후 학계의 지속적 관심을 모은 의제가 됐다. 그중 명·청 시기 중국과 한국 왕조의 관계는 가장 전형적인 책봉·조공 관계의 사례로 간주됐다. 최근에는 명·청 시기 월남 왕조와 중국 왕조의 관계도 점차 학계의 관심을 모으고 있다. 특히 송대 이후 월남은 중국 왕조의 지배에서 벗어나 자주독립의 길로 발전하고, 외교적으로는 중국 왕조들과 종번 관계를 건립·유지하여 또 다른 책봉·조공 관계의 한 모형을 보여 주었다. 비록 중국을 지배한 명조와 청조가 중·월 종번 관계의 주도권을 형식적으로 행사했지만, 실제로는 월남 왕조가 스스로 천조(天朝)의 부용(附庸)으로 자인하지도 않았고, 종번 관계라는 예의성 외교 관계를 이용하고 사절의 높은 한문화 수준을 과시하여 월남이 '이적'이라는 관념을 중국인이 버리게 함으로써, 월남 왕조의 정통성에 대한 중국 왕조의 승인을 획득하는 데 필요한 환경을 조성했다.

이러한 노력은 전통적 화이 관념의 영향을 깊이 받은 중국인의 이적 인식에 대한 불만에서 출발한 것이다. 비록 외교적 사령(辭令)과 상서(上書) 표문에서는 월남 왕조가 지속적으로 '공순'과 '신복'을 표현했지만, 월남 주변의 시역에서는 언제나 '중국(中國)'을 자처하며 '칭제(稱帝)'했다. 이러한 모순된 정치 심리는 월남 왕조의 방교(邦交) 정책에서 '내제외신(內帝外臣)'[303]이라 표현됐고, 사신의 창화 외교에서는 '화이지변(華夷之辨)'으로 나타났다.

17세기 이후의 일본과 한국에서도 '화하(華夏)'와 '이적'의 관념상 변화가 발생하여 점차 중국과 항례(抗禮)하는 의식이 나타나서 자아인식을 강화하기 시작했다.[304] 이러한 화이 관념의 변화는 월남 왕조의 외교 정책에서 체현됐을 뿐

---

301. 劉曉聰, 「清代越南使臣之'燕行'及其'詩文外交'研究-以『越南漢文燕行文獻集成』爲中心」, 160쪽.

302. John K. Fairbank, *The Chinese World Order, Traditional China's Foreign Relations*, Cambridge, Harvard University Press, 1968.

303. 潘輝 注, 『歷朝憲章類志:邦交志』 卷46, 河內, 越南漢喃研究院藏本.

304. 葛兆光, 「從'朝天'到'燕行'-17世紀中葉後東亞文化共同體的解體」, 『中華文化論叢』 2006-1, 56쪽.

만 아니라 일본과 한국 등 '동문지국'에서도 보편적으로 존재했다. 만청이 중국에 입관(入關)하여 후여조와 종번 관계를 건립한 뒤에 월남 왕조는 비록 표면적으로는 만청에 신복했지만, 실제로는 연행 사신들의 부단한 창화 외교를 통해 월남 문화와 중국 문화가 동원(同源)임을 강조하고, 특히 완조 시에는 '화이지변'을 통해 자기 정권의 정통성을 강화하려 노력했다.[305]

맺음말

10세기 후반에 월남이 이른바 '북속시대(北屬時代)'를 벗어나 독립한 이후, 중국과 월남은 19세기 후반까지 1천 년 가까운 긴 기간 동안 종번 관계 즉 종주국과 번속국의 관계를 건립·유지했다. 종번 관계란 곧 책봉과 조공의 예를 교환하는 관계를 말하고, 책봉과 조공은 양국의 군주가 사신을 파견하는 통사에 의해 실현됐다. 전통 시대 월남의 왕조들은 모두 '내제외신'하여 국내나 동남아시아 국제사회에서는 칭제하며 독자적 연호를 사용했지만, 중국의 책봉사를 받아들여 책봉을 받고 중국에 정기적으로 조공사를 보내 납공했다. 월남의 공기(貢期) 즉 조공 횟수는 상황에 따라 몇 차례 변화가 있었으나 일반적으로 4년 1공으로 이뤄졌는데, 이러한 횟수는 같은 '동문지국'이고 중국과 전형적 종번 관계를 유지한 한국의 1년 4공에 비한다면 훨씬 적은 것이어서, 한·중 관계와는 구별되는 중·월 관계의 특수성을 설명한다.

월남인들은 중국과 자국을 남북의 대등한 관계로 인식해서, 중국을 '북국', 자국을 '남국'이라 부르고, 중국으로 출사하는 것 혹은 그 사신을 '북사(北使)'라고 불렀다. 북사가 중국 명조와 만청의 수도인 북경 즉 연경으로 출사하는 것을 '연행(燕行)'이라고도 했다. 월남 북사의 연행 노선은 양국의 접경 지역에 있는 진남관을 나서서 광서와 광동, 복건, 강서, 호남, 호북, 강소, 하남, 산서, 산동,

---

305. 劉曉聰, 「清代越南使臣之'燕行'及其'詩文外交'研究-以『越南漢文燕行文獻集成』爲中心」, 163쪽.

직례 등 11개 성을 지나는데, 기본적으로 수로를 주로 이용해서 1만 2천여 리 이상을 주행했고 왕복하는 데 보통 2년 정도 걸렸다. 월남 사절단은 북경에서 사역관(四譯館. 四夷館) 즉 회동사역관(會同四譯館)에서 묵었고, 진표문(進表文)과 함께 토환(土紈), 빈랑, 침향, 서각(犀角) 등 세공을 공납했다. 월남의 북사는 보통 정사 한 명과 부사 두 명으로 구성됐는데, 학문이 뛰어난 문학지사 가운데서 엄격하게 선발된 이들은 중국에서 월남이 '문헌예의의 나라'임을 전시하는 사명을 부여받았다.

종번 관계의 또 다른 일방인 중국의 국가들도 송대 이후 월남에 120여 차례나 책봉사를 파견해 월남의 군주를 책봉했다. 송·원·명·청 등 중국을 지배한 왕조들도 모두 월남에 파견하는 사신의 인선을 매우 중시해 책봉사의 대부분은 시문에 뛰어난 과거 출신의 저명한 문학지사였다. 월남 측에서도 문학지사 출신의 중국 책봉사를 영접하기 위해 조정 중신 가운데서 한시의 창작에 뛰어나고 박고통금(博古通今)하여 학식이 깊은 문학지사를 선택해 접반사를 구성했다. 대부분 과거 특히 진사과에 급제한 중신(重臣)으로 일찍이 중국에 출사한 적이 있는 경우가 많았던 이들 접반 관원들에게도 월남이 '문명·문헌의 나라'임을 과시하라는 사명이 부여됐다. 이로 인해 월남 조공사의 북상과 중국 책봉사의 남하 과정이 모두 중·월 양국의 문화가 교류되고 이른바 시문 창화 외교가 전개될 조건이 준비되어 있었다고 할 수 있다.

중·월 양국의 저명한 문학지사들이 외교 활동을 빈번하게 전개함에 따라 자연스럽게 중·월 문화 교류 특히 문학 교류가 높은 수준으로 이루어졌고, 이 과정에서 이른바 북사시문과 사교시문이 출현했다. 『월남한문연행문헌집성』에 수록된 월남의 북사시문은 주로 월남인 사신이 창작한 시문과 중국인과 교환한 창화시가 그 주요 부분을 구성하고 있어, 주로 기행문 중심으로 구성된 한국의 『연행록전집(燕行錄全集)』과 비교된다. 월남의 사신이 중국에서 고급한 한시 창작력을 구사할 수 있었던 것은 오랜 기간 중국 문화 수용과 소화라는 역사적 전통에 기인한다. 중국 문화의 월남 전파는 북속 시기 즉 월남에 중국 국가의 군·현이 설치된 때부터 본격적으로 개시됐고, 11세기에 실시된 과거는 중국 문화를 소화시켜 자기 문화로 재생산하는 데 크게 기여했다.

월남에서 중국에 파견한 북사는 대부분 과거 출신의 엘리트 문학지사로서 월남에서 한문학 소양이 가장 높은 문화집단을 구성하고 있었다. 한문학의 소양이 높은 월남의 사신들에게는 특히 한시 문학이 매우 익숙한 문화적 양식이었으니, 과거 출신의 연행사에게는 한시의 창작과 창화는 여행의 피로와 무료함을 씻게 해 주는 일상적 도락이요 여사(餘事)였다. 그러나 월남의 북사에게 한시는 단순한 도락 이상의 의미를 내포하고 있었다. 월남에서 북사를 파견할 때는 동료 관원들이 전별하면서 전별시를 짓는 관행이 있었는데, 이들 전별시에서는 북사의 사명 즉 월남이 '문명국'이요 '문헌망국(文獻望國)'임을 중국인들이 알 수 있게 한다는 것이 반복적으로 강조됐다.

월남 사신은 북사하면서 증답과 창화, 청서(請序)와 제사(題詞), 감상과 평가 등 여러 가지 방법으로 문학 활동을 전개했는데, 그 가운데서도 이들이 가장 선호한 방법은 한시의 창수와 증답이었다. 월남의 북사는 도로가 요원했기 때문에 북사와 중국 사대부의 한시 창화는 긴 여로에서 자연스럽게 이뤄졌다. 월남의 사자가 북행하는 연도에는 주변의 사대부와 시객들이 월남 사자들에게 구시하거나 증시하는 경우가 허다해서, 한시에 일가를 이룬 월남의 사자들은 자국이 문헌국임을 과시하고 자신의 문학적 역량을 드러낼 기회를 빈번하게 가졌다. '북(국)인'과 '남(국)사'는 서로 대등한 입장에서 같은 문물과 의관·문자 등을 공유한다는 '동문' 의식을 가지고 서로 시문 창화를 적극적으로 즐겼다. 중국 사대부들의 적극적 '색시(索詩)'에 대해 대부분의 월남 북사들은 화답을 피하지 않았다.

북사가 중국 사대부와 나눈 한시 창화는 주로 개인적으로 진행됐지만, 왕왕 집단적으로 전개된 경우도 있었다. 물론 월남 북사의 한시 창화가 연도의 지방 사대부들과만 이뤄진 것은 아니다. 북사가 입조를 관장하는 예부의 주사 등 북경의 중앙정부 관료들과도 시가를 창화한 경우가 적지 않았다. 월남의 북사는 순무 등 연도의 성급 고위 지방관과도 시가를 창화했다. 월남의 북사는 북경에서 청조의 황제를 직접 만나 어제시를 받고 응제시를 올리기도 했는데, 어제시와 응제시의 교환도 한시 창화의 한 방식이었다. 그러나 월남 북사와 한시를 창화한 중국의 관원들은 대부분 연도의 부·주·군·현 등의 장관인 하급 지방관이었다. 그리고 북사와 한시를 창화한 중국의 관리들 가운데 북사 창화의 가장 주요한 파트너는 기본적으로 중국인 반송관이었다. 이들 반송관은 외교관 신분에 제한되어 월남의 북사와 정치 등 광대한 주제에 대해 깊은 담화를 나눌 수는 없었지만, 이들이 북사와 교환한 창화시는 한시 창화를 통해 월남이 '문명·문헌의 나라'임을 중국에 드러내 보인다는 월남 북사의 고유한 사명을 실현하는 유효한 수단이 될 수 있었다.

월남의 북사가 중국에서 황제, 관료, 사대부 그리고 반송관들과 한시를 창화했듯이, 중국의 사신들도 월남에서 군주와 신료 특히 접대 관원들과 한시를 창화했다. 월남은 이미 궁정에서 군신이 창화하는 전통이 있었고 월남의 역대 황제들은 대부분 한시를 잘 지어서 중국 사신의 사교시집에는 언제나 월남 국왕의 증별시가 수록됐다. 월남 국왕은 과거 출신으로 시를 잘 짓는 문사들을 시켜 중국 사신을 접대하며 시문을 창화하게 해서, 월남이 '문헌예의의 나라'임을 중국인에게 알려 월남이 만이로 멸시되지 않기를 기대했다.

중국 사신의 사교시에는 왕왕 사신의 숭고한 인품과 애국충정, 절조 등이 표현되기도 했지만, 가장 많은 부분을 차지하는 것은 월남 황제나 관료들과 교환한 창화시였다. 중국 사신들 빈번하게 월남 황제나 접대 관원들과 만나 서로 한시를 창화하며, '천조'의 일시동인과 안남국의 충성 등을 가송했다. 월남의 황제나 세자 가운데는 시문에 능한 사람이 많아 보다 적극적으로 중국 사신에게 증시하여 창화를 유도했고, 과거에 급제한 문망 있는 관원을 보내 사신을 접반하며 빈번하게 창화하게 하여 안남도 문명과 예의의 나라임을 중국에 과시하게 했다. 한시에 능숙한 월남의 문사들은 중국의 사신과 시문을 증답 혹은 창화함으로써 중국 사신을 탄복시키고 자국의 문화적 수준을 선양하여 외교적 이익을 극대화할 수 있었다.

월남 북사와 중국 반송관의 한시 창화는 그 연원이 『시경』의 행역시와 '부시언지(賦詩言志)'의 전통까지 거슬러 올라간다. 월남 사신과 중국 반송관의 한시 창화는 단순한 문학적 교유 과정에 그치지 않고 서로 재주를 뽐내어 승리를 다투는 투시 혹은 쟁시의 의미도 갖고 있었다. 월남 사신과 중국 반송관은 그 신분이 모두 각자의 국가를 대표했기 때문에 시가의 창화는 개인적 문학 교류에 그치지 않고 국가의 위신과 체면을 지키는 외교의 의미를 갖고 있었다. 월남의 공사들은 흔히 북경에서 조선의 사신들을 만나 시가를 창화하기도 했는데, 당시 월남과 한국·중국 등 동문 나라들의 외교관들은 한시 창화라는 문화적 교류를 통해 자국의 체면과 위신을 건 우호적 경기를 다툼과 동시에 강렬한 동문 의식을 확인할 수도 있었다.

월남 북사가 중국에서 중국의 사대부나 관리들과 한시를 창화하는 목적 가운데 가장 중요한 것은 뛰어난 시 짓기 솜씨를 보여서 월남이 문헌과 문명의 나라임을 과시하는 것이었는데, 이는 당연히 자국은 '이적'이 아니라 '중화'의 문명국이라는 자의식의 표현이다. 북사들의 출사록에는 특히 서세동점에 의한 세계관의 변화와 병행하여 월남인의 새로운 화이관이 강렬하게 표현됐다. 월남의 북사들은 왕왕 지역이나 종족·고금·강약 등으로 화이를 나누는 중국인의 전통적 세계관을 적극적으로 비판하고 오로지 예악과 문교로 화이를 나누어야 한다고 지적하면서, 월남은 예악과 문교의 나라이기 때문에 이적이 아니라 중화의 일원이라고 주장했다.

중·월 간에 전개된 창화 외교는 단순한 문화적 교류나 개인적 교분에 그치지 않고 당면한 외교 현안을 해결하는 수단으로 왕왕 작동하여 창화 외교로 발전하기도 했다. 특히 어제시와 응제시를 황제와 교환하거나 기타 유력한 관원과 시문을 창화함으로써 외교적 현안 문제를 우회적으로 해결하거나 설명하는 경우가 많았다. 그러나 월남 북사가 중국의 문사들과 지방관 혹은 반송관과 나눈 창화시가 실제 외교 정책에 직접적 영향을 미쳤다는 증거는 많이 발견되지 않는다. 창화의 상대가 외교 정책에 영향을 미칠 수 있는 정치적 역량을 갖지 못했기 때문이다. 이로 인해 양자의 창화시에는 실제 외교에 관한 내용은 거의 보이지 않는다. 오히려 월남인이 창화시를 통해 얻으려 한 가장 중요한 것은 자신의 문화적 정체성과 역량을 과시하여 국가의 위신과 정체성을 지키는 일이었다.

중국의 책봉사들은 월남의 북사에 비해 상대적으로 한시 창화에 소극적이었고, 월남의 북사도 중국에서 중국의 사대부나 관원 혹은 조선의 사신들과 시문을 교환하고 창화할 때 '인신의무외교(人臣義無外交)'의 전통적 관념으로 인해 일정한 한계에 부딪히기도 했다. 그럼에도 불구하고 중·월 외교관들과 문사들 사이의 한시 창화는 전통 시대에 광범하고 지속적으로 이루어졌는데, '문명·문헌의 나라'임을 과시하여 국가적 독립성을 확인하려는 월남 통치자의 정치적 의지와 월남 사신의 사명감이 보다 적극적으로 작용한 결과였다.

전통 시대에 중국인은 모두 한대에 마원이 세운 동주를 양국의 정치 영역을 나누는 표지로 인식했지만, 월남인에게는 동주가 단순한 국경의 의미를 넘어 두 개의 문화 영역을 구분하는 표시로 이해됐다. 한·당·송·몽원·명·만청 등 중국을 지배한 역대 왕조들이 차례로 월남을 침공하면서 언제나 '교화'를 구실로 내세웠음을 기억하는 월남인들은 자신들이 이미 교화 즉 문명화된 '문헌국'임을 중국인들이 알게 할 필요성을 언제나 강하게 느끼고 있었기 때문에, 조공사를 파견하고 책봉사를 맞는 표면적 이유는 조공과 책봉이지만 실제 이유는 개화된 영역으로서의 남국의 위상을 적극적으로 전시하는 것이었고, 이를 위해 남국의 사신들이 북사하는 과정에서 좋은 시를 쓰면서 적절하게 예를 수행하는 모습을 보여서 북국 지식인과 관리들의 존경을 받는 것이었다.

월남 사신이 연행 과정에서 시문 창화 외교를 전개한 직접적 이유의 하나가 중국 문화계에서 자신의 명성과 지위를 제고하고 월남의 조정에서 자신의 권력과 지위를 높이는 것이었지만, 보다 일차적인 이유는 중국 사인과 관원에게 월남의 높은 문화적 수준을 과시하여 중국이 월남을 이적시하는 관념을 바꿈으로써 정치적 목적을 수행하는 데 필요한 환경을 조성하는 것이었다. 전통 시대에 한국은 중국과 책봉·조공 관계를 가졌던 가장 전형적인 나라로 간주되지만, 월남은 외적으로는 중국 왕조들과 종번 관계를 갖고 책봉과 조공의 예를 교환했으나 실제로는 주변국에 '중국'을 자처하며 중국에 '내제외신'하는 한편, 중국인의 전통적 화이관을 거부하고 연행 사신들의 부단한 창화 외교를 통해 월남이 중국과 동문의 나라임을 과시했다.

제4장

중·유 외교상의 한시 창화와 창화 외교

머리말

유구(琉球)는 중국의 동쪽, 한국의 동남쪽, 일본의 남쪽 바다에 멀리 떨어져 있는 작은 섬 나라였다. 그뿐만 아니라 일본의 살마번(薩摩藩)에 정복되어 현재는 일본의 일개 현(沖繩縣. 오키나와 현)으로 편입되어 국가로서의 독립성조차 소멸됐다. 그럼에도 불구하고 500년 이상 중국을 지배한 명(明) 및 만청(滿淸)과 종번(宗藩) 관계를 유지하면서 책봉(册封)과 조공(朝貢)의 예(禮)를 교환함으로써, 한시(漢詩) 창화(唱和)를 수단으로 한 창화(倡和) 외교를 적극적으로 활용한 나라의 하나로 기억될 수 있다.

유구와 중국의 창화 외교에 관한 사료는 크게 중국 측 사료와 유구 측 사료로 분류할 수 있는데, 중국 측 사료는 책봉사(册封使) 진간(陳侃)이 편찬한 『사유구록(使琉球錄)』(1534) 등 각종 사행록(使行錄)과 손횡(孫鋐)이 집평(輯評)하고 황주불(黃朱芾)이 편교(編校)한 『황청시선(皇淸詩選)』(1705) 같은 시집 종류로 나뉘고, 유구 측 사료는 정순칙(程順則)이 편집하여 복주(福州)에서 출간한 『중산시문집(中山詩文集)』(1725) 같은 유구 시집으로 나뉜다. 이들 양측의 사료들은 근래에 와서 대만과 일본·중국 등에서 사료집 형식으로 모아져서 출간되고 있다. 대만에서는 소숭업(蕭崇業)과 사걸(謝傑)이 편집한 『사유구록(使琉球錄): 부황화창화시(附皇華唱和詩)』(臺北, 學生書局, 1969) 등이 출판되고, 일본에서도 상리현일(上里賢一)이 편집한 『중산시문집(中山詩文集)』(九州大學出版會, 1998) 등이 일찍부터 출간되어 이 방면의 연구에 기초 자료를 제공했으며, 중국에서는 황윤화(黃潤華)

와 설영(薛英)이 편집한 『국가도서관장유구자료회편(國家圖書館藏琉球資料匯編)』(北京圖書館出版社, 2000), 은몽하(殷蒙霞)·가귀영(賈貴榮)·왕관(王冠) 등이 편집한 『국가도서관장유구자료속편(國家圖書館藏琉球資料續編)』(北京圖書館出版社, 2003), 왕함(王菡)이 편집한 『국가도서관장유구자료삼편(國家圖書館藏琉球資料三編)』(北京圖書館出版社, 2006), 고진효(高津孝)와 진첩(陳捷)이 주편한 『유구왕국한문문헌집성(琉球王國漢文文獻集成)』(上海, 復旦大學出版社, 2013), 복건사범대학(福建師範大學) 도서관에서 편집한 『유구문헌사료회편(琉球文獻史料匯編)』 상·하(北京, 海洋出版社, 2014), 적금명(翟金明)이 주편한 『전세한문유구문헌집고(傳世漢文琉球文獻輯稿)』 1·2집(廈門, 鷺江出版社, 2012, 2015) 등이 대량으로 출판됐다.

이처럼 다양한 사료집이 존재함에도 불구하고, 중국과 유구의 창화 외교에 관한 연구는 거의 발견되지 않는다. 이는 아마도 유구란 나라의 국가가 현재 존재하지 않고, 전통 시대 유구의 역사 역시 동아시아사에서 점하는 위상이 경시됐으며, 관련 자료가 한국이나 월남 등 다른 나라의 그것과 비교한다면 상대적으로 훨씬 적어서 쉽게 눈에 띄지 않았기 때문이 아닐까 유추해 볼 수 있다. 그러나 유구는 그 나라가 갖는 규모나 국력에 비해서는 놀라울 정도의 높은 수준으로 중국 등 동아시아의 다른 나라들과 문화를 공유했고, 중국의 국가들도 유구의 전략적 가치를 매우 중시하여 국왕이 교체될 때마다 험로를 감수하고 책봉사를 보내 직접 책봉했기 때문에, 조선과 월남 등 다른 '동문(同文)'의 나라와 마찬가지로 중국과 유구 사이에도 한시를 창화하여 외교적 목적을 유효하게 달성하려는 창화 외교가 존재했을 가능성은 처음부터 존재하고 있었다.

1. 중·유의 책봉·조공 관계

유구는 '流求', '琉求', '琉虬' 등으로도 기술된 고국(古國)으로, 『수서(隋書)』 동이전(東夷傳)에서는 "유구국(流求國)은 해도(海島)의 가운데 있는데 건안군(建安郡)의 동쪽에 해당하고 물길로 5일 걸려서 이른다"고 했다. 1650년에 찬술된 유구국사『중산세감(中山世鑒)』에서는 "아조(我朝)의 개벽(開闢)은 천신(天神) 아마미구(阿摩美久)가 쌓았다.…당초에 유구(琉球)란 이름이 없었다. 수만 년 뒤에 수(隋) 양제(煬帝)가 우기위(羽騎尉) 주관(朱寬)에게 명해 이속(異俗)을 찾아 구하게 하니, 처음으로 이 나라의 지계(地界)에 이르렀다. 수많은 파도 사이에서 멀리 그곳을 바라보니 마치 규룡(虯龍)이 서리고 얽혀 수중에 선회하며 떠 있는 것 같았기 때문에 유규(琉虯)라고 이름 지었다"고 했다.

유구 왕국의 역사는 대체로 촌락(村落) 시대(기원전 3200~기원후 9세기)와 안사(按司) 시대(9~12세기), 왕통(王統) 시대(1187, 南宋 淳熙 14년~1879, 滿淸 光緖 5년) 등으로 나뉘는데,[306] 12세기에 유구 군도에 북산(北山)과 중산(中山)·남산(南山) 등 세 독립 왕국이 출현한 이후 명조 초년에 유구 삼국이 중국의 명조와 책봉과 조공의 예를 교환했다. 1429년에는 중산국 왕 상파지(尙巴志)가 유구 군도를 통일하여 유구왕국을 건립하고 중산국(中山國)이라고 칭하면서, 명조와 책봉·조공 관계 즉 종번 관계를 세웠다.

중국에서 명조가 건립된 뒤에 태조(太祖)는 "사방의 제이(諸夷)는 모두 산과 바다로 가로막히고 한쪽 구석에 치우쳐 있어, 그 땅을 얻어도 공급(供給)하기에 부족하고 그 백성을 얻어도 사령(使令)하기에 부족하다. 만약 그들이 스스로 생각하여 헤아리지 않고 우리 변경에 와서 소란을 피운다면 이는 상스럽지 못한 일이고, 저들이 중국(中國)의 걱정거리가 되지 않는데도 우리가 군사를 일으켜 가볍게 범한다면 이 역시 상스럽지 못한 일이다"라고 하면서, 조선과 일본, 유구, 안남(安南), 진랍(眞臘), 섬라(暹羅), 점성(占城), 과왜(瓜哇) 등 15국을 '불정지국(不征之國)'으로 나열했다.[307] 『황명조훈(皇明祖訓)』에서도 "나는 후세의 자손들이 중국의 부강에 의지하여 일시의 전공(戰功)을 탐하여 무고하게 군사를 일으켜서 인명을 살상할까 두려워 그 불가함을 간절하게 기록한다"고 했다.

이와 동시에 그는 사방에 사자를 보내 선유(宣諭)하여 자기의 천하 덕화(德化)

---

306. 龐培法·劉金國, 「古代中國與琉球王國友好關係的確立與中斷」, 『山東師大學報』 1995-5, 47쪽.

307. 『明宣宗實錄』 卷32, 宣德 3年2月條.

의 치적을 선양하면서 각국의 내조(來朝)를 요구했다. 1372년(洪武 5년)에 명은 행인(行人) 양재(楊載)를 보내 즉위와 건원(建元)을 통지했는데, 이때 양재가 휴대하고 간 조서에서 "옛날 제왕이 천하를 다스릴 때 해와 달이 비치는 곳이면 원근을 가리지 않고 일시동인(一視同仁)했기 때문에, 중국이 평안하고 사이(四夷)가 알맞은 자리를 얻어 이들을 신복(臣服)시킬 뜻을 갖지 않았다. 원(元)의 정치가 기강을 잃고 천하에서 군사를 다툰 것이 17년이었다. 짐은 포의(布衣)로 일어나 강좌(江江)에서 터를 열고 군사를 거느리고 사방을 평정하여…화이(華夷)를 안정시키고 우리 중국의 옛 강역을 회복했다. 짐이 신민의 추대를 받아 황제(皇帝)에 즉위하고 천하의 호를 정하여 대명(大明)이라 하고 홍무(洪武)라 건원하여 외이(外夷)에 사신을 보내 짐의 뜻을 퍼뜨려 알리니, 사자가 이르는 곳의 만이(蠻夷) 추장들이 칭신(稱臣)하며 입공(入貢)했다. 너희 유구는 중국의 동남쪽 멀리 해외(海外)에 있어 소식이 미치지 못하니, 이에 특별히 사자를 보내 너희에게 가서 이를 알리게 했다"[308]고 했다.

유구왕국의 정사(正史)인 『중산세보(中山世譜)』에 의하면, 양재가 출사하여 명 태조의 뜻을 전한 뒤에, 유구 중산왕 찰도(察度)는 솔선하여 그 조서(詔書)를 받고 즉시 왕제(王弟) 태기(泰期)를 파견하여 같은 해에 중국에 가서 '봉표칭신(奉表稱臣)'하니, "이로 인해 유구는 중국과 처음으로 통하고 인문유신(人文維新)의 터를 열었다"[309]고 한다. 그 뒤에도 찰도는 부단히 중국에 사절을 보내 '봉표(奉表)'하고 '방물(方物)'을 공납하니, 명 태조는 찰도에게 대통력(大統曆)을 보내 주었다. 1375년(洪武 8년)에는 복건(福建)에서 "유구의 산천에 부제(附祭)하게 했다."

산남왕(山南王) 승찰도(承察度)와 산북왕(山北王) 파니지(怕尼芝)도 홍무 16년(1383)에 명에 '칭신입공(稱臣入貢)'하니, 이해에 명 태조는 내사감(內使監) 양민(梁民)과 상패감(尙佩監) 노겸(路謙)을 보내 조서를 휴대하고 유구에 가서 중산왕 찰도에게 도금은인(鍍金銀印)을 반사(頒賜)하고 유구의 세 왕에게 조유(詔諭)하여

---

308. 嚴從簡, 『殊域周咨錄』 卷4, 故宮博物院圖書館, 1930, 1쪽.

309. 伊波普猷 等 編, 『琉球史料叢書』 卷4, 名取書店, 1941, 41쪽.

"전쟁을 그만두고 백성을 길러 국조(國祚)를 이어 가게 하라"고 했다. 그 전해에 노겸이 유구 사신을 호송하고 귀국한 뒤에 "유구 세 왕이 쟁웅(爭雄)하여 공격과 전투가 그치지 않는" 상황을 보고했기 때문에, 양민과 노겸이 휴대한 조서에서 "근자에 사자가 돌아와 말하기를 유구의 세 왕이 서로 다투어 농사를 폐하고 백성을 상하게 한다고 하니 짐은 매우 안타깝다.…왕은 전쟁을 그만두고 백성을 쉬게 하여 그 덕을 닦는 데 힘쓴다면 나라가 오래도록 평안하게 될 것이다"라고 했다. 이에 대해 "중산왕 찰도와 산남왕 승찰도, 산북왕 파니지 등은 각각 그 조서를 받고 전쟁을 중단하고 사신을 보내 은혜에 사례했다"고 한다. 1385년(洪武 18년)에는 명제(明帝)가 "산남과 산북 두 왕에게도 타뉴도금은인(駝紐鍍金銀印)을 주었다."[310]

1395년(洪武 28년)에 중산왕 찰도가 죽고, 1403년(永樂 원년)에 세자 무녕(武寧)이 조카 삼오량의(三吾良宜)를 보내 중국에 부고(訃告)했다. 명 성조(成祖)가 즉위하여 영락(永樂)으로 개원(改元)한 뒤에, 중산왕 세자 무녕이 사신을 보내 부고(訃告)하고 "관대(冠帶) 의복을 요청했다." 그다음 해에는 "성조가 행인 시중(時中)을 보내 조서를 가지고 그 나라에 가서 포백(布帛)으로 치제(致祭)하고 부의를 보내는 한편, 무녕을 중산왕으로 책봉했다." 앞서 1396년(洪武 29년)에도 산북왕이 서거하여 "그 아들이 조정에서 책봉을 받았다." 그러나 명조가 책봉사를 보내 책봉의식을 거행한 것은 영락(永樂) 2년이 처음이다. 『중산세보』에 의하면, "찰도왕이 처음 중조(中朝)와 통하여…천사(天使)가 여러 차례 내림(來臨)했는데, 무녕에 이르러 비로소 책봉 대전(大典)을 주었다"[311]고 한다.

선덕(宣德) 연간에 이르러 상파지가 먼저 명주에 책봉을 청구한 이후부터 유구 국왕이 계승하여 즉위하면 언제나 책봉을 청하는 것이 일종의 고정된 제도로 정착됨으로써 중국과 유구 사이에 전형적 종번 관계가 성립됐다. 이후 명조는 모두 15차례에 걸쳐 책봉사를 유구에 파견했다. 유구 왕국은 중국 황제로부터

---

310. 『琉球史料叢書』 卷4, 41쪽; 米慶余, 「明代中琉之間的冊封關係」, 『日本學刊』 1997-4, 122쪽.
311. 『琉球史料叢書』 卷4, 41쪽.

책봉을 받아 왕위의 권위를 확보했을 뿐만 아니라, 중국의 일력(日曆)을 받고 연호(年號)를 사용하여 중국의 정삭(正朔)을 시행함으로써 동아시아 국제사회의 중심으로서의 중국 황제의 위상과 권위를 인정했다.

유구는 중국 황제와의 예적 관계를 극히 중시하여 중국인으로부터 '수례지방(守禮之邦)'이라 칭송을 받기도 했으니, "동지(冬至)와 원단(元旦)에 국왕이 피변(皮弁)을 쓰고 규(圭)를 잡고 세덕(歲德)에 먼저 절하고, 북향하여 멀리서 황상(皇上)의 만만세를 경하하며 삼궤구고(三跪九叩)했다. 예를 마치고 비로소 전(殿)에 올라 백관의 경하를 받았다"[312]고 한다. '피변'은 흰 사슴의 가죽으로 만든 관집(冠執)으로, 천자가 조회(朝會)할 때나 제후가 삭일(朔日)을 고할 때 착용했다. '세덕'이란 한 해 가운데 유덕(有德)한 방위에 있다고 하는 신(神)을 말한다.

청대에도 유구 국왕이 사망하면 세자(世子)가 먼저 청조에 부고하고 청봉(請封)했다. 『청사고(淸史稿)』에 의하면, "유구국은 왕이 사위(嗣位)하면 먼저 조명(朝命)을 청하고, 정·부사에게 칙명을 받들어 가서 책봉하고 타뉴도금은인을 하사하게 했는데, 이러한 책봉례(册封禮)가 실행된 뒤에야 칭왕(稱王)하고 책봉하기 전에는 세자를 칭하며 '권국사(權國事. 즉 임시로 國事를 代理함)'했다."[313] 1668년(康熙 7년)에 유구왕 상질(尙質)이 서거하고 세자 상정(尙貞)이 '권국사'했는데, 그다음 해에 세자 상정이 구례(舊例)에 따라 정의대부(正議大夫) 등을 복건(福建)에 보내 납공(納貢)하고 그 부친의 상(喪)을 알렸다. 1680년(康熙 19년)에 다시 이목관(耳目官)을 보내 진공(進貢)하고 통국신민결장(通國臣民結狀)을 가지고 와서 책봉해 달라고 요청했다. 그때 복건성에서 대만(臺灣) 정씨(鄭氏)를 공격할 준비를 하고 있었고 유구까지 가는 항해의 길이 멀고 험해, 예부(禮部)가 책봉사를 보내 책봉하는 대신 "유구국 상정의 습왕(襲王) 유지(諭旨)와 고왕(故王) 상질의 은휼제문(恩恤祭文)을 내사(來使)가 가지고 돌아가도록" 의결했다. 이에 대해 강희제(康熙帝)도 인가했지만, 유구 사신이 책봉 조칙(詔勅)과 유제문(諭祭文)을 가

312. 徐葆光, 『中山傳信錄』.

313. 趙爾巽, 『淸史稿』, 卷526, 琉球傳, 北京, 中華書局, 1977.

지고 돌아가게 하는 결정은 유구 사신의 강렬한 반대에 부딪혔다. 유구 사신의 간절한 견사책봉(遣使冊封)의 요구에 직면한 강희제는 예부가 다시 의논하게 하고, 예부는 강희제의 의견을 따라 사신을 골라 보내 유구에 가서 책봉하고 사휼(賜恤)하게 했다.[314]

이와 달리 오히려 유구 측에서 '영봉(領封)' 즉 유구 사신이 책봉서를 가지고 돌아갈 수 있게 해 달라고 요청했지만 청조 측에서 거절하고 직접 책봉사를 파견한 경우도 있었다. 채온(蔡溫) 등의 『중산세보』에 의하면, "(明 世宗 嘉靖) 38년 기미(己未) 가을에 정의대부 채정회(蔡廷會)와 장사(長史) 양현(梁炫) 등을 보내 봉표하여 방물을 바치고 사은(謝恩)했다. 그때 정회 등이 말하기를 '바다에 풍도(風濤)가 소용돌이치고 해구(海寇)가 불시에 출몰한다. 사자에게 무슨 일이 생겨서 상국(上國)에 죄를 짓게 될까 걱정된다. 청컨대 정덕(正德) 중에 점성(占城. 林邑國)을 책봉한 고사(故事)처럼 조책(詔冊)을 가지고 돌아가게 해서 천조(天朝)를 번거롭게 하여 사자를 보내 책봉하게 하지 않기를 청한다'고 했다. 복건순안어사(福建巡按御史) 번헌과(樊獻科)가 이를 아뢰니, 세종이 예부에 명하여 의논하게 했다. 예부가 의논해서 아뢰기를 '예전 정덕 중에 점성국왕이 안남의 침략을 받아 다른 곳으로 거처를 옮겼기 때문에 사자를 시켜 직명을 가지고 돌아가게 했는데, 이는 일시적인 임기응변이었다. 그러나 점성국왕은 오히려 사자를 보내 책봉해 주어 만방(蠻邦)에서 빛나고 중시되게 해 달라고 간청했다. 지금 유구는 해중에 있으면서 예를 잘 지킨다고 여러 나라가 많이 칭찬하고 여러 조대(朝代) 이래로 이를 대우함이 특별했다. 매 국왕이 계승해서 즉위할 때마다 반드시 시종하는 신하를 보내 왕명을 받들어 절책(節冊)을 가지고 가게 하는 것이 관례가 됐다. 그리고 정회는 세자의 인문(印文)이 없으니, 만약 그 말을 가볍게 믿었다가 만일 세자가 견사(遣使)를 지극한 영광으로 여기고 (멀리서 임명하는) 요배(遙拜)를 비례(非禮)로 여겨 책봉을 받으려 하지 않고, 다시 상서해서 점성처럼 사신을 청한다면, 장차 누가 그 허물을 책임질 것인가. 빌건대 조공과 책봉을 관

314. 方亮·方媛,「汪楫使琉球及其著述論略」,『江蘇工業學院學報』2010-2, 48-49쪽.

례대로 행해서 대전(大典)을 보이소서'라고 했다. 세종이 그 말을 따랐다." 이에 조정은 "구전(舊典)은 급격하게 바꾸기 어렵다"고 하여 유구의 영봉을 거절했다.[315]

명조와 청조의 황제가 유구의 국왕을 책봉함과 동시에, 유구의 국왕은 명·청의 황제에게 정기적으로 조공의 예를 표시했다. 명조는 1474년(成化 10년)에 유구 사신이 복건에서 살인한 사건이 발생하자, 그 다음 해에 유구의 공기(貢期)를 1년 1공(貢)에서 2년 1공으로 연장하고 사신의 수를 엄격하게 제한했다. 그러나 유구 측의 주청이 여러 차례 거듭되자 1507년(正德 2년)에 1년 1공을 회복하고, 1522년(嘉靖 원년)에는 다시 2년 1공으로 바꾸고 인원수를 엄격하게 제한했으며, 사신이 개인적으로 가지고 오는 화물의 무역을 금지했다.[316] 홍무 5년부터 1470년(成化 11년)까지 1년 다(多)공, 최대 4공으로 408차례, 성화 11년부터 1507년(正德 2년)까지 양년(兩年) 1공으로 16차, 정덕 2년부터 1523년(嘉靖 2년)까지 1년 1공으로 17차례, 가정 2년부터 1609년(萬曆 37년)까지 10년 1공으로 1차례, 만력 37년부터 1629년(崇禎 2년)까지 1차례 진공하여, 모두 486차례 조공사(朝貢使)의 파견이 있었다.[317] 청대에는 명제(明制)를 계승해 "유구 공기 2년 1차"였는데, 1839년(道光 19년) 청조에서 4년 1공으로 바꾸자, 그다음 해에 유구국이 사자를 보내 옛 제도대로 해 달라고 청구해서 양년 1공을 실행했다. 유구국은 명·청 양조와 지속적으로 책봉과 조공의 예를 교환하다가, 1879년(光緖 5년)에 유구가 일본에 병탄된 뒤에야 양국의 종번 관계가 종식됐다.[318]

---

315. 高津孝·陳捷 主編, 『琉球王國漢文文獻集成』, 復旦大學出版社, 2013, 제4冊, 332-333쪽; 陳占彪, 「論郭汝霖'使琉'及其『重編使琉球錄』」, 『海交史研究』 2016-2, 75쪽.

316. 楊雨蕾, 「朝貢體制的另一面: 朝鮮與琉球使臣在北京的交往」, 『學術月刊』 2014-12, 152쪽.

317. 柳岳武, 「明朝時期中日琉球關係研究」, 『安徽史學』 2006-4, 27쪽. 秋山謙藏, 『日支交涉史研究』, 岩波書店, 1939, 552쪽에서 『明史』에 근거하여 만든 「朝貢次數表」에 의하면, 유구는 171次로 제1위였고, 제2위인 안남 이하 각국은 훨씬 못 미쳤으니, 유구는 明朝에 사절을 가장 빈번하게 파견한 조공국이었다는 주장이 있다. 岡本弘道, 「明代朝貢國琉球的地位及其演變」, 『海交史研究』 2001-1, 77쪽.

318. 李玉昆, 「中琉關係史研究述略」, 『海交史研究』 1992-1, 20쪽.

진공(進貢) 노선은 복주(福州)에서 "포성현(浦城縣)까지 수로로, 포성현에서 절강성(浙江省) 강산현(江山縣) 청호(清湖)까지 육로로, 청호에서 전당강(錢塘江)까지 수로로, 이후 육지에 올라 항주부(杭州府)를 거쳐 운하를 통해 장가만(張家灣)까지 수로로" 간 뒤에 북경(北京)으로 들어갔으니, 모두 4,912리의 행정(行程)이 대략 72일 걸렸다.[319] 복건에서는 유원관(柔遠館)에서 묵었고, 북경에서는 회동관(會同館)과 사역관(四譯館)에서 유숙했다. 공사(貢使)는 경사(京師)에서 황제의 접견과 상사(賞賜)를 받고 지방 정부의 융숭한 접대를 받았다. 중국 정부는 공선(貢船)에 대해 면세 대우를 제공했다. 중국 국가의 지출은 수입을 크게 초과했다. 유구의 공물은 주로 말과 유황(硫磺)이었다.[320] "구례에 의하면 각처 이인(夷人)은 조공하러 객관에 이르면 5일에 한 번 방출(放出)하고 나머지 날은 마음대로 출입하는 것이 허락되지 않았다. 오직 조선과 유구 2국의 사신만 그 출외무역(出外貿易)이 5일의 수 안에 들지 않도록 허락됐다"(『明孝宗實錄』 弘治 14년 春正月 壬申).

중국과 유구의 책봉·조공 관계가 확립된 후 유구는 명·청 양조의 '번속(藩屬)'이 됐다. 즉 "문황제(文皇帝) 시기에 사자에게 명하여 그 군주를 세우고 책명(冊命)을 내려, 인수(印綬)와 관대(冠帶)를 받고 대대로 외번(外藩)이 됐다"[321]고 한 것이 그것이다. 이로 인해 명·청 양조는 유구 국왕 책봉을 위해 모두 23차례, 43명의 책봉 정·부사를 파출했는데, 그중 명대가 15차 27명, 청대가 8차 16명이었다.[322]

---

319. 宮城榮昌, 『沖繩歷史地圖』, 柏書房, 1983, 122쪽.

320. 龐培法·劉金國, 「古代中國與琉球王國友好關係的確立與中斷」, 『山東師大學報』 1995-5, 48-49쪽.

321. 屠應浚, 「送給事陳君使琉球序」, 陳子龍編, 『明經世文編』, 北京, 中華書局, 1962.

322. 方亮·方媛, 「汪楫使琉球及其著述論略」, 48쪽. 유구 책봉사의 次數와 정·부사의 인원수에 대해서는 다양한 견해가 있다. 혹은 "명조의 유구 책봉이 14차, 27명, 청조의 유구 책봉은 8차, 16명"(鄭國珍, 「明清兩代冊封琉球使中的閩籍正副使考」, 『海交史研究』 1986-2)이라 하고, 혹은 "명조의 유구 책봉이 14차, 26명, 청조의 유구 책봉은 8차 16명이라"(方寶川, 「明清冊封使及其從客在中琉關係中的作用」, 『福建師大學報』 1989-4, 11쪽)고 했다. "명조의 유구 책봉이 15차, 책봉사 27인, 청의 유구 책봉은 모두 10차, 정·부 책봉사 가운데 성명이 있는 자는 12인"(謝必震, 「明清冊封琉球論略」, 『海交史研究』 1991-1)이라고 하기도 하고, 혹

유구는 비록 소국이지만 해외의 여러 나라 가운데서도 수례(守禮)로 칭송을 많이 받았기 때문에 명·청 양조는 유구의 책봉을 매우 중시했다. 이로 인해 책봉사의 선정은 상당히 엄격했으니, 유구가 책봉사를 파견해 달라고 주청할 때마다 내각대학사(內閣大學士)와 한림원장원(翰林院掌院), 도찰원(都察院), 예부당관(禮部堂官)에게 명해 학문이 뛰어나고 의도(儀度)가 출중한 자를 정·부사로 선거하게 했는데, 매 초선(初選)의 인원은 대개 내각중서(內閣中書) 4명, 한림원편수(翰林院編修) 3명, 도찰원급사중(都察院給事中) 4명, 예부주사(禮部主事) 3명으로, 건청궁(乾淸宮)에 모아 황제가 골라서 그중 한 명을 정사(正使), 한 명을 부사(副使)로 임명했다.[323]

명·청 양조는 유구 책봉사를 모두 조정의 문직(文職) 인원으로 충임했다. 명초에는 행인(行人)이나 중관(中官)을 사신으로 삼았으나, 1442년(正統 7년)부터 급사중(給事中)을 정사로, 행인을 부사로 삼아 명대가 끝날 때까지 계속 변하지 않았다. 청조는 1663년(康熙 2년)에 병과부리관(兵科副理官) 장학례(張學禮)를 정사로, 행인 왕해(王垓)를 부사로 삼았지만, 1683년(康熙 22년) 이후에는 한림원 속관(屬官) 즉 시독(侍讀)·수찬(修撰)·편수(編修) 등을 충임했다.[324] 이로 인해 책봉사는 본래 외교 사명을 집행하는 것 외에 문화를 전파하고 과시하는 사자의 역할도 수행했다.[325]

명대에 유구로 파견된 급사중과 행인은 비록 관계(官階)는 높지 않아, 『명사

은 "명·청 양조가 유구에 파견한 책봉사는 명조가 16차 29인, 청조가 8차 16인"(李金明, 「明淸時期中國文化在琉球的傳播-從文化傳乘看琉球的歸屬問題」, 『福建論壇』 2013-5, 87쪽)이라고도 했다. 차수에 대해서도 견해가 엇갈린 경우가 적지 않아, 혹자는 "명조는 英宗 正統 7년부터 崇禎 연간까지 2백 년간에 13차 책봉사 26명을 보내고, 청조는 順治·康熙·嘉慶 3조 150년 동안 6차 책봉사를 파견했다"(李玉昆, 「中琉關係史硏究述略」, 20쪽)고 하고, 혹자는 "명·청 양조는 번속국 유구 국왕을 모두 23차례, 명조가 15차, 청조가 8차례 책봉했다"(春梅, 「淸代冊封琉球體制初探」, 『福建師大學報』 2008-5, 107쪽)고 주장하기도 했다.

323. 李鼎元, 『使琉球記』 卷1; 李金明, 「明淸琉球冊封使與中國文化傳播」, 『歷史檔案』 2005-3, 56쪽.

324. 李玉昆, 「中琉關係史硏究述略」, 20쪽.

325. 方寶川, 「明淸冊封使及其從客在中琉關係中的作用」, 『福建師大學報』 1989-4, 113-114쪽.

明史)』 직관지(職官志)에 의하면, 육과(六科) 좌우급사중(左右給事中)은 종7품이고 행인사(行人司) 행인은 정8품이지만, 이들은 모두 요직을 담임하고 경륜이 뛰어났다. 급사중은 봉천문(奉天門) 어좌(御座) 좌우에서 시립(侍立)하는 근시관(近侍官)으로 주대(奏對)를 겸하여 주관했기 때문에 반드시 "용모가 단정하고 언어가 적확한 자를 뽑고…기식(器識)이 원대하고 학문이 해박하며 문장이 출중한 자로 충원했다." 그리고 행인은 모두 진사(進士)로 임명했다.[326] 이처럼 명조는 천자의 근신(近臣)을 책봉사로 삼아 유구 책봉을 중시함을 보여 주었다.

청조가 처음 파견한 사신도 명조의 관행에 따라 육과와 행인사 관원을 정·부사로 임명했지만, 제2차부터는 책봉사의 인선에 더욱 주의했다. 강희제의 요구를 받들어 예부는 내각(內閣)과 한림원, 예부, 육과, 행인사 등의 기구에서 82명을 추천하여 후보 대상으로 삼았다. 예부는 책봉사를 선발하는 일의 책임을 맡는데, 인선된 명단이 황제에게 보고되면 황제는 대학사(大學士)와 육부(六部)·구경(九卿) 회의에서 의논하게 한다. 청대에는 국가에 대사가 있으면 대학사와 육부·구경회의에서 의논하여 결정했다.[327]

1681년(康熙 20년)에는 대신 회의를 통해 한림원 검토(檢討) 왕즙(汪楫)이 정사로, 내각 중서사인(中書舍人) 임인(林麟)이 부사로 추거됐는데, 강희제는 내각 대학사에게 한 번 더 확인했다. 내각 『기거주(起居注)』에 의하면, "상(上)이 '이 두 사람은 어떤가'라고 묻자, 명주(明珠)가 아뢰어 이르기를 '왕즙은 박학하고 문장이 뛰어나서 천거됐는데, 양주(揚州) 사람이고 집이 가난해도 인품이 뛰어나다. 임인은 신의 아문(衙門) 중서(中書)로, 그 인품 역시 뛰어나다'고 했다. 상이 학사 고륵납(庫勒納)을 돌아보며 묻기를 '왕즙의 학문은 어떠한가'라고 하자, 고륵납이 아뢰어 이르기를 '문학에 매우 통달해 있다'고 했다. 상이 또 묻기를 '그 사람됨은 어떠한가'라고 하자, 고륵납이 아뢰어 이르기를 '사람됨도 매우 우수하다'고 했다."[328] 이처럼 청조는 유구에 파견하는 책봉사를 선발할 때 학문과 인품

326. 陸容, 『菽園雜志』 권7, 中華書局, 1985, 72-90쪽.

327. 春梅, 「清代冊封琉球體制初探」, 『福建師大學報』 2008-5, 108-109쪽.

328. 中國第一歷史檔案館, 『清代中琉關係檔案五編』, 北京, 中國檔案出版社, 2002.

을 기준으로 매우 엄격하게 심사했다.

명조가 파출하는 책봉사는 일반적으로 봉사번왕(封賜藩王)의 규정에 따라 급사중과 행인을 정·부사로 삼고, 기린(麒麟)과 백택(白澤)·공(公)·후(侯)·백(伯)·부마(駙馬)의 옷을 분별하여 수여해서 조사(朝使)의 특별한 영예를 보였는데,[329] 청도 명제를 이어 유구 책봉을 중시하는 정도가 더하면 더했지 못하지 않았으니, 유구 책봉사에게 주는 복식은 동주모정(東珠帽頂)을 착용하게 하고, 정·부사는 모두 정일품 인망복(麟蟒服)을 하사했다. 청조의 규정에 의하면, 인망(麟蟒)은 장군(將軍)과 제독(提督)의 복제였으니, 책봉사에게 인망복을 하사한 것은 그 관계가 이미 장군·제독과 상당함을 보여 주는 것이다. 북경에서 팔좌견여(八座肩輿)를 타고 출도(出都)하는 특권은 오직 유구·안남 책봉사에게만 부여됐다.[330]

강희 20년에 선발된 왕즙 사절단은 출발하기 전에 관례에 따라 강희제에게 출사에 필요한 몇 가지 사항을 요구했다. "7사(事)를 상소하여 아뢰니, 어필(御筆)을 하사하시고, 관례에 따라 해신(海神)에게 유제(諭祭)하고, 도해(渡海)하는 시기는 공사(貢使)를 굳이 기다릴 필요가 없고, 수선관(修船官)을 데리고 함께 도해하며, 관방(關防)을 지급하고, 병력을 늘려서 행차를 호위하고, 봉은(俸銀)을 미리 지급하도록 청한다."[331] '관방'이란 인신(印信)의 일종으로, 명 태조 때 공문서의 위조 등을 막기 위해 두 장의 서류에 걸쳐 찍었는데, 청대에는 임시로 파견된 관원이 쓰는 장방형의 관인(官印)을 이르는 말로 사용됐다. 다음해 8월에 왕즙과 임인이 북경을 떠나며 출행을 아뢰면서 한 말씀 청했더니, 강희제가 그들에게 "대체(大體)를 갖고 너그럽고 부드럽게 대하도록 힘쓰라"고 요구했다. 그리고 왕즙의 청에 응해 어서(御書) '중산세토(中山世土)'라는 편액(扁額)을 유구 국왕에게 하사했는데, 이는 강희 이후 각조(各朝)에서 유구에 하사한 어서의 선례가 됐다.[332]

---

329. 李金明, 「明淸琉球冊封使與中國文化傳播」, 56쪽.

330. 李鼎元, 『使琉球記』 卷1.

331. 『國家圖書館藏琉球資料匯編』 中冊, 2000.

332. 方亮·方媛, 「汪楫使琉球及其著述論略」, 48-49쪽.

청조도 명의 제도를 이어, 세자가 책봉을 신청할 때는 유구국은 반드시 동시에 통국결장(通國結狀)을 제출하도록 했는데, 이는 독립적 문서가 아니라 반드시 청봉주본(請封奏本)과 함께 올려 사유를 서술해야 했다. 예부는 세자의 청봉주본과 통국결장을 접수하고 문서에 대한 첫 심사를 진행한 다음, 오류가 없으면 황제에게 비준을 청하고 중앙정부는 책봉 사무를 준비했다.[333] 내각은 유구에 반급(頒給)할 책봉조(冊封詔)와 칙유(勅諭) 등 문서를 만들고, 한림원은 고국왕(故國王)과 마조신(媽祖神)등에게 올릴 유제문(諭祭文), 내무부(內務府)는 유구의 새 왕과 왕비에게 상사(賞賜)할 예물을 준비하고, 호부(戶部)는 유구 고국왕을 유제할 은물(銀物)을 제공했다. 공부(工部)는 출행에 필요한 물품 즉 절(節)과 절의(節衣)·의장(儀仗)·일품관복(一品官服) 등을 제공하고, 병부(兵部)는 전행패(前行牌)를 전체(傳遞)하고 책봉사를 복주(福州)까지 호송하며, 수레와 말·배·사료 등을 공급하고, 책봉사를 유구까지 호송한다. 복주 지방정부는 책봉주(冊封舟)를 준비하고 관병을 파견해서 호송하며, 제물과 기타 물품을 준비했다.[334]

청대의 책봉 사절단은 두 척의 배에 분승하여 동시에 출항했는데, 1756년(乾隆 21년)의 전괴(全魁)와 주황(周煌) 사절단의 예를 보면, 호송병력 2백 명을 두 배에 분배했다. 정·부사와 수행 천총(千摠)은 병력 60명과 정역인(丁役人) 등과 함께 1호선에 타고, 독표중영도사(督標中營都司)가 병력 140명과 역인들을 데리고 2호선을 탔는데, 2호선에는 모두 230명이 탔다. 2호선은 책봉사를 호송하는 임무를 맡았다.[335] 이처럼 책봉 사절단은 일반적으로 관원, 선원, 하인, 군사 등 네 종류로 구성됐고 인원수는 3백 명에서 7백 명 사이였다.

유구 책봉사는 정부가 규정한 직사(職司) 역원(役員) 외에도 일부 자기가 선택한 종객(從客)을 수행하게 할 수 있었다. 그 가운데는 문인, 고승, 도사, 의생, 천문생(天文生), 서화가, 금사(琴師) 등 다방면의 전문가와 다재다능한 수공 공장(工匠)도 포함됐다. 서보광(徐葆光)이 도해할 때 "정사 가인(家人) 20명, 부사 가인

333. 春梅, 「淸代冊封琉球體制初探」, 108쪽.

334. 春梅, 「淸代冊封琉球體制初探」, 109쪽.

335. 春梅, 「淸代冊封琉球體制初探」, 110쪽.

15명 외에도 해방청송사부서판(海防廳送使副書辦) 2명, 순포(巡捕) 2명, 장반(長班) 4명, 문자(門子) 2명, 조례(皂隸) 8명, 건보(健步) 4명, 교산부(轎傘夫) 20명, 인례통사(引禮通事) 2명, 호송수비(護送守備) 1명, 천총 1명, 관병 200명, 내과의생(內科醫生) 1명, 외과의생 1명, 도사(道士) 3명, 노배(老排) 1명, 취고수(吹鼓手) 8명, 표배장(標褙匠) 1명, 고병장(糕餅匠) 1명, 대조(待詔) 1명"(『中山傳信錄』)도 함께 갔으니, 사실상 대규모 문화 대표단이었다고 할 수 있다.[336]

중국 책봉사가 유구에 가면 두 가지의 주요한 임무를 수행했는데, 하나는 유제례(諭祭禮)를 행하는 것이고 둘은 책봉례(册封禮)를 행하는 것이었다. 유구의 세자는 중국 정부에 부고하고 청봉하며 영봉사(迎封使)를 파견한다. 그리고 유구에 천사관(天使館)을 건립해 책봉 사와 그 수행 인원이 머물며 숙박하게 한다. 이 천사관의 건물은 모두 중국의 아서(衙署)와 같고, 관내의 각종 기물도 중국의 제도에 맞추어 갖춘다. 책봉사 일행이 유구에 도착하면, 세자는 대소 관원 1백여 명을 보내 맞게 하는데, 이들 관원들은 오배(五拜)와 삼고두(三叩頭)의 예를 행했다. 유구 정부는 중국 책봉사가 가지고 간 조서(詔書), 교유(敎諭), 유제문(諭祭文) 등을 지보(至寶)로 여겨 보관했다. 책봉사가 유구에 있는 동안 유구 정부는 관례에 따라 칠연칠수(七宴七酬)와 금관(金款)으로 대접했다.[337]

가경(嘉慶) 13년(1808)에 책봉유구정사로 임명된 제곤(齊鯤)의 증언에 의하면, "관례에 의하면 사주(使舟)에 변병(弁兵)이 호행(護行)하는데, 혹은 중토(中土)의 잡물을 가지고 가서 무역하고, 또 인연에 의해 수행하여 가서 빚을 갚으라고 독촉하는 자가 있지만, 곤은 일절 금지했다. 국왕은 구례에 따라 칠연을 베풀었으나, 곤은 연을 받되 그 금은 물리쳤다. 그때 황제가 이를 기특히 여겨 포장(褒獎)했다"(『閩縣鄉土志』)고 한다. 책봉사는 유구에 체류하는 동안 국왕이 관례에 따라 베푸는 칠연 즉 영풍연(迎風宴), 사준연(事竣宴), 중추연(中秋宴), 중양연(重陽宴), 동지연(冬至宴), 전별연(餞別宴), 등주연(登舟宴) 등을 받는데, 매 연회마

336. 方寶川, 「明清冊封使及其從客在中琉關係中的作用」, 113-114쪽.

337. 方寶川, 「明清冊封使及其從客在中琉關係中的作用」, 111쪽.

다 국왕은 반드시 중금(重金)을 선물했다. 그는 「중산왕에게 보낸 찰고(札稿)」에서 "앞서 연금(宴金)을 여러 번 물리친 것은 다른 뜻이 있어서가 아니다. 귀국은 공억(供億)으로 피로하고, 하직 인사를 드릴 때 황상께서 재삼 타일러 이르시기를, '모든 일에서 몸소 긍휼히 여기고 지극히 조심하여 판단할 것을 잊지 말라' 고 하셨다. 성유(聖諭)를 어기고 개인 주머니를 기름지게 하면 마음이 불안해지고 신명(神明)이 돕지 않을 것이니, 왕은 굽어 헤아리시라"고 했다.

유구에 출사하는 것은 다른 나라에 출사하는 것과 달랐다. 안남과 조선에 출사하면 조칙을 개독(開讀)한 뒤에 사신의 일이 끝나고 육로로 갈 수 있으며, 일이 끝나면 빨리 돌아올 수 있었다. 그러나 유구는 해외에 있어 북풍을 기다렸다가 돌아올 수 있어 인력으로 이길 수 있는 것이 아니었다.[338] "고사에 의하면, 사자가 배로 돌아올 때 중동(仲冬) 북풍이 세지는 것을 기다렸다가 비로소 출발한다. 제곤은 머물러 묵으면서 공장(供帳)을 번거롭게 하는 것을 원치 않았다. 10월 풍신(風信)이 갈 수 있음을 살펴보고 마침내 부사 비석장(費錫章)과 함께 1개월 앞서 배에 올랐다"(『閩縣鄉土志』). 유구국에 가는 항해의 관례에 의하면, 하지 전후 2~3일에 바다를 건너가고 동지 전후 2~3일에 돌아온다. 계절풍을 살펴서 가는 것이 매우 중요한 일이다. 따라서 유구에서 반년 전후 체류하는 경우가 많았다. 그러나 제곤은 유구에 체류하는 동안 유구의 땅이 척박하고 물자가 빈곤하며 민생이 어려움을 보고 당년 10월 초2일 유구의 나패(那覇) 항을 출발한 것이다.[339]

제곤과 함께 책봉사의 출사 과정을 가장 잘 전해 준 대표적 책봉사는 조문해(趙文楷)였다. 그는 과거 장원에 급제하여 한림원수찬과 실록관찬수(實錄館纂修) 및 문연각교리(文淵閣校理)를 받았는데, 1798년(嘉慶 3년)에 유구 중산국 세손(世孫) 상온(尙溫)이 사신을 보내 진공하고 습봉(襲封)을 요청해서, 만청 황제가 내각과 한림원·도찰원·예부에 특명하여 "학문이 우수하고 의도(儀度)가 빼어난

338. 陳侃, 『使琉球錄』, 1534; 謝必震, 「明淸士大夫與琉球」, 『福建師大學報』 2002-4, 11쪽.
339. 吳永寧, 「淸代冊封琉球使齊鯤考述」, 『福建師大學報』 2012-2, 138쪽.

자를 정·부사로 삼도록"[340] 하니, 그 결과 조문해와 내각 중서사인(中書舍人) 이정원(李鼎元)이 피선되어, 그다음 해 8월 19일에 황제의 명을 받들어 청조의 제5차 책봉유구정·부사가 됐다. 가경(嘉慶) 5년 5월 초하루 조문해는 책봉 사절단을 이끌고 복주 남태(南台)에서 출발하여, 11월 초사흘 복주(福州)로 돌아와서 책봉 사명을 완료했다. 역대 청조 책봉사 가운데서 조문해는 하속(下屬)의 단속에 가장 엄격하고 자신도 가장 청렴했던 인물이었다.

명·청의 관례로는, 책봉사의 수행원은 일정한 수량의 화물을 휴대하여 유구에 가지고 가서 무역할 수 있었다. 그러나 이들은 왕왕 사사로이 휴대 화물의 수량을 늘리고 귀중한 화물을 많이 가지고 갔는데, 유구는 빈궁한 섬나라여서 "모두 살 만한 재화가 부족하고 사지 않으면 죄를 얻게 될까 두려워했다."[341] 앞서 전괴와 주황이 이끈 제4차 책봉 사절단은 해상에서 폭풍을 만나 화물을 대량 상실하여, 수행원들이 "사신을 끼고서 국왕에게 자문(咨文)을 보내" "휼은(恤銀)을 가상(加賞)"해 줄 것을 요구함으로써 양국 관계에 악영향을 끼친 적이 있었다.

이에 조문해는 수행원의 휴대 화물을 엄격하게 제한했다. 원래 봉주(封舟)가 나패 항에 들어갔다가 나올 때까지 중국 책봉 사절단 400여 명의 생활필수품은 모두 유구 측에서 제공했다. 그리고 유구 국왕은 관례에 따라 책봉사를 대접하는 7차례의 국연(國宴)을 여는데, 매 연에는 반드시 악대와 노래·춤·놀이 등으로 흥을 도왔다. 그러나 조문해는 7연을 일체 면제했다. 그는 하속의 단속에 엄격했을 뿐만 아니라 자기의 기율에도 엄했다. 사사로이 화물을 휴대한 수행 가인(家人)을 쫓아내고, 유제와 책봉연이 끝나거나 귀국하는 전날 밤에 유구 국왕이 정·부사에게 사례하는 황금을 모두 거절했다. 이에 "국인(國人)들이 길을 막고 꿇어 환송하며 우는 자가 있었다"고 하고, 국왕은 백관을 이끌고 삼궤구고(三跪九叩)의 예를 행했다고 한다.[342]

---

340. 李鼎元,『使琉球記』.

341. 李鼎元,『使琉球記』.

342. 傅朗,「清嘉慶朝趙文楷使琉球的影響和貢獻」,『福建師大學報』2001-1, 109-110쪽.

책봉의식이라는 본래의 사명을 무사히 수행한 책봉사들은 흔히 유구의 산천을 유람하며 유구의 사대부들과 한시를 창화하며 즐겼다. 명대 첫 문사 출신의 책봉사인 왕즙과 임인은 유구에서 여러 곳을 유람하며 제자(題字)와 찬문(撰文)을 남겼고,[343] 제곤은 『동영백영(東瀛百咏)』에서 「책봉례를 이룬 뒤에 중산왕에게 오고(五古) 80운(韻)을 증정하다」란 시를 수록하여 유구 세자를 책봉하는 성대한 전례를 문학적으로 묘사·전달했다.[344] 특히 조문해는 과거 장원 출신으로, 유구 책봉 시에 '병진장원(丙辰壯元)'과 '원년급제제일인(元年及第第一人)'이라는 2매의 인장을 갖고 있었다고 한다. 이 두 사람과 왕즙, 주황, 서보광(徐葆光) 등은 모두 시문으로 당대에 이름을 날린 인물이다. 유구에 도착해서 유제와 책봉 전례를 완수한 뒤의 휴가에 조문해는 이정원과 혹은 서로 약속하고 혹은 유구 국왕과 귀족·사대부의 초청에 응해 산천 명승을 유람하고 풍속과 민정을 심방했다. 그사이에 그들은 서로 창화·음송(吟誦)하여 유구에서 중국 한시열(漢詩熱)을 불러일으키고 적지 않은 시편을 남겼다. 『사상존고(槎上存稿)』는 조문해가 유구 책봉 시에 지은 한시집으로 근 100수의 시를 담았는데, 그중에는 유구에서 완성한 작품이 60수 이상이었고, 나머지는 황경(皇京)을 떠나기 전야와 민(閩)으로 가는 도중, 복주에서 유구로 배 타고 건너갈 때 지은 것이다. 이정원도 200여 수의 시작이 있어 『사행재시집(師行齋詩集)』에 수록됐다. 이들은 양문봉(楊文鳳)과 '사공자(四公子)' 등 유구의 저명한 시인들과 시문을 창화하고 헤어질 때도 시를 서로 증송하며 석별의 정을 나누었는데, 이들의 창화시는 양문봉이 집성(輯成)한 『중국 책봉사 및 종객과 유구 시인의 창화시(中國冊封使及從客與琉球詩人唱和詩)』에 수록되어 유구인들에게 음송됐다.[345]

귀국 후에 왕즙 등은 강희제에게 유구 국왕 상정을 대신해서 중국 국자감(國子監)에 사람을 보내 독서할 수 있도록 해 달라는 청구를 상주해서 강희제의 윤허를 받았다. 이 뒤로 역대 책봉사는 유구 국왕을 대신해서 중국에 관생(官生)이

---

343. 方亮·方媛, 「汪楫使琉球及其著述論略」, 49쪽.

344. 吳永寧, 「清代冊封琉球使齊鯤考述」, 139쪽.

345. 傅朗, 「清嘉慶朝趙文楷使琉球的影響和貢獻」, 112쪽.

유학할 수 있도록 계주(啓奏)하는 선례를 열었다. 1684년(康熙 23년)에는 유구 국왕이 사신을 보내 사은하면서 사신이 사양한 연금(宴金)을 받도록 해 달라고 요청하여, 강희제는 유구 사신의 청구에 동의해서 책봉사가 연금을 받도록 명하기도 했다.[346]

2. 유구의 한시 문화

반상(潘相)이 편찬한 『유구입학견문록(琉球入學見聞錄)』(1764)에 의하면, "명 초에 조공이 처음으로 통하고 자녀를 보내 입학(入學)하여 화풍(華風)이 점차 젖어들고 구습이 조금씩 변했다. 성청(聖淸)이 천명을 받아 위령(威靈)이 떨쳐지고 문교(文敎)가 크게 펴서 베풀어졌다. 황륜(皇綸. 皇帝의 詔勅)이 세 번 내려지고 신한(宸翰. 天子의 親筆)이 번갈아 반포됐다. 2년 1공(貢)의 법령이 정해지고, 세 차례나 국자감(國子監)에 들어가는 은혜가 베풀어졌다. 120년이 지나 그 나라의 정속(政俗)이 성화(聖化)되는 은혜를 입고 날로 왕성하게 발전하여 고상해지니, 조선국(朝鮮國)에 비해서도 거의 손색이 없게 됐다"고 한다. 이처럼 유구가 중국문화에 동화되는 데는 몇 단계의 발전 과정이 있었다. 그중의 하나로 이른바 36성(姓)의 이주가 꼽혀져 왔다.

『대명일통지(大明一統志)』에서 "우리 태조가 사신을 보내 소식을 알려 유구가 앞장서서 귀부(歸附)했다. 그래서 민인(閩人) 가운데 배를 잘 조정하는 자 36성(姓)을 특사(特賜)했다"고 했다. 명 초에 복건의 36성이 유구에 이민하여 그 수도 나패(那覇)의 구미촌(久米村)에 모여 살았는데, 그중 문인은 사서오경(四書五經)을 가지고 가서 유구 정부의 지원을 받으며 공묘(孔廟)와 학교를 설립하고 과거(科擧)를 거행하여 중국 문화가 유구에 이식됐다는 것이다. 이에 대해 혹은 1392년(洪武 25년)에 명 태조가 "민인 36성을 하사했고" 이때부터 유구는 "비로

346. 方亮·方媛, 「汪楫使琉球及其著述論略」, 49-50쪽.

소 음악과 예법을 절제(節制)하고 번속(番俗)을 개변하여 문교동풍(文教同風)의 번영에 이르게 됐다"[347]고 하고, 혹은 "홍무 영락(永樂) 연간에 하사한 36성은 다수가 민(閩)의 하구(河口) 사람으로, 그 자손 가운데 뛰어난 자들은 남옹(南雍. 明代 南京 國子監)에서 독서하여 통사(通事)가 되거나 장리(長吏)와 대부(大夫)로 승진했다"[348]고도 했다. 유구 왕실은 구미촌에 공자의 사당과 명륜당(明倫堂)을 중국의 양식과 같이 건립했다. 1798년 상온(尚溫) 시기에는 시강관(侍講官) 채세창(蔡世昌)의 건의로 유구는 수리(首里)에 국학(國學)을 설립하고, 국왕은 '해방양수(海邦養秀)'라는 편액을 친히 썼다. 수많은 유구의 시인이 수리의 국학에서 교육을 받았다.[349]

이와 함께 유구는 명·청시대에 빈번하게 우수한 자제를 중국에 보내 국자감에 입학시켜 중국 문화의 수입에 열의를 보였으니, 청 국자감 교습(教習) 반상이 『유구입학견문록』에서 "문교(文教)를 향모(向慕)함은 유구가 여러 나라 가운데서 가장 돈독하고 국가가 이를 대우함도 가장 우대했다"고 했다. 강희 연간에 복주 유구관(琉球館. 즉 柔遠驛)에서 근학생(勤學生) 신분으로 체류했다가 뒤에 유구의 저명한 정치가요 문학가가 된 정순칙(程順則)이 은사의 도움을 받아, 1725년(雍正 3년, 尚敬 13년)에 북경의 국자감에서 학습한 유구의 유학생 '관생(官生)'과 복주에서 학습한 자비생(自費生) '근학생'들이 학습 기간에 지은 시문 습작을 모아 유구 시문집을 중국에서 출판했다. 정순칙이 『중산시문집(中山詩文集)』이란 이름으로 복주에서 출판한 이 시문집은 유구 유일의 한시 총집(總集)이다. 여기에는 정순칙과 함께 민에 온 근학의 구미촌 자제의 중국 견문시와 중산왕과 왕족·신료들이 책봉사를 가송(歌頌)한 시문이 포함됐는데, 정순칙의 시 114수를 비롯해서 유구 오족(五族)과 관원·문사 39명의 시 256수와 산문 8편, 책봉사와 종객의 시 38수와 산문 13편 등이 수록됐다.[350] 뒤에 일본의 상리현일(上里賢一)

---

347. 伊波普猷 等 編, 『琉球史料叢書』 卷4, 名取書店, 1941, 44쪽.
348. 『臺灣文獻叢刊』 第237種, 115쪽, 明 茅瑞徵, 『皇明象胥錄』.
349. 黃黎星, 「琉球漢詩論略」, 『漳州師範學院學報』 2001-1, 46쪽.
350. 黃裔, 「四探琉球漢詩」, 『語文學刊』 1996-4, 13-14쪽.; 夏敏, 「琉球詩人的中國情結-以

도 『중산시문집(中山詩文集)』(九州大學出版會, 1998)을 편찬했는데, 여기에는 주로 청 초 유구 한시가 실려 있다. 이들 시문집의 내용은 수답(酬答)과 창화(唱和), 가송(歌頌), 기행(紀行), 영물(詠物), 증별(贈別), 회고(懷古), 사친(思親), 술회(述懷), 도망(悼亡) 등 다양하다.

유구는 1392년부터 1413년까지 20년간 25명의 관생을 파견하고, 70년간 중단했다가 다시 광서(光緒) 연간까지 계속 파견하여 북경의 국자감에서 학습하게 해서, 『유구시과(琉球詩課)』와 『유구시록(琉球詩錄)』의 작자 임세공(林世功), 임세충(林世忠), 모정량(毛精良) 등을 배출했다.[351] 오키나와(沖繩)의 역사가 중원선충(仲原善忠)의 통계에 의하면, 명·청 양조 유구 관생의 총수는 97명이었는데, 그중 명대가 55명, 청대가 42명이었고, 졸업 후에 귀국한 자가 72명, 해난과 질병으로 사망한 자가 20명이었다고 한다.[352] 유구국은 1392년(察度 43년)부터 1868년(尙泰 21년)까지 전후 476년 동안 219년의 중단된 시기를 제외하고 모두 97명의 관생을 명조와 청조의 국자감에 보내 독서하고 학습하게 했는데, 이들은 국자감에 들어가서 한시 쓰는 것을 주된 과목으로 삼아 많은 시문집을 남겼지만, 지금 남아 있는 것은 영성한 몇 편뿐이다.

오히려 근학생 출신의 시인들이 유구 시단의 주력으로 활동했다. 유구의 문화·예술을 번영케 한 측면에서 본다면 복건의 민(閩)에서 독서 학습한 이들 자비 유학생들의 공헌이 관생보다 더 컸다고 할 수 있다.[353] 근학생들은 특히 복주의 '유원역(柔遠驛. 琉球會館, 지금의 福州 台江 南公園 부근)'에 많이 머물면서 학습했고, 병사하면 유구묘원(琉球墓園. 福州 長安山公園 옆)에 매장됐다. 이로 인해 그들은 복건에 대량의 한시 작품을 남겼다. 그러나 명 말에 일본 살마번이 유구를 침공·점령하여 명대 유구의 한문 문헌을 거의 다 소멸시켰기 때문에, 지금 남아 있는 민과 관련된 유구의 시는 모두 청대의 작품이다.[354]

淸代琉球旅閩詩人漢詩爲例」, 『福州大學學報』 2015-2, 13쪽.

351. 黃黎星, 「琉球漢詩論略」, 46쪽.

352. 夏敏, 「琉球詩人的中國情結-以淸代琉球旅閩詩人漢詩爲例」, 『福州大學學報』 2015-2, 13쪽.

353. 黃裔, 「琉球漢詩: 中國詩歌移植的碩果」, 『福建師範大學學報(社會科學)』 1995-3. 46쪽.

1750년(康熙 44년)에 강희제의 명으로 『황청시선(皇淸詩選)』이 손횡(孫鋐) 집평(輯評), 황주불(黃朱芾) 편교(編校)로 간행됐는데, 이 책에는 조선의 8명 시인의 시 8수와 안남의 3명 시인의 시 4수가 수록됐지만, 유구는 25명 시인의 한시 70수가 수록됐다. 『황청시선』은 30권의 대규모 시집으로, 그중 주변국 한시를 골라 수록한 제4권에는 유구 시인 정순칙의 한시 21수와 채탁(蔡鐸)의 10수, 주신명(周新命)의 9수, 증익(曾益)의 6수 등이 포함됐는데, 이들 시편들은 집평자(輯評者)들의 높은 평가를 받았다. 요컨대 1725년에 간행된 정순칙의 『중산시문집』에 39명 시인의 256수 시가 수록됐으니, 유구 시사(詩史)상 43명 시인의 363수의 한시가 지금까지 전해지고 있다.[355]

유구의 시인 가운데서도 특히 정순칙은 주목할 만한 시인이다. 『중산시문집』에 수록된 시의 3분의 1이 정순칙의 시문이고, 『황청시선』에 입선된 유구 25명 시인의 한시 70수 가운데 전순칙의 시가 21수를 점한다. 1990년 일본에서 출판된 상리현일(上里賢一)이 주해(注解)한 『유구한시선(琉球漢詩選)』에는 8명 시인의 작품이 수록됐는데, 정순칙의 시가 4분의 1을 점한다. 정순칙은 1683년에 복주에 출사하여 주자학과 한시를 학습했다. 그는 공맹사상과 중국 문화를 유구에 전파하고 유구 한시 창작과 한학 연구를 위해 크게 공헌한 인물로, '명호성인(名護聖人)' 혹은 '공맹사상의 위대한 위인'으로 칭호되고 '유구 5대 위인'의 한 명으로 거론되기도 했다. 그의 한시는 유구 문학사상 매우 중요한 지위를 점할 뿐만 아니라, 중국의 시단에서도 매우 주목받은, 주변국 시인 중 가장 영향력 있는 인물이기도 했다. 정순칙의 현존 시는 112수로, 특히 칠절칠률(七絶七律)에 뛰어났다. 정순칙은 세 번 민(閩)에 이르고 두 번 북경에 들어가서 기행하여 경물시(景物詩)가 그 절반을 점하고, 외교와 학술 활동 중에 중국 학사들과 사귀면서 증답하고 창수한 시가 21퍼센트나 된다고 한다.[356]

---

354. 夏敏, 「琉球詩人的中國情結-以淸代琉球旅閩詩人漢詩爲例」, 11쪽; 黃裔, 「琉球漢詩: 中國詩歌移植的碩果」, 11, 45쪽.

355. 黃裔, 「琉球漢詩再探」, 『語文學刊』 1995-4, 23쪽.

356. 黃裔, 「琉球漢詩: 中國詩歌移植的碩果」, 47쪽.

유구의 한시에는 고체(古體)와 근체(近體) 등 중국 한시의 각종 양식이 모두 보이는데, 특히 근체시가 가장 많이 보인다. 당 초에 완성된 격률시는 주로 압운(押韻)과 평측(平仄), 대장(對仗), 구법(句法) 등의 방법으로 표현됐는데, 유구의 어음(語音)은 중국과 상당히 달라서 격률시의 형식을 완전하게 장악하고 난숙하게 운용하는 일은 상당히 곤란하고 장애가 컸을 것이다.[357] 그럼에도 불구하고 유구 중산(中山) 시인들이 한시의 각종 제재를 장악한 수법이 이미 매우 난숙한 수준에 이르렀을 뿐만 아니라 시의(詩意)의 경지가 낮지 않고 감정이 진지하여, 유구 한시 전문가들에 의해 다음과 같은 평가를 받기도 했다. "중산 시인은 한시 학습을 위해 매우 노력하고 매우 성공했다. 특히 근체시는 칠률(七律)과 오율(五律)·칠절(七絶)이 많고, 고풍은 많이 보이지 않지만 고의(古意)가 상당히 있다. 중산 시인의 한시 학습은 전방위적이어서 내용부터 예술 구상, 예술 표현 수법, 예술 표현 형식까지, 그리고 풍격의 모방, 의상(意象)의 운용, 의경(意境)의 구성, 전고(典故)의 사용, 시율(詩律)의 파악까지, 모두 이미 노화순청(爐火純靑)의 경지에 도달해 한인(漢人)의 근체시와 거의 구별이 없음을 볼 수 있다."[358]

3. 중국 책봉사의 사유구록(使琉球錄)

강희 이후 책봉사의 다수가 학문이 뛰어난 한림원 문학지사 가운데서 선발됐기 때문에 유구에 파견된 중국의 책봉사와 그 종객 중에는 부시(賦詩)에 능한 이가 적지 않았다. 명·청시대 책봉사 가운데 다수가 그 시집이 세상에 전해졌으니, 왕집(汪輯)과 임옥암(林玉岩)의 『중산죽지사(中山竹枝詞)』, 서보광(徐葆光)의 『봉사유구시(奉使琉球詩)』, 왕문치(王文治)의 『해천유초(海天游草)』, 조문해(趙文楷)의 『사상존고(槎上存稿)』와 『석백산방시보(石柏山房詩補)』, 이정원(李鼎元)의 『사죽재

357. 黃黎星, 「琉球漢詩論略」, 48쪽.

358. 郭丹, 「論琉球中山詩的漢詩傳統」, 『閩江學院學報』 2009-6, 73쪽.

시집(師竹齋詩集)』, 임홍년(林鴻年)의 『책봉유구부(冊封琉球賦)』 등이 그것이다. 사절단은 흔히 유구에서 기후와 풍향이 좋아질 때까지 수개월씩 기다렸는데, 이는 중·유 시인들이 한시를 창화·음영할 수 있는 좋은 기회를 제공했다. 이로 인해 중국의 사절단이 유구에 체류하는 기간에 유구에는 한시 창작의 분위기가 고조됐다고 한다.[359]

1534년(嘉靖 13년)에 책봉사 진간(陳侃)이 귀국하여 『사유구록(使琉球錄)』을 지은 뒤부터는 책봉사가 귀국 후 전례에 따라 유구 출사 과정과 유구의 국정(國情)을 기록해 보고하고 황제가 이를 어람한 뒤에 금궤석실(金匱石室)에 보관하는 것이 하나의 관행이 됐다. 이로 인해 지금까지 책봉사가 유구에 출사한 기행록이자 보고서의 성격을 동시에 갖는 유구사행록이 다수 생산됐다.[360] 예컨대 가정 11년에 출간된 책봉 정사 급사중 진간의 『사유구록』 1권 외에, 가정 36년 책봉 정사 급사중 곽여림(郭汝霖)의 『중편사유구록(重編使琉球錄)』, 만력 7년 책봉 정사 급사중 소숭업(蕭崇業)과 부사 행인 사걸(謝傑)의 『사유구록』 6권, 만력 29년 책봉 정사 급사중 하자양(夏子陽)의 『사유구록』 상·하 양권, 숭정 6년 책봉 정사 두삼책(杜三策)과 그 종객 호정(胡靖)의 『두천사책봉유구진기기관(杜天使冊封琉球眞記奇觀)』, 청조 강희 2년 책봉 정사 병과급사중(兵科給事中) 장학례(張學禮)의 『사유구기략(使琉球記略)』 1권과 『잡록(雜錄)』 1권, 강희 22년 책봉 정사 한림원 검토 왕즙(汪楫)이 지은 『사유구잡록(使琉球雜錄)』 5권과 『중산연혁지(中山沿革志)』 2권, 강희 57년 책봉 정사 한림원편수 서보광(徐葆光)의 『중산전신록(中山傳信錄)』 6권과 『유산남기(游山南記)』 1권, 건륭 20년 책봉 부사 한림원편수 주황(周煌)의 『유구국지략(琉球國志略)』 16권, 가경 4년 책봉 부사 내각중서 이정원(李鼎元)의 『사유구기(使琉球記)』 6권, 가경 12년 책봉 정사 제곤(齊鯤)과 부사 비석장(費錫章)의 『속유구국지략(續琉球國志略)』 5권, 조신(趙新)의 『속유구국지략』 2권 등이 그것이다.[361] 이외에도 유구 사행의 문학적 산물로 고징(高澄)이 지은 『조주기

359. 黃裔, 「琉球漢詩: 中國詩歌移植的碩果」, 51쪽.

360. 方亮·方媛, 「汪楫使琉球及其著述論略」, 50쪽.

361. 李金明, 「明淸琉球冊封使與中國文化傳播」, 57쪽.

(操舟記)』, 사걸이 지은 『일동교시기(日東交市記)』·『유구록촬요보유(琉球錄撮要補遺)』·『사걸사사보유(謝傑使事補遺)』, 장학례(張學禮)가 지은 『중산기략(中山紀略)』·『해동음고(海東吟稿)』·『유구죽지사(琉球竹枝詞)』, 주황의 종객 왕문치(王文治)가 지은 『시집(詩集)』, 조문해가 지은 『사상존고』 등이 더 있다.[362]

서보광은 『중산전신록』「자서(自序)」에서 역대 사유구록 편찬 과정과 특성에 대해 다음과 같이 전하고 있다. "유구는 『수서(隋書)』에서부터 보이지만 그 열전은 매우 소략하다. 『북사(北史)』와 『당서(唐書)』, 송·원의 여러 역사에서 이를 따랐다. 정사 외에도 두씨(杜氏) 『통전(通典)』, 『집사연해(集事淵海)』, 『성사승람(星槎勝覽)』, 『영충록(嬴虫錄)』 등의 책에 기재된 산천, 풍속, 산물 등은 모두 빠진 것이 많다. 앞서 명 홍무 5년에 중산왕 찰도가 처음으로 중조(中朝)와 통했는데 『명일통지(明一統志)』는 천순(天順) 초에 완성됐기 때문에, 기재된 것이 모두 착오이고 하나라도 진실 된 것이 거의 없다. 가정 갑오년(甲午年)에 진간 급사(給事)가 봉사하여 처음으로 '록(錄)'이 있게 되어 돌아와서 조정에 올렸다. 그 소(疏)에서 이르기를, '그 산천과 풍속, 인물을 상세하게 찾고 군서(群書)의 오류를 비판하여 「기략(紀略)」과 「질이(質異)」 2권을 만들었다. 끝에는 국어(國語)와 국자(國字)를 실었다'고 했다. 그러나 지금의 초본(鈔本)은 10중 2~3만 남아 있다. 만력 중에 다시 사신을 보내 소숭업(蕭崇業)과 하자양(夏子陽)이 모두 '록'이 있게 됐지만, 앞뒤로 서로 계승했다. 숭정 6년에 두삼책(杜三策)의 종객 호정(胡靖)의 '기(記)'는 더욱 속되고 황당하다. 본조(本朝) 강희 2년에 출간된 병과 장학례의 『사략(使略)』과 『잡록(雜錄)』 2권은 예전보다 자못 상세하다. 22년에 검토 왕즙

---

362. 賴正維·黃珊, 「徐葆光與『中山傳信錄』考述」, 『福州大學學報』 2005-2, 92쪽. 國家圖書館出版社 影印, 『國家圖書館藏琉球資料匯編』(2000)에는 16종의 中·琉 왕래 역사 문헌이 수록됐는데, 明代의 陳侃이 찬술한 『使琉球錄』과 嚴從簡의 『琉球』, 胡靖의 『琉球記』「附中山詩」, 夏子陽의 『使琉球錄』, 淸代의 張學禮이 지은 『使琉球記』, 汪楫의 『使琉球雜錄』과 『冊封疏鈔』, 『中山沿革志』, 鄭若曾의 『流球國圖說』, 徐葆光의 『中山傳信錄』, 周煌의 『流球國志略』上下, 趙新의 『續流球國志略』, 潘相의 『琉球入學見聞錄』, 翁數의 『琉球譯』, 유구의 阮宣詔와 鄭學楷, 向克秀, 東國興 등이 지은 『琉球詩錄』, 유구의 林世功 등이 지은 『琉球詩課』가 그것이다.

이 찬술한 『중산연혁지(中山沿革志)』 2권과 『잡록(雜錄)』 5권은 앞의 것보다 훨씬 더 전거가 확실하다. 그러나 산천과 할속(轄屬)에 대해서는 여전히 빠지고 생략된 것이 있고, 풍속과 제도·물산 등도 아직 미비하다. 대개 사행 기간이 촉박하여 창졸간에 찾고 살피는 일이 이루어졌으며, 언어와 문자가 서로 달라서 들은 바가 다르고 전하는 말의 신뢰성이 적다."

서보광의 사유구록은 산문으로만 이뤄진 것은 아니다. 그는 적지 않은 수의 사행시(使行詩)를 지어 유구 사행을 복명하기도 했다. 한 예로 그는 「유구삼십륙도가(琉球三十六島歌)」란 시를 통해 유구에 대한 중국인의 인상을 다음과 같이 서술했다. "유구의 속도(屬島)는 서른여섯 개인데, 바다를 그어 경계를 표시함이 분강(分疆)과 같다. 나열된 뭇 별들이 모두 내공(內拱)했는데, 중산(中山)이란 큰 집이 중앙에 있다.…그중의 각 섬은 언어가 각각 달라, 통역하는 말로 일을 처리하는 중산왕이다.…"[363]

4. 중국 책봉사(冊封使)의 한시 창화

유구와 중국의 국가들은 책봉과 조공의 예를 교환하는 종번 관계를 오랫동안 유지했기 때문에 수많은 사절단이 서로 교환됐고, 중국뿐만 아니라 유구도 한시 문화에 익숙한 동문의 나라여서, 한·중이나 중·월 관계와 마찬가지로 중·유 외교 관계사에서도 한시 창화를 수단으로 한 창화 외교가 등장할 수 있는 개연성이 충분히 존재하고 있었다. 특히 양국의 한시가 쌍방에 서로 소개되어 있었음은 창화 외교의 기본 조건으로 작용했다.

유구와 관련된 중국의 문학 작품은 유구 문인이나 관원 개인의 시문집에 수록됐고, 유구 문인의 작품은 명·청 책봉사에 의해 그 사록(使錄) 안에 수록됐다. 예컨대 청사 왕즙이 지은 『중산연혁지』의 부록 「중산시문(中山詩文)」에는 유구

363. 賴正維·黃珊, 「徐葆光與『中山傳信錄』考述」, 95쪽.

인 시작이 모두 24수 수록됐고, 서보광이 지은 『중산전신록』의 부록 「중산증송시문(中山贈送詩文)」에는 유구 군주와 사대부·승려 등 31명의 한시 39수가 수록됐다. 그 외에도 만청과 유구의 종번 관계로 인해 청대 시선(詩選)에 유구 문인의 작품이 수록됐으니, 강희 연간에 간행된 『황청시선』에는 유구 25명의 70수 시가 수록됐고, 1929년에 중화민국 대총통을 지낸 바 있는 서세창(徐世昌)과 그 문객·막료들이 협조해 편성한 시집 『만청이시회(晩晴簃詩匯)』에는 유구 시인 9명의 11수 시가 수록됐다.[364]

유구의 이러한 시단 전통으로 인해 유구에서도 책봉사와 유구 시인 사이에 증답(贈答)과 창수(唱酬)가 자연스럽게 이루어졌다. 정순칙이 편찬한 『중산시문집』에는 중국과 유구의 우의를 성대하게 가송한 28명의 유구 왕족과 조신(朝臣)의 한시 37수 및 청국 시인의 『설당증언(雪堂贈言)』 시 28수와 서보광의 『증언(贈言)』 10수를 수록하여 중국 책봉사와 유구 시인의 한시 증답·창화가 얼마나 성행했는지를 잘 보여 준다. 중국 시인과 증답·창화한 작품이 가장 많았던 유구 시인은 채대정(蔡大鼎)으로 『민산유초(閩山游草)』와 그 속편에만 이런 시가 69수나 있고, 그중 정우신(鄭虞臣)과 창화한 것이 24수에 달한다.[365] 이에 혹자는 "유구는 소국으로 그 면적과 인구가 중국의 일개 보통 현에 상당할 뿐인데, 이처럼 많은 시인 소객(騷客)이 있어 한 차례의 책봉에서 천조 사신과 창수하여 이처럼 많은 풍아(風雅)하고 순정(醇正)한 시편이 샘솟듯 나올 수 있었으니, 정말 사람으로 하여금 눈을 크게 뜨고 보게 한다"[366]고 인정했다.

명대 책봉사는 병부와 이부의 관원에서 충임한 경우가 많았지만, 청대는 강희 2년에 병부 관원을 책봉사로 충임한 것 외에는 그 뒤 모두 한림원에 봉직하는 문학지사(文學之士)를 파견해 중국 문화를 과시하고 전파하는 데 기여하게 했다. 책봉 사절단이 유구에 체류하는 기간은 일반적으로 모두 수개월 혹은 반년 정도였기 때문에 유구 시인과의 시문 증답과 창화 활동이 비교적 많았다. 청

364. 夏敏, 「琉球詩人的中國情結-以淸代琉球旅閩詩人漢詩爲例」, 13쪽.

365. 黃裔, 「琉球漢詩: 中國詩歌移植的碩果」, 49쪽.

366. 毛翰, 「人間似隔紅尖外, 錯認悼園有路通-琉球漢詩概述」, 『安徽理工大學學報』 2010-3, 40쪽.

대 사신은 유구에 출사하는 과정에서 적지 않은 시 짓기가 있었으니, 예컨대 강희 58년 한림원 편수 서보광(徐葆光)이 책봉 부사가 되어 『봉사유구시(奉使琉球詩)』를 짓고, 건륭 21년에 책봉사 종객 왕문치가 『해천유초(海天游草)』를 지었으며, 가경 5년에 한림원수찬 조문해가 책봉 정사가 되어 『사상존고』를 지었다.[367]

조문해는 과거에 장원으로 급제하여 한림원 수찬을 역임한 저명한 문학지사로, 가경 3년(1798)에 유구 세손의 책봉 요청이 있자 "학문이 뛰어나고 의도(儀度)가 빼어난 자"로서 청조 제5차 책봉사로 선임됐고, 책봉사로서의 본래 임무를 수행한 뒤 유구 국왕과 귀족·명사의 초청을 받아 산천 명승을 유람하면서 한시 창화와 음송을 즐겼다. 그가 유구를 출사하면서 지은 시 100여 수가 『사상존고』에 수록됐고, 함께 동행한 부사 이정원 역시 200여 수의 사행시를 『사죽재시집』에 수록했다. 이들을 수행하며 창화한 유구의 저명한 문학가 양문봉(楊文鳳)은 '중국 책봉사와 종객이 유구 시인과 창화한 시'를 엮어서 『중국 책봉사 및 종객과 유구 시인의 창화시(中國冊封使及從客與琉球詩人唱和詩)』라는 시집을 편집하여 이를 기념했다.[368]

역대 책봉사들은 유구에서 사사(使事) 이외의 나머지 시간에 유구 우인과 시를 읊거나 짓는 경우가 많이 있었는데, 서보광도 유구 체재 기간에 창작 활동을 왕성하게 이어 갔다. 서보광이 지은 『중산전신록』의 「중산증송시문(中山贈送詩文)」에는 유구의 중산왕과 국상(國相), 왕제(王弟), 국장(國丈), 법사(法司), 자금대부(紫金大夫), 자건관(紫巾官), 이목관(耳目官), 찰시기관(察侍紀官), 신구관(申口官), 나패관(那覇官), 정의대부(正議大夫), 장사(長史), 도통사(都通事) 등이 증송한 시문이 다수 포함됐다. 이들 시문은 서로 다른 여러 측면에서 유구 국왕과 관원·문인 등이 책봉사에 대한 정의(情誼)를 표현한 것이다. 예컨대 중산왕 상경(尙敬)은 증별시에서 "그저 산꼭대기에서 샘물 한 잔만 마셨는데, 영사(靈槎)를 끌어당겨 쉽게 한 해가 지나갔다. 잠시 옥책(玉册) 바라보며 황도(荒島)에 임하더니, 또다시

367. 黃黎星, 「琉球漢詩論略」, 46쪽.

368. 傅朗, 「淸嘉慶朝趙文楷使琉球的影響與貢獻」, 112쪽.

운장(雲檣) 보내 먼 하늘로 들어간다. 수역(水驛)으로 환향하는 정절(旌節)이 아름답고, 태계(台階)의 빛나는 색이 사성(使星)으로 이어진다. 팔분(八分)의 묵채(墨彩)가 병장(屛幛)에 남았으니, 붉은 궁궐의 신선을 친부처럼 깍듯이 대접한다"고 아쉬워했다. 미련(尾聯)에서 '팔분 운운'한 것은 서보광이 팔분 즉 옛 예서(古隸書)로 『효경(孝經)』의 한 구절을 병풍에 써서 유구왕에게 증여함으로써 청조에 충성할 것을 은근히 당부한 것을 두고 이른 것이다.

자금대부(紫金大夫) 정순칙(程順則)도 한 수 증별시를 지어, "봄바람이 돌아가는 그대를 따뜻하게 환송하니, 한 점 운범(雲帆)이 멀리 안개 속으로 들어간다. 만리 멀리 간서(簡書)가 궐하(闕下)로 돌아가고, 강 한 가운데 채색 익주(鷁舟)가 문 앞에 다다른다. 장건(張騫)의 뗏목이 하늘 끝에서 돌아오고, 소식(蘇軾)의 글이 해외(海外)에서 전해진다. 돌아가는 행장에 장물(長物) 없다 하지 마소, 경물(景物) 모두 거두어서 시편(詩篇) 속에 넣었으니"라고 송별했다. 유구에서 가장 저명한 시인의 한 명으로 칭송된 그는 "그저 산꼭대기에서 샘물 한 잔만 마셨다"고 한 국왕 상경의 증별시 수련(首聯)의 첫 구절을 이어서, 미련의 양구에서 책봉사의 청렴하고 고상한 성품을 찬양했다. 또한 정의대부(正議大夫) 채문부(蔡文溥)는 「서태사(徐太史)가 사본당(四本堂)을 지나가심에 대한 기쁨을 적어 둔다」는 시에서, "한가한 여항(閭巷)에 초당(草堂) 하나 있는데, 펄럭이는 정패(旌旆)가 한향(寒鄕)에 드리웠다. 촌동(村童)도 주륜(朱輪) 탄 귀한 손님 알아보고, 모든 길에 문성(文星)이 노광(路光)을 실었다"고 하여, 책봉사 서보광에 대해 경의를 표한 바 있다.

나패관(那覇官) 모광필(毛光弼)은 「천사(天使)의 막종객(幕從客) 진군(陳君)이 거문고를 가르쳐 소리를 갖추게 해 주어서 감사하다」는 시를 지어, "고악(古樂)이 하늘 끝에 들어오고, 칠현(七絃)이 남훈(南熏)을 전해 준다. 광릉(廣陵)의 곡조가 남겨져 있으니, 거문고 어루만지며 그대를 생각하리"라고 노래했다. '남훈'은 순(舜)이 지었다는 남풍가(南風歌)를 말하는데, 가사 중에 "南風之熏兮"라는 구절이 있어 화육(化育)의 의미를 포함하고 있다. '광릉'은 유명한 거문고 곡조인 '광릉산(廣陵散)'의 준말로, 조위(曹魏)의 혜강(嵇康)이 이 곡조를 잘 연주했으나 비법을 전수해 주지 않고 죽어서 곡조가 끊어졌다고 한다(『晉書』 嵇康傳). 『중산전신록』에 의하면, 책봉사가 유구에 도착하자 "국왕이 나패관 모광필을 종객인 복주인(福州人) 진이주(陳利州)의 처소에 보내 거문고를 배우게 했다"고 한다. 찰시기관(察侍紀官) 향봉채(向鳳彩)도 "태사(太史)의 성명(聲名)은 제경(帝京)에서 무거운데, 일행의 화채(華彩)가 동영(東瀛)에 가득하다. 신사(新嗣)가 홀로 나와 하늘을 수놓으니, 이역(異域)이 봉황의 울음을 다투어 전해 배운다"고 하여 책봉사의 문채(文彩)를 칭양했는데, 서보광은 이번 책봉 행차 중에 「책봉례(册封禮)가 잘 이뤄져 삼가 4장(章)을 적는다」는 등 적지 않은 수의 시를 지어 유구 문사들을 감복케 했다. 서보광은 유구에서 문인들과 빈번하게 증답하고 창화함으로써 쌍방의 정감 교류와 유구 한시의 발전을 위해 적극 기여했다.[369]

정의대부(正議大夫) 채조공(蔡肇功)도 중국 남조(南朝) 시인 육개(陸凱)의 "강남(江南)에 가진 것이 없어, 그냥 한 가지 봄을 드린다"(「贈范曄」)는 시구를 흉내 내서 「석지(石芝)를 채집하여 서태사께 증정한다」는 시를 지었지만, 그의 『한창기사(寒窗紀事)』에는 서보광과 수창한 시도 수록되어 있다. 「책봉사 서대인(徐大人)이 정순칙에게 증송한 원운(原韻)을 받들어 화답(和答)하다」란 시는 그가 책봉사 서보광과 화운(和韻)한 작품이다.[370] 채조공은 민인(閩人) 36성(姓)의 후예로 누대에 걸쳐 구미촌에 살았는데, 강희 17년에 민에 가서 역법을 학습하고 귀국한 뒤에 「대청시헌력(大淸時憲曆)」을 유구에 반행(頒行)한 바 있다.[371]

이처럼 책봉사의 한시 창작에 대해 유구의 군신과 시인들은 적극 호응했다. 1684년(康熙 23년)에 책봉사 임옥옹(林玉翁)이 유구에 출사했을 때도, 중산왕 세자 상순(尙純)은 중산국에서 청정(淸廷)의 은전(恩典)을 반포한 데 대해 「임옥옹 선생에게 작은 시를 삼가 드린다」란 시를 지어, "빠르게 장절(仗節)하여 황화(皇華)를 노래하니, 바다는 잔잔하고 바람이 돛목 보낸다. 천언(天言)을 대신하여 조고(詔誥)를 반포하니, 왕사(王事)를 따르는 몸에 연하(煙霞)가 띠 두른다. 봉지(鳳池)에서 먹물 묻혀 옷에 버들 더하고, 별금(鱉禁)에서 글을 지어 붓으로 몽화(夢

369. 毛翰, 「人間似隔紅尖外, 錯認悼園有路通-琉球漢詩概述」, 42-43쪽.

370. 張明明, 「日本圖書館藏琉球人漢文詩文集敍錄」, 『新世紀圖書館』 2016-9, 66쪽.

371. 方亮·方媛, 「汪楫使琉球及其著述論略」, 51쪽.

花)한다. 검패(劍珮) 차고 귀조(歸朝)해서 예리(曳履)함이 들리게 되면, 성주(聖主)의 특은(特恩)이 가해졌음을 응당 알게 되리라"고 감사의 뜻을 표하고 책봉사의 문채에 대해서도 가송했다. 비록 응수(應酬)의 시이지만 매우 진지한 감정이 잘 표현된 것으로 평가됐다.[372] '몽화'란 후한의 마융(馬融)이 꽃을 먹는 꿈을 꾸고 문사(文思)가 크게 진보했다는 고사에서 나온 말이다. 임옥옹이 책봉사로 유구에 출사했을 때 마침 그의 모친이 90 대수(大壽)여서, 유구 군신이 모두 창화하며 축수한 자가 1백여 명에 이르렀다고 하는데, 유구의 국왕과 왕족·조관들이 모두 시를 지어 한 시대의 성황을 이루었다고 한다.[373] 『중산시문집』에 수록된 시문 가운데 섭정왕제(攝政王弟) 상홍의(尙弘毅)는 「임모(林母) 대(戴) 태부인(太夫人)을 축수함」이라는 응수의 축수시에서 "요지(瑤池)의 복숭아가 3천 그루나 익고 있으니, 해도(海島)에서 구십 춘(春)의 수(壽)를 더한다. 이제부터 수방(殊方)은 길게 수(壽)를 바치니, 해마다 태부인을 기억하며 축수하리라"고 노래했는데, 축수를 위한 상투적 용어를 사용하면서도 속기(俗氣)가 없는 시로 평가받았다.[374]

왕즙(汪楫)이 지은 『중산연혁지(中山沿革志)』의 말미에 부록된 「중산시문(中山詩文)」도 유구 각계 인사가 왕즙과 증답하여 깊고 두터운 정의를 드러낸 시문으로, 모두 설영(薛英)이 편찬한 『국가도서관장유구자료회편(國家圖書館藏琉球資料匯編)』에 수록됐다.[375] 이처럼 형식적 규범의 파악이 까다로운 격률시에서 유구 시인의 솜씨는 이미 상당히 성숙하고 원만하여, 같은 시대의 중국 시단에서도 해외 도국(島國) 인사의 작품인지 판별하기가 쉽지 않다는 평가를 받았다. 『황청시선』의 유구 한시에 대해 손사구(孫思九)가 "결구(結構)가 근엄하고 통편(通篇)이 노성(老成)하다"고 평가했듯이, 유구 한시에 대한 중국의 학자들과 시인들의 평가는 낮지 않았다.[376]

---

372. 郭丹, 「論琉球中山詩的漢詩傳統」, 68쪽.

373. 黃裔, 「琉球漢詩: 中國詩歌移植的碩果」, 51쪽.

374. 郭丹, 「論琉球中山詩的漢詩傳統」, 68쪽.

375. 方亮·方媛, 「汪楫使琉球及其著述論略」, 51쪽.

유구의 시인들은 중국 고전 시가의 격률 형식에 숙련된 기초 위에 한시를 기행과 경물, 감회, 창화 등의 예술적 표현 수단으로 삼았는데, 특히 창화·수답은 한시를 유구 시인과 중국 관원·학자 사이에 사상과 감정의 교류 수단으로 삼은 것이다. 창화의 작품은 화운(和韻)·의운(依韻)·용운(用韻)·보운(步韻) 등 여러 형식으로 중국의 학자·시인과 서로 창화한 것이 많았으니, 채대정(蔡大鼎)의 『민산유초(閩山游草)』가 그 대표적인 창화시집이다.[377]

5. 유구 조공사(朝貢使)의 창화시

2017년 9월 7~8일 고궁박물원(故宮博物院) 고궁학연구소(故宮學研究所)와 복단대학(復旦大學) 고적정리연구소(古籍整理研究所)가 북경에서 개최한 제2계(屆) 연행사진자금성학술연토회(燕行使進紫金城學術研討會)에서 복단대학 고적정리연구소 진정굉(陳正宏) 교수가 유구 사본(寫本) 『어시병화시(御詩竝和詩)』와 일본에서 발견된 『어시화운집(御詩和韻集)』에 대해 고증하기를, 전자는 건륭제(乾隆帝)가 즉위하기 전에 그 아버지 옹정제(雍正帝)와 창화하며 지은 화시(和詩)이고, 후자는 건륭·가경(嘉慶)·도광(道光) 연간에 유구 연행사(燕行使)가 북경에서 봉명하여 중국 황제와 창화한 시작 합집(合集)이라고 했다. 두 시집 밖에는 주필(朱筆)로 '상경용(上京用)'이라 쓰여 있는데, 이는 유구 연행사가 북경으로 가는 도중에 소용된 책이라는 뜻이다. 즉 양자는 모두 유구 연행사가 북경에서 만청(滿淸) 황제와 창화하며 시를 쓸 경우를 위해 준비된 것이다.

원래 당시 북경에 출사한 조선과 월남은 물론 유구의 사신은 모두 매우 짧은 시간 안에 중국을 지배한 국가의 황제와 부시(賦詩) 창화해야 하는 특별한 정황에 놓여, 당일에 황제의 원창(原唱)을 보고 당일에 화시(和詩)를 바쳐야 했다.

376. 黃黎星, 「琉球漢詩論略」, 48-49쪽.

377. 黃黎星, 「琉球漢詩論略」, 51쪽.

근본적으로 사전에 준비하는 것이 불가능하기 때문에 유구의 연행 사자는 '상경' 도중에 '유용'한 책을 가지고 있어야 할 필요가 특별히 있었다. 『어제병화시』와 『어시화운집』은 이처럼 유용한 책이었다. 진정굉에 의하면, 『어제병화시』는 청조에서 "가장 시 쓰기를 좋아한 황제"의 어렸을 때의 작품으로, 그중에는 '황아마(皇阿瑪)'와의 창화 작품이 포함됐으니, 이러한 부자 겸 군신의 미묘한 표현이 바로 유구 연행사가 필요로 한 것이었고, 『어시화운집』은 유구 연행사의 창화 전범이 됐다. "주의해야 할 것은 사실 종주국과 부용국 군신 사이의 창화는 뒤의 사람들이 생각하는 것 같은 정취가 풍부한 온문(溫文)·이아(爾雅)가 아니었다. 이 같은 경우의 화시는 연행 사자에게는 압력이 산처럼 큰 과거 고시와 같은 것이었다." 진정굉은 "이 같은 특수한 정경하에서 시를 쓰는 것은 중외의 어느 일방에게든 단순한 문학 창작이 아니라 강렬한 정치적 의미를 부여하는 일종의 엄숙한 외교 활동이었다"고 규정했다.[378]

주변국의 사신들이 중국 황제의 어제시(御製詩)를 받고 응제시(應製詩)로 화답하는 것은 관행화된 일이었다. 한 예로, 1790년에 건륭 황제 80수를 맞아 주변 각국이 내조했는데, 유구의 조하(朝賀) 사절단 부사 정영공(鄭永功)은 그 성대함을 보고 「조선과 유구, 안남 등 여러 나라의 사신에게 하사한 어제시에 삼가 화답하다」는 시를 지어, "사이(四夷)가 나란히 납공하여 왕화(王化)를 입고, 오대(五代)가 한 집에서 성인(聖人)을 우러러본다.…"[379]고 노래했다.

유구의 사신이 중국에 출사하는 과정에 민 지방에서 그곳 사대부와 시가를 창화한 경우도 적지 않았다. 양문봉(楊文鳳)은 『사지당시문고(四知堂詩文稿)』「자서(自序)」에서, 그가 출사 도중에 표류해서 대만에 이르러 수개월 전전하다가 복주에 다다라 도중에 만난 문인 관원들과 창수·증답한 경력을 서술했다. 채대정(蔡大鼎)은 유구의 중신으로 여러 차례 중국에 출사했는데, 그의 『흠사당시문집(欽思堂詩文集)』에 실린 시는 모두 증답 등 창화의 부류로, 유구와 민(閩)의 문

378. 陳正宏, 「燕行使者筆下的紫金城: 他們和中國皇帝詩賦唱和時壓力山大」, 2017.(百度)
379. 毛翰, 「人間似隔紅尖外, 錯認悼園有路通-琉球漢詩概述」, 43쪽.

인들이 어떻게 교유하고 왕래했는지 잘 보여 주고 있다. 양문봉은 『속흠사당집(續欽思堂集)』의 「자서」에서 "국가의 전례(典禮)를 만날 때마다 시로써 칭송·축하하고 문(文)으로써 그 기쁨을 기록했다. 혹은…학사·문인과 왕래하며 창화했다"[380]고 전했다.

중국에 간 유구인은 대체로 조공사와 유학생 등 두 부류였다. 북경 국자감(國子監)에 입학한 유구의 유학생들도 적지 않은 수의 창화시와 증답시를 남겼다. 한 예로, 건륭 25년에 입학한 정효덕(鄭孝德)은 「성모(聖母) 황태후(皇太后) 70만수(萬壽)를 삼가 경하하는 시를 올린다」는 시 8수를 지어, "구번(球藩)이 대대로 사륜(絲綸. 詔勅)을 짊어지고, 거듭 통역하며 내왕(來王)하여 자신(紫宸. 天子宮殿)에 공수(拱手)한다.…화부(華府)의 문 앞에서 책봉(冊封) 받으니, 일방(一方)이 편안하게 융숭한 은혜 입었다.…문교(文敎)가 멀리 도서(島嶼) 변두리까지 펴지고, 벽옹(辟雍)에서 도야함이 허락됐다.…만국의 거서(車書)가 제경(帝京)을 둘러싸고, 온 천하가 구여(九如) 소리 제창(齊唱)한다"고 축수했다. '구여'란 송축(頌祝)하는 말인데, 『시경』「소아(小雅)」 천보(天保)에서 '如' 자가 아홉 번 쓰인 데서 유래했다.

조공사 가운데 적지 않은 수가 중국에서 유학한 경력이 있고, 여러 차례 복건에 족적을 남겼다. 예컨대 1872년(同治 11년)에 출사한 유구 조공사 채대정은 유구와 복건 사이를 자주 왕래하며 한시를 창화함으로써 복건(福建) 우인과 사귀며 정의를 나누었다. 그는 시문집을 출판할 때 언제나 복건인이 보내 준 서문과 증시를 수록했으니, 그의 시집 『북연유초(北燕游草)』는 3명의 민인(閩人)이 서문을 지었을 뿐만 아니라 그의 북상을 축하하는 민지(閩地) 친구들의 시를 권수(卷首)에 두었고, 그의 복건 친구 정우신(鄭虞臣)의 송별시 「민중송행시(閩中送行詩)」와 「중산 채사자(蔡使者)의 입도(入都)를 송별하다」, 사유곤(謝維昆)의 「중산 채사자의 입도를 송별하다」를 실었다.[381] 채대정은 「종로(宗老) 우신(虞臣) 부자의 증

380. 張明明, 「日本圖書館藏琉球人漢文詩文集敍錄」, 67-68쪽.

381. 夏敏, 「琉球詩人的中國情結-以淸代琉球旅閩詩人漢詩爲例」, 16쪽.

시에 화답하다」란 시에서 "등룡(登龍)의 성가(聲價)가 지금보다 배나 되고, 입설(立雪)의 정(情) 도탑고 한(恨)은 늦게 보인다. 정주(程朱)보다 학업이 못하지 않고, 이두(李杜)와 다투어서 위의(威儀)가 돋보인다.…"라 하여, '정문입설(程門立雪)'의 전고(典故)로써 복주 문사 정우신에 대한 자기의 경의를 나타냈다. '정문입설'은, 송대 유학자 양시(楊時)와 유초(游酢)가 스승인 정이(程頤)를 찾아갔을 때 정이가 명상에 잠겨 있어서 눈이 한 자나 쌓이도록 서서 기다렸다는 고사로 스승을 공경하고 배움을 성실히 하는 전고로 쓰였다. 채대정은 『민산유초』「자서」에서도 "무릇 왕래 증답이 있으면, 시편을 맡겨 점정(點定)해 주기를 빈다"고 했다. 채대정의 『북연유초』에는 민을 거쳐 상경한 연도의 기행시 253수가 있는데, 그중 40수가 민 기행시였다. 복주의 고산(鼓山)·오산(烏山)·진해루(鎭海樓) 등 명승을 편력하면서 언제나 당지의 명사들과 한시를 창화했으니, 이들 작품은 뒤에 채조공(蔡肇功)의 『한창기사(寒窗紀事)』와 채대정의 『민산유초』·『속민산유초』 등에도 수록됐다.[382] 채대정 같은 조공사 외에도 유구의 많은 유학생들이 복주에 많이 모여 유원역(柔遠驛)에서 살면서 학예와 중국어·민속(閩俗) 등을 학습하며 복건 명사들과 깊고 두터운 우의를 맺었으니, 복건은 그들에게는 제2의 고향이었다. 매우 많은 유구 시인의 작품이 복건 문인과의 수답·창화·증별의 작품이었다.

맺음말

유구를 지배한 중산국 등 국가는 명 태조가 유구에 사신을 보내 양국이 수교한 1372년부터 유구가 일본에 병탄된 1879년까지 500년 넘게 중국을 지배한 명·청 등 국가들과 책봉과 조공의 예를 교환하는 종번 관계를 유지했다. 이 동안 중국의 국가들은 23차례나 유구에 책봉사를 파견하고 유구의 국가는 중국

382. 夏敏, 「琉球詩人的中國情結-以淸代琉球旅閩詩人漢詩爲例」, 11-12쪽.

에 490여 차례나 조공사를 파견했으니, 이렇게 빈번하게 지속된 통사를 통해 사신과 접대 관원 혹은 문사 사이에 한시를 창화하여 외교적 효과를 기대하는 이른바 창화 외교의 실현 가능성은 언제든지 상정할 수가 있다.

유구와 중국의 국가들은 책봉과 조공의 예를 교환하는 종번 관계를 오랫동안 유지해서 수많은 사절단이 서로 교환됐고, 중국뿐만 아니라 유구도 한시 문화에 익숙한 동문의 나라였기 때문에 한·중이나 중·월 관계와 마찬가지로 중·유 외교 관계사에서도 한시 창화를 수단으로 한 창화 외교가 등장할 수 있는 개연성이 충분히 존재하고 있었다. 실제로 유구에 출사한 중국 사신들의 사행록 즉 사유구록(使琉球錄)과 유구의 종합 시집에는 중국 사신이 유구 국왕이나 관원·문사들과 나눈 창화시들이 적지 않게 발견된다.

중국의 명조는 건국 초부터 유구의 중산국과 수교한 이래로 유구에 새 군주가 즉위할 때마다 엄정하게 선발된 책봉사를 유구에 파견했는데, 이때 책봉사를 선발하는 가장 중요한 기준은 학문이었다. 유구인도 중국 국가와의 예적 관계를 매우 중시하여 보다 적극적으로 중국 국가에 조공사를 파견해서 정치적·경제적 이익을 기대했을 뿐만 아니라, 문화적으로도 책봉·조공 체제라는 도관을 통해 중국과 한국, 혹은 월남과 일본 등과 함께 공통의 문화 체계 즉 동문의 국제사회에 동참할 수 있었다. 이처럼 중국의 책봉사가 높은 학문의 소양을 갖춘 문학지사 가운데서 선발되고 유구 사회가 이미 중국 등 동아시아의 다른 나라들과 함께 고도한 수준으로 동문(同文) 국제사회의 일원으로 참여하고 있었음은 전통 시대의 중·유 관계사에서도 창화 외교의 또 하나의 사례를 확인할 수 있는 가능성을 제고한다.

중·유의 책봉·조공 관계가 확립된 후 유구는 비록 소국이지만 해외의 여러 나라 가운데서도 수례(守禮)로 칭송을 많이 받았기 때문에, 명·청 양조는 유구의 책봉을 매우 중시했다. 명조는 보통 급사중(給事中)과 행인(行人)을 책봉사의 정·부사로 선임하고, 청조는 한림원 편수(編修)와 도찰원 급사중 등을 책봉사로 파출했는데, 급사중이나 한림원 편수는 조정의 근시관으로 학문이 뛰어나고 의도(儀度)가 출중한 당시 중국의 문화 엘리트였다. 책봉 사절단은 직사관(職司官)

외에도 책봉사가 선택한 종객(從客)과 문인 등 각 분야의 전문가들이 포함됐으니, 사실상 문화 사절단이라 할 수 있었다. 유구에 출사한 책봉사들은 북풍을 기다렸다가 돌아올 수 있어, 보통 하지 전후에 바다를 건너가서 동지 전후에 귀환했다. 따라서 책봉의식이라는 본래의 사명을 무사히 수행한 책봉사들은 흔히 유구의 산천을 유람하며 유구의 사대부들과 시문을 창화하며 즐겨, 유구에서 한시열(漢詩熱)을 불러일으키고 적지 않은 시편을 남겼다.

유구의 도읍에는 복건(福建)에서 이주해 온 민인(閩人)의 후예들이 다수 거주하면서 중국의 한시 문화를 이식했고, 북경의 국자감(國子監)에 입학한 관생(官生)과 복주(福州)에 유학한 근학생(勤學生)을 다수 배출하여, 상당한 수준의 한시 문화를 생산·향유하고 있었다. 따라서 유구는 소국으로 그 면적과 인구가 중국의 일개 현(縣)에 상당할 뿐이었지만 상당한 수준의 시인이 적지 않게 배출돼서, 책봉사들은 적지 않은 수의 창화시를 얻을 수 있었다.

그럼에도 불구하고 중국과 유구의 창화 외교에서는 일정한 특수성이 발견된다. 그것은 중·유 창화 외교에서는 한·중 창화 외교나 중·월 창화 외교에서 일반적으로 볼 수 있는 직접적이고 즉흥적인 수창(酬唱)보다는 시차를 둔 창화와 간접적인 증답(贈答)이 주를 이루었다는 점이다. 이는 당연히 한·중 창화 외교나 중·월 창화 외교에서 흔히 볼 수 있는 시투(詩鬪)나 쟁시(爭詩) 같은 문전(文戰)이 중·유 창화 외교상에서는 발견되지 않는 가장 큰 이유가 될 것이다. 북경에서 유구 사신과 조우한 조선의 사신들이 유구 사신은 "촉문(屬文)에 짧아서 더불어 창화하기에 부족하다" 혹은 "문사(文詞)에 어두워서 뜻을 서로 통할 수 없다"고 한탄한 바 있는데, 이 말이 중·유 창화 외교의 특수성을 일정 부분 설명할지도 모른다. 창화 외교의 무대에서 전개되는 수창을 통한 쟁시는 자국 문화에 대한 자부심과 문학적 역량에 대한 자신감에서 출발하는 것으로, 한·일 창화 외교에서도 발견되는 전통 시대 동아시아 창화 외교의 일반적 특성의 하나였다.

제5장

한·일 외교상의 한시 창화와 창화 외교

머리말

전통 시대 동아시아의 창화 외교는 주로 중국을 중심으로 그 주변의 한국과 월남·유구·일본 등 동문의 나라들 사이에서 이뤄졌는데, 그 까닭은 중국이 세계 문화의 중심이었기 때문이다. 그러나 동아시아 창화 외교는 한국을 중심으로 중국과 월남·유구·일본 등과의 외교 무대에서도 전개됐으니, 역시 그 까닭은 한국도 또 다른 문화 중심의 역할을 수행했기 때문이다. 한국과 일본의 창화 외교가 이러한 사실을 잘 입증한다.

일본이 전통 시대 동아시아 국제사회에서 점한 위치는 매우 독특했다. 전통 시대에 동아시아 국제사회를 구성한 대부분의 나라들은 이른바 '중국적 세계 질서'를 형성하고 그 안에 내포되어 있었지만, 일본은 주로 특수한 지리적 위치로 인해 전통 시대 대부분의 기간에 이 세계 질서에서 소외돼 있었다. 이로 인해 책봉과 조공이라는 외교적 통로를 통해 이루어진 문화 교류에도 참여하기 어려워서 매우 독특한 고유문화를 고수하고 있었다.

책봉과 조공이라는 예(禮)적 장치를 통해 '중국적 세계 질서'에 동참한 나라들 즉 중국과 한국·월남·유구 등의 동아시아 나라들은 책봉과 조공이라는 통로를 통해 공유하게 된 공동의 문화 즉 한자와 한문·유학 등을 공유하는 '동문(同文)'의 나라라는 공동체 의식을 갖고 있었다. 이들 나라의 외교관들은 한자와 한문이라는 수단을 통해 동문 의식을 서로 확인할 수 있었으니, 한시의 창화를 통해 이른바 창화 외교가 이루어질 수 있었던 것이다. 그러나 일본은 '중국적 세계 질서'에서 오랫동안 소외돼 있었기 때문에 중국이나 한국 등과 동문 의식을 공유하지 못했을 뿐만 아니라 당연히 한시를 창화(唱和)하는 동아시아 특유의 외교 체제에도 동참하지 못했다.

일본은 조선이 건국한 이후 1443년까지 50여 년 동안에 53차례의 사절단을 조선에 보냈고, 조선도 이 기간에 44차례 회답사(回答使)를 일본에 보냈으며, 임진왜란(壬辰倭亂) 전까지 200여 년 동안에는 모두 70차례에 가까운 사신을 일본에 보냈다.[383] 그러나 이 기간에 한·일 외교상에서 이른바 창화 외교가 이뤄진 사례는 거의 발견되지 않는다. 임진왜란 이후 덕천막부(德川幕府)와 조선의 교린(交隣) 관계를 위해 1607년(宣祖 40년) 여우길(呂祐吉)이 회답겸쇄환사(回答兼刷還使)로 일본에 파견된 이후 1811년(純祖 11년) 김이교(金履喬)의 대마역지통빙(對馬易地通聘)이 이뤄질 때까지 200여 년 동안 모두 12 차례 통신사(通信使)가 일본에 파견됐다. 조선 통신사가 일본에 파견되면서 비로소 한·일 외교상에서 한시의 증답(贈答)과 창수(唱酬)가 나타났고, 통신사의 파견이 거듭될수록 창화 외교의 깊이와 폭이 더해져 갔다.

임란이 끝난 직후인 1607년에 회답겸쇄환사가 파견돼 조선과 일본의 외교 관계가 회복됐고, 1636년(仁祖 14년)부터 신뢰에 기초를 둔 통신사가 본격적으로 파견됐는데, 이 병자년(丙子年) 사행(使行)에서 조선 통신사는 일본의 요청에 따라 덕천가강(德川家康)의 묘소가 있는 일광산(日光山)을 유람했고, 이후 1643년과 1655년에는 강호(江戶)에서 국서를 전달하고 일광산에서 유교식 치제(致祭)를 행했다. 이후 조선 통신사행은 관백(關白)의 습직(襲職)을 축하하는 의례적 행사로 진행되어, 외교적 현안을 해결하기보다는 한시 창화 등 문화적 교류를 강화하여 양국의 우호를 돈독히 하는 방향으로 진행됐다.

통신사 파견 초기에는 비록 조선 사행원(使行員)과 일본 문사(文士)들 사이에서 한시의 증답과 창수가 이뤄졌다 하더라도 정상적이고 본격적인 창화 외교가 진행됐다고 보기는 어렵다. 왜냐하면 양자 사이의 현격한 문학적 수준 차이

383. 김태준, 「동아시아 문학의 自國主義와 中華主義의 위기-18세기 韓日文學 交流의 樣相-」, 『조선통신사 사행록 연구총서』 10, 학고방, 2008, 5쪽.

가 상호 인식되고 있어 일본 문사는 조선 사행원의 시문을 일방적으로 앙모하고 조선 사행원은 일본 문사의 시문을 무시하는 것이 일반적 현상이어서 서로 상대의 문학을 존중하고 대등하게 소통하는 창화의 조건이 형성되지 못했기 때문이다. 그러나 통신사의 파견이 200여 년간 지속되어 일본 한문학과 유학의 발전에 자극과 영향이 계속 미쳐짐에 따라, 통신사 후기에 이르면 어느 정도 대등한 수준에서 시문이 교환되고 창화될 수 있었다. 이런 관점에서 본다면 조선 통신사의 파견은 한·일 간의 창화 외교를 가능하게 하여 일본이 동아시아 창화 외교 체제에 참여하게 한 기본적 계기와 환경을 제공했다고 할 수도 있다.

물론 일본 한문학과 유학의 발전을 조선 통신사의 파견만으로 설명할 수는 없다. 그러나 통신사의 파견이 거듭되고 일본 문사와 통신사행원 교환(交驩)이 잦아질수록 시문 교환과 창화의 문학적 수준이 크게 제고되고 내용이 충실해졌음은 사실이다. 그리고 조선 사행원의 창화시(唱和詩)를 비판하고 그와 대등한 수준으로 시문을 창작할 수 있다는 자신감이 나타나면서 조선 통신사의 파견이 중단됐다는 사실을 통해 한·일 창화 외교의 독특한 한 측면을 엿볼 수도 있나. 조선에 파견된 중국 명(明)의 사신이 환관에서 저명한 문학지사(文學之士)로 교체됨과 동시에 조·명 창화 외교가 개시되어 꽃피운 것처럼 소(朝)·일(日) 창화 외교도 대규모 문화 사절단인 통신사의 파견과 더불어 발전했고, 만주인이 중국을 지배한 만청(滿淸)시대에 이르러 한·중 창화 외교가 쇠퇴한 것처럼 조선 문학에 대한 존중과 기대가 비판과 실망으로 바뀐 시점에서 통신사의 파견도 종결된 것이다.

따라서 이 장에서는 조선 통신사가 일본에 파견된 이후 중단될 때까지 200여 년간 통신사 사행원과 일본의 접반 문사들 사이에 이뤄진 한시의 증답과 창수를 중심으로 한·일 간에 전개된 창화 외교의 독특한 양상과 특성을 살펴보려고 한다.

1. 통신사와 시언지(詩言志)

한국의 조선은 건국 직후부터 '사대교린(事大交隣)'을 기본 국책으로 삼아 중국을 지배한 명과 청 등의 왕조들과는 책봉·조공 관계를 맺어 조천사(朝天使) 혹은 연행사(燕行使)를 파견했고, 일본을 지배한 강호막부(江戶幕府)에는 통신사를 파견하여 인호(隣好)를 도모했다. '통신사'의 '통신(通信)'이라는 의미에 대해서 대마도의 저명한 문사 우삼방주(雨森芳洲)가 "조선이 내빙(來聘)하여 통신사라 칭했는데, '통신'이란 전통신문(傳通訊問)이다"(『橘窗茶話』, 1786)라고 해석했듯이, '통신'이란 한편으로는 소식을 전통함을 뜻하면서, 다른 한편으로는 신의(信義)를 통함을 의미한다고 할 수 있으니, '통신사'는 외교적 목적을 가진 신의 사절이었다고 이해할 수 있다.

'통신사'는 조선이 일본에 파견한 사신의 칭호 가운데 하나로, 조선이 일본에 통신 사절단을 파견한 내력과 그 칭호에 대해서 『해행총재(海行摠載)』의 「전후사행비고(前後使行備考)」에서 "우리나라는 일본에 일찍이 사신을 보내 경조(慶弔)의 예를 닦았다. 부원군(府院君) 신숙주(申叔舟)가 서장(書狀)으로 왕래한 것이 곧 그 하나다. 그 행장(行狀)에서 이르기를 '공은 처음 출발할 때부터 되돌아 올 때까지 모두 9개월이 걸렸다. 이에 앞선 통신사의 행차 가운데 이처럼 빨랐던 적이 없다'고 했다"는 『징비록(懲毖錄)』의 기사를 인용하면서, 다음과 같이 설명했다.

"개국 이래 왕래한 것이 대개 많았지만, 사적(史籍)이 산일되어 지금 다 살필 수가 없다. 다만 태종(太宗) 기축년(己丑年) 박화(朴和)의 행차만이 겨우 야승(野乘)에서 보인다. 선묘(宣廟) 경인년(庚寅年)의 신사(信使) 이후는 일일이 헤아릴 수 있다. 이때부터는 반드시 그들의 요청을 기다렸다가 파견했다. 국초 이래로 일본에 간 사신은 모두 통신사(通信使)라고 칭했다. 선묘 병오년(丙午年) 여우길의 행차에 이르러, 조정에서 통신이란 칭호를 혐오하고 또 천조(天朝)에 주문(奏聞)할 수 없기 때문에 사호(使號)의 개칭을 의논했다. 혹자는 응당 '쇄환사(刷還使)'라 칭해야 한다고 했는데, 부구(俘口)의 쇄환을 이르는 것이다. 혹자는 응당 '통유사(通諭使)'라 칭해야 한다고 했는데, 결국 '유(諭)' 자는 인국(隣國)에 쓸 수가 없고 가강(家康)이 바야흐로 글을 보내 화친을 청했기 때문에 '회답겸쇄환사(回答兼刷還使)'라고 칭했다. 그 뒤에 정사년(丁巳年) 오윤겸(吳允謙), 갑자년(甲子年) 정립(鄭岦)의 행차는 모두 '회답사(回答使)'라 칭하다가 병오년(丙午年) 임광(任絖)의 행차부터 다시 '통신사'라 칭했다."

참고로 역대 통신사의 파견 연도와 삼사(三使) 및 제술관(製述官)·서기(書記)의 이름, 사행원(使行員) 수, 주요 사명(使命)과 행례(行禮) 등을 적기(摘記)하면 다음과 같다.[384]

- 1차: 1607년(宣祖 40, 丁未), 정사(正使) 여우길(呂祐吉), 부사(副使) 경섬(慶暹), 종사관(從事官) 정호관(丁好寬), 학관(學官) 양만세(楊萬世) 등 467명, 수호(修好)와 회답겸쇄환(回答兼刷還), 국교(國交) 회복
- 2차: 1617년(光海君 9, 丁巳), 정사 오윤겸(吳允謙), 부사 박재(朴梓), 종사관 이경직(李景稷) 등 428명, 회답겸쇄환, 경도행례(京都行禮)
- 3차: 1624년(仁祖 2, 甲子), 정사 정립(鄭岦), 부사 강홍중(姜弘重), 종사관 신계영(辛啟榮) 등 300명, 덕천가광(德川家光) 습직(襲職) 축하와 회답겸쇄환
- 4차: 1636년(仁祖 14, 丙子), 정사 임광(任絖), 부사 김세렴(金世濂), 종사관 황호(黃戻), 이문학관(吏文學官) 권칙(權侙), 서기(書記) 문홍적(文弘績)·문필(文泌) 등 475명, 태평축하(泰平祝賀), 일광산(日光山) 유람
- 5차: 1643년(仁祖 21, 癸未), 정사 윤순지(尹順之), 부사 조경(趙絅), 종사관 신유(申濡), 독축관(讀祝官) 박안기(朴安期) 등 462명, 덕천가강(德川家綱) 출생 축하, 일광산 치제(致祭)
- 6차: 1655년(孝宗 6, 乙未), 정사 조형(趙珩), 부사 유창(俞瑒), 종사관 남용익(南龍翼), 독축관 이명빈(李明彬), 서기 배욱(裵稶)·김자휘(金自輝)·박문원(朴文源) 등 488명, 덕천가강 습직 축하, 대수원(大猷院) 영묘(靈廟) 치제
- 7차: 1682년(肅宗 8, 壬戌), 정사 윤지완(尹趾完), 부사 이언강(李彥綱), 종사관

384. 辛基秀, 『新版朝鮮通信使往來-江戶時代260年の平和と友好』, 明石書店, 2002, 135쪽에 기재된 「朝鮮 通信使 一覽表」에서 적기.

박경후(朴慶後), 제술관(製述官) 성완(成琬), 서기 임재(林梓)·이담령(李聃齡) 등 475명, 덕천강길(德川綱吉) 습직 축하

- 8차: 1711년(肅宗 37, 辛卯), 정사 조태억(趙泰億), 부사 임수간(任守幹), 종사관 이방언(李邦彦), 제술관 이현(李礥), 서기 홍순연(洪舜衍)·엄한중(嚴漢重)·엄한중(嚴漢重) 등 500명, 덕천가의(德川家宣) 습직 축하
- 9차: 1719년(肅宗 45, 己亥), 정사 홍치중(洪致中), 부사 황선(黃璿), 종사관 이명언(李明彦), 제술관 신유한(申維翰), 서기 장응두(張應斗)·성몽량(成夢良)·강백(姜栢) 등 479명, 덕천길종(德川吉宗) 습직 축하
- 10차: 1748년(英祖 24, 戊辰), 정사 홍계희(洪啟禧), 부사 남태기(南泰耆), 종사관 조명채(曺命采), 제술관 박경행(朴敬行), 서기 이봉환(李鳳煥)·유후(柳逅)·이명계(李命啓) 등 475명, 덕천가중(德川家重) 습직 축하
- 11차: 1763년(英祖 39, 癸未), 정사 조엄(趙曮), 부사 이인배(李仁培), 종사관 김상익(金相翊), 제술관 남옥(南玉), 서기 성대중(成大中)·원중거(元重擧)·김인겸(金仁謙) 등 462명, 덕천가치(德川家治) 습직 축하(都訓導 崔天崇 피살)
- 12차: 1811년(純祖 11, 辛未), 정사 김리교(金履喬), 부사 이면구(李勉求), 제술관 이현상(李顯相), 서기 김선신(金善臣)·이명오(李明五) 등 336명, 덕천가제(德川家齊) 습직 축하, 대주역지행례(對州易地行禮)

조선 통신사절단은 인원수가 보통 400명이 넘는 방대한 조직으로, 주요 구성원으로 정사와 부사, 종사관(원명은 書狀官)이 있어 삼사(三使)라 총칭됐고, 그 외에 제술관(원명은 吏文學官 혹은 讀祝官)과 삼사서기(三使書記), 사자관(寫字官), 화원(畫員), 의원(醫員), 군관(軍官), 역관(譯官) 등이 수행했다. 이 가운데서 제술관과 삼사서기 즉 삼방서기(三房書記)는 문자응수(文字應酬)를 담당했다. 기해(己亥) 사행의 제술관(製述官) 신유한(申維翰)은 그 사행록에서 "왜인의 문자를 좋아하는 성벽이 근년에 이르러 더욱 성해져서 염모(艷慕)함이 기풍을 이루었다. 학사대인(學士大人)이라 부르며 시문을 구걸하여 거리를 메우고 문을 막는다. 저들의 언어를 응접하여 우리나라의 문화(文華)를 선요(宣耀)하는 것은 반드시 그 책임이 제술관에게 있으니, 실로 그 일은 번잡하고 책무가 적지 않다"(『青泉集續集』

卷3;『海槎東遊錄』卷1)고 했다. 이로 인해 조선에서는 통신사를 파견할 때마다 '의마지재(倚馬之才)' 즉 말에 기대서서 기다리는 짧은 시간 동안에 만언(萬言)의 문장을 지었다는 진인(晉人) 원호(袁虎)의 고사에서 비롯된 탁월한 문재를 풍부하게 갖춘 문사를 선발하여 제술관의 직임을 맡게 했고, 삼사서기의 인선도 마찬가지로 문채가 빛나는 문학지사 가운데서 이뤄져야 했다.[385]

통신사 초기의 문화 교류는 주로 글씨와 그림을 증여하는 방식으로 이루어졌다. 일본인들이 통신사행원에게 글과 그림을 너무나 많이 청탁해서 사자관(寫字官)과 화원(畵員)들이 혹심하게 시달리기도 했다. 병자(丙子) 사행의 부사로 출행한 김세렴(金世濂)의 증언에 의하면 "서화를 구하는 왜인이 밤낮으로 모여들어, (사자관) 박지영(朴之英)과 조정현(趙廷玹), (화원) 김명국(金明國) 등이 그 괴로움을 이기지 못했는데, 심지어 김명국은 눈물을 흘리고 싶어 했다. 왜인은 (能書官) 전영(全榮)의 서법을 가장 중히 여겼다.…그 종이는 우리나라의 화전(花牋)인데, 왜인이 이를 매우 귀하게 여겨 수백 폭을 붙여 잇는다. 더구나 반드시 친필을 얻겠다고 청하여, 나는 응접하는 것이 괴로워서 전영에게 이를 쓰게 했는데, 며칠 만에야 끝냈다"(金世濂,『海槎錄』)고 한다.

김세렴의 친우 이식(李埴)은 당시의 상황을 다음과 같이 설명한 바 있다. "연전에 (친구 김세렴이) 부사로 일본에 출사하여 역람(歷覽)하고 응수(應酬)한 바를 모두 시로 표현했는데…임랑(琳琅처럼 아름다운 詩句)이 금옥 같은 소리를 내서, 수천 리 산천과 풍속이 눈앞에 있는 것 같았다. 저쪽은 우리의 문교(文敎)를 흠모하여 공의 편언(片言)과 척자(隻字)를 얻는 것을 천금의 쌍벽(雙璧)을 얻은 것처럼 여겨 소중하게 소장하여 자랑함이 그치지 않아, 교제의 환흡(歡洽)이 국명(國命)의 존중에 이르게 하는 데 큰 도움이 됐다"(金世濂,『槎上錄』,「書東溟槎上錄後」).

통신사의 사행이 본격화되면서 통신사의 활동은 서화의 증여보다는 한시(漢詩)의 증답(贈答)이나 창수(唱酬)를 중심으로 이루어졌다. 조선 통신사와 일본 문사의 대규모 시회(詩會)를 통한 한시 창화(唱和)는 동아시아의 다른 어떤 국제

---

385. 張伯偉,「漢文學史上的1764年: 在外交場合以漢詩唱酬筆談,乃中國文化圈的同文諸國間習慣化的國際禮」,『文學遺産』2008-4, 1쪽.

관계에서 보이는 한시 창화보다도 참여 인원과 생산된 시문의 양도 많았으며 시회의 규모가 대규모적·전국적이고, 일본 문화와 사회에 미친 영향도 심대해 문화사적 의미가 컸다.

원래 한국(韓國)과 중국(中國), 월남(越南), 유구(琉球) 등 '동문(同文)' 나라들 사이에서 부시(賦詩)를 통한 상호 교섭의 유래가 오래됐음[386]은 이미 앞의 여러 장·절에서 두루 살펴본 바 있다. 특히 명조 사신과 조선 접반사의 시문 창화는 『황화집(皇華集)』의 편찬·인쇄와 유전(流傳)을 낳아 한문화권 외교의 전범을 형성했으니, 조선 통신사와 일본 문인의 창수는 그 연원이 비록 멀리 춘추 열국의 '시언지(詩言志)'까지 거슬러 올라갈 수 있지만, 그 심중의 모델은 『황화집』에 있었다. 『황화집』은 일본에도 유전되어 국제적 문화 교류의 모범이 됐으니, 강호막부 초기의 유자(儒者) 목하순암(木下順庵)이 "소위 『황화집』을 읽고서 동국(東國) 문학이 융성하여 중화(中華)와 항형(抗衡)하여 헌지(軒輊. 높낮이 즉 優劣)가 없음을 더욱 알게 됐다"[387]고 했듯이, 『황화집』은 일본에도 유전돼 조선 시문학의 수준을 과시하고 일본 문사들이 조선 문사와의 한시 창화를 열망하는 환경을 조성했다.

명사의 출사뿐만 아니라 조선 통신사의 출사 과정에서도 사행원과 일본 문인 사이에서 수많은 창화시(唱和詩)가 생산됐으니, 이는 지금까지 남아 있는 대량의 사행록(使行錄)과 창화필담집(唱和筆談集)이 입증한다. 예컨대 신유한의 『해유문견잡록(海游聞見雜錄)』 상 「풍속(風俗)」에는 다음과 같은 문장이 있다. "이른바 문사들이 혹은 불원천리하여 와서 참관(站館)에서 기다리기도 했다. 일박하는 사이에, 혹은 수백 폭의 종이를 써서 구시(求詩)하기도 하고, 얻지 못하면 필담을 반만 행해도 그지없이 귀하게 여긴다.…명주(名州)와 거부(巨府)를 지날 때마다 응접하기에 겨를이 없었다"(『青泉集續集』 7).

---

386. 中村榮孝도 「朝鮮の日本通信使と大坂」(『日鮮關係史の硏究』, 東京, 吉川弘文館, 1969)에서, "외교 무대에서의 漢詩 唱酬와 筆談은 중국 문화권의 同文 諸國 간에 습관화된 국제 禮儀였다"고 언급한 바 있다.

387. 木下一雄 校譯, 『對韓稿』, 「翠虛二稿序」, 動徑, 國書刊行會, 1982, 卷13, 531쪽.

일본에서 간행된 창화집 『상한창화훈지집(桑韓唱和壎篪集)』「서문」도 일본 문사들이 조선 통신사와의 교유를 얼마나 적극적으로 원했는지 잘 보여 준다. "향보(享保) 기해년(己亥年) 가을에 조선 사신이 항해하여 인호(隣好)를 닦았는데, 신(申) 제술과 강(姜)·성(成)·장(張) 세 서기가 수종했다. 이에 온 나라의 유고지사(揉觚之士)가 앞 다투어 명함을 던져, 편어(片語)나 척자(隻字)를 얻은 자는 연성지벽(連城之璧)을 획득한 것처럼 좋아하고, 헤어진 뒤에 탄식하며 아쉬워하기를 마치 어린애가 유모를 떠나는 것처럼 했다."[388] 을미년(乙未年. 1655) 사행이 대판성(大坂城)에 이르자, 이를 보기 위해 모인 "남녀들이 다리를 메우고 항구에 넘쳐서 파리나 고슴도치가 모인 것과 같아 머리와 손가락이 총총 빽빽 하여 눈이 어지러울 정도였다"(南龍翼, 『扶桑錄』)고 한다.

조선 통신사 일행의 사행길을 따라 지방 곳곳에서 양국 문사들 사이에 필담과 시문 증답, 시가 창수가 이루어졌고, 회를 거듭할수록 양적·질적 증가가 이루어졌다. 한 예로, 1682년 임술(壬戌) 사행 때의 정사 윤지완(尹趾完)의 사행록 『승사록(乘槎錄)』에는 총 62제(題) 80수의 사행시(使行詩)가 기재돼 있는데, 이 중 31제 32수(首)가 일본인에게 보낸 것이고, 「별록(別錄)」에는 일본인 10명의 시 32수가 실려 있다. 「부록」에 적어 놓은 일본인은 11명이지만 실제 시문을 주거나 받은 일본인은 성명 미상인 인물까지 포함해 15명이었다.[389]

1763년 계미(癸未) 사행 때에는 통신사절단 인원이 일본 문사와 증답하고 창수한 시문의 수량은 상상하기 어려울 정도로 엄청났다. 계미 사행은 참여 인원 수와 창화시의 수량이 모두 사람을 놀라게 할 정도로 많았으니, 서기 원중거(元重擧)는 「서나파효경동유권후(書那波孝卿東游卷後)」에서 "3~4개월 사이에 읍양(揖讓)한 사람이 1천여 명이고 수창한 시가 2천여 편이었다"[390]고 술회했다. 조엄(趙

---

388. 김진경, 「『桑韓唱和塤篪集』에 관한 연구-구성 및 내용 검토를 중심으로-」, 『漢文古典研究』 23, 2011, 259쪽.

389. 조영심, 「윤지완 사행문학의 양상과 의미」, 『열상고전연구』 46, 2015, 460-465쪽.

390. 那波利貞, 「明和元年の朝鮮國修好通信使團の渡來と我國の學者文人との翰墨上に于ける應酬唱和の一例に就きて」, 『朝鮮學報』 42, 1967.

巘)의 『해사일기(海槎日記)』「연화(筵話)」에 의하면, 귀국한 뒤에 영조(英祖)에게 복명(復命)할 때 남옥(南玉)이 "1천여 수의 시를 지었다"고 보고하고, "원중거와 (서기) 김인겸(金仁謙)도 1천여 수를 지었다"고도 했다.[391] 제술관 남옥은 『일관기(日觀記)』「창수제인(唱酬諸人)」 항목에 자신이 수창한 일본 문사의 명단을 기록해 두었는데, 이 명단에 등장하는 인물은 총 499명에 이른다. 남옥의 창수집 『일관시초(日觀詩草)』에는 1,149수의 사행시와 창화시가 실려 있고, 3권 중 2권만 남아 있는 『일관창수(日觀唱酬)』에는 786수의 화답시(和答詩)가 수록돼 있으니, 얼마나 많은 창화시가 사행 중에 교환됐는지 짐작할 수가 있다.[392]

통신사와 일본 문사의 한시 창화가 얼마나 성행했는가는 일본에서의 필담창화집의 출판 성행을 통해서도 확인된다. 제7차 임술(壬戌. 1682) 사행에서는 당대의 저명한 문사 목하순암 등 대판과 강호의 일본인 문사 39명이 『화한창수집(和韓唱酬集)』에 이름을 올리고 있다. 제8차 신묘(辛卯. 1711) 사행에서는 일본의 문사들이 전국적 규모로 대거 한시 창화에 참여해 성대한 시회가 이루어지고 수많은 창화집이 간행됐다. 이때 만들어진 『계림창화집(鷄林唱和集)』에는 임가(林家) 부자와 우삼동(雨三東) 등 일본의 명사들과 조선 통신사 제술관 이동곽(李東郭)과 삼방서기 등의 창화시와 저명한 일본의 문사 신정백석(新井白石)의 필담이 수록됐고, 『칠가창화집(七家唱和集)』은 7명의 일인 명사가 조선 문사와 나눈 시문 7책으로 구성됐다.[393]

특히 『계림창화집』 16권 16책은 막부의 어용 서적을 공급하던 규문관(奎文館) 주인 뇌미원병위(瀨尾源兵衛)가 직접 경도(京都) 등 전국 각 지역에서 발생한 필담창화 원고들을 수집하여 출판한 것으로, 창화에 참여한 인원도 수십 명에 이르며 많은 자본도 투입됐다. 여기에 빠진 원고들까지 수집해 『칠가창화집』 10

391. 張伯偉, 「漢文學史上的1764年: 在外交場合以漢詩唱酬筆談,乃中國文化圈的同文諸國間習慣化的國際禮」, 2쪽.

392. 허경진, 「통신사와 접반사의 창수 양상 비교」, 『조선통신사 사행록 연구총서 3』 문학, 학고방, 2008, 385-395쪽.

393. 李慧淳, 「18세기 韓日 文士의 교류양상-己亥 使行時 韓日文士의 酬唱集을 중심으로-」, 『조선통신사 사행록 연구총서』 1, 학고방, 2008, 320-324쪽.

권 10책이 『계림창화속집(鷄林唱和續集)』으로 출판되기도 했는데, 이는 7차 사행 때 만들어진 『화한창수집』 4권 7책의 갑절 규모의 필담창화집이었다.

규문관은 9차 기해(己亥) 사행 때에도 『상한창화훈지집(桑韓唱和壎篪集)』 11권 11책을 출판하여 일본의 대표적 출판사로 성장했다.[394] 『상한창화훈지집』의 '훈지(壎篪)'는 '훈지상화(壎篪相和)' 즉 원래 형이 훈(塤)이라는 질 나팔을 불면 아우는 지(篪)라는 대나무 피리를 불어 화답한다는 뜻으로, 형제간의 화목함을 비유적으로 이르는 말이다. 이러한 서명을 통해 양국 지식인들의 형제처럼 돈독한 우의를 엿볼 수 있길 바라는 편찬자의 마음을 헤아려 볼 수 있다.[395]

1763년 계미(癸未) 사행 때에도 수많은 필담창화집이 편찬·간행됐으니, 일본에서는 『한관창화집(韓館唱和集)』 등 30여 종의 필담창화집이 나왔고, 조선에서는 남옥의 『일관시초』와 『일관창수』 등의 창수집이 출판됐다.[396] 국립중앙도서관에 소장된 창화필담집으로, 웅곡료암(熊谷了庵) 등이 지은 『조선인필담병증답시(朝鮮人筆談幷贈答詩)』, 일신당(日新堂)에서 편찬한 『양동창화록(兩東唱和錄)』, 일명(佚名)의 『양동창화후록(兩東唱和後錄)』, 산전경괄(山田敬适)의 『광릉문사록(廣陵問槎錄)』, 뇌미유현(瀨尾維賢)이 편찬한 『계림창화집(鷄林唱和集)』, 백석(白石)이 짓고 조태억(趙泰億)이 편집한 『좌간필어부강관필담(座間筆語附江關筆談)』, 뇌미유현이 편찬한 『상한창화훈지집(桑韓唱和壎篪集)』, 전전도통(前田道通) 등이 편찬한 『상한훈지보유(桑韓壎篪補遺)』, 하간정윤(河間正胤)이 교정한 『상한창수집(桑韓唱酬集)』, 석월심(釋月心) 등이 지은 『상한성사답향(桑韓星槎答響)』, 석가죽(釋可竹) 등이 지은 『상한성사여향(桑韓星槎餘響)』, 일명의 『봉도유주(蓬島遺珠)』, 산궁유심(山宮維深)이 지은 『화한필담훈풍편(和韓筆談薰風編)』, 촌상수범(村上秀範) 등이 편찬한 『화한창화록(和韓唱和錄)』, 백전안댁(百田安宅)이 편찬한 『상한견장록(桑韓鏗鏘錄)』, 산전정진(山田正珍)이 편찬한 『상한필어(桑韓筆語)』, 김이교(金履喬)와 고하정

394. 허경진, 「통신사 필담 창화집의 집대성: 鷄林唱和集」, 네이버 블로그 dibrary1004, 2013. 02.25., 1-3쪽.

395. 김진경, 「『桑韓唱和塤篪集』에 관한 연구-구성 및 내용 검토를 중심으로-」, 241-246쪽.

396. 허경진, 「통신사와 접반사의 창수 양상 비교」, 394-395쪽.

리(古賀精里) 등이 지은 『왜한창수집(倭韓唱酬集)』, 일명의 『칠가창화집(七家唱和集)』, 조산보문(鳥山輔門)이 엮은 『화한창화집(和韓唱和集)』, 북미춘포(北尾春圃)가 엮은 『상한의담(桑韓醫談)』 등이 있다.[397] 이는 조선 통신사와 일본 문인의 한시 창화와 필담 형식의 교류가 얼마나 많이 성행했는지 분명하게 보여 준다.

조선에서는 통신삼사(正使, 副使, 從事官)와 제술관 등이 귀국한 뒤에 저술한 사행록들이 다수의 창화시를 담고 출간됐다. 이들 사행록을 정리하면 다음과 같다.

- 정미 사행: 부사 경섬의 『해사록(海槎錄)』
- 정사 사행: 정사 오윤겸의 『동사상일록(東槎上日錄)』, 부사 박재의 『동사일기(東槎日記)』, 종사관 이경직의 『부상록(扶桑錄)』
- 갑자 사행: 부사 강홍중의 『동사록(東槎錄)』
- 병자 사행: 정사 임광의 『병자일본일기(丙子日本日記)』, 부사 김세렴의 『해사록(海槎錄)』과 『사상록(槎上錄)』, 종사관 황호의 『동사록(東槎錄)』
- 계미 사행: 부사 조경의 『동사록(東槎錄)』, 종사관 신유의 『해사록(海槎錄)』, 기록자 미상의 『계미동사일기(癸未東槎日記)』
- 을미 사행: 정사 조연의 『부상일기(扶桑日記)』, 종사관 남용익의 『부상록(扶桑錄)』
- 임술 사행: 김지남(金指南)의 『동사일록(東槎日錄)』, 역관 홍우재(洪禹載)의 『동사록(東槎錄)』
- 신묘 사행: 부사 임수간의 『동사일기(東槎日記)』
- 기해 사행: 정사 홍치중의 『해사일록(海槎日錄)』, 제술관 신유한의 『해유록(海游錄)』
- 무진 사행: 종사관 조명채의 『봉사일본시문견록(奉使日本時聞見錄)』
- 계미 사행: 정사 조엄의 『해사일기(海槎日記)』, 제술관 남옥의 『일관기(日觀記)』, 정사서기 성대중의 『일본록사상기(日本錄槎上記)』와 『선사만랑집(仙槎

397. 徐毅, 「朝鮮通信使在中日文化交流中的作用」, 『南通大學學報-社會科學版』, 2011-5, 63-64쪽.

漫浪集)』, 부사서기 원중거의 『승사록(乘槎錄)』과 『화국지(和國志)』, 종사관서기 김인겸의 『일동장유가(日東壯遊歌)』(한글), 역관 오대령(吳大齡)의 『계미사행일기(癸未使行日記)』, 군관 민혜수(閔惠洙)의 『사록(槎錄)』

• 신미 사행: 정사 김이교의 『신미통신일록(辛未通信日錄)』, 서기 김선신의 『도유록(島遊錄)』, 유상필(柳相弼)의 『동사록(東槎錄)』

이들 통신사행록의 상당 부분은 『해행총재(海行摠載)』라는 이름으로 종합·편집되어 출간됐다. 계미 통신사의 정사 조엄의 『해사일기』에 의하면, "전후 신사(信使)들은 사신의 역원을 막론하고 일기가 많이 있다. 홍계희(洪啟禧) 상서(尙書)는 넓게 수집하여 『해행총재』라 이름을 지었다. 서명응(徐命膺) 부학(副學)이 이를 칭송하여 『식파록(息波錄)』이라 제목을 정하니 모두 61편이 되어, 사행 중에 참고로 읽어 보는 자료로 삼았다"(『海行摠載』 24)고 한다.

2. 통신사의 시문 증답

조선이 건국한 뒤부터 임란 전까지 200여 년 동안에 일본에 파견한 70여 차례의 사절단과 임란 이후에 파견한 12차례의 통신사절단은 그 임무와 성격이 기본적으로 같지 않았다. 전자가 외교적 현안을 해결하기 위해 파견된 실무적 사절단이었다면, 후자는 문화 교류를 통해 양국 우호를 강화하기 위해 파견된 문화사절단의 성격을 띠고 있었다. 통신사가 문화사절단으로 일본에서 보인 가장 일반적이고 주된 활동은 일본의 문사들과 한시를 증답하고 창수하는 일이었다.

박지원(朴趾源)은 갑신(甲申) 사행의 역관(譯官)으로 일본을 다녀온 천재 시인 이언진(李彦瑱)을 조상(弔喪)하여 「우상전(虞裳傳)」을 지었는데, 여기서 그는 "우상(이언진)이 중국어 역관으로 따라갔지만, 특히 문장으로 일본에 이름이 났다. 그래서 일본의 이름난 승려나 귀족들이 모두 '운아선생(雲我先生)이야말로 둘도 없는 국사(國士)라'고 칭찬했다"고 하면서, 통신사에 문학지사(文學之士)가 수행하게 된 사연을 다음과 같이 전하고 있다.

“일본의 관백(關白)이 새로 정권을 잡자, 그는 저축을 늘리고 건물을 수리했으며, 선박을 손질하고 속국의 여러 섬들을 깎아서 자기 소유로 만들었다. 그 밖에도 기재(奇才)와 검객, 궤기(詭技), 음교(淫巧), 서화, 문학 같은 여러 분야의 인물들을 서울로 모아들여 훈련시키고 (조선 통신사를 맞을) 계획을 갖추었다. 그런지 몇 년 뒤에야 우리나라에 사신을 파견해 달라고 요청했는데, 마치 상국(上國)의 조명(詔命)을 기다리는 것처럼 공손했다. 그러자 우리 조정에서는 문신 가운데 3품 이하를 골라 뽑아서 삼사(三使)를 갖추어 보냈다. 이들을 수행하는 사람들도 모두 말 잘하고 많이 아는 자들이었다. 천문과 지리, 산수, 점술, 의술, 관상, 무력부터 퉁소 잘 부는 사람, 술 잘 마시는 사람, 장기나 바둑 잘 두는 사람, 말을 잘 타거나 활을 잘 쏘는 사람에 이르기까지, 한 가지 기술로 나라 안에서 이름난 사람들은 모두 함께 따라가게 됐다. 그런데 이들 가운데서도 문장과 서화를 가장 중요하게 여기지 않을 수가 없었다. 왜냐하면 그들은 조선 사람의 작품 가운데 한 글자만 얻어도 양식을 싸지 않고 천 리 길을 갈 수 있었기 때문이다.”

박지원의 전언에 의하면 덕천가치(德川家治)는 습직하자마자 시를 지을 수 있는 호행원(護行員) 등 당대 최고의 인물들을 선발하여 통신사를 맞을 준비를 시작했는데, 그 까닭은 당시 일본의 통신사 영접이 동아시아 문화와 접촉할 수 있는 유일한 통로였기 때문이다. 이에 조선에서도 각 방면의 문화인들 가운데 이름난 인물들을 선발했으니, 특히 문장과 서화에 능한 문사의 선발에 유의했다.

1590년 경인년(庚寅年)에 사절단을 일본에 보낼 때 선조가 폐사(陛辭)하는 날에 성교(聖敎)를 내려 “듣기에 왜승(倭僧)이 자못 문자를 알고 유구 사자도 항상 왕래한다고 하니, 그대들이 그들과 서로 만나 창수하는 일 등이 있게 되면 서법(書法)도 졸렬함을 보여서는 아니 된다. 그대들은 이를 유념하라”고 하니, 정사 황윤길(黃允吉)과 부사 김성일(金誠一) 등이 왕명에 부응할 자로 사자관 이해룡(李海龍)을 청해 동행하게 됐다고 한다. 그런데 이해룡이 일본에 당도하니 그의 글자를 “구하는 자가 운집하여 관문(館門)이 시장과 같았다.” 이에 김성일이 감탄하여 "해룡이 가자 국인(國人)이 모두 가계시(家鷄視)하니, 어찌 귀한 이방(異邦)을 보기가 이와 같을 수 있나"(金誠一, 『海槎錄』 2 「贈寫字官李海龍竝序」)라고 했다고 한다.

여기서 선조가 말하는 '문자를 아는 왜승' 가운데 경도 상국사(相國寺)의 종순(宗舜)이란 학승이 있었다. 그는 시와 부채를 가지고 김성일을 찾아가서 다음과 같은 시를 받았다. "발자국 소리도 들리지 않아 사람 없음이 한스럽더니, 상국사 유명한 암자에 이웃 있음이 기쁘구나. 전아(典雅)한 시문으로 학법(學法) 있음을 알 수 있고, 온순한 심성은 어진 품성 타고났다.…홀연히 소매에 보석 같은 시 넣고 날 찾았으니, 사랑스럽다 그대 속류(俗流)의 먼지를 고상하게 벗어났음이." 풍신수길(豐臣秀吉)이 통치하는 일본의 정세를 살피기 위해 파견된 이 사절단의 삼사는 경도의 대덕사(大德寺)에 머무는 동안 학승 종순의 방문을 받고 20여 수의 시를 남겼다. 학승 종순은 곧 후에 일본 유학의 문을 연 대유(大儒) 등원성와(藤原惺窩)였다. 그가 증답시(贈答詩)에서 "사품(四品)의 붕우(朋友)가 일산(一山)을 함께하니, 청담(淸淡)으로 그대 얼굴 마주하는 행운 누린다. 야생(野生)은 애오라지 따라가고 싶을 뿐이니, 시구 읊조리고 책 읽으며 한가하게 지내리라"(『惺窩先生文集』 1) 했듯이, 통신사 일행과 문학을 교환하면서 조선의 문풍(文風)에 감복하여, 그가 승려의 신분을 벗고 주자학(朱子學)을 개창하는 유학자로 변신하는 데 일정한 영향을 받았던 것으로 평가되기도 했다.[398]

1636년 병자(丙子) 사행의 부사 김세렴(金世濂)은 대마도(對馬島)에 이르러 접반을 책임진 두 승려와 도주(島主)에게 몇 수의 시를 증시(贈詩)했다. 그는 "두 승려가 나에게 연로에 지은 시를 보여 달라고 하여, 볼 만한 것이 없다고 대답했지만 거절할 수도 없어, 즉석에서 붓을 달려 한 번의 웃음거리를 제공하기도 하고, 마침내 운자(韻字)를 찾아 '성(盛)' 자를 얻어서 네 수를 구점(口占)하여 준다"고 하면서, 「배안에서 두 승려에게」라는 시를 지어 증시했다. "옥백(玉帛)으로 옛날에는 통호(通好)했지만, 지금은 관개(冠蓋)를 서로 이어 교빙(交聘)을 한다.

---

398. 박창기, 「일본 근세 초기 문학에 나타난 계몽성」, 『조선통신사 사행록 연구총서』 1, 학고방, 2008, 215-223쪽.

이미 강해(江海)에는 파도가 없어졌고, 강역 또한 바름(正)을 얻게 됐다. 돛을 펼쳐 마도(馬島)를 나서, 행장을 재촉하여 일병(日柄)으로 나아간다. 낙국(樂國)이라 정말로 아름다우니, 풍속을 보아서도 정치를 알 수 있다. 백성과 물산이 다 같이 넉넉하여, 열도가 모두 조청(朝請)한다. 깨끗하게 씻어 내서 국내가 평정되고, 지휘하여 사나운 적이 남겨지지 않았다. 군자의 교화가 아니고서야, 누가 능히 이런 경사 누리겠는가. 빈객(擯客)도 예를 다하려 해서, 대사(大師)가 특별하게 명령 받았다." 그는 상대 나라의 강역과 문물·풍속·정치 등을 모두 칭찬하면서, 양국의 화친과 교환(交驩)에 대한 희망을 적극 표현했다.

일본 비후(肥後)에서 국지문학(菊池文學)을 부흥한 수족박천(水足博泉)은 고학파(古學派)의 저명한 학자였는데, 이미 14세 어린 나이에 조선 통신사가 일본에 온다는 소식을 듣고 아버지와 함께 대판의 사관(使館)을 방문하여 신유한(申維翰)을 만나 민첩한 시 짓기 솜씨를 보이고 자호(字號)와 함께 명성을 얻어 이후 비후 제일의 학자라는 명성의 기초를 확보했다. 이 일에 대해 기해(己亥) 사행의 제술관 신유한은 사행록『해유록(海游錄)』에서 다음과 같이 증언했다.

"대판(大阪)에 머문 5일 동안 서생 십 수 명과 함께 저녁이 다하고 밤이 될 때까지 동자를 시켜 먹을 갈게 하고 기다리며 매일 쉴 틈이 없었다. 그 사람들이 오면 각각 성과 이름, 자, 호를 써서 뒤섞어 내서 눈을 어지럽게 하는 경우가 많고 그 시 또한 둔하고 졸렬해서 읽을 수가 없다. 강약수(江若水)와 지남명(池南溟) 두 사람의 시는 약간 운치가 있다. 한 동자는 나이 14세로 면목(面目)이 그림 같았다. 지필을 잡고 앞으로 나아가 수담(手談)과 운어(韻語)를 숨을 한 번 쉴 사이에 순식간에 완성했다. 스스로 말하기를, 수족씨(水足氏)고 이름은 안방(安方)으로, 집은 북륙도(北陸道) 천 리 밖에 있는데, 그 아버지 병산(屛山)이란 자와 함께 왔다고 한다. 아마도 사관에서 기예(技藝)를 울리고 싶었으리라. 내가 그 머리를 어루만지며 '신동이야 신동이야'라고 하자, 그 아버지가 크게 기뻐하며 자와 호를 지어 달라고 청했다. 나는 '수족씨란 부박연천(溥博淵泉)의 뜻에 상응하니 호를 박천(博泉)이라 하고, 안방이란 족도대방(足蹈大方)의 상이 있으니 자를 사립(斯立)이라 하는 것이 좋겠다'고 하고, 따로 초기(艸記)해 주었다. 그 부자가 함께 머리 숙여 사례를 표했다.”

일본에서 ‘비후의 대학자’로 칭송되는 추산옥산(秋山玉山)도 그의 유고에서 통신사와의 학문 교환에 대한 소회를 다음과 같이 기술하고 있다. 1719년에 “조선의 사절이 왔다. 스승인 수족병산(水足屛山) 선생과 (그 아들) 박천은 대판의 본원사(本願寺)에서 청천(靑泉. 申維翰) 학사와 장(張應斗) 서기를 만나, 창화시권(唱和詩卷)을 채워 돌아왔다. 그때 나이 17세였다. 동행하지 못한 것이 심히 아쉬워 항상 한탄하고 있다.”[399] 박천은 「조선 학사 신 선생에게 삼가 바친다」는 시에서 “한사(韓使)가 동림(東臨)한데 길이 험하지 않았는지, 부평초가 물에서 상봉하여 금란지교(金蘭之交) 약속했다. 갈바람은 천 리 밖에서 정기(旌旗)를 움직이고, 삼산(三山)에 뜬 밤 달은 차갑게 검패(劍佩) 비춘다.…천고에 수린(修隣)하려 조선에서 왔는데, 돛대 그림자가 바람 따라 일변(日邊)에 다다랐다. 묻고 싶다 산과 바다가 좋은 재료 됐는지, 주옥같은 시 주머니에 몇 편이나 채웠는가.” 이에 대해 신유한은 “시필(詩筆)이 한혈구(汗血駒)처럼 앙연(昂然)하다”(水足博泉, 『航海獻酬錄』)고 칭찬하면서 자와 호를 지어 주었다고 한다.

1763년에 정사 조엄(趙曮)이 이끈 계미(癸未) 통신사는 조선이 강호막부에 파견한 12차례 통신사 가운데서 한시 증답과 창화를 가장 활발하게 선개했다. 세10대 장군 덕천가치(德川家治)의 습직을 축하하기 위해 파견된 이 통신사는 1763년 8월 3일 사명을 띠고 한양(漢陽)을 출발하여 7월 8일 국왕에게 복명하기까지 약 11개월이 소요된 긴 여정이었다. 모두 480명으로 구성된 이 통신사절단의 정사는 이조참의(吏曹參議) 조엄이 맡았고, 부사는 홍문관교리(弘文館校理) 이인배(李仁培), 종사관은 홍문관교리 김상익(金相翊), 제술관은 전 현감(縣監) 남옥(南玉), 정사서기는 전 찰방(察訪) 성대중(成大中), 부사서기는 장흥고봉금(長興庫奉琴) 원중거(元重擧), 종사관서기는 성균진사(成均進士) 김인겸(金仁謙)이었다. 일본 측의 신사총사(信使總司)는 대대로 조선 통신사의 방일을 안내한 대마도주(對馬州太守) 평의창(平義暢)이었고, 신사 접반(接伴)은 두 승려였다. 이 사행에 관

399. 松田甲, 「水足博泉と申維翰」, 『日鮮史話』 3, 原書房, 1976 參照. 박찬기, 「18세기 초 大阪에서의 申維翰과 水足屛山, 201쪽.

한 기록으로는 정사 조엄이 쓴 『해사일기』, 제술관 남옥의 『일관기』, 서기 성대중의 『일본록』, 서기 원중거의 『승사록』과 『화국지』, 김인겸의 『일동장유가』 등이 있고, 일본에서도 『한사내빙기록(韓使來聘記錄)』 등이 남아 있다.[400]

계미 사행에서도 통신사와 일본 문사의 시문 증답과 필담·창수 등이 활발하게 이뤄졌으니, 대판 회덕당(懷德堂) 학주(學主)였던 중정적선(中井積善)의 「초모위언(草茅危言)」은 다음과 같이 증언한다. "조선의 사절은 문사(文事)를 중시하는 연유로 문장의 재능에 뛰어난 자를 선발하여 파견하는 듯하다. 그런 까닭에 길가의 객관(客館)에서 일본의 유학자들과 시문 증답·필담을 나누는 일이 많다.…객관이 시장바닥 같고, 서투른 문장과 악시(惡詩)를 들고 조선 학사(學士)를 모독한다. 어리석은 무리들이 오래전부터 칠률(七律) 한 수를 겨우 지어 그것을 품에 넣고 무릎 꿇고 머리 숙여 내밀며 화운(和韻)을 청한다"(『日本經濟大典』 23, 1789).

이처럼 사행록에서 흔히 발견되는 사행원들이 치른 고역의 대부분은 바로 이 시문의 증여(贈與)에서 비롯된 것이다. 시문 증여는 주로 상관(上官) 이상의 사행원이 외교승(外交僧)이나 대마도 접반관(接伴官) 등의 요청에 의해 지역의 고관이나 문사들을 대상으로 행해진 경우가 대부분이다. 그러나 1655년 사행에서는 정사의 명에 의해 삼사의 통인(通引)·청지기·소동(小童) 등도 즉흥시를 지었음을 고려할 때, 당시 이들도 일반 민중을 대상으로 시문 증여를 활발하게 전개했을 것으로 보인다. 시문에 대한 일인의 집착은 병적일 정도여서 심지어 사신이 벽에 써 둔 시를 도려내고 감쪽같이 도배해 버린 뒤 나중에 200냥에 파는 어이없는 일(金世濂, 『海槎錄』)이 발생하기도 했다. 이 밖에 시문 증여의 또 다른 양상은 사행원이 일본인의 집이나 누각 등에 시와 기(記)를 지어 주거나, 일본인들이 가져온 시문집이나 저서 또는 통신사와 나눈 창화시집에 서발(序跋)을 써 주는 것이었다. 특히 후자를 통해 일본 문사들은 자신의 문예적 능력이나 학문적 성취를 검증받음과 동시에, 일본 내에서 자기 시문의 성가를 드날리는 계

---

400. 박찬기, 「조선학사의 일기 기행문에 나타난 조선통신사」, 『조선통신사 사행록 연구총서』 3, 학고방, 2008, 67-69쪽.

기를 얻을 수 있었다. 이 밖에 일본 문사가 청한 시에 대한 교정이나 평가를 통해 문화 교류가 이루어지기도 했다.[401]

3. 통신사의 한시 창화

조선 통신사가 일본에 파견된 초기에는 서화의 기증이나 시문의 증답 등이 문화 활동의 주종을 이루었다. 그러나 통신사에 의한 문화적 자극이 지속되고 일본 유학과 한문학이 발전됨에 따라 4문사를 중심으로 한 통신사 사행원과 접대 승려 및 문사들이 직접 대면해서 즉흥적으로 한시를 수창하는 일이 점차 가능해졌다. 한 예로, 1711년의 제8차 신묘(辛卯) 사행에서는 『계림창화집(鷄林唱和集)』 등 9종의 필담창화집이 출판됐는데, 이 필담창화에 참여한 일본 문인은 250여 명이나 된다. 이는 7차까지 출판된 필담창화집을 모두 합한 것보다 훨씬 많은 수인데, 통신사 파견이 100년 가까이 되자 일본에서도 한문학 지식인 계층이 두터워졌음을 알 수 있다.[402] 이에 따라 조선 사행원들은 상대의 문학적 역량을 무시하고 일본 문사들은 상대의 시문을 일방적으로 앙모하는 초기의 상황이 점차 전변되어 양자의 시문 창화는 점차 서로 평등한 입장에서 경쟁하는 양상으로까지 변화됐다.

통신사의 사행원들과 시문을 수창한 일본인들 가운데는 다양한 계층이 포함돼 있었으니, 그중에는 사행원들과 빈번하게 접촉할 수 있었던 호행원(護行員)들이 있었다. 통신사의 호행은 대마도에서 책임졌기 때문에 대마도의 태수(太守)와 통사(通事)·서기(書記), 이정암(以酊菴)의 장로와 승려 등이 사행원들과 빈번하게 수창했다. 갑신 사행의 제술관 남옥은 이들에 대해 "우리와 천 리를 왕복하면서 수창과 담연(談燕)의 즐거움을 다하려 하니, 그 정성과 뜻이 가상하

401. 韓文泰, 「通信使 往來를 通한 韓日文化交流」, 『조선통신사 사행록 연구총서』 10, 학고방, 2008, 221쪽.

402. 허경진, 「통신사 필담 창화집의 집대성: 鷄林唱和集」, 1-3쪽.

다"(南玉, 『日觀記』)고 칭찬한 바 있다.

무사의 나라 일본에는 과거(科擧) 제도가 없어 한문학을 직업적으로 연마하는 전문 지식인이 많지 않았다. 강호막부 초기의 일본 지식인은 주로 승려였기에, 당연히 승려들이 통신사를 접대하고 필담에 참여했다. 사행단을 호행한 승려들은 주로 서경(西京)의 승려였는데, 서경의 오산십찰(五山十刹)은 한문학의 정점에 있었던 곳으로, 중국 문화 수입의 앞머리에 있었을 뿐만 아니라 외교 문서의 작성을 맡고 있었으며, 사행 도중에 휴식하거나 숙박하는 장소로 사찰이 많이 이용되어 사찰 승려들과의 수창이 자연스럽게 이뤄졌다.

그러나 통신사의 파견이 100여 년 이상 지속되자 일본에서는 승려 외에도 통신사에 응수할 수 있는 지식인 계층이 상당 수준으로 양성·축적됐다. 신분을 알 수 있는 창수 인원 가운데 가장 많은 수를 점하는 상대는 번국(藩國)의 유관(儒官)과 국학인 창평학교(昌平學校) 대학두(大學頭)의 제자들이었다. 조선의 유학자와 달리 일본의 유자(儒者)는 국가에 이용 가치를 인정받은 일종의 전문 지식인에 지나지 않았는데, 이들은 조선 통신사와의 문학 교류를 통해 자신의 특수한 지위를 확인하고 견고하게 하는 기회로 이용하려 했다.[403] 막부와 번국에 소속되어 사행을 접대하는 의관(醫官)들도 창수에 많이 참여했다. 특히 "국중(國中)의 의관은 녹(祿)이 매우 후하여 서경과 무주(武州)에서 소읍과 소취(小聚)에 이르기까지 모두 각각 의관을 갖추고 있다. 봉록이 후한데다가 지위가 특별하고 또한 각자가 시문에 능하고 아는 것이 많아서 예로부터 국중의 명인이 의관에서 많이 나왔다"(元重擧, 『乘槎錄』)고 한다.

조선의 경인(庚寅) 사절단 사행원과 일본 문사 등원성와(藤原惺窩)의 문학적 교환(交驩)은 시문의 증답에 해당한다. 즉 양자가 주고받은 시는 증답시였다. 운율에 맞춰 선창(先唱)과 화답(和答)을 이어 가는 한시 창수는 등원성와를 사승(師承)하여 일본에 주자학을 확립한 임라산(林羅山)이 통신사를 찾음으로써 비로소 시작됐다. 일본의 외교 사례집 『통항일람(通航一覽)』에 의하면, 조선 사행 인원과

403. 허경진, 「통신사와 접반사의 창수 양상 비교」, 385-387쪽.

일본 문사 사이에 이뤄진 최초의 창수는 1624년 3차 갑자(甲子) 사행 때 일본의 저명한 문사 임라산과 조선 통신사 사자관 이성국(李誠國) 사이에 이루어졌고, 본격적인 수창은 1643년의 5차 계미 사행 때부터 시작됐다. 『계미동사일기(癸未東槎日記)』(작자 미상)에 의하면, 임라산이 두 아들과 함께 통신사의 객관인 본원사(本願寺)를 찾아와 독축관 박안기(朴安期)에게 면담을 요청해 화운시(和韻詩)를 주고받았다고 한다. 1655년 을미(乙未) 사행 때도 통신사가 강호(江戶)에 도착한 이틀 후 임춘재(林春齋)가 맏아들 임춘신(林春信)을 비롯한 몇 명의 문사들을 데리고 와서 독축관과 서화하는 사람을 청해 창수했다고 한다. 역관 홍우재(洪禹載)는 『동사록(東槎錄)』에서 강호에 머물 때 임춘재의 아들 임신독(林信篤)을 비롯한 학사들이 찾아와 조선의 학사들과 화담했다고 증언했다.[404]

임라산은 조선 통신사와 일본 문사의 초기 문학 교류를 대표하는 인물로, 일본 주자학의 수용을 본격화하여 강호 관학의 비조로도 일컬어진다. 을미 사행단의 종사관 남용익(南龍翼)이 쓴 『부상록(扶桑錄)』에 의하면, "임도춘(林道春)은 이름은 충(忠)이라고도 하고 자는 가신(可信)이며 호는 나산(羅山) 혹은 나부자(羅浮子)라고도 한다. 나이 70세가 지났고 벼슬이 민부경(民部卿)에 이르렀으며 법인(法印)이라고도 일컬어진다." 또한 『계미동사일기』에서는 "도춘은 문(文)으로 일본에서 명성을 드날렸는데, 지위가 민부경에 이르러 관백이 친하고 소중하게 여기는 바가 됐다"고 했다. 그는 1605년에 강화(講和)를 위해 도일한 송운대사(松雲大師)를 만나 필담을 나눈 이래 1655년까지 50여 년간 조선과 인연을 맺었으니, 특히 1624년에 덕천가강에 등용되어 조선 사신의 접대를 담당한 이래 30여 년 동안 조선 통신사를 맞이했다.[405]

임라산은 처음 통신사가 파견될 때부터 1655년 6차 사행에 이르기까지 통신사와 지속적으로 교류하여 여러 편의 증답시와 창수시를 자신의 시집에 남기고 있고, 그의 후손들도 일본 문사를 대표하여 조선 통신사와 지속적으로 교

404. 허경진, 「통신사와 접반사의 창수 양상 비교」, 369-373쪽.

405. 박영미, 「韓日 문사의 교유시를 통해 본 상호인식-秋潭 兪瑒과 하야시 라잔(林羅山)을 중심으로-」, 『漢文學論集』 30, 2010, 252쪽.

류하여 한·일 문학 교류를 상징하고 있다. 그가 통신사 일행과 증답·창수한 시들은 1624년 3차 사행부터 1655년 6차 사행까지 30여 년에 걸쳐 모두 90여 수에 달한다. 그가 지은 시의 제목이나 주제를 보면, 통신사 일행을 환영한 시와 통신사 일행이 일본의 자연을 감상하며 남긴 시에 화답한 시들이 가장 많다. 임라산이 처음으로 창화한 상대는 3차 통신사의 사자관 이성국이었지만, 삼사(三使)를 상대로 한 창화시들은 4차 사행부터 만들어졌다. 그러나 이는 임라산이 일방적으로 화운한 시 즉 혼자서 화운하여 지은 창화시였고, 직접 만나 서로 주고받는 쌍방향의 창수는 5차와 6차 사행에 이르러 시작됐다. 요컨대 포로 쇄환이 주된 목적이었던 1~3차 사행에서는 한시 창수가 거의 이뤄지지 못했지만, 독축관(이후의 제술관)이 새로 생긴 4차 사행부터 임라산과 통신사의 창화가 이뤄졌다. 특히 그가 5차 사행 시에는 조선의 대제학(大提學)과 비교되는 민부경의 지위에 오르고, 6차 사행에서는 통신사의 삼사가 먼저 임라산을 만나자고 청하기도 했다.[406]

사행의 초기에 조·일 간에 한시 창수가 이뤄지지 못한 것은 조선의 통신사 일행과 대면해 시를 지어 주고받을 만한 문인이 일본에 있다고 생각되어지지 않았기 때문이기도 했다. 4차 사행에서 돌아온 통신사에게 인조(仁祖)는 일본인의 글에 대해 묻고 "문리(文理)를 이루지 못했고 시(詩)는 더욱 좋지 않다"는 답을 들었다(金世濂, 『海槎錄』). 6차 사행을 다녀온 남용익은 『부상록』에서 다음과 같은 일화를 기록하고 있다. "두 승려가 미리 일절(一絶)씩 엮어 두었다가 석상에서 써 보이며 화답을 청했다. 의성(義成)은 승려 석서(碩恕)를 시켜 일절을 지어 그 뜻을 전하게 했다. 즉시 차운(次韻)하여 써 주었더니 홍 역관이 다시 차운해서 그들을 군색하게 하도록 청했다. 이에 부사와 함께 첩보(疊步)하여 화답을 요구했더니, 두 승려가 머리를 흔들고 눈이 멍하게 흐려져 겁먹은 태도가 밖으로 드러났다. 달승(達僧)은 겨우 한 편을 만들었지만, 백승(柏僧)은 끝내 예백(曳白)을 면치 못해서 몹시 우습게 됐다. 백승은 그다음 날 비로소 추화(追和)해서

406. 허경진·김성은, 「하야시 라잔(林羅山)의 창수시를 통해 본 한일문사 초기교류의 양상」, 『한국어문학연구』 53, 2009, 172-177쪽.

보냈다." '예백'이란 답안지를 백지로 내놓는다는 뜻으로, 지필을 가지고도 시문을 짓지 못함을 이르는 말이다. 이처럼 통신사 일행은 일본에는 즉시 시를 지어 주고받을 능력이 있는 문사가 없다고 생각해서 일본 문사와 창수할 의욕을 갖지 못했다.

임라산도 3차 사행 때에는 통신사의 사자관에게 일방적으로 시를 지어 증시했고 민간인 1명과 창화했을 뿐이다. 그러나 4차 사행에서는 정사 임광(任絖)을 비롯해 부사·종사관·이문학관·서기 등과 두루 창수했으며, 5차에서는 정사·부사·종사관·독축관과 창수하고, 6차에서는 정사·부사·종사관 등과 증답했다. 5차 사행 때 임라산은 춘관(春官) 민부상서(民部尙書)이자 종사(宗師)로 온 나라를 교수하는 위치에 있었다. 그의 두 아들을 만난 부사 조경(趙絅)이 먼저 시를 지어 "상서(尙書)의 재력(才力)이 군현(群賢) 가운데 으뜸이고, 창 앞의 초대(草帶)는 가학(家學)을 전해 준다"고 칭송했더니, 임라산도 편지로 시를 써서 "때때로 요조(繞朝)처럼 증책(贈策)하기도 하지만, 세상은 온통 낚시꾼이라 통발을 버리지 않는다"고 화답했다(趙絅, 『東槎錄』). '요조'는 춘추시대 진(秦)의 대부로 진(晉)의 대부 사회(士會)를 위해 책략을 충고하여 선견지명이 있는 책략을 이르러 '요조책(繞朝策)'이라 한다. 6차 사행에서는 임라산의 명성이 이미 조선에 알려져서 삼사가 먼저 만나자고 청했지만, 임라산은 건강상의 문제로 서신의 형식으로만 시를 증답했다. 임라산이 먼저 "조선의 성사(星使)가 관선(官船)에 올라타고, 정후(亭堠)를 경유하여 산과 내를 지나간다…"는 시를 증송하자, 종사관 남용익은 "해동(海洞)에서 서불(徐市)의 배 찾기가 쉽지 않은데, 깊은 가을에 그 누구가 갈홍천(葛洪川)을 기다리랴…"라고 화답했다(南龍翼, 『扶桑錄』).

창화가 이뤄진 덕분인지, 일본의 문학 수준을 멸시하던 조선 문사의 평가가 조금 풀어졌다. 남용익은 『부상록』에서 임라산의 시문을 다음과 같이 평가했다. "문장으로 온 나라에 명성 떨치고, 문서의 제찬(製撰)은 모두 그의 손에서 나왔다. 그리고 저술을 많이 해서 「신사고(神社考)」 등의 글이 있다. 그가 지은 시문을 보니 해박하고 부섬(富贍)하여 고서를 많이 읽었다. 시는 격조가 전혀 없고 문(文)도 지름길에 어둡지만, 만약 더 가다듬고 꾸며서 바로잡아 고쳐 쓴다면 자못 볼 만한 것이 있겠다." 남용익은 조선 문사의 기준으로는 임라산을 낮게 평가했지만, 『문견별록(聞見別錄)』에서 일본의 「문사로 일컬어지는 여덟 명(稱爲文士者八人)」 가운데서 임라산을 가장 먼저, 가장 높게 평가했다.[407]

임라산은 3차 통신사가 내일했을 때 정죽오(鄭竹烏)라는 조선 민간인과 창수하여 15수의 창화시를 남겼는데, 이때 만든 그의 시에는 매우 의미심장한 시구가 하나 들어 있다. "성명과 시구는 바람으로 함께 들었는데, 춘수(春樹)에서 서로 만나 모운(暮雲)에 이르렀다. 일본과 조선은 비록 말이 다르지만, 서제(西鞮)와 동기(東寄)가 동문(同文)에서 절로 난다."[408] '춘수'와 '모운'은 두보의 「봄날에 이백을 생각한다(春日憶李白)」는 시의 "위북(渭北)은 춘천수(春天樹)요, 강북(江北)은 일모운(日暮雲)이라"는 시구에서 나온 말로, 친구를 그리워함을 일컫는다. '서제'와 '동기'는 『예기(禮記)』「왕제(王制)」에서 "오방(五方)의 민(民)은 언어가 불통하고 기욕(嗜欲)이 부동하니, 그 뜻을 전달하고 그 하고자 하는 바를 통하게 하는 것을 동방에서는 기(寄)라고 하고, 남방에서는 상(象), 서방에서는 적제(狄鞮), 북방에서는 역(譯)이라 한다"고 했고, 공영달(孔穎達)은 "동방의 언어를 통전(通傳)하는 관리를 일러 기(寄)라고 하는 것은 내외의 언어를 전기(傳寄)함을 이르는 것이고…서방의 언어를 통하여 전하게 하는 관리를 일러 적제라고 하는 것은, 제(鞮)가 지(知)라는 뜻으로 이적(夷狄)의 언어를 중국과 통전하여 서로 알게 함을 일컫는다.…"고 주소(注疏)했다. 요컨대 일본과 조선은 언어가 다르지만 '동문' 즉 문자 혹은 문화를 공유한다는 동문 의식을 직접 표출한 것이다. 동아시아의 국제적 시문 창화는 모두 동문 의식에서 비롯됐음이 여기서 다시 한 번 확인된다.

임라산은 역사상 처음으로 조선 통신사와 시문을 창화하여 조선에까지 문명(文名)을 전했을 뿐만 아니라, 조선 통신사와 일본 문사의 시문 창화의 기본 조건과 일반적 특성이라 할 수 있는 동문 의식을 표출함으로써 한·일 창화 외교

---

407. 허경진·김성은, 「하야시 라잔(林羅山)의 창수시를 통해 본 한일문사 초기교류의 양상」, 174-186쪽.

408. 京都史蹟會 編, 『林羅山詩集』, 東京, 弘文社, 1930.

의 문을 열었다고 할 수 있다. 그뿐만 아니라 임가(林家)의 후예들도 대학두로서 통신사가 올 때마다 접반 역을 담당하며 시문 창화의 전통을 이어 갔으니, 한·일 창화 외교사에서 임라산과 임가의 역할과 위상은 기억되지 않을 수 없다. 임라산의 후손은 대대로 막부의 문병(文柄)을 담당하여, 명치(明治)시대에 이르기까지 11대를 계승하면서 막부의 외교 문서를 관장했다. 일본의 대외관계 기록을 집대성한 『통항일람』도 임가의 대학두 임위복재(林煒復齋)가 막부의 명을 받아 편찬한 것이다. 덕천막부 초기에는 오산(五山)의 장로(長老)들이 조선과의 외교 문서를 담당하고 있었지만, 1635년에 일어난 유천(柳川) 사건 즉 대마번(對馬藩)이 국서를 위조한 사건을 계기로 임라산이 막부의 문병을 장악하고 조선 통신사의 접반과 창화를 주도했다. 특히 임가 융성의 조(祖)로 일컬어지는 임봉강(林鳳岡) 대에 이르러서는 대학두에 봉해지고 유자의 신분을 공인받았으며 그 가숙(家塾)이 사실상 막부의 관학(官學) 지위를 점하게 됐다.[409]

그러나 막부의 문병은 1711년 통신사 방일을 계기로 임가에서 잠시 떠난 적이 있었다. 『통항일람』에 의하면, "조선의 사자가 방문할 때마다 반드시 필담과 창화가 있었는데, 1688년과 1711년경부터 그것이 성행하게 됐다. 그리하여 그 종류로 책을 이룬 것이 배 수십 권에 달하니, 이를 다 거론할 수가 없을 정도였다"(林復齋, 『通航一覽』 108). 특히 1711년 사절의 일본 방문은 일본 학예단(學藝壇)에 강한 자극과 국제 교류의 기회를 제공함과 동시에, 뜻하지 않게도 응수(應酬)의 평가를 둘러싸고 유림(儒林) 문원(文苑) 내의 문벌 의식을 부채질한 결과를 가져왔다.[410] 임가의 새로운 경쟁자 신정백석(新井白石)이 자전(自傳)에서 증언한 바에 의하면, "처음에 임(봉강) 대학두가 조선 빙사(聘事)는 자기 가문에서 떠맡아 온 사례라고 말하는 것을 듣고, (6대 將軍 德川家宜가) 하문하여 두 책(册)을 올리게 했다. 의심 가는 점을 거듭 물었으나 대답해 올린 바가 분명치 않아, 이에 나를 불러 하문한 일이 있었다"(『折りたく柴の記』). 이 일을 계기로 임봉강은 치

409. 허경진·김성은, 「하야시 라잔(林羅山)의 창수시를 통해 본 한일문사 초기교류의 양상」, 193쪽.

410. 水田紀久·雨森芳洲 編, 『縞紵風雅集』 解說, 『雨森芳洲全書』, 1979.

사(致仕)하고 1711년의 통신사 접반은 신정백석의 책임하에 이루어졌다. 이때 통신사는 임가가 주도하는 두 차례의 문학회에 참여해서 임가 부자와 막부 유관(儒官) 및 문하생들과 시를 창수했고, 동시에 신정백석이 주도한 문학회에도 두 차례 참석해서 목하순암(木下順庵) 문하의 칠가(七家)와 시를 창수했는데, 통신사 일행은 후자에 보다 적극적인 반응을 보였다.[411]

대마번 기실(記室)로 통신사의 전체 사행을 동반한 문사 우삼동(雨森東. 芳洲)은 한 서한에서 "나의 동문인 신정백석은 소년 시절부터 시를 즐긴 사람으로, 1711년 통신사 때에 『백석시초(白石詩草)』 한 책을 간행해 삼사에게 보여 기대 이상의 칭찬을 받았다. 1711년부터 39년이 지나는 사이에 『백석시초』를 조선인 쪽에서 나에게 구하러 온 것이 세 번 있었다. 통신사가 시작된 이래로 지금까지 백 수십 년이 되고, 그사이에 일본의 시문으로 한객(韓客)과 증답한 사람이 천 명을 훨씬 넘지만 지금까지 그 시집을 구하러 온 것은 나의 일생 중에 신정백석 이외에는 한 사람도 없었다. 내 이전에도 한 번도 없었던 일이다"(「與慈雲庵書」, 『芳洲外交關係資料書翰集』)고 하여, 신정백석의 시집이 오랫동안 조선에서 일본 시단의 대표적 시로 인정받고 있었음을 전하고 있다.

신정백석은 자전(自傳. 『折りたく柴の記』)에서 26세 되는 해 즉 1682년 임술(壬戌) 사행에서 조선 통신사의 제술관 성완(成琬), 서기관 이담령(李聃齡), 비장(裨將) 홍세태(洪世泰) 등을 찾아가서 자신의 시집을 보이고 서문을 부탁한 적이 있음을 전하고 있지만, 윤지완(尹趾完)이 정사였던 임술 사행의 사행록 어느 곳에도 신정백석에 관한 기술이 남아 있지 않을 정도로 그의 존재와 시는 조선 문사들에 의해 무시됐다. 그러나 조태억(趙泰億)이 정사였던 1711년 신유(辛酉) 사행에서는 그의 존재가 조선 문사들에게 뚜렷하게 기억됐다. 부사 임수간(任守幹)의 『동사일기(東槎日記)』 「서문」에서 다음과 같은 기록을 남겼다. "대마도 사람 우삼동(雨森東)이 시권을 가지고 와서 서문을 청했는데, 축후수원여(筑後守源璵. 新井白石)가 지은 것이라 한다. 시가 자못 맑고 높으며 볼 만하여, 우리 세 사신은

411. 박창기, 「朝鮮時代 通信使와 日本의 文壇-1711年 使行時 林家와 木下順庵門과의 교류를 중심으로-」, 『조선통신사 사행록 연구총서』 3, 학고방, 2008, 113-122쪽.

각각 글을 지어 주었다. 그런 후에 동무(東武)에서 30리쯤 되는 곳에 이르니 원여(源璵)가 마중을 나와 매우 간곡히 대했고, 관사에 머무는 동안에도 자주 찾아 주었다. 그리고 서로가 두 나라 사이에 교환하는 뜻을 필담으로 했는데, 간혹 농담을 섞어 웃기도 한 것이 하루에 무릇 수십 백 장이었다. 비록 붓 가는 대로 쓴 것이나마 이따금 전할 만한 것이 있었다. 돌아오는 길에 하관(下關)에서 풍랑에 막혀 여러 날 묵게 됐는데, 하도 무료한 심정이라 필담한 낡은 종이를 행랑 속에서 꺼내 엮어서 차례를 정하고 이름을 『강관필담(江關筆談)』이라 했다." 신유 사행 이후 신정백석은 조선 시단에서 크게 이름이 알려졌고, 1719년 기해 사행 때 홍치중(洪致中)의 제술관으로 일본에서 문명을 크게 떨쳤던 신유한도 『백석시초』를 보고 중국인의 고법을 따랐다고 칭찬한 바 있다.

근세 일본이 배출한 걸출한 학자의 한 명으로 꼽히는 신정백석은 목하순암 문하에 입문하여 막부에 출사한 이래 6대 장군 덕천가의의 절대적 신임을 받아 정책 결정에 많은 영향력을 행사했다. 신유 사행의 부사 임수간이 쓴 『동사일기』「서문」에서는 "축후수원여의 호는 백석(白石)인데, 국왕이 위에 오르기 전의 친구로서 현재 기열대신(寄閱大臣)이 되어서 무상으로 출입하며 매우 총애를 받는다고 한다"고 했다. 신정백석은 막부의 문병을 잡고 외교를 관장하면서, 한·일 두 나라가 평화·간소·대등으로 교린해야 한다고 주창했다. 그는 특히 일본대군(日本大君)의 칭호를 일본국왕(日本國王)으로 '복호(復號)'해야 하고 백만 량이나 되는 막부의 통신사 지공(支供)을 줄여야 한다고 주장하면서, 중국이나 조선에 한시(漢詩)가 있듯이 일본에는 화가(和歌)가 있으니 한시를 못 짓는 것이 일본의 수치가 아니라는 견해를 제출하기도 했다. 그는 일본의 체면을 지키려는 목적으로 조선 통신사 제도를 개혁하고 목하순암 문하의 칠가를 구성해 통신사를 접대하려 했다.

신정백석은 「조선빙사후의(朝鮮聘事後議)」라는 글에서 "원래부터 그 나라의 군사력은 약하여 우리나라에 대적할 수 없다는 것을 각오하고, 어떻게 해서라도 문사(文事)로써 그 치욕을 씻으려고 했는데, 근년에 뜻하지 않은 일로 외국의 모욕을 산 일이 있었다. 게다가 이번(通信使 訪日)에 그 나라 사람들이 그 뜻을 잃은 일이 많아, 이후에 반드시 온 나라의 힘을 다해서라도 그 뜻을 펴려고 서로 꾀할 것이다"라고 하면서, 문재 있는 사람들 특히 동문인 목하순암 문하 사람들을 막부로 불러 모아 통신사의 방일에 대비했다. 또한 자작시를 편집해서 『백석시초』를 간행하여 통신사 제술관 이현(李礥)을 통해 삼사(三使)의 논평을 구함으로써 자신의 시문학 재능을 과시하고 일본에도 문학이 있음을 보여 주려 한 것이다.

신정백석에 대한 조선 문단의 평가가 이렇게 변화한 것은 일본 시단에 대한 조선의 평가와 연동돼 있었다. 일본에 대한 조선의 문화적 우월감은 이 시기에 이르러 상당히 약화됐고 조선 통신사의 태생적 존재의미 역시 변화할 수밖에 없었다.[412] 그는 통신사가 강호에 머무는 동안 여러 차례 객관을 방문하여 필담을 나누었다. 그러나 제술관 이현이 창화를 먼저 제안했음에도 불구하고 이에 응하지 않았는데, 이러한 그의 대응은 통신사 제술관과 즉석 창수(唱酬)를 벌일 정도의 실력이 미비했음을 감추기 위한 것으로 평가될 수도 있지만,[413] 일본 시단에서는 "백석이 이미 『백석시초』로써 그들을 감복시킨 이상, 더 이상 기량을 다툴 필요도 없고, 일부러 번잡함을 피해 겨우 2~3차례 홍을 함께하며 단초(短草)의 시를 지을 뿐이었던 것"(松田甲, 「新井白石の詩と朝鮮信使」, 『日鮮史話』 2)으로 이해됐다.

1711년에 개최된 통신사 일행과 임가(林家)의 제1차 문학회(文學會)에는 통신사에서 제술관 이현, 부사서기, 종사서기 등 3명이 참가하고, 임가에서는 문학두(文學頭)인 임봉강(林鳳岡)과 경연강관(經筵講官)인 두 아들, 막부 유관(儒官) 14명, 문하생 8명 등 모두 25명이 참가했다. 창화 방법은 임가 측에서 먼저 칠언절구나 오언율시를 한 수씩 선창하면 통신사 측에서 이에 차운(次韻)하여 화답하는 방식으로 진행됐다. 한 예로, 임봉강이 "화북(華北) 한남(漢南)이 일동(日東)과

412. 김태준, 「동아시아 문학의 自國主義와 中華主義의 위기-18세기 韓日文學 交流의 樣相-」, 15-29쪽.

413. 박창기, 「朝鮮時代 通信使와 日本의 文壇-1711年 使行時 林家와 木下順庵門과의 교류를 중심으로-」, 108-112쪽.

이웃하니, 거서(車書)가 통신하여 궤(軌)와 문(文)이 서로 같다. 강산이 꼭히 시흥(詩興)을 돕지 않더라도, 대수(大手)가 구름 밀치고 솟아올라 붓 아래에 바람 인다"고 선창하자, 이현은 "나산가(羅山家)가 대대로 동녘 땅에 으뜸이라, 걸출한 제손(諸孫)의 지미(趾美)함이 모두 같다. 다행히도 지미(芝眉) 용안을 직접 뵙게 됐더니, 신편(新編)의 넉넉한 즐거움에 유풍(遺風)이 있다"(『韓客贈答別集』; 『鷄林唱和集』)고 화답했다. 여기서 '趾美'란 선배의 사업과 미덕을 계승하고 떨쳐 일으키는 것을 말하고, '芝眉'는 영지(靈芝)처럼 난 눈썹이란 뜻으로 귀상(貴相)을 가리키는데, 흔히 편지에서 상대방의 얼굴을 높여 이르는 말이다. 임봉강이 일본도 중국·조선과 마찬가지로 동문의 나라임을 전제하면서 상대의 시품을 높게 칭송하자, 이현도 임가가 대대로 일본에서 문병을 잡은 가문임을 상기하면서 임가의 시풍이 지금까지 계승되고 있음을 칭찬했다. 임가의 제2차 문학회는 목하순암 문하의 칠가가 연 두 차례 문학회 이후에 다시 열렸는데, 이번에는 임가의 세 부자와 문하생 한 명 등 4명만 참가하고 통신사에서는 제술관·정사서기·부사서기가 참석해 창화했다.

한편 목하순암(木下順庵)은 일본 유학을 일으킨 대표적 유학자의 한 명으로, 막부의 유관으로 활약하면서 많은 제자를 양성해서 18세기 이후 막부 내에서 임가와 대항할 수 있는 문파를 형성하여 7차 통신사를 접반했다. 목하순암 문하에서 수학한 신정백석(新井白石)은 동문의 칠가(七家)를 따로 구성해 조선 통신사와 창화하도록 두 차례의 문학회를 주선하고, 여기서 만들어진 시로 『칠가창화집(七家唱和集)』을 간행했다. 이 문학회에는 통신사 측에서 제술관·부사서기·종사서기 등 세 명이 참가했는데, 칠가가 미리 준비한 시운(詩韻)을 통신사 문사들이 차운하기도 하고 통신사 측에서 새 시운을 제시하여 칠가 측에서 차운하기도 하는 형식으로 진행됐다. 제술관 이현이 "해외에 진선(眞仙)이 있다는데, 여러 현사(賢士)들이 아니신가. 바야흐로 일동(日東)이 빼어남을 알았으니, 산하만 아름다운 것은 아니리라"고 선창하자, '칠가'의 한 명이 "청화(淸話)가 현묘한 경지에 들어갈 때, 어찌 옳고 그름을 논하리오.… 웅재(雄才)가 육지와 바다 같은데, 하찮은 기량은 교한(郊寒)을 부끄러워한다.…"고 창수했다. '교한'이란 당 맹교(孟郊)의 청초한수(淸峭寒瘦)한 시풍을 이르는 말로, 가난하고 초라한 몰골이나 신세를 비유하는 말로도 사용된다. 역시 서로 상대방의 문학적 역량을 칭찬하는 내용을 담고 있다. 그러나 대등한 창수를 기대한 신정백석의 기대와 달리 '칠가'의 창수 즉 대면 즉석 창화시는 조선 통신사 문사들의 호평을 받지 못했다.[414]

임진왜란 이후 일본에 강호막부(江戶幕府)가 세워지면서 유교가 받아들여지고 한시를 창화하는 유교적 교양이 문사들에게 중시되자 조선 통신사와의 문학적 교류에 대한 열의도 점증했다. 그러나 초기 사행의 주요 목적이 임란 시 포로의 쇄환이었기 때문에 조선 사신들은 일본 문사와의 창화에 그다지 적극적이지 않았다. 이에 초기 통신사의 창화 상대는 대마도부터 강호까지 조선 통신사를 수행하는 책임을 맡은 승려나 기실(記室), 그리고 막부의 문병을 가진 임라산과 그 후손 및 일부 문사에 국한됐다. 한·일 문사의 창화집이 6차까지의 초기 사행에서는 눈에 띄지 않고, 문한(文翰)을 전담하는 제술관과 서기도 사행원에 포함되지 않았다.

그러나 7차 임술(1682) 사행에서는 당대의 저명한 문사 목하순암 등 대판과 강호의 일본인 문사 39명이 『화한창수집(和韓唱酬集)』에 이름을 올렸다.[415] 다만 이때에는 조선 통신사 측에 이들을 상대할 문사가 갖춰져 있지 않아 이들의 욕구를 만족시켜 줄 수 없었으니, 『화한창수집』 서문을 쓴 일본 문사는 "무릇 비박(菲薄)한 재주로 고명한 연회를 접할 수 있었으니, 요행스러운 승회(勝會)요 관반(館伴)의 기우(奇遇)여서 마음에 둘 바는 아니다. 그러나 한인(韓人) 362명 가운데 몸소 조고(操觚)에 달통한 자는 단지 4명뿐, 소위 학사 성취허(成翠虛)와 진사 이붕명(李鵬溟), 판사(判事) 안신휘(安愼徽), 부사비장(副使裨將) 홍내숙(洪來叔)이 그들이니, 가히 문재(文材) 얻기의 어려움이라 할 만하다. 다만 삼관사(三官使)

414. 박창기, 「朝鮮時代 通信使와 日本의 文壇-1711年 使行時 林家와 木下順庵門과의 교류를 중심으로-」, 116-129쪽.

415. 李慧淳, 「18세기 韓日 文士의 교류양상-己亥 使行時 韓日文士의 酬唱集을 중심으로-」, 316-320쪽.

는 여기에 관여치 않으니, 아 정말 심하구나 여노(麗奴)가 왜인(倭人)을 기만함이"라고 불만을 강하게 표출했다. 여기서 '조고'는 목간(木簡)을 잡는다는 뜻으로 곧 글을 쓰는 것을 말하는데, '조고염한(操觚染翰)' 즉 목간을 잡고 붓에 먹물을 묻혀 글을 짓는다는 말의 줄임말이다.

8차 신묘(1711) 사행은 일본의 문사들이 전국적 규모로 대거 시문 창화에 참여했을 뿐만 아니라 조선 통신사에서도 이들을 상대할 문사들의 역량이 충분히 준비되어 가장 성대한 시회가 이루어졌고 많은 창화집이 간행됐다. 이때 만들어진 『계림창화집』에는 임가 부자와 우삼동 등 일본의 명사들과 조선 통신사 제술관 이현과 삼방서기 등의 창화시와 신정백석의 필담이 수록됐고, 『칠가창화집』은 7명의 일인 명사가 조선 문사와 나눈 시문 7책으로 구성됐다.

1719년의 기해 사행에서도 "왜인의 문자를 즐기는 취미가 근래에 더욱 왕성하여 부러워하고 사모하여 떼 지어 따라다니며 학사대인(學士大人)이라 부르면서 시와 문을 청하느라 거리가 메이고 문이 막히는"(申維翰, 『海游錄』 序文) 상황이 지속됐다. 이때에는 제술관 신유한과 삼방서기 외에도 의관과 군관도 창수에 참여했다. 이러한 분위기는 1748년의 무진(戊辰) 사행과 1763년의 계미(癸未) 사행까지 계속 이어져서, 특히 계미 사행에서는 제술관 남옥과 삼방시기가 각각 천여 수의 시를 지었다고 보고됐다(趙曮, 『海槎日記』). 대마도까지만 갔던 제12차 신미 사행 때에도 대마도 승려와의 창화가 이루어졌지만, 그 이전의 규모와 수준에는 전혀 미치지 못했다. 따라서 조선 통신사의 창화 외교는 1682년과 1711년·1719년의 사행에서 가장 극치를 이루었다고 할 수 있다.[416]

4. 통신사의 창화 외교

조선 통신사 사행원들이 일본의 문사들과 교환한 창화시는 대부분 창화 상

416. 李慧淳, 「18세기 韓日 文士의 교류양상 -己亥 使行時 韓日文士의 酬唱集을 중심으로-」, 323-324쪽.

대의 인품이나 시품에 대한 존경과 칭송을 표현하거나 자국의 역사와 국격에 대한 자부와 자긍심을 표현하면서 양국의 우호를 희망하고 있다. 통신사에게 부여된 가장 중요하고 큰 사명은 일본과의 우호 관계를 확립하거나 유지·발전시키는 일이었고, 통신사를 접반하는 일본의 학승이나 문사들의 임무 역시 조선과의 우호를 지키고 강화하는 일이었다. 한시를 창화하면서 상대방을 존중하고 상대의 시를 칭송하는 것이 양국의 외교 관계를 우호적으로 유지·발전시키는 데 필요한 일이라고 인식됐음은 물론이거니와, 자국에 대한 자존심을 지키는 일 역시 대등한 교린 관계를 확립하는 데 꼭 필요한 전제로 이해됐음은 자연스러운 일이다.

1636년 병자년의 사행에서 부사의 책임을 맡은 김세렴은 사행록인 『사상록』 서두에 「숭정(崇禎) 병자 8월에 일본 통신부사로 사명을 받아 국문(國門)을 나가다」라는 시를 수록했다. "옥절(玉節) 용장(龍章)이 금성(禁城)을 나서는데, 남문의 조석(祖席)에 공·경이 모였다.…다만 교린(交隣)이 국체와 관련됐으니, 어찌 유원(柔遠)이 서생에게 맡겨질 줄 알았겠나. 이제부터 동남의 파도가 고요하리니, 오히려 종군(終軍)이 부질없이 청영(請纓)한 일이 우습다." '서생'인 김세렴은 공·경의 환송을 받으며 한양을 나서면서 '국체'와 관련된 '교린'과 '유원'의 무거운 책임을 느꼈다.

'교린' 즉 이웃 나라와 교류하고, '유원' 즉 원인(遠人)과의 관계를 부드럽게 하기 위해 일본에 도착한 김세렴 일행은 먼저 대마도에서 접반 승려들과 한시를 창수하며 융숭한 접대에 사의를 표현한다. 그는 「도주(島主)와의 석상에서 두 승려가 구시(求詩)하여 즉석에서 8운(韻)을 주필(走筆)하다」라는 시를 지어, "마도(馬島)는 곧 서문(西門. 西域)이어서,…유류(儒流)와는 본시 근원이 다르지만,…이역이 바야흐로 경사(慶事)를 함께하려,…사사(使槎)를 정박하니 객례(客禮)가 융숭하다.…"고 선창했다. 이에 접반 승려인 「소(召) 장로(長老)가 차운하여」, "수의(繡衣) 입고 신의(信義)를 정중하게 전달하고, 옥절 들고 의리(義理)에 드높이 기대었다. 붓 휘둘러 소석(騷席)에서 기세가 장성하고, 잔을 들어 예원(禮園)에서 가까이 한다.…땅이 다르다고 인정조차 다르리오, 객수(客愁)를 번거롭게 하지 않으리"라고 화답했다. 「인(璘) 서당(西堂)도 차운하여」, "현객(賢客)이 우연하게 여기 오셔서, 전음(傳音) 위해 멀리 동으로 간다. 언제나 옥조(玉藻)를 펼칠 때마다, 꽃떨기 속으로 들어가는 듯하다. 그 시력(詩力)에 그 누구가 도발하리오, 붓끝이 제 홀로 바람을 끼고 있다. 조망하면 운해(雲海)가 가로막지만, 교의(交意)는 고금이 다르지 않다. 도(道. 治道)는 주기(周基)처럼 곧바르고, 국(운)은 한실(漢室)처럼 융성하다. 덕은 높아서 하늘도 덮을 수 없고, 임기(臨機)하여 응변(應變)하니 번개조차 더 빠를 수 없다.…"고 상대의 시력을 극찬하면서 자국의 국격을 스스로 높이는 화시로 대답했다.

그러자 김세렴이 「전운(前韻)을 재보(再步)하여」라는 시를 지어 증정했다. 그는 상대가 불교의 승려임을 의식하여 "우주에는 삼교(三敎)가 전해지지만, 어느 누가 묘문(妙門)을 합했는가. 성인으로는 선부(宣父. 孔子)를 가장 높게 추존하고, 부처로는 석가를 존중할 수 있다.…존심(存心)하는 법이야 하나뿐이지만, 견성(見性)함에는 곧 근원이 같지 않다.…치평(治平)에는 지결(至訣)이 따로 있으니, 육경(六經)이 번거롭다 말하지 마소"라고 했다. 이어서 "일역(日域)은 삼한(三韓)의 바깥이고, 웅도(雄都)는 석목(析木)의 동쪽이다. 신선이 요화(瑤花)의 굴속에 있고, 석자(釋子)가 패화(貝花)의 떨기 속에 있다. 바다로 떨어져서 따로 한 지경 이루었지만, 이토록 큰 하늘 아래서 어찌 풍속 다르겠나. 산과 강에 좋은 기운이 합쳐지고, 옥돌과 비단이 세시(歲時)에 모여든다. 문득 이웃 나라와의 교제가 무겁고, 신의가 융숭함을 바야흐로 깨닫게 된다.…"고 '인교(隣交)'의 중요성을 강조했다.

또한 소 장로가 「대주(對州) 태수가 잔치자리를 베푼 날에, 취한 노래로 절구(絶句) 한 수를 갑자기 엮어 세 분 대인에게 올리어 헌거(軒渠)를 청한다」라는 시에서 "소인(騷人)을 만나기가 흔치 않다 말을 마소, 오늘날 양국이 함께 종용(從容)하니. 정배(停杯)하며 종일토록 거나하게 이야기하니, 취중에 건곤(乾坤)이 동불동(冬不冬. 겨울임에도 겨울이 아님)이라"고 선창하자, 인 서당은 「당음(棠陰) 동당(東堂)이 세 사신 대인에게 올린 아십(雅什)에 차운하여」라는 화시를 지어 "천리의 가기(佳期)로 지금 갑자기 만났더니…따뜻한 이야기로 일시에 겨울을 물리친다"고 화답했다. 이에 김세렴도 「소 장로에 차운하여」로 "석장(錫杖) 날리는 진선(眞禪)을 해외(海外)에서 만났더니, 맑고 여윈 모습에 설산의 용모를 띠고 있다.…"고 화답하고, 아울러 「종사관의 시운을 차운하여 파사미(巴沙彌)에게 증시하기를」이란 시를 지어 "공문(空門)에선 상(相)도 없고 연(緣)도 없는데,…오도(吾道)는 본래 오직 경(敬) 자 하나뿐"이라고 유(儒)·불(佛)에 대한 자신의 인식 차이를 표현하기도 했다.

김세렴은 대마도에 이르러 접반을 책임진 두 승려와 한시를 창수했을 뿐만 아니라 자신의 시를 증시하기도 했다. 시문의 증답은 창수와는 구별되지만 창화의 한 종류로 이해될 수 있다. 그는 「배 안에서 두 승려에게 보이다」라는 시를 증시하기도 했다. "교제함에 성신(誠信)을 중히 여기고, 화친함에 통빙(通聘)을 귀히 여긴다. 하물며 이방(二邦)이 교환(交驩)하는 시기를 맞아, 때마침 삼계(三階. 佛法)가 바르게 됐음을 봄에랴. 대사가 직접 와서 손님 맞는데, 일찍이 인간계와 천상계를 마음대로 휘둘렀다.…나가서는 용상(龍象)의 교(教)를 펴고, 들어와서는 군국(軍國)의 정치에 참여한다.…군명으로 외람되이 전대(專對)의 중책을 맡아, 지치(至治)의 성대함을 볼 수 있게 됐다. 엄정하게 풍화(風化)를 드날리고, 혁혁하게 명령(明令)을 선포한다. 지휘(指揮)로 방역(方域)이 정숙(靜肅)해지고, 편달(鞭撻)하여 군웅(群雄)이 아울러진다. 보필(輔弼)들이 제각각 규범을 다 지키니, 중외(中外)가 다 함께 경(敬.공경함)으로 돌아간다.…금인(今人)은 변경 열기를 좋아하지만, 고인(古人)은 수빙(修聘)하기를 중히 여겼다. 상서롭지 못한 것은 용병(用兵)이고, 귀한 것은 수정(守正)이다. 위국(爲國)은 본래 예(禮)로써 하고, 조화와 겸양이 그 근본이 된다. 이 백성이 편안함을 보고 싶으면, 반드시 성인(聖人)의 정치를 행해야 한다.…생각건대 나는 한 시대에 태어나서, 외람되이 화린(和隣)의 명을 받들게 됐다. 교제함에 예가 더욱 엄숙하게 되고, 봉영(逢迎)함에 뜻이 크게 성대하다.…청컨대 바다 물결 평온함을 보시라, 중국(中國)에 성인이 계시기 때문이니.…석씨(釋氏)는 정성(定性)하기에 힘을 쓰고, 노담(老聃)은 복명(復命)에 대해 이야기한다. 늦게야 유가(儒家)의 흐름을 알게 되면, 비로소 우리 도(道)가 성대함을 깨닫게 된다.…" 그는 상대 나라의 강역·문물·

풍속·정치 등을 모두 칭찬하면서, 동시에 무력이나 불교에 의존하기보다는 유교적 교화가 더 중요함을 은근히 지적하기도 했다.

김세렴은 「도주가 내알(來謁)하여 걸시(乞詩)하기에 곧 기증한다」는 시를 증시하여, 막부가 조선과의 우호 관계를 잘 지킬 수 있도록 협조해 주기를 당부하기도 했다. "동래부(東萊府)는 (朝鮮의) 동복(東服)을 진압하고, 대마주(對馬州)는 (日本의) 서기(西紀. 서쪽 맨 끝 땅)를 진압한다. 실로 쇄약(鎖鑰)처럼 무거운 곳이라, 현인이 아니면 어찌 기댈 수 있겠는가. 지금은 양국이 일가를 이루고, 화풍(和風)이 만 리에 같이 분다.…원컨대 우리의 어진 주인이시여, 백사(百事)에 도규(道揆)를 준수하여, 오래도록 구호(舊好)를 품고 실천한다면, 어찌 다만 행리(行李)의 일만 이루겠는가. 대군(大君)의 교화를 잘 도와서, 밝은 세상에 좋은 자취 남기리라." 김세렴은 서로 헤어지면서 「도주가 금장자(金障子)를 가지고 걸시(乞詩)하여」, "마주의 태수가 바야흐로 은총 입어, 장외(墻外)에 처음으로 오백 간(間)을 반사(頒賜)받다(關白이 太守가 信使를 청할 수 있었다고 해서 집터 오백 칸을 지급했다).…사군(使君)에게 하사함은 응당 뜻이 있었으니, 양국의 화호(和好)가 오래도록 무궁하리.(關白이 島主에게 寶劍을 특별히 선사했으므로 도주가 와서 詩를 청한 것이다)"라는 유별시(留別詩)를 지어 도주에게 증여했다. '행리'란 관청의 사자(使者) 또는 빈객을 맡아 보던 벼슬을 말한다. 이 시는 대마도 도주가 조선의 통신사를 청할 수 있었던 것을 포상해서 보검과 집터 500칸을 하사한 일을 두고 도주에게 축하하면서, 단순히 빈객 맞이에 그치지 말고 관백을 잘 도와서 한·일 우호를 잘 지키도록 당부하는 내용을 담고 있다.

예로부터 시문의 창수는 헤어질 때도 자주 이루어졌으니, 김세렴과 대마도 승려들도 이별에 앞서 유별시와 송별시를 창수했다. 한 예로 인 서당이 「조선국 동명(東溟) 대인공(大人公)이 우연히 우리나라에 오게 되어 방외(方外)의 벗이 됐다. 비록 교의(交義)는 닦았지만 멀지 않아 서로 돌아간다고 하니, 그 이별의 회포는 말할 것조차 없으므로 시를 엮어서 부질없이 두 편의 양관삼첩(陽關三疊)에 비기는 바다」라는 송별시를 지었다. "옥절(玉節)이 휘황하게 구재(舊梓. 故鄕)를 하직하더니, 금범(錦帆)에 해(日)를 두르고 부상(扶桑)을 떠나간다. 양조(兩

朝)의 신의는 지금부터 굳건하고, 삼사의 재명(才名)은 이에 따라 창성하리. 그대는 방외의 친구 잊지 않겠다 맹세하시길, 고래로 유석(儒釋)은 덕이 함께 향기로우니." 이에 김세렴도 「인 서당의 송별을 차운하여」로 "한사(漢使)가 옥절 갖고 되돌아가니,…승평(昇平)의 양국은 포상(苞桑)을 경계한다.…"고 화답했다. 그리고 「소 장로를 유별하여」로 "한객(漢客)이 귀사(歸槎)하니 어찌 다시 만나리오, 고인(故人)이 전송하며 이별을 아쉬워한다.…어찌 문장 있어 해내(海內)를 놀라게 하리, 다만 성신(誠信)으로 영봉(瀛封)을 지킬 뿐.…장오(檣烏)를 일으켜서 누선(樓船)이 출발하니, 부상을 돌아보며 생각이 만 겹이다"라며 이별의 회포를 전달했다. '포상'은 뽕나무 뿌리란 뜻으로, 근본이 확고함을 이르는 말이다. 접반 승려들은 유·불이 함께 우정을 나눌 수 있기를 기대했고, 김세렴은 스스로 '한사(漢使)' 혹은 '한객(漢客)'이라 자칭하면서 문화적 우위를 은근히 시사했다.

이처럼 조선 통신사가 대마도에 도착하면 삼사와 접반 승려 사이에 한시 창수가 이뤄지고 대마도 도주가 연 연회에서도 한시 창화가 이어진다. 그리고 통신사가 대마도를 떠나 본토로 출발할 때도 통신사 사행원과 접반 승려 사이에 유별시와 송별시가 증답되는데, 이때에는 도주도 사행원의 시를 청해 증정 받는다. 증답시의 형식이든 창수시의 형식이든, 통신사 일행은 처음으로 직접 목격하고 경험한 일본의 자연과 풍속에 대해 우호적 시선을 표현하고 접반 승려는 통신사 일행의 높은 문학적 역량을 칭송하면서, 이런 기회를 통해 양국의 우호가 더욱 증진되어 교린이 두텁게 안정되기를 희망하게 된다.

창화 외교의 본격적 출발은 윤지완(尹趾完)이 정사로 일본을 다녀온 1682년 임술 사행부터였다고 할 수 있다. 이 사행이 실행된 시기는 임진왜란 이후 약 90년이 지난 뒤로, 동아시아 국제 정세와 한·일 교린 체제가 안정되기 시작한 시기였다. 이로 인해 삼사는 양국 관계의 현안을 잘 인지하고 해결할 수 있는 실무형 외교 전문가로 선발됐고, 필담창화의 폭발적 수요에 대응해 제술관과 서기 등 필담과 창화를 전담할 특수한 인원이 제도적으로 보완됐다. 즉 1682년 사행부터 외교 전문가와 문화 교류 전담자가 분리·전문화되기 시작했다. 그렇다고 정사 윤지완이 외교 업무만 수행하고 일본인과 시문을 교환하지 않았던 것은 아니다. 그 역시 창화 외교의 전통을 잘 인지하는 문학지사였다. 윤지완의 개인문집 『동산유고(東山遺稿)』에 수록된 사행록 『승사록(乘槎錄)』에는 일본인과 주고받은 시문이 수록돼 있다.[417]

임술 사행의 정사 윤지완이 처음으로 창화한 상대도 그를 접반한 승려들이었다. 대마도에 도착하여 하선연(下船宴)에서 첫 한시 창화가 이뤄졌는데, 이 자리에서 선창한 접반 승려들은 윤지완의 시품을 높이 칭양하면서 가르침을 청하고, 윤지완은 상대의 시재를 칭찬하면서 시 짓기에 대한 충고로 화답했다. 한 예로, 소산조삼(小山朝三)이 "이국(二國)이 교호를 통하니, 삼도(三都)에서 준재를 발탁했다. 예수(禮羞)는 수속(殊俗)이라 소박하지만, 의임(儀任)은 야동(野童)이 새암한다. 역관을 번거롭게 하며 치정(致情)함이 각별하여, 헌시(獻詩)하여 개재(改裁)해 주기를 요청한다. 구름 헤치며 오늘날 모였지만, 기마(驥馬)가 태마(駘馬)의 갑절임은 어찌할 도리 없다"고 하면서, 겸양의 예를 나타내며 상대의 시를 칭양했다. 이에 대해 윤지완은 "조경(晁卿. 安倍仲麻呂)이 다시 세상에 나왔으니, 참으로 빼어난 재주와 합치한다.…청시(清詩)에서 준일(俊逸)함이 엿보이지만, 무어(蕪語)는 산재(删裁)가 필요하리라. 새로 알게 되는 즐거움보다 더한 즐거움 없는데, 어찌하여 기마와 태마를 비교하리오"라고 하면서, 상대의 시재(詩才)를 칭찬하면서도 거친 표현은 다듬을 필요가 있다고 충고한다.

윤지완은 승려뿐만 아니라 일본의 문사 4명과도 창화했는데, 이들은 접반 승려들과 달리 유학자여서 유교 경전과 중국 문헌에 나오는 많은 고사들이 인용됐다. 한 예로, 막부의 유관 인견죽동(人見竹洞)이 "삼천 리 밖에서 영주(瀛州)로 들어와서, 진중(珍重)한 선린으로 교의(交義)를 닦는다. 사신의 선박은 붕조(鵬鳥)가 멀리 옮겨 감을 능가하고, 손님이 연회(筵會)에서 「녹명(鹿鳴)」을 선창한다. 창려(昌黎. 韓愈)는 북극에서 풍운을 만나고, 안석(安石. 王安石)은 동산(東山)에서 구학(丘壑)을 노닐었다. 좋을시구 황화(黃花) 피는 가절이 가까워오니, 맑은 술잔

---

417. 조영심, 「윤지완 사행문학의 양상과 의미」, 456-459쪽.

주고받기를 기약해 보세.…"라고 선창하자, 윤지완은 다음과 같은 화시를 짓는다. "성사(星槎)가 만 리 멀리 선주(仙洲)에 다다르니, 인호(隣好)가 오늘날엔 대대로 닦여진다. 새로운 사귐에 허물없음을 기뻐하지만, 파어(巴語)가 절로 이유(咿呦)함은 당연히 싫어한다. 외람되게 상개(上价. 正使) 되어 분수에 맞지 않음이 부끄럽지만, 은총 입어 우유(迂儒)가 장유(壯遊)를 다스린다. 내게 던진 시편에서 준일함이 엿보이니, 황종(黃鍾)을 굳게 잡고 인음(蚓吟)으로 응수한다." 여기서 말하는 '파어'란 '파리어(巴利語)'의 준말로 옛 남인도의 토속어인데, 소승불교의 경전이 이 언어로 기록됐다. 따라서 여기서는 불교를 상징적으로 표현한 말이다. '이유(咿呦)'란 훌쩍거리거나 짐승이 울부짖는 소리를 가리키는 말이다. 윤지완은 이러한 표현을 통해 그때까지 창수한 접반 승려들과는 달리 같은 유학을 공부한 문사들과 창수하게 된 기쁨을 감추지 않는다. 불교와 유학에 대한 윤지완의 호불호가 여과 없이 표현됐다.

윤지완은 강호에서 막부의 유관인 대학두 임봉강(林鳳岡)과도 창화했다. 먼저 임봉강이 통신사 정사의 위의와 재능을 칭송한 다음 양국의 역사를 거론했다. "어명으로 원유(遠遊)하니 공(公)을 잊지 않는데, 위의(威儀)가 체체(棣棣)하고 재능 역시 웅걸하다. 상해(桑海)의 층파(層波)에 천 경(頃)이 짙푸르고, 봉산(蓬山)의 상서로운 기운에 오운(五雲)이 붉다. 단군(檀君)의 개조(開祚)는 도당(陶唐)의 시대였고, 기자(箕子)가 남긴 지혜는 주(周) 대의 풍속이다. 계압신공(鷄鴨神功)의 꿈이 깨어진 뒤에, 이방(異邦)의 능사(能使)가 덕음(德音)을 통하게 한다." '체체'란 위의가 있고 예의에 밝은 모습에 대한 표현이다. '계압신공의 꿈'이 무엇을 의미하는지는 확실하지 않지만, '계압'이 계림과 압록강을 가리키고 '신공'이 일본에서 삼한 침공의 주인공으로 기억되는 신공왕후(神功王后)를 가리킨다면 윤지완의 입장에서는 유쾌하게 받아들여질 표현은 아니지만, 그가 응수한 화시에서는 이 표현이 무시됐다. "전대(專對)라면 오직 포은공(圃隱公)이 생각나는데, 장유(壯遊)가 지금 펼쳐지니 소심(素心)이 웅걸하다. 구름이 대학(大壑)에서 걷히니 삼산(三山)이 짙푸르고, 부상(扶桑)에서 해가 뜨니 오야(五夜)가 붉디붉다. 우이(牛耳)의 소단(騷壇)을 그 누가 창업(倡業)했나, 봉모(鳳毛)의 단혈(丹穴)에 유풍(遺風)이 남아 있다. 무교(無交)의 경외(境外)에서 예를 운운하지만, 수창(酬唱)이 어찌하여 뜻 통함을 방해하리." 아마도 굳이 '계압신공의 꿈'을 거론해서 외교적 갈등을 유발할 필요는 없다는 판단의 결과였을 것이다. 통신사의 입장에서는 시문의 창화는 조·일 양국의 우호적 교린 관계를 공고하게 하는 데 기여하는 한 방편으로 활용될 뿐이었다.

윤지완은 강호성(江戶城)에서 국서 전달 의식이 끝난 뒤에, 부사와 종사관 등과 함께 통신사를 접반한 강호막부의 고위 관리들, 예컨대 『대일본사(大日本史)』를 편찬한 저명한 학자이자 수호번(水戶藩) 번주(藩主)였던 덕천광국(德川光國) 등과 한시를 창수하여 다수의 창화시를 『수호후여한사창화(水戶侯與韓使唱和)』에 남기기도 했다. 미농수(美濃守)인 도엽정칙(稻葉正則)에게도 「미농수 월지공(越智公)이 소전원(小田原)의 주인으로서 지지해 주었는데, 그 알뜰히 돌보는 정성이 사람으로 하여금 감격하게 하여 삼가 일절을 증정해서 사의를 표한다」는 시를 보내, "풍류(風流) 태수가 성의가 많아, 행인의 감사하는 뜻을 깊게 한다. 양지(兩地)가 서로 생각함을 명월에 맡겼더니, 청광(淸光)이 나뉘어서 일반심(一般心)을 비춘다"고 사의를 표했다.

윤지완은 앞서 접대 승려나 유관들과 창수할 때는 상대의 시에 차운해서 화답했지만, 이들 고위 관리들에게는 자신이 선창하여 상대의 화답을 유도하기도 했다. 그는 통신사의 최고 책임자로서 사행단을 돌보아 주는 호의에 대한 공적인 감사의 수단으로써 시를 보내는 일을 하곤 했다.[418] 유학자인 윤지완은 불교 승려들과 시문을 창화하는 일이 마땅치 않았지만, 통신사를 호행하고 중개해 준 데 대해 감사의 뜻으로 화답했다. 그러나 조·일 외교 관계에 직접적 영향을 미칠 수 있는 고위 접반 관원들에게는 먼저 증시하여 양국의 우호적 교린을 위해 창화 외교를 도모하기도 했다.

1719년 기해 사행 때에는 통신사에서 제술관과 서기들이 나서서 일본의 접반 승려와 유관들을 상대했다. 먼저 접반 승려 월심(月心)이 「어제 초명(超溟)에

418. 조영심, 「윤지완 사행문학의 양상과 의미」, 477-481쪽.

게 졸십(拙什)을 증정했더니, 갑자기 추수(秋水)와 국계(菊溪) 두 기실(記室)의 화장(和章)을 얻었다. 이에 다시 차운하여 돌아봐 주는 뜻에 감사한다」는 시를 지어 자국의 역사와 정치를 자랑했다. "신(神)이 옛날에 천칙(天勅) 받들어, 발해(渤海)의 동쪽에 나라 열었다. 대화(大和)라는 국호를 다시 세우니, 사민(四民)이 넉넉하게 풍속을 이루었다. 산하는 자못 풍성하고 아름다우며, 초목은 울창하고 또 무성하다. 왕실이 오래도록 정권 잡으니, 지극한 교화 중에 곡식이 풍성하다. 천조(踐祚)가 계속해서 이루어지고, 가기(嘉氣)가 융숭하게 흘러넘친다. 선린하여 이웃과의 의리가 돈독하고, 폐백(幣帛) 닦아 사절(使節)이 통하게 됐다.…" (『星槎答響』上).

이에 통신사의 서기 강백(姜栢)이 「첩화(疊和)」로 화답하면서 역시 자국의 역사와 문화에 대한 자긍심을 표출했다. "우리나라는 곧 추로(鄒魯)이니, 현송(絃誦)이 해동(海東)에서 흘러넘친다. 단군이 신기(神基)를 처음으로 이룩하고, 기자는 유풍(儒風)을 진작했다. 규구(規矩)는 중국 것을 본받았고, 관복은 화려하면서도 온당하다. 예악과 형정(刑政)은, 삼대(三代) 가운데 출입한다. 성조(聖朝)는 더욱 아름답고 밝으며, 지극한 도(道)는 하늘처럼 융숭하다. 조정에선 현신(賢臣)을 가려 뽑아, 바다 건너 이웃과 우호를 상통한다.…"(『星槎答響』上).

통신사행원과 일본의 접반 인원은 시문의 창화 과정에서 자국의 역사와 국격에 대한 자존심과 자긍심을 내보임과 동시에, 상대의 인품과 시품을 아울러 칭송하여 서로의 관계를 우호적 분위기로 이끄는 것도 잊지 않았다. 통신사 서기 장응두(張應斗)가 「즉석에서 주초(走艸)하여 성재(省齋) 사백(詞伯) 오하(梧下)께 봉화(奉和)하여 증정한다」는 시를 선창했다. "배가 우창(牛窓) 별포(別浦) 모퉁이에 정박하여, 홀연히 가객(佳客) 만나 좋은 가슴을 연다. 진세(塵世)를 초탈한 풍격이 무엇과 비슷한지, 눈 속의 한매(寒梅)는 초래(草萊)와 같지 않다"(『桑韓唱酬集』2). 이에 비전주(備前州) 학관(學官)인 화전성재(和田省齋)가 「붓을 달려 차운하여 장국계(張菊溪) 사백께서 선면(扇面)에 써 준 요운(瑤韻)에 감사한다」는 화시를 지어 화답했다. "어찌 다만 시구만 빼어날까, 운필(運筆)한 먹의 흔적이 밝기도 하다. 다행히도 계림(鷄林)의 손님을 마주하니, 비로소 큰 아성(雅聲)을 듣게 됐다"(『桑韓唱酬集』 2). 이에 장응두가 「다시 '명(明)' 자를 첩(疊)하여 성재 사백께 봉증한다」는 시를 지었다. "그대의 시를 보니 가장 오묘해서, 내 눈 한쪽을 밝게 해 준다. 박자 맞춰 고아하게 읊조렸더니, 척지성(擲地聲)이 낭랑하게 울린다"(『桑韓唱酬集』 2). 여기서 '척지성'이란 '척지금성(擲地金聲)' 즉 땅에 던져진 금속 소리란 뜻으로, 문장이 매우 아름다움을 형용하는 말이다. 진(晉)의 손작(孫綽)이 「천태산부(天台山賦)」를 지어 친구 범영기(范榮期)에게 보여 주면서 이 글을 땅에 던지면 음악 소리가 날 것이라고 말한 데에서 유래했다(『晉書』 孫綽傳).

이렇게 창수를 거듭하며 서로 상대의 풍격과 시격을 칭찬하면서 두 나라의 문사들은 인간적 정의와 우호적 교류를 넓혀 갔다. 한시의 창화가 언어와 습속의 차이를 극복하게 한 것이다. 화전성재가 「신청천(申青泉), 강경목(姜耕牧), 성소헌(成嘯軒), 장국계(張菊溪) 등 제공 안하(案下)에 삼가 바친다」는 시를 지어, "포구에서 봉영(逢迎)할 땐 말 한 마디 없었지만, 상(床) 머리에서 창화하니 넘치는 정이 있다"고 하니, 서기 성몽량(成夢良)은 「강재가 보여 준 시운에 삼가 화답한다」는 시에서 "양지(兩地)가 어찌하여 풍양(風壤) 다름을 꺼리겠나. 술에 취해 담소하며 천진(天眞)을 보게된다"고 화답하고, 「성재의 혜운(惠韻)에 화답한다」는 시에서는 "언어와 습속 다름을 어찌하여 한탄할까, 미우(眉宇)에서 풍정(風情) 얻어 기뻐할 뿐이니"라고 했다. 비양국후소사(備陽國侯小史)인 산전강재(山田剛齋)는 「석상(席上)에서 성소헌 좌우(座右)께 드린다」는 시를 지어 "눈이 마주치자 오묘한 교분이 찾아오고, 붓끝에서 두 나라의 진정이 다시 발한다"고 노래하고, 비전주 학관 송정하악(松井河樂)은 「원운(原韻)을 재첩(再疊)하여 국계와 소헌 두 공의 연화(連和)에 화답하며 감사한다」는 시를 지어 "수역(殊域)에서 창수하며 붓으로 배 삼으니, 양정(兩情)이 통하는 곳에 언덕이 다시 없다"고 화답했다(『桑韓唱酬集』 1).

이러한 한·일 창화 외교의 배경에는 강렬한 문화적 자의식이 작용하고 있었던 것으로 보인다. 예로부터 조선인은 '소중화(小中華)'를 자처했다. 그 한 예로, 임진왜란 때 의병으로 활약한 노인(魯認)의 『금계일기(錦溪日記)』에서 "우리나라는 비록 동번(東藩)에 치우쳐 있지만, 삼대 때부터 화(華)로 좋게 변하여 기성

(箕聖)을 특봉(特封)하여 팔정(八政)으로 교화하니, 이후 의관·문물과 예악·법도가 찬연하게 아름답다. 진(秦)이 요동(遼東)을 속하게 하고 한(漢)은 군현(郡縣)을 봉했다가, 진(晉) 대에 이르러 각각 강역이 나뉘어져서 스스로 성교(聲敎)했지만, 직분(職分)을 삼가 닦고 지성으로 사대(事大)하여, 홀로 제후(諸侯)의 머리에 있으면서 소중화의 이름을 얻은 지 오래됐다"[419]고 했다. 조선시대 한국인은 이러한 소중화 의식에 근거하여 일본, 안남, 유구 등 주변 나라에 대해 문화적 우월감과 자신감을 감추지 못했다. 계미 사행에서 돌아와 복명하는 정사 조엄에게 영조가 "저들이 조선인의 문무 재주가 모두 어렵다고 말하던가"(趙曮, 『海槎日記』「筵話」)라고 물은 것도 이러한 의식이 노출된 결과였다.

1617년 정사(丁巳) 사행 때 정사였던 오윤겸(吳允謙)의 『동사록(東槎錄)』에서부터 조선 사신의 일본 승려와의 시문 창화 기록이 출현하기 시작했다. 다만 통신사 측에서 왕왕 가볍게 보는 뜻이 노출됐으니, 어떤 때는 심지어 일본 승려의 선창에 대해 화답을 거부하기도 했다. 승려뿐만 아니라 문사의 작품도 마찬가지로 경시됐다. 1655년 을미(乙未) 사행의 종사관 남용익(南龍翼)은 『문견별록(聞見別錄)』 '문자(文字)' 조에서 다음과 같이 혹평했다. "승도 외에 문사를 칭하는 자도 반드시 자발(剃髮)하고 혹은 법인(法印)을 칭하지만 실제로는 승인(僧人)이 아니다. 이른바 행문(行文)은 조금 낫지만 여전히 지름길에 어둡다. 시는 더욱 심하여 형식이 없고 강조어(强造語)가 많다. 글자 쓰기는 오족(烏足) 아닌 게 없다. 모두 『홍무정운(洪武正韻)』을 배웠지만, 자체(字體)가 경약(輕弱)하고 삐뚤삐뚤하여 모양을 이루지 않는다. 그림이 가장 나아서 우리나라에 뒤떨어지지 않는다"(『海行摠載』 3). 또 '인물(人物)' 조에서는 '예로부터 지금까지 문사 20명(古來文士二十人)'과 '문사를 칭하는 자 8명(稱爲文士者八人)'을 나열했지만, 이들에 대한 평가는 상당히 소극적이었다. 한 예로, 임도춘(林道春)은 일본 대학두의 개조로 일본에서 "우리나라 유학의 가장 으뜸"[420]이라 칭송된 인물이고 남용익

419. 魯認, 『錦溪日記』, 羅州牧鄕土文化硏究會, 1999, 237쪽.

420. 石川丈山, 「與朝鮮國權學士菊軒筆語」, 『新編覆醬續集』 卷16.

과 시문을 창화한 적이 있었음에도 불구하고, 남용익의 안중에는 임도춘의 시도 그저 그런 수준일 뿐이었다.

신유한(申維翰)이 1719년 기해 사행의 제술관으로 일본에 갔을 때도 일본 문학에 대한 총체적 평가는 여전히 높지 않았다. 그는 "그들에게 가행(歌行. 樂府의 한 詩體)과 율어(律語)를 하게 하면, 평측(平仄)이 많이 어그러지고 취미(趣味)를 모두 잃어서 우리나라의 삼척동자가 들어도 웃을 것이다"라고 하고, 혹은 "사람마다 스스로 당음(唐音)을 배우고 싶다고 하지만, 한 구절도 고인(古人)과 비슷하게 하지 못한다"고 하는가 하면, "나와 대좌하여 수창한 자는 대부분 거칠고 소루하며 얼버무리고 꽉 막혔으며 말에 순서가 없다"(『青泉集續集』 卷8)고 혹평하기도 했다. 신유한이 자신의 재주를 과신해 지나치게 말한 면이 있음을 고려한다 하더라도, 당시 일본 시문의 수준이 전체적으로 신유한의 눈에 들 수가 없었음은 사실이었을 것이다.[421] 그는 인물의 자질과 사회적 조건에 대해서는 좋게 평가하여 "그 사람들은 대체로 총민(聰敏)하고 명변(明辨)한 자가 많아 함께 필담하면 간단한 글은 순식간에 응대하는데, 기언(奇言)과 미담(美談)이 있기도 하다"고 하고, "그들 가운데 호문(好文)한 자는 본래 타고난 총민한 성품에 표절(剽竊)하는 과거(科擧)의 부담이 없어 온 힘을 다해 익히 연습하여 그 공을 극대화한다"(『海遊錄』)고 하면서도, 이들의 시 짓기 수준에 대해서는 매우 부정적으로 평가했는데, 일본 음에 청탁과 고저가 없어 성률(聲律)을 깨우치기 어렵고 한자를 훈독함으로써 문장 체득이 어려운 점을 그 원인으로 꼽았다.[422]

조선 통신사행원들이 자국 문화에 대한 우월감과 일본 문사와 문학에 대한 경시 의식을 갖고 있었다면, 일본인들에게서는 조선 문화를 앙모(仰慕)하는 경향을 일반적으로 발견할 수 있다. 일본 문인은 조선을 기자(箕子)가 세운 예의의 나라, 유교적 성인의 유풍이 남아 있는 유교 문화가 발달된 나라로 우러러 사모

---

421. 張伯偉, 「漢文學史上的1764年: 在外交場合以漢詩唱酬筆談,乃中國文化圈的同文諸國間習慣化的國際禮」, 3쪽.

422. 구지현, 「1763년 필담창화를 통해 본 조선과 일본의 시문창화 인식 변화」, 『동아시아문화연구』 49, 2011, 70쪽.

했다. 그 한 예로, 상천창락(瀧川昌樂)은 조선 통신사와의 필담 시에 "멀리 듣기에 조선이란 주(周)의 구방(舊邦)으로, 주 대에 은태사(殷太師)를 봉하여 예의와 전잠(田蠶)으로 교화하고 팔조지교(八條之敎)를 지어 문과 창을 닫지 않아도 도전(盜戰)하는 사람이 없었다고 한다. 일찍이 무주(武主) 시에 기자를 봉하여 성인의 나라, 성인의 신민으로 친애하니, 후왕(後王)과 후민(後民)이 유풍(遺風)에 감화되어 현은(賢恩)을 입고 인의(仁義)로 교화되어 지금에 이르렀다. 추로(鄒魯)의 유교(遺敎)를 선망하여 퇴패하지 않고, 하(夏)·주(周)의 학술이 점점 쇠퇴하지 않았다. 오늘 일역(日域)의 후학이 귀국을 흠모하는 것은 성현의 유풍이 있기 때문이다"(熊谷了菴, 『朝鮮人筆談幷贈答詩』)고 했다. 1748년 무진 사행에서도 근등독(近藤篤)이 종사관 조명채(曺命采)에게 보낸 서신에서 "삼가 듣기에 귀방은 옛날에 경학(經學)이 성행하고 유도지사(有道之士)가 왕왕 나왔으니, 퇴계(退溪)와 율곡(栗谷) 등 여러 선생과 같은 이는 폐방(弊邦)의 학자 가운데 앙모하지 않는 자가 없다. 지금이 옛날과 같음을 생각하면, 어찌 기성(箕聖)의 여열(餘烈)로 인해 그렇게 된 것이 아니겠는가"라고 하면서, "봉사(奉使)하여 예로 처신함은 옛날부터 어려운 일인데, 대방(大邦)이 보내는 사자는 모두 군자인(君子人)이라"(曺命采, 『奉使日本時聞見錄』 4)고 칭송했다.

일본의 문사들이 조선을 유교 문화가 발달한 문명의 나라로 앙모했던 만큼, 유교 문화의 필수적 요소라 할 수 있는 시문·서화가 조선에서 발전했다고 생각하는 것은 자연스러운 일이었다. 이로 인해 기해 사행의 제술관 신유한은 당시 일본인들이 얼마나 조선의 시문과 서화를 얻고 싶어 했는지 다음과 같이 전하고 있다.

"우리나라의 시문을 구득하는 일본인은 귀천과 현우(賢愚)를 가리지 않고 이를 신선처럼 우러러보지 않음이 없고 주옥처럼 값어치를 매기지 않음이 없다. 즉 조선의 가마꾼과 하인 등 글을 잘 알지 못하는 자의 해서(楷書)나 초서(草書) 몇 자를 얻어도 모두 손을 이마에 모으며 감사해 했다. 이른바 문사라는 자들은 혹은 불원천리하여 와서 참관(站館)에서 기다려서, 하룻밤 사이에 혹은 종이 수백 폭을 소비한다. 구시(求詩)해서 얻지 못하면 비록 반 줄의 필담(筆談)이라도 보배를 받은 것처럼 감사해 마지않는다. 대개 그 사람이 정화(精華)의 땅에서 태어나 성장하면 평소에 문자가 귀함을 안다. 그러나 중화(中華)와 멀리 떨어져 평생 의관(衣冠)의 성대한 위의를 보지 못해도 언제나 조선을 앙모한다. 따라서 그 대관(大官)과 귀유(貴游)는 우리나라 사람의 필어(筆語)를 얻는 것을 자랑거리로 삼고, 서생은 이름을 드날릴 방도로 삼으며, 하천(下賤)은 감상거리로 삼는다. 글을 받은 뒤에는 반드시 도장을 찍게 하여 진품의 증거로 여긴다. 매번 명주(明州) 거부(巨府)를 지날 때마다 응접(應接)에 겨를이 없다"(『青泉集續集』 7, 『海游聞見雜錄』 上, 「風俗」).

일본인이 조선의 시문과 서화를 앙모하는 이러한 상황은 거국적인 것이어서 귀천의 차별이 없고 지역의 구분도 없어 이미 하나의 '풍속'이 됐다. 중정적선(中井積善)의 『초모위언(草茅危言)』에서도, "조선의 사절은 문사(文事)를 중시하는 연유로 문장의 재능에 뛰어난 자를 선발하여 파견하는 듯하다. 그런 까닭에 길가의 객관에서 일본의 유학자들과 시문을 증답하고 필담을 나누는 일이 많다. 일본의 유학자가 많은 중에 문장의 재능이 떨어지는 자도 있어 일본국의 자랑이 되지 못하는 일도 있어 유감스럽다. 뿐만 아니라 삼도(三都. 江戶와 大阪, 京都)에서는 일반 서민까지도 찾아오는 일이 있어, 시문의 증답과 필담을 제지하는 사람도 없었으므로 속없는 무리들이 앞을 다투어 만나기를 청한다. 객관이 사장바닥 같고 서투른 문장과 악시(惡詩)를 들고 조선 학사를 모독한다. 어리석은 무리들이 오래전부터 칠률 한 수를 겨우 지어 그것을 품에 넣고 무릎 꿇고 머리 숙여 내밀며 화운(和韻)을 청한다. 한 편의 화운을 얻으면 평생의 자랑으로 뽐을 내는 꼴이라니 웃기지도 않는 일이다. 이와 같은 지경이므로 조선 학사는 이들을 멸시한다"(『日本經濟大典』 23, 1789)고 했다. 이러한 현상은 일본 사회가 문화적으로 성장하고 있었음을 보여 주는 것이기도 하지만, 당시 조선과 일본의 문화적 수준의 격차가 컸음을 여실히 보여 주는 것이기도 했다.

그리하여 대마도의 저명한 문사요 통신사의 접반 책임을 맡은 우삼동이 신유한에게 이렇게 말했다고 한다. "일본에 문장을 배우는 사람이 귀국과 달라서 힘을 부지런히 써야 하나 성취하기가 심히 어렵다. 그러므로 공이 지금부터 강호까지 가는 도중에 얻어 보는 시문들이 반드시 치졸하여 우스운 것이 많을 것이다. 그러나 천신만고하여 애를 써서 겨우 그들이 얻은 글들이니 모름지기 더럽다고 버리지 말고 용납하여 칭찬해 주면 좋겠다"(申維翰, 『海游聞見雜錄』). 일본의 문사들도 조선을 '소화(小華)' 즉 세계 문명의 중심 가운데 하나로 보았으니, 이러한 의식은 조선에 대한 칭호에서도 반영됐다. 조선인은 일본을 왕왕 '왜(倭)' 혹은 '만(蠻)'이라 낮추어 불렀으나, 일본인은 조선 사람을 '당인(唐人)'이라 높여 불렀다. 신유한이 접반 문사 우삼동과 문답하면서 "귀국 사람은 우리를 당인이라 부르고 우리의 필첩(筆帖)을 당인필적(唐人筆迹)이라 부르는데, 무슨 뜻인가" 라고 물었더니, 우삼동이 대답하기를 "국령(國令)은 객인(客人) 혹은 조선인(朝鮮人)이라 부르게 하지만, 일본의 대소 민속은 예로부터 귀국의 문물이 중화와 같다고 하여 당인이라 불러 앙모한다"(『青泉集續集』 8)고 했다.

조선인의 문화적 우월감과 일본인의 문화적 열등감이 바로 통신사의 존재의 미라 할 수 있다. 양자의 간격을 좁히는 것이 통신사의 사명인 만큼 통신사의 창화 외교 즉 시문 증답과 창화는 통신사의 제1차적이요 핵심적 역할이었다고 할 수 있다. 조선은 통신사의 창화 외교를 보완·강화하기 위해 통신사의 구성을 제도적으로 강화했다. 『상한창화훈지집(桑韓唱和壎篪集)』의 「한사관직성명(韓使官職姓名)」에 의하면 통신사 3명은 정사 통정대부(通政大夫) 이조참의 지제교(知製敎) 홍치중(洪致中), 부사 통훈대부(通訓大夫) 행홍문관전한(行弘文館典翰) 지제고 겸경연시독관(兼經筵侍讀官) 춘추관편수관(春秋館編修官) 황선(黃璿), 종사관 통훈대부 행홍문관교리(行弘文館校理) 지제교 겸경연시독관 춘추관기주관(春秋館記注官) 이명언(李明彦)이고, 수행 인원으로 제술관 신유한(申維翰)은 시(詩)로 소과(小科) 진사(進士) 2등, 부(賦)로 문과(文科)에 급제했다. 서기관 진사 강백(姜栢), 진사 성몽량(成夢良), 진사 장응두(張應斗), 양의(良醫) 1명, 의원(醫員) 2명, 별제(別提), 부사과(副司果), 화공(畫工) 등 총 475명이다.[423]

일본인의 문화적 욕구가 증대함에 따라 시문 증답과 창화의 양과 횟수가 크

423. 김진경, 「『桑韓唱和塤篪集』에 관한 연구-구성 및 내용 검토를 중심으로-」, 250쪽.

게 증가하자, 외교를 전문적으로 담당하는 삼사와 필담창화를 전담하는 제술관 및 서기관이 양분됐다. 이러한 일본 문사의 시문 창화 욕구에 적극적으로 대응하기 위해 통신사의 새로운 문사 체제가 윤지완이 정사로 다녀온 1682년 임술 사행에서 비롯됐다. 일광산(日光山) 치제(致祭)를 위해 파견됐던 독축관(讀祝官)이 치제의 결행으로 사라지고, 대신 일본인과의 문사를 담당하는 제술관(製述官) 1명과 서기(書記) 2명이 구성됐다. 최초의 제술관인 성완(成琬)은 서기 이담령(李聃齡)과 임재(林梓), 자제군관(子弟軍官) 홍세태(洪世泰)와 함께 일본 문인을 상대했다. 이후 1711년 신묘 사행 때 증가한 일본의 시문 요청에 부응해 제술관 1명, 서기 3명의 사문사(四文士) 체제를 갖추었고, 18세기 사행에는 모두 이 체제가 적용됐다. 임술 사행 때 시작된 문사의 구성이 신묘 사행 때에 확정돼 이후 안정된 체제를 갖춘 것이다.

이 과정은 제술관의 최초 사행록인 『해유록(海游錄)』 서문에서 기해 사행의 제술관 신유한에 의해 다음과 같이 설명됐다. “선묘조(宣廟朝)부터 통신(通信)할 때에는 국가가 일광산에 치제하는 전고(典故)가 있어 문신 독축관 두 명이 향축(香祝) 제의(祭儀)를 받들고 종사관과 같이 한 배에 타도록 했다. 오산(五山) 차천로(車天輅)가 일찍이 선발에 응모해 갔더니, 그 나라의 글을 아는 사람들에게 시필(詩筆) 솜씨를 휘날려서 명성이 대단히 높아져서 만속(蠻俗)에서 기뻐하고 우러러보는 바가 됐다. 그 뒤 1백여 년간 신사(信使)가 가면 반드시 조사(朝士) 가운데서 사한(詞翰)을 잘하는 자를 선택하여 독축관 겸 제술관이라 이름하고 일행의 문사를 맡아 하게 했다. 임술 사행에 이르러 비로소 일광산 사제(賜祭)를 폐지했기 때문에 독축관이라 하지 않았다.” 신유한은 제술관의 임무에 대해서도 다음과 같이 설명했다. “왜인들의 문자지벽(文字之癖)이 근래에 이르러 더욱 성해졌다. 염모(艶慕)하여 무리를 이루며 학사대인이라 부르면서 시문을 구걸하며 거리를 메우고 문을 막는다. 그래서 저들의 언어를 응접하여 우리나라의 문화(文華)를 찬란하게 빛내는 것을 반드시 제술관에게 책임지게 하니, 그 일이 번잡하고 책임이 크다.”

제술관으로서 신유한의 임무는 전국을 누비며 시문을 써서 이를 얻으려 몰

려든 일본인들에게 뿌려 주는 일이었다. 이는 자국 문화를 선양하는 가장 중요한 방식이었다. 평소에 조선을 높이 사모하는 일본인에게는 조선인의 글씨를 가지는 것을 무상의 영광으로 여겨졌기 때문이다. 신유한의 『해유문견잡록』에 의하면, 특히 대판에서는 글을 청하는 자가 다른 곳보다 배나 많아서 혹은 닭이 울도록 자지 못하고 밥을 대하고서도 입에 넣었던 것을 토할 지경이었다고 한다. 심지어는 담당한 왜사(倭使)가 중간에서 뇌물을 요구하고 출입을 조정하는 일까지 있었다고 한다. 이때의 신유한은 혹은 6천여 편의 글씨를 써서 뿌렸다고도 전하니, 이것이 사실이라면 일본에 머물렀던 200여 일을 기준으로 매일 30여 편씩 써 낸 셈이 된다.[424]

제술관의 설치는 국가적 기대의 표현이었다. 갑신 사행 때 영조는 제술관 등 4문사를 특선하면서 "그대들은 다만 문자뿐만 아니라 다른 일도 나라에 부끄러운 일을 하지 말고 돌아오라"(『乘槎錄』)고 특별히 당부했다. 그러나 조선의 저명한 문사들은 바다를 건너는 일본행을 꺼려했기 때문에 통신사나 제술관·서기 가운데 한국의 한문학사상 비중이 높은 문사가 파견된 경우는 거의 없었고, 사대부 문인보다는 홍세태나 이언진 같은 위항문인(委巷文人) 가운데서 문재가 뛰어난 인물을 선발하는 경우가 적지 않았다. 남옥도 장인이 역적으로 처형되어 함께 유배됐다가 영조에 의해 특별 사면되어 제술관으로 임명됐다. 영조는 이때 "제술관을 설치한 일과 저 나라의 수응(酬應)에 관한 일"에 대해 물었다고 한다(南玉,『日觀記』).

이외에도 제술관으로 임용된 문사들 가운데는 시재가 뛰어난 서얼 출신 문사가 다수 포함되어 있었다. 『영조실록(英祖實錄)』에 의하면 "홍봉한(洪鳳漢)이 이봉환(李鳳煥)·남옥(南玉)·성대중(成大中) 등은 서류(庶流) 중의 인재라고 천거하며 차제에 골라 쓰도록 청하니, 상이 이를 윤허했다"(41년 6월 18일조)고 한다. 1636년 병자 사행의 제술관으로 당대 일본의 저명한 문사 석천장산(石川丈山)과 교유했던 권칙(權侙)은 『규사현인록(葵史賢人錄)』에 이름이 있어 서얼이었던 것

424. 김보경, 「南玉의 『日觀記』 연구」, 『조선통신사 사행록 연구총서』 1, 학고방, 2008, 125쪽.

으로 보인다.[425] 신묘 사행의 제술관 이현(李礥. 東郭)은 문과에서 장원해 군수(郡守)를 역임했지만 역시 서얼로, 60세 고령에 제술관으로 임용된 까닭은 오로지 '능문(能文)'했기 때문이다.[426] 기해 사행 때 제술관으로 문명을 날린 신유한도 갑과(甲科)에 급제해 비서저작랑(祕書著作郞)과 태상시(太常寺)를 겸했지만 역시 서얼 출신이다. 서기 가운데도 서얼 출신이 적지 않았으니, 한 예로 김인겸(金仁謙)은 김상헌(金尙憲)의 현손이고 사마시(司馬試)에 합격했지만 서출이어서 일본에 갈 때까지 현달하지 못했다.[427]

이처럼 통신사행원의 임용은 중국으로 파견되는 조천사(朝天使)나 중국 사신을 응접하는 접반사의 임용과 달리 최고위 관리나 특류의 문학지사를 선발하지는 않았다. 다만 제술관과 서기 등 4문사가 사신을 수행하도록 해서 일본 측의 시문 창화에 대한 욕구와 기대를 충족시켜 주었다. 그뿐만 아니라 4문사 이외에서 사행을 수종한 통사(通事)나 의원 등 가운데도 문재가 있는 이들이 다수 포함되어 있어 일본 문사의 수창 요구에 응했다.[428]

5. 통신사의 전변(轉變) 중단

1763년의 11차 계미(癸未) 사행은 조선 후기 통신사행의 실질적 대미이자 양국 문화 교류의 절정을 이루었던 사행이다. 이 사행단은 저마다 '일능(一能)'의 재주를 가진 '반천(半千)'의 인원으로 구성됐고, 특히 그중에서도 제술관 남옥, 서기 원중거·성대중·김인겸 등 '4문사', 역관 이언진 등의 문학적 능력이 모두 뛰어나서 시문 창화가 그 어느 때보다도 활발하게 이루어졌다. 계미 사행은 12

---

425. 李離和 編, 『葵史賢人錄』, 『朝鮮庶孼關係資料集』, 여강출판사, 1985, 262쪽.

426. 洪世泰, 『柳下集』 9, 「送李重叔往日本序」.

427. 李慧淳, 「18세기 韓日 文士의 교류양상 -己亥 使行時 韓日文士의 酬唱集을 중심으로-」, 355쪽.

428. 허경진, 「통신사와 접반사의 창수 양상 비교」, 377-80쪽.

차례의 통신사행 가운데서 가장 많은 기록을 남겼으니, 조선 측 사행록은 12종이 전하고, 일본에서 전해지는 필담창화집은 30여 종이 넘는다.[429]

그럼에도 불구하고 이번 계미 사행의 기록에서 이미 시문 창화의 문제점에 대한 언급이 나타나기 시작한다. 그 한 예로 제술관 남옥(南玉)이 남긴 『일관기(日觀記)』에서 시문 창화의 부작용을 지적하면서 당장에 그만두는 것이 좋겠다는 주장이 제기되기도 했다. "문사(文辭)란 기예 중에서도 도(道)에 가까운 것인데, 지금 그것으로 만이(蠻夷)에 응수(應酬)하여 많음을 과시하고 잘함을 뽐내게 하니, 그림 그리고 병 고치며 활 쏘고 말 타는 것과 무엇이 다르겠는가. 설사 그 응수한 것이 모두 전할 만하다 하더라도 여전히 말할 만한 것이 못 되는데, 하물며 백 가운데 하나도 음미할 만한 말이 없는데도 극히 조악한 시운에 화답하여 극히 추악한 만이의 비위를 맞추는 것이야 더 말할 것이 있겠는가. 혹은 경각(頃刻)에 열 편을 짓기도 하고 혹은 하루 만에 백 장의 종이를 넘기기도 하니, 비록 자건(子建. 曹植)이나 자안(子安. 王勃)의 민첩한 솜씨라 하더라도 어떻게 다 일일이 제대로 된 글을 만들 수 있겠는가. 수속(殊俗)에서 추함을 드러내어 오랫동안 웃음거리를 전할 터이니, 나라를 빛내려는 것이 도리어 나라를 욕되게 하는 것이요, 재주를 자랑하려는 것이 도리어 재주를 더럽히는 것이 된다. 이는 조정에 상주함을 기다리지 않더라도 먼저 그 나라에 통고하여 곧장 사행(使行)부터 이를 결단하여 그만두는 것이 좋겠다"(南玉, 『日觀記』「總記」).

남옥은 하루에도 수십 명씩 일본 문사를 상대해야 하는 현실에 대해 지적한 것이다. 이들은 신유한보다 약 2배로 늘어난 문사들을 상대했다. 수십 편의 시를 한꺼번에 짓다 보니 시의 수준은 떨어질 수밖에 없었으나, 이러한 차화운시(次和韻詩)는 그대로 일본에서 출판·유포됐다. 이는 제술관 파견의 궁극적 목적인 나라의 문화를 드러내는 데 방해가 될 뿐 아니라 오히려 비웃음을 사는 역효과를 초래한다고 판단된 것이다.[430]

429. 김보경, 「南玉의 『日觀記』 연구」, 78쪽.

430. 구지현, 「1763년 필담창화를 통해 본 조선과 일본의 시문창화 인식 변화」, 71-72쪽.

11차 사행에서 제술관 및 서기들이 인식한 가장 큰 문제는 수창시(酬唱詩)의 다작 즉 지나치게 많은 창작이었다. 최창대(崔昌大)가 신유한에게 했던 "천편만십(千篇萬什)을 풍우처럼 빨리 짓는 것은 거록(鉅祿)의 제후를 두렵게 할 수는 있지만 한 명의 맹획(孟獲)을 심복시킬 수는 없다"고 한 충고가 현실화된 것이다. 1719년 기해 통신사의 제술관 신유한은 일본인에게 써 준 6천여 수의 시를 통해 시재에 대한 자기도취에 빠져 있었다.[431] 그러나 아무리 민첩하다 해도 시의 수준이 낮으면 소용없다는 지적은 질적인 제고를 위해 시문 창화의 방식이 변화할 필요가 있음을 의미한다. 따라서 수준 낮은 창화시의 양산을 지양하기 위해 시문 창화를 그만두어야 한다는 남옥의 주장은 이러한 상황에서 나온 것이다.

통신사행원들이 지나치게 많은 일본 문사를 상대함으로써 시문의 질이 떨어져 피차의 비판이 이어졌을 뿐만 아니라, 의미 있는 만남과 교류를 원천적으로 봉쇄하는 폐단까지 발생하기에 이르렀다. "일동인(日東人)들이 어지럽게 들어와 시를 구했기 때문에, 간혹 함께 말할 만한 문사가 있거나 더불어 변론할 만한 의논거리가 있어도 조용히 강토(講討)할 틈이 없어 양국 사람들에게 모두 손실이 있었다"(『日觀記』). 이에 일본 측에서도 이 문제를 의식해서 일본의 외교관 우삼동(방주)은 『교린제성(交隣提醒)』이란 책을 지어 "시와 문장은 진문역(眞文役) 이외의 다른 사람을 통해 청탁하는 일이 없도록 단단히 지시해 두어야 한다. 다른 사람을 통해 청탁하게 되면 좋지 못한 점이 수없이 많기 때문이다"[432]라고 당부한 바도 있었다.

11차 계미 사행에서 남옥이 창화시를 써 준 일본 문인은 대략 500명 정도였다. 현전하는 필담창화집이 대체로 그러하지만 일본 문인들이 먼저 명함과 시를 통하고 조선 문사들이 응대하는 방식을 취한다. 필담에 사용되는 말은 매우 공손하고 수창시의 시어 역시 우호적이다. 그러나 통신사가 귀국한 후 일본에서 엮어진 필담창화집의 서문이나 글귀의 주석 내용이 이와 다른 경우가 상당

---

431. 이혜순, 『조선통신사의 문학』, 이화여대출판부, 1996, 241쪽.

432. 『譯註交隣提醒』, 한일관계사학회편, 국학자료원, 2001, 40쪽.

히 많이 보인다. 이런 현상은 필담창화집이 다채롭게 남아 있는 11차 사행에서 두드러지는 현상이라 할 수 있다. 이로 인해 계미 사행에 즈음해 조선 문학에 대한 일본 문단의 변화된 평가가 나타나기 시작했다. 한 예로, 그해에 추번(萩藩) 명륜관(明倫館)의 학두(學頭)요 고문사파(古文辭派) 문인 산근화양(山根華陽)은 매우 사나운 비판을 제기했다.

"내가 한사(韓使)의 내빙(來聘)을 네 번이나 보고 그 창수한 것을 열람했더니, 신묘년(辛卯年)의 막중(幕中)에서 이동곽(李東郭. 礥)이 이미 초승(超乘)(하여 그 무리 가운데서 출중)했다. 이후 이번 사행의 남추월(南秋月. 玉)과 성용연(成龍淵. 大中)도 큰 엄지손가락이었다. 그러나 모두 그 토풍(土風)을 지킨, 소식(蘇軾)과 황정견(黃庭堅)의 말파(末派) 가운데 뛰어난 것일 뿐이었다. 필어(筆語) 같은 것은 응수가 민첩하여 자못 종횡 자유로운 것처럼 보이지만, 이는 평생에 업으로 삼은 것으로 습관이 천성과 같아 마땅히 힘쓴 것일 뿐이니 어찌 문장에 볼 만한 것이 있겠는가. 대개 한토(韓土)의 취사법(取士法)은 오로지 명제(明制)의 정시(廷試)를 따라 염민(濂閩)의 경의(經義)만을 써서 성리(性理)를 주장하고 예악을 남겼기 때문에, 문장은 오직 뜻의 전달만을 주로 하고 수사(修辭)의 도(道)는 폐했다.…고문사(古文辭)의 미묘함을 알지 못하기 때문에 그들이 작자의 숲에 나열되지 못함은 당연한 일이 아니겠는가. 일본은 고문사를 제창하여 인재가 배출되고 문장은 진(秦)·한(漢)을 학습하고 시가는 성당(盛唐)을 본받아, 신묘 이래 창수집 중에 이미 일본 시문이 주맹(主盟)의 지위에 있음을 볼 수 있다. 한사의 수빙(修聘)은 실로 큰 손님이라…다만 유원(柔遠)하려는 국가의 뜻을 어길까 걱정하여, 기색을 부드럽게 하고 말을 겸손하게 하여 서로 대항하지 않고 조용히 당상에서 읍양(揖讓)할 뿐이다. 실로 군자는 다툼이 없이 창명하고 돈후한 시대를 볼 수 있을 뿐이다"(『古事類苑』「外交部」11 朝鮮 4; 瀧鶴臺 外, 『長門癸甲問槎』「長門癸甲問槎序」).

조선 시문에 대한 일본 문사의 이 같은 평론은 일방적으로 앙모하던 그때까지의 자세와는 완전히 다른 것이었다. 산근화양은 신묘(1711) 사행과 기해(1719) 사행, 무진(1748) 사행, 계미(1763) 사행 등 네 차례 사행을 경험한 바 있었는데,

처음에는 즉석에서 차운하여 화시를 써 주는 민첩한 솜씨에 감탄했지만, 이러한 경험을 거듭할수록 조선 문사가 시 짓기에서 보여 주는 그 민첩함이 문학적 천재성에서 나온 것이라기보다는 과거(科擧) 때문에 습관처럼 길러진 능력이라고 비판적으로 보게 된 것이다.[433] 통신사 문사들의 시에 대한 산근화양의 혹평은 고립된 비평이 아니어서, 같은 해 오전원계(奧田元繼)가 편집한 『양호여화(兩好餘話)』 「발문」에서도 이와 유사한 비판이 발견된다. 『양호여화』는 통신사가 강호에서 돌아가며 대판에 이르렀을 때 오전원계가 남옥과 성대중 등과 필담 수창한 기록이다.

"내가 조선인이 지은 문장을 자세히 살펴보니, 실로 한유(韓愈), 유종원(柳宗元), 구양수(歐陽修), 소식(蘇軾) 등(唐宋八大家)을 하지 않고 또 이반룡(李攀龍)과 왕세정(王世貞)도 하지 않고, 정말 방사(方士)의 습속이 있어 오로지 그 사승(師承)만을 지키면서 다시는 조금도 변화하지 않으니, 실로 고루함이 심함을 고금의 필화(筆話)를 열람하면 알 수가 있다. 지금 갑신(1764) 빙사(聘使)에 동행한 480여 인 가운데 필한(筆翰)이 물 흐르는 것과 같고 어언(語言)이 즉시 완성되어 간혹 기묘함이 있어 평할 만한 자는 오직 추월(秋月. 南玉) 한 학사뿐이고, 용연(龍淵. 成大中)도 품격을 갖추었다고 말할 수 있다. 그 외 주 원(元. 重擧)·김(金. 仁謙) 두 서기와 양의·의원의 무리는 비록 조금 단사(短辭)를 읽어서 필어를 지어도 유창하지 못하고 둔하고 유치해서 추월이나 용연에 훨씬 미치지 못한다.…내가 이들과 토론한 방속(方俗)의 이동(異同)이나 문변(文變)의 시화(詩話) 등을 집록(輯錄)하고 창수시 약간 수를 보태어서 모두 별집을 갖추었다. 그러나 이를 요약한다면 모두 쓸모가 없고 볼 만한 것이 없는 것들이다. 다만 나라가 다르고 말이 달라도 동문(同文)이어서 뜻이 통하지 않음이 없었던 기이한 만남이기에, 이 책도 다행히 버릴 수가 없었을 뿐이다."

이와 더불어 일본의 문사들은 조선 문사들의 다작을 비판하면서 수준 높은 시작에 대한 요구를 쏟아내기 시작했다. 사절단을 호행했던 오전상재(奧田尙齋)

---

433. 구지현, 「1763년 필담창화를 통해 본 조선과 일본의 시문창화 인식 변화」, 73-76쪽.

의 형인 나파노당(那波魯堂)은 『황화집(皇華集)』을 거론하며 많지 않더라도 수준이 있는 화운시(和韻詩)를 요청했다. 조선에서 간행된 『황화집』은 일본에도 유입되어, 일본 문인들이 통신사 일행과 창수할 필요성을 느끼게 했을 뿐만 아니라 창수집을 간행할 필요성까지 느끼게 했다. 그런데 두 사람 이상이 함께 모여 시를 지어 주고받는 창화의 기본 속성은 속작(速作)이다. 상대방이 기다리고 있기 때문에 빨리 지어 주어야 한다. 속작을 하면 자연히 다작(多作)을 하게 되고, 다작을 하면 자연히 작품의 수준이 떨어지게 된다. 이로 인해 나파노당은 남옥에게 화운시를 청하면서 "예전에 『황화집』을 읽어 보며 첩화(疊和)하는 것이 시도(詩道)를 몹시 해친다는 사실을 심각하게 깨달았다"고 했다. 이에 두 사람은 화운시를 천천히 짓기로 했다고 한다.[434] 그러나 이러한 요구에 응하기가 쉽지만은 않았다. 성대중은 "연회에서 이리저리 뛰어다니는 사이에 부응(副應)함이 뒤섞여 혼란스럽고 편장(篇章)이 거듭하여 수없이 차운되어, 비록 스스로 그 문사(文辭)를 선택해 성심을 다하려 해도 그럴 겨를이 없다"(那波魯堂, 『東遊篇』 序)고 하여, 정성 들여 시를 짓고 싶어도 밀려드는 요구에 시간이 없음을 고백했다.

통신사 문사들의 창화시에 대한 혹독한 비판에는 막부의 유관 임동명(林東溟)까지 참여했다. "한인(韓人)의 하리파곡(下里巴曲)은 모두 민첩함을 재주로 삼지만, 우리 문사들의 양춘백설(陽春白雪)은 모두 정교하게 만들어졌으니, 그 우열을 논하면 저절로 나누어진다. 무릇 시장(詩章)이 실로 정교하지 않으면, 비록 하루에 천 수를 짓는다 하더라도 어찌 어렵다 할 수 있겠는가"(北山橘庵, 『鷄壇嚶鳴』 序). 여기서 말하는 '하리파곡'은 하리(下里)와 파인(巴人) 즉 중국의 민간에 유행하던 통속적인 가곡(歌曲)들을 말한다. '하리'는 향리란 뜻이고 '파'는 천동(川東)과 악서(鄂西)에 있었던 나라 이름이다. 이에 반해 '양춘과 백설'은 전국시대 초(楚)의 고상하고 우아한 가곡들의 이름이다. 통신사 문사의 시를 통속적인 '하곡(下曲)'이라 폄하하고 일본 문사의 시는 고상한 '고곡(高曲)'으로 자부한 것은 통신사 문사의 시를 단순히 비판한 것을 넘어 자국 문학에 대한 자긍심까

434. 那波利貞, 「明和元年の朝鮮國修好通信使團の渡來と我國の學者文人との翰墨上に于ける應酬唱和の一例に就きて」, 30쪽.

지 드러냈다고 할 수 있다.

이처럼 일본 문사들이 조선 통신사의 문학을 비판하기 시작한 데 반해, 조선 문사들의 일본 시에 대한 평가는 적극적으로 바뀌었다. 계미 통신사의 일본에서의 창화 외교를 계기로 쌍방의 피차 문학에 대한 평가에 상당한 변화가 발생한 것이다. 이서구(李書九)·유득공(柳得恭)·박제가(朴齊家)·이덕무(李德懋) 등이 편찬에 참여한 『일동시선(日東詩選)』 즉 『청령국시선(蜻蛉國詩選)』은 조선에서 처음으로 간행된 일본 시선인데, 유득공은 그 서문에서 근래 일본의 시문 역량이 상당한 수준에 이르렀음을 소개하고 있다.

"일본은 동해 중에 있어 중국과 만 리 떨어져 있고 우리와 가장 가깝다.…풍속이 영리하여 음기(淫技)·교장(巧匠)이 많지만 오직 시를 짓는 데에만 능하지 못하다.…그 능문지사(能文之士)는 대부분 의관(醫官)과 석류(釋流)이다.…강산거사(姜山居士. 李書九)가 그 『해항일기(海航日記)』 중의 증별시 67수를 뽑아서 『일동시선』이라 이름하고 나에게 서문을 부탁했다. 그 시 가운데 높은 것은 삼당(三唐)을 방불하고 낮은 것은 왕(王)과 이(李)와 함께 노닐면서 주음(侏音)을 모두 씻었으니, 높이 평가할 만한 것이 있다. 일본이 처음 중국과 통한 것은 후한 건무(建武) 중이었지만, 그 뒤에…중국에 의해 배척되어 끊어져 통하지 않았으니, 문물이 이로 인해 (날이 저물고 해가 기울 듯이) 원만(畹晩)해졌다. 속국(屬國)의 시를 편차(編次)할 때는 안남(安南)과 점성(占城) 아래에 두었으나, 끝내 스스로 떨쳐 일어나지 못했다. 근래에 듣자 하니 장기(長崎)의 해박(海舶)이 항주(杭州)·절강(浙江)과 왕래하여 국인(國人)이 점차 장서(藏書)를 이해하고 서화를 배워서 거의 빈빈(彬彬)하다고 한다. 삼대 시에는 나라가 작아서 스스로 상국(上國)에 도달할 수 없어 대국에 붙은 것을 부용(附庸)이라 했다. 지금 이 문집이 넓고 멀리 유포되어 채풍(采風) 하는 자가 취하는 바가 된다면, 우리 동국(東國)의 여러 군자들이 감히 사양할 바가 아니니다"(『冷齋集』 7).

'주음'이란 주리(侏離) 즉 서융(西戎)의 음악 혹은 오랑캐의 말이란 뜻으로, 알아듣기 어려운 외국말을 가리켜 흔히 쓰는 말이다. 『주례(周禮)』 「춘관(春官)」 제루씨(鞮鞻氏)조에서 "사이(四夷)의 악(樂)을 관장했다"고 하고, 정현(鄭玄)이 "사이의 악은 서방에서 주리(侏離)라고 한다"고 주해했다. '빈빈'이란 '문질(文質)' 즉 글의 수식과 내용이 서로 알맞게 갖추어져 있음을 표현하는 말이다. 유득공은 일본이 한대 이래로 동아시아 문화권에서 소외되어 있다가 최근에 이르러 중국과 교역을 통해 서적을 대량 구입하여 오랑캐의 수준을 벗어나 서화 문화가 많이 발전했음을 지적하고 있다.

이덕무는 조선의 강진(康津)에 표류한 복건(福建) 사람 황삼(黃森)과의 문답에서 "지금 육합지내(六合之內)에 융이(戎夷)가 섞여져서 치발(薙髮)하고 좌임(左衽)하니 깨끗한 곳이 한 곳도 없다. 오직 우리 동국(東國)은 예의를 숭상하고 관대(冠帶)하니, 지금 동국에서 태어난 것을 다행으로 여긴다"(『青莊館全書』 卷3)고 자부하여, 전통적 화이(華夷) 관념을 노골적으로 드러낸 바 있다. 그럼에도 불구하고 이덕무는 『청령국지(蜻蛉國志)』「예문(藝文)」에서 "근래에 강남(江南)의 서적이 장기(長崎)로 폭주(輻輳)해서 집집마다 독서하고 사람마다 조고(操觚)하여 이풍(夷風)이 점차 변했다"(『青莊館全書』 64)고 하고, 「천애지교서필담(天涯知交書筆談)」에서도 "일본인은 강남과 통하여 명 말의 고기(古器)와 서화, 서적, 약재 등이 장기로 폭주했고, 일본 겸가당(蒹葭堂) 주인 목세숙(木世肅)은 비서(祕書) 3만 권을 소장하고 중국 명사와 많이 교제하여 문아(文雅)가 바야흐로 번성하니, 우리나라가 비할 바가 아니다"(『青莊館全書』 63)고 하면서, 일본 문학의 발전을 적극적으로 평가했다.

계미 통신사의 사행원들도 귀국한 뒤 복명하는 자리에서 혹은 사행록에서 일본 문학에 대해 이전의 그것과는 사뭇 다른 긍정적·적극적 평가를 내놓았다. 제술관 남옥은 "저 나라의 사한(詞翰)은 이전과 비교해서 어떠하고 우리나라와 비교한다면 우열이 어떠한가"라는 영조의 질문에 대해, "이전 사행에 대해서는 잘 알지 못하지만, 문기(文氣)가 점점 열려서 이전보다는 나은 것 같다. 다만 우리나라와 비교하는 것은 화이(華夷)의 구별이 있으니 우열을 논하는 것은 마땅하지 않은 듯하다"고 대답하면서 일본 문학의 발전을 일정한 범위 안에서 인정했다. 그는 "하천(下賤)하여 소견이 없는 자는 아무것이나 달라고 청하지만, 안목이 있는 자는 시문은 구해도 서화는 거의 구하지 않는다. 물쌍백(物雙栢)과 같은 자는 한인(韓人)의 시가 초솔(草率)하여 본받기에 부족하다고 하면서 이를 비웃으며 와서 구하지 않는다. 이는 대개 응수한 것 가운데 조잡하고 거친 말을 보고는 이를 모두 한 품등으로 몰아붙인 것이다"(『日觀記』「總記」)라고 하여, 일본 문사들 가운데 조선 문사의 시문을 낮게 평가하는 이가 있음을 잘 알고 있었음을 밝히고 있다.

서기 김인겸도 "문재가 넉넉한 자도 왕왕 있는데, 시율(詩律)은 참혹하여 제술(製述)할 줄 모른다"(「日東壯遊歌」)고 보고했다. 정사 조엄도 복명할 때는 "저 사람들의 시는 대체로 원숙한 편(篇)이 없어서 족히 볼 만한 것이 없었다"(『海槎日記』)고 보고했지만, 그의 사행록에서는 일본 한문학의 성장을 다음과 같이 서술하고 있다. "일본의 학술은 긴긴 밤이라고 해야 하고, 일본의 문장은 소경이라고 해도 되지만…이번 사행 길에서 문사에 대해 보고 들은 것으로써 말하면 별로 칭찬할 만한 학술은 없었고 다만 문자에 조금 수승한 자가 있었다.…대개 장기도(長碕島)에 배가 통하자 중국의 문적(文籍)이 많이 흘러들어 왔는데, 그중에 뜻이 있는 자는 차차 문장에 나가게 되어 무진년(1748)에 와서는 글을 지어 주고받음이 자못 성했다고 한다. 이들이 이 뒤로 과연 문장으로 인해 도를 배워서 차차 학문의 경계에 들어간다면, 비록 섬 오랑캐이긴 하지만 중국에 진출할 수 있을 것이니, 오랑캐라 하여 끝끝내 버릴 수 있겠는가. 다만 천 년 동안 더러움에 물든 풍속만은 큰 역량 큰 안목이 아니면 창졸간에 변경하기 어려울 터이니, 구구한 시어(詩語)를 가지고 앞서 보일 징조를 잡을 수는 없으리라"(『海槎日記』).

서기 원중거도 "대저 국중(國中)의 사람들이 총명하고 조숙하여 4~5세에 붓을 잡을 수 있고, 10여 세까지 성장하면 모두 시를 지을 수 있으며, 여자 가운데 시를 짓고 글을 쓸 수 있는 자가 아주 많아서, 당인(唐人)이 시 외에는 다른 여사(餘事)가 없는 것과 거의 같으니, 비록 이를 일러 해중(海中)의 문명지향(文明之鄕)이라 해도 지나치지 않을 것이다"라고 감탄하면서, "장기의 책이 통행하여 지금 집집마다 책을 읽고 사람마다 붓을 잡으니, 십 수 년이 지나지 않아 이(夷)라고 비하하여 홀시할 수 없을지도 모른다"(『和國志』 2「詩文之人」)고 경계했다. 심지어 서기 성대중은 "지금 강호의 인사들 사이에 시문이 극성해서 옛날에 비할 바 아니니…이후로 가는 자, 필시 곤란함을 겪게 될 것이다"(『日本錄』「日本文學」)라고 경계하기도 했다.[435]

이처럼 1763년 계미 사행을 즈음하여 통신사가 일본에서 시문을 증답하고 한시를 창화하는 활동에 대한 조선과 일본 양국 문사들의 평가와 일본 문단의 수준에 대한 평가에 중요한 변화가 일어나고 있었다. 통신사가 일본에서 전개한 창화 외교에 대해 통신사 일행부터 상당한 문제가 있었음을 반성하고 일본의 문사들도 신랄한 비판을 가하기 시작했으며, 이에 반해 통신사 일행과 접촉한 일본 문화계의 수준에 대해서는 일본 문화계 인사들 스스로 강한 자의식과 자만심이 적극적으로 표출되고 통신사 일행과 그들로부터 정보를 접수한 조선 문사들의 이전과 다른 높은 평가가 이어졌다. 조선인들의 일본 시문 현상에 대한 기본적 부정은 기본적 긍정으로 전변했고, 개인에 대한 칭찬은 집단에 대한 칭송으로 변화됐으며, 자신의 문화 수준에 대한 교만과 자신감이 스스로 반성으로 바뀌어졌다.[436]

이 시기에 이르면 통신사의 시 짓기뿐만 아니라 문사와 의원·통사 등의 인품이 선발 기준이 돼야 한다는 주장도 나왔는데, 이는 조선 후기에 이르러서는 창화시의 수준뿐만 아니라 통신사행원의 품행에도 문제가 발생했음을 의미한다. 영조는 계미 통신사를 보내면서 정사 조엄 등 일행을 불러 "교린은 중대한 일이라"고 당부하고, "약조를 어기고 조정에 수치를 끼치는 자, 기이하고 교묘한 물건을 사서 은밀히 많은 이익을 노리는 자, 저들과 술을 마시며 감히 나라의 법금을 어기는 자는 모두 사신이 먼저 목을 베고 나서 아뢰라"(『英祖實錄』 39년 7월 24일)고 명한 바 있다. 이처럼 국왕까지 단속하고 나선 것은 통신사의 파견이 거듭됨에 따라 여러 가지 문제가 발생했기 때문이다.

이에 계미 사행의 서기 원중거는 "신행(信行) 가운데 문사라 칭하는 자는 극

435. 이동찬, 「18세기 對日 使行體驗의 문화적 충격 양상-『海槎日記』와 『日東壯遊歌』를 중심으로-」, 『조선통신사 사행록 연구총서』 1, 학고방, 2008, 298-9쪽.

436. 張伯偉, 「漢文學史上的1764年: 在外交場合以漢詩唱酬筆談,乃中國文化圈的同文諸國間習慣化的國際禮」, 3쪽.

히 엄선하지 않을 수 없다. 대개 문장이 아름답고 내용이 풍부함과 아울러, 반드시 지려(知慮)가 있고 식견이 있으며 풍류가 온화하고 여유가 있고 아치(雅致)가 눈에 띄게 빼어날 뿐만 아니라, 여기에 더하여 청렴 공평하고 풍의(風儀)가 정숙함을 겸비한 연후에야 비로소 이 선발에 맞는다. 대개 사신은 고귀하고 존중하니 엄연히 일행의 위에 있으면서 다만 대체(大體)를 잡고 자중하여 적절하게 관대하고 엄격하게만 하면 된다"(元重擧, 『乘槎錄』 4)라고 하면서, 일본인을 직접 상대해야 하는 문사들의 역할이 얼마나 중요한지 역설한다. 문장력뿐만 아니라 인격적 풍미도 함께 갖춘 자를 선발해야 하는 이유는, 이들이 곧 조선을 대표하여 일본인을 직접 만나는 이들이기 때문이다. 특히 중요하게 지적한 것이 청렴함이다. 아울러 양의의 선발에도 신중을 기할 것을 제안했다. 원중거가 이러한 제안을 하게 된 까닭은 동래부(東萊府) 소속의 소통사(小通事)들이 대마도인들과 결탁해 밀무역으로 이익을 탐하는 행태가 있었기 때문이다.[437]

계미 사행에서 드러난 창화 외교의 문제점들은 통신사 파견을 중단시키는 데 일조했다. 특히 계미 사행에서 도훈도(都訓導) 최천숭(崔天崇)이 피살되는 돌발 사건을 계기로, 그다음에 있었던 1811년 신미(辛未) 사행에서는 대마도로 '역지(易地)'하여 파견되고 사행단의 규모도 대폭 축소되더니, 그나마 그것이 마지막 통신사로 기록되기에 이르렀다.

그러나 1876년 일본에 다시 파견된 수신사(修信使)에서도 창화 외교의 전통은 계승됐다. 정사 김기수(金綺秀)의 『일동기유(日東記游)』 제4권 「창수시(唱酬詩)」에는 통신사 정사가 일본에서 생산한 창수시들이 다수 기재되어 있다.

김기수가 대마도에 이르러 「영복사(永福寺) 벽에 제영(題詠)하여」, "금범(錦帆)이 적관진(赤關津)에서 무양(無恙)하니, 소절(蘇節. 蘇武의 節旄)과 장사(張槎, 張騫의 뗏목) 중 어느 것과 인과(因果)인가. 이 일이야 어이 일찍이 꿈꿀 수가 있었던가, 꼼짝없이 영복사의 사람이 됐구나"라고 선창하자, 일본인 원장보(源張甫)가 「융초(隆礎. 金綺秀)를 차운하여」, "금범은 부산진(釜山津)에서 곧장 출발했는데,

437. 구지현, 「1763년 필담창화를 통해 본 조선과 일본의 시문창화 인식 변화」, 71-72쪽.

부상(扶桑)에 봉사(奉使)하여 구연(舊因)을 맺었구려. 연파(煙波) 천 리가 멀다고 하지 마소, 천애(天涯) 역시 가까운 이웃이 됐으니"라고 화답했다. 그 뒤 일본의 구곡행(龜谷行)이 「조선국 수신사 김공 안하(案下)에 봉정하다」를 지어, "사해(四海)는 모두 형제이고, 만방 역시 일시(一視)한다. 하물며 동문(同文)의 나라임에랴, 누가 또 피차를 구별하리오. 계림(鷄林)과 마주(馬洲)는 일의대수(一衣帶水)일 뿐, 거기에 윤선편(輪船便)이 있게 되니 연파 길이 무척 가까워졌다. 괴이하게도 천 년의 교린이 근래에 점차 해이해지더니, 홀연히 성초(星軺)가 이른다는 소식 듣고 간절하게 목 빼고 기다렸다. 고취(鼓吹)는 어찌 그리 쟁쟁하고, 정기(旌旗)는 어찌 그리 화화(鞾鞾)한지. 예의는 추로(鄒魯)에서 배우고, 문물은 주씨(朱氏)를 본받았다…"고 선창하자, 김기수도 「구곡행을 차운하여」, "내 듣기에 일동(日東)의 나라는, 민관(民冠)이 예로부터 뛰어났다고. 석시(釋詩)는 송대에 창성했고, 국서(國書)는 명사(明史)에 기재됐다. 조래(徂徠)는 한유(漢儒)를 계승했으니…거서(車書)가 만리에 서로 통했다. 고경(古經)이 진화(秦火)를 모면하여, 부상에 명사(名士)가 적지 않다. 그대가 명사 아니면 누구이겠나, 밤새도록 나를 위해 배를 준비했다. 종공(宗公)의 집에서 서로 만나서, 말 한 마디에 소통함이 물과 같았다…"라고 답했다. '조래'는 일본의 저명한 유학자 적생조래(荻生徂徠)를 말한다.

수신사 일행이 대마도를 떠날 때도 일본의 증전공(增田貢)이 「창산(倉山) 김공을 봉송하며」를 지어, "창화(唱和)하여 조벽(趙壁)을 보여 주시니, 은혜로운 알림이 하나같이 너그럽다. 원로(鵷鷺)에서 깃털이 아름답고, 명성이 사단(詞壇)을 움직인다. 일동(日東)의 유람이 끝나기도 전에, 운범(雲帆)이 삼한(三韓)으로 되돌아간다…"고 아쉬워하고, 「조선 수신사 김공 안하에 봉정하여」에서는 "인방(隣邦)의 교의(交誼)가 금란(金蘭)과 같고, 도해(渡海)한 유헌(輶軒)의 맹약이 차갑지 않다. 부상의 새 전제(典制)를 마땅히 기억하고, 은국(殷國)의 옛 의관은 그런대로 볼만하다…압록강의 흐름이 문세(文勢)를 도와, 필단(筆端)의 물결이 호탕하게 치솟는다"고 당부했다. 일본의 대도문구(大島文九)도 「조선국 수신사 각하에게 공정(恭呈)하여」에서, "아주 잘 안다 하늘이 창생에게 복을 주려고, 이국(二國)이 화친하여 구맹(舊盟)을 찾았음을. 계림에서 봉명하여 아침에 뱃줄 풀고, 청역(蜻域)을 관광하고 저녁에 깃발 편다. 양국 사이의 만물에 은화(恩化)가 퍼지고, 사해는 일가라 모두 형제다. 멀리서 친구 와서 마음이 즐거우니, 다 함께 규운(奎運) 열어 창평(昌平)을 꾸며 보세"라고 양국 우호를 기원했다. '조벽'이란 조씨벽(趙氏璧)을 말한다. 조씨벽은 화씨벽(和氏璧)의 별칭으로, 전국시대 조(趙)의 인상여(藺相如)가 진(秦)에서 화씨벽을 그대로 되찾아온 고사에서 붙여진 말이다.

'동문의 나라'임을 거론하면서 양국의 우호를 기약하는 창화시의 내용은 전대 통신사의 한시 창화와 다를 바 없다. 수신사의 창화는 더 이상 문화적 주도권으로 외교적 목표를 성취하려 한 문화사절단의 의미를 갖지 못했다. 그럼에도 불구하고 수신사 일행도 한시 창수를 계속했다 함은 창화 외교의 전통이 전통 시대 국제 관계사에서 얼마나 지속적으로 강근하게 잔흔을 남기고 있는가를 잘 보여 준다.

6. 통신사의 시투문전(詩鬪文戰)

한자를 표기 수단으로 하는 공동 문화권에서 한시 창화는 자신의 문재를 과시할 수 있는 수단인 동시에 외교적 우위를 드러내는 방법의 하나였다. 이로 인해 1655년 을미 사행의 종사관 남용익(南龍翼)은 대마도에 도착한 뒤 이정암(以酊菴) 승려인 중달(中達)과 소백(紹柏) 등과 한시를 수창하면서 두 번씩 차운(次韻)하여 상대를 군색(窘塞)하게 했다는 일화(南龍翼,『扶桑錄』)도 시문 창화의 이러한 특성에 기인했다고 할 수 있다. 시 짓기에 대한 그의 자신감은 자국의 자연에 대한 우월 경쟁으로 이어졌다. 대마도 이정암 승려 중달이 통신사를 강호로 안내해서 부사산(富士山)을 지나갈 때, 남용익은 「달승(達僧)의 부사운(富士韻)을 첩차(疊次)하여」, "뭇 산들을 굽어보면 개미집과 같으니, 하늘과 한 자밖에 떨어지지 않아 사람 발길 끊어졌다. 어이 다툴 수 있나 방장(方丈)의 삼한(三韓) 밖에서, 옥같이 서 있는 금강산(金剛山) 일만이천봉과"라고 했는데, 이 시의 원운(原韻)은 중달의 "옛날에 경렴(景濂)이 수구(秀句)를 제영(題詠)했다 들었는데, 어느 때에 서불(徐市)이 남긴 자취가 없어졌나. 조선의 제악(諸嶽)도 높이를 다투는가, 시험 삼아 부상(扶桑)의 제일봉을 구경하시라"라는 시였다(南龍翼, 『扶桑錄』). 자연을 놓고 벌인 이 기 싸움은 일본의 접반승이 먼저 도발하고 조선의 사신이 응수한 일종의 '시전(詩戰)'이었다.[438]

한 가지 놀라운 것은 이미 1643년 계미 사행에서 벌써 통신사 일행과 임라산(林羅山) 사이에 '시전'이 벌어졌다는 사실이다. 이때 일본의 접반 문사 임라산은 독축관(讀祝官) 박안기(朴安期)와 창수해서 15수의 창화시를 남겼는데, 그 가운데는 「박 진사가 편지로 수화(酬和)한 시 가운데 '시전(詩戰)'이란 말이 있어 장난삼아 그 홍성(鬨聲)을 다시 잇는다」는 시가 있다. "남북으로 배를 다투고 말은 동쪽으로 달리는데, 손에는 촌철(寸鐵) 쥐고 청풍(淸風)으로 담금질한다. 묵지(墨池)는 바다 되고 붓은 진지(陣地)가 되니, 오자(五字)로 된 장성(長城)에 척후(斥候) 통한다." 시 쓰는 일을 전투에 비유하여, 촌철을 담금질하듯 시어를 가다듬고, 묵과 붓을 전쟁터로 삼고, 오언시를 장성에 비유한다. 이처럼 시를 써서 주고받는 것을 하나의 전투 행위로 간주하는 것은 창화시에서 일반적으로 발견되는 특성 가운데 하나이지만, 조선 통신사와 창화하는 일본 문사들에게서 두드러지게 보이는 현상이어서 이러한 시전 의식이 초기부터 나타나는 것은 흥미롭다 할 수 있다.

시전 의식의 발로는 곧 시 짓기에 대한 자신감의 표현이라 할 수도 있다. 조선 통신사 일행은 임라산의 문학적 역량에 대해 한 수 접고 평가했지만, 일본에서는 오히려 그가 통신사 일행과 대적할 수 있었다는 시화(詩話)가 전해지고 있다. 『속속군서유종(續續群書類從)』에 의하면, 을미년에 "조형(趙珩) 일행이 대판(大阪)에 이르렀을 때, 임라산이 쓴 「오화당기(五花堂記)」를 보고 칭찬하고 돌아오면서 그에게 토산품을 선물로 주었다. 부사 유창(俞瑒)이 「부상장유백오십운

438. 정영문, 『朝鮮時代 通信使文學 硏究』, 지식과교양, 2011, 192-193쪽.

(扶桑壯遊百五十韻)」을 보내자, 하루 만에 화운시를 보내 유창을 놀라게 했다. 그리고 이 일을 세상에서 예전부터 지금까지 없었던 위대한 일이며 일본의 통쾌한 이야기로 여긴다고 한다."[439] 다만 통신사와 임라산의 시전은 시 짓기 솜씨를 통해 전개됐을 뿐, 실제로 창수된 시의 내용에서는 적대적 의식이 표출되지 않았다. 임라산은「조선신사내공기(朝鮮信使來貢記)」에서 "조선은 예로부터 우리의 서번(西蕃)이 됐으니, 지금 그들이 와서 후하게 은혜를 베풀어 주는 것 역시 원인(遠人)을 부드럽게 대하고 제후(諸侯)를 품는 뜻이라"(『林羅山文集』 卷22)고 과장한 바 있지만, 창화시에서는 이러한 자존 의식이 전혀 표출되지 않았다.

시와 문장의 기량을 서로 비교하며 겨루는 것을 '시전(詩戰)'·'문전(文戰)'이라고 한 것은 중국 당시(唐詩)에서 이미 보이는 표현이다. 임자(林滋)의「문전부(文戰賦)」에서 보이듯 글을 쓰는 것 자체를 '문전'이라 표현하기도 했다. 일본에서도 평안(平安)시대의 문인 사이에 '투시(鬪詩)' 활동이 이뤄져서 일본 문인의 창조적 활동으로 인정됐다.[440] 한·일 양국 문인의 시문 창화 중에서도 정감을 교류하며 문학적 기량을 겨루는 '문전'의 장면이 왕왕 나타나는 것은 자연스러운 일이라 할 수 있다. 그러나 자국의 우수한 문화를 선양하기 위해 창화하는 조선 통신사의 문시들과 자신의 기량을 시험하고 뽐내려는 일본 문사들의 '투시' 사이에는 미묘한 차이가 발견된다.

한시 창화를 '시전'으로 표현한 기록은 최초의 한·일 필담창화집이라 할 수 있는『조선필담집(朝鮮筆談集)』(1636)에서 이미 찾을 수 있다. 석천장산(石川丈山)이 쓴「여조선국권학사국헌필어발(與朝鮮國權學士菊軒筆語跋)」에서 "관영(寬永) 13년(1636) 병자년 11월에 조선국이 공헌(貢獻)하여 삼관사(三官使)…가 내조(來朝)하고, 정축년(丁丑年) 정월 중순에 경사(京師)로 돌아와서 본국사(本國寺)에 묵었는데, 내가 그 재식(才識)을 시험하기 위해 가서 살펴보았더니, 그 무리 가운데는 중직대부(中直大夫) 시학교수(詩學教授) 권(權. 侙) 학사가 있어 나와서 나와 억

439. 塙保己一,『續續群書類從』第三史 傳部, 國書刊行會, 1970.

440. 구지현,「1763년 필담창화를 통해 본 조선과 일본의 시문창화 인식 변화」, 77쪽.

대(臆對)했다.…나의 이번 행차는 난문(難問)을 늘어놓지 않고, 다만 회차(會次. 朝會하는 자리)의 풍아(風雅)를 기록하여 '문전(文戰)'의 증거로 삼은 것이다"[441]고 하여, 조선인과의 필담 창화를 글로 하는 전투 즉 '문전'이라고 표현한 것이다.

그런데 1763년이 되면 시문 창화를 전투에 비기는 표현이 더욱 구체적으로 보인다. 일본의 저명한 절충학파 유학자 세정평주(細井平洲)가 남궁대추(南宮大湫)에게 써 준 「발문」에서 "무릇 문진(文陣)에서 한객(韓客)을 맞이하여 공격하고 수비하거나 도전하고 결둔(結屯)하는 것의 요체는 모두 그 공평하고 적당함에 있다. 그러지 않으면 서로 사이좋게 하거나 서로 편안하게 하니, 어찌 피차에게 보탬이 되겠는가"(南宮大湫, 『南宮先生講餘獨覽』). '문진'이란 문단(文壇)을 가리키는 말로 사용되기도 하지만, 여기서는 시문을 창화하며 전투하듯 공격하고 수비하는 행위를 표현했다. 일본의 군주에게 피리를 가르친 아악가(雅樂家) 산정청하(山井青霞)도 대판과 경도에서 활동하던 시인들의 창화집 서문에서 "내가 욕되게 천조(天朝)에서 관직을 맡고 있어 저들과 기고(旗鼓)로 상대할 수 없었으나, 이 문집을 주의해서 보며 그 전(戰)을 논평할 수 있었기 때문에 서문을 써서 건선(健羨)하는 뜻을 부친다"(大江玄圃 外, 『和韓雙鳴集』 序)고 했는데, 여기서 말하는 '전(戰)'이란 바로 조선 문인과의 시문 창화를 가리킨다. 심지어 임동명(林東溟)은 북산귤암(北山橘庵)에게 써 준 「서문」에서 조선 통신사 문사와 시문을 창화하는 일본의 문사들을 가리켜 '사계(詞鷄)' 즉 글로 다투는 싸움닭으로 표현하기도 했다.

"대개 그들이 사명을 띠고 왔음을 안 이래로, 각자 사계(詞鷄)를 양성한 자 가운데 연륜이 있는 자들은 모두 스스로 이르기를 '허교(虛驕)의 기세가 이미 거의 다했으니 우리 솜씨의 온전함에 감히 응대할 자 없으리라'고 장담했다. 그러나 자기가 좋아하는 것 때문에 양성이 쉽지 않으니, 목계(木鷄)와 비슷한 것이 어디 있겠는가. 저들이 한번 우리 동역(東域)으로 들어오면, 일 만들기 좋아하는 문사들이 자기네들이 있는 곳에서 무리를 이루어 한관(韓館)을 우러러보며 사장(詞

441. 『新編覆醬續集』 卷6; 小川武彦·石島勇 共著, 「筆談跋」, 『石川丈山年譜』附編, 青裳堂書店, 1994.

場)으로 곧장 나아간다. 큰 놈은 교만하고 작은 놈은 두려워한다. 필취(筆嘴. 붓이라는 부리)는 날카롭게 깎은 것 같고 문기(文氣)는 높고도 가파르다. 계씨(季氏)의 개우(介羽. 甲羽)를 부끄러워하고 후씨(后氏)의 금거(金距)를 천하게 여긴다. 저들과 상투(相鬪)하는 자가 이루 헤아릴 수 없이 많다"(北山橘庵,『鷄壇口嬰鳴』序). 여기서 말하는 '목계'란『장자』달생편(達生篇)에 나오는 무적의 싸움닭을 가리킨다. '계씨개우(季氏介羽)'와 '후씨금거(后氏金距)'란 계씨가 싸움닭에 갑옷을 입히자 후씨는 자기 싸움닭의 며느리발톱에 쇳조각을 씌워서 싸우게 했다는 고사(『左傳』昭公 25년)를 일컫는 말이다.

'문전'의 승부 판정은 왕왕 시 짓기의 속도로 결정됐다. 통신사를 파견할 때 조선은 의마지재(倚馬之才)를 가진 문인을 특별히 선발하여 제술관이나 서기로 충원해 일본에서의 '문전'에 대비했다. 이로 인해 병자 사행의 이문학관(吏文學官) 권칙(權侙) 같은 문사는 일본 문단에서 다음과 같은 호평을 받기도 했다. "학사가 씩씩하고 여유가 있으며 박식하고 사재(詞才)가 민속(敏速)하여, 문장은 점을 더하지 않고 시는 붓을 멈추지 않으며 변론이 물 흐르는 것 같으니, 우리나라의 소인(騷人) 묵객(墨客) 가운데 누가 그 사봉(詞鋒)을 당해 낼 수 있겠는가"(『覆醬集』上). 그런가 하면 일본에서는 하룻밤 사이에 100수의 시를 지어 일본 한문학사상 제일첩재(第一捷才)로 칭송되는 지원남해(祇園南海)에 관한 황당한 시화 하나가 전해지고 있는데, 조선 통신사의 제술관 이현이 그와 창수하면서 한 수의 시도 화답하지 못한 채 돌아가다가 부산항에 이르러 피를 토하며 급사했다는 것이다. 물론 이 시화가 만들어진 배경은 조선인과 창수할 때 속도로써 싸워 이길 수 있기를 기대한 일본인의 희망이었다.[442]

일본 문사가 쓴 시의 내용도 호전적으로 바뀌어졌다. 1763년에 시야율산(柴野栗山)이 쓴『인교시사(隣交詩史)』에서는 신공왕후(神功王后)의 삼한정벌설과 임진왜란이 매우 상세하게 읊조려졌다. 당연히 이 시는 통신사 일행에 의해 화답을 거부당했다. 14세 소년 시인 평준경(平俊卿)의 필담창화집『빈관창화집(賓館

442. 張伯偉,「漢文學史上的1764年: 在外交場合以漢詩唱酬筆談,乃中國文化圈的同文諸國間習慣化的國際禮」, 10쪽.

唱和集)』「서문」에서도 신공왕후 삼한정벌설과 임진왜란이 서술됐다. "옛날에 신(공)황후는 한 번 상궁(桑弓)을 당겨서 삼한(三韓)을 제압하고 무덕(武德)을 길이 떨쳐 그들을 개처럼 대우했다. 근세에는 풍신(豐臣. 秀吉)왕이 삼척검(三尺劍)을 들어 몸소 거느리고 한(韓)을 정벌하여 팔도를 휩쓸고 남은 용맹으로 호랑이를 사냥했다. 우리 일본은 조선에 대해 이 두 차례 전역(戰役)으로 국예(國譽)를 융성하게 했다. 지금 준경의 시는 신후의 활이니, 이를 문(文)으로 닦고 이를 도(道)로써 베풀어, 한(漢)과 위(魏)의 군사를 떨치고 이백(李白)과 두보(杜甫)를 장수로 임용한다. 풍아(風雅)를 활줄로 삼고 비흥(比興)을 화살로 삼아, 원숙하고 고상하게 끌어당기고 수려하고 화려하게 발사하면 적중하지 못할 것이 없다. 준경의 글은 풍왕의 칼이니, 금영(金英)으로 붓을 삼고 철정(鐵精)으로 먹을 삼는다"(平俊卿, 『賓館唱和集』). 평준경은 시문을 활과 칼이라는 무기에 비유했을 뿐만 아니라 신공왕후와 풍신수길을 거론하여 문장으로 조선을 정벌한다는 속마음을 감추지 않았다. "한(韓)이 우리 대동(大東)과 교통한 지 오래됐다. 혹은 우호로써 혹은 융전(戎戰)으로 하고 혹은 귀화했다. 옛 일은 잠시 두자. 풍공이 간과(干戈)로 저 나라를 진공케 하여 사빙(使聘)이 끊어지지 않으니, 마침내 문(文)으로써 융(戎)을 바꾼 것이다. 그 전(戰) 역시 융과 같은 것인가. 서로 날카롭고 무딘 것이 없을 수 없다. 요컨대 우리를 이길 수 없으니, 기자(箕子)의 가르침이 쇠한 것이다"(大江玄圃 外, 『和韓雙鳴集』). 요컨대 일본 문사의 '시전' 혹은 '문전' 개념은 단순한 문학적 기량의 겨룸을 넘어 국가적 경쟁이라는 역사의식까지 포함하고 있었다.

일본 문사들이 한시 창화를 하나의 전투로 이해하는 경향은 조선 문사들이 시를 대하는 태도와 사뭇 다르다. 조선의 문사 성대중은 "그대가 다투어 선창하고 번갈아 응수하여 마치 재능을 다투고 겨루는 것처럼 하니, 이에 성의는 얕아지고 글의 정취는 가벼워져 풍아(風雅. 멋스럽고 고상한 詩文)를 영가(詠歌)하는 의미가 없어졌다"(那波魯堂, 『東遊篇』 序)라고 하여, 재주를 경쟁적으로 드러낸다는 이유로 시문 창화 자체에 비판적인 태도를 보였다. 그럼에도 일본의 문사들이 유별나게 호전적인 '투시' 의식을 격렬하게 표출한 까닭은 무엇인가.

먼저 한·일 양국의 문사는 신분적 차이가 뚜렷했다. 조선의 문사는 그 자신 지배층의 일원으로 정치에 참여하여 경세제민(經世濟民)해야 할 책임감을 갖고 있었지만, 일본의 문사는 한문학이라는 기술을 통해 봉건 귀족에 봉사하는 피고용 계층이었다. 조선의 문사들이 유학이라는 도학(道學)과 한시라는 문학을 함께 수행하거나 혹은 유학 탐구를 본령으로 삼고 한시 짓기를 '여사(餘事)'로 여기는 것과 달리, 일본의 문사들은 한문학을 한문화의 수용 수단이나 번주(藩主)의 통치를 보조하는 기술의 하나로 이해하고 있었다. 따라서 제술관이나 서기 등 조선 통신사 수행 문사들은 시문 창화를 자국의 문화를 과시하고 국위를 선양하며 선린 우호의 외교적 목적을 달성하기 위한 과정의 하나로 활용했지만, 이들과 시문을 창화한 일본의 문사들은 이를 개인의 문학적 기량을 과시하거나 입증·점검할 수 있는 기회로 이용했다.

여기에 더하여 한·일 간의 특수한 역사적 관계가 일본 문사의 호전적 '투시' 의식을 더욱 자극했던 것으로 보인다. 특히 신공왕후가 삼한을 정벌했다는 먼 옛날의 전설과 풍신수길이 조선을 침략했다는 근세의 역사적 사실은 일본의 문사들로 하여금 문과 무를 등치하게 하는 요인의 하나로 작용했을 것이다. 조선 통신사의 파견이 임진왜란을 계기로 전쟁의 재발을 미연에 예방하는 차원에서 이뤄진 만큼 통신사 일행은 시문 창화의 과정에서 양국의 전쟁 경험을 가능한 피하고 싶었을 것이나, 직접 책임 있는 직임을 맡지 않은 일본인 시인들은 특히 조선인이 보지 못하는 필담창화집의 서문을 통해 왜곡되고 과장된 역사 의식과 억제되지 않는 '문전' 의식을 마음껏 표현할 수 있었다.[443]

그뿐만 아니라 18세기에 이르러 일본의 한문학 수준이 크게 제고된 것도 일본 문사의 '문전' 의식에 상당한 영향을 미쳤던 것으로 보인다. 일본 문사들의 한문학 수준이 한문화를 해득하는 수준을 벗어나 창의적 작품의 제작에까지 이르게 되자, 그동안 감탄과 앙모의 대상에 머물렀던 조선 통신사 문사들의 작시 능력이 경쟁과 제압의 대상으로 보이게 된 것이다. 1763년 사행 이후에 만들

443. 구지현, 「1763년 필담창화를 통해 본 조선과 일본의 시문창화 인식 변화」, 83-84쪽.

어진 필담창화집에서 '문전' 혹은 '시투' 의식의 부쩍 많이 발견되는 것도 이와 무관하지 않은 것처럼 보인다.

그런데 시전은 한·중 간에서도 왕왕 나타났다. 한·중 간의 시전도 『황화집(皇華集)』을 통해 일본 등 제3국에도 널리 알려져, 조선 문학의 수준이 국제적으로 과시되고 『황화집』이 국제적 문화 교류의 모범이 되기도 했다. 강호 초기의 유자 목하순암(木下順庵)은 "그 소위 『황화집』을 읽고서 동국(東國) 문학이 번성해서 중화(中華)와 항형(抗衡)하여 우열이 없음을 더욱 알겠다"[444]고 했다. 일본 문사가 전투의 태세로 조선 통신사에 대응한 것은 아마도 한·중 간의 시문 창화에서 중국 사신들의 태도와 달리 조선의 문사들이 시전으로 대응한 것과 비견될 수 있을 것 같다. 그것은 문화의 중심에 대한 문화 주변의 도전이라 할 수 있다. 즉 조선에 파견된 중국 명조 사신들과 조선 접반사(接伴使)들의 시문 창화에서는 주로 조선 접반사들의 시전 의식이 돋보였던데 반해, 일본에 파견된 조선 통신사와 일본 문사들의 시문 창수에서는 주로 일본 문사들의 투시 의식이 두드러지게 나타난 가장 주요한 까닭은 무엇보다도 한·일 문화의 상대적 차이 즉 문화의 중심으로서의 조선 문화와 문화의 주변으로서의 일본 문화에 대한 자의식이 표출됐기 때문이다.

한편 한·일 시전은 조선 땅에서도 일어났다. 일본 사자가 조선에 출사하여 조선의 접반 인원과 한시를 창수하며 문학적 기량을 다툰 일은 한국의 시화에 자주 기록됐다. 그 한 예로, 김정국(金正國)의 "백씨(伯氏. 金安國)는 어렸을 때부터 강한 운자(韻字)를 잘 달고 응답함에 막힘이 없었다. 일본국사(日本國使) 붕중(弸中)이 내빙했는데, 시에 능하다고 알려졌다. 백씨가 선위사(宣慰使)가 되어 국경 상에 가서 맞이했는데, 오가며 숙소에 체류할 때 서로 창화한 것이 무수했다. 붕중은 매번 상대가 되지 않는다고 생각해서 강운(强韻)으로 이를 추궁하려 '독역(讀易)'을 시제로 삼아 강한 운자(韻字)를 부르자, 백씨는 응구(應口)하여 이르기를…라고 했다. 붕중은 절(節)을 치며 자리를 물리며 찬탄하기를 그치지 않

444. 木下一雄 校譯, 『對韓稿』, 「翠虛二稿序」, 531쪽.

왔다"(金正國, 『思齋摭言』)고 한다. 『패관잡기(稗官雜記)』에도 일본 사신이 시문을 지을 때 남의 것을 베끼는 폐단을 저지른 것을 기록했는데, 이때 조선의 선위사(宣慰使)가 일본 사신이 당시(唐詩)를 베낀 것을 알아채지 못해 웃음거리가 됐다고 한다.[445]

자순(咨詢) 즉 상대 국가에 대한 정보를 확보해서 본국에 보고하는 것은 사신의 통상적 임무 가운데 가장 중요한 것이었다. 그러나 박지원(朴趾源)은 「우상전(虞裳傳)」에서 "그 뒤 수백 년 동안 사신들의 행차가 여러 번 강호(江戶)에 이르렀지만, 그들이 체면이나 차리고 사신의 일만 엄격히 하느라 왜(倭)의 풍요(風謠)나 인물, 요새, 강약 등의 정세에 대해서 끝내 털끝만큼도 정탐하지 못하고 빈손으로 돌아왔다"고 비판했다. 『화국지(和國志)』를 쓴 원중거(元重擧)도 "필담이 중요하고 시문은 그다음인데, 우리들이 필담에 소홀했던 것은 매우 잘못됐다"(『乘槎錄』)고 자아 비판했다. 그만큼 통신사의 역할이 정탐이라는 본연의 임무보다는 한시의 창화에 집중됐던 것이다. 그러나 한시의 창화는 나라의 위신을 높이고 지킨다는 의미에서 독특한 외교적 기능이 있었다고 할 수 있다.

1764년에 통신사가 강호에 들어오기 전에 장군(將軍) 덕천가치(德川家治)는 다음과 같은 명을 내린 바 있다. "오늘 명을 내리는 것은 이번에 내방한 한인에게 시문의 응수 및 필담을 해도 된다는 것이다. 심상한 말 혹은 서적에 관한 의문을 질문하거나 혹은 시를 증답하는 것 따위는 해서 안 되는 것은 아니지만, 자신의 학력을 뽐내려고 상대방 나라를 폄하하거나 혹은 높이고 우리나라를 비웃는 등과 같은 일을 한다면, 이는 나라의 체면을 알지 못하는 것이다"[446]라고 했다. 창수 작품 가운데는 긴장 관계를 형성하는 경우도 있지만, 우호적인 분위기의 시가 대부분이다. 11차 통신사가 내도하자 중촌홍도(中村弘道)가 "원래 선린을 국보(國寶)라 칭하니, 출경하여 시맹(詩盟)을 맺는 것도 무방하리라"라고 하니, 서기 김인겸(金仁謙)이 "사객(詞客)의 의관은 남북이 다르지만, 빈연(賓筵)의

445. 吳伊琼, 「明朝與朝鮮王朝詩文酬唱外交活動考論-以『朝鮮王朝實錄』爲中心」, 29쪽.

446. 『德川實紀』「嚴有院殿御實紀」 卷10, 黑板勝美 編輯, 吉川弘文館, 1990.

문묵(文墨)은 고금이 같다"(『韓館唱和續集』 卷2)고 응수하여, 일본을 만이시(蠻夷視)하고 통신사행을 조공시(朝貢視)하는 한·일 양국인의 자기 중심적 차별의식이 한시 창화에 의해 약화되는 효과를 목격할 수 있게 한다.[447]

맺음말

한시의 증답(贈答)과 창수(唱酬)는 약간 다른 개념이지만, 양자 모두 창화(唱和)의 범주 밖으로 벗어나지는 않는다. 다만 전자는 선물의 의미가 강하고, 후자는 경쟁의 의미가 강하다. 전자는 시간에 쫓기지 않지만, 후자는 상대의 면전에서 신속하게 지어야 하기 때문에 질보다는 속작이 중요하다. 조선 통신사가 일본에 파견되어 수많은 문사들에게 한시를 증답하기도 하고, 혹은 '즉석에서 구점(口占)'하여 한시를 창수하기도 했다. 통신사의 사행원들은 주로 전자를 통해 일본 문사와 문화를 교류했고, 주로 후자를 통해 일본 문사에게 조선 문학의 높은 수준을 과시했다. 통신사 파견 초기에는 통신사 사행원과 일본의 접반 문사들 사이에 놓인 시 짓기의 수준 차이로 인해 주로 시문의 증답이 이루어졌지만, 통신사 파견이 장기간 거듭되어 일본 문단을 자극하고 고무해 일본 문사들의 자존 의식이 점고되고 문학적 역량이 제고됨에 따라 점차 양자 사이에 한시의 직접적·즉흥적 창수가 빈번하게 이루어졌다. 이런 과정에서 이른바 '투시(鬪詩)' 혹은 '시전(詩戰)'이란 경쟁이 한시 창수의 기회와 형식으로 이루어졌으니, 주로 일본 문사들이 도발하고 통신사 사행원들이 응전하는 형식으로 진행됐다.

조선 통신사의 일본 파견은 처음부터 일본인의 문화적 욕구를 충족시켜 주기 위한 것이었다. 임진왜란 이후 열도를 재통일하고 정국을 안정시키는 과정에서 강호의 덕천막부는 조선에 문화사절단 파견을 요망했고, 일본인이 유발한 엄청난 재난을 경험한 조선은 상대적 우위에 있다고 자신하는 문화적 역량

447. 허진경, 「통신사와 접반사의 창수 양상 비교」, 395-398쪽.

을 과시하여 문약(文弱)의 약점을 극복하기 위해 대규모 문화사절단을 일본에 파견했다. 실제 조선 통신사에 대한 일본인의 문화적 기대는 엄청나서 통신사 사행원에게서 시문·서화 특히 시문을 구해 얻으려는 일본인의 폭발적인 열망은 사행원과 조선 정부를 놀라게 했다. 이에 조선은 통신사절단에 제술관(製述官)과 삼사서기(三使書記)라는 전문직을 신설해서 시문에 능한 문사로 충당했는데, 이른바 4문사라 일컬은 이들 문학지사(文學之士)들을 중심으로 초기에는 주로 시문 증답이 이루어졌고, 시간이 경과함에 따라 4문사는 한시 창수와 시전의 선봉에 서는 역할을 전담했다.

한·일 간의 시전이 일본 측의 도발과 한국 측의 응전으로 진행됐다는 사실은 흥미롭다. 그것은 명조의 사신과 조선의 접반사 사이에서 진행된 한시 창수와는 사뭇 다른 양상으로 전개됐다. 명사와 조선 접반사 사이에 시전이라 할 만한 경쟁이 전혀 없었던 것은 아니다. 그러나 조선 통신사의 문사들에게 도전한 일본 문사들이 일본 문단에서 칭송된 것과는 달리, 조선의 문단에서는 명사에 도발한 조선의 문사들이 비판의 대상이 됐다. 명사와 조선 접반사의 창수는 주로 명사가 선창하고 접반사가 화답하는 형식으로 진행됐지만, 조선 통신사와 일본 문사의 창수는 선창과 화답의 구분의 거의 의식되지 않았다. 조선에서 명사에게 선창으로 도발한 경우는 서거정(徐居正)의 한 건에 불과한데, 그나마 서거정은 무례했다는 이유로 조선 문사들의 비난을 받았다.

이러한 양상의 차이는 조·명의 수직적 종번(宗藩) 관계와 조·일의 수평적 교린(交隣) 관계 등 국제 관계의 기본적 차이로써 설명할 수도 있겠지만, 임진왜란 등 역사적 배경과 함께 문화적 자부심 혹은 자신감의 차이로 설명하는 것이 더 설득력이 있다. 조선의 문사들은 높은 한문학 소양을 과시하며 스스로 문화적 중심이라는 자의식을 표출하고 있었지만, 일본의 문사들은 조선 문사들에 대한 문학적 열등감과 문화적 주변 의식을 감추지 못하고 있었기 때문에 명사나 통신사를 시문 창화로 접반하는 태도에서 현저한 차이를 보여 준 것이다.

1764년에 이뤄진 갑신 사행은 통신사 창화 외교의 한 전절점(轉折點)이었다. 통신사의 시문 창화 활동의 문제점들이 노정되어 사행원들의 자아비판이 제기되기 시작했고, 일본 문단의 문학적 역량이 적극적으로 재평가되기에 이르렀다. 통신사와 접촉한 일본의 문사들도 통신사의 시문 창화 활동을 비판하기 시작했고, 조선 문학에 대한 소극적 재평가와 더불어 자국 문학에 대한 자존 의식과 시전에 대한 자신감을 표출하기도 했다. 갑신 사행을 기점으로 드러나기 시작한 이러한 변화는 10여 차례의 조선 문화사절단이 장기간에 걸쳐 일본에 파견되어 일본 사회와 문화계에 자극과 영향을 미친 결과로 설명될 수도 있고, 갑신 통신사가 사실상 마지막 문화사절단이 된 것도 갑신 사행에서 노정된 통신사 기능의 한계와 동아시아 문화 지형의 변화로써 설명될 수도 있을 것이다.

그럼에도 불구하고 4문사 등 통신사 사행원들과 일본 접반 문사들의 빈번하고 광범한 규모의 한시 증답과 창수 활동은 전통 시대 동아시아 국제사회에서 창화 외교가 보편적·일반적 외교 양식의 하나로서 독특한 역할을 수행했다는 사실을 한 번 더 확인케 하는 데 부족함이 없다. 춘추시대 이래로 중국과 한국·월남 등 한문화권의 나라들은 '시언지(詩言志)'의 전통을 계승해 외교의 과정에서 한시를 증답하고 창수하는 등 창화 활동을 활발하게 전개하여 독특한 외교 체제를 구축하고 있었는데, 강호막부시대의 일본도 조선에 문화사절단인 통신사의 파견을 요청하여 접반 승려나 문사들이 그 사행원들과 한시를 창화하게 함으로써 이러한 외교 체제에 적극 참여한 것이다.

통신사 사행원들은 소통을 원활히 하는 외교적 방편으로 한시 창화를 활용했을 뿐만 아니라, 첨예한 대립과 미묘한 신경전을 동반하는 외교 사행에서 양국 외교관들 사이의 긴장을 완화하는 데 활용하기도 했다. 크게 보아서 일본은 창화 외교를 통해 당시 세계 최고 수준의 고급한 문화를 수용하고 전후의 불안정한 국제 관계와 국내 정국을 동시에 안정시키는 효과를 기대했고, 조선은 창화 외교를 통해 상대적으로 높은 자국의 문화적 수준을 과시하여 국격을 선양하고 임진왜란으로 노출된 문약(文弱)의 약점을 보완하여 전쟁의 재발을 미연에 예방하는 외교적 효과를 기대했다.

일본을 상대로 한 조선의 창화 외교는 통신사의 파견 그 자체로서 창화 외교의 효과를 거두었다고 할 수 있다. 12차례의 통신사가 200여 년의 장기간에 걸쳐 지속적으로 파견됐음은 이러한 양국의 기대가 일정한 수준으로 충족됐음을 의미한다. 또한 1811년의 12차 신미 사행으로 통신사 파견이 중단됐지만, 1876년에 수신사(修信使)가 일본에 파견되어 한시 창화가 다시 이뤄졌음은 통신사를 통한 창화 외교의 효용성에 대한 기대가 완강하게 잔존했음을 설명한다.

제6장

한·월 외교상의 한시 창화와 창화 외교

머리말

월남(越南)은 한국과 매우 흡사한 역사 구조를 갖고 있는 나라다. 두 나라는 이미 기원전에 중국 등 주변의 나라들과는 구별되는 독립적 역사 공동체로 출현했고, 중국의 제국 한(漢)의 침략을 받아 오랜 기간 군현적 지배를 받았던 경험이 있다. 중국 국가들의 군현(郡縣) 체제하에서 정치적·문화적으로 성장한 두 나라는 그 군현 체제에 완강하게 저항하여 독립된 왕국을 스스로 건립할 수 있었다. 이 두 나라는 중국과 함께 동아시아 특유의 국제 질서와 문화 체계를 형성·발전시켰고, 몽원(蒙元)이나 만청(滿淸), 프랑스, 일본, 미국 등 제국들의 침략에 적극적으로 저항하여 정치적 독립성을 지키는 저력을 보이기도 했다. 아마도 세계에서 한국과 가장 비슷한 역사 구조와 역사 경험을 가진 나라를 찾는다면 바로 베트남 즉 월남이 될 것이다.

이처럼 월남과 한국은 역사 구조와 역사적 경험을 공유하고 있었지만, 중국을 사이에 두고 멀리 격절된 지리적 조건으로 인해 적어도 전통 시대에는 직접적 교류나 접촉이 매우 희소했고 제도적 관계는 전무했다. 다만 현대에 이르러 미국과 월남의 전쟁에 한국이 개입하여 피차 수많은 인명이 살상되는 비극적 경험을 피하지 못했지만, 1992년에 대한민국과 월남사회주의공화국이 역사상 처음으로 수교해 제도적 관계를 갖게 되고 경제적 교역과 문화적 교류가 광범하고 대규모적으로 진행되어, 상대 나라의 전통과 양국 관계의 역사에 대해 서로 관심의 폭과 깊이를 더해 가고 있다. 이 장에서 다루려고 하는 주제 즉 한·

월 외교사상의 한시 창화(唱和)와 창화(倡和) 외교도 두 나라의 문화적 전통과 역사적 관계에 대한 이해를 심화시킬 수 있는 주요한 내용이 될 것이다.

한국과 월남은 문자 생활에서도 흡사한 경험을 공유했다. 근세에 이르러 독자적 문자인 자남(字喃)과 한글을 만들어 사용하기 시작했지만, 전통 시대의 대부분은 중국과 함께 한자(漢字)를 사용했고 한문(漢文)의 이용과 한문학(漢文學)의 향유가 고도한 수준으로 이루어졌다. 이로 인해 월남인도 한국인과 마찬가지로 중국인과 함께 동문(同文) 의식을 갖고 있었고, 한시(漢詩)를 창화하며 동문 의식을 나눌 수 있는 문화적 조건을 충분하게 갖추고 있었다. 전통 시대에 한국인이 중국인과 한시를 증답(贈答) 혹은 창수(唱酬)하며 동문 공동체를 확인했듯이, 월남인도 중국인과 한시를 증답 혹은 창수하면서 동문 의식을 드러냈을 뿐만 아니라 한국인과도 한시를 증답 혹은 창수하면서 동문 의식을 표출했다.

앞의 장에서 중국의 사신과 한국의 접반사(接伴使)들, 월남의 사신과 중국의 반송관(伴送官)들이 한시를 창화한 역사를 확인했듯이, 월남의 사신과 한국의 사신이 중국 북경(北京)에서 만나 한시를 증답하고 창수한 사례를 문헌에서 귀하지 않게 발견할 수 있다. 따라서 비록 다른 사례와 달리 사신과 접반사의 창화가 아니고 사신과 사신이 의도하지 않게 우연히 만나 나눈 창화라는 특수한 측면이 있지만, 월남 사신과 한국 사신이 제3의 장소에서 한시를 증답·창수한 경우도 전통 시대 동아시아 국제 질서를 구성한 창화 외교의 한 사례로 정리해 볼 필요가 있을 것이다.

월남과 한국의 시문 창화에 관해서는 최근에 인하대학교 한국학연구소와 월남 한놈연구원에서 공동으로 한·월 창화시 126수와 교류 관련 산문 17종을 집성하고 이에 대한 번역·주해 작업을 진행하여 『한월사신창화시문(韓越使臣唱和詩文)』(글로벌콘텐츠, 2013)을 출간하고, 『한국과 베트남 사신, 북경에서 만나다—창화시(唱和詩) 연구』(소명출판, 2013)란 논문집도 출판했다. 이에 앞서 2010년에 복단대학(復旦大學) 문사연구원(文史研究院)과 월남사회과학원(越南社會科學院) 한남연구원(漢喃研究院)이 함께 정리 편찬한 『월남한문연행문헌집성(越南漢文燕行文獻集成)』(越南所藏編) 25책은 이 방면의 연구를 위해 획기적으로 기여할 것이라 기대된다. 이 자료집에는 14~19세기 역대 월남 왕조의 53명 북사(北使)가 저작한 북사시문이 포함되어 있는데, 특히 안남의 북사가 조선의 사신과 북경에서 조우하여 서로 교환한 창화시가 다수 수록되어 있어 한·월 사신의 한시 창화에 대한 기본 사료로서 매우 높은 가치를 갖는다.

1. 전통 시대 한국과 월남의 접촉과 소통

근세 이전에는 한국인과 월남인의 상호 인식과 이해가 사한(史漢) 등 중국의 전통적 고전 문헌에 기록된 정보의 범위 안에 갇혀 있었다. 그러나 서로 간의 소통과 접촉이 완전히 폐쇄돼 있었던 것은 아니다. 중국을 통해 간접적 접촉이 간헐적으로 이루어지고 있었기 때문이다.

최치원(崔致遠)이 쓴「보안남녹이도기(補安南錄異圖記)」(882)는 월남에 관한 한국 최초의 문자 기록으로 그의 문집『계원필경(桂苑筆耕)』에 수록됐다. 모두 877자로 된 이 문헌의 내용은 안남도호부(安南都護府) 관할 지역의 지리와 형승, 역사, 제도, 풍속, 물산 및 남조(南詔)와 당조(唐朝)의 관계, 고병(高駢)의 공적 등으로 이루어져 있다. 당 유원군(柔遠軍) 종사(從事) 오강(吳降)이 일찍이 '도(圖)'를 수집하여『녹이(錄異)』란 이름의 작품을 만들었는데, 고병의 종사관(從事官)이었던 최치원이 남조를 귀순시킨 고병의 공적을 보충하고『녹이』에 빠진 부분을 보완한 것이다. 최치원은 이 기록에서 남조와 월남을 남만(南蠻)의 일부로 간주하여 전통적 화이(華夷) 세계관을 표출했다.[448]

이후 월남에 대한 한국인의 인식과 지식은『조선왕조실록』에서 간헐적으로 기술됐다. 예컨대『태종실록(太宗實錄)』에는 명(明) 성조(成祖)가 반포한「평안남조(平安南詔)」의 전문이 전재되어 있고,『중종실록(中宗實錄)』에는 중국에 다녀온 사신들의 복명(復命) 과정에서 국왕은 반드시 당대 안남의 정세와 이에 대한

448. 주성지,「베트남 관련 전근대 역사자료의 소개와 활용」, 경희대학교 한국고대사고고학연구소,『研史雜錄』, 2017.

중국 군주의 태도를 물었고 사신들은 안남 역사와 당대의 정세를 비교적 자상하게 설명하고 있음이 기록돼 있다. 1538년(中宗 33년)에 동지사(冬至使)로 파견됐다가 돌아온 유세린(柳世麟)은 당시 월남의 정세와 월남 안남국과 중국 명조의 관계에 관해 다음과 같이 보고했다.

"안남국(安南國)은 그 시조 진씨(陳氏)가 영락(永樂) 연간에 그 신하 여결(黎結)에 의해 찬탈되어, 태종(太宗) 황제가 군사를 일으켜 이를 토벌하여 진씨의 후예를 찾아 세우려 했지만 모두 여결에게 살해되어 남은 무리가 없다. 이로 인해 점령되어 군현이 됐다. 그 뒤에 여씨의 후예가 자립하여 임금이 되고 조공(朝貢)이 끊어지지 않았기 때문에 다시는 정토(征討)하지 않았다. 지금은 막등용(莫登庸)에게 쫓겨났다. 정덕(正德) 11년(1516)에 조공이 끊어졌다. 병신년(丙申年, 1536)에 여씨의 명을 받들고 그 나라 사신으로 내조(來朝)한 자가 있어 조정이 오랫동안 조공하지 않은 까닭을 물었더니, 막등용이 조공의 길을 가로막고 끊었기 때문에 내조할 수 없었는데 이제 다행히 상선을 타고 바다를 건너오다가 중도에 바람을 만나 표류되어 점성국(占城國)에 이르렀다가 여러 해 만에 중국에 이를 수 있었다고 했다."

사신이 보고한 월남과 중국의 관계에 관한 정보 가운데서도 특히 월남의 정변에 대한 명조의 대응 태도는 조선의 군신에게도 매우 중요한 정보로 받아들여졌다. 전통 시대 양국의 역사 구조 특히 중국과의 관계는 매우 근사하게 전개됐기 때문이다.[449] 이외에도 중국을 다녀온 조선 사신들이 쓴 각종 조천록(朝天錄)이나 연행록(燕行錄) 등을 통해서도 월남에 관한 여러 정보가 조선에 소개됐다.

전통 시대에 한국인과 월남인이 서로 인식하고 이해할 수 있게 한 통로의 하나는 인적 교류였다. 한국과 월남의 인적 교류는 이미 고려시대로 거슬러 올라간다. 당시 월남 이조(李朝)의 한 황자가 고려에 온 것으로 알려졌고, 지금의 정선(旌善) 이씨(李氏)는 그 후예로 자처한다. 정선 이씨의 가보(家譜)에 의하면, 정선 이씨의 시조 이양환(李陽煥)은 월남 이조 인종(仁宗)의 아들로, 중국과 한국에 무

449. 崔信浩, 「韓國과 安南.琉球와의 文學交流 試考」, 『한국한문학연구』 5, 1980, 243-244쪽.

역을 위해 왔다가 당시의 고려국에 남아 살기로 했다고 한다. 그러나 정선 이씨의 시조가 이조 인종의 양자(제3자) 이양혼(李陽焜)으로 이양환의 동생이라는 설도 있다. 1150년에 수군 제독 이양혼이 가족을 데리고 배를 타고 고려에 도착해 당시 월남의 황위 쟁탈전에서 피살되는 위기를 모면했다는 것이다. 『정선이씨족보(旌善李氏族譜)』에 의하면, 이의민(李義旼)이 이양혼의 6세손이라고 한다. 수십 년 뒤에 월남 이조 영종(英宗)의 일곱 번째 황자인 이용상(李龍祥)이 이조가 장차 진씨(陳氏)에게 찬탈될 것을 알고는 가족과 수천 가신을 거느리고 배를 타고 1226년에 고려로 건너왔다. 그는 월남의 병법(兵法)을 가지고 와서 고려의 몽고 항전에서 일정한 역할을 수행했다. 『화산이씨세보(花山李氏世譜)』에 의하면, 월남 이조 말기인 고려 고종(高宗) 재위 시에 이조의 왕자 이용상이 황해도 옹진군 북면 화산동(花山洞)에 왔는데, 몽원 침략 때 몽고군에 대한 항전에서 공을 세워 고종이 '화산군(花山君)'이란 작호(爵號)와 식읍을 주어서 화산 이씨의 시조가 됐다고 한다.

한·월의 인적 교류 가운데 또 하나의 루트는 바다를 통한 표류였다. 『광해군일기(光海君日記)』 4년(1612) 2월조에 의하면, "남경(南京) 사람과 안남 상인 등이 화패(貨貝)를 함께 싣고 표해(漂海)해 왔는데, 그 선척(船隻)의 제도(制度)가 매우 높고 커서 한 배 안에 10여 개의 돛이 줄지어 꽂혀졌으니 왜구(倭寇)의 배가 아니다. (濟州牧使) 이기빈(李箕賓)과 (判官) 문희현(文希賢)이 향례(享禮)로 대우했다"고 한다. 그러나 며칠 뒤에 조선 관원들이 배에서 대량의 보물과 금전을 발견하고 상인들을 살해하고 배 위의 재보를 약탈하니 수백의 무고한 생명이 피살됐다. 조선인은 배를 불태우고 이 일을 왜구라고 허위 보고했다.

한국인의 월남 표류도 있었다. 한국인으로서는 처음으로 월남에 다녀온 사람은 진주(晉州) 사람 조완벽(趙完璧)이었다. 그는 정유왜란 때 일본으로 끌려갔다가 왜어(倭語)를 해득할 수 있어 왜선을 타고 월남까지 다녀왔다. 그의 월남 왕래는 『지봉선생문집(芝峯先生文集)』에 수록된 『안남국사신창화문답록(安南國使臣唱和問答錄)』의 이준(李埈) 「발문」에서 비교적 자세하게 소개됐다. "수재(秀才) 조완벽은 진양(晉陽) 사람이다. 정유지란(丁酉之亂)에 왜중(倭中)에 빠졌다가,

일찍이 상왜(商倭)를 따라 안남국에 갔는데, 옛 월상씨(越裳氏)의 경계다.…물길로 50일을 가서 그 해안에 도착했다. 그 나라의 풍속은 피발(被髮)하고 열치(涅齒)했다. 그 인성은 유순하고 시서(詩書)의 가르침을 익혔다. 관제와 법도는 대략 중조(中朝)를 모방했다. 생(生)이 동국인(東國人)임을 듣고 다투어 와서 시권(詩卷)을 보여 주며 이를 읊으면서 이르기를, '이는 당신네 나라 이지봉(李芝峰)의 작품이다'라고 하면서 칭송하여 탄식하기를 그치지 않았다. 조생은 지봉이 다른 세대의 사람이라고 생각해서 가볍게 여겨 자세히 살펴보지 않았다. 그 뒤 몇 년 만에 본국으로 돌아와서 이 일을 모두 다른 사람에게 말했다. 이른바 지봉이 지금 춘관(春官) 아경(亞卿)인 이수광(李睟光) 공의 자호(自號)이고 그 시는 공이 상국(上國)에 조빙(朝聘)할 때 안남 사신 풍극관(馮克寬)을 객사에서 만나 서로 창수한 것임을 비로소 알게 됐다."

제주도 이민(吏民)의 월남 표류도 있었다. 조선 실학자 정동유(鄭東愈)의 만필집(漫筆集) 『주영편(晝永編)』에 의하면, 1727년에 역관 이제담(李齊聃)이 제주도에 부임하여 일찍이 월남에 표류한 적이 있는 고상영(高商英)이란 사람을 만나 그 시말을 듣고 표류기를 썼다고 한다. 1687년에 고상영 등 제주도 관리와 백성 24명이 17일간 표류하다가 순라선을 만나 월남의 회안군(會安郡) 명덕부(明德府)에 도착해 필담으로 심문을 받았다. 당시 월남인들은 과거에 월남의 태자가 조선인에 피살됐다는 와전(訛傳)을 믿고 이들을 죽여 복수하려 했는데, 행동거지가 단정한 한 부인이 와서 이들을 풀어 주었다고 한다. 이들 일행 중 5명은 당시 안남국의 수도였던 승룡(升龍)에 가서 황제 희종(熙宗)을 알현하고 주식(酒食)과 쌀 1석(石), 전(錢) 300을 하사받았다. 조선인이 귀국하기 전에 여조(黎朝)의 희종은 조선 국왕에게 정화(正和) 9년(1688) 7월 22일자 이문(移文)을 써 주었는데, 중국 상인 주한원(朱漢源)과 선호(船戶) 진간(陳干) 등이 이들을 데리고 본국으로 보내 주었다. 이 상선은 1688년 8월 7일에 출범하여 영파(寧波)·보타산(普陀山)을 거쳐 12월에 제주 대정현(大靜縣)에 도착했다. 표류기에는 월남의 자연과 사회·문화에 관한 많은 정황이 기술돼 있다.

그러나 한·월의 인적 교류 가운데 가장 큰 범위를 점하는 것은 역시 양국의 사절단이 중국에서 만나는 일이었다. 뱃사람이나 표류민에 의해 이뤄진 교류는 수적으로 매우 제한되고 비공식적이었지만, 양국 외교사절단의 중국에서의 만남은 더욱 빈번했고, 이러한 만남을 통해 많은 정보가 서로 소통됐다. 이수광과 풍극관의 만남이 그 대표적인 경우라 할 수 있다. 1597년(宣祖 30년)에 진위사(進慰使)로 북경을 다녀온 이수광은 그 『지봉선생문집』에 수록한 「안남국사신창화문답록후(安南國使臣唱和問答錄後)」에서 자신이 월남 사신을 만나 얻은 월남에 관한 풍부한 정보를 다음과 같이 기록하고 있다.

"안남국은 북경에서 1만 3천 리 떨어져 있다. 그 나라에서 양광(兩廣)을 거쳐 남경에 도달하고, 남경에서 북경에 도달한다. 그 나라의 왕은 본래 막성(莫姓)이었는데, 중조(中朝)는 그가 여러 번 반역했다고 하여 그 왕호(王號)를 바꾸어 도통사(都統使)로 삼았다. 여기에 이르러 여씨(黎氏)에게 멸망됐고, 그 사신은 여씨가 청봉(請封)하여 온 것이다. 작년 7월에 본국을 떠나 금년 8월에야 북경에 도착했다. 옥하관(玉河館)에 머무른 것이 또 5개월이었다. 사신의 성은 풍(馮), 이름은 극관(克寬)이며, 자호는 의재(毅齋)다. 나이는 70이 넘었는데, 형상과 외모가 매우 괴이하다. 열치(涅齒)하고 피발(被髮)하며, 넓은 소매의 긴 옷을 입고, 치포(緇布)를 전폭(全幅)으로 써서 개두(蓋頭)가 승건(僧巾) 모양 같은데, 그 반은 뒤로 어깨 넘어 드리운다. 그 사람은 비록 무척 늙었지만 정력이 아직 건장하고 언제나 독서하고 사책(寫册)하며 쉬지 않았다. 조회(朝會)하러 예궐(詣闕)할 때는 속발(束髮)하고 건모(巾帽)를 착용하여 오로지 천조(天朝)의 복식을 따랐지만, 그 기색을 보면 콧잔등을 찡그리며 감당하지 못하는 표정을 하고 있다가 돌아가서는 바로 벗어 버렸다. 일행은 모두 23명으로 모두 피발했다. 귀인은 열치하고, 하인은 짧은 옷에 선족(跣足)했다. 비록 겨울이라도 맨발에 고의(袴衣)를 입지 않고 버선을 신지 않는다. 대개 그 풍속이 그러하다. 그 자는 곳은 반드시 침상 위로, 항(炕)이나 온돌을 만들지 않는다. 그 음식은 대략 화인(華人)과 같지만 정결하지 않다. 그 옷은 능견(綾絹)이 많고 문금(紋錦)이나 면서(綿絮)로 만든 옷은 없다. 그 모습은 대체로 눈이 깊고 키가 작아, 혹은 원숭이 모양과 비슷하다. 그 성품은 매우 온순하고 문자를 대략 안다. 검술 익히기를 좋아하지만 그 법은 『기효신서(紀效新書)』와 다르다. 군관들을 시켜 학습하게 하려 해도 비밀로 하고 가르쳐 주지 않는다. 그 언어는 왜(倭)와 유사하고 음성이 비슷하다. 그중 한음(漢音)을 해득하는 자는 한 사람뿐이었다. 한역(漢譯)이나 문자로 서로 통한다. 그 나라의 속서(俗書)는 자획이 매우 달라서 거의 알아볼 수가 없다."

이수광의 이러한 소개를 통해 한국인들은 '열치(涅齒)' 즉 이를 검게 물들이는 풍속과 '피발(被髮/披髮)' 즉 머리를 묶지 않고 풀어 헤치는 머리 모양 등 예로부터 중국 문헌에 기록되어 있던 월남 고유의 풍속을 확인할 수 있었다. 풍극관은 자신이 쓴 『만수경하시집(萬壽慶賀詩集)』의 서문을 써 달라고 부탁해서 이수광의 글을 받고, 감사의 뜻으로 월남의 토산품인 백선향(白線香) 백 매(枚)와 지향(脂香) 한 기(器)를 나누어 주면서 "듣기에 귀국의 필묵(筆墨)은 천하의 절품(絶品)이라고 하니 이를 얻고 싶다"고 하여 약간의 필묵을 받아 갔다고 한다. 이로 보아 월남인들도 양국 사신의 왕래를 통해 조선에 대한 기왕의 정보를 확인할 수 있었음을 알 수 있다.

이수광의 『안남국사신창화문답록』「문답」은 한·월 양국의 사신이 어떻게 상대국의 정보를 얻을 수 있었는지 잘 보여 준다. 필담의 일부를 소개하면 다음과 같다.

문: 옛 월상(越裳) 교지(交趾)가 귀국의 강역인가?
답: 그렇다.
문: 대인의 관직은 무엇인가?
답: 우로(愚老)는 천국(賤國)에서 시랑(侍郎)직을 맡고 있다.
문: 귀국의 관제와 풍속은 어떠한가?
답: 공맹(孔孟)의 시서예악(詩書禮樂) 가르침과 당·송 진사과거(進士科擧)의 문(文)을 익힌다.…
문: 귀국에 도통사(都統使)가 있는데, 무슨 관직인가?
답: 천국은 옛날에 나라를 가진 이래로 일찍이 도통사사(都統使司)의 직이 있었던 적이 없었는데, 특히 막씨가 참역(僭逆)하여 천조가 용서해서 죽이

지 않고 도통사사를 권치(權置)하여 품질(品秩) 종2품으로 반신(叛臣)을 대우했을 뿐이다. 지금 왕봉(王封)을 회복해 줄 것을 요청했으니, 정신(廷臣)이 바야흐로 은상(恩賞)에 관해 의논해서 정할 것이다.…

문: 마복파(馬伏波) (將軍의) 동주(銅柱)는 어디에 세워져 있나?

답: 예전에는 매령(梅嶺)에 있다고 전해졌는데 지금은 없다.

월남의 사신은 조선의 제도가 어떠한지 물었고, 이수광은 "관제는 천조를 모방하여 삼공(三公)과 육부(六部)·대성(臺省)을 두었고, 나머지 법도는 모두 화제(華制)를 준용하고 있다"고 답했다. 이에 월남 사신은 "귀대국은 문헌지국(文獻之國)이라 일컬어지니 천국이 감히 바라볼 바가 아니다"라고 감탄했다고 한다.

이수광은 「안남국사신창화문답록식(安南國使臣唱和問答錄識)」에서 이러한 필담이 이뤄지게 된 과정에 관해 다음과 같이 기술했다. "수광이 만력(萬曆) 경인년(庚寅年)에 서장관(書狀官)으로 임용되어 경사(京師)에서 성절(聖節)을 경하했는데, 안남국 사신을 만났지만 각각 다른 객관에 거처해 금령으로 서로 통할 수 없었고 단지 조회에서 한두 번 얼굴을 볼 수 있었을 뿐이다. 일을 마치고 조정에 돌아와서 견문한 사건 중에서 대략 기록해 올렸더니, 상(上)께서 신 수광을 정원(政院)에 불러 안남 사신의 의복 제도와 그 나라 풍속이 어떠한지, 또 혹시 창화(唱和)의 작품이나 서계(書啟)가 있었는지 하문하셨다. 이에 그 사신과 서로 문답하고 수창(酬唱)하여 성문(聖問)에 우러러 대답하지 못한 것이 더욱 한스러웠다. 정유년(丁酉年) 겨울에 이르러 진위사(進慰使)로 다시 경사에 가서 또 안남 사신과 서로 마주쳤다. 마침 동지하절(冬至賀節)이어서 외국에서 온 사람들이 매우 많아 관우(館宇)가 가득 차서 다행히 그 사신과 같은 곳에 함께 거처했다. 50일 이상 머물렀기 때문에 서로 만나 아주 친숙해질 수 있었고, 문답은 매우 상세하게 이뤄졌다. 수창에 이르러서는, 이때 나라가 병화(兵禍)를 입어 생각이 그 일에까지 미치지 못해 감히 붓을 잡고 글을 만들지 못하고, 다만 그 문체(文體)를 보려고 했을 뿐이다. 생각건대 우리나라는 중조와 매우 멀고 중국(中國)에서 안남은 더욱 멀리 떨어져 있어, 그 길을 계산하면 양국 사이의 거리가 1만여

리에 그치지 않는다. 또한 그 조공하는 때가 일정하지 않아 여러 해에 한 번씩 이르렀기 때문에 우리나라 사신이 만나기가 쉽지 않은데, 하물며 그들과 같은 곳에서 창수할 수 있을 줄이야. 그렇기 때문에 수광이 두 번이나 만난 것이 어찌 그사이에 (만날) 운수가 있었기 때문이 아니겠는가. 게다가 이런 시집도 전고(前古)에는 없었던 것이다. 문(文)이 비록 매우 비루하다 해도 사(事)가 혹 전할 만하기 때문에, 이를 남겨서 박아(博雅)한 군자가 취할 것이 있기를 기대할 뿐이다"(『芝峯集』『安南國使臣唱和問答錄』).

이수광의 이 글을 통해, 사신이 복명할 때 조선 군주가 안남에 대한 정보를 알기 원했음을 알 수 있다. 이로 인해 북경에서 한·월 양국의 사신이 조우할 때는 서로 상대방에 대한 정보를 확보하기 위해 노력했다. '자순(咨詢)'은 춘추·전국시대 이래로 동아시아 여러 나라의 사신들에게 기대된 공통된 역할이었으니, 조선과 월남의 사신 역시 예외가 아니었다. 전통 시대 조선인과 월남인은 주로 북경에서 조우(遭遇)하는 자국의 사절단을 통해 상대 나라에 대한 정보를 확보하고 상대 나라의 전통과 문화에 대해 이해할 수 있었다.

그리고 이수광의 이 글을 통해 알 수 있는 또 하나의 사실은 동문의 나라에서 파견된 사신들이 서로 조우하면 한시를 창화하는 것이 자연스러운 일로 인식되고 있었다는 것이다. 이수광이 귀국한 뒤에 북경에서 안남의 사신과 만났다고 복명하니 조선의 군주도 "혹시 창화의 작품이나 서계가 있었는지 하문했다"고 하고, 이수광도 "그 사신과 서로 문답하고 수창하여 성문에 우러러 대답하지 못한 것이 더욱 한스러웠다"고 한 것으로 보아, 언어는 다르나 문자가 같은 두 나라의 사신이 제3국에서 만나면 서로 필담으로 상대에 대한 궁금증을 풀고 자신의 소회를 한시로 표현하여 증답하거나 창화하는 것은 매우 자연스러운 일이었다. 다만 이수광의 경우 "이때 나라가 병화를 입어" 수창하는 일까지 생각하지 못했다고 한다. 따라서 특수한 경우를 제외하고는, 한·월 양국의 사신이 북경에서 조우하면 으레 한시를 증답하거나 창화할 것으로 기대됐고, 대부분의 경우 실제로 한시의 창화가 이루어졌다.

안남의 사신들도 조선의 사신과 만나고 교섭하는 과정에서 조선에 대해 적지 않은 정보를 확보했다. 한 예로 1760년에 북경을 방문해서 조선의 홍계희(洪啟禧) 일행을 만나 여러 차례 접촉한 바 있는 안남 사신 여귀돈(黎貴惇)은 귀국한 뒤에 자신이 사행 중에 보고 들은 바를 기록한 『견문소록(見聞小錄)』에서 조선에 대한 정보를 다음과 같이 기술했다. "당조(唐朝)하의 고려(高麗)는 안동도호부(安東都護府)였다. 진조(晉朝) 시기에 왕건(王建)이 다시 자치권을 확립하고 신라와 백제 영토를 합병했다. 이 나라는 송과 원 그리고 명 태조(太祖) 초까지 존속했다. 이때 이씨(李氏)가 그들을 대신하여 조선(朝鮮)이라는 옛 이름을 취하고 대명(大明)을 거쳐 현재까지 존속하고 있다. 대략 900년 동안 오직 두 왕조의 교체만 있었다. 이는 심지어 중국까지 부끄러워하게 했다. 백성은 점잖고 존경스럽다. 그들은 공부하기를 좋아하고 글쓰기에 익숙하며 예의를 존숭한다."

여귀돈은 조선의 사신들에게 다음과 같은 편지를 써서 조선의 문화에 대해 존경을 표시했다. "동국(東國)은 신의와 예절을 지키고 시서의 가르침을 따르는 것을 좋아하는 모범적인 사람들의 왕국이다. 이 모든 것이 다른 이들의 존경과 찬사를 불러일으킨다. 나는 보잘것없는 우리나라가 예의를 지킨다고 주장하기에 부끄럽다. 정의감은 우리가 함께 공유하는 것이다."

전통 시대의 한국인과 월남인은 이민과 표류, 사신의 조우 등 인적 교류를 통해 정보를 교환하여 서로에 대해 인식·이해할 수 있었는데, 그 가운데서도 양국의 사신들이 북경에서 조우하여 교환한 정보가 가장 정확하고 광범해서 상호 교류와 이해에 중요한 의미를 갖고 있었다. 한·월 양국은 함께 책봉·조공 체제에 참여하여 공동으로 동아시아 세계 질서를 구축하고 있었기 때문에 조공의 예를 수행하기 위해 중국에 파견된 사절단이 북경에서 조우함으로써 상호 정보를 교환하여 자국민들에게 전달하고 상호 시문을 교류하여 문화적 교감까지 깊게 할 수 있었고, 필담과 창화를 통해 상대국에 대한 정보를 획득하여 본국에 전할 수 있었던 것이다. 월남의 안남과 한국의 조선 사신의 만남이 비록 제3국에서 진행됐고 교류 시간도 충분하지 못했지만, 그들이 남긴 창화시와 문답으로도 당시의 양국 문화와 정보를 이해할 수 있었으니, 이들 작품에는 함께 하나의 문화권을 이루고 있다는 동문 의식이 가득 차 있었다.

2. 초기의 한·월 한시 창화

북경을 무대로 한 한국과 월남 사신 간의 창화 외교에는 일정한 한계가 있었다. 한국의 조선국과 월남의 안남국은 중국의 명조에 조공하는 차수가 서로 달라 북경에서 서로 조우하기가 쉽지 않았다. 또한 자국에서 북경에 이르는 거리가 크게 달라 북경에 도착하는 일시와 북경을 떠나 귀국하는 일시 즉 북경에 함께 체류하는 기간이 서로 달랐고, 비록 북경에서 서로 만날 수 있다 하더라도 함께 만날 수 있는 시간이 일정하지 않았다. 더구나 이수광이 「안남국사신창화문답록식」에서 밝힌 바와 같이, 양국의 사신이 같이 북경에서 만난다 하더라도 "각각 다른 객관에 거처해 금령으로 서로 통할 수 없었고, 단지 조회에서 한두 번 얼굴을 볼 수 있었을 뿐이었다."

이렇게 서로 만나서 필담을 나눌 기회를 갖기도 힘든데 하물며 함께 시문을 창수하는 일이야 결코 쉬운 일이 아니었을 것이다. 그럼에도 불구하고 한·월 양국의 사신들은 기회만 있으면 틈틈이 만나 시문을 교환했다. 1458년에 조선 사신 서거정(徐居正)과 안남 사신 양곡(梁鵠)이 북경에서 만나 서로 한시를 창화하며 교환(交驩)한 이후 많은 사례가 기록에 남아 있으니, 1598년에 조선 사신 이수광과 안남 사신 풍극관이 만나 시문을 통해 즐거움을 나눈 사건이 그 대표적인 경우였다.

함풍(咸豐) 연간에 양광총독(兩廣總督)을 지낸 바 있는 노숭광(勞崇光)은 일찍이 『남국풍아통편(南國風雅統編)』「서문」에서 "중하(中夏)와 가까이 하고 유술(儒術)을 숭상하며 시서를 좋아하여 문물지방(文物之邦)으로 함께 세상에 이름을 드날리며 받들어진 곳으로는 반드시 조선과 월남 두 나라가 칭해진다. 조선 사신은 매년 경사에 이르러, 때로는 중조 사대부와 서로 창화한다. 월남은 4년에 양공(兩貢)을 병진(幷進)하는데, 사신이 중도에 기행(紀行)하고 화인(華人)과 서로 작품을 투증(投贈)하여 당시 인구(人口)에 전파됐다"고 했다.

이처럼 전통 시대 동아시아에서 한국과 월남은 중국과 함께 가장 개화된 영역으로 광범하게 인정됐다. 그래서 이 두 곳에서 온 사신들은 중국 수도에서의 만남과 교제를 진심으로 즐겁게 받아들였다. 동문이라는 우애로운 동료 의식의 전통이 이 두 나라에서 온 사신들 사이에서 발전되어, 월남 사신의 시집 가운데 조선국에서 온 동료 사신과 교환한 시구로 채워지지 않은 것이 없었다. 북사 시문을 읽으면 중국 문인, 한국 사신, 월남 사신 등 3자 사이의 상호 교왕을 동시에 볼 수 있다. 배옥거(裵玉柜)의 『유죽선생시집(有竹先生詩集)』, 단완준(段阮俊)의 『해파시집(海派詩集)』, 풍극관의 『매령사화시집(梅嶺使華詩集)』, 무휘정(武輝珽)의 『화정시집(華程詩集)』, 여광원(黎光院)의 『화정우필록(華程偶筆錄)』, 호사동(胡仕棟)의 『화정견홍(華程遣興)』, 범지향(范芝香)의 『미천사정시집(郿川使程詩集)』, 완공기(阮公基)의 『상산행군초록(湘山行軍草綠)』, 오시임(吳時任)의 『연대추영(燕臺秋咏)』, 완사한(阮思僩)의 『연초시문집(燕軺詩文集)』 등은 모두 한국 사절의 창화시를 수록했다. 여귀돈이 쓴 『견문소록』에서도 "조공하기 위해 북경을 가는 우리 월남 사신은 자주 그들 사신들과 만나 시를 교환한다"고 하면서, "명조의 만력제(萬曆帝) 치세에 풍극관과 이수광이 시를 교환했다. 이수광도 풍 선생의 시집을 위해 서문을 지었다"는 사실을 상기했다.[450]

여귀돈이 기억하듯이 월남인에게나 한국인에게나 한·월 창화의 대표적 사례는 풍극관과 이수광의 창화였지만, 그보다 훨씬 전부터 한국과 월남의 사신들은 중국에서 시문 증답 혹은 한시 창화의 전통을 만들어 왔다. 고려시대 이숭인(李崇仁)의 『도은집(陶隱集)』 권3에는 「안남(安南)을 읊는다」는 시가 기재되어 "칠사(漆紗)의 모자 쓰고 색사(色紗)의 옷 입은" 안남의 사신을 묘사하고 있지만, 월남 사신의 이름과 만난 장소, 한시 창화의 여부는 알 수가 없다.

아마도 우리가 확인할 수 있는 한·월 사신의 첫 번째 창화는 1460년에 북경에서 조선 사신 서거정과 안남 사신 양곡 사이에 있었던 한시 창화가 아닌가 생각된다. 이때 서거정이 「안남사(安南使) 양곡의 시를 차운(次韻)하여」란 시를 지어 다음과 같이 화답했다. "만국(萬國)이 제항(梯航)한 날, 동시에 경광(耿光)으로 접근했다. 사해가 형제로 한결같으니, 담소하는 곳이 곧 내 고향이어라. 새로

450. 劉玉珺, 「越南使臣與中越文學交流」, 『學術硏究』 2007-1, 146쪽.

알게 된 즐거움을 이미 기뻐했으니, 이별의 슬픔 길어짐을 어떻게 견디겠나. 뒷날 남북이 그리워할 제, 구름과 물이 정말 망망하리라." 이 시에서 노래된 만국과 함께 양국이 조근(朝覲)한 일, '사해형제(四海兄弟)', 필담과 창화, 만남의 즐거움과 이별의 아쉬움 등 4연(聯)이 모두 이후 한·월 사신들의 창화시에 공통으로 보이는 기본 요소들이다.

1481년에는 조선 사신 홍귀달(洪貴達)과 신종호(申從濩) 일행과 안남 사신 완안(阮安)과 완위(阮偉)·완문질(阮文質)·무좌(武佐) 일행이 서로 나눈 시문 증답과 한시 창화가 있었다. 조선 정사 홍귀달은 「통주역관(通州驛館)에서 안남사(安南使)의 시를 차운하여」 "거서(車書)가 성대한 치세에 기쁘게 조봉(遭逢)하니, 동과 남에서 온 옥백(玉帛)이 여기서 회동한다"(洪貴達, 『虛白亭文集』)고 화답했고, 「안남사 완위 정부(挺夫)의 시를 차운하여」 "옥절(玉節) 지닌 천남(天南)의 사신을, 금대(金臺)의 노상에서 만났다. 말은 풍토로 인해 같지 않지만, 천성을 함께하니 마음은 다르지 않다"(『虛白先生續集』)고 화답했으며, 「안남(부)사 완문질 순부(淳夫)의 시를 차운하여」 "그대 사림(詞林)의 대가임을 아노니, 시율(詩律)을 살펴보니 음하(陰何)와 비슷하다"(『虛白亭文集』)고 화답했다. 여기서 '음하'란 음갱(陰鏗)과 하손(何遜)을 말하는데, 흔히 천재인 사령운(謝靈運)이나 사조(謝朓)와 대비하여 노력으로 대시인이 된 이의 대명사로 지칭된다.

조선의 부사 신종호도 「안남(부)사 무좌에게 증시(贈詩)하여」 "미령(麊泠) 장해(瘴海)의 빈터에서 와서, 오늘 아침 노하(潞河)의 배에서 처음 내렸다. 남녘 하늘 동주(銅柱)에서 고개를 넘고, 북녘 땅 아득한 금대(金臺) 향해 연(燕)으로 달려왔다. 나그네 길 바람 안개가 만 리나 이어지고, 집으로 돌아가는 세월이 삼 년이나 걸린다"(『續東文選』)고 노래했다. '미령'은 한대(漢代)에 월남 땅에 설치한 현(縣)의 이름이다. '동주'는 후한 초에 복파장군(伏波將軍) 마원(馬援)이 한의 경계를 표시하기 위해 세운 구리 기둥을 말한다. 『후한서(後漢書)』 마원전에서 마원이 "교남(嶠南)을 모두 평정했다"고 하고, 이현(李賢)이 『광주기(廣州記)』를 인용해 "마원이 교지(交阯)에 이르러 동주를 세워 한의 극계(極界)로 삼았다"고 주기했다. 청대 고증학자 조익(趙翼)은 『해여총고(陔餘叢考)』 「마씨동주유삼(馬氏

銅柱有三)」에서 "마원이 세운 동주는 임읍국(林邑國)에 있으니…이는 한대에 세운 동주가 교지에 있었음을 뜻한다"고 해석했다. 사실 마원이 세웠다는 동주의 정확한 위치는 아직 확인되지 않고 있지만, 이후 중국인이나 월남인 모두 동주를 양국 경계의 상징물로 이해해 왔고, 한·월 사신들의 창화시에서도 이러한 집단기억이 연장되어 표현된다. 16세기부터 19세기까지 베트남 지식인들은 '마원의 동주'가 적어도 상징적으로는 존재했음을 믿었고 그것이 국경을 가리켰음을 믿었다.[451]

서거정과 양곡의 창화, 홍귀달 일행과 완안 일행의 창화에서 볼 수 있듯이 초기 한·월 사신의 창화는 언제나 월남의 사신들이 선창(先唱)하고 한국의 사신들은 화답(和答)하는 형식으로 진행됐는데, 이러한 창화 형태는 이후 안남 사신 여시거(黎時擧)와 조선 사신 조신(曺伸)의 창화에서도 보인다. 이 두 사람의 만남과 창화가 언제 이루어졌는지는 정확하게 확인되지 않지만, 대략 15세기 후반에서 16세기 초반으로 추량된다. 여시거와 조신은 창화의 투시적(鬪詩的) 속성을 처음으로 드러낸 사례로 유명하다. 어숙권(魚叔權)의 『패관잡기(稗官雜記)』에는 조신이 북경에 갔을 때 안남 사신과 주고받은 세 수의 시와 흥미로운 시화(詩話)가 기재되어 있다.

여시거가 먼저 「여(黎)의 시 한 수」를 선창하며 "삼한(三韓)은 경치가 무척 뛰어나다 말들을 하고, 압록(鴨綠)은 맑고도 깨끗해서 물빛이 가을이다. 이 강산을 때때로 그리워하고 좋아함을 알 수 있으니, 구법(句法)조차도 소주(蘇州)를 본받게 된다"고 노래하자, 조신이 "물고기 좋아하고 웅장(熊掌) 맛은 또 얼마나 대단한지, 나는 그대의 시를 사랑하니 맑기가 가을 같다. 온이(溫李)는 그저 부염(富艶)을 자랑할 뿐, 평평하고 단합(端合)함이 소주를 배웠다"고 화답했다. '구법'은 시문의 어구를 구성하는 법식을 말한다. '온이'는 만당의 시인 온정균(溫庭筠)과 이상은(李商隱)을 아울러 이르는 말이다. 당인 배정유(裵庭裕)의 『동관주기(東觀奏記)』에 의하면, "온정균은 사부(詞賦)와 시편이 한 시대에 관절(冠絶)하

---

451. Liam C. Kelley, *Beyond the Bronze Pillars, Envoy Poetry and the Sino-Vietnamese Relationship*, Association for Asian Studies and University of Hawaii' Press, Honolulu, 2005, p.9.

여, 이상은과 함께 이름을 나란히 하니, 당시에 온이라고 불렀다"고 한다.

그런데 여시거는 조신의 화시에 대해 불만을 품고 「여(시거)가 '소주(蘇州)'를 압운(押韻)하여 글자가 창운(唱韻)을 범한 것은 화시체(和詩體)가 아니라 하여, 글을 보내 이를 기롱(譏弄)하면서 한 수를 증시하여 이르기를」, "마한(馬韓)·진한(辰韓)의 유속(遺俗)은 고금이 다르니, 세대가 바뀌어서 몇 번째 가을인지. 관명을 누살(耨薩)이라 정함은 무슨 뜻인가, 그대의 예제(禮制)가 중주(中州)와 다름을 알 수가 있다"고 비판했다. 조신은 여시거의 이러한 비판에 대해 글을 보내 다음과 같이 변명했다고 한다.

"병 끝에 생각이 고갈됐으니, 기꺼이 물러나서 운제(雲梯)와 충차(衝車)가 앞에서 춤을 출지라도 처녀처럼 스스로 지킬 뿐이다. 그대는 회음후(淮陰侯)가 흐르는 물가에 군진을 친다고 조인(趙人)이 웃은 것처럼 비웃지 마시라. 뒷날 몸이 건강해지기를 기다렸다가, 웅당 시단(詩壇)에서 쟁장(爭長)하리라. 노자(老子)가 거안(據鞍)하여 고혜(顧盻)함을 시험 삼아 봐야 할 터이니, 막중(幕中)의 계책을 아끼지 마소. 누살은 본래 방언으로 옛날의 운조(雲鳥)인데, 관명 짓는 일로 무엇을 다툴 것인가. 교지(交趾)가 어찌 병무(駢拇)의 뜻이겠는가." 여기서 '거안'이란 말안장에 걸터앉는다는 뜻으로 행군하여 싸우는 것을 이르는 말이고, '고혜'란 뒤돌아보고 눈을 흘긴다는 뜻으로 『후한서』 마원전에 나오는 말이다. '병무'란 병무지지(駢拇枝指)의 준말로 엄지발가락과 둘째발가락이 하나로 붙은 발가락과 육손이의 덧붙은 손가락을 가리키는데, 흔히 쓸데없는 군더더기를 비유하는 말로 쓰인다. 『장자』 병무편에 나온다.

조신의 변명에 대해 여시거는 다시 글을 보내 다음과 같이 반박했다. "그대는 회음후를 자처하면서 상대를 조인으로 대했지만, 나는 그렇지 않다고 생각한다. 저 회음후의 배수진은 바로 병법 가운데서 기율을 써서 승리를 거둔 것이다. 지금 그대는 창시에서 마음대로 쓴 운을 답습했으니, 병법으로 말한다면 그대는 대오를 잃고 제멋대로 그 자리를 떠남이 심하다 할 것이다. 장차 갑옷을 버리고 병기를 끌면서 도망하게 될 터인데, 어찌 안장에 앉아 흘겨볼 겨를이 있겠는가. 대장부는 헌걸차고 대범하여 묵갑필봉(墨甲筆鋒)으로 천군을 일소할 터인데, 어찌 막중의 계책을 쓸 것인가. 뒷날 귀하신 몸이 건강해져서 한번 서로 방문하게 된다면, 삼가 단부(壇夫)에게 명하여 기고(旗鼓)를 엄격하게 설치하고 기다릴 것이다. 교지는 본래 한 군(郡)으로, 군의 북쪽에 남교관(南交關)과 천지산(天阯山)이 있기 때문에 군의 이름을 교지라 했는데, 그 뒤에 잘못 와전되어 '阯'를 '趾'라고 했으니, 그대가 와전된 것을 그대로 이은 것이 괴이할 바는 없다"(魚叔權, 『稗官雜記』).

한편 권별(權鼈)의 『해동잡록(海東雜錄)』에는 이들과 관련된 또 다른 종류의 시화가 소개되어 있다. "적암(適庵. 曺伸)이 '虞'와 '尤'를 통용(通用)한 것을 기롱하니, (여)시거가 글로 답하여 이르기를 '고인(古人)이 시를 지어 기련(起聯)함을 보면, 별용별운(別用別韻)의 체가 있었다.…또 장경부(張敬夫) 제현(諸賢)의 시에서는… 상평(上平)의 진(眞)으로 하평(下平)의 경(庚)을 협(協)했다. 이 같은 종류는 여러 편독(篇牘)에 이어지고 쌓여 있어 일일이 다 지적할 수가 없다. 공은 장경부 제현 역시 구차하게 지은 것이라 여기는가'라고 했다." 여기서 조신이 말하는 '협'이란 '협운(協韻)' 즉 시문의 평측(平仄)을 정리하기 위해 고음(古音)에서 동일한 운에 속하지 않는 글자를 같은 운으로 쳐서 통용하는 일을 말하는데 '협운(叶韻)'이라고도 한다.

이처럼 한·월 양국의 사신들이 한시를 창화하면서 상대가 지은 시의 운률에 대해 논쟁을 벌인 것은 그 이전에도 그 이후에도 보기 드문 일이었지만, 투시(鬪詩) 혹은 시전(詩戰)을 벌이고, 시 짓기를 통해 경쟁하는 것은 창화시의 고유한 속성의 하나로서 다른 국제적 한시 창화에서도 흔치않게 발견되는 현상이기도 하다. 이처럼 이미 한·월 사신 사이의 초기 창화에서 한시 창화의 기본적 특성이나 특징적 측면이 드러났지만, 역시 한·월 창화의 가장 전형적 사례는 이수광과 풍극관에서 확인된다.

3. 한·월 창화의 전범: 이수광(李睟光)과 풍극관(馮克寬)의 한시 창수

지봉(芝峰) 이수광은 명조(明朝)에 세 차례 출사(出使)했는데, 1590년(萬曆 18년)에는 서장관(書狀官)의 신분으로, 1597년(萬曆 25년)에는 하성절사(賀聖節使) 겸 진위사(進慰使)의 신분으로, 1611년(萬曆 39년)에는 주청부사(奏請副使)의 신분으로 출사했다. 풍극관은 월남 후여조(後黎朝)의 저명한 군사책략가이자 정치가요 외교가이자 시인으로, 호가 의재(毅齋) 혹은 경재(敬齋)인데, 진사에 급제한 뒤 공부좌시랑(工部左侍郞)으로 1597년(萬曆 25년)에 명조에 출사했다. 이 두 사람이 1597년 같은 해에 북경에서 조우하여 한시를 창화하게 된 사연은 이수광의 「안남국사신창화문답록식(安南國使臣唱和問答錄識)」에 자세하게 설명돼 있거니와, 「안남국사신창화문답록후(安南國使臣唱和問答錄後)」에서도 풍극관과 시문을 창화하고 풍극관의 시집 서문을 써 주게 된 일에 대해 다음과 같이 소개했다.

"처음 그 문체가 어떠한지 보려고 시험 삼아 장구(長句)를 만들어 보냈더니, 사신이 곧 이에 화답했다. 이로 인해 여러 번 왕복했는데, 사신이 매번 수광 등이 지은 시를 볼 때마다 무릎을 치며 '문장이 높다'고 칭상하면서, 그 뒤로 반드시 대수필(大手筆)이라 칭했다. 대개 타국의 문장이기 때문에 과장(過奬)함이 이와 같았다. 사신이 또 청하여 말하기를 '불녕(不佞)에게 『만수경하시집(萬壽慶賀詩集)』이 있어 감히 사공(使公)께 그 머리말을 써 줄 것을 청하여 대수필의 은택을 누리고 싶다'고 했다. 그 요청이 매우 간곡하고 여러 차례 사양해도 받아들여지지 않아 마침내 글을 지어 증송했다. 사신이 글을 보내 이르기를 '사공의 시서(詩序)를 기쁘게 보니 사조(詞藻)가 아름답게 빛난다. 지나치게 칭예(稱譽)하여 절로 부끄럽게 하니 매우 감사하고 감사하다'고 했다"(『芝峯集』『安南國使臣唱和問答錄』).

이수광과 풍극관은 수창을 5차례 왕래하고 모두 18수의 시를 지었는데, 매번 언제나 이수광이 선창하고 풍극관이 차운해서 화답했다. 이수광이 풍극관에게 준 시가 9수고, 풍극관이 이수광에 준 시가 9수였다. 「안남국 사신에게 증송하다(贈安南國使臣)」 2수, 「안남 사신의 앞 운을 다시 사용하여 거듭 증송하다

(重贈安南使臣疊前韻)」2수, 「안남 사신의 앞 운을 다시 사용하여 또 증송하다(又贈安南使臣疊前韻)」2수, 「안남 사신에게 증송하여 또 앞 운을 다시 사용하다(贈安南使臣又疊前韻)」2수, 「안남 사신에게 배율 10운을 증송하다(贈安南使臣排律十韻)」는 이수광이 풍극관에게 준 것이고, 「지봉 사공의 운을 정중하게 사용하다(肅次芝峰使公韻)」2수, 「두 차례 해동 지봉 사공의 앞 운에 정중하게 화답하다(肅和兩次海東芝峰使公前韻)」2수, 「해동 사공의 시서를 기쁘게 얻어 삼가 다시 차운하여 동 사신의 대필수택에 감사를 표하다(喜得海東使公詩序謹再次韻以表同使大筆手澤者)」2수, 「해동의 지봉 대수필에게 다시 차운하여 공손하게 화답하다(再次韻敬答海東芝峰大手筆)」2수, 「지봉 사공의 장률 10운에 정중하게 차운하다(肅次芝峰使公長律十韻)」는 풍극관이 이수광에게 준 시다. 이 시들은 조신과 여시거처럼 서로 비판하고 시재를 자랑한 것이 아니라 매우 우호적이고 친화적인 정감을 담고 있다. 이들이 주고받은 창화시들 가운데서 특히 주목할 만한 시구를 소개하면 다음과 같다.

조선 정사 이수광이 먼저 안남 정사 풍극관에게 「정유년(丁酉年) 겨울 부경(赴京)할 때 안남국 사신에게 두 수를 증시하여」 다음과 같이 선창했다. "만 리 먼 곳 장려향(瘴癘鄉)에서 와서, 멀리 중역(重譯) 거쳐 군왕을 알현한다. 제봉(提封)에는 한대(漢代)에 동주(銅柱) 새로 세웠지만, 주가(周家)에 공헌(貢獻)한 예전의 월상(越裳)이다. 이채롭게 솟은 산에는 상골(象骨)이 풍부하고, 영기(靈氣) 찌는 땅에는 용향(龍香)이 생산된다. 지금 막 중국에서 성현을 만났으니, 천 년이나 바람 자고 바다도 잔잔하리." "듣기에 그대 집은 구진(九眞)에 있다 하고, 산수의 역정(驛程)이 만 리나 된다 한다. 의관(衣冠)의 제도 다르다고 말하지 마소, 문자는 다르지 않아 시서(詩書)를 함께하니. 백치(白雉)를 바치려고 만요(蠻徼)를 통해 왔고, 포모(包茅)를 공납하러 상여(象輿)로 뫼러 왔다. 염주(炎州)로 머리 돌려 돌아갈 길 요원한데, 누가 있어 다시 한 번 지남거(指南車)를 만들리오"(李睟光, 『芝峰先生集』8, 「安南國使臣唱和問答錄」). 이 시에 담겨져 있는 '장려향'이라든지 '중역', '동주', '월상', '영기', '용향', '상골', '구진', '백치', '만요', '상여', '염주' 등은 모두 월남에 대해 이수광이 알고 있던 기왕의 지식을 제시한 것이다. 이수광은 자신이 『시』·『서』 이래 중국의 고전적 문헌에서 얻은 월남에 관한 이런 지식들을 원창시(原唱詩)에 나열함으로써 월남에 대한 조선인의 친밀감을 과시했다. 특히 그는 이 시를 통해 비록 두 나라 사람들의 의관이 조금 다르다 하더라도 같은 문자를 사용하고 함께 '시서'로 상징되는 가치를 공유하고 있음을 강조하여 '동문' 의식을 표방했음이 주목된다.

이수광의 선창에 대해 안남 정사 풍극관도 「지봉 사공(使公)의 시운(詩韻)을 삼가 차운(次韻)하여」 다음과 같이 화답했다. "이역(異域)에서 왔지만 같이 예의향(禮義鄕)으로 돌아가니, 오늘 함께 내왕하여 기쁘게 만난다. 조회(朝會) 들어 접무(接武)하니 은대(殷代)의 관후(冠冔)요, 관국(觀國)하여 조현(朝見)하니 순대(舜代)의 면상(冕裳)이다. 궁정의 연향에서 황제 은택에 젖었더니, 돌아오는 소매에 천향(天香)이 가득 어지럽다. 오로지 군자만이 진군자(眞君子)를 알아보니, 다행히도 시 속에서 한 표양(表揚)을 얻게 됐다." "정의롭게 안거하면 어디인들 불안할까, 예(禮)로 만나 성실하게 사귀면 즐거움이 넘치리라. 피차 사는 산과 바다 비록 같지 않지만, 연원은 동일하니 성현(聖賢)의 책 그것이다. 교린(交隣)은 곧 신의를 근본으로 삼으니, 진덕(進德)하고 심유(深惟)하며 삼가 수레 만든다. 사초(使軺)가 회국하는 날 확실하게 기억하리, 동과 남의 다섯 빛깔 운거(雲車)를 바라본다"(馮克寬, 『皇越詩選』 5; 『安南國使臣唱和問答錄』). 풍극관 역시 이수광의 동문(同文) 의식에 호응하여, 양국의 문화적 근원이 모두 '성현의 책'임을 동의하고 '신의'와 '진덕'이라는 유교적 가치를 강조했다. 특히 그는 조선과 월남이라는 '이역'이 함께 '예의향'인 중국에 '내왕'하여 '조현'해서 '은의 관후'와 '순의 면상'을 참관하는 '제택(帝澤)'을 입었음을 적시함으로써, 한·월 양국이 함께 중국 중심의 국제 질서에 참여하여 동일한 문화와 가치를 공유함을 강조한 것이 주목된다. 이수광은 「안남국사신창화문답록후」에서 중국과 양국의 제도적 관계에 대해 "조회할 때 우리나라 사신이 전행(前行)에서 수립(首立)하고, 안남 사신은 후행(後行)에서 차립(次立)했다"(『芝峯集』『安南國使臣唱和問答錄』)고 설명했다.

이어서 이수광은 거듭 풍극관에게 「안남사신에게 앞의 운을 거듭 사용하여 다시 보낸다」는 시를 썼다. "나는 동국(東國) 살고 그대는 남향(南鄕) 살지만, 문궤(文軌)는 오래전부터 백왕(百王)이 함께했다. 봉사(奉使)하여 주(周) 예악(禮樂)을 기쁘게 구경하고, 조반(朝班)에 나아가서 한(漢) 관상(冠裳)에 즐겁게 섞였다. 구름이 전폐(殿陛)로 옮겨져서 선장(仙仗)을 미혹하고, 연무가 궁로(宮爐)에 담겨져서 어향(御香)을 알게 한다. 성은을 같이 입어 성사(盛事)를 우러러보고, 억지로 시필(詩筆) 들어 참람되게 찬양한다." "고생해서 제항(梯航)하여 제거(帝居)로 달렸더니, 월중(越中)에 돌아가는 길은 일 년이 더 걸린다. 해외(海外)에서 상봉하여 어렵게 손을 만나, 인간(人間)에서 못 본 책을 볼 수 있게 됐구나. 만관(蠻館)에는 여회(旅懷) 달랠 죽엽주(竹葉酒)는 없지만, 장강(瘴江) 가는 행리(行李)에는 남여(藍輿)가 있다. 그대 정위(正位)로 돌아갈 땐 때 이른 춘풍 불고, 매령(梅嶺)의 맑은 향기가 수레에 가득하리"(『安南國使臣唱和問答錄』).

여기서 동문이 다시 강조된다. '동국'인 조선과 '남향'인 월남은 이미 오래전부터 '문궤'를 함께했다. '문궤'란 문자와 수레바퀴란 뜻으로, 『예기(禮記)』「중용(中庸)」의 "지금 천하는 수레의 바퀴가 같고 글의 문자가 같다(今天下車同軌書同文)"는 문장에서 나온 말이다. '내왕'하여 '조현'해서 '은의 관후'와 '순의 면상'을 참관하는 '제택'을 입었음을 강조한 풍극관의 화시에 호응하여, 이수광도 '봉사'하여 '추조(趨朝)'해서 '주의 예악'과 '한의 관상'을 구경한 '성은'을 입었다고 노래했다. 월사의 여정이 1년 이상 걸린다는 시어는 아마도 풍극관과 만나 필담을 나누면서 새로 얻은 정보의 표현일 것이다. 이수광이 월사의 북경 거처를 가리켜 별 생각 없이 가볍게 '만관'이라 지칭한 것은 고소를 금치 못하게 한다. 왜냐하면 월남을 '만이'로 간주한 이러한 표현법은 이수광의 평소 세계관을 그대로 드러낸 것이지만, 후대에 월남 사신이 엄중하게 항의하여 중요한 외교적 문제가 되기 때문이다.

풍극관이 「해동 지봉 사공의 앞 운을 다시 사용하여 삼가 화답하다」란 시를 지어 이수광에게 증송했다. "거향(居鄉)은 반드시 노추향(魯鄒鄉)을 선택하고, 강도(講道)는 다 같이 공소왕(孔素王)을 사사(師事)한다. 학해(學海)의 근원을 깊이 파니 연못이 드넓게 탁 트였고, 필화(筆花)가 무늬를 만들어 빛깔이 아름답다. 시낭(詩囊)에 든 금옥과 주기(珠璣)가 보배롭고, 약롱(藥籠)에 든 참령(參苓)과 출계(朮桂)가 향기롭다. 공과 내가 번갈아 손님되고 주인도 되어, 동표(東表)와 남표(南表) 모두 마음껏 칭양(稱揚)하리. 왕래하고 또 왕래하며 시간이 지나가니, 객중에서 이십 일에 또 열흘이 더 흘렀다. 위신(衛身)하는 건아(健兒)에겐 오직 장검(長劍)뿐이듯이, 팔짱 끼는 좋은 벗에겐 고서(古書)가 있다.…"(『安南國使臣唱和問答錄』). 이 화시에서는 양국의 사상적 근원이 '노추향'과 '공소왕' 즉 유교에 있음이 한 번 더 강조됐으니, 역시 동문 의식의 표현이다. 상대의 시를 '금옥'과 '주기'라 높이 평가하는 것도 시문 창화를 가능하게 하는 불가결한 요소가 된다.

이수광은 「안남사신의 앞 운을 거듭 사용하여 다시 증시하다」라는 시를 보내 "광남(廣南)의 외진 땅이 바로 염향(炎鄕)인데, 전역(傳驛)하여 내빈함에 몇 왕이나 거쳤는지. 예로부터 산천은 구리(銅柱)로 경계 삼고, 지금까지 풍속으로 풀을 짜서 옷 입는다. 장군의 석실(石室)에는 황모(黃茅)의 장(瘴)이 있고, 선객(仙客)의 금로(金爐)에는 백선(白線)의 향 오른다. 사해가 일가여서 간담을 다 비추어, 그대 얼굴 마주하니 맑고 또렷해서 기쁘구나." "황발(黃髮)을 휘날리며 옛 거처를 떠나와서, 조천(朝天)하는 해가 노희(老稀)를 벌써 넘었구나. 상국의 천추절(千秋節)을 시를 지어 경하하니, 중소(重霄)의 은혜 입어 예서(禮書)를 한 권 받으셨다. 만 리에 의관 차려 옥폐(玉陛)에 올라가서, 오운(五雲)의 궁궐에서 금여(金輿)를 모셨다. 다른 날 수성(壽星)이 남극(南極)으로 돌아가면, 광채가 분명하게 사신 수레 비추리라"(『安南國使臣唱和問答錄』).

이 시에서 주목되는 것은 '사해일가(四海一家)' 의식의 표현이다. 이후 한·월 한시 창화의 상투어로 사용되기 때문이다. '사해'란 『이아(爾雅)』「석지(釋地)」에서 "구이(九夷)와 팔적(八狄), 칠융(七戎), 육만(六蠻)을 일러 사해라고 한다"고 했듯이, 흔히 '천하(天下)'와 동의어로 사용되는 관용어였으니, '사해일가'란 온 천하가 한 집안처럼 통일됐음을 이르는 말이다. 『논어(論語)』「안연(顔淵)」에서 "사해지내(四海之內)는 모두 형제다"라고 했고, 『순자(荀子)』「의병(議兵)」에서도 "사해지내가 일가와 같아 통달(通達)하는 무리 가운데 복종하지 않는 자가 없다"고 했다. 이수광이 동문과 함께 '사해일가'를 강조한 것은 안남과 조선이 함께 '조천(朝天)'하여 '상국(上國)' 중심의 국제 질서에 참여하고 있음을 상기시킨 것이다.

풍극관도 「다시 차운하여 해동 지봉 대수필께 공손하게 화답하다」는 시를 지어 "우리 보고 동과 남의 문헌역(文獻域)이라 이르노니, 고황(高皇)께서 어제시(御製詩)로 칭찬하여 포양(褒揚)하셨다.…구소(九霄)에서 모두 함께 천리월(千里月)을 대면하여, 일찰(一札)과 십행서(十行書)를 공손하게 받들었다.…귀국한 뒤 동료와 벗들이 보고 물으면, 이제 천하가 통일되어 이미 동거(同車)했다 하소"(『安南國使臣唱和問答錄』)라고 하여, 이수광의 '동문'과 '사해일가' 의식에 동의했다. 여기서 한 가지 흥미로운 것은 풍극관이 자국을 '문헌역'이라 자랑했다는 점이다. 그는 「안남국사신창화문답록」「문답」에서 이수광에게 "귀대국은 문헌지국이라 일컬어지니, 천국이 감히 바라볼 바가 아니다"라고 한 바 있지만, 월남도 한국처럼 '문헌역'임을 자부한 것이다. 이처럼 자국의 문화적 수준을 과시함은 특히 한·월 시문 창화에서는 흔히 볼 수 있는 일이 된다.

그리하여 이수광이 풍극관에게 「안남사신에게 배율 십운을 증시」하여, "교남(交南)의 풍속을 듣자 하니, 백성은 장해(瘴海) 빈터에 산다고 한다. 은륜(恩綸)이 우로(雨露)를 새롭게 내렸지만, 봉양(封壤)은 예전의 산천 그대로다. 경계는 군만(群蠻)의 바깥과 끊어지고, 풍속은 백월(百越)의 변두리와 이어진다. 때가 맑으면 서치(瑞雉) 바치고, 물에 독기 있으면 날던 소리개도 떨어뜨린다. 코끼리는 촌동도 부릴 줄 알고, 향료는 상인의 배에 실려 간다. 모랫가에서는 역노(蜮弩. 물여우)가 많고, 연못 바닥에서는 교연(蛟涎)이 토(吐)한다. 땅의 기운은 봄 되기도 전에 따뜻하고, 매화는 섣달도 되기 전에 곱게 핀다. 공납은 중역(重譯)의 혀를 빌리고, 집집마다 여덟 번 자는 누에를 친다. 채색 그림은 주대(周代)의 왕회(王會) 그렸고, 동표(銅標)는 한사(漢史)에 기록됐다. 그대를 만났다가 다시 작별하게 됐으니, 오계(五溪)의 안개를 서로 기억하리라"(『安南國使臣唱和問答錄』)고 하여 월남의 풍속을 칭양했다.

이에 풍극관도 「지봉 사공의 장율 십운을 삼가 차운하여」 자국의 풍속과 문화에 대해 자랑했다. "태극(太極)이 홍몽(洪濛)의 기(氣)를 갈라, 상하의 경계를 구분했다. 동서와 남북의 경계, 회해(淮海)와 제하(濟河)의 하천. 월(越)의 전거(奠居)가 처음 정해짐에, 하늘은 중정(中正)하여 치우침이 없었다. 주(周)의 숲에서 호표(虎豹)를 몰아내고, 우(虞)의 가르침에 어연(魚鳶)이 즐거워한다. 여항에서는 서숙(書塾)을 열고, 기정(旗亭)에는 술 파는 배가 있다. 비가 개면 코끼리 발자국이 더해지고, 바람이 따뜻하면 용연향(龍涎香)이 풍긴다. 잘 참는 것을 이기는 것으로 여기고, 글짓기가 공교로워 아름다움을 희롱한다. 갖가지 꽃들이 다투어 아름답게 피어나고, 뭇 동물도 편안한 잠에 몸을 맡긴다. 왕도(王道)를 좇아 거서(車書)를 함께하니, 황조(皇朝)의 지기(志紀)에 엮여졌다. 시가 완성되어 장난삼아 써 보았더니, 노을이 바다 구름과 안개에 빛이 난다"(『安南國使臣唱和問答錄』).

이처럼 풍극관이 이수광의 시를 차운하여 월남의 풍속을 자찬하자, 이수광도「이 체(體)는 풍사공(馮使公)이 지봉도인(芝峰道人)에게 (詩를) 보내면서 '귀국에 즈음하여 함께 출사한 의미를 표했을 뿐 감히 그대를 번거롭게 하며 쓸데없이 서중군자(書中君子)가 되게 하려는 것은 아니라'고 했기 때문에, 지봉도인이 삼가 의재(毅齋)의 가작(佳作)을 받고 그만둘 수 없어 감히 누방(陋邦)의 한두 일을 적어서 이번 채문(採問)을 도우려 한다」는 제목의 시를 지어 보내, 자국의 풍속과 문화를 자랑했다.

"만고의 동한(東韓) 땅은, 북계(北薊) 언저리와 봉강(封疆)이 이어졌다. 청구(青丘)는 장수하는 지역에 속하고, 창해(滄海)에는 흐르는 강물이 모여든다. 금수강산에 사람들은 모두 빼어나고, 중화(中和)로운 성정에 도가 어찌 치우칠까. 조양(朝陽)에는 상서로운 봉황이 보이고, 부서(腐鼠)가 우짖는 소리개를 비웃는다. 소박한 땅에 보배 같은 집들이 벌여져 있고, 어지러운 나루에는 그림 배가 빽빽하다. 시서를 외는 것을 집집마다 일로 삼고, 진귀한 음식으로 입에서 침이 흐른다. 지금도 예악은 여전히 성행하고, 문장도 절로 함께 아름답다. 천 년 동안 성화(聖化)에 젖어들어, 한가롭게 백성은 잠을 즐긴다. 아름다운 풍속이 기범(箕範)에서 전해지고, 아름다운 소리가 간편(簡編)에서 빛이 난다. 문물의 뛰어남을 알고자 하면, 중하(中夏)만이 그 풍연(風煙)일지니"(馮克寬,『使華筆手澤詩』).

자국 문화에 대한 자긍심을 한시 창화를 통해 적극적으로 표현하는 것이 국제적 창화시의 일반적 특성이라면, 이수광과 풍극관은 그 기본 모형의 하나를 제시했다고 할 수 있다.

풍극관의 창화 상대는 이수광만 있었던 것은 아니다. 금화일사(金華逸士)란 이가 있었다. 그의 본명이 무엇인지는 확인할 수 없지만, 풍극관이 그를 가리켜 '해동사(海東使) 금화일사'라고 부른 것으로 보아, 그가 이수광과 함께 1597년에 조선에서 파견된 하성절사 겸 진위사의 일원이었음은 분명하다. 두 사람의 한시 창화는 금화일사가 정사 이수광의 시를 차운하여 먼저 선창하면 풍극관이 차운하여 화답하는 과정이 7번이나 반복됐다. 풍극관의 『사화필수택시(使華筆手澤詩)』에 수록된 풍극관과 금화일사의 창화시 몇 편을 소개하면 다음과 같다.

「해동의 금화일사가 사공(使公)의 앞 운을 공손히 사용해서 외람되게 매남(梅南) 의재(毅齋)에게 두 수를 드린다」는 시에서 "안남의 풍속은 절로 한 향(鄕)을 이뤘는데, 예로부터 군신이 성왕(聖王)에게 두 손을 맞잡았다.…백치(白雉)를 바치러 올 때 삼중으로 통역하고, 청모(青茅)로 싸고 오는 것은 한 상자의 향(香)이다.…야계(野鷄)를 공헌함은 주사(周史)에 기록되고, 동주(銅柱)로 경역 나눔은 한가(漢家)에서 써졌었다.…"고 하며 월남과 중국의 전통적 종번 관계를 상기하자, 풍극관은 「풍사(馮使)가 해동사(海東使) 금화일사의 시 두 수를 차운하여 다시 화답하다」는 시를 지어, "남으로 미치고 동으로 번져서 교화가 이뤄지고, 양기 돌아 봄볕 쪼임이 하늘과 땅에 가득하다. 예로부터 사해(四海)가 모두 형제라 했으니, 같은 배로 건너가고 한 수레로 외출한다"고 하여 황제의 '교화'가 한·월 양국에 다 같이 미침을 상기시켰다. 풍극관이 여기서 언급한 '사해형제'는 이수광의 '사해일가'와 큰 차이가 없는 말로, 황제의 '교화'가 미치는 범위를 총칭한다고 할 수 있다.

다시 금화일사가 「해동의 금화일사가 지봉의 시운에 거듭 화답하여 매남 의재에게 두 수를 삼가 드린다」는 시를 지어 "부평초가 물위에서 상봉하듯 제향(帝鄕)에서 모였으니, 함께 천명(天命) 머금고서 천왕(天王)께 하례 드린다.…"고

하여 한·월 양국이 함께 '천왕'에게 조하(朝賀)함을 거론했고, 풍극관도 「풍사공이 금화일사의 시운에 두 수로 세 번째 화답하다」는 시를 지어 "동과 남은 예로부터 문향(文鄕)인데, 천고에 함께 와서 왕을 힘껏 뵈었다.…"고 하여 한·월 양국이 예로부터 '문향'이었다는 동문 의식을 드러냈다.

그러나 한·월 양국이 중국의 황제에게 '입조(入朝)'한다고 해서 중국의 일부로 포섭된 것은 아니다. 두 나라는 엄연히 오래전부터 독립적 국가를 유지해 왔다. 이에 「금화일사가 사공(使公)의 시운을 강첩(强疊)하여 매남 의재에게 두 수를 중독(重讀)한다」는 시에서 "땅은 화하(華夏)와 이어지고 만향(蠻鄕)에 가깝지만, 예로부터 봉강(封疆)이 일왕(一王)에 속했다"고 하고, 「해동의 금화일사가 또 지봉의 시를 차운하여 매남 의재에게 두 수를 드린다」는 시에서도 "하늘이 본래 산천으로 이향(異鄕)을 구별하니, 그 안의 문물(文物)은 여왕(黎王)에게 귀속한다.…화하(華夏)의 봉강(封疆)은 천고에 구별돼도, 봄날의 도리(桃李)는 마찬가지로 향기롭다.…올 때 지났던 동주(銅柱)는 천 년 전부터 기록되고, 받들고 나온 금함(金函)에는 일 척(尺)의 글이 들어 있다"고 하여 월남의 정치적 독립성을 거듭 인정했다.

풍극관도 「풍사공이 금화일사에게 일곱 번째 화답을 두 수로 하다」는 시에서 "명도(明都)의 중정(中正)한 곳이 내 고향인데, 역력(歷歷)히 전하면서 백세(百世)나 군림했다. 익진(翼軫)의 봉강이 관할로 귀속되고, 해와 별의 명분(名分)이 관상(冠裳)을 비춘다. 넘치는 봄 시냇물에 복사꽃이 따뜻하고, 바람 높은 가을 고개엔 계자(桂子)가 향기롭다. 품기(稟氣)가 고르지 않고 인성도 다르지만, 이 사이에 누구를 억누르고 누구를 드높일까"라고 하여, 월남이 독립된 한 영역임을 강조했다.

다만 이들에게 보다 중요한 것은 한국·월남·중국이 함께 동일한 문화권에서 같은 가치를 공유한다는 동문 의식이었다. 「풍사공이 김화일사에게 두 수를 칠답하다」에서도 "천만의 성현들도 일규(一揆)를 함께하고, 백가의 제자(諸子)도 수서(殊書)가 따로 없다. 시중(時中)을 원하여서 선성(宣聖)을 스승 삼고, 통정(統正)을 깊이 기해 자여(子輿)를 접했다. 늙어 가며 기쁘게도 요순(堯舜)의 치세 만났으니, 주거(舟車)로 모여듦을 경화(京華)에서 다시 본다"고 하여 왕회(王會)와 동문(同文)을 동시에 강조했다.

이수광과 풍극관, 금화일사와 풍극관의 창화시들은 하나같이 한국과 월남 양국이 왕회(王會) 즉 다함께 중국의 천자에게 조근(朝覲)하여 동심원의 세계 질서에 동참함과 아울러, 한국과 월남 양국이 중국과 함께 동일한 문자를 사용하고 동일한 가치를 공유하는 동문의 나라임을 강조했다. 이수광이 "의관의 제도 다르다고 말하지 마소, 문자는 다르지 않아 시서를 함께하니"라고 선창하여 양국과 양국 사신의 유사성을 강조하자, 풍극관도 "피차 사는 산과 바다 비록 같지 않지만, 연원은 동일하니 성현의 책 그것이다"라고 화답하여 이수광의 뜻을 지지했다. 비록 양국 사람들이 입는 의관이나 사는 방식 혹은 예절을 수행하는 방식에서 작은 차이점을 발견할 수 있다 하더라도, 그들이 공통점으로 여기는 것들은 훨씬 더 많이 있다. 사실 그들은 세계관을 함께 나누었으니, 시서 같은 고대 성현의 글에서 기록된 것과 같은 행동의 적절한 습속을 따르는 것이 그들 사이에 존재하는 다른 어떠한 표면상의 차이점보다 훨씬 더 중요했다.[452]

이수광은 2차 출사 뒤에 『조천록(朝天錄)』을 짓고 「안남국사신창화문답록」에 안남 사신 풍극관과 창화한 작품을 수록했다. 3차 출사 뒤에는 『속조천록(續朝天錄)』을 지어 「유구사신증답록(琉球使臣贈答錄)」에 유구(琉球) 사신 채견(蔡堅)과 마성기(馬成驥) 등과 창화한 작품을 수록했다. 한편 풍극관은 북경에서 이수광과 나눈 창화시를 그의 사행시집 『매령사화수택시집(梅嶺使華手澤詩集)』에 수록했다. 풍극관의 화시는 월남존암가장(越南存庵家藏) 『황월시선(皇越詩選)』 권5에 수록돼 월남 문단에서 광범하게 유전됐고, 그 역사적 사건은 『대월사기전서(大越史記全書)』에 기록됐다. 풍극관이 명 신종(神宗)에 헌정한 『만수성절경하시집(萬壽聖節慶賀詩集)』의 「서문」은 이수광이 써서 『지봉집(芝峯集)』에 수록됐다. 조선에서는 이 사건이 정사신(鄭士信)과 이준(李俊)의 『조천록』에서 동시에 언급되어

452. Liam C. Kelley, *Beyond the Bronze Pillars, Envoy Poetry and the Sino-Vietnamese Relationship*, p.186.

이수광 시가 안남에 전파되고 영향을 미쳤음이 널리 알려졌다.

이수광과 풍극관이 북경에서 나눈 한시 창화는 이후 양국의 문단에 적지 않은 충격을 주고 영향을 미쳤다. 한 예로, 1594년에 봉사해서 북경에서 유구국 사신과 만난 적이 있는 최립(崔岦)도 통역을 통해 그와 이야기를 나누면서 그 산천과 풍속의 특이한 점을 물어 알게 됐지만, "그가 문사(文詞)에 어두워서 뜻을 서로 통할 수 없어 아쉬웠다"고 술회한 바 있다. 그런데 그가 이수광이 안남 사신과 창화한 시를 읽어 보니 "그(安南使臣)가 사율(詞律)을 짓는 바는 거의 화인(華人)이 하는 것과 다를 바 없어, (芝峰)선생의 대아(大雅)로도 업신여기지 않고, 그와 더불어 번갈아 발표하며 서로 발양(發揚)했다"고 풍극관의 시재를 칭송하면서, "그 산천과 풍속의 특이함은 통역에 의지하지 않고서도 동주(東州)와 서주(西州)처럼 명료했다. 그 목격(目擊)과 심유(心喩)의 사이에서 낙지형제(洛地兄弟)의 기쁨을 생각한다면, 내가 얻은 것에 비해 더 많았다고 할 수 있다. 아! 유구는 비록 작지만 그 나라의 인재는 그 나라의 쓰임을 이루기에 충분한데, 하물며 안남이야 유구와 비교할 바가 아니니다"(『芝峯集』『安南國使臣唱和問答錄』,「安南國使臣唱和問答錄跋」)라고 감탄한 바 있다.

조선의 저명한 시인 차천로(車天輅)도「안남국사신창화문답록발(安南國使臣唱和問答錄跋)」에서 "(지봉)선생의 시문이 이국 사람의 눈을 비비게 하기에 족할 뿐만 아니라, 안남인의 작품도 나를 일으키기에 충분했다. 다시 창(唱)하고 번갈아 화(和)한 것이 금을 찧으면 옥이 응답한 듯하다"고 양인의 시격을 격찬한 다음, 두 사람의 한시 창화의 역사적 의미를 다음과 같이 평가했다.

"이에 양국 사신의 교제에서 사령(辭令)과 문장에 대략 서로 상하가 있지만 무릇 부시(賦詩)하여 관지(觀志)함에 부합함이 있음을 충분히 엿볼 수 있다. 또한 그 언어가 비록 통역으로 전해진 것이지만, 잘 이해되지 않게 전해져 오던 것을 발표하여 통하게 했다. 그리고 그 산천과 풍토, 습관 등은 이것에 의거해서 족히 그 깊숙한 곳까지 뒤집어 볼 수 있으니, 선생의 이 시집으로 왕회(王會)의 부족한 부분을 보완할 수 있을 것이고, 자운(子雲)이 참(槧)을 가지고 썼던 것처럼 대비할 수 있다.[453] 선생은 일찍이 문아(文雅)로 세상에 알려졌으니, 그 진구(塵

垢)와 비강(粃糠)으로 심(沈約)·사(謝靈運)를 도주(陶鑄)하려 했다. 지금 간택의 명을 받고 옥백(玉帛)을 금대(金臺)에서 잡고 이국인과 사장(詞章)을 지은 것 또한 사행의 여사(餘事)로 나온 것이니, 송시(誦詩) 전대(專對)의 학(學)을 저버리지 않았음을 또한 볼 수 있다. 아조(我朝) 2백 년 동안 문묵지사(文墨之士)로서 상국에 조빙한 자가 관개상망(冠蓋相望)했지만, 이국인과 수창했다는 자에 대해서는 아직 들어본 적이 없다. 오직 선생만 안남국인과 백전(白戰)한 바 있고 격앙(激昂)한 바 있어 이국인으로 하여금 우리나라 문헌의 성대함과 봉사한 신하가 옛사람보다 못하지 않음을 알 수 있게 해 줄 수 있었으니, 선생의 이번 행차는 군명을 욕되게 하지 않았을 뿐만 아니라 우리나라를 구정(九鼎) 대려(大呂)보다 더 무겁게 했다. 그리고 저 안남의 신하는 나이가 이미 70이 넘었는데 그 근력과 이목이 조금도 쇠약한 것같이 느껴지지 않는다. 그가 지은 시율은 작품에서 얻는 바가 자못 있으니, 이 역시 외국의 정화(精華)라 하겠다. 어찌 그가 사행한 것도 재능 때문이지 나이 때문이겠는가. 촉지무(燭之武)가 진(晉)에 출사하고 유여(由余)가 진(秦)에 사행한 것도 모두 70세 때였다. 안남국 역시 정인(鄭人)과 융인(戎人)에게서 배운 것이 아니겠는가. 우리 선생은 연륜도 매우 부(富)하고 문(文)도 무척 높으며 재덕 또한 아주 훌륭하시니, 비록 상국의 사람이 대석한나 하더라도 많이 양보하지 않을 것인데, 하물며 일남(日南)의 노인네야 무엇이 있겠는가. 부자(夫子)가 말씀하신 사(士)로서 내가 실로 아는 바로는 세상에 선생보다 더 뛰어난 이는 없다. 아, 우리나라는 황도(皇都)에서 5천 리 떨어져 있고 안남은 황도에서 또 1만 3천 리 더 떨어져 있으니, 비단 바람과 말·소 등만 서로 미칠 수 없는 거리는 아니다. 그런데 양국의 사신이 제경(帝京)에서 서로 만나고, 또 같은 객관에서 같이 거처했으며, 또 서로 친하게 지냈고, 또 서로 문자로 종사(從事)했으니, 이는 그사이에 운수 같은 것이 있었기 때문이지 역시 우연한 일은 아니다. 하늘은 장차 선생의 성명(盛名)을 주작(朱雀)의 그림자와 동주(銅柱)

453. '子雲'은 양웅(揚雄)의 字, '槧'은 글씨를 쓰는 큰 나무판을 말한다. 『西京雜記』에 의하면, "揚子雲이 好事하여 언제나 懷鉛提槧했다"고 하는데, '懷鉛提槧'이란 黑鉛 즉 石墨과 木板 같은 필기구를 항상 휴대하여 언제든지 글씨나 문장을 쓰는 일에 종사함을 뜻한다.

의 끝에 매어 두려는 것인가. 불녕(不佞)이 이 시편을 목격한 것도 행운이다. 또 한 구미(狗尾)를 초후(貂後)에 잇게 된 것도 행운이 아니겠는가. 만력 계묘(癸卯) 10월의 망일(望日)에, 연성(延城)의 차천로가 종남산(終南山) 아래서 쓰다"(『安南國使臣唱和問答錄』).

차천로는 이수광과 풍극관의 한시 창화에 세 가지 큰 의미를 부여했으니, 그 하나는 이를 통해 상대방에 관한 정보를 보다 정교하게 얻을 수 있게 됐다는 것, 그 둘은 '송시전대(誦詩專對)' 즉 '시언지(詩言志)'의 오랜 전통을 한·월 외교에서 실현했다는 것, 그 셋은 "이국인으로 하여금 우리나라 문헌의 성대함과 봉사한 신하가 옛 사람보다 못하지 않음을 알 수 있게 해 줄 수 있었다"는 것 즉 한국의 문화적 수준을 외국에 과시하여 한국인의 문화적 자존감을 높일 수 있었다는 것이다. 특히 세 번째 의미는 '문헌역(文獻域)'을 자칭한 풍극관의 시에서도 엿볼 수 있는 것으로, 사신들 사이의 시가 창화는 개인의 문학적 역량을 과시할 뿐 아니라 자국의 문화적 수준을 자랑할 수 있는 기회로 인식되고 있었음을 알 수 있다. 차천로가 "오직 선생만 안남국인과 백전한 바 있고 격앙한 바 있다"고 하여 시가 창수를 '백전(白戰)'이라 표현한 것도 이러한 자의식과 무관하지 않은 것으로 보인다.

차천로의 이러한 평가는 정사신(鄭士信)의 「안남국사신창화문답록발」에서도 그대로 이어졌다. 정사신은 "이지봉의 『안남사신창화집(安南使臣唱和集)』 1권은 …우리 동국의 문헌을 드러내어 대아(大雅)를 만맥(蠻貊)에 떨쳤으니, 아아, 성대하구나"라고 찬탄하면서, 이수광과 풍극관의 북경 창화가 월남에서도 얼마나 큰 여진을 미쳤는지 다음과 같은 일화를 소개했다. "진주(晉州)의 사인(士人) 조완벽(趙完璧)이란 자가 있어, 정유(丁酉)의 변란 때에 왜(倭)에 잡혀 갔다가 일찍이 일본에서 상왜(商倭)를 따라 다시 안남에 이르렀는데, 그 나라 안 사람들이 집집마나 지봉(芝峰)의 시를 읊으며 마치 벽옥(璧玉)을 받들고 껴안듯이 신인(神人)을 우러러보는 것처럼 하는 것을 보았다. 완벽에게 묻기를 '만약 조선인이라면 당신네 나라의 이지봉을 아는가'라고 하면서 서로 소리 지르며 야단치기를 그치지 않았다. 그들이 우러러 부러워하고 마음을 기울여 사모함이 곳곳에서 모두 그러했다. 완벽은 근년에 본국의 고향으로 돌아올 수 있어 그가 견문한 바에 의거하여 이와 같이 운운한 것이다. 근래에 우인 김윤안(金允安) 군이 진산(晉山)을 거쳐 한양으로 들어와 나를 보고 그 일을 아주 상세하게 말해 주었다. 아, 세상의 문사 가운데 그 누가 조고(操觚)하고 농묵(弄墨)하여 운어(韻語)를 점철(點綴)해서 시장(詩章)을 짓지 않는 이가 있을까 만은, 오직 지봉 일집(一集)만이 이름을 떨치고 일가를 이루어 나라의 빛이 되어 멀리 이곳까지 사람을 깊이 감동케 했다.…"(『芝峯集』『安南國使臣唱和問答錄』).

이준(李埈)도 「안남국사신창화문답록발」에서 조완벽이 월남에서 이수광의 시가 크게 유행하는 것을 목격했음을 전하면서, "이 어찌 때마침 해타(咳唾. 기침과 침)가 동주의 밖에 갑자기 흩어져 떨어진 것이 아니겠는가. 사람들이 이를 보배로 여김이 구포(九苞)의 일모(一毛)가 강소(絳霄)에서 떨어진 것(을 보배로 여김)만 못하지 않다"(『安南國使臣唱和問答錄』)고 감탄했다.

이상의(李尙毅) 역시 「안남국사신창화문답록발」에서 이수광과 풍극관의 창화를 거론하면서, 자신의 기대와 달리 북경에서 풍극관을 만나 창화할 수 없었음을 몹시 아쉬워했다. "지금 황제 26년에 지봉자(芝峰子)가 경사에서 돌아오고 나는 막 부경하다가 용만(龍彎)에서 서로 만났다. 따뜻하고 서늘한 날씨에 대해 이야기한 다음에 중국의 기담(奇談)에 관해 물었더니, 안남 사신 풍로(馮老)의 창화시 약간 편을 꺼내 보여 주었다. 내가 다 읽어 본 다음 지봉자의 해타가 동표(銅標) 밖에 흩어져 떨어질 것을 미리 점쳤는데, 옥하관(玉河館)에 다다르니 풍로는 이미 떠난 뒤였고 필적이 아직 벽 위에 남아 있었다. 그의 말을 접하지 못한 것을 한스럽게 생각하고 이문(異聞)으로 여겼다. 그 10여 년 뒤에 표해인(漂海人)이 전한 것을 숙평씨(叔平氏)가 기록한 것을 보니, 앞서 지봉자의 기침과 침이 동표의 밖에 흩어져 떨어질 것이라고 칭송한 것이 이미 징험되지 않았는가. 옛날에 매(梅) 직강(直講)이 춘설시(春雪詩)를 지었더니, 서남이인(西南夷人)이 몰래 취해 베로 짜서 문장을 만들었는데, 중국으로 흘러 들어갔다. 이는 그 시를 사랑해서 절보(絶寶)로 삼은 것이다. 소(蘇) 내한(內翰)은 그것으로 금갑(琴匣)을 만들어 궤 안에 두어 소단(騷壇)의 호사(好事)가 됐다. 지금 교지(交趾)가 동국(東國)에 지봉이란 천하문장(天下文章)이 있음을 말할 수 있고 사람마다 그 이름을 읊으면서 집집마다 그 시를 갖고서 마치 이룡(驪龍)의 구슬과 위봉(威鳳)의 깃털처럼 귀중히 여기고, 심지어는 간각(刊刻)해서 해외의 여러 나라에 전파함에 이르렀으니, 서남이(西南夷)의 한 필 포(布)보다 훨씬 더 현(賢)하다 할 것이다. 베로 짰는가 짜지 않았는가, 금압을 만들었나 만들지 않았는가 여부는 실로 따질 필요가 없다. 신해년(辛亥年)의 해가 남지(南至)할 때 나는 지봉자(芝峰子)와 함께 천조(天朝)에 하절(賀節)했는데, 온 해내(海內)와 해외(海外)가 모두 궐하에 모여 유구(琉球)와 섬라(暹羅)가 같은 객관에 함께 묵으니 그 산천과 풍속의 특이함에 관해 글로 서로 들을 수 있었다. 그러나 두 나라의 사신은 문사(文詞)를 아랑곳하지 않아 뜻을 통할 수 없었다. 실로 지난번 풍로라 이른 이와 같은 자가 왔으면 지봉자는 필시 전일에 드러내지 못한 시화(詩花)를 내보여서 저들로 하여금 우리 동국의 문헌이 성대함을 알게 할 것이고 나도 요행히 옆에서 구경하면서 족히 가슴을 펴고 스스로 즐거워할 수 있었을 터인데, 아쉽게도 그가 오지 않았다. 여홍(驪興) 이상의가 북경 회동남관(會同南館)에서 쓰다. 만력 39년 12월 대한일(大寒日)에"(『安南國使臣唱和問答錄』).

서호수(徐浩修)는 연행록 『서호수일기(徐浩修日記)』에서 또 다른 일화를 소개해 주었다. 그는 1790년에 진하겸사은부사(進賀兼謝恩副使)로 연행(燕行)했을 때 안남국왕과 만나 문답을 나눈 적이 있었다. 그때 안남국왕을 수종한 안남의 이부상서(吏部尙書) 반휘익(潘輝益)이 서호수에게 "만력 정유 연간에 있었던 풍(극관)과 이(수광)의 옥하관 창수는 정말 천고의 기우(奇遇)였다. 이는 시문집이 있는가"라고 물어서, 서호수가 "지봉은 우리나라 사신 이수광의 호로 시문집이 있어 풍시(馮詩)와 문답을 많이 실었다. 의재(毅齋)는 안남 사신 풍극관의 호인데, 역시 시문집이 있는가"라고 물었더니, 반휘익이 "시문집이 있고 그 『만수성절경하시』는 또 지봉의 서문을 실었다"고 했다. 서호수가 "'산은 이형(異形)을 드러내 상골(象骨)이 풍부하고, 땅은 영기(靈氣)를 뿜어내 용향(龍香)을 낳는다'는 (구절은) 지봉의 득의어(得意語)가 됐고 '홍몽(洪濛)의 기를 극판(極判)하고 상하의 연(堧)을 구분한다' 역시 의재의 가구(佳句)다"라고 하자, 반휘익은 "지봉은 사치(詞致)가 순아(醇雅)하고 의재는 의장(意匠)이 견고하니, 백중이라 할 수 있다. 건륭(乾隆) 경진(庚辰) 연간에 귀국의 서장관 이휘중(李徽中) 공이 우리나라 사신과 창수한 것이 많이 있어 아직도 가구(佳句)로 전해지는데, 지금 무슨 관직에 있는지 모르겠다"고 해서, 서호수가 "이공의 문사(文詞)는 동방에서도 교초(翹楚)가 됐다. 이미 작고하셨지만, 관직은 시랑(侍郎)까지 했다"고 했다고 한다.

한 가지 흥미로운 것은 이때 반휘익이 수종한 안남국왕이 가짜였다는 사실이다. 서호수의 『연행기(燕行記)』에 의하면, "안남국왕 완광평(阮光平)이 정사에게 물어 말하기를 '귀국도 천조에 친조(親朝)한 전례가 있는가'라고 해서, 정사가 대답하여 말하기를 '우리 동국은 개국 이래 이런 전례가 전혀 없다'고 하니, 왕이 말하기를 '안남도 예로부터 이런 전례가 없었지만, 과인이 하늘처럼 드높고 땅처럼 두터운 황상의 은조(恩造)를 받아 근광(覲光)하고 싶은 마음이 실로 간절해서 만여 리를 꺼리지 않고 험난한 길을 건너왔다. 비상한 보살핌을 입었으니 어찌 비상한 갚음이 없을 수 있겠는가'라고 했다"고 한다. 그러나 이 안남국왕은 '친조'를 가칭(假稱)한 가짜 국왕이었으니, 당시 청조와 안남 양국의 미묘한 외교 관계가 낳은 해프닝이었다.

4. 후기의 한·월 한시 창화

조선 사신 이수광과 안남 사신 풍극관의 북경 창화 이후, 조선의 사신과 안남의 사신은 북경에서 조우할 기회만 있으면 으레 서로 필담을 나누면서 한시를 창화하게 됐다. 두 국가의 사신들은 조공 주기의 제도적 차이, 북경까지 오는 일정의 차이, 북경에 머무르는 기간의 차이 등으로 인해 서로 만나 시가를 창화하는 데는 많은 어려움이 있었지만, 그럴수록 서로 만나 창화할 기회를 갖게 되기를 간절히 기대했고 이러한 기대를 실현하기 위해 적극 노력했다. 그 결과 전통 시대에 적지 않은 횟수의 만남과 창화시를 양산할 수 있었다.

먼저 1614년(萬曆 42년)에 안남 정사 완등(阮登)과 조선 정사 이지완(李志完) 사이에, 안남 부사 유정질(劉廷質)과 조선 정사 이지완 사이에 한시 창화가 있었는데, 『전월시록(全越詩錄)』에는 안남 정·부사의 시만 수록되고 조선 정사의 시는 수록되지 않았다. 안남 정사의 화시인 「조선국사 이두봉(李斗峰)이 기간(寄柬)한 장편(長篇)에 화답하다」에서는 "재능과 지혜 빼어난 인재들이 과장(科場)에서 걸출하고, 현명한 인재가 무성하여 온 나라에 가득하다. 많은 글을 넓게 읽어 귀머거리 발심(發心)하고, 한 시대의 태산 북두인 거공(鉅公. 天子)을 우러러본다. 고상한 글과 힘찬 붓으로 뛰어난 공을 세우고, 빛나는 재화(才華)로 세상을 압도한다. 장검 이기는 기세로 공동(崆峒)을 의지하고, 문성(文星)을 당긴 붓으로 붉은 기염을 토한다"(『全越詩錄』)[454]고 하여, 상대의 문재(文才)와 상대국의 문화(文華)를 적극 칭송했다. '공동'은 황제(黃帝)가 광성자(廣成子)에게 도를 물었다는 산을 말하고, '문성'은 문운(文運)이나 문재(文才)를 주관한다는 별을 말한다.

안남 부사도 「조선국사 이두봉에게 보내다」는 시에서 "동방의 예의(禮義)는 오래전부터 이름이 전해지고, 상서로운 빛 사성(使星)을 오늘 기쁘게 목도했다. 풍물은 산천에 땅의 빼어남이 다 모였고, 사장(詞章)은 규성(奎星)·두성(斗星)이 하늘길에서 찬란하다. 거서(車書)가 통일되어 왕회(王會)로 돌아가니, 해와 달 높은 하늘 제정(帝庭)에서 보는구나"(『全越詩錄』)라고 하여, 역시 조선의 높은 문화 수준을 칭송했다. 또한 그는 「조선사신 이두봉이 우연히 지은 시운 진퇴체(進退體)에 화답하다」란 화시에서도 "동과 남은 영환(瀛寰)으로 만 리나 막혔지만, 나란히 북극성 향해 북두칠성 행렬을 함께 밟는다. 우회(禹會)에서 제후들이 나란히 옥백(玉帛) 바치고, 주정(周庭)의 예악에 신관(紳冠)이 모여든다. 일가(一家)로서 다 함께 오늘의 요순을 경하하고, 대도(大道)로는 옛 공안(孔顏)을 서로 이야기한다. 그대 사단(詞壇)에서 성가(聲價)가 무거움을 부러워하니, 붓 끝에 봄빛 길게 머물러 넘치게 하시라"(『全越詩錄』)고 하여, '동문'과 '왕회'를 동시에 언급하며 한국과 월남의 공동분모 즉 유교적 가치를 공유하고 중국 중심의 국제 질서에 동참함을 강조했다.

454. 인하대학교 한국학연구소, 월남 한놈연구원 공동편집, 『韓越 使臣 唱和詩文』, 글로벌콘텐츠, 2013, 141-142쪽.

1704년(康熙 43년)에 안남 정사 하종목(何宗穆)이 조선 정사 이성(李晟)에게 증정한 「조선 사신에게 드린다」는 시에서도 "주원(周原) 만 리를 함께 말 타고 달렸다가, 잠시 서서 이야기하는 사이에 지의(志意)가 남다르다. 도리(道理)의 연원에 대해서는 일규(一揆)를 닦고, 의관과 예악은 같은 부절(符節)처럼 일치한다. 하늘을 두려워하며 제후의 조공 법도 삼가 지키고, 임용된 사인(士人)들이 다함께 왕회도(王會圖)로 돌아간다. 유수와 고산에서 거문고 소리 울리는데, 지음(知音)하는 종자기(鍾子期)가 이 세상에 또 없겠나"(『晩晴簃詩匯』)라고 하여, '도리의 연원'이 동일하고 '의관과 예악'을 공유하는 한·월 양국이 함께 조공하여 왕회도를 재현하는 이상을 노래하고 있다.

1719년(康熙 58년)에는 안남 정사 완공항(阮公沆)과 조선 정사 유집일(兪集一), 조선 부사 이세근(李世瑾)의 창화가 있었다. 「안남 정사 병조서랑(兵曹西郎) 정암(靜庵) 완공항은 청고(淸顧)를 받들어 멀리서 홍의(鴻儀)를 생각하며 지은 졸작을 귀국 사공 좌하께 써서 올리니 원운을 차운하시기를 요망한다」는 시에는 "이때 사공은 조선사와 서로 당률(唐律)로 인창(因唱)했다"는 주(注)가 부기됐다. 안남 정사는 "해국(海國)인 동과 남은 만 리 멀리 아득한데, 옥경(玉京)에서 기쁘게 만나 천가(天家)에 조근(朝覲)한다"면서, 다음과 같이 선창했다. "듣기에 동한(東韓)은 바다 모퉁이에 있다는데, 풍도산(風都山) 아래 한강(漢江)의 머리라 한다. 문장의 풍골(風骨)은 삼대(三代)를 뒤따르고, 의리(義理)의 연원은 구주(九疇)를 뒤이었다.…이제는 동과 남의 물결 평안한 지 오래되니, 함께 북향해서 해마다 직공(職貢) 닦으리라"(『往北使詩』). "땅은 각각 동과 남의 바다 변두리에 있으니, 삼만으로 계정(計程)해도 남음이 있다. 위의(威儀)는 희가(姬家)의 예를 함께 잡고, 학문은 공씨(孔氏)의 서(書)를 같이 받든다.…"(『往北使詩』). "상전(桑田)이 창해(滄海)된 지 몇 번이나 됐어도, 염방(炎邦)은 예전부터 교남(交南)에 터 잡았다. 육경(六經) 이외에는 다른 도(道)가 없고, 한 해 중에 여덟 번이나 누에 삶는다. 만호(萬戶)에 어염(漁鹽)이 언제나 넉넉하게 공급되고, 사철에 화초 모두 무성하게 자라난다.…"(『北使詩集』). 이 시의 주제도 월남과 한국은 '삼만 리 이상' 떨어져 있어도 '예의'라는 가치와 '육경'이라는 '학문'을 함께하며 '직공'을 닦고 있음을 강조하는 것이다.

조선 정사 유집일도 완공항에게 「조선 정사 형부상서 성(姓) 유, 명(名) 집일, 호 수현거사(守玄居士)가 화운하다」는 시로 화답했다. "널찍한 땅과 하늘이 사추(四陬)를 열어 주니, 동쪽과 남쪽의 육지의 끝이고 바다의 끝이다. 별자리는 주작(朱雀)으로 문궤(文軌)를 함께하고, 성칙(聖則)은 현구(玄龜)로써 낙주(洛籌)를 열었다. 만 리를 건너와서 토공(土貢)을 함께하고, 하루아침에 만나고 헤어지니 부평초와 다름없다.…" "정사를 처리함에 타문(他門)의 가르침을 갖지 않고, 도(道)를 배움에 마땅히 우리 성서(聖書)로 징험(徵驗)한다. 채필(彩筆)에 향기가 독특하고 아름드리 벽옥이 많아, 꽃 상자에 든 경십(瓊什)은 방저(方諸)보다 뛰어나다.…" 역시 한·월 양국이 '동문'·'동궤'로 '문궤'를 함께하며 '토공'을 같이 바치는 입장임을 강조했다. '문(文)'이 문화적 양식과 가치를 의미하고 '궤(軌)'가 정치적 제도와 질서를 의미한다면, 이들 창화시에서 '동문궤(同文軌)'한다 함은 곧 유교적 가치와 한문학을 공유하면서 조공을 통해 중국적 세계 질서에 동참함의 다른 표현일 것이다.

조선 부사 이세근도 안남 정사 완공항에게 「부사 판관(判官) 성 이, 명 세근, 청구인(青丘人), 호 정헌거사(靜軒居士)의 화운시 네 수」로 화답했다. "만 리 먼 곳 동과 남이 중역으로 아득해도, 월상(越裳)의 소식은 주가(周家)부터 들려왔다. 연도의 경물이 낭중(囊中)의 시초(詩草) 되고, 눈에 가득 번화한 꽃들은 머리꾸미개 속의 꽃이 된다. 해를 넘긴 행인(行人)이 옥관(玉館)에 머무르니, 어느 날에 박망후(博望侯) 성사(星槎)를 되돌려 갈까. 나그네 시름 써내어서 경거(瓊琚)를 증여하며, 양쪽 귀밑에 흰 수염 더해짐을 함께 탄식한다." "각자가 동해와 남해의 한 모퉁이에서 왔는데, 말 알아들을 길이 없어 머리를 돌렸을 뿐. 의관은 문명(文明) 제도를 일정하게 따랐고, 전제(田制)는 상하(上下) 경계를 근본부터 뒤따랐다. 다시 편장(篇章) 가지고 그 전아(典雅)함을 흠모하니, 풍기(風氣)가 과부(誇浮)함과 끊어졌음을 알 수가 있다. 나라 다스리는 큰 법은 오직 주공(周孔)뿐이니, 모름지기 유편(遺編) 향해 한 자 한 자 닦으리라." "상전(桑田)이 벽해(碧海)되는 세 번의 변화 같이, 하남(河南)의 성교(聲敎)가 천남(天南)까지 미치었다. 유풍(遺風)은 마땅히 주공(周孔)을 계속 높이는 것, 풍족한 누에치기가 구속(舊俗)임은 자랑 마소.…”(『往北使詩』). 역시 월남의 ‘의관’과 ‘전제’, ‘경방대법(經方大法)’, ‘편장’, ‘유풍’ 등이 모두 ‘문명제(文明制)’ 즉 ‘주공(周公)과 공자’의 가르침을 따랐음을 칭송했으니, 이는 월남의 사신들이 가장 듣고 싶어 한 말이었다.

완공항은 후여의 진사 출신으로 병부우시랑(兵部右侍郎)을 지냈다. 1718년(康熙 57년)에 청조에 출사했다. 그의 『왕북사시(往北使詩)』에 실린 조선 정·부사 유집일과 이세근 등과 수창한 12수 칠률에는 “위의는 희가의 예를 함께 잡고, 학문은 공씨의 서를 같이 받든다”거나, “별자리는 주작으로 문궤를 같이한다”, “이로써 만국이 문궤를 같이함을 알 수가 있다”는 등과 같은 구절이 자주 나와, 월남 문사들의 철저한 동문 의식을 엿볼 수 있다. 이 시집에는 1512년(正德 7년) 명조가 담약수(湛若水)와 반희증(潘希曾)을 정·부사로 월남에 보내 양익제(襄翼帝)를 안남국왕으로 책봉했을 때 양익제가 담약수에게 하사한 시를 싣고 있는데, 여기서도 안남국 군주는 “문궤(文軌)와 거서(車書)가 혼일(混一)로 돌아간다”고 강조했다.

1760~1761년(乾隆 25~26년)에는 안남 부사 여귀돈(黎貴惇)과 조선 정사 홍계희(洪啟禧), 부사 조영진(趙榮進), 서장관 이휘중(李徽中) 등의 북경 창화가 있었다. 월남 사상 저명한 학자인 여귀돈은 조선 사신 홍계희 등과 중국에서 만나 창화한 사실을 자신의 저작 『북사통록(北使通錄)』과 『견문소록(見聞小錄)』에 기록해 월남에서 널리 알게 했다. 여귀돈은 호가 계당(桂堂)으로, 후여조에서 제일갑(第一甲) 진사 제이명(第二名)으로 급제하고 1760년에 한림원시독(翰林院侍讀)으로 부사에 충임돼 중국으로 출사했다. 그는 사행 도중에 청조 호공관(護貢官)과 35수, 청조 지방관과 33수, 지방의 향신·민중·문인 묵객과 3수, 조선 사신과 6수의 시를 증답 혹은 창수했다.[455]

월남 부사 여귀돈이 “경진년(庚辰年. 1760) 전 선달에 본사(本使)가 홍려시(鴻臚寺)에 예를 올리다가 조선국사 문과장원 홍계희와 부사 문과장원 조영진, 춘방

455. 劉曉聰, 「淸代越南使臣之‘燕行’及其‘詩文外交’研究-以『越南漢文燕行文獻集成』爲中心」, 廣西民族大學碩士學位論文, 2013, 79-80쪽.

학사(春坊學士) 이휘중을 만나, 시문(寺門)에 자리를 마련하고 각자 통성명하고 잠시 앉아 이야기를 나누었다. 뒤에 그들이 수전(手箋)과 지선(紙扇)·환약(丸藥) 등 방물을 보내며 부시(賦詩)하여 증정했다. 동방(東方)은 군자국(君子國)이다. 신의를 기뻐하고 시서를 따르니, 인생으로 하여금 경애하게 하기에 족하다. 폐읍(敝邑)도 병례(秉禮)라 칭하여, 지란(芝蘭)의 기미(氣味)가 대략 서로 같으니, 퇴과(摧瓜)를 업(鄴) 땅에 심듯이 친목함이 어떠한가. 복(僕)은 박덕하고 천박함에도 외람되이 배개(陪介)에 충원되어 경궐(京闕)에서 장(璋)을 받들었다. 사군(使君)도 천 리를 멀다 않고 와서, 다행히 사빈(司賓)의 자리에서 만나 잠시 아담(雅談)을 접하고 교찰지호(僑札之好. 春秋 鄭 子産과 吳 季札의 교제)를 갖게 됐다.…"는 글과 함께, 「조선국사 홍계희, 조영진, 이휘중에게 편지로 써 보낸다」는 시를 지어 조선 사신들에게 보냈다. "영해(瀛海)의 동과 남은 각각이 일방(一方)이니, 나란히 상궐(象闕)로 달려와서 천왕(天王)에게 절한다. 산원산(傘圓山)은 대체로 송산(松山)처럼 빼어나고, 압록강(鴨綠江)은 응당 이수(珥水)처럼 길리라. 육적(六籍) 이래로 학문이 많아지고, 구주(九疇) 이후에는 문장이 새로워졌다.…"(『桂堂詩匯選』). 여귀돈은 다시 홍계희 등에게 「앞의 운을 다시 사용해서 조선국 사신에게 보낸다」는 시를 지어 다음과 같이 읊었다. "뛰어난 재능은 분명 동방(東方)에 양보해도, 의리(義理)의 연원은 백왕(百王)을 관통한다.…외람되이 문자로써 가호(佳好) 이루려, 다시 겸종(傔從) 빌려서 단장(短章) 보낸다.…"(『桂堂詩匯選』). 여귀돈은 상대의 나라를 신의를 기꺼워하고 시서를 따르는 '군자국'이라 칭송함과 동시에 자국도 '병례(秉禮)'의 나라임을 자칭하며, 양국이 '문자'로써 우호를 이루기를 요망했다.

이에 조선 정사 홍계희가 「화시(和詩)」를 보내 "옥절(玉節)을 갖고 와서 중국(中國)의 웅장함을 구경하니,…남방에서 사화(詞華) 쓰기는 그대가 제일이다"(『桂堂詩匯選』)라고 상대의 시품을 칭찬했고, 조선 서장관 이휘중도 여귀돈에게 화시를 보내 "별자리가 기성(箕星)과 두성(斗星)이니 삼생(三生)만큼 격절되고, 땅은 봉래산(蓬萊山)과 노수(瀘水)로 막혀 만국(萬國)만큼 멀다. 그나마 다행히도 동문(同文)이라 고자(古字)를 논했고, 함께 구제(舊制)를 보존하여 신장(身章)을 어루

만진다"고 화답했다. 역시 '동문'과 '구제'를 강조한 이 화시에는 다음과 같은 시제(詩題)가 덧붙여져 있다. 「수방(殊方)에서 경개(傾蓋)함은 심상한 일이 아닌데, 공정(公廷)의 조밀한 반열에서 청광(淸光)을 잠깐 접했다. 말없이 눈빛으로 드러낸 몇 마디 말씀이 물에 비친 그림자를 엿본 것 같아, 텅 빈 관사에 돌아와 누워도 종일 마음이 무거웠다. 귀개(貴介)가 왕림하여 호음(好音)을 베푸시니, 천애에서의 기이한 만남이 남금(南金)처럼 울린다. 읊조리며 동으로 돌아가서 상자 속에 보관하리라. 창(唱)이 있는데 수(酬)가 없으면 만 리 먼 곳에서 누가 대신하리오. 말은 짧지만 뜻은 짧지 않으니 기쁘게 신계(神契) 맺으리」(『桂堂詩匯選』). '신계'란 신교(神交) 즉 정신적으로 통하여 나이나 세력 따위를 따지지 않는 사귐을 말한다. '창수'를 통해 국적을 초월한 사귐을 기약한 것이다.

귀국한 뒤에 여귀돈이 북사를 추억하며 "연도에서 중주(中州) 관료·사대부를 만나 문난(問難)·담변(談辨)한 것은 거의 적(敵)을 만난 것과 같았다. 또 조선 공사와 흠차(欽差) 반송관이 있어 모두 한 시대의 문호였으니, 해외의 비루함을 보이지 않고 여러 번 서로 결어(結語)했다.…다행히 수답하는 중에 가볍게 비웃음을 받지 않고 오히려 칭찬을 받았다.…인심은 다르지 않아 성의로 서로 대하고 문자로 서로 알게 되니 사해가 모두 형제다"(『北使通錄』)라고 했다. 여귀돈에게는 중국이나 조선의 문사들과 시문을 창화하는 일이 하나의 '문전(文戰)'이었다. 비록 여시거와 조신처럼 상대방을 사납게 공격하는 일은 없었지만, 여귀돈 역시 중국의 반송관이나 조선 사신과의 한시 창수를 통해 자신의 문학적 재능과 자국의 문화적 수준이 비판받지 않도록 적극 노력했음을 알 수 있다.

1773년(乾隆 38년)에는 안남 정사 무휘정(武輝挺)과 조선 정사 윤동승(尹東昇), 부사 이치중(李致中) 사이에 한시 창화가 있었다. 무휘정이 윤동승과 이치중에게 「조선국 사신에게 증여한 시」를 보내 "압강(鴨江)과 연령(鳶嶺)의 강역이 비록 멀어도, 인적(麟籍)과 구서(龜書)의 도(道)는 나뉘지 않았다. 의관에 이제(異制) 없음을 이미 기뻐했고, 도첩(圖牒)에 동문(同文) 있음을 다시 확인했다…"라며 '동문'을 강조하고, "성회(盛會)에서 부평초처럼 만난 좋은 인연, 비록 동해와 남해 사이에 천만 리가 있지만, 마음을 맺고 도를 함께함은 비단 오늘만의 일이 아니라 예전부터 있었던 일이다.…"라는 「서문」을 첨부했다(『華程詩集』).

이에 조선 정사 윤동승이 안남 사신 무휘정과 단완숙(段阮俶)에게 「조선국 사신의 증시 두 수와 인문(引文)」을 보내 "올 때의 예악은 연릉(延陵)의 계찰(季札)이고, 유람 뒤의 문장은 대사천(大史遷. 司馬遷)이다…"(『華程詩集』)라며 상대의 문장을 칭송했으며, 부사 이치중도 무휘정과 단완숙에게 「화시」를 보내 "남과 동의 바다와 산악은 별자리가 멀지만, 문(文)과 무(武)의 의관은 옛 제도와 같다. …"(『華程詩集』)고 월남인의 고제(古制) 의관을 칭송했다.

조선 사신과 헤어지면서 안남 부사 단완숙도 「조선국사 윤동승과 이치중을 전송(餞送)하며」란 시를 지어, "월전(越甸)의 산천이 변진(弁辰)과 격절돼도, 다행히 타향에서 청진(淸塵. 존귀한 이의 수레 뒤에 이는 먼지) 향해 읍한다. 일찍이 한절(漢節)을 바라보며 북두성을 엿보았는데, 다시 주(周) 터에서 빛나는 봉린(鳳麟)을 뵙게 됐다. 여행하는 중이어도 모두 벗하고 싶은 마음 있지만, 문광(文光)이 지극하여 같은 등급이 아니니다"(『皇越詩選』; 『華程詩集』)라고 이별을 아쉬워했다.

1779년(乾隆 44년)에는 안남 정사 호사동(胡仕棟)과 조선 정사 이광(李珖) 등의 창화가 있었다. 호사동은 「조선국사 이광, 정우순(鄭宇淳), 윤방(尹坊)이 회국하여 증시하다」는 시를 지어, "오늘날 문교(文教) 펴서 수레가 동궤(同軌)이고, 이전부터 예를 지켜 나라에 유사(儒士) 있다. 만 리 먼 곳에서 상봉함이 쉬운 일 아님을 알지만, 6년 만의 만남이 왕회도(王會圖)를 이루었다"(『皇越詩選』)고 이별을 아쉬워했다. '6년 만의 왕회'란 6년 전 무휘정과 윤동승 등의 북경 창수를 이르는 말이다. 호사동은 「또 세 분 배신(陪臣)에게 드리는 시」에서 "영해(瀛海)의 동과 남은 하늘이 각각 구별되나, 연대(燕臺)에 옥백 바치는 땅은 서로 다르지 않다. 이전부터 회오(會晤)하여 가화(佳話)가 많았으니, 호저(縞紵)의 사귐은 왕철(往哲. 先賢)의 변함없는 기풍이다"(『皇越詩集』)라며, 지금까지 있었던 한·월 창화를 상기했다. 이제 안남 사신들에게는 조선 사신들과의 북경 창화가 하나의 관례와 전통으로 인식되고 있었음을 알 수 있다. '배신'이란 신하의 신하란 뜻으로, 『좌전(左傳)』 양공(襄公) 21년조에서 두예(杜預)가 "제후의 신하가 천자에게 배신이라고 자칭한다"고 주해한 바 있다. 안남과 조선은 함께 명·청의 황제에게 칭신입조(稱臣入朝)했기 때문에 그 사신을 '배신'이라 표현한 것이다.

이에 이광이 호사동에게 「화답」하며 "풍아(風雅)는 권중(卷中)에서 고궤(古軌)를 같이하고, 문장은 세외(世外)에 참된 유자(儒者)가 있다.…문공(文公)의 예법은 집집마다 같이 가르치고, 천자의 시서와 유학을 풍속으로 숭상한다"(『皇越詩集』)라고 하여 월남이 조선처럼 시서와 예악을 숭상하는 문헌의 나라임을 칭송했고, 정우순도 "외로운 뗏목 뜬 명해(溟海)와 발해는 요황(要荒)의 밖이지만, 동과 남으로 땅이 치우쳐도 천지 안에 들어 있다. 언어는 본래부터 비록 구별 있었지만, 의관은 도리어 서로 같음을 기뻐한다"(『皇越詩集』)고 「화답」하며 역시 한·월 양국의 '동문'을 강조했다. 조선과 안남은 멀리 떨어져 있어도 동질의 문화를 고급한 수준으로 공유한다는 공통점을 갖고 있었다.

1790년(乾隆 55년)에는 안남 정사 반휘익(潘輝益)과 조선 부사 서호수(徐浩修), 서장관 이백형(李百亨), 검서관 박제가(朴齊家) 등의 창화가 있었다. 반휘익은 서산(西山) 완조(阮朝)가 건국된 뒤 건륭제 팔순 경하를 위해 출사해서 '사화(使華)의 독보자(獨步者)'로 칭송됐다. 그의 연행기 『성사기행(星槎紀行)』에는 조선 사신과 수답한 시문이 대량 기재됐다. 안남 정사 반휘익이 조선 사신 서호수와 이백형·박제가 등에게 「조선국사에세 드림」이라는 시를 신창했는데, 이 시에는 "조선 정사 부마(駙馬) 황병례(黃秉禮), 부사 이조판서 서호수, 서장 굉문관교리(宏文館校理) 이백형 등이 우리 사신과 연일 시연(侍宴)하며 서로 투시(投詩)했다"는 설명이 첨부됐다. "사는 나라는 해동(海東)과 해남(海南)으로 분계(分界)되지만, 함께 명당(明堂) 향해 멀리서 수레를 몰아 왔다. 문헌에선 우리에게 도(道) 있음을 일찍부터 기록했고, 회유(懷柔)하는 깊은 성은(聖恩) 온전하게 우러러본다. 동풍(同風)이라 의관제(衣冠制)가 천고에 이어지고, 기이한 만남으로 매일 지장(指掌)하며 이야기한다. 소아(騷雅)가 풍(극관)·이(수광)의 옛 만남을 따르는 듯하니, 사귀는 정이 진한 술 달게 마시는 것보다 나은 것 같다"(『星槎紀行』). 한·월 양국이 '동풍'의 나라로 함께 동일한 국제 질서에 동참함이 강조됐고, 풍극관과 이수광의 북경 창화가 양국 우호 교린의 대표적 선례요 고사이자 전범으로 기억되고 있다.

이에 조선 부사 서호수가 반휘익에게 「화시」를 보내 "어느 곳 청산이 일남(日南)의 청산인가, 어양(漁陽)의 가을비 맞으며 함께 수레 멈추었다. 일찍이 중국에 출사해서 인호(隣好)를 닦았으니, 성교(聲教)가 지금처럼 멀고 깊게 미쳐진다"(『星槎紀行』)고 하여, 한·월 양국이 북경에서 창화하며 인호를 닦은 전통에 관한 반휘익의 기억에 동참했다. 반휘익은 「조선 서판서가 화시를 보내와서 즉석에서 편지를 부친다」는 시를 서호수에게 보내 "우성(友聲)이 어찌하여 삼한이라 격절될까, 문맥(文脈)이 사해에 이름을 이로써 알게 된다. 옥홀(玉笏) 잡은 위치가 왕회(王會)의 전례와 다르지 않고, 인향(隣香)의 정이 어연(御筵)의 대화에 담겨져 있다"(『星槎紀行』)며 조선 사신과의 시정(詩情)을 이어 갔다.

조선 서장관 이백형도 반휘익에게 「화시」를 보내 "천애(天涯)가 뚜렷해서 동과 남을 막았지만, 어양(漁陽)에서 해후하여 두 수레가 멈추었다.…빈빈(彬彬)하게 문물 같음을 이미 기뻐했고, 묵묵히 필담(筆談) 펼침은 감당하기 쉽지 않다"(『星槎紀行』)라고 화답하며 양국의 '동문물(同文物)'을 기뻐하며 '필담'을 즐겼고, 안남 정사 반휘익은 「조선 이교리 화시에 전운으로 다시 증시하여」에서 "지척의 운광(雲光)이 천궐에서 환하게 빛나고, 고금의 문교가 해방(海方)까지 미치었다. 사화한 선배가 일찍이 만남을 즐겼듯이 어원(御苑)의 초연(初筵)에서 다시 담화 화락한다"(『星槎紀行』)라며 선배 사신들의 북경 창화를 다시 거론했다.

조선 서기(檢書官) 박제가도 반휘익에게 「화답하는 시」를 보내 "동문(同文)으로 해요(海徼)라 칭해지고, 다른 말로는 염주(炎洲)라고 말한다. 통포(筒布)는 매미 날개처럼 가볍고, 향연(香煙)은 신기루처럼 오른다"(『星槎紀行』)고 '동문'을 거론하며 화답하자, 반휘익은 「서원(西苑)에서 시연(侍宴)하며 조선 서기 박제가(樸齊家)가 부채에 시를 써 주어서 곧 즉석에서 화시를 증송하다」는 시를 보내 "뭇 별들이 제좌(帝座)를 둘러싸고, 깃털 같은 배가 선주(仙洲)에 오른다.…그대와 내가 서로 만난 곳, 지당(池塘)의 한 배에서 노를 저었다"고 호응했다. 그는 "원명원(圓明園)에서 연회에 나아가 궁문 여러 층을 들어가서 어구(御溝)에 이르렀다. 작은 배 여러 척에 훈귀(薰貴) 열위(列位)와 제국 사신을 싣고 2리 정도 가서 청음각(淸音閣)에 올랐는데, 우리 사신과 조선은 매번 같은 배로 함께 갔다"(『星

槎紀行』)는 설명을 첨부하여, 원명원에서 황제가 베푸는 연회에서 한·월 양국 사신들이 함께했음을 상기했다. 반휘익은 「원명원시연기사(圓明園侍宴紀事)」를 통해 원명원의 연회에서 "때때로 어제시문(御製詩文)을 받들어 전첩(箋帖)에 제영(題詠)하지 않는 날이 없었다"[456]고 술회했다.

이번 창화에서는 안남 부사 무휘진(武輝瑨)도 참여했다. 무휘진은 1790년(乾隆 55년, 西山朝 光中 3년)에 새로 안남국왕으로 책봉된 완광중(阮光中)을 호종하여 건륭제를 근현(覲見)하는 임무를 맡아 북사(北使)했는데, 실제로는 국왕이 아니라 그 아우였다. 가짜 안남국 군주가 열하에서 조복과 어제시를 받을 때 화시를 대신 지은 이도 무휘진이었다. 그의 사행시집 『화정후집(華程後集)』에 의하면, 그는 조선 정사 서호수에게 「조선국사에게 편지를 보내다」는 시를 지어 보냈다. "바다 남쪽 해남(海南)과 바다 동쪽 해동(海東), 풍역(風域)은 달라도 도맥(道脈)은 상통한다. 왕회(王會)에 처음 온 일 문헌(文獻)에 함께하니, 이곳 황장(皇莊)에서도 근첨(覲瞻)을 함께한다. 의관에 금제(今制) 따름이 다만 약간 있지만, 호저(縞紵)에 고풍(古風) 이음이 어찌하여 없겠는가. 중국에 출사한 사신 가운데 누가 나와 비슷했나, 여러 날을 계속해서 연연(宴筵)에서 담소한다"(『華程後集』). 그는 "관례에 의하면 우리나라 사신과 조선국 사신은 다만 연례(演禮)와 하정단(賀正旦)에 두 번만 서로 만날 뿐인데, 지금 산장(山莊)에 도착해서 시연하며 연일 서로 만나 담소함이 매우 무르익었다. 그들은 우리 사신이 하사 받은 의관을 입은 것을 보고 모두 재미있게 여겼다. 그래서 오구(五句)로 이를 언급했다. 나는 화답하여 두 수의 시를 보내면서 부채 10병(柄)과 청심환 10환에 대해 치사했다"는 설명을 첨부했다.

서호수의 연행록에는 이 일에 대해 좀 더 자세한 기술이 있다. 서호수는 일찍이 듣기로 안남 사신은 속발(束髮)하여 뒤로 늘어뜨리고 오사모(烏紗帽)를 썼으며, 소매 넓은 홍포(紅袍)를 입고 금으로 장식된 대모대(玳瑁帶)를 두르고 흑피화(黑皮靴)를 신어 우리나라 관복과 많이 비슷하다고 했는데, 그때 그 군신을 보니

456. 武輝瑨 吳時任 潘輝益, 『燕臺秋詠』; 『越南漢文燕行文獻集成』 7冊, 251-252쪽.

모두 만주(滿洲)의 관복을 따랐지만 체두(剃頭)하지는 않았다. 이에 괴이하게 여겨 안남 정사 반휘익에게 "귀국의 관복이 본래 만주와 같은가"라고 물었더니, 반휘익은 "황상께서 우리 과군(寡君)의 친조를 가상하게 여겨 거복(車服)을 특사하셨고, 배신들에게까지 내리셨다. 그러나 또한 상유(上諭)를 받들어 경사에서 조제(朝祭)에 참여할 때는 본복(本服)을 사용하고 귀국하면 본복을 바꿀 것이니, 이 옷은 한때에 임시로 입을 뿐이다"라고 했다. 서호수는 그 말에 변명함이 많고 얼굴에는 부끄러워하는 기색이 있었다고 전언했다(『燕行記』).

이는 만청과 조선의 관계와는 또 다른 만청과 안남의 독특한 외교 관계를 반영하는 것이다. 조선은 비록 만주의 군사적 침공에 굴복하여 만청과 종번 관계를 맺었지만, 국왕이 친조한 적은 한 번도 없었고 친조를 강요당한 적도 없었다. 또한 조선의 군신이 만주의 관복을 착용한 적도 없었고 착용을 강요당한 적도 없었다. 조선인이 자국의 고유한 복식을 유지할 수 있었던 것은 '소중화'의 자존감을 지킬 수 있었던 중요한 표지의 하나였다. 안남 사신의 "말에 변명함이 많고 얼굴에는 부끄러워하는 기색이 있었다"는 서호수의 전언은 '소중화' 의식의 또 다른 표현이었다.

무휘진은 조선 사신 전원에게 「이날 황명을 받들어 원명전에 먼저 돌아가서 조근하고, 조선 사신은 이틀 뒤에 출발하려 했기 때문에, 앞의 시운에 의거해서 다시 편지로 보낸다」는 시를 보내 "남북과 동서를 가르지 않고, 성도(聖道)로 회유(懷柔)하여 길이 각각 통한다. 아계(雅契)로 하루아침에 부평초처럼 합쳐지고, 사문(斯文)으로 천고에 기성(氣聲)이 같아진다.…수화(酬和)한 가장(佳章)으로 다소의 곡(曲)이 있어, 남은 향기가 여전히 어원(御園) 안을 흩겨본다"(『華程後集』)고 하며, 조선 사신들과의 시회(詩會)에 대한 좋은 기억을 표현했다. 이에 「조선국 사신도 원명전에 이르러 다시 차운하여」, "그대는 제남(𪹴南)에서 나는 해동(海東)에서, 물끄러미 서로 보다 조금씩 서서히 통하게 됐다. 비록 지금은 언어가 지방마다 다르지만, 예로부터 의관은 두 곳이 다르지 않았다. 왕회(王會)가 이미 달처럼 둥글게 이뤄지고, 사신의 수레가 바람처럼 정반대로 굴러간다"(『華程後集』)고 화답하며, '동문'과 '왕회'를 동시에 지적했다.

무휘진은 이백형에게 「조선 부사 이 교리에게 네 번째 편지를 보낸다」는 시를 지어 보내 "나는 대대로 남군(南郡)에 그대는 대대로 동쪽에 살지만, 태어나기도 전에 계합(契合)하여 서로 통한 것 같다. 양가의 친상(親上)께서 예전에 만났으니, 이십 년 전에도 오늘처럼 손을 잡았으리라. 뒷날 조반(朝班) 행렬에서 아름다운 향기 가까이하고, 시편 이어 수화(酬和)하며 청풍(清風)을 움켜잡는다. 고향에 돌아가서 가현(家賢)께 말씀드리면, 기이한 만남을 사보(使譜)에 잘 넣어두시리"(『華程後集』)라고 하면서, 다음과 같은 설명을 첨부했다. "신묘년(辛卯年)의 사부(使部)인 가존(家尊)께서 귀국 부사 이치중(李致中) 공을 만나 시를 증답(贈答)했는데, 이(李) 시에는 '통역의 혀로 어떻게 간담(肝膽)을 전달할까, 노반(路班)에서 정신(精神)을 모두 다 써 버렸다'란 시구가 있어, 본국에서 전해져 읊어지고 있다. 이번에 와서 또 태가(台駕)를 만나 그에 대해 물어보았더니 전의 이 공이 당친(堂親)이시라 하니, 역시 하나의 기이한 해후라 하겠다." 무휘진이 신묘년에 자신의 '가존'과 이백형의 '당친'이 북경에서 만나 시가를 창화했다고 상기함은 1773년에 안남 정사 무휘정(武輝挺)과 조선 부사 이치중이 창화한 것을 두고 이르는 말이다. 아버지 대의 시연(詩緣)이 아들 대까지 이어졌다고 하니, 조선과 안남 사신의 북경 창화가 낳은 실로 기묘한 인연이라 할 수 있다.

무휘진은 박제가에게도 「또 조선 사행인 내각검서 막서가(摸序家)의 시운에 화답하다」는 시를 지어 "진실로 문헌(文獻)의 땅이니, 종잇조각 하나라도 모두 전할 만하다. 예를 좋아하니 속되지 않음을 알 수 있고, 시를 읽어 보니 기뻐서 잠이 오지 않는다. 가을에 송령(松嶺)의 달이 드높고, 해가 압강(鴨江)의 안개 속에 저문다. 금 고삐 당겨 돌아감이 좋을지라도, 만났던 이 해를 기억하시라"(『華程後集』)[457]고 화답하며, 조선을 '예'를 좋아하는 '문헌의 땅'으로 거듭 칭송하고 그 사신과의 이별을 아쉬워했다.

안남 부사 단완준(段阮俊)도 이 창화에 참여하여 「조선 판서 서(호수)와 한림 이(백형)에게 차운하여 편지로 보내다」라는 시를 지어 "기자(箕子)가 주(周)의 손

457. 『越南漢文燕行文獻集成』 6冊, 397쪽.

님 되어 대도(大道)가 동으로 가니, 연원(淵源)이 천고로부터 한 줄기로 통했다. 물결 맑은 해국(海國)에서 유사(遊槎)를 띄워, 산장(山莊)에 운집하니 여로가 같다"(『海煙詩集』)고 하고, 「조선 사신이 시를 얻고 '좋은 시다 좋은 시다. 다음 날 받들어 화답하겠다'고 하고서는 수답의 동정을 보이지 않아 다시 시를 보내 재촉하다」라는 시에서는 "익진(翼軫)의 남쪽과 기미(箕尾)의 동쪽, 이번에 은하수에 뗏목 띄워 통하게 됐다. 편장(篇章)으로 날을 비우며 정신을 쏟고, 지척의 차이도 없이 보무(步武)를 같이했다. 사신과 붙어 날마다 옥액(玉液)을 주고받고, 바깥이 한가한 고관(孤館)에서 금풍(金風. 가을바람)에 눕는다. 양춘곡(陽春曲)이 만약 파리곡(巴里曲)를 싫어하지 않는다면, 회음(回音)을 한번 보내어서 길손을 위로하소"(『海煙詩集』)라며 시문의 창화를 독촉했다. 그는 서호수에게 시 한 수를 따로 보내 「조선 서장이 글로 가르침을 청해 내가 대신해서 화답했지만, 역시 끝내 다시 보지 못했다」고 안타까워하기도 했다(『海煙詩集』). 단완준은 서산조와 완조 사람으로 1790년에 한림대제(翰林待制) 신분으로 사절단의 일원이 돼서 예부상서 반휘익 등을 수행하여 청조에 출사했다. 그는 한평생 시문으로 이름을 날렸는데, 자기 시문의 수준에 대한 자신감을 보여 조선 사신과의 창화에서도 상대의 수답을 독촉한 것이다.[458]

1795년(乾隆 60년)에는 안남 정사 완제(阮偍)와 조선 부사 서유방(徐有防)·이형원(李亨元)의 창화가 있었다. 안남 정사 완제가 먼저 조선 사신 이형원과 서유방에게 「조선국 사신에게 편지를 보내」로 "창남(漲南)의 수교가 발명(渤溟)의 동쪽과 막혔더니, 제궐(帝闕) 가운데서 해후가 이뤄졌다. 경사(經史)가 앞서 전해져서 다를 바 없고, 의관도 고제(古制)여서 서로 같음이 있다"(『華程消遣集』)라고 선창하며 아선(牙扇)을 증여하자, 이형원이 완제에게 「조선국 부사 예조판서 이형원의 화운체(和韻體)」를 보내 "부상(扶桑)과 적수(積水)가 동과 남을 가르지만, 하늘과 땅의 한 기운 안에 기쁘게도 함께 있다.…뒷날 한의(漢儀)가 눈앞에서 삼엄하게 떠나가면, 멀리서 상아 부채 갖고 인풍(仁風)을 받들리라"(『華程消遣集』)고

458. 『越南漢文燕行文獻集成』 7冊, 3-4쪽.

화답했다. 양측 모두 '경사'와 '고제의관', '한의'를 공유함을 창화시에 담았다.

완제가 「조선국 사신에게 다시 편지를 보내」, "압록(鴨綠)과 주연(朱鳶) 사이가 천만 리인데, 아득히 먼 창해가 동과 남을 한정한다. 벽진(碧津)의 풍랑으로 멀리 떨어짐이 걱정되더니, 옥궐(玉闕)에서 의관으로 가까이 참여함을 기뻐한다…"고 노래하자, 이형원이 완제에게 「조선국 부사 예조판서 이형원의 화체(和體)」를 보내 "사자가 오시던 날 중역(重譯)이 아니었나, 복파(伏波)의 동주(銅柱)가 바다의 남쪽이다. 편방(偏邦)의 안목으론 중주(中州)가 넓고 크니, 만 리 먼 곳에서 의관 갖춰 한 자리에 참석했다"(『華程消遣集』)고 화답했다. 한·월 양국의 사신들은 모두 '의관'을 갖춰 '왕회'에 함께 참석한 사실을 가장 중요하게 의식했다.

완제가 「조선국사 이형원이 공사로 다망하여 속화(屬和)할 수 없다고 거절하기에 다시 편지를 보내」 "땅은 달라도 동풍(同風)임은 원래 예전부터였으니, 일동(日東)의 문물이 천남(天南)과 비슷하다. 봉강(封疆)이 아득히 멀어 수고롭게 사모하니, 다행히 전궐(殿闕)에서 추배(趨陪)함에 나란히 참여했다. 오가는 정 깊음을 더욱 깨닫고 느끼지만, 창수(唱酬)하는 말 치졸해도 매번 부끄러움 잊는다. 돌아가서 요장(瑤章)을 수습하고 고쳐서, 염방(炎方)에 한 소담(笑談)으로 남겨 두리라"(『華程消遣集』)고 하며, 역시 '동풍'과 '동문'을 강조했다.

이에 서유방이 완제에게 「조선국 부사 이조판서 내각학사(內閣學士) 서유방의 화체(和體)」를 보내 "큰 여감(輿堪)을 망망하게 굽어보고 우러러보니, 해가 뜨는 기동(箕東)이요 물 다하는 남녘이다. 아득히 먼 봉강이 까마득히 보이지만, 갑자기 반서(班序)를 같이해서 기쁘게 서로 참여했다. 예로부터 좋은 일 할 때는 남과 나를 겸했는데, 지금은 증별(贈別)함이 슬프고 더욱 부끄럽다. 방음(方音)의 뜻 헤아리기 어렵다고 아쉬워 마소, 문자에 기대어서 수담(酬談)을 대신하니"(『華程消遣集』)라며 '문자에 기대어서 수담을 대신'했다. 완제는 「조선국 부사 서유방도 공사다망해서 속화(屬和)할 수 없다고 거절해서 화답하다」는 시를 다시 보내 "도(道)가 합쳐지고 정이 친해져서 양자가 감당할 만하니, 기동도 교남(交南)과 다르지 않다. 공문(孔門)의 예악을 원래 서로 함께하니, 우연히 연궐(燕闕)

에서 정초(旌軺)가 나란히 참여했다.…삼한(三韓)의 도학(道學)은 지금 어디 있는지, 마음에 비추어서 필설(筆舌)로 이야기해도 무방하리라"(『華程消遣集』)고 하여, '동문'과 '왕회'를 동시에 강조하면서 화답을 더욱 재촉했다.

완제가 「조선국 사신과 특별히 함께 예부의 전연(餞宴)에 가서 증별하다」는 시도 지어 "순추(詢諏)의 일을 다 마치고 각각 돌아가지만, 동국(東國)과 남방(南邦)은 한 하늘 아래 사람이다"(『華程消遣集』)라고 이별을 아쉬워하자, 서유방도 「화체」를 보내 "삼순(三旬) 동안 소식이 행인관(行人館)에서 오갔는데, 예부(禮部)의 연회에서 만 리 먼 곳으로 헤어진다. 임수(臨水)하거나 등산함도 예로부터 아쉬운데, 하물며 천애의 귀퉁이에서 각각 망연해 함이랴"(『華程消遣集』)[459] 라고 하며, 역시 헤어짐을 아쉬워했다.

완제는 1789년과 1795년에 두 번 을부사(乙副使)로 북경에 출사했는데, 첫 번째 출사는 완문혜(阮文惠)를 안남국왕으로 책봉해 준 것에 대한 감사의 뜻으로, 두 번째는 건륭제의 선위(禪位)와 가경제(嘉慶帝)의 등극을 축하하기 위한 것이었다. 그는 응제시를 지어 건륭제의 포장(褒獎)을 받기도 했다. 『완씨세보(阮氏世譜)』에 의하면 "북조(北朝) 사대부들이 다수 연회를 베풀어 접대하고 방물을 보내 주고 시문을 가지고 와서 주었다"고 하고, "조선국 사신도 시찰(詩札)로 추천하여 칭찬해서 마침내 상국에 이름이 알려졌다"고 했다. 그러나 완제가 조선 사절 이형원과 서유방에게 화답을 요망하고 재촉할 때 조선 사신들이 두 번이나 "공사로 바빠서 속화할 수 없다고 거절했다"고 한 것으로 보아, 『완씨세보』의 기사가 혹 과장됐을지도 모른다.[460] 여기서 '북조'란 청조를 말한다. 당시 월남인들은 중국을 지배한 왕조를 '북조'라 하여 자국의 '남조(南朝)'에 대해 상대화했다. 이로 인해 명조나 청조에 대한 사행도 '북행(北行)' 혹은 '북사(北使)'라 표현했으니, 월남인의 정치적 자존 의식을 엿볼 수 있다.

1819년(嘉慶 24년, 阮朝 嘉隆 18년)에는 안남 사신 정상보(丁翔甫)가 조선 사신

459. 『越南漢文燕行文獻集成』 8冊, 145-269쪽.

460. 『越南漢文燕行文獻集成』 8冊, 103-104쪽.

에게 두 수의 시를 증여했다. 정상보는 하수사(賀壽使)로 북경에 가서 가경제의 60 대수(大壽)를 경하했는데, 북경에서 조선의 하수사와 만나 증시(贈詩)했다. 그의 북행시집『북행우필(北行偶筆)』에는「간조선국사(柬朝鮮國使)」와「재간(再柬)」 등 2수의 시가 실려 있다.

「조선국사에게 편지를 보내다」란 시에서는 "인생에서 몇 번이나 이 같은 만남 얻을 수 있나, 그대와 서로 떨어진 곳은 해천(海天)의 동쪽이다. 명당(明堂)에선 오랫동안 관빈(觀賓)의 반열에 있었고, 홍범(洪範)으로 일찍부터 교화의 으뜸이라 일컬어졌다. 문자로 인해 하늘과 땅처럼 달라지지 않았고, 회유(懷柔)로 인해 기꺼이 바로 일가(一家)처럼 같아졌다. 하늘 끝에는 지기(知己)가 없다고 말하지 마소, 이전부터 성기(聲氣)가 각각 유유상종했으니"(『北行偶筆』)라 하여, 양국이 동문으로 '유유상종'하여 '일가'처럼 같아졌음을 강조했고,「다시 편지 보내다」란 시에서도 "나서부터 언어는 비록 서로 달랐지만, 시서(詩書)에 있는 도(道)를 본받음은 다르지 않다"(『北行偶筆』)[461]고 하여, 한·월 양국이 '시서의 도'를 함께 본받는 동문의 나라임을 거듭 강조했다. 그러나 이 시집에는 조선 사신의 이름과 화시가 기재되어 있지 않아 창화 혹은 창수 여부를 확인하기 어렵다.

1845년(道光 25년)에는 안남의 갑부사(甲副使) 범지향(范芝香)과 조선의 서장관 이유원(李裕元)의 증답이 있었다. 범지향이「조선 서장 이유원 학사에게 부채에 쓴 시를 증여하여」로 "사성(使星)이 바다 구름 동쪽에서 드높이 비치더니, 왕회(王會)에서 의관이 만 리에 서로 통했다. 나라를 바라보니 영화(英華)가 채봉(彩鳳)을 우러러보고, 도성에 올라오니 봄빛이 새 기러기 동반했다. 유서(儒書)가 몇 겹 명해(溟海)에도 막히지 않고, 온 땅의 성기(聲氣)가 다 같음을 멀리서도 알게 된다"(『郿川使程詩集』)고 하여, '의관'과 '유서'를 공유한 양국의 사신이 '왕회'에서 조우했음을 노래했다. 범지향은 1845년과 1852년 두 차례 출사했는데, 그의『미천사정시집(郿川使程詩集)』은 제일부사로 간 첫 번째 북사에서 남긴 시집이다.[462]

461.『越南漢文燕行文獻集成』10冊, 123-163쪽.

462.『越南漢文燕行文獻集成』15冊, 139-205쪽.

1869년(同治 8년)에는 안남 정사 완사한(阮思僩)과 조선 사신 김유연(金有淵)·남정순(南廷順)·조병호(趙秉鎬) 등의 북경 창화가 있었다. 완사한은 『완사한일기(阮思僩日記)』의 「연경(燕京)」에서 한국에서 온 사신 일행과의 만남 및 창화 과정을 상당히 상세하게 기술했다. 한·월 사신의 북경 창화를 이해하는 데 도움을 줄 수 있는 매우 귀중한 사료이기 때문에 비교적 긴 문장이지만 소개한다.

"(正月) 29일…이날 고려(高麗) 사인(使人)을 길 위에서 만나 물어보았더니, '납일(臘日)에 떠나 여기에 왔고, 배신(陪臣)이 세 명이며, 행인(行人)은 17명, 수인(隨人)은 20명이라'고 했다. 그 사람들은 사모관(紗帽冠)을 쓰고 교령남의(交領藍衣)를 입었으며, 역시 백릉(白綾)과 영의(領衣)를 입고 겉에는 장반비(長半臂)의 남색 혹은 장색(醬色)을 걸치고 허리 사이에 모두 사대(絲帶)를 다리까지 늘어뜨렸는데, 용모가 온아(溫雅)하고 잘 생겼다.…

2월 초하루 오패(午牌)에 조선국(즉 高麗) 삼배신(三陪臣)조병호(趙秉鎬)가 편지를 보내 묻기에 명첩(名帖)으로 답했다. 마침 사역관(四譯舘)의 진효(陳熇)와 진방두목(賑房頭目) 은보(恩普)가 숙소에 도착했는데, 그들은 조병호가 조선의 장원으로 나이가 겨우 22세라고 말했다. 이에 진효 등에게 유구(琉球) 사부(使部)는 어느 날 경사에 도착하는지 물었더니, 그들은 '이 나라는 2년에 한 번씩 조공하고 조선은 매년 겨울에 내조(來朝)한다'고 말했다. 또 그들에게 서양(西洋)의 일을 물었더니 그들은 '양인(洋人)은 현재 선무문(宣武門) 안에 거주한다. 그들의 기습(氣習)이 동문(同文) 제국과 맞지 않기 때문에 총관내무부(總管內務府) 대신이 본국의 본사(本使)가 관사(舘舍)에 도착하면 해 진 뒤에 한잡인(閑雜人)이 마음대로 드나들 수 없도록 엄금했으니, 이는 대개 양인 때문이다. 만약 조선인 제군이 공무(貢務)를 다 끝내면 매번 서로 볼 수 있다'고 했다.…저녁에 조선의 음보이품관(蔭補二品官) 도통사(都通事) 한문규(韓文圭)가 첩(帖)을 보내 대련(對聯)을 써 달라고 청하기에 대련을 써서 그에게 증여하면서, '이른바 고국(故國)은 교목(喬木)이 아니다. 내가 듣기에 동해에 신선이 있다고 하더라'고 말하며 내무부유시(內務府諭示)를 부록(附錄)해 주었다.

초이틀, 시간(詩柬)을 조선 사신에게 보내 통문(通問)했다. 오시(午時)에 예부(禮

部)에서 사역관 대사(大使) 진효 등 3명을 보내 상(賞)을 주어서…삼궤구고(三跪九叩)의 예를 행하고 배령(拜領)했다.…초사흘, 조선 삼배신 조병호가 화시(和詩)를 보내왔다. 아울러 편지에 답하여, 이 나라의 '왕은 성이 이씨로 지금까지 28세(世), 470여 년이 전계(傳系)됐다. 한(漢)의 우북평(右北平), 요동(遼東), 요서(遼西) 등 세 군(郡)은 지금 중국 판도에 속해 있고 낙랑(樂浪)과 현도(玄菟) 2군은 이 나라의 판도에 속해 있다'고 했다. 편지를 보내 회답한 것이다. 그리고 호해묵(好海墨) 5루(婁)와 본지(本地) 색전(色箋) 10폭(幅), 진류자(眞琉子) 10개(个), 선자(扇子) 3파(把), 청심환(淸心丸) 10환(丸) 등을 증송하면서 액련(額聯)을 써 달라고 청했다. 이에 일련을 써서 '…'라 하고, 아울러 '백천동(百川東)'이란 큰 글자 셋을 쓰고 종이 꼬리에 덧붙여 써서 이르기를 '기사년(己巳年) 봄에 왕명을 받들어 북경에 입공(入貢)했다가 정양문(正陽門) 안으로 관사를 바꾸고 귀개(貴价)와 문자를 접했으나, 한 번 읍(揖)하는 어려움이 거의 하청(河淸)에 비할 정도였다. 이에 불기(不棄)의 은혜를 입고 화시를 받았으며, 또 짧은 편지를 보내 글을 요구하시니 군자를 만나지는 못했지만 애오라지 이를 빌려 천애(天涯)의 한묵연(翰墨緣)을 알 수가 있다'고 했다. 이날 저녁에 여숙숭(黎叔崇)과 황해지(黃偕之)도 시를 보내 그 사신에게 증송하니, 그 사신이 여러 토산품을 맡겨 보내 호의를 보였다.

초사일 신시(申時)에 왕성참점(王成參店)에 가서 조선사 김유연(金有淵. 호는 藥山, 甲辰文科, 관직은 判中樞府事다. 文科는 進士다. 판중추부사는 相臣이다)과 남정순(南廷順. 호는 芝雲, 戊申文科, 관직은 禮曹判書다. 예조는 禮部, 판서는 尙書다), 조병호(趙秉鎬. 丙寅書狀, 관직은 翰林學士다. 書狀은 狀元이다) 등과 만나 그 나라의 여도(輿圖)와 공례(貢例)·각원(各員) 등에 관해 물었더니, '지방(地方)은 2천여 리이고, 일본과 유구 등과 비록 이웃해 있지만 겹 명해(溟海)로 멀리 떨어져 있어 상세한 이수(里數)는 말하기 어렵다. 옛 오환(烏丸)과 부여국(夫餘國)이 지금 모두 판도에 속한다. 작년 12월 초이틀에 출발해서 12월 16일에 도성으로 들어왔는데, 노정이 2천여 리다. 수행한 인원은 정관(正官)이 30명이고 종인(從人)이 200여 명이다. 공품(貢品)은 백(帛)과 저(苧)·지(紙) 등을 가져왔다'고 한다. 또 그들의 장복(章服)에 대해 물었더니 '고식(古式)이고 모양은 이와 같다'고 말했다. 이에 그들은 본국의 여도와 관제(官制), 과목(科目) 및 입공 노정, 진공(進貢) 노정, 진공 방물(方物) 등에 관해 물어 신 등이 일에 따라 응수해서 답하고, 다 끝난 다음에 작별하고 갔다.

그 사신이 머무는 회동사역관(會同四譯舘)은 본국의 사관(使舘)과 단지 40~50보 떨어져 있지만, 처음 사관에 와서 인사를 나누고 만나자고 청했을 때 그들은 중국의 법이 엄하여 감히 올 수 없다고 사양했기 때문에 참점(參店)에서 만난 것이다. 사관의 동쪽에 몇 개의 점(店)을 지나면 양인옥(洋人屋)이 있는데, 옥상에 십자가 모양을 만들었다. 양인이 그곳에 얼마나 사는지는 알지 못한다. 중국은 스스로 서양과 약화(約和)한 이후에 기세가 꺾여서, 비록 경사가 근본 중지임에도 불구하고 그들이 섞여 살아도 금지하지 못한 채 제국(諸國)이 그 천심(淺深)을 엿보고 그 경중을 의논할까 두려워했기 때문에, 비록 본국사와 조선사에게 드러내 놓고 왕래를 금하지는 않아도 매번 구속하고 제한하여 종전처럼 까다롭지 않게 할 수 없었다. 직례독부관(直隸督部官)의 계칙(戒飭)을 보았더니, 조선사와 감히 와서 만날 수 없음을 대개 볼 수 있었다.

초닷새, 오각(午刻)에 조선 대배신(大陪臣) 김유연이 호청심환(好淸心丸) 10환과 죽청지(竹淸紙) 20장(張), 채전(彩箋) 20장, 채접지(彩摺紙) 50폭, 별유접선(別油摺扇) 3파, 필(筆) 20지(枝), 죽비(竹篦. 참빗) 10개, 그리고 화시 1편을 증송했다.…

초칠일, 조선 사신에게 양선(洋船)이 와서 어지럽게 했는지 몰래 글을 보내 물었더니, '병인년(丙寅年) 가을에 양선(羊船)이 내침하여 기회를 따라 방어했더니 저들이 함부로 죽이고 핍박하지 못했다. 이 뒤로는 저들이 오히려 위축됐다'고 말했다. 이에 방어하는 방법에 대해 물었더니, 적을 제압하는 방법에 대해서만 말했다. 그 나라의 기량으로 임기응변했으니, 그 요체는 바로 그곳과 그 시각에 적절하게 살피는 데 있을 뿐이라고 했다. 대저 양인이 조선에 대해서는 처음 와서 기회를 엿보다가 크게 뜻을 이루지 못했기 때문에 잠시 물러났을 뿐이다. 우리나라는 아직 양인과 약화하기 전인데, 저들은 역시 여러 번 와서 여러 번 물러났다. 그 정세는 역시 이와 비슷하다. 이른바 '저들이 오히려 위축됐다'는 것은 그 말을 확대하지 않고 작은 안전에 익숙해져 먼 곳에 있는 나라를 가볍게 보는 것이니, 정말 뒷날의 걱정거리는 미리 짐작할 수가 없다.

초팔일, 시초음통(詩草吟筒)을 사역공관에 보내 조선 사신의 귀국을 환송했다"(『燕軺筆錄』).[463]

완사한은 사행시집『연초시초(燕軺詩草)』에서 조선의 사신들과 나눈 창화시들을 다음과 같이 소개했다. 그가 먼저「조선국 사신 김유연과 남정순, 조병호 장원에게 편지를 보내」"멀리 떨어진 동해와 남해, 연중(燕中)과 계중(薊中)에서 서로 만났다. 문에서 기다리며 반면(半面)도 알기 전에, 풍속을 물었더니 본래 삼동(三同)이었다. 기성(箕星)과 미성(尾星)으로 별자리가 나뉘어도, 의관에서는 고풍이 엿보인다. 봄바람이 마자수(馬訾水)에 불더라도, 돌아가는 기러기를 일찍 재촉하지 마소"라고 하여, 한·월 양국이 본래부터 '삼동'이었음을 확인하고 조선 사신의 '의관'이 '고풍'임을 주목했다. 그리고 다음과 같은 편지를 동봉했다. "조대(釣臺)에서의 조근(朝覲)에 동과 남의 손님이 모였다. 복(僕)은 어제 홍진(紅塵)의 길 위에서 객관으로 가다가 해후하여 서로 마주쳤다. 수레의 말이 빨리 달리던 중이라 비록 통읍(通揖)에 이르지는 못했지만, 의상의 옛 제도와 금옥 같은 성대한 위의(偉儀)가 내 마음을 사로잡았다. 객관에 든 이래로 공무가 다 끝나지 않아 문을 나서기에 어려움이 있어 미처 명함을 던지며 뵙기를 청하지 못했다. 먼저 베푸시는 아량이라 말씀하시지 않고 문득 홍첩(紅帖)을 보내와서 성대한 뜻까지 받들게 됐다. 서련(書聯)으로 가르침을 주셔서 하늘 끝에서 이웃을 사귀는 뜻을 깊이 생각하여, 감히 얕고 졸렬한 말을 무릅쓰고 비루한 시구를 엮어서 묵경(墨卿)에 맡겼으니, 돌이 옥을 감당할 수 없지만 우의를 귀하게 여길 뿐이다. 각하 열위(列位)께서 이번 열흘 동안 머무르신다면 공사의 겨를에 서로 마주하여 필담을 나눌 수 있기를 반드시 날을 꼽으며 기다리겠다. 보잘것없는 단장(短章)을 편지로 부치니 웃으시며 먼저 용납해 주시고, 화창한 봄날에 강녕하시기를 바란다. 할 말을 다 하지 못하고 이만 그친다. 1월 초 엿새, 신무문(神武門)에서 천안(天顔)을 우러러보고 객관으로 돌아와서 삼가 씀"(『燕軺詩草』).

463.『越南漢文燕行文獻集成』19冊, 172-189쪽.

월남 사신 완사한은 조선 사신의 복제가 자기들처럼 만청과 다르고 고제와 같음을 보고 시구로써 인동감(認同感)을 표현했다. 그는 조선 사신과 한시를 창화하며 조선의 풍속이 본래 '삼동'임을 알게 되고 '고풍'의 의상을 목격한 것이다. '삼동'은 『예기(禮記)』「중용(中庸)」에 나오는 "천하의 수레는 동궤(同軌)이고 글은 동문(同文)이며 행동은 동륜(同倫)이다" 즉 제도와 문화·가치의 공유를 이르는 말로, '동문'으로 총칭될 수 있다.

애석하게도 조선 사신은 며칠 지나서 먼저 귀국하게 되어 완사한은 시를 지어 증별했다. 완사한은 조선 사신 김유연과 남정순·조병호 등에게 「조선 사신 김유연 등이 귀국해서 보내드리며 아울러 편지도 드린다」는 시를 보냈다. "연대(燕臺)에서 경개(傾蓋)한 즐거움 아직 다하지 않았는데, 진흙에 남은 기러기 발자국 그림자만 총총하다. 돌아가는 마음은 압록강 너머 꽃피는 곳에 있고, 맑은 꿈은 용지(龍池)의 버들 푸른 곳에 있다. 만 리 먼 관산(關山)으로 손님 보내기 어려운데, 사주(四洲)의 인물 가운데 몇 명이나 동풍(同風)일까. 그대들과 헤어지며 규염전(虬髥傳)을 다시 생각하니, 서해는 지금처럼 점차 동쪽 향하리라"(『燕軺詩草』). '사주'란 '사해' 즉 온 '천하'를 이르는 다른 말이다. 완사한은 이별을 아쉬워하는 시에서도 전 세계에서 풍속과 문화를 공유하는 '동풍'은 한국과 월남뿐이라는 인동(認同) 의식을 강하게 표현했다. '규염(客)전'이란 전촉(前蜀) 두광정(杜光庭)의 전기(傳奇) 소설이다. 규염객은 수(隋) 말 사람으로, 성은 장(張)씨고, 붉은 수염이 규룡처럼 곱슬곱슬하다 하여 이런 이름이 붙여졌다. 당시 천하가 혼란하자 중원에서 거사하려다가 이세민(李世民)이 제위에 오를 것을 알고 부여국으로 가서 왕이 됐다고 한다.

조선 사신도 같은 인동감으로 호응했다. 김유연은 "증계(證契)는 기연(奇緣)이 합쳐지고, 논시(論詩)는 일격(逸格)이 서로 같다"고 하고, 남정순은 "산하는 응당 다름 있지만, 한묵(翰墨)은 절로 서로가 같다"고 했으며, 조병호는 "교계(交契)는 삼생(三生)에 거듭되고, 거서(車書)는 사해가 같다"고 했다(『燕軺詩草』). 조선의 사신들도 모두 '시격'과 '문묵(文墨)', '거서'의 일치를 강조하며, 완사한의 인동감에 동의를 표한 것이다.

1868년 완사한이 홍려시(鴻臚寺) 소경(少卿)으로 여청사(如淸使) 갑부사(甲副使)로 충원되어 북행한 행차는 진남관부터 연경까지 181일, 내행정(內行程)이 117일이고, 주유(駐留)에 64일 걸렸다. 8월 1일에 입관(入關)해서 12월 3일에 호북(湖北) 한양부(漢陽府)에 도착했고, 그다음 해 정월 29일에 북경에 도착했다. 4월 17일에 안남 사자 일행이 회국하여 보정(保定)을 경유하면서 직례총독서(直隸總督署)에서 증국번(曾國藩)을 만나 필담을 나누었고, 무한(武漢)에서는 호광총독(湖廣總督) 이홍장(李鴻章)을 만났다. 7월 16일에는 호남성 장사(長沙)에 도착해 호남순무(湖南巡撫)와 포정사(布政使)를 만나고 그 부속 주(州)·부(府)의 관원과 사대부들과도 자주 교제하여 시문 창화를 나누었다. 완사한은 호남 사대부와 장사 소가(蘇家) 고택 '완원(宛園)'의 아집(雅集)에 참가해 함께 노닐었다.

1871년(同治 10년)에는 안남 사신 범희량(范熙亮)과 조선 사신 이용숙(李容肅)의 창화가 있었다. 범희량은 이용숙에게 「조선 이국인(李菊人)에게 편지로 드림」이란 시를 보내 "천애에서 아호(雅好)를 맺고, 우내(宇內)에서 동문(同文)을 위로한다. 이후로는 동해와 남해에서, 홍서(鴻書)로 소식 전해 주리라"고 선창하면서, "(이국인은) 이름은 용숙인데 시를 잘 짓는다. 국명을 받들고 와서 연헌서(年憲書)를 영수(領受)했다. 그 나라의 관례로는 매년 맹동(孟冬)에 관리를 보내 정력(正曆)을 받았다"(『北冥雛羽偶錄』)는 설명을 곁들였다. 그는 이용숙 등과 헤어질 때도 「곧 출경하게 되어 장백(長白) 왕효렴(王孝廉. 東杲)과 호북 오위원(伍委員. 敬之), 조선 이국인 등 여러 우인과 헤어지면서 드리다」는 시를 지어 "문자로 사귐을 논한 붓대가 한 줄이나 된다"(『北冥雛羽偶錄』)고 하고, 「구점(口占)하여 국인에게 증시한다」는 시도 지어서 "동과 남이 바다로 막혀도 절로 일가 이룬다"(『北冥雛羽偶錄』)고 노래하기도 했다.

범희량은 「일기(日記)」에서 조선의 사신을 만나 서양에 관해 정보를 교환한 일을 기록하기도 했다. "영성점국(永盛店局)에 가서 조선 차관(差官) 이용(李庸)과 만났는데, '매년 으레 와서 연헌서를 수령한다. 8월에 출발하여 10월 삭일에 도착했다'고 했다. 서양의 일에 관해 물었더니 답하기를, '금년 여름에 미리국(迷利國)의 배가 와서 통상을 요구하며 몇 개월을 버티고 있는데, 저들은 물러가게 할 방법이 없음을 안다'고 했다. 좀 더 자세히 묻기를, '미리는 영길리(英吉利)가 아닌가'라고 했더니, '도광 10년에 영인(英人)이라 칭하는 자가 배를 타고 그 나라에 왔기에 천조에 상주하여 양광총독을 시켜 엄하게 내치게 해서 영인이 다시는 소요를 일으키지 못하게 했다고 한다. 한 해에 4~5차례씩 혹은 영인 혹은 법인(法人)을 칭하는 자들이 번갈아 그 나라 서해에 와서 머무르며 두루 통상이라 일컫는다. 이미 여러 번 거듭 말해도 역시 막막하게 듣지 않으니, 괴이하고 한스럽다. 천조의 엄금에 힘입기 어려워 끝내 그 사나운 독을 막기 어려울 터이니, 이는 실로 하늘이 하실 일이어서, 역시 하늘이 마음을 돌리기를 기다릴 뿐이다'라고 했다…"(『范魚堂北槎日記』).

이처럼 한·월 사신의 창화 외교도 단순히 시가의 창화에 그치지 않고 상대국이 앞서 가졌던 외교적 경험을 공유하여 새로 맞은 국제적 상황에 유효하게 대처하려는 노력으로 이어지기도 했다.

5. 한·월 사신의 세계관과 창화 외교

조선 사신과 안남 사신이 북경에서 만든 창화시의 키워드는 '왕회(王會)'와 '동문(同文)'이었다. 거의 모든 시가 '왕회'와 '동문'을 주제로 만들어졌다. 1614년에 월남 부사 유정질도 "수레와 글이 통일되어 왕회로 돌아가니, 해와 달 높은 하늘을 제정(帝庭)에서 보는구나"(『全越詩錄』)라고 하고, 1790년에는 서호수와 이백형·박제가 등 '조선국사'가 월남 부사 무휘진에게 "비록 지금은 언어가 제방이 다르지만, 예로부터 의관은 두 지역이 같았다. 왕회가 이미 달처럼 둥글게 이뤄지고, 사신 수레가 반대편으로 바람처럼 굴러간다"(『華程後集』)고 했다. 1845년에도 안남의 갑부사 범지향이 "사성(使星)이 바다 구름의 동쪽에서 높이 비치더니, 왕회에서 의관이 만 리에 상통했다"(『郿川使程詩集』)고 했다.

이들 양국의 사신들이 '왕회'를 빈번하게 시어로 사용한 까닭은 두 가지가 있다. 그 하나는 '왕회'를 계기로 두 나라의 사신이 북경에서 조우했음을 강조하기 위해서고, 또 다른 하나는 두 나라 모두 '왕회'로 상징되는 중국적 세계 질서에 동참하고 있음을 강조하기 위해서다. '왕회'란 제후나 번속국이 중국의 천자에게 조공하기 위해 모이는 회합으로, 『일주서(逸周書)』의 편명에서 비롯된 말이다. 당대 염립본(閻立本)이 그린 사이조회도(四夷朝會圖)를 '왕회도(王會圖)'라고 부르기도 한다. 한·월 양국의 사신들은 왕회편에서 이르는 기사처럼, 왕회도에서 그린 그림처럼 멀리 천하의 남방과 동방에서 모여 와서 북경에서 조우하는 장면을 스스로 '왕회'라는 고사에 의탁해 노래한 것이다.

사실 굳이 '왕회'라는 말을 직접 사용하지 않더라도 그 뜻과 일치하는 내용이 창화시를 가득 채운 경우가 적지 않다. 조선의 사신 이수광(李睟光)은 "만 리 먼 곳에서 의관 차려 옥폐에 올라가서, 오운 서린 궁궐에서 금여를 모셨다"(『芝峯先生集』)고 하여, 한·월 양국의 사신이 함께 입조해서 중국의 천자에게 조근하는 장면을 거듭하여 장관으로 묘사한다. 안남 사신 풍극관(馮克寬)도 "이역에서 왔지만 같이 예의향으로 돌아가니, 오늘 함께 내왕(來王)하여 기쁘게 만난다. …궁정의 연향에서 황제의 은택에 젖었더니, 돌아오는 소매에 천향(天香)이 소매에 가득 어지럽다"(『皇越詩選』)고 적극 호응한다. 1719년에 월남 정사 완공항도 "해국인 동과 남은 만 리 멀리 아득한데, 옥경에서 기쁘게 만나 천가(天家)에 조근한다"(『往北使詩』)며, 한·월 양국의 북경 조근을 거듭 거듭 강조한다.

1614년에 안남 부사 유정질이 "일가(一家)로서 다 함께 오늘의 요순을 경하하고, 대도(大道)로서 옛 공안(孔顔)을 서로 이야기한다"(『全越詩錄』)고 했듯이, '왕회'와 '동문'은 곧 '사해일가(四海一家)'의 관념과 직접 연결되어 있다. 다른 한·월 창화시에서도 '사해일가' 혹은 '사해형제'가 핵심 시어로 빈번하게 등장한다. 이수광이 "사해가 일가여서 간담을 다 비추어, 그대 얼굴 마주하니 맑고 또렷해서 기쁘구나"(『芝峰先生集』)라고 하자, 안남 정사 풍극관도 "예로부터 사해가 모두 형제라 했으니, 같은 배로 건너가고 한 수레로 외출한다"(『使華筆手澤詩』)고 화답하여, '왕회'와 '동문'을 '사해일가' 혹은 '사해형제' 관념과 연결지었다. 1819년에 출사한 안남사 정상보도 "문자로 인해 하늘과 땅처럼 구별되지 않게 되고, 회유(懷柔)로 인해 기꺼이 일가처럼 곧바로 같아졌다"(『北行偶筆』)고 하여,

'회유' 즉 '왕회'와 '동문'을 통해 '일가'가 되는 과정을 간명하게 노래했다.

그러나 한국과 월남이 중국과 함께 '사해일가' 혹은 '사해형제'의 범주에 내포된다 하더라도, 두 나라가 독립된 국가를 영위하는 역사 공동체임이 부정되지는 않는다. 오히려 이들의 창화시에서는 두 나라가 독립된 국가를 보존하는 오랜 역사 공동체임이 빈번하게 강조됐다. '동주(銅柱)'라는 시어가 자주 등장하는 까닭이 여기에 있다. 이수광은 "제봉(提封)에는 한대에 동주 새로 세웠지만, 주가(周家)에 공헌한 예전의 월상(越裳)이다.…예로부터 산천은 동(주)으로 경계 삼고, 지금까지 풍속으로 풀을 짜서 옷 입는다"(『芝峰先生集』)고 하고, 이수광과 동행한 금화일사는 "땅은 화하(華夏)와 이어지고 만향(蠻鄕)에 가깝지만, 예로부터 봉강이 일왕(一王)에 속했었다"고 하면서, "올 때 지났던 동주는 천 년 전부터 기록되고, 받들고 나온 금함에는 한 척의 서(書)가 있다"(『使華筆手澤詩』)고 하여, 후한 초에 복파장군 마원(馬援)이 경계를 표시하기 위해 세웠다는 구리 기둥 '동주'에 대한 기억을 상기해 월남의 국가적 독립성을 거듭 강조했다.

'동문(同文)'이란 시어도 한·월 창화시에서 빈번하게 발견된다. 조선 정사 유집일이 "손으로 경거(瓊琚) 갖고 두 번 세 번 완상하니, 이로써 만국의 동문·동궤를 알게 됐다"(『往北使詩』)고 하고, 조선 서장관 이휘중도 "성분(星分)이 기성(箕星)·두성(斗星)으로 삼생(三生)이 격절됐지만, 그나마 다행히 동문이라 고자(古字)를 논했다"고 노래했다. 안남 정사 무휘정도 "의관에 이제(異制) 없음을 이미 기뻐했고, 도첩(圖牒)에 동문 있음을 다시 확인했다"고 하고, 1871년에는 범희량도 "천애에서 아호(雅好)를 맺고, 우내(宇內)에서 동문을 위로한다"(『北冥雛羽偶錄』)고 노래했다.

굳이 '동문'이란 용어를 직접 사용하지 않더라도 한·월 창화시에는 사실상 '동문'을 뜻하는 시어와 내용으로 가득 차 있다. 이수광은 "의관의 제도 다르다고 말하지 마소, 문자는 다르지 않아 시서를 함께하니…나는 동국 살고 그대는 남향 살지만, 문궤는 오래전부터 백왕이 함께했다"(『芝峰先生集』)고 하여, 한·월 양국이 오랫동안 '문자' 혹은 '문궤'를 함께했음을 지적했다. 남정순도 "산하는 응당 다름 있지만, 한묵(翰墨)은 절로 서로가 같다"고 했고, 조병호는 "교계(交

契)는 삼생에 거듭되고, 거서(車書)는 사해가 같다"(『燕軺詩草』)고 하여, '한묵'과 '거서'가 서로 같음을 강조했다. 이백형은 "빈빈(彬彬)한 문물 같음을 이미 기뻐했고"(『星槎紀行』), 정우순도 "의관이 도리어 서로 같음을 기뻐했다"(『黃越詩集』). 조선 부사 이세근도 "의관은 문명 제도를 정습(定襲)했고…나라 다스리는 큰 법은 오직 주공(周孔)뿐이라"(『往北使詩』)고 하여, 양국이 이어받은 전통 문화는 오직 '주공(周孔)'의 것 즉 유교적 문화임을 강조했다.

안남 사신도 한·월 양국의 문화가 동일한 연원을 갖고 있음을 주목했다. 풍극관은 "피차 사는 산과 바다 비록 같지 않지만, 연원은 동일하니 성현의 책 그것이다"(『皇越詩選』)라고 했으니, 그가 말하는 '동일한 문화적 연원'은 '성현'의 책 즉 유교적 가르침이었다. 안남 정사 하종목도 "도리의 연원은 일규를 닦고, 의관과 예악은 동부(同符)처럼 일치한다"(『晩晴簃詩匯』)며, 한·월 양국의 '의관'과 '예악'이 일치함을 강조했고, 완공항은 "위의는 희가(姬家)의 예를 함께 잡고, 학문은 공씨(孔氏)의 글을 같이 받든다"(『北使詩集』)고 하여, 한·월 동문의 연원을 '희가례(姬家禮)'와 '공씨서(孔氏書)'에서 찾았다. 여귀돈도 "육적(六籍) 이래로 학문이 많아지고, 구주(九疇) 이후에는 문장이 새로워졌다"(『桂堂詩匯選』)고 하고, 완제도 "땅이 달라도 동풍(同風)인은 원래 예전부터였으니, 일동(日東)의 문물이 천남(天南)과 비슷하다"(『華程消遣集』)며 양국의 '동풍'을 강조했다. '동문'이 문화의 공유를 의미한다면, '동풍'은 풍속의 공유를 의미한다. 사실상 같은 의미를 내포하는 말이다. 이처럼 굳이 '동문'이란 시어를 직접 표현하지 않더라도, 우리 문화와 동질적인 상대 문화의 특성을 거론하는 것 자체만으로도 '동문'을 강조할 수도 있었다. '동문'이란 시어가 한·월 창화시에서 자주 등장하고 양국의 동질적 문화 향유가 빈번하게 거론됨으로써 양국의 관계는 '동문'이란 고리로 연결될 수 있었다.

상대국의 문화를 칭양함으로써 양국의 '동문'을 확인할 수도 있었다. 예컨대, 안남 정사 호사동은 조선이 "오늘날 문(文)을 펴서 수레가 동궤이고, 예를 지켜 이전부터 나라에 유사(儒士) 있었다"(『黃越詩選』)고 칭양했고, 무휘진은 조선이 "진실로 문헌의 땅이니, 종잇조각이라도 모두 전할 만하다"(『華程後集』)고 칭송했다. 단완준도 "기자(箕子)가 주 나라 손님 돼서 대도(大道)가 동으로 가니, 천고에 연원이 한 가지로 통했다"(『海煙詩集』)고 하여, '기자'의 동래로 인해 조선에 '대도'가 이식됐음을 찬양했다. 조선의 사신들도 월남의 동질적 문화를 칭양했다. 조선 정사 이광은 "문공(文公)의 예법을 집집마다 같이 가르치고, 천자 시서와 유학을 풍속으로 숭상한다"(『黃越詩集』)라며, 월남의 유교적 문화를 높게 평가했다. 이처럼 상대의 문화를 칭양함으로써 양국 문화의 동질성을 강조하고 나아가서는 자국의 문화를 자랑할 수도 있었다.

풍극관은 이수광에게 "귀대국은 문헌지국(文獻之國)이라 일컬어지니, 천국(賤國)이 감히 바라볼 바가 아니다"(「安南國使臣唱和問答錄」「問答」)라고 겸양함과 동시에, "우리 보고 동남의 문헌역(文獻域)이라 이르노니, 고황(高皇)께서 어제(시)로 칭찬하여 포양(褒揚)하셨다"(『芝峯先生集』)고 자랑하고, 결국 "동과 남은 예로부터 문향(文鄕)이었으니, 천고에 함께 와서 왕을 힘껏 뵈었다"(『使華筆手澤詩』)며 한국과 월남이 모두 '문향'이라는 결론을 이끌어 냈다. 요컨대, 한·월 창화시에서 두드러지게 돋보이는 주제는 한국과 월남 양국이 모두 함께 높은 수준의 문화를 공유하는 문명국이라는 동질성을 체감하는 인동감이다.

물론 월남과 한국의 문화가 완전히 일치되는 것은 아니다. 무엇보다도 양국 문화의 사이에는 고풍(古風)과 금제(今制)의 문제가 남아 있었다. 안남 정사 여시거가 "마한·진한의 유속(遺俗)은 고금이 다르니…그대의 예제가 중주(中州)와 다름을 알 수가 있다"(魚叔權, 『稗官雜記』)고 하고, 무휘진은 "의관에 금제 따름이 다만 약간 있지만, 호저(縞紵)에 고풍 이음이 어찌하여 없겠는가"(『華程後集』)고 하여, 조선 사신의 의관에 '고금'의 차이가 있음을 지적하기도 했다. 그러나 완제는 "경사가 앞서 전해져서 다를 바 없고, 의관은 고제여서 상동함이 있다"(『華程消遣集』)고 하고, 완사한은 "기성(箕星)과 미성(尾星)으로 별자리가 나뉘어도, 의관에서는 고풍(古風)이 보인다"(『燕軺詩草』)고 하여, 조선의 의관이 '고풍'의 '고제'였음을 주목했다. 조선의 사신들도 월남의 문화가 옛 제도와 같음을 주목하여 조선 문화와의 인동감을 표현했다. 예컨대, 조선 부사 이치중은 "남과 동의 바다와 산은 멀리 나눠졌지만, 문무의 의관은 고제와 같다"(『華程詩集』)고 인정했다.

그러나 '의관'이 상징하는 한·월 양국의 문화적 표징은 '고풍'과 '금제'의 문제에서 약간의 차이를 드러냈다. 1790년에 안남국 군주 완광평은 범공저(范公著)를 보내 자기로 가장해서 신하들 데리고 연경에 가서 건륭황제에게 80 대수를 축하하게 했다. 이때 안남의 가왕(假王)과 그 배신들은 만청(滿淸)의 의관을 입고 조현(朝見)할 수 있게 해 달라고 청구했고, 그를 수행한 무휘진은 「피대신반관복우성(被帶新頒冠服偶成)」이란 시를 지어 만청의 관복을 입을 수 있게 해 준 데 대해 감사의 뜻을 밝혔다. 당시 월남 사절단을 만난 바 있는 조선 사신 서호수는 이를 『연행기』에 기록했는데, 당시 월남 사신은 "황상께서 우리 임금이 친히 조현한 것을 가상히 여겨 특별히 거복(車服)을 하사하고 배신 등에게도 은혜를 미치셨다. 그러나 상유(上諭)를 받들어 경사에서 삼가 조제(朝祭)할 때는 본복(本服)을 사용하고 귀국한 뒤에는 본복을 바꿀 것이니…일시적인 권의(權宜)일 뿐이다"라 했지만, "말로는 변명함이 많았지만, 얼굴에는 부끄러운 기색이 있었다"고 한다. 그러나 조선 사신의 '의관'에 약간의 '금제'가 엿보이든, 안남 사신이 '권의'로 일시 '금제'의 '의관'을 사용했든, 두 나라 사신들이 '고풍' 혹은 '고제'의 '의관'을 이상으로 생각하는 데는 조금의 차이도 보이지 않는다. '고풍' 혹은 '고제'란 '예의(禮義)'로 상징되는 유교적 가치와 제도를 말하기 때문에, 한·월 양국 사자들이 한시 창화를 통해 '동문'을 노래하는 것은 매우 자연스럽고 당연한 일이라 할 수 있다.

한·월 사신의 북경 창화는 '왕회'에서 '동문'끼리 '문자'를 도구로 삼아 우의를 나눈 독특한 외교 양식이었다. 안남 사신 무휘진은 "수화(酬和)한 가장(佳章)으로 다소의 곡이 있어, 남은 향기가 여전히 어원(御園) 안을 흘겨본다"(『華程後集』)라는 시를 짓고, 반휘익은 "사화(使華)한 전배(前輩)가 일찍이 만남을 즐겼듯이, 어원(御苑)의 초연(初筵)에서 다시 담화 화락(和樂)한다"(『星槎紀行』)고 노래했다. 조선 사신 서유방도 "방음(方音)의 뜻 헤아리기 어렵다고 아쉬워 마소, 문자에 기대어서 수담(酬談)을 대신하니"(『華程消遣集』)라 했으니, 북경에서 조우한 두 나라 사신들이 '문자'로 사귄 것이 바로 한시의 창화였다. 이들이 만나서 이루었다는 '아계(雅契)'와 '아호(雅好)'는 바로 '수화(酬和)'와 '수담(酬談)'을 통해 이룰 수 있었다.

그러나 양국의 사신들이 '동문' 의식을 표현하는 방식과 강도에는 약간의 차이가 있었다. 조선의 사신도 월남의 사신에게서 '동문'을 발견하고 인정했지만, 월남의 사신은 보다 적극적으로 월남이 한국과 '동문'임을 주장하여 자국의 문화적 위상을 높이려 노력했다. 안남 사신은 한국과 월남의 '동문'을 거듭 거론함으로써 자국의 문화적 위상을 한국의 그것과 동격의 수준으로 올려, 국제사회에서 문화 대국의 위상을 인정받으려 노력한 것이다. '동문' 의식의 미묘한 차이는 한·월 사신들이 북경에서 만든 창화시에서 보이는 세계관의 이동(異同)과 무관하지 않은 것처럼 보인다. 한·월 창화의 전형이자 모범이라 일컬어지는 이수광과 풍극관의 창화시는 월남인과 한국인의 자국과 상대 나라, 그리고 중국에 대한 인식의 같고 다름을 가장 잘 드러내고 있다.

이수광은 창화시에서 중국을 '상국(上國)'이라 칭하고 혹은 '해외(海外)'라고 칭하기도 했다. 중국을 가리켜 '해외'라 표현한 것은 특이하다. 왜냐하면 '해외'란 원래 '사해지외(四海之外)'의 준말이자 '해내(海內)'와 대칭되는 말로, '중국'의 바깥 즉 '사이(四夷)'의 동의어로 사용됐는데, 여기서는 '해외'의 기준이 '중국'이 아니라 조선의 '동국(東國)'으로 상대적 의미를 내포하고 있다. 명제(明帝)의 거처는 '제거(帝居)' 혹은 '중소(重霄)'·'오운궁궐(五雲宮闕)'이라 표현하고, 명제와 관련해서 '전폐(殿陛)'·'궁로(宮爐)'·'어향(御香)'·'성은(聖恩)'·'성사(盛事)' 등의 표현을 구사하기도 했다.

이수광은 한국은 '동국'·'동한(東韓)'·'청구(靑丘)' 등으로 지칭하고, '기범(箕範)'으로 '성화(聖化)'되어 '예악'과 '문장'이 오랫동안 성행한 문물의 나라로 표현했다. 이에 반해 월남을 '남향(南鄕)'이나 '월중(越中)'·'장강(瘴江)'·'남극(南極)'·'교남(交南)' 등으로 칭하고, '성현(聖賢)'이 있는 '중국'에서 '수역산정(水驛山程)이 만 리'나 되어 '만요(蠻徼)'를 넘어 '중역(重譯)'하며 '포모(包茅)'를 '공납(貢納)'하고 '상여(象輿)'로 '주가(周家)'에 '근현(覲見)'하고 '백치(白雉)'를 '공헌(貢獻)'한 '월상(越裳)', 서한시대에는 '구진(九眞[郡])'이 설치되고, 후한대에는 '동주(銅柱)' 혹은 '동표(銅標)'로 '한(漢)'과 경계를 나눈 산천, '영기(靈氣) 찌는 '장려향(瘴癘鄉)'·'염주(炎州)' 혹은 '염향(炎鄉)', '용향(龍香)'이 생산되고 '상골(象骨)'과 '물여우'·'교연(蛟涎)' 등이 많이 있는 '광남(廣南)의 궁처(窮處)', '군만(群蠻)'의 이웃이자 '백월(百越)'의 일부여서 그 사신의 숙소가 '만관(蠻館)'이라 표현되는 나라로 인식했다.

요컨대 이수광에게는 중국은 '조공'과 '왕회'의 '성사(盛事)'가 이루어지는 '상국'이요, 한국은 기자(箕子)에 의해 '교화(敎化)'되어 이미 중국과 같이 예악·문물이 번성한 문명의 나라이지만, 월남은 비록 중국의 국가와 '동주'로 경계된 독립된 국가를 이루면서 한국의 국가들과 함께 주(周)나 한과 같은 중국의 국가들에 조공하여 왕회에 참여하는 나라이지만, 몹시 무더워서 장역(瘴疫)이 유행하고 중국과 '만 리'나 떨어져 '중역(重譯)'하며 조근(朝覲)하는 나라였다. 이수광에게는 자신과 대등한 수준으로 한시를 창화할 수 있는 풍극관의 존재가 실로 놀라운 일이기는 하지만, 그렇다고 해서 한국과 월남을 동격의 문명국으로 받아들이기는 쉽지 않았던 것으로 보인다.

이수광과 동행한 '해동사(海東使) 금화일사(金華逸士)'도 월남을 '안남국(安南國)'에 의해 통치되고 '백치(白雉)'와 '야계(野鷄)'를 '중역'으로 '공헌'하는 '동주'의 나라로 기억했으며, 명제는 '천왕(天王)', 명제의 명령을 '천명(天命)', 명제의 거처는 '제향(帝鄉)'이라 칭했다. 다만 금화일사는 월남을 '화하(華夏)'와 '만향(蠻鄉)'의 사이에서 '동주'로 구별된 독립 '봉강(封疆)'으로 인정했다. 이는 이수광이 월남의 "경계는 군만(群蠻)의 바깥과 끊어지고, 풍속은 백월(百越)의 변두리와 이어진다"고 하여 월남의 위치를 중국과 '만향'의 사이에 설정한 것과 매우 비슷한 인식이다.

사실 '중국(中國)'을 '동이(東夷)'·'서융(西戎)'·'남만(南蠻)'·'북적(北狄)' 등 '사이(四夷)'가 에워싸고 있다는 전통적 세계관에 의하면, 한국과 월남은 다 같이 '사이' 혹은 '이적(夷狄)'에 포함되는 존재로 간주됐지만, 이수광과 금화일사 같은 조선 사신들은 자신이 소속된 조선은 물론 풍극관의 안남에 '화하' 즉 '중국'의 밖, '만월(蠻越)' 즉 '사이'의 안에 개재된 특수한 위상을 부여했다는 것은 한·월 양국 사신의 북경 조우가 이들이 전통적 세계관에서 이탈하게 하는 한 계기가 된 것은 아닌가 하는 생각이 들게 한다.

이에 비해 안남 사신 풍극관의 세계관은 조선 사신 이수광 등과 미묘한 차이를 보인다. 예컨대, 그는 한·월 양국을 '동'과 '남' 혹은 '동표(東表)'와 '서표(西表)'라고 무가치적으로 공평하게 지칭하면서, 양국 모두 '노추향(魯鄒鄉)' 혹은 '예의향(禮義鄉)'·'문헌역(文獻域)'·'문향(文鄉)'임을 강조했다. 안남의 사신도 명제를 '왕(王)'이라 칭하면서 '천고(千古)'에 '내왕(來王)'하여 조선과 함께 중국 중심의 국제 질서에 동참했음을 잊지 않았지만, 안남이 조선에 못지않은 동격의 문명국임을 더욱 강조했다. 이는 앞 장에서 살펴 본 바와 같이, 안남 사신이 중국을 방문해서 중국의 접반관들이나 문사들과 시가를 창화할 때 언제나 안남이 '문헌국'임을 강조한 것과 같은 성격의 노력이라 할 수 있다.

물론 이수광과 풍극관 이후의 한·월 사신들이 모두 이수광과 풍극관의 창화시가 보인 차이를 드러낸 것은 아니다. 오히려 다른 창화시에서는 한국과 월남에 대한 상호 평등한 인식이 보다 일반적으로 확인된다. 이들 창화시에서는 한국과 월남을 '동과 남', '해동(海東)'과 '해남(海南)', '동국과 남방', '일동(日東)과 천남(天南)', '기동(箕東)과 교남(交南)', '동해와 남해', '익진(翼軫)의 남쪽과 기미(箕尾)의 동쪽', '창강(漲江)의 남쪽과 발명(渤溟)의 동쪽' 등으로 칭하여, 가치중립적 표현이 사용됐다. 중국에 대해서는 '중국(中國)'·'중주(中州)'라 표현하고, 명조와 청조는 '천가(天家)', 명·청의 군주는 '천왕(天王)', 북경은 '옥경(玉京)', 북경 궁궐은 '상궐(象闕)'·'연대(燕臺)'·'제궐(帝闕)' 등으로 표현했다. 한·월 양국의 사신들은 창화시에서 중국이나 그 군주에 대해서는 존중하는 표현을 아끼지 않았지만, 자국과 상대국은 대등한 나라, 그러나 중국적 세계 질서에 동참하는 나라로 표현했다.

다만 이수광과 풍극관 이후의 창화시에서도 상대 나라의 문화에 대한 인식에서 미묘한 차이를 보였다. 한 예로, 조선 부사 이세근은 "하남(河南)의 성교(聲教)가 천남(天南)까지 미쳤다"(『往北使詩』)고 하여 중국의 문화적 영향력이 월남에까지 미쳤음을 인정했지만, '성교' 즉 '교화(教化)'란 문화적 의미와 정치적 의미를 동시에 띠는 말이다. 이세근의 이러한 표현은 곧 월남이 중국적 세계 질서에 동참함으로써 중국과 함께 문화를 공유하게 됐음을 의미한다. 이에 비해 안남의 사신들은 한·월 양국의 문화가 비슷한 수준에서 상통했음을 보다 적극적으로 강조했다. 안남 부사 무휘진은 "바다 남쪽 해남과 바다 동쪽 해동, 풍역(風域)은 달라도 도맥(道脈)은 상통한다"(『華程後集』)고 하여 한·월 양국의 가치관이 상통함을 강조했고, 안남 정사 완제도 "이지(異地)라도 동풍(同風)임은 원래 예전부터였으니, 일동(日東)의 문물이 천남과 비슷하다"(『華程消遣集』)고 하여 양국 '문물'의 공유 즉 '동풍(同風)'을 강조했다. 이수광 이후의 조선 사신들이 이수광과 마찬가지로 한·월 양국의 중국적 세계 질서에의 동참을 자주 강조한 것에 비해, 풍극관 이후의 안남 사신들이 풍극관과 마찬가지로 조선과 안남의 문화적 동격과 상통을 보다 더 강조한 것은 한·월 창화시의 중요한 특징이었다고 할 수 있다.

문화적으로 조선과 동격임을 인정받고 싶어 한 안남 사신들의 이러한 자의식은 정치적인 방면에서도 표출됐다. 이는 근현(覲見)할 때 '여고려일체(與高麗一體)' 하게 해 달라는 안남 사신의 요청에서도 나타난다. 완휘형(阮輝瑩)의 『봉사연경총가병일기(奉使燕京總歌并日記)』에 의하면, 후여(後黎)의 완휘형이 1765년(乾隆 30년, 景興 26년)에 정사로 북행하여 세공(歲貢)했을 때 두 차례나 "고려와 일체로" 조현할 수 있게 해 달라고 요구했다. "12월 23일 진표(進表)하고, 29일 홍려시(鴻臚寺)에 가서 미리 예절을 익혔는데, 사신이 '여고려일체' 하기를 원한다는 의견을 제출했다. 예좌시(禮左侍)가 허락하여 '명을 기다리라'고 알려 왔다. 정해년(丁亥年) 건륭 31년 정월 초하루…오경(五更) 초에 조회에 나아갔다. 서장안문(西長安門)에 이르러 하차해서 보행으로 천안문(天安門)을 지나 단문(端門) 안에 이르러 오른쪽으로 석교에서 나아가 오문(午門) 밖에 이르니, 대사(大使)가 이끌고 우랑(右廊)으로 들어가서 기다렸다. 오고반(五鼓半)에 황제가 태묘전(太廟殿)에 납시어, 나가서 지도(軹道) 옆에서 줄을 섰다. 종소리를 듣고 길 오른쪽에서 조용히 조아렸다. 어가가 지나가고 다시 일어나 한 시각 정도 지나서 멀리서 고악(鼓樂)이 들려 다시 꿇어서 어가를 맞았다. 이 시각에 제독(提督)이 명을 받들어 내게 사품(四品) 자리에 나아가 고려(高麗)와 같이 배후(拜候. 問安)하도록 허락했다.…황제가 어좌에 오르고 백관이 반열에 줄 선 뒤에, 진표의 예를 행했다. 퇴반(退班)하니 홍려소경(鴻臚少卿) 부곤(富昆) 등이 나를 이끌고 단지(丹墀) 정중앙의 오른편으로 가서 고려의 사신과 횡렬(橫列)하게 했다.…세 차례에 걸쳐 구궤구고(九跪九叩)했다.…"[464]

이수광이 풍극관과의 창화시에서 월사(越使)의 북경 거처를 가리켜 별 생각 없이 가볍게 '만관(蠻館)'이라 지칭했음을 앞서 지적한 바 있지만, 이는 200여 년 뒤에 안남 사신 이문복(李文馥)의 완강한 저항을 받았다. 1841년(道光 21년, 紹治 원년)에 정사로 북사한 그의 사행시집『민행잡영(閩行襍詠)』에 부록된「이변(夷辨)」이란 글에 의하면, 이문복이 실풍(失風)한 중국의 관권(官眷)을 호송하는 사명을 띠고 복건(福建)에 갔을 때 성성(省城) 공관의 문에 '월남이사공관(粵南夷使公館)'이라 써 놓은 글자를 보고 "나는 이(夷)가 아니니 이 이관(夷館)에 들어가지 않겠다"고 했다. 그는「이변」이란 글을 지어 안남 사신 공관에 게시하고, 안남이 이미 중국과 함께 높은 수준으로 문화를 공유하고 있음을 이유로 들어 안남은 '이'가 아니라고 주장했다.[465] 그는「견유구국사자(見琉球國使者)」란 글에서도 "천지간에 동문지국(同文之國)은 다섯이니, 중주(中州)와 아월(我粵), 조선, 일본, 유구 역시 그다음이다"[466]라고 하여, 동아시아의 '동문의 나라' 다섯을 열거하면서, 이들 '동문지국' 그룹 가운데서 자국을 중국 다음의 자리에 놓았다.

물론 이문복의 이러한 주장은 그가 다섯 번이나 광동(廣東)과 복건에 사신으로 다녀왔다는 매우 특이한 경험의 소유자이고 그가 북행한 1841년이 중국 중심의 전통적 동아시아 세계 질서가 해체되기 시작할 즈음이라는 사실과 무관하지 않을 것이지만, 한편으로는 한국과 달리 독자적 연호를 사용하고 스스로 칭제(稱帝)하면서 명·청 등 중국을 지배한 국가들을 '북국(北國)'이라 부른 안남의 정치적 전통이나 중국·한국 등과 유교·한문학·율령제 등 동아시아 공통의 문화를 높은 수준으로 공유한 문화적 자신감과 깊이 관련된 것으로 보인다.

464.『越南漢文燕行文獻集成』5冊, 140-142쪽.

465.『越南漢文燕行文獻集成』12冊, 257-264쪽.

466.『越南漢文燕行文獻集成』12冊, 264-265쪽.

이러한 월남 사신의 문화적 자신감은 한국 사신들과의 한시 창화를 통해 적극적으로 그리고 충분하게 표현됐다. 1761년에 중국을 다녀온 뒤에 여귀돈(黎貴惇)은 북행을 추억하면서 "연도에서 중주의 관료와 사대부를 만나 문난(問難)·담변(談辨)한 것은 거의 적을 만난 것과 같았다. 또 조선 공사와 흠차 반송관이 있어 모두 한 시대의 문호였으니, 해외의 비루함을 보이지 않고 여러 번 서로 결어(結語)했다. 다행히 수답(酬答)하는 중에 가볍게 비웃음을 받지 않고 오히려 칭찬을 받았다.…인심은 다르지 않아 성의로 서로 대하고 문자로 서로 알게 되니, 사해가 모두 형제다"(『北使通錄』)라고 술회한 바 있다.

안남 사신의 조선 사신과의 한시 창화는 중국 사대부와의 한시 창화와 마찬가지로 자국의 문화적 수준을 과시하여 중국 중심의 국제사회에서 당당한 문명국의 위상을 확보하려는 외교적 노력의 하나였다고 평가받을 수 있다. 북경에서 이뤄진 한·중·월 삼국의 한시 창화는 외교적 쟁승(爭勝)과 문사(文辭) 경쟁의 형식을 통해 세 문헌국이 벌인 일장의 '우의(友誼) 경기'였다.[467]

맺음말

지금까지 알려진 한월 창화의 사례를 정리하면 다음과 같다.

- 1460년　조선 사신 서거정 – 안남 사신 양곡
- 1481년　조선 정사 홍귀달, 부사 신종호 등 – 안남 사신 완안·완위, 부사 완문질, 부사 무좌
- 15세기 말 16세기 초　조선 사신 조신 – 안남 사신 여시거
- 1597년　조선 정사 이수광, 사신 금화일사 등 – 안남 사신 풍극관
- 1614년　조선 정사 이지완 – 안남 정사 완등, 부사 유정질
- 1704년　조선 정사 이성 – 안남 정사 하종목

467. 張京華,「三'夷'相會-以越南漢文燕行文獻爲中心」,『外國文學評論』2012-1, 21쪽.

- •1719년　조선 정사 유집일, 부사 이세근 등 – 안남 정사 완공항
- •1761년　조선 정사 홍계희, 부사 조영진, 서장관 이휘중 등 – 안남 부사 여귀돈
- •1773년　조선 정사 윤동승, 부사 이치중 등 – 안남 정사 무휘정, 부사 단완숙, 부사 단완준
- •1779년　조선 사신 이광, 정우순, 윤방 등 – 안남 정사 호사동
- •1790년　조선 부사 서호수, 서장관 이백형, 검서관 박제가 – 안남 정사 반휘익, 부사 무휘진
- •1795년　조선 부사 서유방, 부사 이형원 – 안남 정사 완제
- •1819년　조선 하수사 – 안남 하수사 정상보
- •1845년　조선 서장관 이유원 – 안남 갑부사 범지향
- •1869년　조선 정사 김유연, 부사 남정순, 서장관 조병호 – 안남 정사 완사한
- •1871년　조선 사신 이용숙 – 안남 사신 범희량

조선 사신과 안남 사신이 북경에서 만나 시가를 창화한 일은 모두 16회로 파악된다. 물론 이는 창화시가 확보된 경우로, 실제로는 이보다 더 많은 만남과 창화가 있었을 것이다. 조선 사절단과 안남 사절단이 북경에 조근하는 일은 횟수와 일정·거리 등이 각각 달라서 실제로 북경에서 조우하여 창화하기는 쉽지 않았으니, 500년 가까운 기간에 겨우 16회의 만남과 창화가 있었다는 사실이 이를 입증한다.

그럼에도 불구하고 한·월 양국의 사신들은 북경에서 조우하기만 하면 거의 예외 없이 반갑게 인사를 나누고 필담과 창화를 서둘러 이어 갔다. 16회의 창화 가운데서 오직 조선 사신 조신과 안남 사신 여시거가 사나운 기세로 투시한 한 번의 예외적 경우를 제외하고는 언제나 우호적 정서를 시가 창화를 통해 서로 기꺼이 나누었다. 이는 아마도 중국과 관련한 한국과 월남의 역사적 전통과 문화적 배경이 적극적으로 작용한 것으로 보인다.

한국과 월남은 매우 근사한 역사적 경험을 공유하여, 일찍이 중국의 한 제국의 침략을 받아 군현적 지배를 장기간 받은 바 있고, 독립 국가를 스스로 세워

운영한 뒤에도 몽원 제국과 만청 제국 등의 침략을 차례로 받고서도 완강히 저항하여 정치적 독립을 계속 유지했다. 두 나라는 모두 중국에 건립된 송, 원, 명, 청 등의 국가들과 종번 관계를 맺고 책봉과 조공의 예를 교환했다. 중국 국가들과 함께 구축한 책봉·조공 체제를 도관(導管)으로 하여, 두 나라는 모두 예의와 같은 가치, 한문학과 같은 여러 문화 양식, 율령과 같은 제도 등 각종 고전적 문물을 중국과 함께 발전시키면서 공동으로 향유할 수 있었다. 이러한 공통의 정치적 경험과 문화적 공동체 의식이 한국과 월남의 사신들이 매우 짧고 간헐적으로 만나 교제했음에도 불구하고 한시의 창화를 통해 깊이 있는 교감을 나눌 수 있게 한 것으로 보인다.

한·월 양국의 사신들은 조근하기 위해 북경의 '왕회'에 동참하는 기회에 함께 만나 필담을 통해 서로 정보를 교환하고 한시의 창수 혹은 증답을 통해 기꺼이 우의를 나누었다. 이들은 창화시를 지어 양국이 함께 '왕회'에 참여하여 명제 혹은 청제에게 조근함으로써 중국적 세계 질서에 함께 동참한다는 정치적 공동체 의식과 유교적 가치와 한문학적 소양을 공유한다는 '동문' 의식 즉 문화적 공동체 의식을 확인했다. 이들은 모두 멀리서 조근하러 온 사자요 뛰어난 문장을 구사하는 문사인 창화의 상대에게서 자신의 모습을 발견하고 동지애적 감정을 숨기지 못했다.

한·월 양국의 사신들이 북경에서 서로 만나 한시 창화를 통해 서로 나누고 확인한 정서는 당사자에 그치지 않고 귀국하여 시집과 사행록 등을 통해 동료 문사들에게 소개됨으로써 양국의 조야와 문단에까지 공감이 크게 확산됐다. 그 대표적인 경우로서 이수광과 풍극관의 조우와 창화는 양 국민에게 깊은 인상을 새겨 주어, 상대 나라에 대한 이해의 폭과 깊이를 확장시켰을 뿐만 아니라 후배 사신들에게도 확고한 모범을 제공하여 전통 시대가 끝날 때까지 한·월 사신의 북경 조우와 창화가 지속되도록 하는 데 적극 기여했다.

그러나 책봉·조공 체제를 통해 중국적 세계 질서에 참여하는 한·월 양국의 제도적 혹은 의식적 접근에서 미묘한 차이가 보인다. 한국의 조선이 중국의 명조 혹은 만청과 책봉·조공의 예를 교환한 외교 관계는 이른바 중국적 세계 질서의 전형 혹은 전범이란 평가를 받을 정도로 높은 수준으로 전개됐다. 조선은 명·청의 연호와 일력을 사용하고, 매년 네 차례의 정기 사절단을 명조와 청조에 파견해 조공 혹은 조근했으며, 국왕이 즉위할 때마다 명제와 청제의 책봉을 받았다. 월남의 안남국도 중국 국가의 군주에게 조공하고 책봉을 받은 것은 조선과 다를 바 없었지만, 안남은 4년 1공 혹은 3년 1공 혹은 6년 양공 혹은 2년 1공으로 조공 횟수가 조선에 비해 현저히 적었고, 연호도 독자적 연호를 사용하고 군주의 칭호 역시 국내나 주변국에 대해서는 황제를 자칭했다. 중국 중심의 세계 질서에 참여하는 월남의 자세는 비교적 소극적이었고, 현대적 개념을 차용한다면 한국에 비해 상대적으로 보다 '자주적'이었다.

그러나 전통 시대에 중국 중심의 세계 질서에 보다 소극적으로 참여했다 함은 곧 중국 중심의 문화 체제에 참여하는 과정도 소극적이었음을 뜻한다. 왜냐하면 전통 시대의 문화 교류는 주로 책봉·조공 체제라는 도관을 통해 이루어졌기 때문이다. 조선이 건국하자마자 곧 서둘러 명조와 수교하고 3년 1공의 제도를 스스로 바꾸어서 1년 3공 나아가서는 1년 4공을 적극 관철시킨 이유는 여러 가지가 있었지만, 그중에서도 특히 책봉·조공 체제를 통해 중국과 문물을 폭넓게 교류하려는 강력한 의지와 욕구가 있었기 때문이다. 매년 네 차례나 대규모 사절단을 중국에 파견해서 선진 문물을 수입하려 노력한 조선이 4년에 한 번 혹은 6년에 두 번씩 사절단을 파견하는 안남에 비해 당시 세계 문화의 중심에 보다 쉽게, 보다 폭넓게 접근할 수 있었을 것이고, 이로 인해 한월 양국 사이에 일정한 문화적 수준 차이가 발생하는 것은 자연스러운 일이었다.

이러한 문제에 대한 양국 사신의 인식은 자연스럽게 창화시에도 반영됐다. 한·월 창화시의 일관된 주제는 '왕회'와 '동문'이었다. '왕회' 즉 조근을 위해 북경에 모인 기회에 한·월 양국의 사신들이 조우하고 창화할 수 있었음이 창화시에서 빠지지 않고 적시됐다. 아울러 유교적 가치와 한문학 소양을 공유함으로써 한시를 창화할 수 있음을 함께 즐거워했다. 이 두 가지의 내용은 조선 사신의 창화시에서도 발견되고 안남 사신의 창화시에서도 발견된다.

그러나 이 두 가지의 주제가 양국 사신의 창화시에 내포되는 빈도나 강도에서는 미묘한 차이가 확인된다. '왕회'는 조선 사신들이 보다 즐겨 거론하는 주제였고, '동문'은 안남 사신들이 보다 적극적으로 노래하는 주제였다. 이러한 현상은 앞서 지적한 바와 같은 역사적 배경과 무관하지 않은 것처럼 보인다. 조공과 책봉의 교환을 통해 중국 중심의 세계 질서에 보다 충실하게 참여한 조선의 사신들이 '왕회'를 통해 양국의 사신이 조우하고 창화하는 것에 주목한 데 비해, 북사의 주된 목적을 자국의 문화적 수준을 과시하는 데 설정해 놓은 안남 사신들의 입장에서는 안남이 중국이나 조선과 '동문'임을 강조하고 조선과 동격의 '문헌국'임을 드러내는 것이 무엇보다 중요한 일이었을 것이다. 물론 이러한 차이는 상대적 차이일 뿐 본질적 차이를 의미하는 것은 아니다. 안남과 조선은 다 같이 조근을 위해 '왕회'에 참여한 국제사회의 일원이었고 중국과 함께 문화를 공유한 '동문'의 나라였으며, 이러한 상황을 확인하고 강화하는 것이 한·월 양국 사신들이 수행한 창화 외교의 본질이었다.

제7장

중·일, 한·유 외교상의 한시 창화와 창화 외교

머리말

지금까지 전통 시대의 한국과 중국, 월남과 중국, 유구와 중국, 한국과 일본, 한국과 월남 등의 창화 외교에 대해 간략하게 정리했다. 그러나 전통 시대의 동아시아 국제사회에서는 이러한 창화 외교만 존재했던 것은 아니다. 중국과 일본, 한국과 유구 사이에서도 창화 외교가 존재하지 않았던 것이 아니다. 다만 이들 관계의 특수한 여건으로 인해 다른 경우와 달리 시간적으로나 규모 면에서 상당히 제한돼 있었을 뿐만 아니라, 그 성격도 다른 창화 외교와 사뭇 다른 측면이 있고 남아 있는 관련 사료 역시 매우 영성하다. 따라서 중·일과 한·유의 창화 외교는 따로 독립된 장을 설정하지 않고 합쳐서 간략하게 정리한다.

1. 중·일 외교상의 한시 창화와 창화 외교

일본은 전통 시대 대부분의 기간에 중국의 역대 왕조와 제도적 관계를 갖지 못했기 때문에, 한국이나 월남·유구 등과 달리 책봉·조공 체제라는 도관을 통해 중국과 문화를 교류할 기회를 거의 얻지 못했다. 따라서 사신과 접반사 등 외교관들이 외교 무대에서 벌이는 창화 외교는 적어도 중·일 관계사에서는 발견하기가 쉽지 않다. 다만 유학승의 도화(渡華) 등 인적 교류를 통한 간헐적 시문 증답이 기록에서 산견될 뿐이다.

당대(唐代)에 일본은 견당사(遣唐使)와 유학승(留學僧)을 중국에 보내 중국 문화를 학습하게 했는데, 630년(貞觀 4년)부터 894년(乾寧 원년)까지 264년간 일본은 견당사를 19차례 파견했다.[468] 매번 중국에 보낸 인원수는 적게는 100 수 명, 많게는 500~600명에 이르렀다. 견당사는 국가를 대표했기 때문에 일본은 견당사관의 선발에 비상히 주의하여, 한학과 시문에 능한 인물을 특별히 선발하여 보임했다. 이들 견당사절단 성원들은 중국으로 들어간 뒤에 중국의 관원과 시인·학자·명사 등과 광범하게 교제하며 '이시회우(以詩會友)'하여 적지 않은 증답·창수의 시편을 남겼다.[469] 통계에 의하면, 당대 문헌에서 지금까지 보존된 중·일 승속 학자들이 증답·창수한 한시가 100수에 가깝다. 중국 시단과 마찬가지로 중당(中唐) 이전에는 이러한 창화(唱和)가 광의적(廣義的) 창화 즉 '화의불화운(和意不和韻)'이었다. 『전당시(全唐詩)』에 수록된 중·일 간에 교왕된 한시는 주로 증답시(贈答詩)였다.[470]

752년(天寶 11년, 天平勝寶 4년)에 일본 군주 효겸(孝謙)이 등원청하(藤原清河)를 견당대사로 삼아 중국으로 보냈더니, 당 현종(玄宗)이 그의 행동거지와 풍도를 보고 칭찬하며 일본을 '예의군자지국(禮儀君子之國)'이라 불렀다고 한다. 등원청하가 그다음 해 귀국할 때 현종은 성대한 환송연회를 열고 「송일본사(送日本使)」란 시 한 수를 지어 "일하(日下)는 풍속이 다르지 않아, 천중(天中)의 가회(嘉會)에 입조했다…"라고 하여, 다른 수속(殊俗)과 달리 일본의 풍속은 중국과 다르지 않다고 하면서 성대하게 환송하는 정성을 표시하며 송별했다.[471] 그러나 당 현종이 지은 시는 창수시(唱酬詩)가 아니라 증답시였다. 증답시도 큰 범위로 보면 창화시의 일종이라 할 수 있지만, 즉석에서 원창(原唱)과 수답(酬答)을 주고받는 창수시와는 같지 않다.

조형(晁衡) 즉 아배중마려(阿倍仲麻呂)도 당대에 증시로 중국인들의 환송을 받

468. 汪高鑫·程仁桃, 『東亞三國古代關係史』, 北京工業大學出版社, 2006, 98쪽.
469. 朴鍾錦, 「中國'詩賦外交'的起源及近代發展」, 『國際政治研究』 2012-1. 156쪽.
470. 陳友康, 「中日文學交流中的詩詞唱酬問題」, 『學術探索』 2009-5, 123-124쪽.
471. 楊知秋, 『歷代中日友誼詩選』, 北京, 書目文獻出版社, 1986, 1쪽.

은 일본인이다. 그는 714년(開元 2년, 和銅 7년)에 견당 유학생으로 뽑혀 제8차 견당사 일행 517명과 함께 중국에 가서 태학(太學)에 입학했고, 졸업한 뒤에 사경국교서(司經局校書)와 좌습유(左拾遺)·좌보궐(左補闕) 등 직에 이르고 북해군개국공(北海郡開國公)에 책봉되어 식읍 3천 호를 받기도 했다. 그는 당의 대시인 이백(李白), 왕유(王維), 노조린(盧照隣), 포길(包佶) 등과 교의가 매우 돈독해 항상 부시(賦詩) 창화하여 적지 않은 시편을 남겼다. 753년에 그가 귀국을 청하자, 당 현종은 당조회빙일본사절(唐朝回聘日本使節)로 임명했다. 왕유와 이백·포길 등은 시를 지어 송별하고, 조형도 유별시를 지어 우인에게 증송했다. 그러나 조형이 귀국 중에 불행히 위험을 만났다는 소식이 전해지자 많은 사람들이 그가 죽은 줄 알고 시를 지어 애도했는데, 다행히 그는 표류하다가 남방에 도달해서 장안(長安)으로 되돌아왔다. 그는 이백이 그를 위해 시를 지었음을 알고는 만감이 교차하여 즉시 저명한 시편「망향(望鄕)」을 지었다. 그는 끝내 귀국하지 못하고 중국에서 인생을 마감했다.[472]『전당시』에 보이는 가장 이른 경우는 724년에 왕유와 조화(趙驊)가 조형을 송별하는 시를 지은 것이고, 가장 규모가 큰 것으로는 정원(貞元)·원화(元和) 시기에 두 명의 저명한 일본 승려 최징(最澄)과 공해(空海)가 입당·구법했다가 귀국할 때 매우 큰 관심을 모은 일이다.『전당시보편(全唐詩補編)』에는 육질(陸質) 등 9명이 최징을 송별한 시와 주천승(朱千乘) 등 5명이 공해를 송별한 시가 수록됐다.[473]

중·일 시인들 간에 있었던 '차운창수(次韻唱酬)'는 송대의 사료에서 발견되기 시작한다.『송사(宋史)』권491「외국전(外國傳)」에는 "함평(咸平) 5년(1002)에 건주(建州)의 바다 상인 주세창(周世昌)이 표류되어 일본에 이르렀다가 7년 만에 돌아올 수 있었다. 그 나라 사람 등본길(藤本吉)과 함께 이르러, 상(上)이 이들을 모두 불러 보았다. 세창은 그 나라 사람과 창화한 시를 가지고 와서 바쳤는데, 조각(雕刻)된 글의 뜻이 얕아서 취할 바가 없었다"고 했다.

---

472. 朴鍾錦,「中國'詩賦外交'的起源及近代發展」, 157쪽.

473. 岳娟娟,「唐代唱和詩研究」, 復旦大學博士學位論文, 2004, 115쪽.

『송사』의 편찬자는 일본인의 창화시가 "얕아서 취할 것이 없다"고 하여 「일본전」에 기재하지 않았지만, 요행히 명인(明人) 풍응경(馮應京)이 『월령광의(月令廣義)』에 이 시를 인용해 전해지고 있으니, 그 내용은 다음과 같다. "그대가 우리 풍속을 묻는데, 우리 풍속은 가장 순박하다. 의관은 당의 제도요, 예악은 한의 군신이다.…해마다 이삼월에는 복숭아와 오얏이, 다 같이 봄을 맞는다"고 했다. 이 시의 원창은 이미 잃어버렸지만, 『송사』에 의하면 일종의 동시성 창화라 할 수 있다. 화시(和詩)는 일본 문화가 중국 영향을 깊이 받은 것을 강조했다. "도리일반춘(桃李一般春)"은 양국의 기후가 서로 같음을 묘사함과 동시에, 평화롭게 함께 춘광을 누리자고 기원하는 의미를 함축한다. 창화의 측면에서 본다면, 주세창과 등본길 사이에 왕래된 시는 이미 기본적 '차운(次韻) 창수'의 조건을 갖추었다고 할 수 있다.[474]

중국에서 명조가 건립된 뒤 구법(求法)을 위해 중국으로 건너간 일본의 승려 수가 점차 많아져서, 중국의 서예와 시문을 학습하며 시로써 교우하니 중·일 간의 한시 창화가 점차 홍성했다. 그중에서도 명 태조 주원장(朱元璋)과 일본 시승 절해중진(絶海中津)의 한시 창화가 가장 유명하다. 절해중진은 1368년(洪武 원년)에 입명하여 죽암위(竹庵渭)과 포암복(浦庵復) 등의 문사들과 시문으로 교제했다. 1376년 주원장이 무영전(武英殿)에서 그를 불러 환담하다가 서복(徐福)의 전설에 이야기가 미쳐 웅야고사(熊野古祠)에 대해 묻자, 절해중진이 「응제(應製)해서 세 수를 부시하다」는 시를 지어 "웅야의 산봉우리 앞에 서복의 사당, 산에 가득 약초들이 넉넉한 비에 살이 쪘다. 지금은 바다 위의 파도가 평온하니, 만리에 좋은 바람 이른 귀국 기다린다"고 노래하자, 주원장이 「어제하여 화시를 내리다」라는 시를 지어 "웅야의 산봉우리 높이 사당에 혈식(血食)하니, 송근(松根) 호박(琥珀) 역시 응당 살이 찌리라. 옛날에 서복이 선약을 구하다가, 내내 지금까지 끝내 돌아오지 않았다"고 응답했다. 마치 은(殷) 말에 조선으로 유망(流亡)했다는 현인 기자(箕子)가 한국인과 중국인의 심리적 연결 고리 역할을 했듯

474. 陳友康,「中日文學交流中的詩詞唱酬問題」, 124쪽.

이, 진시황(秦始皇)의 명으로 신선을 찾아 동도(東渡)했다는 서복 즉 서불(徐市)은 일본인과 중국인의 전설적 연계 고리였다.

일본인 시승(詩僧) 절해중진과 명의 개조(開祖) 제왕 주원장은 서불을 주제어로 삼은 한시의 창화를 통해 중·일의 유장한 관계를 회상하며 양국의 평화적 관계를 함께 기대했다. 절해중진은 이 어제시를 얻고는 지보(至寶)를 얻은 것처럼 가지고 일본으로 돌아가 대대로 진귀한 보물로 보관했다. 1402년(建文 4년) 명 혜제(惠帝)가 선승(禪僧) 도이천륜(道彝天倫)과 교승(敎僧) 일암일여(一庵一如)를 일본으로 출사하게 하니, 절해중진이 태조의 어제시(御製詩)를 내보이며 두 사람에게 원운(原韻)에 따라 화시를 짓게 했다고 한다.[475]

그러나 그 뒤에 왜구가 중국의 해안을 소란스럽게 침략해서 양국의 정치적 왕래가 단절되고 서로 폐관(閉關)·쇄국(鎖國)의 상태로 진입하여 문학 교류는 더 이상 이어지기 어렵게 됐다. 다만 명 말 청 초의 혼란기에 진원빈(陳元贇)이 일본으로 피란하여 일본의 원정화상(元政和尙)과 창수한 결과물을 『원원창화집(元元唱和集)』 2권으로 편찬한 바 있다. 청조 전중기에도 여전히 일본에 표류한 소수의 중국인이 일본 문사와 창화한 바 있지만, 남아 있는 창화시는 많지 않다.[476]

중·일 시인 사이의 진정한 의미의 동시성 창수는 청 말에 이르러서야 대규모로 이루어졌다. 현대적 외교 관계가 수립되어 양국의 외교관 교환이 제도화됐는데, 일본에 출사한 중국 관원의 다수가 한시 창작에 뛰어난 시재를 가진 문사였고 일본에도 한문학의 소양이 일정한 수준에 다다른 문사들이 두터운 문인층을 형성하고 있었기 때문에, 주일 중국 사절단과 일본 문사들의 아집(雅集) 창수가 번갈아 이뤄져서 적지 않은 수의 창수집이 편집됐다.

석천홍재(石川鴻齋)가 1878년(光緒 4년)에 편찬한 『지산일소(芝山一笑)』(東京 文升堂)는 청조의 첫 주일공사(駐日公使) 하여장(何如璋) 등 중국 사신과 일본 학자들의 창화집으로, 이 아집과 창화는 청조 사절과 일본 문인 창수의 선례가 됐다.

475. 朴鍾錦, 「中國'詩賦外交'的起源及近代發展」, 159쪽.

476. 陳友康, 「中日文學交流中的詩詞唱酬問題」, 124쪽.

그 뒤 여서창(黎庶昌)이 두 번 일본으로 출사해 하여장의 선례를 본받아 일본의 저명인사들과 시문으로 친교를 맺기 위해 노력한 결과, 근대 중·일 문인의 아집과 수창이 고조에 달했다. 여서창은 1881년(光緒 7년)에 제1차로 일본에 출사해 3년 동안 중양절마다 지인과 요속(僚屬)을 소집해 중양연집(重陽宴集)을 열었다. 2년 뒤에도 중·일의 저명 문사 21명을 사서(使署)의 서루(西樓)로 초청해서 아집을 열었는데, 이때 만들어진 52수의 창화시를 공사관의 손점(孫點)이 『계미중구연집편(癸未重九讌集編)』으로 편찬했다.

여서창이 모친상으로 귀국했다가 1887년(光緒 13년)에 다시 부임하자, 여서창을 중심으로 중·일 문인의 아집과 창수가 다시 빈번해졌다. 1888년 20여 명의 중·일 문사들이 중주침류관(中洲枕流館)에서 연회를 열고 여서창의 재임을 경하했는데, 이 자리에서 창화한 시는 『침류관연집편(枕流館宴集編)』으로 편집됐다. 침류관 모임 이후 9일 만에 다시 중양절 모임이 있어 "일헌일수(一獻一酬)하고 일창일화(一唱一和)하여 상영(觴詠)의 성대함이 일찍이 듣지 못한 바였다"(矢土勝之, 「大淸節署戊子重陽讌集序」)고 하니, 이때 얻은 시편도 손점에 의해 『무자중구연집편(戊子重九讌集編)』으로 편찬·간각됐다. 여서창이 귀국한 뒤에도 대규모의 창화가 4차례 더 있었다.

이외에도 중국 문인들이 일본에 유망하거나 유학하여 일본의 학인들과의 밀접한 접촉이 자주 발생해서, 당시의 비상한 감정을 표현하는 수단의 하나로 한시의 창화가 자주 활용됐다. 엽위(葉煒)가 편찬한 『부상여창집(扶桑驪唱集)』과 진홍고(陳鴻誥)가 편찬한 『일본동인시선(日本同人詩選)』, 이장영(李長榮)이 편찬한 『해동창수집(海東唱酬集)』 등이 그 대표적 결과물이었다. 근래에 왕보평(王寶平)이 『만청동유일기회편(晚淸東游日記匯編)』을 편찬하여 국가청사편찬위원회(國家淸史編纂委員會) 『문헌총간(文獻叢刊)』의 일부로 출판했다. 그중 1집이 『중일시문교류집(中日詩文交流集)』(上海古籍出版社, 2004)으로, 광서조(光緒朝) 양국 문인의 아집 창화의 시집 19종이 편집되어 당시 양국 시인의 아집 창화가 얼마나 성황을 이루었는지 잘 보여 준다.[477]

일본은 전통 시대 대부분의 기간에 중국의 역대 왕조와 제도적 관계를 가지지 못했기 때문에 한국이나 월남·유구 등과 달리 책봉·조공 체제라는 도관을 통해 중국과 문화를 교류할 기회를 거의 갖지 못했다. 따라서 사신과 접반사 등 외교관들이 외교 무대에서 벌이는 창화 외교는 적어도 중·일 관계사에서는 발견하기가 쉽지 않다. 다만 일본 유학승이나 견당사의 도화 등 인적 교류를 통해 간헐적으로 시문 증답이 기록에서 산견될 뿐이다. 중·일 시인들 간의 차운창수는 송대에서 비로소 시작됐고, 명대에는 명 태조 주원장과 일본 시승 절해중진의 한시 창화가 가장 유명하지만, 왜구로 인해 중일 양국의 정치적 교왕이 단절되고 폐관·쇄국의 상태로 진입하여 문학 교류는 더 이상 이어지기 어려웠다. 중·일 시인 사이의 진정한 의미의 동시성 창수는 청 말에 이르러서야 대규모로 이루어졌으니, 주일 중국 사절단과 일본 문사들의 아집과 창수가 번갈아 이뤄져서 적지 않은 수의 창화시집이 편집됐다.

이처럼 전통 시대의 중·일 창화 외교가 매우 특수한 측면에서 상당히 제한된 규모로 진행됐음은 중·일 관계사의 독특한 환경과 조건에 의해 설명될 것이다. 전통 시대의 일본은 자연 환경에 의해 대륙과 격절되어 중국 중심의 세계 질서에 참여하기 어려웠고, 책봉과 조공이라는 제도적 도관을 통한 동질적 문화의 창조와 향유 과정에서 상당한 수준으로 소외돼 있었다. 이로 인해 일본은 중국이나 한국·월남·유구 등 동아시아의 여러 나라들과 마찬가지로 한자와 한문·유교 등 문화를 공유하는 '동문지국'의 하나였음에도 불구하고, '동문의 나라'들 사이에서 일반적으로 유행한 창화 외교에는 적극적으로 참여하지 못하는 한계를 보여 주었다.

2. 한·유 외교상의 한시 창화와 창화 외교

1611년(萬曆 39년)에 왕세자 관복(冠服)을 주청하는 사절단의 부사로 북경에

477. 陳友康, 「中日文學交流中的詩詞唱酬問題」, 127-128쪽.

갔다가 유구 사신과 조우한 이수광(李睟光)은『유구사신증답록(琉球使臣贈答錄)』의「우섬라사신(遇暹羅使臣)」에서 유구와 조선의 관계에 대해 기억하는 바를 다음과 같이 기술했다. "생각건대, 고려 때 홍무(洪武) 22년(1389)에 유구국 중산왕(中山王) 찰도(察度)가 사신 옥지(玉之)를 보내 봉표(奉表)·칭신(稱臣)하고 방물을 바쳤으며, 왜에 포로가 된 인구를 순천부(順天府)에 쇄환(刷還)했기에 영접사(迎接使)를 보내 이들을 맞았다. 전객령(典客令) 정윤후(鄭允厚)를 보내 유구국에 보빙(報聘)했다. 나는 근래에 유구 사신 채견(蔡堅) 등을 북경에서 만났는데, 채견 등은 홍무 때 통빙(通聘)한 일을 여러 번 이야기했으니, 대개 이를 두고 이른 것이다. 또『용재총화(慵齋叢話)』에서 이르기를 성묘조(成廟朝)에 유구가 사신을 보내 구공(求貢)했다 하고, 본집(本集)에도 유구국이 진백(進白)한 앵무표(鸚鵡表)가 있다. 지금 유구 사신의 접사례(接事例)는 헌전(憲典)에 실었다. 그런데 성묘조 이후에 마침내 끊어져 불통하게 됐다. 선왕조(先王朝) 경인년(庚寅年)에 이르러 유구국 사람 요우(要宇) 등이 표류해서 본국 지방에 다다라 요동(遼東)으로 압해(押解)하고 쇄환을 전주(轉奏)했다. 이른바 '그 사람은 북산(北山)에 아직 살고 있다'고 한 자가 바로 이 자다."

한국과 유구의 공적 관계는 조선 왕조의 건립과 동시에 이루어졌다. 1392년에 "유구국의 중산왕이 사신을 보내 조회(朝會)했다"(『太祖實錄』 원년 8월 丁卯). 그 뒤 중산왕 찰도는 태조 연간에 네 차례나 조선에 사신을 보내고, 왜구(倭寇)에 의해 노략되거나 표류해서 유구에 도착한 조선인을 보내 주고 혹은 방물을 '진헌(進獻)'했다.[478] 중산국은 조선 정종과 태종 연간에도 부단히 사신을 보냈지만, 조선은 적극적으로 호응하지 않고 다만 "이를 받고 두텁게 보답"(『定宗實錄』 2년 10월 丙午)했을 뿐이다. 1416년에는 조선이 처음으로 사신을 유구에 보내 "왜구에 노략되어 유구에 전매(轉賣)된 44명"(『太宗實錄』 16년 7월 壬子)을 데리고 왔다. 세종 시기에도 조선이 유구에 사신을 파견한 기록이 있다.

유구가 통일된 뒤에는 양국의 사신 교환이 더욱 빈번해졌다.『조선왕조실

---

478. 承喆,『近世朝鮮의 韓日關係 硏究』, 서울, 國學資料院, 1999. 227, 176쪽.

록』에 의하면 유구 사신이 가장 자주 조선에 온 시기는 세조 연간으로 모두 15차였으니, 1년 1차를 넘은 셈이다. 그 뒤에 차츰 감소되어 성종 연간에 13차, 연산군 시기에 2차, 중종 시기에 3차례 내방했다. 유구의 사신은 조선에서 주로 무역 활동에 종사했고, 조선 표류인과 왜구에 포로로 잡혔다가 전매된 자 즉 '피로인(被擄人)'을 환송했고, 조선은 답사(答謝)하면서 유구 표류인을 환송하고 서적을 보내 주기도 했다.

그러나 이러한 교린(交隣) 관계는 16세기 초의 '위사신(僞使臣)' 사건이 빈번하게 출현하여 종결됐다. '가짜 사신' 사건이란 일본 상인이 유구 사신이라고 속이고 조선에 와서 무역 행위를 한 것을 말한다. 1461년부터 1524년까지 유구 사신이 조선에 들어온 기록은 모두 21차례 있는데, 그중 대다수가 가짜 사신이었다. 16세기 초 조선은 이를 이유로 유구와의 직접 통교를 단절하고, 1524년을 마지막으로 유구 사신의 조선 내빙이 끝났다. 1530년부터는 북경을 통한 우회 외교가 시작되어 표류인 문제 등은 북경에서 조공사(朝貢使)를 통해 해결했다.[479]

한·유 양국은 만력 연간에 교섭과 내왕을 회복했지만, 이는 북경으로 들어간 양국의 조공 사신을 통한 것이었다. 유구의 중산국과 한국의 조선은 중국의 명과 책봉·조공 관계를 장기간 유지한 국가라는 공통점을 갖고 있었다. 조선이 1년 4공의 정기적 사절단 외에도 상당한 수의 부정기 사절단을 파견했듯이, 중산국도 2년 1공 혹은 1년 1공으로 규정된 횟수를 넘어 훨씬 더 많은 차수의 조공 사행을 행했다.[480] 명조에 빈번하게 내왕한 양국 사행은 언제나 북경에서 불시에 조우해 서로 교왕했다. 특히 만력 시기에는 조선과 중산국의 조공 사신이 북경에서 조우하여 보다 빈번한 사적 만남이 이루어졌다. 1599년(萬曆 27년)에 있었던 양국 사신의 교왕에 관해 조선 서장관(書狀官) 조익(趙翊)이 기록한 『황화일기(皇華日記)』에 상세하게 기록됐다.

"(11월) 18일 유구의 사신이…객관에 이르러, 오늘 처음 들어왔다고 알려 왔

479. 楊雨蕾, 「朝貢體制的另一面: 朝鮮與琉球使臣在北京的交往」, 『學術月刊』 2014-12, 146쪽.

480. 徐玉虎, 「明朝與琉球關係之硏究」, 『明代琉球王國對外關係之硏究』, 臺北, 學生書局, 1982, 9-43쪽.

다. 듣기에 유구는 본국에 자문(咨文)과 예물 등을 보내면서 아랫사람을 시켜 그 거처에서 만나볼 수 있는지를 물어보았다. 19일에 통사(通事)가 유구 객관에 가서 사신을 직접 만나 그 사유를 물었더니, '앞서 자문초(咨文草)를 보냈는데, 원본은 반드시 예부(禮部)를 통한 연후에야 서로 줄 수 있지만 아직 조현(朝見)하지 못해 그렇게 하지 못했다. 이를 위해 종인(從人)을 시켜 유구 말로 치사(致謝)하게 했다'고 했다. 대개 유구국 사람 수십 명이 표해(漂海)하여 본국에 이르렀을 때 본국이 이를 후하게 대접해서 길을 가리켜 보냈기 때문에, 유구국 중산왕이 그 은혜에 감격하여 자문을 보내 사례한 것이다. 예물은 세눈토하포(細嫩土夏布) 20필(匹)과 파초포(芭蕉布) 20필, 배초(排草) 20근(斤)이었다.…21일 아침에 예궐(詣闕)하여 조정(朝廷)에 하직 인사를 했다.…유구 사신 장사(長史) 정도(鄭道)와 사자 유미옥(兪美玉), 통사 채득신(蔡得信) 등도 오늘 아침에 조현했는데, 반열이 우리 아래에 있었다. 각각 궐정(闕庭)에서 간략하게 읍례(揖禮)하고 나가서 식후에 예부로 가서 하직 인사를 했다. 시랑(侍郞) 주국조(朱國祚)가 아문(衙門)에 이르러 앉지 않고 하직 인사를 생략하게 했다. 의제낭중(儀制郎中) 이숙원(李叔元)이 본사(本司)에 있었기 때문에 예를 행하고 나왔다. 유구 사신도 같이 갔다가 같이 돌아왔다. 이미 조정에 하직 인사를 했기 때문에 더 이상 머무를 수 없었다. 그런데 제독(提督) 마응룡(馬應龍)이 이르기를 '외국(外國) 사람이 사사로이 서로 수수(授受)하는 것은 법에 어긋난다. 응당 관사에 내려가서 직접 보고 검사해야 한다'고 했다. 따라서 부득이 머무를 수밖에 없었다.(수수했다는 것은 유구국 예물을 말한다.) 예부가 달력 100부(副)를 보내어 회답했다. 22일 제독이 저녁에 관사에 내려와서 우리가 하직 인사를 하고 나왔다. 유구도 현관례(見官禮)를 행하고, 본국의 자문을 증정했다. 제독은 통사를 불러 받은 자문을 직접 주었다.…"

만력 연간에 조선이 명조를 통해 유구 표류인을 송환한 것을 계기로 양국은 북경에 온 조공 사절단을 이용하여 공적 관계를 갖게 됐다. 양국의 조공 사절단은 북경의 왕래에서 국서와 예물을 교환하는 데 그치지 않고, 시문이나 역관을 통해 보다 광범한 교류를 진행할 수 있었다. 조선은 유구를 통해 일본의 정세를 파악할 수 있었다. 실제로 임진왜란을 전후하여 조선은 북경에 있는 유구 사절을 통해 일본과 관련된 정보를 얻을 수 있기를 기대했다. 중국을 중심으로 한 책봉·조공 체제가 조선과 유구 양국이 소통·교류할 수 있는 통로를 제공한 것이다. 명조는 번속국 사이의 사사로운 교섭이나 소통을 기본적으로 금지했지만, 실제로는 그 접촉과 소통을 적극 방해하거나 간섭하지는 못했다. 만력 연간에 한국의 조선과 유구의 중산국은 명조와의 책봉·조공 관계를 이용해 상호 신뢰를 확보하여 국서를 교환하며 우호적 '교린' 관계를 지속시킬 수 있었다.[481]

1608년(萬曆 36년)에 중산국은 제4차로 조공 사신을 통해 국서와 예물을 조선에 보냈는데, 이번에는 답사(答謝)에 그치지 않고 오래도록 인호(隣好) 맺기를 희망했다. 중산국왕은 자문(咨文)의 형식을 빌려 "폐방(弊邦)은 귀국과 비록 바람과 마우(馬牛)의 차이가 있지만 함께 천조(天朝)에 신하를 칭하면서 함께 부재(覆載. 帝王의 恩德)의 안에 있다.…이제부터는 영맹(永盟)을 맺기를 청하니, 귀국이 형이 되고 폐방은 아우가 되어 형제로서 천조를 부모로 우러러 섬기며 화목하게 빙문(聘問)하기를 원한다"(『光海君日記』 원년 3월 癸卯)고 제의했다.

그러나 오래되지 않아 일본 살마번(薩摩藩)이 유구를 침입해 이 제안은 실현되지 못했다. 우회 외교마저도 1634년(崇禎 7년) 이후에는 완전히 끊어졌다. 이해에 일본에 통신사를 보내 국교를 회복한 조선으로서는 일본과의 관계를 고려해서 유구 표류민을 송환하지도 않았다. 강호부(姜浩溥)의 『상봉록(桑蓬錄)』 권8의 「연행록선집보유(燕行錄選集補遺)」 상(上)에는 유구인들이 조선 표류민에게 한 말이 다음과 같이 기재돼 있다. "우리나라 사람이 당신네 나라로 표류해 갈 때마다 당신네 나라에서는 항상 이들을 죽여 송환해 주지 않는다. 옛날부터 지금까지 죽어 돌아오지 못한 사람이 몇 명이나 되는지 헤아릴 수조차 없다. 그러나 우리는 당신네 나라의 방식을 따르지 않고 이렇게 구조하여 보호해서 송환하고 있다."[482]

특히 한국과 유구 두 나라의 사신들이 북경에서 조우하여 필담을 교환하고

481. 楊雨蕾, 「朝貢體制的另一面: 朝鮮與琉球使臣在北京的交往」, 153쪽.

482. 이성혜, 「북경에서 만난 조선과 유구(琉球) 사신의 민간외교-이수광의 「유구사신증답록(琉球使臣贈答錄)」을 중심으로-」, 『포은학연구』 18, 2016, 256쪽.

한시를 창화한 것은 마치 조선과 안남의 사신이 북경에서 창화한 일과 근사한 장면으로 연상될 수 있었다. 1602년(萬曆 30년) 성절사(聖節使)로 북경을 방문한 이정형(李廷馨)은 그의 『조천록(朝天錄)』에 「유구국 사신에게 증정하다」란 시를 수록했는데, 그는 여기에서 "여러 차례 상봉은 인연이 있기 때문인 듯, 경개(傾蓋)하여 이야기 잦아져도 싫어하지 마소. 시서와 예악은 천 년의 모임이고, 남북과 동서는 사해(四海)의 사람이다. 일리(一理)가 어찌 풍토 따라 달라질까, 두 나라의 마음이 형제처럼 친근하다"(李廷馨, 『知退堂集』 3)고 하여, 양국이 비록 '풍토'는 달라도 '시서'와 '예악'이라는 가치와 문화를 함께 공유하는 '동문'의 나라라는 인동감과 '사해형제'의 친근감을 동시에 표시했다.

1611년(萬曆 39년) 주청부사(奏請副使)로 파견되어 북경 오만관(烏蠻館)에서 유구 사신 채견(蔡堅)과 마성기(馬成驥)를 만난 이수광도 예물을 서로 증정하고 필담을 나누면서 한시를 창화했다. 이수광의 『유구사신증답록』에는 이수광이 유구 사신에게 증여한 14수의 시와 유구 사신의 시 2수가 수록되어 있다.[483]

이수광은 「유구국 사신에게 증정한 근체(近體) 14수」에서 "부평초처럼 제성(帝城)에서 서로 만나니, 눈만 마주쳐도 뜻이 절로 통함을 알 수가 있다. 금궐(金闕)에 서운(瑞雲) 일고 아침에 패향(佩嚮) 울리니, 옥하(玉河)에 명월 뜬 밤에 술동이를 비운다. 해외의 건곤(乾坤)이 다르다 하지 마소, 천심(天心)의 우로(雨露) 같은 은혜 기뻐하노니. 듣기에 남주(南州)의 매화 소식 이르다 하니, 기러기 편에 봄빛을 기꺼이 보내 주소"라며, 양국의 사신들이 조공이란 기회를 통해 우연히 조우했음을 적시하여 양국이 함께 중국 중심의 국제 질서에 동참하고 있음을 강조했다. 그리고 "돌아가면 응당 알리 황택(皇澤)의 두터움을, 즐거이 봄빛 따라 일시에 돌아간다.…황가(皇家)가 거서(車書)를 통일한 날에, 사절은 같이 본다 예악(禮樂)의 해를.…사자가 고향 돌아가면 인도(人道)에 살고, 중국에는 지금 성황(聖皇) 계신다"고 하여, 양국이 중국과 함께 '거서'와 '예악'을 함께 공유하는 '동문'의 나라임을 상기시켰다.

---

483. 林基中 編, 『燕行錄全集』 卷10; 『芝峰先生集』 卷9.

또한 이수광은 유구의 사신 채견 등에게 증정한 증답시에서 "봉강은 오래 탐라(耽羅)와 가까웠고, 풍속은 응당 낙월(駱越)과 비슷하다.…염향(炎鄕)이 아득히 멀리 해중(海中)에 있고, 예로부터 풍연(風烟)이 백만(百蠻)과 접해 왔다. 지세는 웅장하게 용백국(龍伯國)에 임하고, 명도(溟濤)가 우뚝 솟아 영산(靈山)을 적신다. 가벼운 생사(生絲)로는 가는 파초(芭蕉) 안 지 오래되고, 이채로운 화물로는 일찍이 대모(玳瑁) 무늬 있다 한다"고 하여, 유구의 위치와 지리·산물 등에 대한 자신의 지식을 시어로 표현하면서, "신선은 본디 스스로 해중에서 살고, 남두성(南斗星)의 궤도는 태허(太虛)와 교차한다. 바람과 조수가 서불국(徐市國)을 왕래하고, 산천은 축융(祝融)의 옛터에 출몰한다. 나무에 뜬 백일(白日)이 상역(桑域)으로 이어지고, 물결이 푸른 하늘 차며 미려(尾閭)로 들어간다. 그대 따라 가볍게 노 저어 가면, 함께 봉도(蓬島) 찾아 고래 타리라"고 노래하여, 유구를 '용백국', '신선'의 나라, '서불국', '축융허', '상역', '미려', '봉도' 등 갖가지 전설적 명칭으로 미화했다.

'미려'는 전설상 바닷물이 샌다는 곳으로, 『장자』 추수(秋水) 편에 나온다. 무엇보다도 그는 "사람이 태어나 땅에 떨어지면 모두가 형제, 하물며 거서(車書)를 같이하니 모두가 일가. 늘 중역(重譯)에 기대 천왕(天王)께 조근(朝覲)하나니, 국호를 유구라 하여 당대부터 나라 열었다. 성화(聖化)는 지금까지 멀고 가까움이 없었으니, 문교(文敎)가 궁황(窮荒)을 적심을 엿볼 수 있다"고 하여, 유구가 오래전부터 성실하게 '천왕'에 '조근'하여 이미 '성화'된 '문교'의 나라로서 조선과 함께 '거서'를 향유하는 '형제'·'일가'임을 강조했다. 그가 북경에서 안남 사신 풍극관에게 준 창화시의 내용과 크게 다르지 않다.

이수광의 증시에 대해 유구 사신 채견은 「조선 태사(台使)께 삼가 수화(酬和)하여 신송(贐送)하다」라는 시를 지어 "해외(海外)에서 직접 뵙다니 기이한 만남인데, 한 번 보아 곧 포용할 줄 어떻게 알았으리. 황은(皇恩)이 호탕(浩蕩)하여 고르게 적셔 주니, 주옥같은 은혜에 나만 유독 깊이 젖는다. 장재(長才)와 위략(偉略)이라면 짝할 이 없고, 간국(幹國)과 모왕(謀王)도 으뜸가는 인물이다. 나의 마음 감격하여 정말 잊을 수 없어, 뒤에 다시 배울 날을 엎드려 기대한다"고 노래하며 이수광과의 만남과 창화에 감격함을 표시했다. 중국을 '해외' 즉 '사해의 바깥'으로 표현함이 주목되지만, 유구의 사신도 조선의 사신과 마찬가지로 '황은'을 운운하며 중국적 세계 질서에의 동참을 강조한 이수광의 원창에 동조하면서, 이수광의 뛰어난 시재에 감탄했다. '신송'이란 헤어질 때 물품을 보내 송별하는 것을 말한다.

채견과 동행한 '유구 사신' 마성기도 「조선 태사에게 삼가 부지런히 석별의 글을 올린다」는 시를 보내 "요순의 하늘과 해가 먼 지방을 비추어서, 바다 건너 산을 넘어 황제의 나라 왔다. 기약이 없는데도 천하 국가 모두 모여, 혈기 있는 생물들이 모두 칭송하고 기뻐한다. 오다가다 물위의 부평초처럼 해후했지만, 앞서 인연 일찍 정해졌지 우연은 아니다. 기꺼이 가르침 받기를 실로 바라던 바였는데, 동쪽 남쪽 두 갈래로 나뉘어서 돌아간다"고 하여, '왕회'의 기회에 만나 창화를 나누다가 헤어짐을 아쉬워했다.

이수광은 「후문(後文)」에서 유구의 사신이 "우리나라의 황필(黃筆)을 사고 싶어 한다는 것을 듣고 2필(筆)과 2묵(墨)을 석별의 선물로 보냈다. 채견 등도 칼과 부채 각 한 개씩으로 예를 삼았다"고 했다. 그는 이에 「유구 사신이 도(刀)·선(扇)을 증정한 데 대해 감사하다」는 시를 지어 "연시(燕市)에서 만났더니 의기가 빼어나고, 그대가 가져다주신 아모(鵝毛) 부채 감사드린다. 전래돼 온 묘묵(妙墨)이 금해(金薤)를 풀어헤치고, 격외의 청사(淸詞)가 채호(彩毫)를 움직인다. 명월이 언뜻언뜻 난미선(鸞尾扇)을 뒤따르고, 붉은 서리가 새롭게 안령도(雁翎刀)로 흩뿌려지리. 돌아갈 때 열 겹 싸서 진완(珍玩)으로 사용하고, 눈치로 수고로움 길이길이 생각하리"라며, 선물에 대한 감사의 뜻을 아름다운 시어로 풀어 썼다.

조선 사신 이수광과 중산국 사신 채견 등의 북경 만남과 창화는 통역을 통한 상호 정보 교환으로 이어졌다. 이수광의 「후문」에 의하면, "유구국은 동남 바다 가운데에 있는데, 사신 채견과 마성기, 종인 17명이 모두 천조(天朝)의 관복을 입고, 경술년(庚戌年) 9월에 본국을 떠나 물길로 5일 만에 복건에 도착했다고 스스로 말했다. 복건에서 육로로 7천 리, 신해년(辛亥年) 8월에 북경에 도달했다. 침실은 항돌(炕突)을 사용하지 않고 성동(盛冬)이라도 반드시 목욕한다. 용모와 언어는 대략 왜(倭)와 같았다." 채견은 중국어를 이해할 수 있어 통역을 통해 서로 다음과 같이 문답했다고 한다.

문: 귀국은 유도(儒道)를 숭상하나, 석도(釋道)를 숭상하나?
답: 공자지도(孔子之道)를 존숭하지만, 석자(釋子)도 참반(參半)한다.…
문: 개국 이전에는 어떤 나라였나?
답: 국명이 오기(吾氣)인데, 겨우 1백 년 향국(享國)했다.
문: 오기의 앞에는 어떤 나라가 있었나?
답: 오기 이전에는 문자가 없어, 기록된 서적이 없다.
문: 일본과는 얼마나 떨어져 있나?
답: 만여 리 된다. 그사이에 여러 섬들이 있어, 각각 스스로 국(國)을 만들어 유구와 일본에 수공(修貢)한다.…
문: 귀국은 어느 나라와 가까운가?
답: 상국이 가장 가깝고, 귀국이 그다음이다. 예전에 귀국이 바다에서 표류한 폐방의 인구(人口)를 돌려보냈는데, 그 사람이 여전히 북산(北山)에 생존해 있으니, 이로 보아 도리(道里)가 멀지 않음을 알 수 있다.
문: 귀국에는 삼국이 분립해서 모두 유구라고 부른다고 하는데, 맞는가?
답: 아니다. 본국은 바야흐로 중산(中山)에 도읍을 두고, 세 곳에 도읍을 설치했으니 중산이라 하고 남산(南山)이라 하며 북산이라 하는데, 이는 필시 전설(傳說)의 잘못이다.…

이수광은 「우섬라사신」에서도 유구에 대해 자신이 얻은 다음과 같은 정보를 전하고 있다. "임자년(壬子年) 정월에 복(僕) 등이 북경에서 유구국 사신과 서로 보았다. 5월에 조정에 돌아왔더니, 7월에 제주목사(濟州牧使) 이현(李玹)이 다음과 같이 치계(馳啓)했다. 이달 12일에 특이한 모양의 선박 한 척이 본주 마라도 항구에 정박하여 8명이 하선했는데, 스스로 말하기를 유구국 사신으로 진공(進貢)하고 돌아가다가 바람을 만나고 식량이 떨어져서 물과 쌀을 구걸하여 돌아가려 한다고 했다.…그 8명 중 성명이 마희부(馬喜富)란 자가 화어(華語)를 조금 해서 '장사(長史) 채견을 따라 천조에 진공하고 귀국의 사신 모모와 서로 만났는데, 금년 정월 23일에 북경을 떠나 5월에 복건에 도착하고 7월 초하루에 배를 탔지만, 12일에 바다에서 바람을 만나 귀국 지방에 와서 정박했다'고 아뢰었다. 곧 마희부 등을 데리고 서울에 와서 통역으로 심문하고 의모(衣帽)와 반전(盤纏)을 관청에서 지급하여 천조로 압송했다. 무릇 유구는 우리나라와 바다로 멀리 떨어져 북경에서 복건, 복건에서 우리나라는 더욱 멀어 수륙으로 경유하는 바가 몇 만 리인지 알 수가 없다. 복 등이 그 나라 사람과 북경에서 서로 만난 지 겨우 수개월 만에 또 표류해서 우리나라에 다다랐으니, 이 역시 기이한 일이다."

이처럼 조선 사신 이수광과 유구 사신 채견·마성기 등이 한시를 창화했지만, 즉석에서 창수한 것도 아니었고 번갈아 창화한 것도 아니었다. 유구 사신들의 시제에서 「삼가 석별의 글을 써 보낸다」고 한 것으로 보아, 이들의 화시는 이수광이 14수의 근체시를 모두 지은 다음에 마지막 헤어질 무렵에 유구 사신 2명이 1수씩 지어 화답한 것으로 보인다. 정확히 말해서 이들이 나눈 시는 창화시라기보다 증답시라 할 수 있다. 이처럼 이수광과 채견 등 한·유 사신이 정확하게 창화하기 어려웠던 이유에 대해 이수광은 「후문」에서 다음과 같이 자신의 의견을 밝혔다. "저희들이 객관에 도착했을 때부터 유구 사신들은 자못 은근한 뜻을 보이며 (저희가) 만든 시문을 얻어 보완(寶玩)으로 삼기를 원했다. 이에 그들이 어떻게 수답하는지 보고 싶어서 대략 시를 엮어 증송했지만, 채견 등은 촉문(屬文)에 짧아서 더불어 창화하기에는 부족했다."

1594년(萬曆 22년) 북경으로 출사했다가 유구 사신을 만난 적이 있는 최립(崔岦)도 이와 비슷한 경험을 토로한 바 있다. 그가 이수광을 위해 쓴 「안남국사신창화문답록발문(安南國使臣唱和問答錄跋文)」에 의하면, 그는 "갑오년(甲午年) 겨울에 경사에 봉사해서 유구국인과 만났다. 그 사신은 나이가 70여 세로, 희년(稀年)이 된 사람으로 해륙 수만 리 길로 이르렀다.…통역을 통해 그와 이야기를 나누면서 그 산천과 풍속의 특이한 점을 물었더니, 첩첩이 쌓여서 버릴 만한 게 없었다. 다만 그가 문사(文詞)에 어두워서 뜻을 서로 통할 수 없는 것이 아쉬웠을 뿐이다." 최립은 3년 뒤(1597)에 출사한 이수광이 북경에서 만나 시가를 창수한 안남 사신 풍극관(馮克寬)의 시재를 극구 칭찬하면서 다음과 같이 한탄했다. "아! 유구는 비록 작지만 그 나라의 인재는 그 나라의 쓰임을 이루기에 충분한데, 하물며 안남이야 유구와 비교할 바가 아니니다"(『芝峯集』『安南國使臣唱和問答錄』).

이처럼 조선 사신 이수광이 유구 중산국 사신 채견 등과 제대로 한시를 창수하지 못한 까닭은 유구 사신의 '글 짓는 솜씨가 짧다'고 생각했기 때문인데, 이수광뿐만 아니라 최립까지 유구 사신이 '문사에 어둡다'고 판단한 까닭은 자기 문재에 대한 자신감과 상대 시재에 대한 편견과 선입견에 기인했을 가능성도 없지 않다. 왜냐하면 당시 유구의 한문학이 이미 일정한 수준에 이르렀을 뿐만 아니라, 채견은 이른바 '36성(姓)'이 복건에서 건너와서 건설한 집단마을 구미촌(久米村) 출신으로, 시문으로 고관을 많이 배출한 채씨 가문의 학인관료였기 때문이다.[484]

사실 한·유 사신의 북경 창화가 이수광과 채견 등에 그쳤던 것은 아니다. 예컨대, 이안눌(李安訥)이 1601년(萬曆 29년) 진하사(進賀使) 서장관으로 북경에 갔다가 「유구국 사신 채장사(蔡長史)에게 봉증」한 오언율시가 있었고, 이정형(李廷馨)이 1602년 성절사로 북경에 가서 「유구국 사신에게 증정」한 칠언율시가 있었으며, 김상헌(金尙憲)이 1626년(天啓 6년) 성절사 겸 진주사로 북경에 가서 「유구 사신 채전(蔡廛)에게 증정」한 칠언절구가 있었다. 그리고 청대에도 이상적(李尙迪)이 12차례나 중국을 드나들며 유구 사신에게 준 시들이 있다.

또한 1392년에 수교한 이후 1524년에 유구 사신의 내빙이 끝날 때까지 수십 차례나 유구 사신의 내빙이 있었으니, 조선 문사와 유구 사신이 한시를 창화할 환경은 북경보다 오히려 한양에 더 잘 갖춰져 있었을 것이다. 실제로 유구 사신이 조선에 왔을 때 조선의 문사들과 주고받은 시가 여러 문집에 전해지고 있

484. 이성혜, 「북경에서 만난 조선과 유구(琉球) 사신의 민간외교-이수광의 「유구사신증답록(琉球使臣贈答錄)」을 중심으로-」, 251-252쪽.

으니, 예컨대 정수강(丁壽崗)의 「유구국 사신 승팔영(僧八詠)을 차운하다」란 시와 서거정(徐居正)의 「유구국사 동조상인(同照上人)을 전송(餞送)하다」와 「유구국 부사 동조상인(東照上人)을 전송하다」, 이승소(李承召)의 「유구국사 자단상인(自端上人)의 시운에 삼가 화답하다」 등이 그것이다.[485] 따라서 "이들(한국과 유구) 나라 사이에는 (문학) 교류라는 말을 쓸 수 없다"[486]고 단언하기는 어렵다. 다만 남아 있는 유구 측 자료가 매우 희소하고 한국 측 자료도 아직 제대로 발굴되지 않았기 때문에, 현재로서는 한국과 유구의 한시 창화와 창화 외교에 대한 전면적 윤곽을 파악하기가 쉽지 않을 뿐이다.

유구의 중산국과 한국의 조선은 중국의 명조와 책봉·조공 관계를 장기간 유지한 국가였다는 공통점을 갖고 있었다. 조선이 1년 4공의 정기적 사절단 외에도 상당한 수의 부정기 사절단을 파견했듯이, 중산국도 2년 1공 혹은 1년 1공으로 규정된 횟수를 넘어 훨씬 더 많은 차수의 조공 사행을 행했다. 명조에 빈번하게 내왕한 양국 사행은 언제나 북경에서 불시에 조우하여 서로 교왕했다. 양국의 조공 사절단은 북경의 왕래에서 국서와 예물을 교환하는 데 그치지 않고, 시문이나 역관을 통해 보다 광범한 교류를 진행할 수 있었다.

조선과 유구 두 나라의 사신들이 북경에서 조우하여 필담을 교환하고 한시를 창화한 것은 마치 조선과 안남의 사신이 북경에서 창화한 일과 근사한 장면으로 연상될 수 있었다. 특히 1611년에 북경에서 조우한 조선의 사신 이수광과 유구의 사신 채견 등은 16수의 한시를 교환했는데, 양국이 중국과 함께 '거서'와 '예악'을 함께 공유하는 '동문'의 나라임을 상기한 이수광의 창화시는 그가 북경에서 안남의 사신 풍극관에게 준 창화시의 내용과 크게 다르지 않았다.

비록 이들이 만나 나눈 시는 창수시라기보다 증답시라 할 수 있지만, 이들 이후에도 한·유 사신의 북경 창화는 끊어지지 않고 계속 이어졌다. 또한 양국이 수교한 뒤 유구 사신의 잦은 내빙이 있었기 때문에 한양에서 조선 문사와 유구

485. 이성혜, 「북경에서 만난 조선과 유구(琉球) 사신의 민간외교」, 241쪽.

486. 崔信浩, 「韓國과 安南.琉球와의 文學交流 試考」, 『한국한문학연구』 5, 1980, 252쪽.

사신이 주고받은 시가 여러 문집에 전해지고 있다. 조선과 유구 사이에는 문학 교류가 존재하지 않았다는 선입견이 없지 않지만, 관련 자료를 좀 더 발굴해서 살펴본다면 양국의 한시 창화와 창화 외교에 대한 이해를 넓힐 수 있을 것이다.

맺음말

이처럼 중·일 및 한·유 외교상의 한시 창화와 창화 외교의 양상과 성격은 앞서 살펴본 한·중, 중·월, 중·유, 한·일, 한·월 외교상의 한시 창화와 창화 외교의 그것과는 일견 유사한 측면도 보이지만 사뭇 다른 면이 돋보이기도 한다. 일본과 중국의 외교상에서 한시 창화가 전혀 발견되지 않는 것은 아니지만, 일본은 중국이 주도한 국제 질서에 참여한 바가 거의 없었기 때문에, 외교 무대에서 외교관들이 서로 한시를 창화하며 창화 외교를 전개한 일반적 양상은 보여 주지 못했다.

이에 반해 유구는 오랜 기간 중국 중심의 국제 질서에 적극적으로 참여하여 조선과 안남의 사신이 북경에서 만나 한시를 창화하며 창화 외교를 전개한 바와 매우 흡사한 양상이 한·유 외교상에서 확인된다. 다만 유구 사신의 문학적 역량이 한국이나 월남의 사신과 대등하게 인식되지 않음으로써 한·유 혹은 월·유 사신의 창화 외교가 적극적으로 전개될 수는 없었고, 이로 인해 남겨진 관련 자료가 비교적 영성해서 현재로서는 한·유 창화 외교의 전모를 파악하기가 쉽지 않다.

제8장

전통 시대 동아시아 국제 질서와 창화 외교

머리말

1841년에 월남 안남국(安南國) 정사로 북사(北使)한 이문복(李文馥)이 「견유구국사자(見琉球國使者)」란 글에서 "천지간에 동문지국(同文之國)은 다섯이니, 중주(中州)와 아월(我粵. 우리 越南), 조선, 일본, 유구 역시 그다음이다"[487]라며 동아시아의 '동문 나라' 다섯을 열거했듯이, 중국과 한국, 월남, 일본, 유구 등 전통 시대 동아시아의 다섯 나라는 모두 '문(文)'을 함께했는데, 여기서 말하는 '문'이란 문자뿐만 아니라 학문과 문헌·문물·문화 등을 총칭한다.

따라서 이들 다섯 나라는 전통 시대에 한자와 한시·한문·예악·문물 등을 함께 향유했을 뿐만 아니라, 심지어는 인의(仁義)라는 가치와 유교라는 문화 체계까지 공유했다. 이로 인해 이들 다섯 나라의 사신들은 외교의 공간에서 서로 만나 한시를 증답·창수하며 창화 외교라는 독특한 외교 양식을 전개할 수 있었다. 이들은 한시를 지어 창화할 수 있다는 특수한 조건에서 서로 문화와 가치를 공유한다는 인동감(認同感)을 확인함으로써 마치 시를 창화하듯이 외교적 현안을 유연하고 순리롭게 풀어 나갈 수 있었다.

동아시아의 다섯 '동문지국'이 장기간 전개한 창화 외교는 전통 시대 동아시아의 독특한 국제 질서를 구축하고 유지하는 데 상당한 수준으로 기여했다. 지금까지 이들 다섯 동문 나라들이 전개한 창화 외교를 살펴보는 과정에서 전통

487. 『越南漢文燕行文獻集成』 12冊, 264-265쪽.

시대 동아시아의 국제 질서와 관련해 몇 가지 쟁의가 있었음을 확인할 수 있었다. 그중 하나는 동아시아의 전통적 국제 질서를 위해서는 '중국(中國)'과 '사국(四國)'의 수직적 관계만 존재할 뿐 '사국' 상호간의 수평적 관계는 허용될 수 없다는 이른바 '인신무외교지의(人臣無外交之義)'에 관한 쟁의였다. 그리고 동아시아의 전통적 국제 질서의 바탕이라 할 수 있는 '중국'과 '사이(四夷)'의 화이(華夷) 관념에 대한 쟁의가 있었으며, '중국'과 '사국'이 책봉과 조공의 예를 교환하는 전통적 종번(宗藩) 관계의 핵심이라 할 수 있는 영조례(迎詔禮) 등 '예의(禮儀)'에 관한 쟁의가 빈번하게 발생했다. 이러한 쟁의들은 모두 전통 시대 동아시아 국제 질서의 본질과 관련된 것이었지만, 공교롭게도 이들 쟁의를 유발하고 주도한 주체가 모두 저명한 문학지사(文學之士) 출신의 사신이었고, 쟁의와 더불어 이들 문학지사 출신의 사신들과 접반(接伴) 문사 사이에 한시의 창화가 수반됐다는 사실은 창화 외교의 역할과 기능을 이해하는 데 시사하는 바가 있다.

1. '인신무외교지의'와 창화 외교

『예기(禮記)』「교특생(郊特牲)」에 "남의 신하된 자에게 외교(外交)가 없음은 감히 임금에게 두 마음을 품을 수 없기 때문이다"라는 구절이 있어, 이후 '인신무외교지의(人臣無外交之義)'는 중국 내 봉건 체제하의 중앙정부와 제후국의 관계뿐만 아니라 군신 관계로 의제화(擬制化)된 중국 중심의 국제 관계를 구성하는 기본 원리의 하나로도 작동됐다.

중국 봉건 체제의 기원을 이루는 상(商)·주(周) 성읍국가시대에 제후국의 상호 외교가 통제되다가, 주왕의 권위가 약화된 춘추시대에 이르러 패자(霸者)를 중심으로 '구합제후(鳩合諸侯)'가 이뤄지고, 주왕의 권위가 소멸된 전국시대에는 이른바 사대자소(事大字小) 관계가 출현했지만, 중국이 제국(帝國)에 의해 통일된 진(秦)·한(漢)시대 이후에는 중국의 국가와 주변 국가들 사이에 책봉(冊封)·조공(朝貢) 관계가 성립되면서 '인신(人臣)에게는 외교가 없다는 원칙'이 국제사회에서 다시 거론된 것이다. 조선이 여진(女眞)의 추장을 책봉하거나 징벌한 것이 조선과 명조 사이의 심각한 외교적 현안이 된 것도 이 원칙 때문이었고, 임진왜란 직후에 조선이 일본과의 강화를 독자적으로 추진하지 못한 것도 바로 이 원칙 때문이었다. 한국의 조선과 월남의 안남국, 조선과 유구의 중산국 사신이 북경에서 조우해서 한시를 창화하며 창화 외교를 전개할 때도 이 원칙이 다시 등장한다.

이수광의 『지봉유설(芝峯類說)』에 의하면, 이미 송대 이래로 중국에서는 한국의 사신과 창화함을 엄격하게 통제하고 있었음을 알 수 있다. "황명(皇明)에 이르면 부경(赴京) 사신의 문금(門禁)이 매우 촘촘하여 중조(中朝) 문인과 서로 접할 수가 없었다.…『설부(說郛)』에 의하면 '지명주(知明州) 장중(張中)이 사사로이 여인(麗人) 박인량(朴寅亮)과 시를 창화한 죄로 종신 폐고(廢錮)됐다'고 하니, 이는 금제(禁制)의 엄함이 송대(宋代) 이래로 이와 같았음을 알게 한다"(卷4「使臣」).

이수광(李睟光)은 「안남국사신창화문답록식(安南國使臣唱和問答錄識)」에서 '인신무외교' 원칙이 한·월 창화 외교에 어떻게 작용했는지 다음과 같이 기술했다. "수광이 만력(萬曆) 경인년(庚寅年. 1590)에 서장관(書狀官)으로 임용되어 경사(京師)에서 성절(聖節)을 경하했는데, 안남국 사신을 만났지만 각각 다른 객관에 서처하여 금령(禁令)으로 서로 통할 수 없었고, 단지 조회(朝會)에서 한두 번 얼굴을 볼 수 있었을 뿐이다. 일을 마치고 조정에 돌아와서 견문한 사건 중에서 대략 기록해 올렸더니, 상께서 신 수광을 정원(政院)에 불러 안남 사신의 의복 제도와 그 나라 풍속이 어떠한지, 또 혹시 창화(唱和)의 작품이나 서계(書啟)가 있었는지 하문하셨다. 이에 그 사신과 서로 문답하고 수창(酬唱)하여 성문(聖問)에 우러러 대답하지 못한 것이 더욱 한스러웠다." 각각 다른 객관에 머무른 조선과 안남의 사신은 명조의 '금령'으로 인해 서로 통할 수 없었고, 그 당연한 결과로 서로 필담을 나누거나 한시를 창화할 수도 없었다는 것이다.

다만 "정유년(丁酉年. 1597) 겨울에 이르러 진위사(進慰使)로 다시 경사에 가서, 또 안남 사신과 서로 마주쳤다. 마침 동지하절(冬至賀節)이어서 외국(外國)에서 온 사람들이 매우 많아 관우(館宇)가 가득 차서 다행히 그 사신과 같은 곳에 함께 거처했다. 50일 이상 머물렀기 때문에 서로 만나 아주 친숙해질 수 있었고 문답은 매우 상세하게 이뤄졌다"(『芝峯集』『安南國使臣唱和問答錄』)고 하여, 1597년의 사행에서는 양국의 사신이 같은 객관을 사용했기 때문에 필담도 나누고 한시도 창수할 수 있었다고 전한다.

이와 유사한 사례는 한국의 조선과 유구(琉球)의 중산국(中山國) 사신의 만남과 창화의 과정에서도 발견된다. 1599년(萬曆 27년)에 있었던 양국 사신의 교왕에 관한 조선 서장관 조익(趙翊)의 『황화일기(皇華日記)』 기술에 의하면, 유구 사신이 조선 사신이 묵는 객관에 와서, 오늘 처음 들어왔다고 알리면서 그 거처에서 만나 볼 수 있는지를 물어보았다. 그런데 조선의 통사(通事)가 유구 객관에 가서 사신을 직접 만나 그 사유를 물었더니, "앞서 자문초(咨文草)를 보냈는데, 원본은 반드시 예부(禮部)를 통한 연후에야 서로 줄 수 있지만, 아직 조현(朝見)하지 못해 그렇게 하지 못했다. 이를 위해 종인(從人)을 시켜 유구 말로 치사(致謝)하게 했다"고 말했다. 표류해서 조선에 이른 유구국 사람 수십 명을 조선이 후하게 대접해서 길을 가리켜 보냈기 때문에, 유구국 중산왕이 그 은혜에 감격하여 자문을 보내 사례한 것이다.

그런데 귀국을 위해 궁궐과 예부로 가서 하직 인사를 했더니, 예부의 제독(提督) 마응룡(馬應龍)이 "외국(外國) 사람이 사사로이 서로 수수(授受)하는 것은 법에 어긋난다. 응당 객관에 내려가서 직접 살펴보아야 한다"고 해서 귀국하지도 못하고 부득이 더 머무를 수밖에 없었다. 여기서 명조 예부의 관원이 말하는 '수수하는 것'이란 유구국이 조선 사신에게 보낸 예물을 말한다. 그 뒤 유구사가 현관례(見官禮)를 행하고 본국의 자문을 증정하니, 제독이 조선 통사를 불러 받은 자문을 직접 주었다고 한다. 이로 보아 종번 체제하에서 번속국(藩屬國)끼리는 사사로이 서로 교통할 수 없도록 통제됐고, 이로 인해 북경에서 사신 사이의 교왕은 형식상 반드시 명조 예부를 통해야 했으니, 예부 관원의 주관을 거쳐 유구 사신이 가지고 온 자문과 예물을 조선 사신에게 주었음을 볼 수 있다.[488]

488. 강동엽, 「練行使와 會同館」, 『비교문학』 41, 2007; 이성혜, 「북경에서 만난 조선과 유구(琉球) 사신의 민간외교-이수광의 「유구사신증답록(琉球使臣贈答錄)」을 중심으로-」,

'인신에게는 외교가 없다'는 전통적 관념은 월남 북사의 창화 외교에 직접적 영향을 미치기도 했다. 월남의 북사도 중국에서 중국의 사대부나 관원들과 시문을 교환하고 창화할 때 일정한 제한을 감지하고 있었다. 특히 '인신무외교'의 전통적 관념으로 인해 이들의 활동이 일시 혹은 부분적으로 제한됐기 때문이다. 등휘저(鄧輝熓)는 1865년(同治 4년, 嗣德 18년)과 1867년에 두 차례 중국 광동(廣東)에 출사해서 체류하던 기간에 광동의 우인들과 시문을 창화하고 증답했다. 그러나 등휘저가 양성(羊城)에 이르러 보주우사(寶珠寓舍)에 머물 때는 "여러 사대부와 이 (시문을 창화하는) 즐거움을 함께할 수 없었는데", 이는 "인신은 의리상 외교할 수 없기 때문이었다"(『東南盡美錄』 自序)고 했다. 이는 안남 정부가 그에게 금령을 내린 것이 아니라 아편전쟁 전후하여 청조가 중국 관리에게 요구한 결과였다.[489]

1869년(同治 8년)에 조선 사신 김유연(金有淵)·남정순(南廷順)·조병호(趙秉鎬) 등과 북경에서 만나 한시를 창화한 안남 정사 완사한(阮思僩)의 『완사한일기(阮思僩日記)』에 의하면, 사역관(四譯館)의 진효(陳熇)와 진방두목(賑房頭目) 은보(恩普)가 숙소에 왔기에 서양의 일을 물었더니, 그들은 "양인(洋人)은 현재 선무문(宣武門) 안에 거주한다. 그들의 기습(氣習)이 동문(同文) 제국과 맞지 않기 때문에, 총관내무부(總管內務府) 대신이 본국의 본사(本使)가 관사에 도착하면 해 진 뒤에 한잡인(閑雜人)이 마음대로 드나들 수 없도록 엄금했으니 이는 대개 양인 때문이다. 만약 조선인 제군이 공무(貢務)를 다 끝내면 매번 서로 볼 수 있다"고 했다고 한다. 저녁에 조선의 도통사(都統事)가 첩(帖)을 보내 대련(對聯)을 써 달라고 청하기에 대련을 써서 그에게 증여하면서, 내무부유시(內務府諭示)를 부록(附錄)해 주었다고 한다.

완사한은 "중국은 스스로 서양(西洋)과 약화(約和)한 이후에 기세가 꺾여서, 비록 경사가 근본 중지임에도 불구하고 그들이 섞여 살아도 금지하지 못한 채

『포은학연구』 18, 2016, 244쪽; 楊雨蕾, 「朝貢體制的另一面: 朝鮮與琉球使臣在北京的交往」, 『學術月刊』 2014-12, 146쪽.

489. 『集成』 18冊, 3-4쪽.

제국이 그 천심(淺深)을 엿보고 그 경중을 의논할까 두려워했기 때문에, 비록 본국사와 조선사에게 드러내 놓고 왕래를 금하지는 않아도 매번 구속하고 제한하여 종전처럼 까다롭지 않게 할 수는 없었다. 직례독부관(直隸督部官)의 계칙(戒飭)을 보았더니, 조선사와 감히 내회할 수 없음을 대개 볼 수 있었다"(『燕軺筆錄』)[490]고 하여, 청 말에는 '인신무외교'의 전통에 더해 서양 제국의 세력까지 경계하여 한·월 사신의 교왕이 더욱 엄격하게 통제됐음을 전하고 있다.

중국의 책봉사(冊封使)들도 왕왕 월남에서 '인신무외교지의'를 들어 월남 문사와 시문을 창화하는 일을 기피하기도 했다. 원사(元使) 진부(陳孚)는 1292년(至元 29년)에 월남에 출사하여 "관사(官事)를 끝내기 전에는 절대 시를 짓지 않는다"고 사양했고,[491] 청사(淸使) 오광(吳光)도 1664년(康熙 3년) 월남에 출사할 때 월남인이 혹은 종이를 주고 유제(留題)해 달라고 요청했지만, 그는 이를 거절하면서 "직책이 봉사(奉使)에 있어 배신(陪臣)과 음영(吟詠)·증답(贈答)하는 것은 무거움을 보이는 바가 아니고, 월경(越境)하여 사교(私交)할 수 없다"[492]고 응답했다. '유제'란 기념으로 감상문을 남기는 것을 말한다. '배신'은 제후의 대부를 이르는 말로, 여기서는 천자의 신하인 자신과 대비하여 안남왕의 신하를 '배신'이라 칭한 것이다. 청사 이선근(李仙根) 역시 1669년(康熙 8년) 월남에 출사하여 문연주(文淵州)에 묵었는데, 후여(後黎)의 접대 관원이 시 한 수를 증정하자 "왕사(王事)가 이 한 몸에 있으니 시문을 사사로이 논할 여유가 없다. 일을 이룬 뒤에 상론(商論)할 수 있다"(『安南使事紀要』 卷1)고 거절했다. 월남의 북사들이 중국의 사대부나 관원들과 시문을 교환하고 창화할 때 일정한 제한을 받았을 뿐만 아니라, 중국의 책봉사들도 '남의 신하 된 자는 외교할 수 없다는 원칙'의 통제를 감지하고 있었던 것이다.

'인신무외교지의'는 한·중 창화 외교의 과정에서도 발견된다. 『조선왕조실록』은 조선 사신과 명조 인사의 창화시 짓기에 대해 기록하지 않았는데, 그 까

490. 『越南漢文燕行文獻集成』 19冊, 172-189쪽.

491. 陳孚, 『陳剛中詩集』 卷2, 『交州稿』, 上海古籍出版社, 1987.

492. 吳興, 『使交集』 「序」, 嘉業堂, 1921.

닮은 조선 정부가 '인신무외교' 원칙을 지키기 위해 명조에 파견된 조선 사신이 외국 사인(士人)과 사적인 교유와 창화 활동을 할 수 없도록 규제했기 때문이다. 그 한 예로 중종 시기에 영의정 윤은보(尹殷輔)가 정사룡(鄭士龍)은 명사 공용경(龔用卿)과 오희맹(吳希孟)을 응접한 지 오래되지 않았지만 음신(音信)이 서로 통해 사은사(謝恩使)로 파견해도 무방하다고 추천하자, 좌의정 홍언필(洪彦弼)과 우의정 김극성(金克成)이 "정사룡은 천사 공용경과 오희맹과 문자로 서로 알아 시를 주고 서간을 통함이 지금까지도 끊어지지 않았다. 만약 사신으로 입경하면 공과 오가 필시 자주 왕래하며 시를 지어 줄 터인데 정사룡이 비록 화답하지 않으려 해도 어쩔 수 없이 응수하게 될 것이다. 그러면 (명조) 조정에서 경외지교(境外之交)처럼 볼 것이니, 이를 문제 삼는 자가 있을까 걱정된다"고 했다. 이에 중종은 "정사룡이 부경(赴京)하면 공과 오가 반드시 자주 와서 창화할 것이다. 이는 내가 처음에는 생각하지 못했던 것이다. 좌우상의 뜻이 지당하다"(『中宗實錄』 34년 3월 己卯)고 했다. 명조에서 조선 사신의 사적 활동을 싫어하기 때문에 조선 정부에서도 조선 사신이 중국에서 창화 활동 하는 것을 염려했다는 것이다.

조선의 사신은 중국의 경내에 들어가도 조선 원접사(遠接使)와 같은 전문 접대 관원의 접반을 받을 수 없었고 북경의 옥하관(玉河館)에 들어가서도 마음대로 출입할 수 없었기 때문에, 기본적으로 시문 창화가 발생할 수 있는 충분한 조건이 갖추어져 있지 않았다. 홍치(弘治) 연간에 회동관(會同館)을 제독(提督)하는 예부주사(禮部主事)의 말처럼, "구례(舊例)에 의하면 각처 이인(夷人)이 조공하러 객관에 이르면 5일에 한 번 방출(放出)하고 나머지 날은 마음대로 출입하는 것이 허락되지 않았다. 오직 조선과 유구 2국의 사신만 그 출외무역(出外貿易)이 5일의 수 안에 들지 않도록 허락됐다"(『明孝宗實錄』 弘治 14년 春正月 壬申). '남의 신하 된 자에게는 외교가 없다'는 원칙이 조·명 종번 관계와 중국 중심의 세계 질서를 유지하기 위한 기본적 장치로 작동됐음을 엿볼 수 있다. 이는 안남국의 북사와 달리 조선의 사신이 북경에서 중국 접반관원과 한시를 창화할 수 없었던 정황을 설명한다.

조선과 명조의 관계에서 '인신무외교지의'가 적용된 가장 대표적 사건은 조·명 초기에 발생한 여진(女眞) 문제였다. 명조는 조선과 건주여진(建州女眞) 사이의 사적 교왕과 구살(仇殺)이 명조의 국가 이익에 부합하지 않을 뿐만 아니라 명조와 조선의 종번 관계의 본질을 파괴한다고 판단하여, 문학지사 출신의 명사(明使)를 연이어 파견해 조선과 여진의 관계에 적극 개입했다. 명 초 건주여진의 주체는 건주삼위(建州三衛)와 모련위(毛憐衛)로 구성됐는데, 조선은 양자와 밀접한 관계를 갖고 있었다. 건주여진의 한 가지인 오도리부(吾都里部)는 조선의 북방 경역에 거주하며 이성계(李成桂) 휘하에 예속돼 있었다. 이성계는 조선을 건립한 뒤에 오도리부에 정식 귀순을 요구했지만, 그 수령인 맹가첩목아(猛哥帖木兒)가 귀순을 거절하고 밖으로 옮아갔다. 1406년(永樂 4년)에 맹가첩목아가 명의 임명을 접수하고 건주위도지휘사(建州衛都指揮使)가 되어 여러 차례 직접 북경에 가서 조공했다.

건주여진은 명조의 절제를 받아 정식으로 신속(臣屬)했지만, 조선은 건주여진을 명조의 신속으로 보지 않고 직접적 교섭 관계를 계속 유지하며 자기의 통할하에 두기를 시도하다가 결국 충돌이 일어나 구살하기에 이르렀다. 『명실록(明實錄)』에 의하면, "건주좌위도독(建州左衛都督) 맹가첩목아의 아들 동창(童倉)이 상주하여, '신의 애비가 칠성야인(七姓野人)에 살해되어 신은 숙부인 도독(都督) 범찰(凡察)과 백호(百戶) 고조화(高早化) 등 5백여 가와 몰래 조선에 가서 거주했다. 함께 요동(遼東)에 나가서 거주하려 했지만 조선에 구류될까 두렵다. 불쌍히 여겨 주시기를 빈다'고 했다"(『明英宗實錄』 正統 3년 11월 丁酉). 이에 명 영종이 모련위도지휘동지(毛憐衛都指揮同知) 낭복아한(郎卜兒罕)에게 명해 그들의 출경을 호송하게 하여 침해받지 않도록 하라고 했다. 얼마 지나지 않아 조선의 세종(世宗)이 팽창 정책을 취해 건주여진을 압박하자, 1440년(正統 5년)에 여진 수령 범찰 등이 명조에 상주하여 "우리 부(部)가 조선에 추살(追殺)되어 170여 가(家)가 억류됐다"고 호소했다. 명조는 조선에 이들을 돌려보내라고 했지만, 조선 세종은 이를 받아들이지 않았다. 1449년(正統 14년) '토목지변(土木之變)'이 있은 뒤에, 건주여진 수령 동산(董山)이 준동하여 요동을 침범해서 명조가 사신을 보내 조유

(詔諭)하자, 동산은 한편으로는 명조에 아첨하여 건주삼위도독을 겸하게 해 달라고 요청하고, 다른 한편으로는 조선에 친부(親附)하여 정헌대부(正憲大夫) 직을 받았다. 이러한 이중적 태도가 명조에 발각되어, 1451년(景泰 2년)에 명조는 건주 두목이 조선과 몰래 통한다 하여 조선에 그 사절을 끊도록 경계했다.

1459년(明 英宗 天順 3년, 朝鮮 世祖 5년) 진가유(陳嘉猷)가 조선에 출사해서, 조선 국왕이 건주여진 수령에게 사사로이 관직을 준 일에 대해 조서(詔書)로써 문책했다. 명의 영종은 조선 국왕에게 건주삼위 고납합(古納哈)과 동산 등과 사사로이 만나지 말라고 요구했다. "근자에 변장(邊將)의 보고에 의하면, '건주삼위도독 고납합과 동산 등이 사사로이 왕국(王國)에 가서 모두 상사(賞賜)를 받고 돌아왔다'고 하는데, 이는 비록 전문(傳聞)의 말이지만 필시 그 형적(形迹)에 의심스러운 점이 있다. 또한 국왕은 조정의 동번(東藩)으로 선대 이래로 대대로 돈독하게 충정하고 예의를 잘 지켜서 사사로이 외인과 교통한 적이 없었는데, 어찌하여 왕에 이르러 이런 일이 있게 됐는가. 지금 특별히 사람을 보내 왕에게 칙유하니 왕은 마땅히 자성해야 한다. 만약 이런 일이 없었다면 그만이지만, 실제로 이런 일이 있었다면 왕이 이를 빨리 고쳐야 한다. 만약 저들이 스스로 온다 하더라도 역시 거질해야 마땅하다"(『明英宗實錄』 天順 3년 2월 乙亥).

진가유도 사절의 신분으로 조선 세조에게 다음과 같이 질의했다. "조정도 이들이 쉽게 흔단(釁端)을 일으킴을 안다. 이들 무리는 축생과 다를 바 없어, 금년에 직책을 받고 명년에 또 직책을 받으려 하니, 그 욕심이 무궁함을 조정이 아는 바다. 다만 조정의 뜻은 이 2인이 조정의 도독이란 직사(職事)를 받았는데 전하가 또 더 직책을 준 것은 이치에 맞지 않다는 것이다"(『世祖實錄』 5년 4월 己未). 이에 조선은 표면적으로는 명조의 뜻에 순응하여, 조선과 여진의 왕래가 부득이한 것이었다고 변명했다. 그러나 진가유가 오기 전에 세조는 의정부(議政府)에 명하여 "상국(上國)에서 싫어하기 때문에 사신이 돌아갈 때까지 건주위 야인(野人) 등 내조(來朝)하는 자의 상송(上送)을 불허하고, 그들을 잘 타일러서 '너희의 정성은 국가가 알고 있지만 중국이 이를 싫어하기 때문에 상께서 보내지 말도록 명했으니, 너희도 이 뜻을 알라'고 말하라"(『世祖實錄』 5년 4월 己未)고

명했다. 그리고 태평관(太平館)에서 연회를 열어 명사를 대접하면서, "후문야인(後門野人)은 대대로 변경의 걱정거리가 되어 조종(祖宗) 이래로 칙지(勅旨)를 받들어 변민(邊民)을 어루만져 안정시켰을 뿐, 우리가 불러들인 것이 아니다"라고 했다. 명사가 돌아갈 때 세조가 다시 지성으로 사대(事大)할 뜻을 말하자, 진가유는 "정성을 다한다면 사대할 수 있고 사소(事小)할 수 있으며 교린(交隣)할 수 있으니, 전하의 말씀이 옳다"고 응수했다(『世祖實錄』 5년 4월 丁未).

진가유의 출사로 인해 조선은 비록 겉으로는 사사로이 여진과 교통하지 말라는 명조의 뜻을 받들면서 실제로는 계속 여진과 암암리에 왕래함으로써, 조·명 양국은 적절하게 타협해 여진 문제를 미봉할 수 있었다. 양국의 이러한 타협에는 수없이 반복된 명사와 조선 원접사 사이의 한시 창화가 일정한 역할을 담당했다. 명사와 조선 원접사 및 문신의 창화시에는 이 같은 조·명 양국의 모순이 가려지거나 꾸며져 있어 문책하는 뜻을 조금도 찾아볼 수 없다. 이러한 조·명 갈등은 『조선왕조실록』 등 사서에서는 보이지만 시에서는 보이지 않는다. 시(詩)에서는 풍랑이 보이지 않지만, 사(史)에서는 파란이 일고 있었던 것이다.[493] 진가유는 한강을 유람하면서 전사(前使)의 시를 차운하기도 하고, 김수온(金守溫)의 문명(文名)을 듣고 그와 창화하기도 했다.

그 뒤 명 영종은 1460년(天順 4년, 世祖 6년)에 장영(張寧)을 다시 조선에 보내, 조선이 마음대로 모련위도독 낭복아합(또는 浪孛兒罕)을 살해한 일을 질의하고 다음과 같이 문책했다. "왕은 모련위도독 낭복아합이 통모(通謀)해서 반란을 선동해 법으로 처치했다고 상주했다. 대저 법이란 나라 안에서 시행하는 데 그쳐야 하는데, 어찌 이웃 경토에서 시행할 수 있는가. 낭복아합이 죄가 있으면 응당 조정에 상주해서 조처해야 한다. 지금 갑자기 살해를 행했으니, 그 아들 아비거(阿比車)가 복수를 생각하는 것이 어찌 괴이하다 하겠는가. 듣기에 아비거의 어미가 아직 있다 하니, 급히 요동도사(遼東都司)에게 보내 아비거가 데리고 가서 구원(仇怨)을 풀도록 해야 할 것이다"(『明史』 朝鮮傳).

---

493. 吳伊琼, 「明朝與朝鮮王朝詩文酬唱外交活動考論-以『朝鮮王朝實錄』爲中心」, 111-113쪽.

조선이 모련위도독을 살해한 동기도 본국의 세력을 확장하려는 데 있었다. 1459년(天順 3년)에 조선은 신숙주(申叔舟)를 함길도도체찰사(咸吉道都體察使)로 보내 건주여진을 초무(招撫)했는데, 유독 낭복아합만 이미 명조 모련위의 도독첨사(都督僉事)를 받고 신숙주와의 약회(約會)에는 가지 않아, 조선이 이를 매우 원망했다. 더구나 낭복아합의 아들이 조선에 인질로 있다가 행장을 꾸리는 동태를 보여 세조가 '중국으로 가려 한다'고 의심해서, 낭복아합을 회령(會寧)으로 유인하여 죽이고 그 가족도 수색하여 살해했다. 이에 모련위와 기타 건주여진 각부가 이 사건으로 진동하여 조선에 복수하려 했다.

그러나 명조는 당시 '토목지변'을 방금 겪어 무력으로 개입할 수 없었기 때문에 그다음 해인 천순 4년에 장영을 보내 영종의 칙서를 반포한 것이다. "지금 건주우위지휘(建州右衛指揮) 동화이적(佟火爾赤)과 모련위도지휘(毛憐衛都指揮) 산동합(散冬哈) 등의 상주문을 얻었는데, '모련위도독첨사 낭패아한(浪孛兒罕) 등 16명이 왕에게 유인돼 모두 죽음을 당했다. 본위(本衛)의 인민은 참지 못하고 인마(人馬)를 골라 복수하려 한다'고 했다. 짐은 이 일에 필시 다른 까닭이 있다고 생각해서, 이미 각 위에 칙유하여 인마를 선동해서 원한으로 복수하는 것을 허락하지 않고, 왕에게 물어서 회주(回奏)하는 날 처치하겠다고 타일렀다. 지금 특별히 왕에게 묻노니, 일찍이 사람을 보내 낭패아한을 유인해 그들 16명을 살해했는가. 왕은 사실대로 아뢰어서 시비를 명백하게 보이되, 혹 사정을 감추어 덮거나 꾸미지 말고 각 위에 펼쳐 보여 저들로 하여금 심복하게 할 수 있기를 바란다"(『世祖實錄』 6년 3월 己卯).

이에 대해 세조는 "낭패아한 등은 대대로 우리나라 지면(地面)에 살았으니 곧 편맹(編氓)이고 반란의 흔적이 명백한데, 문정지구(門庭之寇)의 일이 급해서 미처 주문(奏聞)할 겨를이 없었다. 패아한은 이미 우리나라의 백성이어서 변장(邊將)이 사람을 시켜 부르면 오지 않을 수 없다"고 하면서 모련위의 분규가 조선 국내의 일임을 강조하고 명조가 내정에 간섭함을 은근히 지적했다. 이에 대해 장영은 "낭패아한은 원래 조정의 대관(大官)을 받았는데, 전하는 어찌하여 마음대로 죽였는가"라고 하고, "발아한도 조정의 대관이니 만약 범변(犯邊)의 실적(實迹)이 있으면 구금해서 주문(奏聞)한 뒤에 처치하는 것이 옳다"고 하며, 내정설을 반박했다. 그러나 장영이 내린 외교적 결과는 다음과 같았다. "금일의 칙령은 조정이 저들을 위한 것이 아니다. 조선은 본래 예의지방(禮義之邦)으로, 태조 고황제(高皇帝) 이래로 본국의 예로 대우하여 타국과 비교할 바가 아니었다. 전하가 이러한 일들을 일일이 회주(回奏)하면 조정이 저들을 금약(禁約)하여 다시 복수를 행할 수 없게 할 것이니, 이는 실로 황상의 지극한 은혜요 조선의 큰 복이다"(『世祖實錄』 6년 3월 癸未).

이 사건은 기본적으로 전통 시대 동아시아 세계 질서의 운영 체계인 책봉·조공 체제의 본질에 관한 문제였다. 명과 여진은 이미 명조의 개국 초부터 위소(衛所) 체제에 의한 책봉·조공 관계를 유지하고 있었는데, 조선도 여진의 추장을 책봉하고 조공을 받음으로써 이와 유사한 관계를 발전시켜 왔다. 책봉·조공 관계란 국제사회의 중심 즉 중국과 주변 즉 사국(四國)의 제도적 관계인데, 조선이 여진과 책봉·조공 관계를 성립시킨 것은 곧 스스로 '중국'을 지배하고 있는 국가임을 자처한 행위로, 또 다른 중국 국가인 명과의 충돌은 불가피한 일이었다. 명이 천순 사절단을 파견한 가장 큰 이유는 바로 이 문제를 해결하기 위한 것이었다. 『명사(明史)』 장영전(張寧傳)에서 "조선이 이웃 부(部) 모련위와 원수가 되어 살해했기 때문에 장영에게 명하여 도지휘(都指揮) 무충(武忠)과 함께 가서 풀게 했는데, 장영은 말의 뜻이 강개(慷慨)하고 무충은 용맹하고 씩씩해서… 조선인들이 놀라 탄복하여 두 사람이 끝내 그 원수 사이를 풀고 돌아왔다"고 한 것으로 보아, 천순 사행이 성공적으로 이루어졌음을 알 수 있다.

이 사건은 명과 조선이 건국 이래 지속적으로 전개해 온 창화 외교의 한 대표적 사례였다고 할 수 있다. 천순 사절단의 조선 방문은 양국의 외교적 갈등을 해소하기 위한 것이었다기보다는 여진에 대한 보다 효과적인 대응책 마련을 위한 협력 방안을 찾기 위한 것이었기 때문이다. 명이 조선에 요청하면 조선은 자국의 국익을 지키면서 일정 부분 협조해 여진에 대한 정책의 조화를 꾀했으니, 이러한 조·명 창화 외교는 명사와 조선 접반사 사이에 전개된 한시의 창화와 미묘한 내적 연관성을 갖고 있었다.

이처럼 전통 시대 동아시아 국제 질서에서는 '신하 된 자에게는 외교가 없다는 원칙'에 의해 '중국'과 '사국'의 수직적 관계만 허용되고 '사국' 상호간의 수평적 외교 관계는 허락되지 않았지만, 실제 현실에서는 '중국'과 '사국' 사이뿐만 아니라 '사국' 상호간의 창화 외교를 통해 일정한 범위 안에서 융통성 있게 운용되고 있었음을 알 수 있다. 한국의 조선이나 월남의 안남 등의 사신이나 접반사들은 중국의 명조 등의 사신이나 접반 인원들과 한시를 창화하며 서로 같은 문화와 가치를 공유하는 '동문지국'임을 절감했을 뿐만 아니라, 조선과 안남국, 유구의 중산국 등의 사신들은 '왕회(王會)'를 위해 중국의 북경에서 조우하여 한시를 창화하며 역시 '동문의 나라'임을 인동(認同)할 수 있었다. 더구나 청대 말에 이르면 중국 중심의 전통적 동아시아 국제 질서가 흔들리면서 그 기본 구조를 지탱해 온 세계관의 변화까지 노출됐다.

2. 조공사(朝貢使)의 '화이지변(華夷之辨)'

전통 시대 동아시아의 국제 질서는 선진 이래의 전통적 세계관 즉 천하가 중국(中國)과 동이·서융·남만·북적 등 사이(四夷)로 구성됐다는 오방(五方) 관념 위에 구축돼 있었는데, 여기서 말하는 '중국'이란 전 세계의 문화 중심을 가리키고 '사이'란 문화의 주변을 뜻한다. 그런데 청 말에 이르면 이러한 세계관의 변화가 '사이'에 속하는 국가의 사신에 의해 노출된다. 1597년 북경에서 안남 사신과 조우한 조선 사신 이수광(李睟光)은 풍극관(馮克寬)에게 보내는 「안남 사신에게 앞 운(韻)을 거듭 사용하여 보낸다」는 시에서 "만관(蠻館)에는 여회(旅懷) 달랠 죽엽주가 없지만, 장강(瘴江) 가는 행리(行李)에는 남녀(藍輿)가 있다. 그대 정위(正位)로 돌아갈 땐 때 이른 봄바람 불고, 매령(梅嶺)의 맑은 향기가 수레에 가득하리"(『安南國使臣唱和問答錄』)라고 노래하여, 월사의 북경 거처를 가리켜 '만관'이라 지칭했다. 이런 표현은 월남을 '만이(蠻夷)'로 이해한 이수광의 평소 세계관을 그대로 드러낸 것이지만, 월남을 '만이'로 규정하는 전통적 세계관은 250

여 년 뒤에 월남 사신에 의해 엄중하게 비판받았다.

월남 북사가 중국에서 중국의 사대부나 관리들과 시문을 창화하는 목적 가운데 가장 중요한 것은 뛰어난 시 짓기 솜씨를 보여서 월남이 문헌과 문명의 나라임을 과시하는 것인데, 이는 당연히 자국은 '이적(夷狄)'이 아니라 '중화(中華)'의 문명국이라는 자의식의 표현이었다. 북사들의 출사록에는 특히 서세동점에 의한 세계관의 변화와 병행해 월남인의 새로운 화이관이 강렬하게 표현됐다. 월남인의 새로운 세계관과 자의식은 이문복의 '화이지변(華夷之辨)'에서 가장 잘 드러났다.

1831년(道光 11년, 明命 12년)에 월남에 표착한 중국인 관원을 호송하는 등의 사명을 받들어 민(閩) 지방에 출사한 안남국 사신 이문복(李文馥)이 복건성성(福建省城) 복주(福州)에 도착해 사신의 공관으로 들어가다가 공관문 제액(題額)에 '월남이사공관(粵南夷使公館)'이라 쓰인 글자를 보았다. 공관은 민현(閩縣) 현아(縣衙) 한쪽에 있었는데, 제액은 현령(縣令) 황택중(黃宅中)이 쓴 것이었다. 이문복은 선채로 "나는 이(夷)가 아니니 이 이관(夷館)에 들어가지 않겠다"[494]고 말했다. 그는 반송관(伴送官)이 제액을 뗀 뒤에야 들어갔다. 이갑진사(二甲進士) 출신의 현령인 황택중은 이를 듣고 빨리 사과하면서 공관의 제액을 '월남국사관공관(粵南國使官公館)'으로 고쳤다.

이문복은 「공관에 다다라 문제(門題)의 '이(夷)' 자를 보고 짓다」란 율시를 지어 "예로부터 관상(冠裳)이 개린(介鱗)을 구별하고, 아울러 천지로써 편순(偏純)을 나눈다. 니산(尼山. 孔子)의 대필(大筆)은 초인(楚人)을 엄하게 다루었고, 동해의 높은 바람은 진제(秦帝)를 부끄럽게 했다. 북두칠성이 문헌국을 찬란하게 빛내는데, 성사(星槎)가 송시(誦詩)하는 이의 명예를 욕되게 한다. 한 자라도 아끼지 않으면 진실한 글 될 수 없으니, 사명 띠고 남쪽에서 온 이 몸이 부끄럽다"[495]고 하여, 예로부터 화이(華夷)가 의관과 지리로 분별됐지만 월남은 중국의

494.『閩行雜咏』,『集成』12冊, 258쪽.

495.『閩行雜咏』,『集成』12冊, 257쪽.

문화·연원과 다르지 않고 의관이 모두 서로 같아 이적시할 수 없음을 강조했다. 그는 지역이나 종족·고금·강약으로 화이를 나눌 수 없고, 오로지 예악·문교로 화이를 나누어야 하는데, 월남은 문교(文教)의 나라이기 때문에 이적이 아니라고 주장했다.[496] '개린'이란 갑충(甲蟲)과 인충(鱗蟲)이란 뜻으로, 중국인이 변방 종족을 얕잡아 일컫는 말로 자주 사용됐다.

이문복은 선조가 원래 중국 복건 장주(漳州)에서 살다가 명·청 교체기에 월남으로 이주했다. 1831년부터 1836년까지 4번 광동에, 1번 복건에 다녀왔고, 1841년(道光 21년, 紹治 원년)에는 정사로 북사했다. 그의 『민행잡영(閩行襍詠)』은 1831년에 봉명하여 월남의 '서룡(瑞龍)' 큰 배를 타고 해상에서 표류한 중국 관원을 복건으로 되돌려 보냈을 때 쓴 시집이다. 그 부록에는 이문복이 청조 관원에게 보낸 「어명불긍초록문답(御名不肯抄錄問答)」과 「이변(夷辨)」이란 문장이 있다. 전자는 자기가 신하가 되어 마땅히 피휘(避諱) 원칙을 존중해서 받들어야 하기 때문에 청조 관원의 명에 응해서 본국 국왕의 이름을 쓸 수 없음을 힘써 변명한 것이고, 후자는 복건성성 공관문에 '월남이사공관'이라고 써져 있는 문제에 대해 월남은 의관과 문물 등이 모두 중국과 연원이 같기 때문에 이적이 아니라고 주장한 것이다.[497]

특히 이문복이 쓴 「이변」의 내용 일부를 전재하면 다음과 같다. "예로부터 중화(中華)가 있고 이적(夷狄)이 있었음은 천지자연의 제한 때문이다. 그리고 화(華)가 스스로 화가 되고 이(夷)가 스스로 이가 됐음도 성현이 엄격하게 변별(辨別)했기 때문이다.…우리 월(粵)은 다름이 아니라 옛 중국 성인 염제(炎帝) 신농씨(神農氏)의 후예다.…주(周)시대에는 월상(越裳)이 되어 씨(氏)로 삼았다. 역대에 교지(交趾)가 되어 군(郡)으로 삼았으니, 이(夷)라고 칭한 적이 없다. 하물며 진씨(陳氏) 안남국 이래로 토지가 날로 넓혀져서 지금은 두 배로 확장됐다. 북으로는 중주(中州)의 광동·광서·운남(雲南) 등 세 성(省)과 접하고, 서로는 제만(諸

---

496. 張京華, 「三'夷'相會-以越南漢文燕行文獻爲中心」, 40-41쪽.

497. 『集成』 12冊, 209-210쪽.

蠻)을 통제하며 남장(南掌)과 면전(緬甸) 등 제국과 접하고, 동으로는 큰 바다에 임해 여러 섬들을 감싸고, 남으로도 바다에 이르고, 서남으로는 섬라(暹羅) 기타 옥여국(屋餘國)과 이웃하고, 부만(附蠻)이 하나둘이 아니어서, 정말 드넓게 천지 사이의 한 대국이 됐다. 씨라고 해도 불가하고 군이라 해도 불가한데, 이라고 할 수 있겠는가.…치법(治法)으로 말한다면 이제삼왕(二帝三王)에 근본을 두고, 도통(道統)으로 말한다면 육경사서(六經四書)에 근본을 두었다. 공맹(孔孟)을 가(家)로 삼고 주정(朱程)을 호(戶)로 삼는다. 그 학(學)은 좌국(左國)에 근원을 두고, 반마(班馬)로 거슬러 올라간다. 그 문(文)으로 말한다면 시부(詩賦)는 소명문선(昭明文選)과 이두(李杜)에 귀의하며 자획(字劃)은 주례육서(周禮六書)와 종왕(鍾王)으로 해식(楷式)을 삼는다. 빈현(賓賢) 취사(取士)는 한당(漢唐)의 과목이고, 박대(博帶) 아관(峩冠)은 송명(宋明)의 의복이다. 이와 같이 하는데도 이를 일러 이라고 한다면, 어떻게 해야 화가 되는지 정말 알 수가 없다.…"[498]

이문복은 지역과 관복·언어 등을 논증하여 '화이지별(華夷之別)'은 마땅히 '문교·예의'를 기준으로 구분해야 한다고 주장했다. "어떤 고론자(高論者)는 '순(舜)은 동이(東夷) 사람이고 문왕(文王)은 서이(西夷) 사람이라고 전해지니 이(夷)와 다를 바가 무엇인가'라고 하지만, 이는 태어난 곳을 가지고 말한 것임을 모르는 것이다. 순·문이 순·문인 까닭이 순을 이제(夷帝)라 칭한 문헌이 있기 때문인가. 문왕이 이왕(夷王)이라 칭한 것이 있기 때문인가. 혹 어떤 비론자(卑論者)는 '대개 이복(夷服)과 이언(夷言) 때문에 이라고 한다'고 하지만, 이 역시 그렇지 않다. 목전의 것으로 말한다면, 복건(福建) 일성은 고정(考亭) 주부자(朱夫子)의 유교(遺教)이지만 그곳에 살았던 천장인(泉漳人)은 왕왕 건(巾)으로 모(帽)를 대신했는데, 어찌 그것이 이복(夷服)이 아닌데도 지금 그것을 가지고 이라고 할 것인가. 또 18성은 언어가 각각 다르고 토어(土語)와 관어(官語) 역시 각각 같지 않은데, 이 어찌 이언(夷言)이 아닌데도 그것을 가지고 이라고 하겠는가. 필시 그렇지 않음은 매우 분명하다. 화이(華夷)의 뜻에 통달하려면 당연히 문장과 예의에

498. 『集成』 12冊, 257-264쪽.

서 찾아야 할 것이다."[499]

이문복이 이 글을 쓰자, 당시 총독(總督)은 즉시 "귀사가 본성에 와서 후신(候臣)의 예로 대우했지 감히 외이시(外夷視)하지 않았다"[500]고 했고, 중국의 관원과 문인들이 서로 이어 초록(抄錄)을 전해 읽으며 모두 논평했다. 이 사건 이후 이문복이 진행한 한시 창화와 필담 교환에 대해 중국 사대부의 관심이 더욱 깊어졌다.

반숙직(潘叔直)이 편찬한 『국사유편(國史遺編)』 하집[501]에 의하면, 이문복이 그 뒤에도 연경(燕京)에서 '변이(辨夷)'한 사건이 또 있었다. 월남은 "소치 원년(道光 21, 1841) 2월에 시랑(侍郎) 황제미(黃濟美)와 낭중(郎中) 이문복을 보내 여청(如淸)하게 했다.…문복이 연경에 이르러 공관에 가서 청인이 벽 사이에 크게 써 놓은 '월이회관(越夷會館)'이란 네 자를 보고는 매우 노해서, 관반관(館伴官)에게 언성을 높이고 안색을 붉히며 공관에 들어가지 않고 행인(行人)을 시켜 '이(夷)' 자를 깨부수게 한 다음에야 들어가서 「변이론(辨夷論)」을 써서 보여 주었다. 대략 이르기를, '월남은 원래 성제(聖帝) 신농씨의 후예로 화(華)지 이(夷)가 아니다. 도학은 공맹과 정주를 스승으로 삼고 법도는 주·한·당·송을 준수하며 아직 편발좌임(編髮左衽)하여 이의 행동을 한 것이 없다. 더구나 순(舜)은 제풍(諸馮)에서 태어나고 문왕(文王)은 기주(岐周)에서 태어났지만 세인은 감히 순·문을 이시(夷視)하지 않는데, 하물며 감히 우리를 이시하는가'라고 했다. 청인이 크게 부끄러워하며 사과했다"고 한다.

이처럼 이문복은 월남이 이미 중국과 함께 높은 수준으로 문화를 공유하고 있음을 이유로 들어 월남은 '이'가 아니라고 주장했다. 그는 복건에서 우연히 유구국 사절을 만나 시 한 수를 쓰면서 「제인(題引)」도 썼는데, 여기서 그가 "천지 사이에 동문지국이 다섯 있는데, 중주와 아월, 조선, 일본, 유구 역시 그다음

499. 『閩行雜咏』, 『集成』 12冊, 261-262쪽.

500. 『閩行雜咏』, 『集成』 12冊, 262쪽.

501. 香港中文大學 新亞研究所 東南亞研究室 刊, 1965; 陳國保, 「越南使臣與淸代中越宗藩秩序」, 『淸史研究』 2012-2, 68쪽에서 인용.

이다'"[502]고 하며 월남을 중국 다음에 놓은 것도 월남의 문화적 지위가 다른 동문지국에 버금가지 않다는 자의식의 당당한 표현이었다.

물론 이문복의 이러한 주장은 그가 다섯 번이나 광동과 복건에 사신으로 다녀왔다는 매우 특이한 경험의 소유자이고 그가 북행한 1841년이 중국 중심의 전통적 동아시아 세계 질서가 해체되기 시작할 즈음이라는 사실과 무관하지 않을 것이지만, 한편으로는 조선과 달리 독자적 연호를 사용하고 스스로 칭제(稱帝)하면서 명·청 등 중국을 지배한 국가들을 '북국(北國)'이라 부른 월남의 정치적 전통이나 중국·조선 등과 유교·한문학·율령제 등 동아시아 공통의 문화를 높은 수준으로 공유한 문화적 자신감과 깊이 관련된 것으로 보인다.

이러한 '화이지쟁(華夷之爭)'은 뒤에 온 사신 가운데서도 보이는데, 바로 완사한(阮思僩)이 사덕(嗣德) 연간의 출사에서 그 연행 저작에 「변이설(辨夷說)」을 기재한 것이다. 특히 완사한의 『화초시문집(華軺詩文集)』에는 '만청비이(滿淸非夷)' 설이 실려 있어 주목된다.

"무진(戊辰. 1868) 가을에 경사에 입공(入貢)하고 10월에 월서(粵西)에 갔다가, 서사(書肆)에서 『월서지여도설(粵西地輿圖說)』이란 신간 책을 보았다. 무릇 월의 서남경(西南境)은 본국의 여러 주·현과 접한 곳인데, 표에서 '모국모이주이현계(某國某夷州夷縣界)'라고 했다. 아연 탄식하여 이르기를 '아, 이 무슨 말인가. 이 무슨 말인가'라고 했다. 이렇게 말하는 자는 '나는 중토(中土)에 있으니 응당 중하(中夏)고 저들은 해외(海外)에 치우쳐 있는 자이니, 풍속이 비록 중국과 같다 하더라도 지역이 여전히 따로 번봉(藩封)이 되면 응당 이(夷)라고 해야 한다'고 말하는 것이 아닌가. 무릇 하늘이 덮은 둥근 땅 위에 붙어 있는 나라가 억만이나 되는데, 중(中)이 되고 외(外)가 되는 것은 무엇으로 구별하는가. 예로부터 반드시 이하(夷夏)를 구별하는 것은 역시 예의(禮義)의 있고 없음과 문행(文行)의 같고 다름일 뿐이다. 만약 반드시 토지의 중(中)으로 이를 구별하려 고집한다면, 사해대주(四海大州) 유말리아(唯末利亞)의 서쪽, 홍해(紅海)가 지중(地中)이 되지만, 그

502. 『閩行雜咏』「見琉球國使者」, 『越南漢文燕行文獻集成』 12冊, 265쪽.

것 때문에 그 지방이 하(夏)가 될 수 있음은 보지 못했다. 만약 그 본래 처음 입국(立國)한 것으로 이름을 부른다면, 상국의 운(雲)·귀(貴) 2성과 동삼성(東三省)의 길림(吉林)·흑룡강(黑龍江)·영고탑국(寧古塔國)은 모두 진(秦)·한(漢) 이전의 야랑(夜郎), 곤명(昆明), 귀방(鬼方), 숙신(肅愼), 옥저(沃沮) 등 제국의 땅이다. 지금 그 전례만 가지고서 이를 이라고 하겠는가. 운·귀는 물론이고 동삼성은 천조 성신(聖神)이 기틀을 연 땅인데, 이라는 한 글자는 본조의 신하가 감히 필묵으로 나타내지 못하고 감히 마음속으로도 말할 수 없는 것이다. 이를 이라 하지 못하면서 남에게는 이라고 한다. 유자(儒者)가 붓을 잡고서 이같이 할 수는 없다. 이하(夷夏)의 구별은 『춘추(春秋)』보다 더 엄격한 것이 없고 여탈(予奪) 역시 『춘추』보다 더 엄격한 것이 없다. 따라서 위씨(衛氏)의 범백(凡伯)은 비록 제희(諸姬)였지만 융(戎)이라 하고 계찰(季札)의 내침은 비록 참국(僭國)했지만 올렸던 것이 어찌 나와 동역(同域)이라고 반드시 하(夏)라 하고 나와 다르다고 반드시 이(夷)라고 한 것이겠는가. 그리고 우리 월은 한 이후 언제나 서월(西粵)과 함께 상국의 판도에 예속됐으니, 그 시서(詩書)·육예(六藝)의 학문과 의관·예악의 교화가 점차 스며들어 양성된 지 거의 2천 년이 됐고, 중간에 비록 잠시 합쳐지고 잠시 나뉘어졌지만 도의(道義)가 하나고 풍속도 같음은 지금이나 예전이나 다를 바 없다. 하물며 누대에 걸쳐 직공(職貢)하여 사대(事大)의 예를 잃지 않았고, 천조는 언제나 동문국(同文國)의 하나로 허락했는데, 어찌 이를 이라고 하는가. 또 회동사역관(會同四譯館)을 살펴보면 원래 명인(明人)의 사이관(四夷館)이었는데, 본조에 이르러 비로소 고쳐서 사역(四譯)이라 했으니, 대성인(大聖人)이 먼 곳을 회유하는 정성과 남을 대하는 도량이 정말 천지와 같이 큼을 우러러볼 수 있다. 자신을 높이고 남을 낮추는 저 명인의 태도는 온 천하에 협소한 마음을 보이기에 족하니, 정말 비루하다. 무릇 토지에 대소가 있고 국세에 강약이 있음은 하늘이 하는 바이니, 진실로 덕의(德義)에 허물이 없으면 비록 약하더라도 반드시 강해지고 비록 작더라도 반드시 크게 된다. 이런 까닭에 남을 대함에 덕(德)으로 한다면 천하가 귀의하게 됨은 오래된 도(道)다. 오만한 마음으로 이치에 닿지 않는 말을 남에게 해서 강한 자를 반드시 복속시켰다는 것은 들은 적이 없다.…나는 이(夷)라는 한 글자를 말한 자가 빨리 고쳐서 바로잡기를 바란다.…”[503]

완사한은 청조의 발원지를 예로 들어, 만약 지역으로 화이를 구별한다면 만청(滿淸)이 어떻게 '화(華)'라고 칭할 수 있는가라고 하면서 월남이 한쪽 구석에 있다고 '이(夷)'라 할 수 없다는 설법을 제기했다. 완사한의 이러한 변이설(辨夷說)에 대해, 혹자는 청조가 내우외환으로 쇠락한 기회에 월남 안남국의 완조(阮朝)가 양국 방교(邦交)의 평등화를 모색한 것으로 해석하기도 한다. 즉 서방 열강이라는 공동의 적이 나타난 때라 '평등한 대화권'으로 중국과 정치적 연맹을 추구하려 한 것으로 이해하는 것이다.[504] 그러나 완사한의 변이설은 '화'와 '이'를 문물·예악의 유무로 가름하는 전통적 화이관과 구조적으로 조금도 다르지 않다. 월남도 문물·예악이 있으니 이가 아니고 화의 일원임을 강조했을 뿐이다. 따라서 이문복과 완사한 등 월남 북사의 변이설은 월남이 중국과 마찬가지로 문헌과 문명의 나라임을 드러내 보이려는 여타 월남 북사들의 전통적 동문 의식의 또 다른 표현일 뿐이다.

3. 책봉사(冊封使)의 '예의지쟁(禮儀之爭)'

월남의 조공사 즉 북사(北使)들이 중국에서 '화이지변(華夷之辨)'을 통해 자국이 문헌과 문명의 나라임을 인정받으려 노력했듯이, 중국의 책봉사들은 월남에서 왕왕 '예의지쟁(禮儀之爭)'을 통해 만청(滿淸)의 정통성을 강조했고 군사적 정복 대신 문화적 예론(禮論)으로 상대를 제압하려 노력했다. 만청은 중국에 입관(入關)한 뒤에 앞선 명조의 정책을 대부분 계승했으니, 특히 월남에 대한 정책은 그대로 이어졌다. 그러나 일부 예제(禮制)에서 변화가 있었으니, 그중 배천지례(拜天之禮) 즉 천자에 대한 배례(拜禮)는 명대의 오배삼고지례(五拜三叩之禮)가

503. 『集成』 20冊, 231쪽.

504. 劉曉聰, 「清代越南使臣之'燕行'及其'詩文外交'研究-以『越南漢文燕行文獻集成』爲中心」, 137쪽.

삼궤구고지례(三跪九叩之禮)로 바뀌었다. 이러한 의례의 개변은 중국에만 적용된 것이 아니라 해외의 여러 번국(藩國)에도 적용됐다. 중·월 관계에서도 이 예의의 변화는 논쟁을 불러일으켜, 만청 3대 100년 이상의 시간을 거친 다음에야 최종적으로 확립됐다.

명 초에 태조가 각종 번쇄한 예의를 간소화해, 번국에 명조의 사신이 이르면 그 나라 군주가 향안(香案)과 조서(詔書) 앞에 꿇어앉아 세 번 향을 올리며 부복(俯伏)하는 오배삼고(五拜三叩)의 예를 시행하게 했다. 월남의 안남국(安南國)도 명조와의 여러 차례 교섭과 타협을 거쳐 천조의 천자를 대표하는 용정(龍亭)과 조서에 대해 오배삼고두의 영조례(迎詔禮)를 행했다. 오광(吳光)의 『사교집(使交集)』에서 "배(拜)는 무릇 오배(五拜)와 삼고두(三叩頭)"라고 한 것이 그것이다. 명말 청 초에 이르면, 안남에서 천자에 대한 예 즉 영조례가 이미 오배삼고로 정착돼서 '국속(國俗)'이라 일컬어졌다. 그러나 청 초에 제정된 새 예의는 천자에 대해 삼궤구고(三跪九叩)의 예를 요구했고, 이는 중국뿐만 아니라 여러 번국에도 적용되어 청조의 새로운 예제와 안남의 '국속' 사이에서 심각한 모순이 발생한 것이다.[505]

안남국 중흥 후여조(後黎朝)가 1663년에 사신을 파견해서 여청(如清)하여 상서(上書) 정공(呈貢)하고 귀순을 표시한 이래로 1788년 후여가 멸망할 때까지 양국은 종번(宗藩) 체제하에서 책봉·조공 관계를 유지했지만, 양국 간의 '예의지쟁'은 끊이지 않고 지속됐다. 1666년(康熙 5년) 정방조(程芳朝) 등을 안남에 파견해서 여유희(黎維禧 또는 黎維禑)를 '안남국왕'으로 책봉하게 한 『청실록(清實錄)』의 기록에 의하면, "여유희를 안남국왕으로 명봉(命封)했다. 내국사원(內國史院) 시독학사(侍讀學士) 정방조를 책봉정사로 삼고 예부낭중(禮部郎中) 장역분(張易賁)을 부사로 삼았다." 바로 이 책봉의 조서를 영접하는 과정에서 행하는 '고배례(叩拜禮)' 문제를 둘러싸고 제1차 '예의지쟁'이 발생했다. 안남 측은 명제 '오배삼고'를 기준으로 삼으려 했지만, 청사는 '삼배구고'의 예의를 강요했다. 비록 후

505. 牛軍凱, 「三跪九叩與五拜三叩: 清朝與安南的禮義之爭」, 『南洋問題研究』 2005-1, 47쪽.

여조는 자문(咨文)의 내왕 중에서는 이 논쟁을 회피했으나, 책봉 당일에는 구속(舊俗)으로 '오배삼고'의 예를 행했다.[506]

강희 7년에 이선근(李仙根)을 파견해서 후여와 고평(高平) 막씨(莫氏)의 쟁투를 조정하려 했을 때도 '고배례'에 관한 논쟁이 일어나, 제2차 '예의지쟁'이 발생했다. 이선근의『안남사사기요(安南使事紀要)』에 의하면, 이선근이 "삼궤구고두가 본조의 의제이고, 그대 나라는 이미 대청의 신하가 됐는데 어찌 감히 위반하려 하는가"[507]라고 힐난했고, 후여는 청조의 강세에 막혀 결국 청의 제도에 굴종했다. 제3차 '예의지쟁'은 1683년(康熙 22년)에 청사 주찬(周燦) 등이 월남에 이르러 여유정(黎維正)을 안남국왕으로 책봉할 때 발생했다. 이때 쌍방의 자문이 끊어지지 않았는데, 여조는 청사에게 "천조의 예를 알지 못하니 우리나라의 의주(儀注)대로 행하겠다"고 하고, 청사는 회문(回文)하여 "천조의 제도는 해내와 해외에서 두루 준행하지 않는 곳이 없다. 그대 나라는 이미 천조에 귀명(歸命)하여 봉제(封祭)를 청했으니, 응당 삼가 준행하여 대전(大典)을 밝혀야 하는데 어찌하여 업신여길 수 있는가"라고 했다. 다음 날 안남이 다시 "성인은 변속(變俗)하지 않고 종속(從俗)한다"라고 반대했지만, 주찬의『사교기사(使交紀事)』에 의하면 결국 청제로 예를 행하도록 했다 한다.

이외에도 강희 58년, 옹정 6년, 옹정 7년, 건륭 24년 등 네 차례의 출사 중에도 '예의지쟁'이 발생했다. 1719년(康熙 58년)에 청조가 내각중서(內閣中書) 등정철(鄧廷喆)과 성문(成文) 등을 보내 안남국왕을 책봉했을 때는 안남국왕이 또 오배삼고의 '국례(國禮)'를 제출해 쌍방의 변론이 여러 번 반복되다가 청사가 결국 "억지로 따르게 했다"고 한다.[508] 그 뒤에도 청조의 부월(赴越) 사절단은 안남과 삼궤구고와 오배삼고의 '예의지쟁'을 계속 진행하며 구체적 정황에 따라 각각 다른 태도와 대책을 취했고, 이러한 쟁의에 대해 잘 알고 있던 청정(淸廷)도 사신들이 스스로 임기응변하여 '편의종사(便宜從事)'하게 했다.[509]

---

506. 黎統,『邦交錄』.

507.『邊疆邊務資料初編: 西南邊務』, 北京, 中央編譯出版社, 2011, 13, 250쪽.

508.『大越史記全書』.

1728년(雍正 6년)에 청조는 부도어사(副都御史) 항혁록(杭奕祿)과 내각학사(內閣學士) 임란지(任蘭枝)를 안남으로 보내 변계쟁단(邊界爭端) 문제를 해결하게 했는데, 이때도 청의 사신들은 안남과 다시 삼궤구고와 오배삼고의 '예의지쟁'을 벌였다. 이 논쟁 이후 안남은 이 문제를 청정에 주소(奏疏)하여, 중·월 양국에 많은 관심을 불러일으켰다. 이때 청조는 조서를 맞을 때 강희 58년의 예절에 의거하여 삼궤구고의 예의를 행하도록 요구했지만, 안남국왕은 회문하여 "우리나라의 경천지례(敬天之禮)는 오직 오배삼고를 행할 뿐이다"[510]라고 하면서, 강희 58년의 등성(鄧成) 사절단은 오배삼고의 예를 사용했다고 주장했다. 그러나 청사는 계속 삼궤구고의 예로 영조(迎詔)할 것을 요구하면서 "성천자(聖天子)는 만방을 무유(撫有)하여 해내외에서 정제(定制)를 준행하지 않는 곳이 없다. 유구(琉球)와 같이 바다 구석에 치우쳐 있는 나라도 삼궤구고를 준행함은 현재 명문이 있어 믿을 수 있다. 하물며 귀국은 중토에 가깝게 있고 예교가 평소에 바른데 어찌 오히려 밀어내고 꾸미려 할 수 있는가"라고 했지만, 안남국 군주는 "유구는 해도(海島)의 화외지국(化外之國)으로 각각의 규례(規例)가 있는데, 어찌 이와 비교하여 동일시할 수 있는가"라고 반박했다.

결국 월남의 문헌에서는 당시의 예의에 대해 오배삼고였다고 기술하고,[511] 청사의 보고서와 안남 측의 상주문에서는 삼궤구고를 행했다고 기술했다.[512] 청사가 귀국한 뒤에 안남국 군주는 청조에 "배조례(拜詔禮)를 분명하게 정해 줄 것"을 요청하면서 안남국이 배조할 때 국속에 따르는 것에 동의해 주기를 희망했지만, 청정이 이러한 청구에 대해 어떠한 의견을 제출했는지는 보이지 않는다. 다만 옹정 12년(1734)에 책봉사가 안남에 도착했을 때는 안남국 측에서 구록의주(舊錄儀注)를 보내자 청사가 반대의견을 제출하지 않고 오배삼고의 예를 행했다고 한다.[513]

---

509. 牛軍凱, 「三跪九叩與五拜三叩: 淸朝與安南的禮義之爭」, 48쪽.

510. 『淸世宗實錄』 卷74.

511. 『邦交錄』.

512. 『淸世宗實錄』 卷74.

1759년(乾隆 24년) 안남국 군주 여유위(黎維禕) 의종(懿宗)이 사망하자 사왕(嗣王)이 정사 진휘(陳輝)와 부사 여귀돈(黎貴惇)·정춘주(鄭春澍)를 청국에 보내 세공(歲貢)하고 고애(告哀)하게 했다. 건륭 26년에 건륭제는 한림원시독(翰林院侍讀) 덕보(德保)와 대리시소경(大理寺少卿) 고여수(顧汝修)를 보내 책봉하고 치제(致祭)하게 했다. 정사 덕보는 만주인(滿洲人)으로 안남에 이르렀을 때 "안남국왕이 자국의 오배사천지례(五拜事天之禮)로 책봉을 받으려 했지만, 덕보 등이 불가하다고 고집하여 의례대로 예를 치뤘다"[514]고 한다. 결국 안남국이 청조의 삼궤구고 의식에 따라 수봉(受封)과 유제(諭祭)의 예를 거행했다.

사사(使事)가 이렇게 원만하게 완수됐지만, 고여수는 이미 출경한 뒤에도 안남왕의 송영의절(送迎儀節)이 주밀하지 못하다고 하여 글을 보내 견책했다. 『청고종실록(清高宗實錄)』에 의하면, 건륭 27년 3월 초에 광서순무(廣西巡撫)가 이를 보고하여, 고여수가 '좌혁직(坐革職)' 당하고 덕보는 '강삼급조용(降三級調用)'의 처벌을 받았다.[515] 이때 건륭제는 "안남은 작은 변번(邊藩)으로 대대로 조공을 받들었고 지금은 사봉(嗣封)할 때 사신을 청하니 그 공순함이 말을 기다리지 않고도 볼 수 있다"고 하면서, "긴요한 체식(體式)과 무관한 일을 공순하게 하려 하면 개의할 필요가 없다"고 하고, "안남은 대대로 본조의 속국(屬國)으로 조사(朝使)가 책봉을 위해 그 나라에 이르면 스스로 삼궤구고두례를 준행한다. 이 나라는 소방의 누견(陋見)에 구속되어 조사(詔使)와 배고의주(拜叩儀注)에 대해 상론(商論)했지만 원래 이는 문지(無知)에 속한다.…외번(外藩)이 체제를 잘 모르니 부신(部臣)이 미리 선시(宣示)해 주어야 한다"고 했다. '예의지쟁'을 해결하기 위해 건륭제는 청사와 안남국왕에게 모두 삼궤구고의 예의를 준행할 것을 명하여, 이후 다시는 이러한 논쟁이 일어나지 않았다. 비로소 100여 년 3대에 달하는 삼궤구고와 오배삼고의 '예의지쟁'이 종결됐다.[516]

513. 『南北往來柬札』. 牛軍凱, 「三跪九叩與五拜三叩: 清朝與安南的禮義之爭」, 49-50쪽.

514. 『清史稿』.

515. 李娜, 「清使德保和顧如修與安南官員唱和試探析」, 『廣西民族大學學報』 2014-2, 125쪽.

516. 牛軍凱, 「三跪九叩與五拜三叩: 清朝與安南的禮義之爭」, 50-51쪽.

월남에 출사하여 '예의지쟁'에 참여한 중국의 책봉사들은 논쟁에서 승리하기 위한 수단의 하나로 자신의 도덕적 우월성을 활용하기도 했다. 예컨대 중국의 사신들은 월남 황제의 신금(贐金)과 궤증(饋贈)을 완곡하게 사양하며, 한사(漢使) 육가(陸賈)가 조타(趙陀)에게서 궤증(饋贈)받은 '낭만금(囊萬金)'을 가지고 귀국한 행위를 비판했다. 원사(元使) 이사연(李思衍)은 「세자의 행신(行贐)을 예로써 사양하니, 세자가 육가의 일을 거론하며 누누이 애정을 보였지만, 시를 지어 사절한다」는 시를 지었고, 명사(明使) 장창(章敞)은 「파루관(坡壘關)을 나오며 궤송(饋送)을 사양하다」란 시를 지어 "누가 말했나 남교(南交)에 보물 많다고. 출사했다 돌아가며 구의방(舊醫方)만 갖고 간다"고 노래했다. 명사 장이녕(張以寧)은 월남에서 임종을 맞아 「자만(自挽)」 시를 스스로 지어 '각금(却金)'의 고상한 인품을 드러냈다. 명사 전부(錢溥)는 월남에서 신금을 사양하다가 월남 군주의 강권으로 신금을 갖고 귀국한 뒤에, 거두어 두라는 명조 황제의 권유를 받기도 했다.

월남에 출사한 책봉사들은 안남국 정부가 제공하는 시희(侍姬)를 물리쳐서 자신의 도덕적 우위를 과시하기도 했다. 한 예로, 부여려(傅與礪)는 「각시희(却侍姬)」란 시를 지어 "밤에 안남 천사관(天使館)에 묵었더니, 주인이 장막 쳐서 눈부시게 휘황하다. 보배 향기 타올라서 바람에 자리 지니고, 은촉(銀燭)에 꽃 나부끼고 휘장에 달빛 어린다. 왕모(王母)가 헛수고해서 청조(青鳥)가 찾아오니, 퉁소 먼저 울리면서 채란(彩鸞)이 돌아온다. 서생은 이로부터 강철처럼 마음 굳히니, 행운(行雲) 보내 어지럽게 옷을 적시지 마소"라고 노래하기도 했다. '행운'은 떠다니는 구름 즉 선녀 혹은 사랑하는 여자를 비유하는 말로, 남녀가 만나 즐기는 것을 표현한다. 초(楚) 양왕(襄王)이 무산(巫山)의 신녀(神女)와 사랑을 나눈 전고(典故)에서 나왔다.

요컨대 청조 책봉사들과 후여조의 예관(禮官)들이 벌인 7차례의 '예의지쟁'은 쌍방이 예의 논쟁을 통해 자국의 정통성을 확인하고 문화적 정체성을 전시하려는 의지의 강렬한 표현이었다. 청조의 책봉사들은 명조와 다른 만청 특유의 예제로써 만청의 정통성을 강조했고, 군사적 정복 대신 문화적 예론으로 상대를 제압하려 노력했다. 이에 반해 후여조의 예관들은 예의에 관한 쟁의를 통해 안남의 정치적 자주성과 문화적 우월성을 내세워 이른바 '내제외신(內帝外臣)'의 전통을 강화하려 했다. 『역조헌장유지(歷朝憲章類志)』에서 "우리나라는 남토(南土)를 엄유(奄有)하여 중화(中華)와 통호한다. 군민이 스스로 건국하여 규모를 구별해서 내제외신한다"[517]고 했다. '내제외신'이란 중국에 대해서는 칭신(稱臣)하지만 국내나 주변 국가들에 대해서는 칭제(稱帝)한다는 것으로, 이러한 자존의식은 연행 북사가 한시를 창화하는 과정에서 빈번하게 표현됐다.

청조 책봉사와 안남국 예관 사이에서 장기간 전개된 '예의지쟁' 같은 쟁의는 이미 명조 책봉사와 조선국 예관 사이에서도 영조례를 둘러싸고 빈번하고 장기간 걸쳐 진행된 바 있다. 조선과 명이 만든 외교적 갈등 가운데서 가장 심각한 것은 예의(禮儀) 문제였다. 왜냐하면 양국 관계의 본질이 책봉과 조공의 '예(禮)'를 교환하는 종번 관계였기 때문이다. 예겸(倪謙) 이래로 문학지사(文學之士) 출신의 명사가 조선에 출사할 때마다 거의 빠짐없이 발생하는 문제는 바로 영조례(迎詔禮)에 관한 이론(異論)이었으니, 명사와 원접사는 으레 영조예의를 어떻게 하느냐는 문제로 매우 격렬하고 상습적으로 충돌했다.

특히 중국의 명조는 존속 기간 내내 위약한 군사력으로 인해 국제적 위상이 견고하지 못했기 때문에 언제나 예제의 확립을 통해 중국 중심의 세계 질서를 유지하려 노력했다. 한 예로, 명조가 '토목보(土木堡)의 변(變)'을 당했을 때 조선은 "자고로 우리나라는 중국이 위란(危亂)할 때 비록 파천(播遷)에 이를지라도 신주(新主)를 섬기지 않고 구주(舊主)를 섬긴다"(『世宗實錄』 31년 8월 戊申)고 하면서 많은 어려움을 무릅쓰고 사신을 보내 조하(朝賀)했지만, 명조는 조선이 출병하여 조전(助戰)할 것을 거절했기 때문에 조선과의 종번 관계에 대해 의심하게 됐다.

명의 영종(英宗)이 몽고 오이라트 부(部) 추장 야선(也先)을 친정(親征)하면서 요동지휘(遼東指揮)를 통해 조선에 칙서를 보내, "왕은 마땅히 정예병 십 수만을 뽑아 모아서 고위 지휘관이 통령하여 요동의 여러 장수가 이끄는 대군과 약속

---

517. 卷46 『邦交志』 漢喃研究院本復印本, 1쪽.

하여 협공해서 이 적을 박멸하도록 힘써야 한다"(『世宗實錄』 31년 9월 9일)고 요구했지만, 조선은 이를 거절했을 뿐만 아니라 '토목지변'으로 영종이 포로가 된 뒤에도 2~3만 필의 군마를 보내라는 명의 요구에 대해 겨우 500필을 보내면서 상황을 살피고 있었다. 문학지사 예겸과 사마순(司馬恂)이 이때 조선에 파견된 것은 명의 영종이 포로가 된 뒤에 그 아우 경제(景帝)가 마음대로 제위에 올라 명제의 정통성에 문제가 발생했기 때문이지만, 이에 앞서 조선의 미묘한 변화가 명 측에 의해 감지되고 있었기 때문이기도 했다. 예겸 등이 조선에 이르러 "천자의 거가(車駕)가 잘못 함몰되게 한 것은 모두 (간신 宦官) 왕진(王振)이 한 짓이라"(『世宗實錄』 31년 閏正月 1일)고 '토목지변'을 간곡하게 변명하고, "조정에 일이 있다고 해서 두 마음을 품어서는 안 될 것이라"(『遼海編』「朝鮮紀事」)고 경계하면서, 국왕과 세자의 교영(郊迎)을 강요하며 영조례론을 적극 제기한 까닭도 바로 자국의 약점으로 인해 조선과의 책봉·조공 관계가 흔들리게 될까 염려했기 때문이다.

예겸은 이미 명조 안에서 전례(典禮)에 밝은 문학지사로 널리 알려져 있었던 인물로, 그에게는 밝은 예론(禮論)으로 '외이(外夷)'를 위복(威服)케 하라는 사명이 기대되고 있었다. 그를 송별하는 연회에서 한림수찬(翰林修撰) 허빈(許彬)이 "중조에서 덕 있는 이 골라 삼한에 출사케 하니, 만 리 먼 하늘에서 문장 떨치리. 천자 말씀 멀리 전하며 두루 전례(典禮) 알려 주면, 번왕(藩王)이 한(漢)의 의관 다투어 알게 되리"(『遼海編』「中朝贈言」)라고 하고, 형부주사(刑部主事) 임자(任孜)도 "뛰어난 재주로 전대(專對)하여 은혜와 위엄 드러내고, 속백(束帛)을 주고받으며 예(禮)의 뜻을 드높이리"라는 송별시를 지어, 중국의 전례 즉 전법(典法)과 의례(儀禮)를 조선에 알려 주어 조선의 전례를 중국의 그것과 일치시킬 수 있게 되기를 기대했다. 예겸 자신도 「눈이 그쳐 누각에 올라 지은 부(賦)」에서 "삼가 제제(帝制)를 펴서 알리다가, 잠시 틈을 내어 공당(公堂)에서 휴식을 취한다"고 하여, 자신의 주된 임무가 '제제' 즉 명조의 제도를 조선에 알려서 실현하게 하는 것임을 잘 알고 있었다.

실제로 예겸 일행은 한양에 도착하기도 전에 영조례론을 꺼내어서 조선 측을 강하게 압박했다. 예겸이 황주(黃州)에 이르렀을 때 조선 국왕이 예조정랑(禮曹正郞)을 보내 조서(詔書)를 받는 의례 즉 영조례에 대해 의논하면서, 국왕과 세자가 모두 병으로 의례를 행할 수 없게 되어 왕자가 대신 행하게 됐음을 통지하니, 예겸은 입경을 거부하면서 세자가 직접 영조하도록 강력하게 요구했다. 그러나 수양대군(首陽大君)이 주재한 태평관(太平館) 하마연(下馬宴)에서 정·부사의 자리를 남쪽으로 향하게 하고 주석(主席)은 동쪽으로 향하도록 배치하자, 예겸은 명조를 존중함이 지나치다고 하여 양측의 자리를 동서로 재배치하도록 권하기도 했다.

이처럼 예겸은 명제의 비정상적인 즉위를 승인받으러 가는 아쉬운 입장임에도 불구하고 책봉과 조공을 교환하는 예를 엄격하게 준수하기를 조선 측에 당당하게 요구하고, 조선 측이 과도하게 수례(殊禮)를 베풀 때는 오히려 정상적인 상례(常禮)를 따라 수정하도록 했다. 노옹(盧雍)이 『요해편(遼海編)』「서문」에서 "그가 사명을 받들어 뛰어난 재능과 탁월한 식견으로 원이(遠夷)를 눌러 승복케 했다"고 한 것도 이를 두고 이르는 말이었던 것으로 보인다. 영조례에 대한 문제 제기로 상대를 제압하려 한 예겸의 예론은 이후 역대 문학지사 출신 명사들이 거의 예외 없이 따라서 하는 모범적 선례가 됐다.

또한 예겸의 예론은 영조례에 그치지 않고 '여악(女樂)'에 관한 예론으로까지 이어졌다. 경태(景泰) 사절단이 안흥관(安興館)에 이르렀을 때 예조참판이 "왕명을 받들어 서울에서 데리고 왔다"는 여악 30명으로 연회를 베풀자, 예겸은 엄하게 사양하여 물리치고「각악시(卻樂詩)」를 지어 "아름다운 비파 소리 화려해서 귀와 눈을 더럽히니, 이 마음 넓고도 굳다고 자부한다"고 되새겼다. 그 뒤 사절단이 개성부(開城府)에 다다랐을 때도 조선 국왕이 사위를 보내 연회를 베풀면서 왕경에서 데려온 여악을 내보냈지만, 예겸은 이를 물리치며「개성의 주석에서 여악을 물리치다」는 시를 지었다.

여악을 둘러싼 논쟁은 한양에서 본격적으로 이뤄졌다. 태평관 하마연에서 국왕이 예조참판을 보내 "소방(小邦)이 공물을 바치러 경사에 가도 조정이 언제나 음악을 연주해서 연회를 베풀어 대접했는데, 하물며 천사(天使)가 찾아와 주었는데 감히 음악을 쓰지 않을 수는 없다"고 하면서 여악을 거듭 주장했지만, 예겸은 "조정이 쓴 것은 남악(男樂)이었지만 지금은 여악이니, 어떻게 쓸 수 있겠는가"라고 응수했다. 조선의 예관들이 "조정에서 쓴 남악은 조정의 의례이고, 소방이 쓰려는 여악은 소방의 풍속이다. 더구나 소방에는 오로지 여악만 있고 남악은 없다"면서 간곡하게 청했지만, 예겸은 "내가 오는 도중에 일찍이 여악을 물리친 일에 관한 시를 지은 바 있으니, 이를 가지고 가서 복명하라"면서 두 편의 시를 주며 끝내 거절했다. 그는 귀국길에 「개성부에 묵으며」에서 "술자리에 임할 때는 이제까지 여악을 물리쳤으니, 새 시 하나 더 써서 등불 앞에서 읊조린다"고 했다. 예겸은 조선 국왕이 상례적으로 명사에게 주는 전별금(餞別金)과 행신(行贐)도 굳이 물리쳐서 받지 않고, 다만 관반(館伴)인 신숙주(申叔舟)와 성삼문(成三問)에게서 칼과 먹·붓·종이 등의 선물만 받았다.

이처럼 밝은 예론으로 조선과의 책봉·조공 관계를 단속·강화하고 여악과 뇌물을 굳이 물리쳐서 도덕적 우위를 과시한 문학지사 예겸의 출사가 예에는 무지하면서 뇌물만 탐하던 환관 출신 명사들의 사행과 분명하게 구별됨으로써, 경태(景泰) 사절단은 조선 군신의 신뢰를 획득해 본래 의도했던 외교적 목적을 성공적으로 성취할 수 있었다. 이는 노옹(盧雍)이 『요해편(遼海編)』「서문」에서 기술한 바와 같다. "그 나라로 들어가서 그 나라 군주와 신료들과 예문(禮文)에 관해 변론하고, 변화와 형편에 맞추어 적절하게 대응하면서 조정의 은혜와 덕택을 널리 펴서 알렸으며, 그 여악을 물리쳐서 (缺字)을 보여 주니 그 나라의 군주와 신료들이 믿고 따르며 감동하여 기뻐했고, 마치 신명(神明)을 대하는 것같이 공경하고 흠모했다."[518]

장영(張寧)도 일류의 문학지사여서 예론에 정통했기 때문에 선배 예겸이 그러했듯이 조선에서 세자 교영례(郊迎禮)와 여악의 사용에 관한 예론을 적극적으로 개진했다. 천순(天順) 사절단이 용천참(龍川站)에 이르렀을 때 조선은 관행대로 예조정랑을 보내 「의주(儀注)」를 보여 주며 칙서(勅書)를 맞이하는 의례에

518. 金翰奎, 『使朝鮮錄 연구』, 148-154쪽.

관해 의논했는데, 이때 장영은 홍무(洪武) 27년에 정한 「의주」를 꺼내 "사자가 객관으로 돌아가면 배신(陪臣)들이 공손히 양배례(兩拜禮)를 행하고 사자는 서서 이를 받는다"는 조목을 조선의 「의주」에도 써 넣으라고 강요하면서, "예도(禮度)는 조금이라도 어긋나지 못한다"고 강조했다. 원접사(遠接使)가 "세자는 나이가 어려서 나오지 못한다"고 하자, 장영은 "비록 나이가 어리더라도 이미 봉작(封爵)을 받았으면 명을 맞이하지 않을 수 없다"고 하며 세자의 친영을 고집하기도 했다. 명사와 조선 예관의 여러 차례에 걸친 논쟁 끝에 결국 "세자가 질병이 있다면 친영하지 않아도 된다"는 양해를 얻을 수 있었으니, 이는 이후 세자 교영례에 관한 하나의 선례가 됐다. 장영도 예겸의 모범을 따라 여악을 거절했고, 조선 정부가 건네주는 선물도 거의 받지 않았다. 이 역시 선배 예겸과 마찬가지로 문학지사 출신의 명사가 보여 주는 일반적 특성의 하나로, 정확한 예론과 청렴한 도덕성을 수단으로 하여 조·명의 책봉·조공 관계를 유지 혹은 강화하려는 노력의 일환이었다고 할 수 있다.[519]

영조례를 둘러싸고 전개된 조·명 간의 논쟁은 동월(董越)의 출사를 맞아 더욱 격화됐다. 동월이 지은 『조선부(朝鮮賦)』에는 조·명의 책봉·조공 관계를 유지하는 예제 가운데서 핵심을 이루는 조서를 맞이하는 예 즉 영조례에 대해 매우 상세하게 기재돼 있는데, 이는 조선에서 실행된 것으로 명사 동월과 조선 예관들이 치열하게 토론하고 협상하여 합의한 결과였다. 특히 국왕이 교영하여 귀환할 때 연(輦)을 타고 가는가 아니면 말을 타고 가는가 하는 문제는 동월로 인해 야기된 영조례 논쟁의 핵심을 이루었다.

동월은 보산참(寶山站)에 도착한 뒤에 원접사 허종(許琮)에게 "어제 문례관(問禮官)이 가지고 온 「의주」를 보았더니 모두 옳았다. 다만 영조할 때 전하께서 연을 타는 것은 예에 어긋나지 않겠는가"라고 문제를 제기했다. 원접사는 "고황제(高皇帝) 이래로 영조할 때 연을 타는 것은 이미 오랜 관례가 됐다"고 설명했지만, 동월은 "비록 앞서 연을 탔다 하더라도 예에 맞지 않으면 그것을 고치는

519. 金翰奎, 『사조선록 연구』, 204-208쪽.

것이 무엇이 어렵겠는가"라며, "우리가 올 때 「제국영조의주(諸國迎詔儀注)」를 가지고 왔는데, 제국에는 연을 타고 조서를 맞는 예가 없다. 본국이 책을 읽고 예를 알아 중국과 일가가 됐으니, 예도(禮度)에 관해 이야기하지 않을 수 없다. 만약 다른 외국(外國) 같으면 그들이 실례(失禮)한다 하더라도 어찌 번거롭게 이야기하겠는가"라고 하면서 국왕이 말을 타고 영조하기를 굳이 고집했다.

동월과 조선 예관의 치열한 논쟁 끝에 실행하게 된 의례는 국왕이 두 번이나 모화관(慕華館)에 거동하여 한 번은 조서를 인도하여 연을 타고 경복궁(景福宮)으로 돌아오고 또 한 번은 칙서를 맞이하여 말을 타고 경복궁으로 돌아와서 반포하는 것이었다. 동월이 처음으로 주장해서 시행한 이 새로운 의례는 이후에 하나의 관례가 되어 한·중 외교 관계에 적지 않은 영향을 미쳤다. 한 예로, 성종 23년(1492)에 조선을 찾은 명사 애박(艾璞)은 "동(董) 천사의 「의주」에 의거하겠다"고 고집하여 조선 조정의 큰 반발을 불러일으켰지만, 결국 국왕은 "소국이 어찌 대국과 예를 다툴 수 있겠는가"라며 동월의 의례대로 하게 했다(『成宗實錄』 23년 6월 1일). 그 뒤로 문학지사 명사가 내방하면 조선의 문례관이 조서와 칙서의 영접을 함께 시행하는 「의주」와 나누어 시행하는 「의주」를 모두 가져가서 명사의 의견을 묻는 것이 관행화됐다.

영조례에 관한 조·명 논쟁은 명사 공용경(龔用卿)의 내한을 맞아 정점에 다다랐다. 그는 의순관(義順館)에 이르러 조선 예조정랑이 가져온 「의주」를 살펴본 뒤에 "국왕이 교외로 나와서 단지 국궁(鞠躬)만 하고 조서를 맞을 뿐, 다섯 번 절하고 세 번 고두(叩頭)하는 의례는 없이 지나가고, 또 생원(生員)들이 나와서 조서를 영접하지 않게 되어 있다"고 하면서, 중국의 친왕(親王)들이 하듯이 영조할 때 국왕이 오배삼고두의 예를 먼저 행하고 생원들이 영조의례에 참여하도록 요구하여 조선 측의 완강한 저항을 물리치고 끝내 이를 관철시켰다. 공용경은 「보산(寶山)에 이르러 국왕이 우리의 말을 따라 교외에서 조서를 맞이하여 먼저 다섯 번 절하고 세 번 고두하는 예를 행하기로 했다는 소식을 들었는데, 이전에는 없었던 일이다. 그래서 이 시를 지어 기쁨을 적어 둔다」는 긴 제목의 시를 지어, "성대(聖代)의 문풍(文風)이 멀리까지 미쳐지니, 현명한 번왕의 예교

(禮敎)가 넉넉하다. 수레와 문자가 밝게 통일되고, 예의의 규범은 여러 고을에 갈마든다"고 노래했다(『使朝鮮錄』).

공용경이 「연회에서 국왕과 문답한 말을 여기에 써 둔다」는 글에서 "조정이 황자의 큰 경사를 얻게 되고, 이를 계기로 천하가 일가라는 마음을 넓혀서 중국과 외국을 구별하지 않게 된 것이라"고 했듯이, 공용경이 오배삼고의 영조의례를 주장한 의도는 조선을 내제후시(內諸侯視)하여 조·명 양국의 종번 관계를 더욱 강화하려는 데 있었음은 물론이다. 실로 이 새로운 의례는 이후 하나의 관행으로 정착되어 조·명 책봉·조공 관계에 적지 않은 영향을 미쳤다. 공용경은 귀국한 뒤 조선 출사의 경험을 바탕으로 출사(出使)의 예와 방교(邦交)의 예, 사신의 임무 등을 정리하여 『사조선록(使朝鮮錄)』이라는 사행록에 상세하게 담았으니, 명사 예론의 집대성이라 할 만한 이 책은 이후 조선을 찾는 명사들이 반드시 참고하는 필독서가 됐다.[520]

문학지사 명사의 고압적 예론 전개는 명이 멸망하기 직전까지 끈질기게 이어졌다. 명 말 천계(天啓) 연간에 조선을 방문한 명사 강왈광(姜日廣)은 요동(遼東)을 이미 상실한 누란의 위기에 해로로 출사했음에도 불구하고, 모화관에서 상복(喪服) 논쟁을 벌여 조선의 군신을 압박했다. 영조례를 위해 모화관까지 출영한 조선 국왕이 상복 입은 것을 문제 삼아 "조정의 경사(慶事)는 공적인 일이고 이 나라의 상사(喪事)는 사적인 일이라"(『輶軒紀事』)고 하면서, 조복(朝服)으로 갈아입고 조서를 맞이하라는 요구를 끝내 관철시키고 상견례에서도 국왕이 정사보다 아래에 서도록 요구해서 이 역시 관철시켰다.

『유헌기사(輶軒紀事)』의 「서문」에서 "천자의 위엄에 밝게 의지하여 속국(屬國)을 예로써 바로잡고 덕으로써 품어서 사명(使命)을 욕되게 하지 않도록 바랐다"고 했듯이, 명조가 요동과 실력을 이미 상실한 상황에서 강왈광이 이처럼 집요하게 형식적 예론을 고집한 것은 명과 조선의 명분적 관계를 분명하게 하여, 기울어져 가는 명조의 위신을 지켜 기왕의 책봉·조공 관계 형식을 계속 유

520. 金翰奎, 『使朝鮮錄 연구』, 243-260쪽.

지하고 명과 신흥 여진 사이에서 애매모호한 태도를 취하는 조선에 경고를 보내려는 정치적 의도가 강하게 내포되어 있었다. 이와 더불어 강왈광은 조선 정부가 제공하는 일체의 사적 선물을 받지 않았음은 물론 사절단에 필요한 물품을 제공하는 관행조차 거부함으로써 조선 국왕과 조선 인민을 감동시켜 생사(生祠)의 건립이라는 망외의 선물을 받았을 뿐만 아니라 피난 요민(遼民)과 동강진(東江鎭)의 구제라는 외교적 목적까지 자연스럽게 달성할 수 있었다.[521]

여악에 대한 예론 역시 예겸 이후 문학지사 명사들에 의해 계속 제기됐다. 동월은 『조선부』의 도처에서 조선이 예의의 나라임을 노래하면서도 '비례(非禮)'에 해당하는 것에 대해서도 지적했는데, 그 한 예로 "시내에서 남자와 같이 목욕하고 역(驛)에서 일하는 사람은 모두 과부라고 하는 것은, 처음에는 전해 듣고서 몹시 놀랐지만 지금은 이미 고쳐서 바꾸었음을 알게 됐다"고 했는데, 동월이 말하는 '역관에서 일하는 부녀자'란 곧 명사를 접대하는 '여악'을 말한다. 공용경도 "조선의 역참과 객관에는 옛 풍속이 남아 있어 부녀자들을 써서 응대한다"고 하면서, 조선에 입경하기도 전에 요동도사(遼東都司)를 통해 조선 국왕에게 자문(咨文)을 보내 이를 금하게 했다. 『조선왕조실록』에 의하면, 중종이 승정원(承政院)에 전교하여 "천사가 강을 건너기도 전에 먼저 요동의 대인을 시켜 자문을 우리나라에 보내게 한 것은 필시 우리나라에 기강을 보이려 한 것으로, 이전에는 없었던 일이다. 또 연도의 역참과 객관에서 부녀자가 접대하는 것을 금하라 했는데, 이는 필시 여악을 가리킨다. 전에는 여악을 미리 밖에 두었다가 천사에게 뜻을 물어 안 된다 하면 들여보내지 않고 거부하지 않으면 들여보냈다. 이번에 천사가 먼저 이를 스스로 금했으니, 예전에는 없었던 일이다"(『中宗實錄』 32년, 2월 8일)라고 했다.

예겸 이후 역대 문학지사 출신의 명사들은 언제나 조서를 맞이하는 영조의례를 단속해서 조·명의 책봉·조공 관계를 유지 혹은 강화하기 위해 먼저 여악을 거부하고 뇌물성 선물을 사양함으로써 자신의 예적 입장을 확보해 두었다.

---

521. 金翰奎, 『使朝鮮錄 연구』, 391-410쪽.

동월이 『조선부』에서 여악의 부재를 전한 것은 곧 이러한 명사들의 공격적 예론에 대한 조선 측의 대응을 보여 주는 것이다. 동월 역시 여악을 적극 사양하고 예물을 거절함으로써 자신의 엄정한 예적 입장을 확고하게 과시했다. 이 뒤로 조선은 명사를 접대할 때 여악을 쓰되 명사가 여악을 물리치면 남악을 쓰기로 했다(『中宗實錄』 31년 12월 12일). 이외에도 문학지사 출신 명사의 다수가 여악을 물리치는 자신의 예적 입장을 '각기시(却妓詩)' 혹은 '열기시(閱妓詩)'로 과시했으니, 장성(張珹)은 「안주관(安州館)의 석상(席上)에서 기녀(妓女)를 물리치다」는 시와 「석상에서 기녀를 물리치다」는 시를 남기고, 김식(金湜)은 「장내한(張內翰)과 열기(閱妓)한 시」와 「열기시에 재화(再和)하다」는 등의 시를 남겼다. '각기' 혹은 '각여악'은 자기의 도덕성을 드러내려는 행위로 '열기' 역시 '각기'와 같은 심리를 표현한 것이다.[522]

문학지사 명사들은 시문을 창화할 때도 일정한 자율적 규범을 스스로 지키려 노력했다. 한 예로, 제사를 마친 뒤 부사 장승헌(張承憲)이 빨리 돌아가려 하자 인종은 만류하며 관례대로 한강을 유람하도록 권하니, 장승헌은 "내가 제명(帝命)을 받들어 당신네 나라에 온 것은 상(喪)을 슬퍼하기 위한 것인데, 유람하며 탐락(耽樂)하는 것은 그때가 아니니 이 말을 다시는 하지 말라"고 하며 사양했다. 또한 명사가 시를 지어 원접사 신광한(申光漢)과 관반(館伴) 유인숙(柳仁淑), 좌의정 유관(柳灌) 이하 여러 재상들에게 증송하면서 "상중이라 감히 화답을 구하지 않는다"고 했다. 이에 인종은 "원접사와 관반의 화답은 부득이하다 하더라도 다른 재상은 이와 다르고, 천사도 상중이라 감히 화답을 구하지 않는다고 했으니 재상 등은 반드시 화답할 필요는 없다"(『仁宗實錄』 원년 5월 乙丑)고 했다.

문학지사 출신 명사는 절조를 지키고 청렴을 실천해서 조선의 군신을 감동시키기도 했다. 기순(祁順) 같은 이는 "독실(篤實)하여 절행(節行)이 있다"는 칭송을 받았고, "우리나라에 온 조사(詔使) 가운데 장영과 허국(許國)은 품격이 청아하여 절조가 뛰어나니, 비록 쉽게 볼 수는 없지만 학사대부(學士大夫)의 풍류 문

522. 王克平, 「朝鮮與明外交關係硏究-以"詩賦外交"爲中心」, 108쪽.

채(文彩)가 앞뒤로 서로 이어졌다"(『光海君日記』 13년 5월 壬寅)고 한다. 당고(唐皐)와 사도(史道), 장승헌, 성헌(成憲), 왕새(王璽), 주지번(朱之蕃) 등은 지조를 굳게 지켜 변함이 없었다고 칭송됐다. 특히 당고와 사도는 조선이 주는 물품을 완곡하게 거절하고 다만 법첩(法帖)과 약물 등만 받았다. 중종이 "붓과 벼루·종이·먹 등은 문방의 미물(微物)이다. 비록 거두어 써도 청렴이 손상되지 않는다"고 권하자, 양사는 "조정은 우리가 이법(理法)을 준수함을 알아서 파견한 것인데, 비록 미물일지라도 이것을 받는다면 조정을 속이는 것이다"라고 하면서 극구 사양했다"고 한다(『中宗實錄』 16년 12월 壬寅).

주지번(朱之蕃)과 양유년(梁有年)도 청렴하여 조선의 군신에게 좋은 인상을 심어 주었다. "양사가 의주(義州)에 있을 때 반찬 등 물자의 태반을 줄이고도 오히려 너무 많다고 걱정했으며, 양사가 일시에 친히 주방에 가서 두루 살피고 나온 뒤에 다시 더 줄였다"고 한다. 명으로 돌아갈 때도 "전위연(餞慰宴)을 행했는데, 양사가 모두 예단(禮單)을 받지 않았다. 양사는 탁자 위의 유밀과(油蜜果)를 철거하게 하고 '이는 허비가 매우 많으니 앞으로는 일절 하지 말라'고 분부했다"고 한다(『宣祖實錄』 39년4월 癸卯). 등극조(登極詔)를 반포하러 조선에 출사한 허국(許國)과 위시량(魏時亮)은 일을 끝내고 돌아가니 ""낭장(囊裝)이 텅 비어 허전했다'고 한다. 동인(東人)이 그 청렴함에 감복하여 '전후 사신 가운데서 이보다 더 나은 이가 없다'고 했다"(『宣祖修正實錄』 즉위년 7월 庚午)고 한다. 환관 출신의 명사가 일반적으로 탐욕스러워서 명사가 내도하면 조선 정부가 '인정단자(人情單子)'를 증정하는 것이 관행으로 이뤄졌지만, 애박(艾璞) 같은 문학지사 명사는 '인정물건(人情物件)'을 단호히 거절하며 "전하가 내신(內臣)을 멀리 보내 위로하니 후의에 깊이 감사하지만, 인정을 받지 않은 것은 다름이 아니라 평생의 뜻이니, 이런 일을 하지 않겠다고 서약한 것은 나의 촌심(寸心)으로 하늘이 내려다본다"(『成宗實錄』 23년 5월 甲午)고 하면서 사양했다.

이와 같이 문학지사 출신의 명사들이 조선에 출사해서 재화를 가까이 하지 않고 오직 시권만 구하며 조선의 문신 유사와 한시를 창화하여 대국의 풍모를 드러내 보이자, 조선인들은 왕왕 그들을 위해 비관(碑館)을 세워 기념하기도 했다. 예컨대, 황태자탄생조(皇太子誕生詔)를 반포하기 위해 조선으로 출사한 강왈광과 왕몽윤(王夢尹)은 이전의 허국 등 명사와 같이 청렴하여 조선의 군신과 백성이 감동했다. 그들은 "조사 허국 태사(太史)가 본국에 봉사할 때 압록강에서 멀지 않은 곳에 세운 각금정(却金亭)과 각금교(却金橋)가 있었다는 말을 듣고, 그 정자 터가 있는 곳을 알고 싶어 했다." "역관이 정사에게 예단을 올렸지만, 황모필(黃毛筆) 10매만 받고 나머지는 모두 되돌려 주니 부사도 그렇게 했다." 한성에 있을 때도 "도중(都中)의 부로(父老) 등이 와서 '조사의 맑은 덕이 근고에 없었으니, 시정의 백성이 모두 평안할 수 있었다'고 말했다"(『仁祖實錄』 4년 5월 壬子)고 한다.

이에 강왈광을 위해 '회길비(懷洁碑)'가 세워졌다. 『조선실록』에 의하면, "이번의 조사는 청렴 검소함이 근고에 듣기 드물어, 양서(兩西)의 인심이 모두 비석을 세워 그 맑은 덕을 칭송하려 한다. 양도 감사의 뜻도 연도의 민정에 따라 돌아가기 전에 비를 세워 송덕하려 한다"(『仁祖實錄』 4년 5월 壬子)고 했다. 이외에도 단목례(端木禮)와 단목지(端木智) 형제가 조선에 출사하여 "모두 청렴하고 예모(禮貌)가 삼가 공손하며 행동거지에 어긋남이 없어 나라사람들이 애모했다"(『太宗實錄』 元年 6월 辛巳)고 한다. 두 사람이 예물을 받지 않아 조선은 이를 위해 '쌍청관(雙清館)'을 세웠다. 기순(祁順)과 고윤(高閏)은 조선에 출사하여 그 뇌물을 물리치니 조선이 그를 위해 '각금정(却金亭)'을 세웠다.

이같이 사람을 감동시킨 문학지사 명사들의 사적(事迹)이 "압수(鴨水)가 전하여 성사(盛事)가 되고, 마한(馬韓)의 패사(稗史)에 기록되기도 했다"(焦竑, 『國朝獻徵錄』 卷23)고 일컬어졌다. 문학지사 출신 명사의 뛰어난 도덕성은 환관 출신 명사의 몰염치한 가렴주구와 달리 조선과의 외교적 현안을 해결하는 데 매우 효과적인 무기로 작용했다. 이들 문학지사 출신의 명사들은 탐욕스러운 환관 출신의 명사들과 분명하게 대조적으로 인식됐다. 동월을 영접한 선위사 이극돈(李克墩)은 "신이 두 천사가 예를 행할 때를 보니, 우리나라 사람들이 조금만 실수를 저질러도 모두 지적해 바로잡았다. 천사의 뜻은 필시 근래에 온 천사들이 모두 본국의 환관이어서 본국이 이들을 그다지 공경하지도 않고 중시하지도 않았기 때문에, 본국이 또 환관을 대우하는 예로 대우할까 염려하여 이처럼 규찰해 엄숙하게 삼가게 하려는 것이다"라고 보고했다(『成宗實錄』 19년 3월 辛未).

환관 출신의 정사와 함께 조선에 출사한 장승헌(張承憲)은 조선 군신의 궤증(饋贈)을 여러 번 완곡히 거절하고 다만 붓과 종이·서책 등만 받았다. "연회가 끝나기 전에 관례에 따라 예물을 증정하니, (환관 출신의) 상사(上使)는 이를 모두 다 받으면서 오히려 적다고 했으나 (문학지사 출신의) 부사(張承憲)는 물리치고 받지 않았다"(『仁宗實錄』 원년 5월 辛未). 또한 융경(隆慶) 2년에 시호를 내리고 조제(弔祭)하기 위해 내한한 명사의 정사는 중관(中官) 장조(張朝)였고 부사는 행인(行人) 구희직(歐希稷)이었는데, "장조는 청구하는 것이 많아 돌아가는 행장이 매우 번잡했다. 구희직이 이를 볼까 두려워하여 비밀리에 숨겨서 가져갔다.…그러나 구 천사는 예유(禮遺) 30필을 받아 모두 두목(頭目)에게 나누어 주었다." 이로 인해 "비록 경솔한 병이 있었지만, 역시 유자(儒者)의 기풍이라 할 수 있다"(『宣祖實錄』 원년 2월 丁亥)는 호평을 들었다. 대체로 보아 문학지사 출신 명사의 품행과 청렴함이 환관에 비해 훨씬 더 좋게 보였다.

물론 문학지사 출신의 명사가 모두 청렴한 품행을 보였던 것은 아니다. 한세능(韓世能)과 진삼모(陳三謨)는 "입경하여 물화를 구하는 바가 많았으니, 문사로서 청구한 것은 근대에는 없는 일이었다"(『宣祖實錄』 5년 11월 癸未)고 한 것으로 보아, 문학지사 명사의 탐욕은 흔한 일이 아니었을 뿐이다. 또한 "진감(陳鑒)과 고윤(高閏)은 주구(誅求)하기를 싫증내지 않아 모든 비용지물(備用之物) 가운데 토색하지 않은 것이 없다"는 비난을 받았다. 정사 진감은 노골적으로 "우리 집이 본래 단빈(單貧)해서 청구한다"고 하고, 부사 고윤도 "행낭을 기울어 진상해도 답사(答賜)를 많이 받으려 하고 이미 답사를 받은 뒤에도 적다는 불만을 안색에 드러낸다. 도감(都監)이 아뢰어 세포(細布)를 많이 주면, 고윤은 기뻐하며 고맙다 하기를 그치지 않는다"고 했다(『世祖實錄』 3년 6월 乙巳). 김식(金湜)과 장성(張城)도 이들과 비슷한 행태를 보였다. "김식은 연로하나 성품이 탐비(貪鄙)하여, 비록 집안에서 쓰이는 유기그릇조차도 청구하지 않은 것이 없이 반드시 얻은 뒤에야 그만둔다"고 했다. 심지어는 청구하는 물품을 써서 영접도감(迎接都

監)에게 맡기는 것도 있었는데 "그중에는 도자(刀子) 100여 파(把)와 촉대(燭臺)·시고(匙考)·궁전(弓箭) 등이 있어 모두 그가 원하는 것은 준비하지 않을 수 없었다"고 한다(『世祖實錄』 10년 5월 壬申, 甲戌).

그러나 문학지사 출신의 명사 가운데 최악의 평가를 받은 인물은 고천준(顧天埈)과 최정건(崔廷健)이었다. 이들은 한성에 이르기도 전에 탐욕스럽게 조선의 역마를 빼앗기 시작했다. 이들을 맞은 영접도감이 계주하여 "근래에 보이는 천사의 소행은 다시는 사람의 도리가 없으니, 오로지 얻는 것만 생각해서 시끄럽게 울고 부지런히 힘쓰며, 문하에 부리는 이들도 다투어 서로 따라 본받아서 유치하고 미친 듯하다"(『宣祖實錄』 35년 3월 甲戌)고 보고했다. 관반의 계주에 의하면 "(고천준) 조사(詔使)가 돌아갈 때가 임박하자 화물 독촉이 매우 급하여 객관 전체가 전장으로 변하고 장수와 신료를 때리기도 한다.…환은(換銀)하는 물자를 추책(追責)함이 날로 더욱더 나와서 마치 가을 산에 떨어지는 잎을 쓸어도 쓸어도 더욱 쌓이는 것 같다"(『宣祖實錄』 35년 3월 庚辰)고 했다.

고천준과 최정건이 떠난 뒤에 『조선왕조실록』은 사관의 입장에서 신랄하게 비평했다. "의주(義州)에서 경성(京城)까지 수천 리에 고천준은 탐욕스럽게 욕심을 부려 제 마음대로 노략질하니, 인삼과 은, 보구(寶具) 등을 조금도 남기지 않아 조선 전역이 마치 병화(兵火)가 지나간 것 같다. 이들은 필시 하늘이 낳은 탐관오리로 민생을 무겁게 궁핍하게 하니, 국운의 불행을 어찌 차마 말할 수 있겠는가. 그 가정(家丁) 동충(董忠)도 '사냥개처럼 쫓아와서 바람처럼 휩쓸고 가니, 조선에서 거둬들여 모두 바닥낸 것 같다…'는 시를 지었다. 비단 천지간에 추악하고 비루한 기종(氣鍾)이 이 같은 별종의 사람을 만들었겠지만, 아마도 중조의 기강이 어지럽게 흔들려 염치가 절멸해서 풍성(風聲)과 기습(氣習)이 이러한 지경에 이르렀을 것이니, 탄식하지 않을 수 없다." 조사가 데리고 온 하인들조차 "태감(太監) 출신의 조사라면 혹 이 같은 경우가 있을 수 있지만, 내한(內翰) 사신(詞臣)의 행위가 이와 같음은 외국에 알려지게 할 수 없다"고 말했다 한다(『宣祖實錄』 35년 3월 辛巳).

어떤 중국인 학자는 "고천준과 최정건의 출사는 명조의 문신이 지금까지 조선에 출사한 사례에서 가장 열악한 경우로, 문사의 절조와 국가의 대체를 거의 다 상실해 후인으로 하여금 이를 읽으며 얼굴에 땀을 흘리게 한다"[523]고 평가했다. 그러나 『광해군일기』는 고천준과 최정건의 탐욕보다 더 심한 경우도 있었음을 전한다. "유홍훈(劉鴻訓)과 양도인(楊道寅)은 탐묵(貪墨)함이 비교할 데가 없어 은·삼을 절가(折價)하는 명목이 극히 많다. 심지어 사은(私銀)을 발급하여 인삼 수 천근과 바꾸자고 요구하고, 삼을 움켜진 뒤에는 본은(本銀)을 되돌려 뺏기까지 했다. 양서(兩西)와 송도(松都), 연하(輦下. 都城) 상인들의 울부짖음이 하늘을 뚫었다. 대체로 은 7~8만 량을 거두어 동토(東土)의 물력(物力)이 다했다. 조사로 우리나라에 온 자 가운데…은·삼과 찬품(饌品)의 절가를 토색질하는 것은 고천준부터 시작됐지만, 유와 양이 더욱 심하다"(『光海君日記』 13년 5월 壬寅).

명사의 청렴 문제 외에도 언동이 예의에 어긋나고 오만한 태도가 문제시된 적이 있었다. 한 예로, 동월(董越)과 왕창(王敞)이 출사하여 영조칙(迎詔勅) 예의 문제로 격렬하게 다투었는데, 이에 대한 조선 접반사의 반응은 다음과 같았다. "천사의 말이 이에 이르니, 욕됨이 이보다 더 클 수가 없다. 그러나 쥐 잡으러 그릇을 깰 수는 없는 노릇이라, 실로 참고 따르는 것이 마땅하다. 또한 이들 무리는 모두 근시지신(近侍之臣)이라, 이 말로 공손하지 않은 것처럼 보이면 소경에 돌아가서 죄를 짜서 만들어 조정의 문책이 있을까 걱정되니 말없이 피하는 것이 좋다"(『成宗實錄』 19년 3월 甲子).

무례한 언동으로 조선의 군신을 경악케 한 이는 공용경(龔用卿)이었다. 그는 젊고 시에 능하며 유흥이 많아 때때로 과분하게 경박한 처신을 보인 적이 있었다. 사관의 증언에 의하면, "정사가 초를 잡은 기녀를 흘겨보다가 마음을 안정시키지 못하고 큰 붓으로 먹을 묻혀 기녀를 향해 휘두르니, 먹이 기녀의 옷과 면상에 흩뿌려졌다.…이로부터 전상(殿上)이 소란스럽게 어지럽혀져서 상(上)부터 어찌할 바를 몰라 하고 좌우의 시종은 당황하여 허둥지둥했다." 이에 사관은 다음과 같이 분노를 표출했다. "우리 전하는 사대(事大)가 지성이어서 조사

523. 吳伊琼, 「明朝與朝鮮王朝詩文酬唱外交活動考論-以『朝鮮王朝實錄』爲中心」, 99쪽.

를 극진하게 대우했지만, 조사의 경솔하고 무례함을 어떻게 끝내게 할 수 있었겠는가. 평상복을 입고 다른 나라의 예향(禮享)에 임하여 일국의 군주를 이끌며 원중(園中)을 두루 걸어 다니니, 곤룡예복(袞龍禮服)이 풀과 이슬에 드리워져 끌리고 험한 능곡에서 옥보(玉步)가 기울어졌지만, 시종 삼가거나 지치는 기색을 조금도 보이지 않았다. 이는 성상의 사대하는 지극정성에서 나온 것이지만, 조사의 단속되지 않은 행동은 계속 이 지경에까지 이르렀다. 시신(侍臣)과 장사(將士), 아래로는 졸예(卒隷)에 이르기까지 분해서 한탄하지 않은 자가 없었다"(『中宗實錄』 32년 3월 癸巳).

명사의 무례뿐만 아니라 지칙(支勅) 즉 명사의 왕래와 유람 등에 대한 경제적·사회적 부담의 문제도 빈번하게 거론됐다. 공용경과 오희맹(吳希孟)이 내한할 때 문례관은 국왕에게 다음과 같이 보고했다. "이번에 온 천사는 폐사(陛辭)한 지 수개월 동안 연도에 머무르며 지금까지도 도달하지 않아 중외의 폐해가 이루 말할 수 없이 크니, 황화(皇化)를 두루 미친다는 뜻에 많이 어긋난다"(『中宗實錄』 32년 2월 丁巳). 더구나 "경기, 황해, 평안 등 도의 일로 각 관원은 천사의 대접을 핑계 삼아 지금 춘절이어서 농번기임에도 불구하고 백성에게서 노역을 착취해 모두 역참에 내게 하니, 노역 공급에 겨를이 없고 남는 정남(丁男)은 더욱 없다. 동작(東作)을 잃으면 서성(西成)을 기대하기 어렵다"고 했다(『中宗實錄』 32년 2월 戊寅). 공용경 일행이 조선에 머문 기간은 무려 10개월로, 이 기간에 유람과 향연이 끊이지 않았으니, 접대하는 인원이 피로하고 물자의 소비가 이루 말할 수 없이 많았다.

그럼에도 불구하고 공용경이 한국에 체류한 기간은 한·중 창화 외교가 가장 많은 성과를 거둔 시기였다. 명사의 시작(詩作)이 400수 이상, 조선 문신 정사룡(鄭士龍) 등 20명의 시작 200수 이상이 생산됐다. 『정유황화집(丁酉皇華集)』은 편폭이 방대하여 5권이나 된다. 그러나 이 많은 창화시에는 명사가 10개월이나 체류하면서 조선에 남긴 폐해는 한 마디도 언급되어 있지 않다. 명사의 무례와 거만은 조선인의 자존심에 상처를 줄 수도 있었지만, 접대하는 측의 불만은 사서(史書)에만 보이고 창화시에는 노출되지 않았다. 만약 사서는 읽지 않고 창화시만 읽는다면, 읍양(揖讓)의 예와 빈주(賓主)의 즐거움만 볼 수 있지 시문의 배후에 있는 이 난처한 사실(史實)은 알 수 없을 것이다.[524] 그러나 바로 이러한 점이 창화 외교의 특징이요 존재의미일지도 모른다. 동아시아 세계 질서의 확립과 유지라는 보다 큰 공동의 목적을 위해 외교 현장에서 발생한 불유쾌한 일들이 있는 그대로 노출되어 외교적 갈등으로 확대되지 않도록 조절하는 것도 창화 외교의 중요한 기능의 하나로 이해될 수 있기 때문이다.

맺음말

전통 시대에 동아시아에는 중국과 한국·월남·유구·일본 등 '동문국(同文國)'이 공존하고 있었으니, 이들 다섯 나라는 모두 한자와 한시·한문·예악 등을 함께 향유했을 뿐만 아니라, 심지어는 인의라는 가치와 유교라는 문화 체계까지 공유했다. 이로 인해 이들 다섯 나라의 사신들은 외교의 공간에서 서로 만나 한시를 증답·창수하며 창화 외교라는 독특한 외교 양식을 전개할 수 있었다. 이들은 한시를 지어 창화할 수 있다는 특수한 조건에서 서로 문화와 가치를 공유한다는 일동감을 확인함으로써, 마치 시를 창화하듯 외교적 현안을 유연하고 순리롭게 풀어 나갈 수 있었다. 동아시아의 다섯 동문의 나라들이 장기간 전개한 창화 외교는 전통 시대 동아시아의 독특한 국제 질서를 구축하고 유지하는 데 상당한 수준으로 기여했다.

지금까지 이들 다섯 동문 나라들이 전개한 창화 외교를 살펴보는 과정에서 전통 시대 동아시아의 국제 질서와 관련해 몇 가지 쟁의가 있었음을 확인할 수 있었다. 그중 하나는 동아시아의 전통적 국제 질서를 위해서는 '중국(中國)'과 '사국(四國)'의 수직적 관계만 존재할 뿐 '사국' 상호간의 수평적 관계는 허용될 수 없다는 이른바 '인신무외교지의(人臣無外交之義)'에 관한 쟁의였다. 그리고 동

524. 吳伊琼, 「明朝與朝鮮王朝詩文酬唱外交活動考論-以『朝鮮王朝實錄』爲中心」, 124-126쪽.

아시아의 전통적 국제 질서의 바탕이라 할 수 있는 '중국'과 '사이'의 화이(華夷) 관념에 대한 쟁의가 있었으며, '중국'과 '사국'이 책봉과 조공의 예를 교환하는 전통적 종번 관계의 핵심이라 할 수 있는 영조례(迎詔禮) 등 '예의(禮儀)'에 관한 쟁의가 빈번하게 발생했다. 이러한 쟁의들은 모두 전통 시대 동아시아 국제 질서의 본질과 관련된 것이었지만, 공교롭게도 이들 쟁의를 유발하고 주도한 주체가 모두 저명한 문학지사 출신의 사신이었고, 쟁의와 더불어 이들 문학지사 출신의 사신들과 접반 문사 사이에 한시의 창화가 수반됐다는 사실은 창화 외교의 역할과 기능을 이해하는 데 시사하는 바가 있다.

전통 시대 동아시아 국제 질서에서는 '인신무외교' 원칙에 의해 '중국'과 '사국'의 수직적 관계만 허용되고 '사국' 상호간의 수평적 외교 관계는 허락되지 않았지만, 실제 현실에서는 '중국'과 '사국' 사이뿐만 아니라 '사국' 상호간의 창화 외교를 통해 일정한 범위 안에서 융통성 있게 운용되고 있었음을 알 수 있다. 조선이나 안남 등의 사신이나 접반사들은 중국의 명조 등의 사신이나 접반 인원들과 한시를 창화하며 서로 같은 문화와 가치를 공유하는 '동문국'임을 절감했을 뿐만 아니라, 조선과 안남국, 중산국 등의 사신들은 '왕회'를 위해 중국의 북경에서 조우하여 한시를 창화하며 역시 '동문의 나라'임을 인동할 수 있었다. 더구나 청 말에 이르면 중국 중심의 전통적 동아시아 국제 질서가 흔들리면서 그 기본 구조를 지탱해 온 세계관의 변화까지 노출됐다.

특히 월남 북사가 새로운 '화이지변(華夷之辨)'을 제기해서, 화이는 지역이나 종족·고금·강약으로 나눌 수 없고 오로지 예악·문교로 나누어야 하는데, 월남은 문교의 나라이기 때문에 이(夷)가 아니라고 주장했다. 월남의 조공사가 중국에서 '화이지변'을 통해 전통적 화이관을 비판하면서 자국이 문헌과 문명의 나라임을 인정받으려 노력했듯이, 중국의 책봉사는 월남에서 왕왕 '예의지쟁(禮儀之爭)'을 통해 왕조의 정통성을 강조하면서 군사적 정복 대신 문화적 예론으로 상대를 제압하려 노력했다. 중국을 지배한 국가들은 조선이나 안남 등에 저명한 문학지사 출신의 책봉사를 파견해서 영조례(迎詔禮) 등에 관한 예론을 제기하고 여악과 예물을 물리쳐서 예적 결백성을 시위함으로써 전통적 종번 관계를 강화하여 중국 중심의 국제 질서를 유지하고 강화하려 적극 노력했다. 책봉사와 예관들의 예의 논쟁은 전통적 동아시아 국제 질서를 강화하려는 '중국'과 이완하려는 '사국'의 길항이었다.

빈번한 예의 쟁의는 '중국'과 '사국'의 관계를 거칠게 악화시킬 위험성을 내포하고 있었다. 그러나 이러한 충돌이 완화되고 미봉될 수 있도록 창화 외교가 준비되어 있었다. 영조례 등에 관한 예론을 제기하여 예의 쟁의를 야기한 명사나 청사들은 모두 저명한 문학지사 출신이어서 예의에 대한 논쟁과 동시에 접반사들과 시문을 창화할 수 있는 역량을 갖고 있었다. 예론을 제기한 책봉사뿐만 아니라 '인신무외교' 원칙을 관철하기 위해 노력한 책봉사들도 모두 저명한 문학지사였고, 심지어 '화이지변'을 역설한 조공사들까지 모두 저명한 문학지사로서 상대 국가의 접반사들과 시문을 창화했다는 사실은 창화 외교와 중국적 세계 질서의 상관관계를 이해하는 데 도움을 준다. 이러한 쟁의를 일으킨 당사자들이 방대한 양의 창화시집을 남겼음은 곧 이러한 논쟁과 시문의 창화가 서로 모순되지 않고 오히려 서로 보완될 수 있는 관계에 있었음을 의미한다.

결론

머리말

지금까지 한시 '창화(唱和)'와 '창화(倡和)' 외교의 기본 개념을 정리하고, 전통 시대 동아시아의 중국, 한국, 월남, 유구, 일본 등 '동문(同文)' 5국의 외교 무대에서 펼쳐진 한시 창화의 관행과 이를 통해 장기간 진행된 창화 외교의 전개 과정을 사례별로 살펴보았다. 이에 더하여 창화 외교가 전통 시대 동아시아 국제 질서의 확립과 유지에 어떻게 기여하고 그 특성을 규정하는 데 어떻게 작용했는가 하는 문제도 논구했다. 그러나 앞의 여덟 개 장에서 논술한 주제가 대단히 다양하고 내용이 매우 방대하며 논술 과정에서 수많은 자료들이 인용되고 분석됐기 때문에, 이 논저를 읽으면서 하나의 시각 안에서 전체 논리의 흐름을 거침없이 파악하기가 쉽지 않다. 이에 장·절을 따로 설정해 앞서 논술한 내용을 간략하게 정리하며 결론에 대신하려 한다.

1. 한시 창화와 창화 외교

전통 시대에는 중국과 한국·월남·일본·유구 등 한자와 한문·한문학·한학 등의 문화를 공유하는 '동문(同文)'의 동아시아 각국 외교관들이 외교 활동을 하는 과정과 그 무대에서 한시를 서로 창화하면서 사명(使命)을 실현하는 독특한 외교적 관행과 양식이 존재했다. 지금까지 이 방면에 관한 연구는 주로 중국 학계에서 이루어졌는데, 중국 학계에서는 이러한 외교 양식을 두고 주로 '시부(詩賦) 외교'라고 부른다. 그런데 중국 학계에서 일컫는 '시부 외교'란 상당히 포괄적인 개념이다. 중국 학계에서는 '시언지(詩言志)' 즉 시로써 의사를 전달하는,

서주(西周)시대부터 현대에 이르기까지 전 역사를 관통하여 존재한 외교 양식을 일괄하여 '시부 외교'로 규정하고 있다. 중국 학계에서 운위되는 '시부'란 말은 '시'와 '부'라는 두 문학 장르의 합칭어이지만, 실제로 이들이 말하는 '시부 외교'에서 '부'가 차지하는 존재의미는 극히 미미하다. 그렇다고 해서 '시 외교'라 하기도 어려울 것이니, '시 외교'란 말에는 시를 어떻게 했다는 말인지 그 구체적 내용이 생략된다. 차라리 '부시(賦詩) 외교'라 하여 '부'를 명사가 아닌 동사로 사용한다면 말이 되지만, 이 역시 춘추시대 중국의 독특한 외교 양식을 지칭하기에는 적당해도, 남북조시대의 '작시(作詩)'와 명·청시대의 '창화(唱和)' 등 다른 시대 외교 양식의 특수성까지 모두 담기에는 부족한 말이다.

특히 이 책에서 주된 관심과 연구의 대상으로 삼는 명·청시대의 동아시아 외교 무대에서 한시의 창화를 통해 전개된 외교 양식의 특수성을 표현하기 위해서는 '시부 외교'나 '부시 외교'라는 말보다는 차라리 '창화(唱和) 외교' 혹은 '창화(倡和) 외교'라 부르는 것이 훨씬 더 적절한 것으로 생각된다. '창화 외교'라는 말에는 한시를 창화하며 펼치는 외교라는 의미가 모두 자연스럽게 포함되기 때문이다. 더구나 '창화'란 말은 한시의 창화를 의미할 뿐만 아니라 선창과 화답을 이어 나가는 일체의 행위까지 포괄하기 때문에, '창화(倡和) 외교'란 표현은 한시를 창화하며 외교적 현안을 '창화(倡和)'하듯 풀어 나가는 외교적 과정을 압축해서 나타내기에 부족함이 없을 것이다.

춘추시대의 부시 외교와 남북조시대의 작시 외교, 명·청시대의 창화 외교는 각각 서로 다른 형식과 내용을 취했음에도 불구하고 일맥상통한 전통의 고리로 엮여져 있었다. 이들은 모두 한시라는 '동문'의 대표적 문학 양식을 이용한 외교 양식이라는 점에서 공통된 분모를 갖고 있다. 따라서 명·청시대 동아시아 국제사회에서 유행한 창화 외교를 이해하기 위해서는 그 앞선 시대의 전통적 모태라 할 수 있는 춘추시대의 부시 외교와 남북조시대의 작시 외교뿐만 아니라 창화 외교를 가능하게 한 한시 창화의 본질과 그 역사적 전개에 대한 이해가 선행되지 않을 수 없다.

명·청시대의 창화 외교를 이해하기 위해서는 먼저 선진(先秦)시대에 유행한

'부시언지(賦詩言志)'의 전통부터 이해하지 않을 수 없다. 춘추시대에는 향연이나 회맹 등 외교 무대에서 '시언지(詩言志)' 즉『시경(詩經)』중의 시장(詩章)을 음송(吟誦)하는 형식으로 자기의 사상과 태도를 밝히는 외교적 대화 방식이 유행했다.『좌전(左傳)』에서 부시를 기술한 거의 모든 사례가 외교 활동의 무대에서 진행됐으니, '시언지'는 사자(使者)가 반드시 갖추어야 할 능력으로 간주됐다. 부시할 때『시경』에서 시를 골라 취하는 방법은 자기의 뜻과 일치하는 어떤 구절 하나를 절취하거나 원시의 함의를 확대하여 옮기는 것이다. '시언지'는 주객이 부(賦)하고 답하는 쌍방향 교류의 과정이니, 부시하면 언제나 상대방이 답배(答拜)하거나 회부(回賦)하여 자기의 이해를 표시했다. 그러나 '시언지'를 위해 '단장취의(斷章取義)' 즉 시장을 끊어서 뜻을 취하면, 동일한 시구도 쌍방이 각각 다르게 이해해서 오해하거나 곡해하기가 쉬웠다. 이로 인해 '부시'는 춘추 중기에 성행하다가 춘추 말기 이후에는 '인시(引詩)'와 같은 다른 방식으로 대체됐다.

외교 무대에서 이뤄진 '부시'는 다른 사람의 시를 이용하여 자기의 생각을 표현하는 용시(用詩)의 방법에서 자기의 시로써 감정을 표현하는 작시의 방법으로 전환됐다. 특히 중국이 정치적으로 다원화된 위·진·남북조시대에는 국가들 사이를 내왕한 외교관들이 왕왕 '부시'하여 자신에게 부여된 사명을 보다 효과적으로 수행하려 했지만, 춘추시대의 외교관들과는 달리 '부시'의 두 가지 방식 즉『시경』의 시구를 인용 혹은 차용하는 방식과 스스로 시를 창작하는 방식 가운데 후자의 방식으로 시를 외교에 활용했다. 이로 인해 남북조시대에는 시인이 국가 사절이 되어 출사하면 문학 작품을 서로 교환하는 중요한 임무를 하나 더 부여받았다. 춘추시대의 외교관들이『시경』의 시구를 읊었던 것처럼, 어떤 때는 선배 시인의 작품을 읊어 자신의 정감을 펼치고 뜻을 전달하기도 했다. 사자의 작품이 출사한 나라에서 문학적 센세이션을 불러일으키기도 했다. 이러한 작시 외교는 문학의 수단을 빌려 외교적 현안을 풀어 나가는 데 유용한 방식으로 활용됐다.

춘추시대에도 '시언지'가 중국의 국가들 사이에 국한됐던 것은 아니다. 제하(諸夏)와 이적(夷狄)이 서로 교섭·접촉하는 빈도가 잦아지고 범위가 넓어짐에 따라 '시언지'의 관행은 중외(中外)의 관계까지 확장되어, 중국 주변의 일부 만이(蠻夷) 국가도 그 영향을 받아서 국제적 교섭과 왕래 과정에서 시로써 자신의 의사를 표현했다.

당대(唐代)에 중국의 문사와 외국의 인사들 사이에 유행한 송별시(送別詩)의 증답(贈答)은 '부시언지' 전통의 또 다른 한 양상이었다. 장기간의 분열 상태를 종식시키고 중국을 통일한 당 왕조는 신라와 일본 등 주변 국가들과 우호적인 관계를 유지하면서 수많은 사절과 승려·문사·상인 등을 끊임없이 받아들였기 때문에 송별을 위한 시의 증답과 창화가 빈번하게 이루어졌다. 당대의 '시언지'는 주로 중국인 문사와 외국인 문사들 사이에서 한시가 교환되는 형식이었지만, 명·청시대에 이르면 중국의 외교관과 외국의 외교관, 혹은 외국의 외교관들 사이에서 한시가 창화되는 형식으로 발전했다.

당·송·원·명·청 시기의 한시 창화는 주로 한국과 중국, 중국과 월남, 중국과 유구(琉球), 중국과 일본, 한국과 일본, 한국과 월남의 외교 관계에서 이루어졌는데, 그 주요 특징은 쌍방이 한문으로 작시하여 '언지(言志)'하는 것으로, 말하려는 뜻은 산천의 아름다운 풍경과 풍토, 인정, 우호 왕래, 심후한 정의(情誼) 등의 내용이 많았다. 그리고 이러한 '동문' 국가 외교관들의 한시 창화는 단순한 한시의 창화에 그치지 않고 외교적 현안을 마치 시를 창화하듯 조화롭게 풀어 나가는 '창화(倡和)' 외교로 발전했다. '시언지'가 외교 무대에서 펼쳐지는 전통은 명·청시대 이후 현대에 이르기까지도 존속했다.

명·청시대에 전개된 중국 국가와 외국 국가들 사이의 창화 외교는 한시의 창화를 매개로 이루어진 독특한 외교 양식이다. '시언지'의 부시 외교가 이미 춘추시대부터 개시됐음에도 불구하고 창화 외교가 명·청시대에 주로 전개된 까닭은 창화시(唱和詩)라는 독특한 시 양식이 남북조시대에 개발되어 당·송시대에 발전했기 때문이다. 즉 명·청시대의 창화 외교는 선진시대의 부시 외교와 남북조 및 당·송시대의 창화시라는 두 개의 밑거름 위에 구축된 새로운 문화 전통이었다. 창화시는 동진(東晉) 시기 도연명(陶淵明)의 시에서 출현하기 시작해, 당·송 시기에는 극성기에 이르렀고, 당·송 이후에도 창화의 기풍은 쇠하지 않았다.

창화와 창화시의 기원은 원시시대 전호후응(前呼後應)의 메김소리에서 찾을 수 있다. 창화시 개념은 매우 광범해서, 개인의 증답(贈答)과 연회상의 동제(同題), 군왕 주변에서 쓴 응제시(應製詩), 시인들이 함께 창작한 연구(聯句) 등을 모두 포함한다. 일반적 정의에 따른다면, 시가(詩歌)로써 서로 수창(酬唱)·증답(贈答)한 것을 가리켜 창화(唱和 또는 倡和)라 칭한다. '증(贈)'이란 시를 먼저 지어 다른 사람에게 보내는 것이고 '답(答)'이란 받은 시의 뜻에 회답한 것으로, 전자는 '창(唱)'이라 칭하고 후자는 '화(和)'라 칭했다. 요컨대, 창화시는 교왕(交往)을 주요 목적으로 하고 증답을 주체로 하며 동제시(同題詩)와 응제시·연구시 등까지 포함하는 시작(詩作)의 총칭이었다.

창화는 한시 창작의 특수한 한 방법으로, 먼저 한 사람이 시를 지으면 이것이 '창(唱)'이 되고 이때 얻은 문장은 '원창(原唱)'이라 칭한다. 다른 한 사람이나 여러 사람이 특정한 정경이나 원창의 뜻 혹은 형식에 근거하여 회응(回應)하면 이는 '수(酬)'가 되고 이때 얻은 문장은 '화시(和詩)'라 칭한다. 창수(唱酬)는 회응 방식에 따라 두 가지 유형이 있다. 하나는 '화의불화운(和意不和韻)'으로, 특정한 정황에서 원창에 회응할 때 시가의 내용은 원창과 관련이 있지만 형식은 구속되지 않는다. 이러한 양식은 한(漢)·위(魏) 시기에 이미 산생됐으니, 그 대표적인 표현 형식은 증답시(贈答詩)였다. 또 다른 종류는 화운시(和韻詩)로, 곧 원창의 용운(用韻)에 따라 시를 짓는 것이다. 그중 가장 대표적인 것은 '차운(次韻)'이다. '차운상수(次韻相酬)'는 중당(中唐)의 원진(元稹)과 백거이(白居易)가 가장 먼저 시작했고, 그 뒤에 시단에서 유행하여 한시 창화의 가장 보편적 방식이 됐다. 후세에서 이른바 '창수' 혹은 '창화'라 하는 것은 왕왕 '차운상수'를 가리킨다.

창화는 갱화(賡和)의 대상에 따라 원창과 동시에 진행되는 동시성 화운과 원창과 다른 시대에서 이뤄지는 과시성(跨時性) 화운 등 두 종류로 구분되기도 한다. 특히 과시성 화운 즉 추화(追和)는 소식(蘇軾)에 의해 개창됐다. 그 뒤 과시성 추화는 중국 외에도 일본, 한국, 월남 등에도 영향을 미쳤다. 중국의 시인을 앙모한 이들 나라의 문인들은 왕왕 시공간의 제한을 초월하는 방법으로 중국의 저명한 시인들의 시를 추화했다.

요컨대 중국에서는 이미 선진시대부터 시를 활용한 외교가 유행했으니, 특히 춘추시대의 '부시언지'가 그 대표적 사례라 할 수 있다. 외교적 무대에서 『시경』의 시구를 '부(賦)'하는 '부시' 외교는 춘추시대에 그 수명을 다했지만, 중국이 정치적으로 다원화된 남북조시대에도 시를 지어 외교에 활용한 '작시' 외교가 외교 무대에서 빈번하게 펼쳐지기도 했다. 이러한 외교적 관행은 중국의 국가와 다른 국가들 및 외국과의 관계에까지 확장됐으니, 명·청시대의 동아시아 국제 무대에서 다양하게 전개된 '창화' 외교가 그것이다. 이를 두고 '창화' 외교라고 부르는 까닭은 춘추시대나 남북조시대의 그것과는 달리 명·청시대의 외교에서는 '창화시'와 '한시 창화'라는 새로운 요소가 등장하기 때문이다. 창화시는 남북조시대에 출현해서 당·송시대에 크게 발전한 한시의 새로운 한 양식으로, 명·청시대에 이르러 동아시아 외교 무대에서 창화되어 독특한 외교 양식을 창출했다.

중국 학계에서는 춘추시대의 부시 외교는 물론이거니와 남북조시대의 작시 외교와 명·청시대의 창화 외교까지 모두 총칭하여 '시부 외교'라고 부른다. 물론 창화 외교 역시 한시를 활용하는 외교라는 측면에서 '부시 외교'의 발전적한 단계를 가리키는 명칭이라 할 수 있다. 그럼에도 불구하고 명·청시대에 한시 창화를 매개로 동아시아 국제사회에서 전개된 외교 양식을 가리켜 '시부 외교'라 부르지 않고 굳이 '창화(唱和 또는倡和) 외교'라 부르는 까닭은 '시부 외교'란 명칭 자체에 문제가 있을 뿐만 아니라, '창화 외교'라는 명칭에는 한시 창화를 수단으로 하는 외교라는 의미 외에도 한시를 창화하듯 '창화(倡和)'하는 외교라는 의미까지 포함하고 있기 때문이다.

'倡和'는 '唱和'의 다른 표기이기도 하지만, '시가의 창화(唱和)'를 포함하여 선창하고 화답하는 일체의 행위를 포괄하는 말로도 사용된다. 실제로 명·청시대 동아시아 국제사회의 외교 무대에서 실행된 '창화 외교'는 단순히 창화시를 창화하는 데 그치지 않고 일방이 선창 혹은 선도하면 또 다른 일방이 화답 혹은 호응하는 외교적 관행이 전개됐음을 확인할 수 있다. 창화 외교의 이러한 특수성은 창화 외교를 전개한 중국, 한국, 월남, 일본, 유구 등 전통 시대 동아시아의

5국이 모두 한자, 한문, 한시, 한문학, 한학 등을 공유한 '동문'의 나라들일 뿐만 아니라 조공(朝貢)과 책봉(冊封)이라는 예(禮)의 교환을 통해 '왕회(王會)' 즉 이른바 중국적 세계 질서에 동참하고 있었다는 공통성과 깊이 관련되어 있었다.

창화의 특성은 화의(和意)와 차운(次韻)에서 찾을 수 있다. 전자는 내용상의 특성이고 후자는 형식적 특징이다. 시대적 추세에 따라 혹은 개인의 성향에 따라 전자를 더 중시할 수도 있고 혹은 후자를 더 중시할 수 있지만, 기본적으로 원창의 뜻과 운을 이어 화시를 짓는 것이 창화의 가장 본질적 속성이다. 그런데 화의는 곧 동의와 우의로 이어지기 쉽고, 차운은 곧 투시(鬪詩)와 경쟁으로 연결되기 쉽다. 창화의 형식과 속성을 외교에 적용하는 창화 외교는 창화의 이러한 내용과 형식을 아울러 현실 외교에 실현한다.

한시 창화가 창시(唱詩)에 내포된 상대 시인의 뜻을 읽고 동의를 표하면서 새로운 뜻을 제안하는 화답으로 이어지듯이, 창화 외교 역시 상대국의 의지를 정확하게 파악하여 취할 것은 취하고 새로운 뜻을 제안하여 양자 관계를 일층 발전시켜 나가는 외교적 과정을 말한다. 또한 한시 창화가 원창의 형식을 빌려 새로운 화시를 만듦으로써 동일한 문자로써 동질적 문학을 향유하는 동지애를 확인함과 동시에 자신의 시 짓기 기술과 문학적 역량을 과시하는 문학 양식이듯이, 창화 외교 역시 상대국의 문화적 수준을 칭양하고 상대국과 자국이 '동문'임을 강조함으로써 자국 역시 높은 문화를 창조·향유할 수 있는 문명국임을 자부하고 상대국과 함께 동일한 문화 공동체에 참여하는 인동감(認同感)을 확인할 수 있었던 외교 양식이었다.

2. 한국과 중국의 창화 외교

조·명시대의 한·중 창화 외교는 동아시아 창화 외교의 전형이다. 창화 외교는 이 시기에 중국과 월남, 중국과 유구, 한국과 월남, 한국과 일본 등 동아시아 국제사회에서 광범하게 전개됐지만, 한국에서 발생한 명조(明朝) 사절과 조선 문신들의 한시 창화에는 가장 많은 외교관이 가장 빈번하게 참여했을 뿐만 아니라 양적·질적으로 가장 두드러진 성과를 남겼다. 그것은 한시 교류사상 가장 직접적이고 밀도가 가장 높았으며 성과가 가장 많았던 한시 교류 활동이었다. 한·중 외교 무대에서 펼쳐진 창화 외교는 대부분 시인들이 직접 만나 즉석에서 이루어졌고, 단위 시간 안에 산생된 작품이 가장 많아 6천 수 이상의 창화시가 『황화집(皇華集)』에 수록되기에 이르렀다.

중국의 명은 월남의 안남국(安南國), 유구의 중산국(中山國) 등 주변 국가들과 책봉과 조공의 예를 교환하는 종번(宗藩) 관계를 수립했지만, 명 초에 중국 주변에 포진한 국가들 가운데 중국 중심의 세계 질서에 가장 적극적으로 참여한 국가는 한국의 신생 국가 조선(朝鮮)이었다. 조선의 적극적 참여는 명의 적극적 예우를 이끌어 냈다. 명은 조선에 3년 1빙(聘)의 예를 규정하여, 예제(禮制)상 조선을 일개 '번방(蕃邦)'에서 '중국제후(中國諸侯)'와 병렬하는 지위로 상승시켰다. 조선과 명은 책봉·조공 관계뿐만 아니라 사대자소(事大字小) 관계도 갖고 있었다. 책봉·조공 관계가 사실상 독립된 국가들의 불평등한 의제적(擬制的) 군신(君臣) 관계였다면, 사대자소 관계는 국제사회의 중심과 주변의 수평적 국제 관계였다. 명과 조선은 건국 초부터 책봉·조공 관계를 맺음과 동시에 사대자소 관계도 갖게 됨으로써 중국적 세계 질서를 구성하는 전형적 모형을 건립했다.

명과 조선의 관계는 사신을 서로 교환하는 통사(通使) 관계이기도 했다. 책봉·조공 관계와 사대자소 관계는 사절의 상호 교환을 통해서 비로소 성립되고 유지됐다. 따라서 가장 전형적인 책봉·조공 관계와 사대자소 관계를 유지했던 명과 조선은 당연히 매우 정교하게 구축된 제도적 틀 안에서 매우 빈번하게 사절을 교환했다. 가장 전형적이고 제도적으로 가장 잘 정비된 종번 관계, 사대자소 관계, 통사 관계였다고 규정할 수 있는 조·명시대의 이러한 한·중 관계는 양국의 외교관들이 만나서 한시를 창화하며 외교적 현안을 자연스럽게 풀어나가는 창화 외교의 제도적 조건이 됐다. 선창과 화답이 시운(詩韻)을 공유하며 갱수(賡酬)하는 한시의 창화처럼, 중국(中國)과 사국(四國)이 국제 공동체 유지라는 공동의 목표를 공유하면서 서로 창화하며 조화롭게 외교적 문제를 해결할 수 있었기 때문에 조·명시대의 이러한 한·중 외교 양식을 전형적 창화 외교로 규정할 수 있다.

책봉·조공 관계와 사대자소 관계 및 통사 관계가 조·명시대 한·중 창화 외교의 정치적 기반이었다면, 한자와 한문·한학·예의(禮義) 등의 공유와 모화(慕華) 및 소중화(小中華) 의식은 문화적 토양이었다고 할 수 있다. 한자라는 문자와 한문학이라는 문학의 공유와 동질성은 한시를 통한 창화 외교를 가능하게 한 제1의 조건이 됐다. 그뿐만 아니라 조·명시대의 한국인과 중국인은 예의라는 가치관을 공유했다. 당시에 한국인이 '동방예의지국(東方禮義之國)'이라 자부하고 '소중화'를 자처한 자의식은 바로 이러한 문화의 동질성과 가치관을 공유한다는 '동문' 의식이 자연스럽게 발전해 유행한 것이다. 문자와 가치관의 공유는 정치 공동체의 참여와 무관하지 않다. 책봉과 조공이라는 통로를 통해 문화가 유통됐기 때문이다.

중국인은 한국을 일본이나 안남 등 다른 주변국에 비해 수준 높은 문화를 향유하는 나라로 매우 높게 평가하여, 한국의 문화적 우월감을 조장했다. 한국의 문화적 우월성에 대한 중국인의 인정과 칭송은 그 문화적 근사성과 동질성에 대한 인정과 칭송이었다. 즉 한국의 문화와 가치가 이미 중국과 근사해졌기 때문에 더 이상 이적시(夷狄視)할 수 없다는 것이다. 정치상의 '사대(事大)'는 문화상의 '모화'에 기초한 것이고, '모화'는 중국과 문화를 공유한다는 '동문(同文)' 의식을 표현하는 말이다. 문화적 우월감이 밑거름되어 형성된 소중화 의식에서 볼 수 있듯이, 조선시대 한국인의 모화는 한편으로는 중국 문화에 대한 문화적 인동감 즉 동문 의식의 표현임과 동시에 다른 한편으로는 자기 문화에 대한 자존 의식의 표출이었다.

한국인의 이러한 이중적 모화 의식을 가장 잘 표현하는 것이 곧 기자(箕子) 숭앙 의식이었다. 조·명시대 한국인의 기자 숭앙은 모화 의식과 자존 의식이 결합된 표현이었다. 기자는 예의라는 최고의 가치와 팔조지교(八條之敎)라는 고대 문화 체계를 상징하는 인물이다. 이러한 인물이 한국에 와서 한국인을 교화하여 이(夷)에서 화(華)로 변화시켰다는 전설은 조·명시대 한국인에게 고급한 문화를 중국과 공유함과 동시에 세계에서 가장 수준 높은 문화를 향유함을 자긍하게 해 주었다. 조선의 접반사들이 명사(明使)를 안내하여 평양의 기자묘(箕子墓)와 기자묘(箕子廟)를 참배하게 하는 것을 통상적인 관례로 삼은 것은 바로 이러한 문화적 공유의식과 자존 의식을 드러내어 양국의 외교 관계를 원하는 방향으로 유도하려는 의도의 표현이었다. 기자 숭앙 의식은 조·명시대 한국인의 모화 의식 및 소중화 의식과 함께 한·중 창화 외교를 만개하게 한 문화적 배경으로 작용했다.

나·당시대부터 조·명시대 초기까지 장기간 이어져 온 외교시(外交詩) 교환의 전통은 조·명시대 한·중 창화 외교의 문학적 배경이 됐다. 한자와 한문학은 이미 삼국시대부터 한국에 전래되어 한국 고유의 한 문화 요소로 소화되어 발전했다. 이로 인해 한·중 양국의 사신이 빈번하게 왕래하는 과정에서 한자로 쓴 시문으로 정의를 표현·전달하는 '이시회우(以詩會友)'의 전통이 확립되어, 어려운 정치·외교 문제를 해결하고 양국의 우의를 증진하는 데 기여했다. 특히 당(唐)과 신라(新羅)의 관계는 매우 우호적이어서 양국의 외교관이나 시인들 사이에서 한시 창화의 기풍이 크게 성했다. 이러한 외교시 교환의 전통은 여(麗)·송(宋)시대까지 계승되어 양국 시인의 창화집인 『고려시(高麗詩)』와 고려 외교관의 시집인 『소화집(小華集)』이 출간되기도 했다. 명조와 조선이 중국과 한국에서 거의 동시에 건립된 뒤에는 양국 사이에 외교시의 교환이 더욱 활발하게 진행됐다. 표전(表箋) 문제를 해결하기 위해 명조에 입조한 권근(權近)과 명 태조 주원장(朱元璋)이 응제시(應製詩) 24편과 어제시(御製詩) 3편을 서로 교환하며 외교적 현안을 해결했는데, 이 사건은 명과 조선 관계사상 첫 번째 외교시 교환이요 창화 외교의 효시였다고 할 수 있다. 그 뒤에도 명 성조(成祖)와 조선 태종(太宗)이 서로 상대국 사신과 시문을 교환하여 조·명 창화 외교의 문을 더욱 활짝 열었다.

책봉·조공 관계와 사대자소 관계, 모화와 소중화 의식, 외교시 교환의 전통 등이 창화 외교의 보다 근본적이고 역사적인 출현 배경이라면, 명사(明使)의 신분이 환관(宦官)에서 문학지사(文學之士)로 전환된 것은 창화 외교 출현의 직접적 원인이 됐다. 명조는 건국 초부터 환관이 정치에 깊이 관여했고 특히 환관을 외국에 나가는 사신으로 임용한 것은 전 시기에 걸친 일반적 관행이었다. 그러나 환관 출사의 폐해와 문제점은 국내외에서 오랫동안 거론됐고, 특히 한국이나 월남 같은 문화 대국에 환관을 파견하는 것은 국체(國體)를 훼손하는 심각한 결과를 초래했다. 명조는 '토목보(土木堡)의 변(變)'을 계기로 저명한 문학지사를 조선 등지에 파견해서 떨어진 국가적 위망을 중국의 문화적 역량으로 만회하려 노력했는데, 예겸(倪謙) 이후 조선에 파견된 문학지사 명사들은 조선의 문사 접반사(接伴使)들과 한시를 창화하며 중국의 위신을 드높이고 조·명 양국의 전통적 관계를 공고히 하는 데 상당한 성공을 거두었다.

명조가 조선에 파견한 문학지사 사신들은 주로 한림원(翰林院)에서 선발됐다. 한림관은 한림원에서 봉직하는 각급 관원 즉 학사(學士), 시독(侍讀), 시강(侍講), 시서(侍書), 대조(待詔), 편수(編修), 검토(檢討) 등을 포괄하는데, 모두 유아지사(儒雅之士)로 박학다식하여 문화 대국인 조선에서 중국의 문화적 권위를 드높이며 사명을 유리하게 완수할 것으로 기대됐다. 조선은 명과 교왕한 여러 나라들 가운데서 예의·문명이 가장 뛰어나다고 평가됐기 때문에, 명은 시문에 능한 문학지사를 엄정하게 골라 뽑아 조선에 출사하는 사신의 임무를 맡겼다. 중국에서는 오래전부터 채시(采詩)하여 민풍(民風)을 두루 살피고 보고하는 자순(咨詢)의 기능을 사신의 고유한 사명의 하나로 간주해 왔는데, 이는 문학에 능한 문사를 사신으로 선발한 중요한 이유의 하나이기도 했다.

문학지사 예겸의 조선 출사는 새로운 외교 양식의 정식 개시를 의미했다. 이 뒤로 명조의 저명한 문신이 조선에 출사하고 이들이 조선 접반사들과 교환한 창화시는『황화집(皇華集)』이란 시집에 수록됐다. 조선 정부는 명사의 24차례 출사 시에 지은 창화시를 매차 1집(輯)씩 묶어『황화집』이라 칭했다.『황화집』에 기재된 시(詩)는 6,289수, 부(賦)는 20여 편, 산문(散文)은 271편에 달했고, 창작에 참여한 명과 조선 시인의 총계가 353명에 이르렀다. 여기에 참여한 명조의 사신 40명 가운데 30여 명이 진사(進士)였고, 그중 15명은 한림학사(翰林學士)였다. 시문 창화에 참여한 조선의 문신들은 300여 명인데, 당시 국내의 저명한 시인들이 다수 포함됐다. 작품 체재는 다양하여 시(詩), 사(詞), 부(賦), 문(文) 등을 포괄하는데, 그중에서도 시의 수량이 압도적으로 많고, 오언시(五言詩)와 칠언시(七言詩)가 주를 이루었다. 조선이 『황화집』을 간행한 것은 조선이 문화 대국임을 자긍하여 본국의 문화적 수준과 역량을 자랑하기 위해서였다. 『황화집』은 시문 창화를 통해 한·중 양국 문화의 이념적 동질성과 상호 인동감을 체현하여 양국의 우의 관계를 확인·과시하기 위해 출간됐다. 『황화집』은 한·중 한시 창화의 총집(總集)이요 창화 외교의 결정(結晶)이었다.

명과 조선의 창화 외교는 국가의 체면을 걸고 투시(鬪詩)와 쟁시(爭詩)를 수단으로 한 일종의 문전(文戰)이었다. 한시 창화는 조·명시대 한국인 문사들이 중국인 문학지사를 농락할 수 있는 효과적인 수단이었고, 한국이 중국과 맞겨룰 수 있는 문화적 역량이었다. 시는 정과 뜻을 소통하는 좋은 매개인 동시에 전쟁에서 이길 수 있게 하는 위력적인 무기이기도 했던 것이다. 명사와 접반사의 시문 창화는 실제로 일종의 시전(詩戰)이었다. 양국의 문화적 역량을 걸고 벌인 다툼이었다. 조선의 접반사들이 명사와 한시를 창화하며 완강하게 시전을 전개한 의식적 배경에는 자국 문화에 대한 독립적 자의식과 자신감이 깔려 있었다. 한국의 한문학은 비록 중국 문학과 서로 유사한 형태와 체재를 갖고 있었지만 그 자체로서 독특한 환경에 기인한 주체성을 갖고 있었기 때문에, 한국의 문인들은 중국 문학과는 같지 않은 독자적 자국 문학에 대한 강렬한 자의식을 드러냈다.

한시의 창화는 단순한 시 짓기가 아니라 원창을 차운해 즉흥적으로 화시를 창작하는 과정이기 때문에 그 자체가 문학적 역량을 뽐내고 기예를 다투는 일종의 경연이었다. 따라서 조·명 양국의 외교관들은 시문의 창화를 자신의 문학적 역량을 자랑할 뿐만 아니라 자국의 문화적 수준을 드러내 보이는 기회로 삼으려 했다. 그 당연한 결과, 양국은 국가적 차원에서 이 시문 창화에 대비했으니, 명조는 시문에 능한 문학지사를 한림원 등에서 신중하게 선발해 조선에 파견했고, 조선 역시 당대 최고의 문사에게 원접사(遠接使)의 역할을 맡겨 명사를 응접하게 했다. 명사는 정사(正使)와 부사(副使) 모두 시를 지어 원접사에게 증송(贈送)하는 경우가 많아 원접사 혼자서 수백 편의 시를 감당할 수 없었기 때문에, 조선은 시에 능한 이들을 제술관(製述官) 혹은 종사관(從事官)으로 특별히 선발해 원접사의 시 짓는 일을 돕게 했다. 따라서 조·명 외교관들이 행한 한시 창화는 고상한 문학 활동이나 우의 표현의 차원을 이미 넘어 양국이 명예를 걸고 벌이는 투시와 쟁시의 문전이었다. 시를 선창하며 화시를 청하는 행위는 그 자체가 하나의 도전이었고 화시를 지어 되돌려 주는 것은 당당한 응전이었다.

대부분의 경우 명사가 선창했지만, 조선의 원접사가 선창한 경우도 없지 않았다. 조선 원접사가 선창한 것은 중국의 저명한 문학지사 못지않은 시 짓는 능력을 갖고 있음을 자신했기 때문이지만, 조선인들은 일반적으로 손님인 명사가 선창하는 것이 예의라고 생각했다. 명사가 선창하고 조선 원접사가 화답하는 창화의 관행은 왕왕 외교 현안을 풀어 나가는 창화 외교의 과정으로 활용되기도 했다. 그것은 중국 중심의 전통 시대 동아시아 세계 질서를 구축하고 유지해 나가는 방법으로 원용된 것이다.

조·명시대 창화 외교는 단순히 양국 외교관들이 시문을 교환하여 우의를 강화하는 데 그친 것이 아니라 조명 양국의 현실 문제를 해결하는 데 직접 기여했다. 특히 조·명 창화의 제1 주제가 책봉과 조공의 예를 교환하는 양국의 종번 관계와 사대자소 관계를 칭양(稱揚)하는 것이어서, 창화 외교는 종번 관계와 사대자소 관계의 틀 안에서 양국의 주요 정치적 현안을 해석하고 해결하는 데 공헌할 수 있었다. 조·명시대 창화 외교는 한시를 창화한다는 의미를 넘어 외교적 현안을 '창화'하듯 풀어 나가는 외교적 과정이라는 점에서 창화 외교의 전형이었다고 할 수 있다.

조·명 양국의 외교적 현안 가운데 표전(表箋) 문제와 종계변무(宗系辨誣) 문제, 여진(女眞) 문제, 명제(明帝)의 중조(重祚) 문제 등의 난제를 해결하는 과정에는 언제나 창화 외교가 작동하고 있었다. 명조는 종주국(宗主國)으로서 세계 질서의 중심 역할과 위치를 계속 유지하기 위해 허약한 군사력 대신 예제(禮制)로써 번속국(藩屬國)을 단속하려 했다. 이로 인해 조선에 출사한 문학지사 출신 명사들은 강화된 영조례(迎詔禮)를 강요해 조선 측과 예제(禮制) 논쟁을 빈번하게 벌였는데, 이런 논쟁들은 언제나 '창화를 통한 창화 외교'로써 극복하고 양국의 안정된 관계를 유지했다. 문학지사 명사들은 상대에게 예의 준수를 강요함과 동시에 '각기(却妓)' 즉 여악(女樂)을 물리치고 청렴을 과시하여 스스로 예적 우위에 있음을 과시하기도 했다.

중국의 사신은 귀국한 뒤에 황제에게 보고하는 것 외에도 조정의 동료 관원들에게 널리 선전하여 조선의 정치 형세의 변화를 이해하는 데 필요한 정보를 제공하고 양국 정치 관계의 소통을 위해 적극적인 역할을 수행했다. 명조와 조선의 관계가 이전의 어떠한 중국과 한국 국가들의 관계보다 뛰어넘은 것은 명조와 조선의 창화 외교가 양국 관계에 발휘한 작용이 적지 않았음을 보여 준다. 조선을 다녀간 명사들이 조선에 관한 우호적인 정보를 자국의 황제와 조정에 보고한 것은 이들이 조선에서 접반사 등 문사들과 나눈 한시 창화를 통해 얻은 호감의 한 표현이기도 했다. 이들 조선을 다녀간 명사들은 대부분 귀국한 뒤에 '사조선록(使朝鮮錄)'을 저술·간행해 황제와 조정에 복명했는데, 이들 조선 사행록(使行錄)에는 기행문과 함께 조선의 문사들과 나눈 창화시들이 수록되어 있어 조선의 시문학을 중국에 알리는 매체로서의 역할도 수행했다.

그러나 한시 창화가 갖는 가장 중요한 외교상의 의의는 무엇보다도 한시 창화를 통해 서로 '동문(同文)'임을 확인하고 이러한 동류 의식을 통해 전통적 책봉·조공 관계를 안정시키는 정치적 효과를 기대할 수 있다는 데서 발견할 수 있을 것이다. 시문의 창화를 통해 상대방의 문학적 역량에 대해 적극 칭송했고, 수준 높은 시작을 통해 서로의 문학적 역량을 교통하여 상호 심정적 결합이 가능함을 확인했으며, 시작의 교환을 통해 쌍방의 문화적 바탕이 동질적임을 확인함으로써 기왕의 책봉·조공 관계를 유지·강화할 수 있음을 확인했다. 조·명 양국 외교관들의 창화는 양국이 '동문' 즉 동질적 문화를 비슷한 수준으로 함께 향유하고 있음을 확인하게 했다. '중국(中國)'이란 역사 공동체 개념이자 문화 공동체 개념이었으니, 명대의 중국인은 동문의 한국을 사실상 중국으로 간주하여 '금수(禽獸)'와 같은 '북로(北虜. 蒙古)'와 명확하게 구별했다.

예겸 등 역대 문학지사 명사들이 한양을 오가면서 언제나 평양의 기자 사당을 들러 참배하며 '조고(弔古)'한 것도 한·중 양국이 기자라는 고리를 통해 문화와 역사를 공유하고 있음을 강조하는 외교적 제스처였다. 이들이 한국을 '기봉(箕封)' 즉 기자가 책봉 받은 곳으로 인식한 것은 두 가지 의미가 있었다. 그 하나는 중국과 한국의 책봉·조공 관계가 이미 한·중 관계사의 서장부터 시작됐던 것으로 인식했음을 뜻하고, 또 하나는 한국은 기자를 통해 중국과 '동문동궤(同文同軌)' 즉 중국과 문화와 제도를 공유하게 된 나라로 인식했음을 뜻한다. 실제로 전통 시대 한국과 중국은 한문학과 유교적 가치 등을 매우 높은 수준으로 공유했다. 조선과 책봉·조공 관계를 유지·강화하려 한 명조는 '기자'와 '동문'이라는 고리를 적극 활용했으니, 저명한 사신(詞臣) 가운데서 선발된 문학지사 명사들은 기자의 사당과 무덤을 방문해 조선의 접반사들과 한시를 창화하며 함께 옛 일을 생각하고 마음 아파하며 슬퍼한 것이다.

이처럼 한·중 양국이 동질적 문화를 향유하고 있다는 동문 의식을 공유하여 전통적 책봉·조공 관계의 문화적 정당성을 확인하는 일이야말로 문학지사 명사의 출사와 조선 접반사의 한시 창화를 통해 이뤄진 창화 외교의 일차적 기능이었다고 할 수 있다. 명조와 조선은 관계가 상당히 우호적이었으나 모순과 마찰이 전혀 없었던 것은 아니었는데, 문학 교류를 주요 내용으로 하는 창화 외교가 양국의 외교적 모순을 해결하는 하나의 유효한 경로가 됐다. 이러한 외교 방식은 정치적 교섭상의 부족한 부분을 보완해 이상적인 외교 효과를 얻게 하는 등 양국 관계에서 중요한 작용을 발휘했다.

외교란 일반적으로 양방향적인 것이지만, 조·명 창화 외교는 일방적인 것이었다. 조선에서는 명사와 접반사 사이에 한시 창화가 그토록 활발하게 전개됐지만, 조선의 사신이 명조에 출사해서 명조의 접반사들과 시문을 창화하는 일을 사료에서 확인하기는 쉽지 않다. 조선의 사신 권근이 중국에 가서 명 태조 주원장과 '응제시' 24편과 '어제시' 3편을 교환한 사건은 명과 조선 관계사상 첫 번째 창화 외교였다. 그러나 이 일이 있은 뒤로 조선의 사신이 명의 황제와 시문을 교환했다는 기록은 발견할 수 없을 뿐만 아니라 조선의 사신이 명의 접반사와 창화 외교를 전개했다는 기록도 거의 발견되지 않는다. 조선 정부는 '인신무외교(人臣無外交)' 원칙을 지키기 위해 명조에 파견된 조선 사신이 외국 사인

(士人)과 사적인 교유와 창화 활동을 할 수 없도록 규제했는데, 이는 명조에서 '경외지교(境外之交)'로 문제 삼을 것을 걱정했기 때문이다. '남의 신하된 자에게는 외교가 없다'는 원칙은 조·명의 종번 관계와 중국 중심의 세계 질서를 유지하기 위한 기본적 장치로 작동됐다.

그럼에도 불구하고 조선의 사신이 중국에서 창화 활동을 전혀 할 수 없었다거나 하지 않았다고 단언할 수는 없으니, 한국의 각종 시화(詩話) 외에도 조선 사신의 기행록인 『조천록(朝天錄)』에는 적지 않은 수의 창화시가 기재되어 있기 때문이다. 명조에 출사한 조선의 사신들은 중국에서 접촉한 관원들이나 문사들과 시문을 교환 혹은 창화하면서 우의를 나누었고, 이러한 전통의 자취는 조·청시대 말기까지 남아 있었다. 그러나 이들이 중국에서 시문을 교환한 사례는 『조천록』과 개인 문집, 한국인 시화 등에서만 산견될 뿐 사서(史書)에는 수록되지 못했으며, 창화자 개인의 교유 행위에 속하지 국가 대 국가 차원의 공식적 외교 활동으로 인정되지는 않았다.

이처럼 창화 외교가 한국의 외교 무대에서만 이뤄지고 중국의 외교 무대에서는 이루어지지 않은 것은 명과 조선의 관계가 '독립적이나 불평등한' 종번 관계로 규정되어 있었던 것과 무관하지 않았다. 창화 외교란 중국이 선창하고 사국이 화답하는 '중국적 세계 질서' 안에서 가장 효과적으로 작동한 외교 양식이었다.

3. 월남과 중국의 창화 외교

10세기 후반에 월남이 이른바 '북속시대(北屬時代)'를 벗어나 독립한 이후 중국과 월남은 19세기 후반까지 1천 년 가까운 긴 기간 동안 '종번' 관계 즉 종주국과 번속국의 관계를 건립·유지했다. 종번 관계란 곧 책봉과 조공의 예를 교환하는 관계를 말하고, 책봉과 조공은 양국의 군주가 사신을 파견하는 통사(通使)에 의해 실현된다. 전통 시대 월남의 왕조들은 모두 '내제외신(內帝外臣)'하여 국내나 동남아시아 국제사회에서는 칭제(稱帝)하며 독자적 연호(年號)를 사용했지만, 중국의 책봉사(冊封使)를 받아들여 책봉을 받고 중국에 정기적으로 조공사(朝貢使)를 보내 조공했다. 월남의 공기(貢期) 즉 조공 횟수는 상황에 따라 몇 차례 변화가 있었지만, 일반적으로 4년 1공(貢)이었다. 이러한 횟수는 같은 '동문국'이고 중국과 전형적 종번 관계를 유지한 조선의 1년 4공에 비하면 훨씬 적은 것이어서, 한·중 관계와는 구별되는 중·월 관계의 특수성을 설명한다.

월남인들은 중국과 자국을 남북의 대등한 관계로 인식해서 중국을 '북국(北國)', 자국을 '남국(南國)'이라 부르고, 중국으로 출사하는 것 혹은 그 사신을 '북사(北使)'라 불렀다. 북사가 중국 명조와 만청(滿淸)의 수도인 북경, 즉 연경(燕京)으로 출사하는 것을 '연행(燕行)' 혹은 '여청(如淸)'이라 했다. 월남 북사의 연행 노선은 양국의 접경 지역에 있는 '진남관(鎭南關)'을 나서서 중국의 11개 성(省)을 지나는데, 기본적으로 수로(水路)를 주로 이용해서 1만 2천여 리 이상을 주행했고, 왕복하는 데 2년 정도 걸렸다. 월남의 북사는 보통 정사 한 명과 부사 두 명으로 구성됐는데, 학문이 뛰어난 문학지사 가운데 엄격하게 선발된 이들은 중국에서 월남이 '문헌과 예의의 나라'임을 드러내 보이는 사명을 부여받았다.

종번 관계의 또 다른 일방인 중국의 국가들도 송(宋) 대 이후 월남에 120여 차례나 책봉사를 파견하여 월남의 군주를 책봉했다. 송과 원·명·청 등 중국을 지배한 왕조들도 모두 월남에 파견하는 사신의 인선을 매우 중시해 책봉사의 대부분은 시문에 뛰어난 과거(科擧) 출신의 저명한 문학지사(文學之士)였다. 월남 측에서도 문학지사 출신의 중국 책봉사를 영접하기 위해 조정 중신 가운데 한시 창작에 뛰어나고 학식이 깊은 문학지사를 선택하여 접반사를 구성했다. 대부분 과거 특히 진사과(進士科)에 급제한 중신으로 일찍이 중국에 출사한 적이 있는 경우가 많았던 이들 접반관원들에게도 월남이 '문명과 문헌의 나라'임을 과시하라는 사명이 부여됐다. 이로 인해 월남 조공사의 북상과 중국 책봉사의 남하 과정에서 중·월 양국의 문화가 교류되고 이른바 한시 창화를 통한 창화 외교가 전개될 수 있는 조건이 준비되어 있었다고 할 수 있다.

중·월 양국의 저명한 문학지사들이 외교 활동을 빈번하게 전개함에 따라 자연스럽게 중·월 문화 교류 특히 문학 교류가 높은 수준으로 이루어졌고, 이 과정에서 이른바 '북사시문(北使詩文)'과 '사교시문(使交詩文)'이 출현했다. 월남 사신은 북사하면서 여러 가지 문학적 방법으로 외교 활동을 전개했는데, 그 가운데서도 이들이 가장 선호한 방법은 한시의 창수와 증답이었다. 월남의 사자가 북행하는 연도에는 주변의 사대부(士大夫)와 시객(詩客)들이 월남 사자들에게 구시(求詩)하거나 증시(贈詩)하는 경우가 허다해서, 한시에 일가를 이룬 월남의 사자들은 자국이 문헌국(文獻國)임을 과시하고 자신의 문학적 역량을 드러낼 기회를 빈번하게 가졌다.

'북인(北人)'과 '남사(南使)'는 서로 대등한 입장에서 같은 문물과 의관·문자 등을 공유한다는 '동문(同文)' 의식을 가지고 서로 한시 창화를 적극적으로 즐겼다. 중국 사대부들의 적극적인 '색시(索詩)'에 대해 대부분의 월남 북사들은 화답을 피하지 않았다. 북사가 중국 사대부와 나눈 한시 창화는 주로 개인적으로 진행됐지만, 왕왕 집단적으로 전개된 경우도 있었다. 물론 월남 북사의 한시 창화가 연도의 지방 사대부들과만 이뤄진 것은 아니었다. 입조(入朝)를 관장하는 예부주사(禮部主事) 등 북경의 중앙정부 관료들이나 순무(巡撫) 등 연도의 성급 고위 지방관, 오문해방동지(澳門海防同知)와 같이 월남의 국익과 관련된 주요 지방 관원과도 시가를 창화했다. 월남 북사는 월남으로 출사한 중국의 사신과도 한시를 창화했고, 청조의 황제와 어제시(御製詩)와 응제시(應製詩)를 교환하기도 했다. 그러나 월남 북사와 한시를 창화한 중국의 관원들은 대부분 연도의 부(府)·주(州)·군(郡)·현(縣) 등의 장관인 하급 지방관이었다. 그리고 북사와 한시를 창화한 중국의 관리들 가운데 북사 창화의 가장 주요한 상대는 기본적으로 중국인 반송관(伴送官)이었다.

월남의 북사가 중국에서 황제와 관료·사대부 그리고 반송관과 한시를 창화했듯이, 중국의 사신들도 월남에서 군주와 신료 특히 접대 관원들과 한시를 창화하며 '천조(天朝)'의 '일시동인(一視同仁)'과 안남국(安南國)의 충성 등을 가송(歌頌)했다. 월남 안남국의 군주나 세자(世子) 가운데는 시문에 능한 사람이 많아 보다 적극적으로 중국 사신에게 증시하여 창화를 유도했고, 과거에 급제한 문망 있는 관원을 보내 사신을 접반하며 빈번하게 창화하게 하여 월남도 '문명 예의의 나라'임을 중국에 과시하게 했다. 월남인이 증시하고 사신이 화답했거나 사신이 증시하고 월남인이 차운(次韻) 화답하는 두 가지 양식으로 중국 사신과 월남 접대 관원의 창화가 이뤄졌다. 한시에 능숙한 월남의 문사들은 중국의 사신과 시가를 증답 혹은 창화함으로써 중국 사신을 탄복시키고 자국의 문화적 수준을 선양해 외교적 이익을 극대화할 수 있었다.

월남 북사와 중국 반송관의 한시 창화는 단순한 문학적 교유 과정에 그치지 않고 서로 재주를 뽐내어 승리를 다투는 투시(鬪詩) 혹은 쟁시(爭詩)의 의미도 갖고 있었다. 월남 북사와 중국 반송관은 그 신분이 모두 각자의 국가를 대표했기 때문에, 이들의 한시 창화는 표면적으로는 개인적 문학 교류에 불과했지만 내면적으로는 국가의 위신과 체면을 지키고 드러내는 외교의 일환이었다. 월남 북사가 중국에서 중국의 사대부나 관리들과 한시를 창화하는 목적 가운데 가장 중요한 것은 뛰어난 시 짓기 솜씨를 보여서 월남이 문헌과 문명의 나라임을 과시하는 것이었는데, 이는 당연히 자국은 '이적(夷狄)'이 아니라 '중화(中華)'의 문명국이라는 자의식의 표현이었다.

북사들의 사행록에는 특히 서세동점에 의한 세계관의 변화와 병행해 월남인의 새로운 화이관(華夷觀)이 강렬하게 표현됐다. 전통 시대에 중국인은 모두 한대(漢代)에 마원(馬援)이 세운 동주(銅柱)를 양국의 정치 영역을 나누는 표지로 인식했지만, 월남인에게는 동주가 단순한 국경의 의미를 넘어 두 개의 문화 영역을 구분하는 표시로 이해됐다. 한, 당, 송, 몽원(蒙元), 명, 만청 등 중국을 지배한 역대 왕조들이 차례로 월남을 침공하면서 언제나 '교화(教化)'를 구실로 내세웠음을 기억하는 월남인은 자신들이 이미 교화 즉 문명화된 '문헌국'임을 중국인들이 알게 해 줄 필요성을 언제나 강하게 느끼고 있었다. 조공사를 파견하고 책봉사를 맞이하는 표면적 이유는 조공과 책봉이었지만 실제 이유는 개화된 영역으로서의 남국의 위상을 적극적으로 전시하는 것이었고, 이를 위해 남국의 사신들이 북사하는 과정에서 좋은 시를 쓰면서 적절하게 예(禮)를 수행하는 모습을 보여서 북국 지식인과 관리들의 존경을 받는 것이었다.

월남 사신이 연행 과정에서 창화 외교를 전개한 직접적 이유의 하나가 중국 문화계에서 자신의 명성과 지위를 제고하고 월남의 조정에서 자신의 권력과 지위를 높이는 것이었지만, 보다 일차적인 이유는 중국의 사인(士人)과 관원에게 월남의 높은 문화적 수준을 과시하여 중국이 월남을 이적시(夷狄視)하는 관념을 바꿈으로써 정치적 목적을 수행하는 데 필요한 환경을 조성하는 것이었다. 전통 시대의 월남은 외적으로는 중국 왕조들과 종번 관계를 갖고 책봉과 조공의 예를 교환했으나, 실제로는 주변국에 '중국(中國)'을 자처하며 중국에 '내제외신'하는 한편 중국인의 전통적 화이관을 거부하고 연행 북사들의 부단한 시문 창화 외교를 통해 월남이 중국과 동문의 나라임을 강조했다.

4. 유구와 중국의 창화 외교

유구(琉球)를 지배한 중산국(中山國) 등의 국가는 명 태조(太祖)가 유구에 사신을 보내 수교한 뒤부터 일본에 병탄될 때까지 500년 넘게 중국을 지배한 명·청 등과 책봉과 조공의 예를 교환하는 종번(宗藩) 관계를 유지했다. 그동안 중국의 국가들은 25차례나 유구에 책봉사를 파견했고, 유구의 국가들은 중국에 490여 차례나 조공사를 빈번하게 파견했다. 이와 함께 유구도 한시 문화에 익숙한 동문의 나라였기 때문에, 한·중이나 중·월 관계와 마찬가지로 중·유 외교 관계에서도 시문을 수단으로 한 창화 외교가 등장할 수 있는 개연성이 충분히 존재하고 있었다.

실제로 유구에 출사한 중국 사신들의 사행록 즉 '사유구록(使琉球錄)'과 유구의 종합 시집에는 중국 사신이 유구 국왕이나 관원·문사들과 나눈 창화시(唱和詩)들이 적지 않게 발견된다. 안남과 조선에 출사한 책봉사들이 조칙을 개독하고 책봉례(册封禮)를 수행한 뒤에는 즉시 육로로 귀국할 수 있었던 것과는 달리, 유구에 출사한 책봉사들은 북풍을 기다렸다가 돌아가야 했기 때문에 보통 하지 전후에 바다를 건너가서 동지 전후에 귀환했다. 따라서 책봉의식이라는 본래의 사명을 무사히 수행한 책봉사들은 흔히 유구의 산천을 유람하며 유구의 사대부들과 시문을 창화하며 즐겨, 유구에서 한시열(漢詩熱)을 불러일으키고 적지 않은 시편을 남겼다.

명 초에 중·유 양국이 책봉과 조공의 예를 교환하는 종번 관계를 수립한 뒤, 명 태조는 민인(閩人) 가운데 배를 잘 조정하는 자 36성(姓)을 유구에 '특사(特賜)' 했는데, 이때 유구에 이민한 복건(福建)의 36성 중국인은 유구의 도읍 나패(那覇)의 구미촌(久米村)에 모여 살았다. 그들 중 문인은 사서오경(四書五經)을 가지고 가서 유구 정부의 지원을 받으며 공묘(孔廟)를 설립하고 국학(國學)을 개설하고 과거(科擧)를 실행하여 중국 문화가 유구에 이식되는 데 중요한 역할을 수행했다.

유구는 소국으로 그 면적과 인구가 중국의 일개 현(縣)에 상당할 뿐이지만 많은 시인 소객(騷客)이 있어 책봉사들은 적지 않은 수의 창화시를 얻을 수 있었다. 이와 아울러 유구는 빈번하게 우수한 자제를 중국의 국자감(國子監)에 입학시켜 중국 문화의 수입에 열의를 보였고, 복주(福州) 유구관(琉球館. 즉 柔遠驛)에서 근학생(勤學生) 신분으로 체류한 사비 유학생들도 유구의 문화적 수준, 특히 한시 문화의 수준을 제고시키는 데 중요한 역할을 담당했다.

유구의 사신은 중국에 출사하는 과정에서 민(閩) 지방에서 현지 사대부와 시가를 창화한 경우도 적지 않았다. 중국에 간 유구인은 대체로 조공사와 유학생 등 두 부류였는데, 조공사 가운데 적지 않은 수가 중국에서 유학한 경력이 있고 여러 차례 복건에 족적을 남겼다. 조공사 외에도 유구의 많은 유학생들이 복주에 많이 모여 유원역(柔遠驛)에서 살면서 학예와 중국어·민속(閩俗) 등을 학습하며 복건 명사들과 깊고 두터운 우의를 맺었으니, 복건은 그들에게 제2의 고향이었다. 매우 많은 유구 시인의 작품이 복건 문인과의 수답·창화·증별의 작품이었다.

5. 한국과 일본의 창화 외교

일본이 전통 시대 동아시아 국제사회에서 점한 위치는 매우 독특했다. 전통 시대에 동아시아 국제사회를 구성한 대부분의 나라들은 이른바 '중국적 세계 질서'를 형성하고 그 안에 내포돼 있었지만, 일본은 주로 특수한 지리적 위치로 인해 전통 시대 대부분의 기간에 이러한 질서에서 소외돼 있었다. 이로 인해 책봉과 조공이라는 외교적 통로를 통해 이루어진 문화 교류에도 참여하기 어려워서 고유한 문화를 보수하고 있었다.

책봉과 조공이라는 예적 장치를 통해 '중국적 세계 질서'에 동참한 나라들 즉 중국과 한국·월남·유구 등의 동아시아 나라들은 책봉과 조공이라는 통로를 통해 공유하게 된 공동의 문화 즉 한자와 한문·유학 등을 공유하는 동문의 나라라는 공동체 의식을 갖고 있었다. 이들 나라의 외교관들은 한자와 한문이라는 수단을 통해 동문 의식을 서로 확인할 수 있었으니, 시문의 증답이나 창화를 통해 이른바 창화 외교가 이루어질 수 있었던 것이다. 그러나 일본은 중국이 주도하는 세계 질서로부터 오랫동안 소외돼 있었기 때문에 중국이나 한국 등과 동문 의식을 공유하지 못했을 뿐만 아니라 당연히 한시를 창화하는 동아시아 특유의 외교 체제에도 동참하지 못했다.

조선은 건국 이후 임진왜란 이전까지 200여 년 동안 모두 70차례에 가까운 사신을 일본에 보냈지만, 이 기간에 한·일 외교상에서 이른바 창화 외교가 이뤄진 사례는 거의 발견되지 않는다. 임진왜란 이후에는 덕천막부(德川幕府)와 교린(交隣) 관계를 수립하기 위해 1607년에 회답겸쇄환사(回答兼刷還使)를 일본에 파견했고 그 뒤 1811년에 대마역지통빙(對馬易地通聘)이 이뤄질 때까지 200여 년 동안 모두 12차례 통신사절(通信使節)을 파견했다. 이렇게 조선 통신사가 일본에 파견되면서 비로소 한·일 외교상에서 한시의 증답과 창화가 나타났고, 통신사 파견이 거듭될수록 창화 외교의 깊이와 폭이 더해져 갔다. 조선 통신사행은 관백(關白)의 습직(襲職)을 축하하는 의례적 행사로 진행되어, 외교적 현안의 해결보다는 시문 창화 등 문화적 교류를 강화하여 양국의 우호를 돈독히 하는 방향으로 진행됐다.

통신사 파견 초기에는 비록 조선 사행원과 일본 문사들 사이에서 시문의 증답과 창화가 이뤄졌다 하더라도 정상적이고 본격적인 창화 외교였다고 보기는 어렵다. 왜냐하면 양자 사이에는 현격한 문학적 수준의 차이가 상호 인식되고 있어, 일본 문사는 조선 사행원의 시문을 일방적으로 앙모하고 조선 사행원은 일본 문사의 시문을 무시하는 것이 일반적 현상이어서 서로 상대의 문학을 존중하고 대등하게 소통하는 창화의 조건이 형성되지 못했기 때문이다. 그러나 통신사의 파견이 200여 년간 지속되어 일본 한문학과 유학의 발전에 자극과 영향을 계속 미침에 따라, 통신사 후기에 이르면 어느 정도 대등한 수준에서 시문을 교환하고 창화할 수 있었다. 이런 관점에서 본다면 조선 통신사의 파견은 한·일 간의 창화 외교를 가능하게 하여 일본이 동아시아 창화 외교 체제에 참여하게 한 기본적 계기와 환경을 제공했다고 할 수도 있다.

물론 일본 한문학과 유학의 발전을 조선 통신사의 파견만으로 설명할 수는 없다. 그러나 통신사의 파견이 거듭되고 일본 문사와 통신사행원의 교환(交驩)이 잦아질수록 시문 교환과 창화의 문학적 수준이 크게 제고되고 그 내용이 충실해졌음은 사실이다. 그리고 조선 사행원의 창화시를 비판하고 조선 사행원과 대등한 수준으로 시문을 창작할 수 있다는 자신감이 나타나면서 조선 통신사의 파견이 중단됐다는 사실을 통해 한·일 창화 외교의 독특한 한 측면을 엿볼 수도 있다. 조선에 파견된 중국 명의 사신이 환관에서 저명한 문학지사로 교체됨과 동시에 조·명 창화 외교가 개시되어 꽃을 피운 것처럼 조·일 창화 외교도 대규모 문화 사절단인 통신사의 파견과 더불어 발전했고, 만주인이 중국을 지배한 청조시대에 이르러 조·명 창화 외교가 차츰 쇠퇴한 것처럼 조선 문학에 대한 존중과 기대가 비판과 실망으로 바뀐 시점에서 통신사의 파견도 종결된 것이다.

조선 통신사절단은 인원수가 보통 400명이 넘는 방대한 조직으로, 주요 구성원으로 정사와 부사, 종사관(從事官. 원명은 書狀官)이 있어 삼사(三使)라 총칭됐고, 그 외에 제술관(製述官. 원명은 吏文學官 혹은 讀祝官)과 삼사서기(三使書記. 혹은

三房書記), 사자관(寫字官), 화원(畫員), 의원(醫員), 군관(軍官), 역관(譯官) 등이 수행했다. 이 가운데서 제술관과 삼사서기는 문자응수(文字應酬)를 담당했다. 조선에서는 통신사를 파견할 때마다 의마지재(倚馬之才)를 풍부하게 갖춘 문사를 선발하여 제술관의 직임을 맡게 했고, 삼사서기의 인선도 마찬가지로 문채(文彩)가 빛나는 문학지사(文學之士) 가운데서 이뤄졌다.

조선 통신사의 출사 과정에서도 사행원과 일본 문인 사이에서 수많은 창화시가 생산됐으니, 이는 지금까지 남아 있는 대량의 사행록(使行錄)과 창화필담집(唱和筆談集)이 입증한다. 조선 통신사 일행의 사행길을 따라 지방 곳곳에서 양국 문사들 사이에 필담과 시문 증답 및 시가 창수가 이루어졌고, 그 양은 헤아릴 수 없을 정도로 많았다. 양국 문사 간의 필담과 증답 및 창화는 일본 전역으로 확대되고 회를 거듭할수록 양적·질적으로 증가했다. 통신사와 일본 문사의 한시 창화가 얼마나 성행했는가는 일본에서의 창화필담집의 출판 성행을 통해서도 확인된다. 조선에서는 통신삼사와 제술관 등이 귀국한 뒤에 저술한 사행록들이 다수의 창화시를 담고 출간됐다.

통신사의 사행원들과 시문을 수창(酬唱)한 일본인들 가운데는 다양한 계층이 포함돼 있었으니, 그중에는 사행원들과 빈번하게 접촉할 수 있었던 호행원(護行員)들이 있었다. 통신사의 호행은 대마도(對馬島)에서 책임졌기 때문에 대마도의 태수(太守)와 통사(通事)·서기(書記), 이정암(以酊菴)의 장로(長老)와 승려 등이 사행원과 빈번하게 수창했다. 무사의 나라 일본에는 과거 제도가 없어 한문학을 직업적으로 연마하는 전문 지식인이 많지 않았다. 강호막부(江戶幕府) 초기의 일본 지식인은 주로 승려였기에, 당연히 승려들이 통신사를 접대하고 필담에 참여했다. 그러나 통신사의 파견이 100여 년 이상 지속되자 일본에서는 승려 외에도 통신사에 응수할 수 있는 지식인 계층이 상당 수준으로 양성·축적됐다. 신분을 알 수 있는 창수 인원 가운데 가장 많은 수를 점하는 상대는 번국(藩國)의 유관(儒官)과 국학인 창평학교(昌平學校) 대학두(大學頭)의 제자들이었다. 조선의 유학자와 달리 일본의 유자는 국가에 이용가치를 인정받은 일종의 전문 지식인에 지나지 않았는데, 이들은 조선 통신사와의 문학 교류를 통해 자신의 특수한 지위를 확인하고 견고하게 하는 기회로 이용하려 했다.

조선 통신사 사행원들이 일본의 문사들과 교환한 창화시는 대부분 창화 상대의 인품이나 시품(詩品)에 대한 존경과 칭송을 표현하거나 자국의 역사와 국격에 대한 자부와 자긍심을 표현하면서 양국의 인호(隣好)를 희망하는 내용으로 구성됐다. 통신사에게 부여된 가장 중요하고 큰 사명은 일본과의 우호 관계를 확립하거나 유지·발전시키는 일이었고, 통신사를 접반하는 일본의 학승(學僧)이나 문사(文士)들의 임무 역시 조선과의 인호를 지키고 강화하는 일이었다. 한시를 창화하면서 상대방을 존중하고 상대의 시를 칭송하는 것이 양국의 외교 관계를 우호적으로 유지·발전시키는 데 필요한 일이라고 인식됐음은 물론이거니와, 자국에 대한 자존심을 지키는 일 역시 대등한 교린 관계를 확립하는 데 꼭 필요한 전제로 이해됐다.

이러한 한·일 창화 외교의 배경에는 강렬한 문화적 자의식이 작용하고 있었던 것으로 보인다. 조선시대 한국인은 소중화(小中華) 의식에 근거하여 일본·월남·유구 등 주변 나라에 대해 문화적 우월감과 자신감을 감추지 못했다. 조선의 문사들은 외교의 과정에서 시문을 창화하는 것을 국가 위신을 제고하는 일종의 문화 선양으로 의식하고 있었다. 조선 통신사행원들이 자국 문화에 대한 우월감과 일본 문사와 문학에 대한 경시 의식을 갖고 있었다면, 일본인들에게서는 조선을 기자(箕子)의 유풍이 남아 있는 예의(禮義)의 나라로 앙모하는 경향을 발견할 수 있다. 일본의 문사들이 조선을 유교 문화가 발달한 문명의 나라로 앙모했던 만큼, 유교 문화의 필수적 요소라 할 수 있는 시문(詩文)·서화(書畫)가 조선에서 발전했다고 생각하는 것은 자연스러운 일이었다. 일본인이 조선의 시문과 서화를 존중하고 선호하는 경향은 거국적인 것으로, 귀천의 차별이 없고 지역의 구분도 없이 이미 하나의 풍속을 이루었다. 이러한 현상은 일본 사회가 문화적으로 성장하고 있었음을 보여 주는 것이기도 하지만, 당시 조선과 일본의 문화적 수준의 격차가 컸음을 여실히 보여 주는 것이기도 했다.

한국인의 문화적 우월감과 일본인의 문화적 열등감이 바로 통신사의 존재에 의미를 부여했다. 양국의 문화적 격차를 좁히는 것이 통신사의 사명인 만큼 통신사의 창화 외교 즉 시문의 증답과 창화는 통신사의 제1차적이요 핵심적 역할이었다고 할 수 있다. 조선은 통신사의 창화 외교를 보완·강화하기 위해 통신사의 구성을 제도적으로 강화했다. 일본인의 문화적 욕구가 증대함에 따라 시문 증답과 창화의 양과 횟수가 크게 증가되자, 외교를 전문적으로 담당하는 삼사와 필담 창화를 전담하는 제술관 및 서기관이 양분됐다. 일본 문사의 시문 창화 욕구에 적극적으로 대응하기 위한 통신사의 새로운 문사 체제가 1682년의 사행에서 출범했다. 증가한 일본의 시문 요청에 부응하여 제술관 1명과 서기 3명의 사문사(四文士) 체제를 갖춘 것이다. 그러나 중국으로 파견되는 조천사(朝天使)나 중국 사신을 응접하는 접반사(接伴使)의 임용과 달리, 통신사행원은 최고위 관리나 특류의 문학지사 가운데서 선발되지는 않았다. 다만 통신삼사를 제술관과 서기 등 사문사가 수행하도록 해서 일본 측의 시문 창화에 대한 욕구와 기대를 충족시켜 주었을 뿐이다. 사문사 외에도 사행을 수종한 통사나 의원 등 가운데 문재가 있는 이들이 일본 문사의 수창 요구에 응하기도 했다.

그러나 통신사행원들이 지나치게 많은 일본 문사를 상대함으로써 시문의 질이 떨어짐에 따라 1763년의 11차 사행부터 피차의 비판이 이어졌을 뿐만 아니라, 의미 있는 만남과 교류를 원천적으로 봉쇄하는 폐단까지 발생하기에 이르렀다. 일본의 문사들은 조선 문사들의 다작을 비판하면서 수준 높은 시작에 대한 요구를 쏟아내기 시작했다. 두 사람 이상이 함께 모여 시를 지어 주고받는 창화의 기본 속성은 속작(速作)이다. 상대방이 기다리고 있기 때문에 빨리 지어 주어야 한다. 속작을 하면 자연히 다작을 하게 되고, 다작을 하면 자연히 작품의 수준에 떨어지게 된다. 일본 문사들이 조선 통신사의 문학을 비판하기 시작한 데 반해, 조선 문사들의 일본 시에 대한 평가는 적극적으로 바뀌었다. 그들은 일본이 한대 이래로 동아시아 문화권에서 소외되어 있다가 최근에 이르러 중국과의 교역을 통해 서적을 대량 구입해 이적(夷狄)의 수준을 벗어나 서화(書畵) 문화가 크게 발전했음을 주목했다. 통신사의 일본에서의 창화 외교에 대해 일본 문사들의 비판뿐만 아니라 통신사행원의 자아비판도 나타나기 시작했다. 이에 반해 일본 문학 수준에 대한 조선의 인식은 기본적 부정에서 긍정으로 바

꿔기 시작했다.

1763년 사행에서 드러난 창화 외교의 문제점들은 통신사 파견을 중단시키는 데 일조했다. 특히 이 사행에서 한 사행원이 피살되는 돌발 사건을 계기로, 그다음에 있었던 1811년 신미(辛未) 사행에서는 대마도로 '역지(易地)'하여 파견되고 사행단의 규모도 대폭 축소되더니, 그나마 그것이 마지막 통신사로 기록되기에 이르렀다. 그러나 1876년에 일본에 다시 파견된 수신사(修信使)에서 창화 외교의 전통이 계승됐다. '동문의 나라'임을 거론하면서 양국의 우호를 기약하는 창화시의 내용은 전대 통신사의 한시 창화와 다를 바 없었다. 수신사의 창화는 더 이상 문화적 주도권으로 외교적 목표를 성취하려 한 문화사절단의 의미를 갖지 못했다. 그럼에도 불구하고 수신사 일행도 한시 창수를 계속했다 함은 창화 외교의 전통이 전통 시대 국제 관계에서 얼마나 지속적으로 강근하게 잔흔을 남기고 있는가를 잘 보여 준다.

한자를 표기 수단으로 하는 공동 문화권에서 한시 창화는 자신의 문재를 과시할 수 있는 수단인 동시에 외교적 우위를 드러내는 방법의 하나였다. 시를 써서 주고받는 것을 하나의 전투 행위로 간주하는 것은 창화시에서 일반적으로 발견되는 특성 가운데 하나이지만, 조선 통신사와 창화하는 일본 문사들에게서 두드러지게 보이는 현상이었다. 이러한 시전(詩戰) 의식은 통신사 초기부터 나타났다. 시전 의식의 발로는 곧 시 짓기에 대한 자신감의 표현이라 할 수도 있다.

그러나 자국의 우수한 문화를 선양하기 위해 창화하는 조선 통신사의 문사들과 자신의 기량을 시험하고 뽐내려는 일본 문사들의 '투시' 사이에는 미묘한 차이가 발견된다. '문전(文戰)'의 승부 판정은 왕왕 시작의 속도로 결정됐다. 통신사를 파견할 때 조선은 의마지재를 가진 문인을 특별히 선발해 제술관이나 서기로 충원해 일본에서의 '문전'에 대비했다. 일본 문사가 쓴 시의 내용도 호전적으로 바뀌어졌다. 시문을 활과 검이라는 무기에 비유했을 뿐만 아니라 신공왕후(神功王后)와 풍신수길(豊臣秀吉)을 거론하며 문장으로 조선을 정벌한다는 자의식을 감추지 않았다. 일본 문사의 '시전' 혹은 '문전' 개념은 단순한 문학적 기량의 겨룸을 넘어 국가적 경쟁이라는 역사의식까지 포함하고 있었다.

조선 통신사의 파견이 임진왜란을 계기로 전쟁 재발을 미연에 예방하는 차원에서 이뤄진 만큼, 통신사 일행은 시문 창화의 과정에서 양국의 전쟁 경험을 가능한 한 피하고 싶었을 것이나, 직접 책임 있는 직임을 맡지 않은 일본인 시인들은 특히 조선인이 보지 못하는 필담창화집의 서문을 통해 왜곡되고 과장된 역사의식과 억제되지 않는 '문전' 의식을 마음껏 표현할 수 있었다. 그뿐만 아니라 18세기에 이르러 일본의 한문학 수준이 크게 제고된 것도 일본 문사의 '문전' 의식에 상당한 영향을 미쳤던 것으로 보인다. 일본 문사들의 한문학 수준이 한문화를 해득하는 수준을 벗어나 창의적 작품의 제작에까지 이르게 되자, 그동안 감탄과 앙모의 대상에 머물렀던 조선 통신사 문사들의 작시 능력을 경쟁과 제압의 대상으로 보게 된 것이다.

일본 문사가 전투의 태세로 조선 통신사에 대응한 것은 한·중 간의 시문 창화에서 중국 사신들의 태도와 달리 한국의 문사들이 시전으로 대응한 것과 비견될 수 있다. 그것은 문화의 중심에 대한 문화 주변의 도전이라 할 수 있다. 즉 조선에 파견된 중국 명조 사신들과 조선 접반사들의 시문 창화에서는 주로 조선 접반사들의 시전 의식이 돋보였던 데 반해, 일본에 파견된 조선 통신사와 일본 문사들의 한시 창수에서는 주로 일본 문사들의 투시 의식이 두드러지게 나타난 가장 주요한 까닭은 무엇보다도 문화의 상대적 차이 즉 문화의 중심과 주변으로서의 자의식이 표출됐기 때문이다. 조선의 문사들은 명의 사신과 한시를 창화할 때와는 달리 일본의 문사들과 창화할 때는 스스로 문화의 중심이라는 자의식을 감추지 않았고, 일본의 문사들은 조선 통신사행원에 대한 문학적 열등감과 문화적 주변 의식을 강렬한 투시 의식으로 표출했다고 할 수 있다.

그럼에도 불구하고 사문사 등 통신사 사행원들과 일본 접반 문사들의 빈번하고 광범한 규모의 한시 증답과 창수 활동은 전통 시대 동아시아 국제사회에서 창화 외교가 보편적·일반적 외교 양식의 하나로서 독특한 역할을 수행했다는 사실을 한 번 더 확인케 하는 데 부족함이 없다. 춘추시대 이래로 중국과 한국·월남 등 한문화권의 나라들은 '시언지(詩言志)'의 전통을 계승해 외교의 과정에서 한시를 증답하고 창수하는 등 창화 활동을 활발하게 전개하여 독특한 외교 체제를 구축하고 있었는데, 강호막부시대의 일본도 조선에 문화사절단인 통신사의 파견을 요청하여 접반 승려나 문사들이 그 사행원과 시문을 창화하게 함으로써 이러한 외교 체제에 적극 참여한 것이다.

통신사 사행원은 소통을 원활히 하는 외교적 방편으로 한시 창화를 활용했을 뿐만 아니라, 첨예한 대립과 미묘한 신경전을 동반하는 외교 사행에서 양국 외교관들 사이의 긴장을 완화하는 데 한시 창화를 활용하기도 했다. 크게 보아서 일본은 창화 외교를 통해 당시 세계 최고 수준의 고급한 문화를 수용하고 전후의 불안정한 국제 관계와 국내 정국을 동시에 안정시키는 효과를 기대했고, 조선은 창화 외교를 통해 상대적으로 높은 자국의 문화적 수준을 과시하여 국격을 선양하고 임진왜란으로 노출된 문약(文弱)의 약점을 보완하여 전쟁 재발을 미연에 예방하는 외교적 효과를 기대했다.

일본을 상대로 한 조선의 창화 외교는 통신사의 파견 그 자체로서 창화 외교의 효과를 거두었다고 할 수 있다. 12차례의 통신사가 200여 년의 장기간에 걸쳐 지속적으로 파견됐음은 이러한 양국의 기대가 일정한 수준으로 충족됐음을 의미한다. 또한 1811년의 12차 사행으로 통신사 파견이 중단됐지만, 1876년에 수신사가 일본에 다시 파견되어 시문 창화가 다시 이뤄졌음은 통신사를 통한 창화 외교의 효용성에 대한 기대가 완강하게 잔존했음을 설명한다.

6. 한국과 월남의 창화 외교

월남은 한국과 매우 흡사한 역사 구조를 갖고 있는 나라다. 두 나라는 이미 기원전에 중국 등 주변의 나라들과는 구별되는 독립적 역사 공동체로 출현했고, 중국의 제국 한(漢)의 침략을 받아 오랜 기간 군현적 지배를 받았던 경험이 있다. 중국 국가들의 군현(郡縣) 체제하에서 정치적·문화적으로 성장한 두 나라는 그 군현 체제에 완강하게 저항하여 독립된 왕국을 스스로 건립할 수 있었다. 이 두 나라는 중국과 함께 동아시아 특유의 국제 질서와 문화 체계를 형성·

발전시켰고, 몽원(蒙元)이나 만청(滿淸), 프랑스, 일본, 미국 등 제국들의 침략에 적극적으로 저항하여 정치적 독립성을 지키는 저력을 보이기도 했다. 아마도 세계에서 한국과 가장 비슷한 역사 구조와 역사 경험을 가진 나라를 찾는다면 바로 베트남 즉 월남일 것이다. 이처럼 월남과 한국은 유사한 역사 구조와 역사적 경험을 공유하고 있었지만, 중국을 사이에 두고 멀리 격절된 지리적 조건으로 인해 적어도 전통 시대에는 직접적 교류나 접촉이 매우 희소했고 제도적 관계는 전무했다.

그러나 한국과 월남은 문자 생활에서도 흡사한 경험을 공유했다. 근세에 이르러 독자적 문자인 자남(字喃)과 한글을 만들어 사용하기 시작했지만, 전통 시대의 대부분은 중국과 함께 한자를 사용했고, 한문의 이용과 한문학의 향유가 고도한 수준으로 이루어졌다. 이로 인해 월남인도 한국인과 마찬가지로 중국인과 함께 동문 의식을 갖고 있었고, 한시를 창화하며 동문 의식을 나눌 수 있는 문화적 조건을 충분하게 갖추고 있었다. 전통 시대에 한국인이 중국인과 한시를 증답 혹은 창수하며 동문 공동체를 확인했듯이, 월남인도 중국인과 한시를 증답 혹은 창수하면서 동문 의식을 드러냈을 뿐만 아니라 한국인과도 한시를 증답 혹은 창수하면서 동문 의식을 표출했다. 중국의 사신과 한국의 접반사, 월남의 사신과 중국의 접반 인원들이 한시를 창화했듯이, 월남의 사신과 한국의 사신이 중국 북경에서 만나 한시를 증답하고 창수한 사례를 문헌에서 귀하지 않게 발견할 수 있다. 따라서 비록 다른 사례와 달리 사신과 접반사의 창화가 아니고 사신과 사신이 의도하지 않게 우연히 만나 나눈 창화라는 특수한 측면이 있지만, 월남 사신과 한국 사신이 제3의 장소에서 한시를 증답·창수한 경우도 전통 시대 동아시아 국제 질서를 구성한 창화 외교의 한 사례로 이해할 수 있을 것이다.

전통 시대의 한국인과 월남인은 이민과 표류, 사신의 조우 등 인적 교류를 통해 정보를 교환하여 서로에 대해 인식·이해할 수 있었는데, 그 가운데서도 양국의 사신들이 북경에서 조우(遭遇)하여 교환한 정보가 가장 정확하고 광범해서 상호 교류와 이해에 중요한 의미를 갖고 있었다. 한·월 양국은 함께 책봉·조공 체제에 참여하여 공동으로 동아시아 세계 질서를 구축하고 있었기 때문에, 조공의 예를 수행하기 위해 중국에 파견된 사절단이 북경에서 조우함으로써 상호 정보를 교환하여 자국민들에게 전달하고 상호 시문을 교류하여 문화적 교감까지 깊게 할 수 있었고, 필담과 창화를 통해 상대국에 대한 정보를 획득하여 본국에 전할 수 있었던 것이다. 월남과 한국 사신의 만남이 비록 제3국에서 진행됐고 교류 시간도 충분하지 못했지만, 그들이 남긴 수창시와 문답으로도 당시의 양국 문화와 정보를 이해할 수 있었으니, 이들 작품은 함께 하나의 문화권을 이루고 있다는 동문 의식으로 가득 차 있다.

북경(北京)을 무대로 한 한국과 월남 사신 간의 창화 외교에는 일정한 한계가 있었다. 한국의 조선(朝鮮)과 월남의 안남국(安南國)은 중국의 명(明)에 조공하는 차수가 서로 달라 북경에서 서로 조우하기가 쉽지 않았다. 또한 자국에서 북경에 이르는 거리가 크게 달라 북경에 도착하는 일시와 북경을 떠나 귀국하는 일시 즉 북경에 체류하는 기간이 서로 달라서, 비록 북경에서 만날 수 있다 하더라도 함께 만날 수 있는 시간이 일정하지 않았다. 더구나 양국의 사신이 북경에서 만난다 하더라도 각각 다른 객관에 거처하여 금령으로 서로 통할 수 없었고, 단지 조회(朝會)에서 한두 번 얼굴을 볼 수 있을 뿐이었다. 이렇게 서로 만나서 필담을 나눌 기회를 갖기도 힘든데 하물며 함께 한시를 창수한다는 것은 결코 쉬운 일이 아니었다.

그럼에도 불구하고 한·월 양국의 사신들은 기회만 있으면 틈틈이 만나 시문을 교환했으니, 1458년에 조선 사신 서거정(徐居正)과 안남 사신 양곡(梁鵠)이 북경에서 만나 서로 한시를 창화하며 교환(交驩)한 이후 많은 사례가 기록에 남아 있다. 1598년에 조선 사신 이수광(李睟光)과 안남 사신 풍극관(馮克寬)이 만나 시문을 통해 즐거움을 나눈 사건이 그 대표적인 경우였다. 조선 사신과 안남 사신이 북경에서 만나 시가를 창화한 일은 모두 16회로 파악된다. 물론 이는 창화시(唱和詩)가 확인된 경우로, 실제는 이보다 더 많은 만남과 창화가 있었을 것이다. 16회의 창화 가운데서 오직 조선 사신 조신(曺伸)과 안남 사신 여시거(黎時擧)가 사나운 기세로 투시(鬪詩)한 한 번의 예외적 경우를 제외하고는 언제나 우호적 정서를 시가 창화를 통해 서로 기꺼이 나누었다. 이는 아마도 중국과 관련한 한국과 월남의 역사적 전통과 문화적 배경이 적극적으로 작용한 것으로 보인다.

한국과 월남은 모두 중국에 건립된 송·원·명·청 등과 종번(宗藩) 관계를 맺고 책봉과 조공의 예를 교환했다. 중국 국가들과 함께 구축한 책봉·조공 체제를 도관(導管)으로 하여 두 나라는 모두 예의(禮義)와 같은 가치, 한문학(漢文學)과 같은 여러 문화 양식, 율령(律令)과 같은 제도 등 각종 고전적 문물을 중국과 함께 발전시키면서 공동으로 향유할 수 있었다. 이러한 공통의 정치적 경험과 문화적 공동체 의식이 한국과 월남의 사신들이 매우 짧고 간헐적으로 만나 교제했음에도 불구하고 한시의 창화를 통해 깊이 있는 교감을 나눌 수 있게 한 것으로 보인다.

한·월 양국의 사신들은 조근(朝覲)하기 위해 북경의 '왕회(王會)'에 동참하는 기회에 함께 만나 필담을 통해 서로 정보를 교환하고 한시의 증답이나 창수를 통해 기꺼이 우의를 나누었다. 이들은 창화시를 지어 양국이 함께 '왕회'에 참여하여 명제(明帝) 혹은 청제(淸帝)에게 조근함으로써 중국적 세계 질서에 동참한다는 정치적 공동체 의식과 유교적 가치와 한문학적 소양을 공유한다는 동문 의식 즉 문화적 공동체 의식을 확인했다. 이들은 모두 멀리서 조근하러 온 사자요 뛰어난 문장을 구사하는 문사인 창화의 상대에게서 자신의 모습을 발견하고 동지애적 감정을 숨기지 못했다. 한·월 양국의 사신들이 북경에서 만나 한시 창화를 통해 서로 나누고 확인한 정서는 당사자에 그치지 않고 귀국 후 시집과 사행록 등을 통해 동료 문사들에게 소개됨으로써 양국의 조야와 문단에까지 공감이 크게 확산됐다. 그 대표적인 경우로서 이수광과 풍극관의 조우와 창화는 양 국민에게 깊은 인상을 새겨 주어 상대 나라에 대한 이해의 폭과 깊이를 확장시켰을 뿐만 아니라, 후배 사신들에게도 확고한 모범을 제공해 전통 시대가 끝날 때까지 한·월 사신의 북경 조우와 창화가 지속되는 데 적극 기여했다.

그러나 책봉·조공 체제를 통해 중국적 세계 질서에 참여하는 한·월 양국은 제도적 혹은 의식적 접근에서 미묘한 차이를 보였다. 조선이 중국의 명조 혹은 만청과 책봉과 조공의 예를 교환한 외교 관계는 이른바 중국적 세계 질서의 전형 혹은 전범이란 평가를 받을 정도로 높은 수준으로 전개됐다. 조선은 명·청의 연호와 일력(日曆)을 사용했고, 매년 네 차례의 정기 사절단을 명조나 청조에 파견해 조공 혹은 조근했으며, 국왕이 즉위할 때마다 명제와 청제의 책봉을 받았다. 안남도 중국 국가의 군주에게 조공하고 책봉을 받은 것은 조선과 다를 바 없었지만, 안남은 4년 1공(貢) 혹은 6년 양공(兩貢)으로 조공 횟수가 조선에 비해 현저히 적었고, 연호도 독자적 연호를 사용하고 군주의 칭호 역시 국내나 주변국에 대해서는 황제를 자칭했다. 중국 중심의 세계 질서에 참여하는 안남의 자세는 비교적 소극적이었는데, 현대적 개념을 차용한다면 조선에 비해 상대적으로 보다 '자주적'이었다.

그러나 전통 시대에 중국 중심의 세계 질서에 보다 소극적으로 참여했다 함은 곧 중국 중심의 문화 체제에 참여하는 과정도 소극적이었음을 뜻한다. 왜냐하면 전통 시대의 문화 교류는 주로 책봉·조공 체제라는 도관을 통해 이루어졌기 때문이다. 조선이 건국하자마자 곧 서둘러 명조와 수교하고 3년 1공의 제도를 스스로 바꾸어서 1년 3공, 나아가서는 1년 4공을 적극 관철시킨 이유는 다양한 측면에서 설명할 수 있지만, 특히 책봉·조공 체제를 통해 중국과 문물을 폭넓게 교류하려는 강력한 의지가 있었기 때문이다. 매년 네 차례나 대규모 사절단을 중국에 파견해서 선진 문물을 수입하려 노력한 조선이 4년에 한 번 혹은 6년에 두 번씩 사절단을 파견하는 안남에 비해 당시 세계 문화의 중심에 보다 쉽고 보다 폭넓게 접근할 수 있었을 것이고, 이로 인해 양국 사이에 일정한 문화적 수준 차이가 발생하는 것은 자연스러운 일이었다.

이러한 문제에 대한 양국 사신의 인식은 자연스럽게 창화시에도 반영됐다. 한·월 창화시의 일관된 주제는 '왕회(王會)'와 '동문(同文)'이었다. '왕회' 즉 조근을 위해 북경에 모인 기회에 한·월 양국의 사신들이 조우하고 창화할 수 있었음이 창화시에서 빠지지 않고 적시됐다. 아울러 유교적 가치와 한문학 소양을 공유함으로써 한시를 창화할 수 있음을 함께 즐거워했다. 이 두 가지의 내용은 조선 사신의 창화시에서도 발견되고 안남 사신의 창화시에서도 발견된다. 그러나 이 두 가지의 주제가 양국 사신의 창화시에 내포되는 빈도나 강도에서는 미묘한 차이가 확인된다. '왕회'는 조선 사신들이 보다 즐겨 거론하는 주제였고, '동문'은 안남 사신들이 보다 적극적으로 노래하는 주제였다.

이러한 현상은 앞서 지적한 바와 같은 역사적 배경과 무관하지 않아 보인다. 조공과 책봉의 교환을 통해 중국 중심의 세계 질서에 보다 충실하게 참여한 조선 사신들이 '왕회'를 통해 양국의 사신이 조우하고 창화하는 것에 주목했던 반면, 북사의 주된 목적을 자국의 문화적 수준을 과시였던 안남 사신들의 입장에서는 안남이 중국이나 조선과 '동문'임을 강조하며 조선과 동격의 '문헌국(文獻國)'임을 드러내는 것이 무엇보다 중요한 일이었다. 물론 이러한 차이는 상대적 차이일 뿐 본질적 차이는 아니었다. 안남과 조선은 다 같이 조근을 위해 '왕회'에 참여한 국제사회의 일원이었고 중국과 함께 문화를 공유한 '동문'의 나라였으며, 이러한 상황을 확인하고 강화하는 것이 한·월 양국 사신들이 수행한 창화 외교의 본질이었다.

7. 중국과 일본, 한국과 유구의 창화 외교

전통 시대의 동아시아 국제사회에서 한국과 중국, 월남과 중국, 유구와 중국, 한국과 일본, 한국과 월남 등의 창화 외교만 존재했던 것은 아니다. 중국과 일본, 한국과 유구 사이의 창화 외교도 있었다. 다만 이들 관계의 특수한 여건으로 인해 다른 경우와 달리 시간적으로나 규모 면에서 상당히 제한돼 있었고 그 성격에서도 다른 창화 외교와 사뭇 다른 측면이 있었으며, 남아 있는 관련 사료 역시 매우 영성하다.

일본은 전통 시대 대부분의 기간에 중국의 역대 왕조와 제도적 관계를 가지지 못했기 때문에 한국이나 월남·유구 등과 달리 책봉·조공 체제라는 도관을 통해 중국과 문화 교류의 기회를 거의 갖지 못했다. 따라서 사신과 접반사 등 외교관들이 외교 무대에서 벌이는 창화 외교는 적어도 중·일 관계사에서는 발견하기가 쉽지 않다. 다만 일본 유학승(留學僧)의 도화(渡華) 등 인적 교류를 통해 간헐적으로 한시의 증답과 창화가 기록에서 산견될 뿐이다.

당대에 일본은 견당사(遣唐使)를 19차례 중국에 보내 중국 문화를 학습하게 했는데, 견당사는 국가를 대표했기 때문에 일본은 한학과 시문에 뛰어난 인물을 특별히 선발해서 견당사행원으로 보임했다. 이들 견당사 성원들은 중국으로 들어간 뒤에 중국의 관원과 시인·학자·명사 등과 광범하게 교제하며 '이시회우(以詩會友)'하여 증답하거나 창화한 시편을 약간 남겼다. 『전당시(全唐詩)』에 수록된 중·일 간에 교환된 한시는 주로 증답시(贈答詩)였다. 중·일 시인들 간에 있었던 '차운창수(次韻唱酬)'는 송대의 사료에서 비로소 발견된다.

중국에서 명조가 건립된 뒤 구법(求法)을 위해 중국으로 건너간 일본의 승려들 수가 점차 많아져서, 중국의 서예와 시문을 학습하며 시로써 교제하니 중·일 간의 시문 창화가 점차 홍성했다. 그중에서도 명 태조 주원장(朱元璋)과 일본 시승(詩僧) 절해중진(絶海中津)의 한시 창화가 가장 유명하다. 양자는 서불(徐市)을 주제어로 삼은 한시의 창화를 통해 중·일의 유장한 관계를 회상하며 양국의 평화적 관계를 함께 기대했다. 그러나 그 뒤에 왜구가 중국의 해안을 소란스럽게 침략해서 양국의 정치적 교왕이 단절되고 서로 폐관·쇄국의 상태로 진입해 문학 교류는 더 이상 이어지기 어렵게 됐다.

중·일 시인 사이의 진정한 의미의 동시성 창수는 청 말에 이르러서야 대규모로 이루어졌다. 현대적 외교 관계가 건립되어 양국의 외교관 교환이 제도화됐는데, 일본에 출사한 중국 관원의 다수가 한시 창작에 뛰어난 시재를 가진 문사였고 일본에도 한문학의 소양이 일정한 수준에 다다른 문사들이 두터운 문인층을 형성하고 있었기 때문에, 주일 중국 사절단과 일본 문사들의 아집(雅集) 창수가 번갈아 이뤄져서 적지 않은 수의 창수집이 편집됐다.

한편 한국과 유구(琉球)의 공적 관계는 조선국의 건립과 동시에 이루어졌다. 1392년에 유구의 중산왕(中山王)이 조선에 사신을 보내 '조회(朝會)'한 뒤, 중산왕은 여러 차례 조선에 사신을 보내고 왜구에 의해 노략되거나 표류해서 유구에 도착한 조선인을 보내 주었으며 혹은 '방물(方物)'을 '진헌(進獻)'하기도 했다. 유구가 통일된 뒤에는 양국의 사신 교환이 더욱 빈번해졌다. 중산국의 사신은 조선에서 주로 무역 활동에 종사했고 조선 표류인과 왜구에 포로로 잡혔다가 전매된 자 즉 '피로인(被擄人)'을 환송했으며, 조선은 답사(答謝)하면서 유구 표류인을 환송하고 서적을 보내 주기도 했다. 그러나 이러한 교린(交隣) 관계는 16세기 초 일본 상인이 유구 사신이라고 속이고 조선에 와서 무역 행위를 한 '위사신(僞使臣)' 사건이 빈번하게 출현해 종결됐다. 1530년부터는 북경을 통한 우회 외교가 시작되어 표류인 문제 등은 북경에서 조공사(朝貢使)를 통해 해결했다.

유구의 중산국과 한국의 조선은 중국의 명(明)과 책봉·조공 관계를 장기간 유지한 국가였다는 공통점을 갖고 있었다. 조선이 1년 4공의 정기적 사절단 외에도 상당한 수의 부정기 사절단을 파견했듯이, 중산국도 2년 1공 혹은 1년 1공으로 규정된 횟수를 넘어 훨씬 더 많은 차수의 조공 사행을 행했다. 중국에 빈번하게 내왕한 양국 사행은 북경에서 불시에 조우하여 서로 교왕했다. 양국의 조공 사절단은 북경의 왕래에서 국서(國書)와 예물을 교환하는 데 그치지 않고, 시문이나 역관을 통해 보다 광범한 교류를 진행할 수 있었다. 조선은 유구를 통해 일본의 정세를 파악할 수 있었다. 그러나 오래되지 않아 일본 살마번(薩摩藩)이 유구를 침입해 우회 외교마저도 1634년 이후에는 완전히 끊어졌다.

한국과 유구 두 나라의 사신들이 북경에서 조우하여 필담을 교환하고 한시를 창화한 것은 마치 조선과 안남의 사신이 북경에서 창화한 일과 근사한 장면으로 연상될 수 있었다. 1602년에 성절사(聖節使)로 북경을 방문한 이정형(李廷馨)은 그의 『조천록(朝天錄)』에 「유구국 사신에게 증정하다」란 시를 수록했는데, 그는 여기에서 양국이 비록 '풍토'는 달라도 '시서(詩書)'와 '예악(禮樂)'이라는 가치와 문화를 함께 공유하는 '동문(同文)'의 나라라는 인동감과 '사해형제(四海兄弟)'의 친근감을 동시에 표시했다.

1611년에 주청부사(奏請副使)로 파견되어 북경 오만관(烏蠻館)에서 유구 사신 채견(蔡堅)과 마성기(馬成驥)를 만난 조선 사신 이수광(李睟光)도 예물을 서로 증정하고 필담을 나누면서 한시를 창화했다. 이수광의 『유구사신증답록(琉球使臣贈答錄)』에는 이수광이 유구 사신에게 증여한 14수의 시와 유구 사신의 시 2수가 수록돼 있다. 이수광은 창화시를 통해, 양국의 사신들이 조공이란 기회를 통해 우연히 조우했음을 적시하여 양국이 함께 중국 중심의 국제 질서에 동참하고 있음을 강조했다. 그리고 양국이 중국과 함께 '거서(車書)'와 '예악'을 함께 공유하는 '동문'의 나라임을 상기시켰다. 그는 유구가 오래전부터 성실하게 '천왕(天王)'에 '조근(朝覲)'하여 이미 '성화(聖化)'된 '문교(文教)'의 나라로서 조선과 함께 '거서'를 향유하는 '형제'·'일가(一家)'임을 강조했다. 그가 북경에서 안남의 사신 풍극관에게 준 창화시의 내용과 크게 다르지 않았다. 이수광의 증시에 대해 유구 사신 채견도 답시를 지어, '황은(皇恩)'을 운운하며 중국적 세계 질서에의 동참을 강조한 이수광의 원창에 동조하면서 이수광의 뛰어난 시재를 찬탄했다.

조선 사신 이수광과 유구 사신 채견 등이 한시를 창화했지만, 즉석에서 창수(唱酬)한 것도 아니었고 번갈아 창화한 것도 아니었다. 정확히 말해서 이들이 나눈 시는 창화시라기보다 증답시라 할 수 있다. 이처럼 한·유 사신이 정확하게 창화하기 어려웠던 이유에 대해, 이수광은 유구 사신이 촉문(屬文)에 짧아서 더불어 창화하기에는 부족했다고 술회했다. 1594년에 북경으로 출사했다가 유구 사신을 만난 적이 있는 조선 사신 최립(崔岦)도 유구 사신이 문사(文詞)에 어두워서 뜻을 서로 통할 수 없는 것을 아쉬워했다. 그러나 이들 이후에도 한·유 사신의 북경 창화가 끊어지지 않았다. 또한 1392년에 수교한 이후 1524년에 유구 사신의 내빙(來聘)이 끝날 때까지 수십 차례나 유구 사신의 내빙이 있었으니, 조선 문사와 유구 사신이 한시를 창화할 환경은 북경보다 오히려 한양(漢陽)에 더 잘 갖춰져 있었을 것이다. 실제로 유구 사신이 조선에 왔을 때 조선의 문사들과 주고받은 시가 여러 문집에 전해지고 있다. 조선과 유구 사이에는 문학 교류가 없었다는 선입견도 있지만, 관련 자료를 좀 더 발굴해서 살펴본다면 양국의 한시 창화와 창화 외교에 대한 이해를 넓힐 수도 있을 것이다.

이처럼 중·일 및 한·유 외교상의 한시 창화와 창화 외교의 양상과 성격은 한·중, 중·월, 중·유, 한·일, 한·월 외교상의 그것과는 일견 유사한 측면도 보이지만 사뭇 다른 면이 돋보이기도 한다. 일본과 중국의 외교에서 한시 창화가 전혀 발견되지 않는 것은 아니지만, 외교 무대에서 외교관들이 서로 한시를 창화하며 창화 외교를 전개한 일반적 양상은 보여 주지 못했다. 전통 시대의 중·일 창화 외교가 매우 특수한 측면에서 상당히 제한된 규모로 진행됐음은 중·일 관계사의 독특한 환경과 조건에 의해 설명된다. 전통 시대의 일본은 자연 환경에 의해 대륙과 격절되어 중국 중심의 세계 질서에 참여하기 어려웠고, 책봉과 조공이라는 제도적 도관을 통한 동질적 문화의 창조와 향유 과정에서 상당한 수준으로 소외돼 있었다. 이에 따라 일본은 중국이나 한국·월남·유구 등 동아시아의 여러 나라들과 마찬가지로 한자와 한문·유교 등 문화를 공유하는 '동문국'의 하나였음에도 불구하고, 동문의 나라들 사이에서 일반적으로 유행한 창화 외교에는 적극적으로 참여하지 못하는 한계를 보여 주었다. 이에 반해 유구는 오랜 기간 중국 중심의 국제 질서에 적극적으로 참여하여, 조선과 안남의 사신이 북경에서 만나 한시를 창화하며 창화 외교를 전개한 것과 매우 흡사한 양상이 한·유 외교에서 확인된다. 다만 유구 사신의 문학적 역량이 조선이나 안남의 사신과 대등하게 인식되지 않음으로써 한·유 혹은 월·유 사신의 창화 외교가 적극적으로 전개될 수는 없었고, 이로 인해 남겨진 관련 자료가 비교적 영성해서 현재로서는 한·유 창화 외교의 전모를 파악하기가 쉽지 않다.

8. 전통 시대 동아시아 국제 질서와 창화 외교

1841년에 안남국 정사로 북사한 이문복(李文馥)이 「견유구국사자(見琉球國使者)」란 글에서 "천지간에 동문지국(同文之國)은 다섯이니, 중주(中州)와 아월(我粵), 조선, 일본, 유구 역시 그다음이다"라 하여, 동아시아의 '동문국' 다섯을 열거했다. 이렇듯 중국·한국·월남·일본·유구 등 전통 시대 동아시아의 다섯 나라는 모두 '문(文)'을 함께했는데, 여기서 말하는 '문'이란 문자뿐만 아니라 학문과 문헌·문물·문화 등을 총칭한다. 따라서 이들 다섯 나라는 전통 시대에 한자와 한시·한문·예악 등을 함께 향유했을 뿐만 아니라, 심지어는 인의(仁義)라는 가치와 유교라는 문화 체계까지 공유했다. 이로 인해 이들 다섯 나라의 사신들은 외교의 공간에서 서로 만나 한시를 증답·창수하며 창화 외교라는 독특한 외교 양식을 전개할 수 있었다. 이들은 한시를 지어 창화할 수 있다는 특수한 조건에서 서로 문화와 가치를 공유한다는 인동감을 확인함으로써 마치 시를 창화하듯 외교적 현안을 유연하고 순리롭게 풀어 나갈 수 있었다. 동아시아의 다섯 '동문국'이 장기간 전개한 창화 외교는 전통 시대 동아시아의 독특한 국제 질서를 구축하고 유지하는 데 상당한 수준으로 기여했다.

지금까지 이들 다섯 동문 나라들이 전개한 창화 외교를 살펴보는 과정에서 전통 시대 동아시아의 국제 질서와 관련하여 몇 가지 쟁의가 있었음을 확인할 수 있었다. 그중 하나는 동아시아의 전통적 국제 질서를 위해서는 '중국(中國)'과 '사국(四國)'의 수직적 관계만 존재할 뿐, '사국' 상호간의 수평적 관계는 허용될 수 없다는 이른바 '인신무외교지의(人臣無外交之義)'에 관한 쟁의였다. 그리고 동아시아의 전통적 국제 질서의 바탕이라 할 수 있는 '중국'과 '사이(四夷)'의 화이(華夷) 관념에 대한 쟁의가 있었으며, '중국'과 '사국'이 책봉과 조공의 예를 교환하는 전통적 종번(宗藩) 관계의 핵심이라 할 수 있는 영조례(迎詔禮) 등 '예의(禮儀)'에 관한 쟁의가 빈번하게 발생했다. 이러한 쟁의들은 모두 전통 시대 동아시아 국제 질서의 본질과 관련된 것이지만, 공교롭게도 이들 쟁의를 유발하고 주도한 주체가 모두 저명한 문학지사 출신의 사신이었고, 쟁의와 더불어 문학지사 출신의 사신들과 접반 문사 사이에 한시의 창화가 수반됐다는 사실은 창화 외교의 역할과 기능을 이해하는 데 시사하는 바가 있다.

『예기』「교특생(郊特牲)」에 "남의 신하된 자에게 외교가 없음은 감히 임금에게 두 마음을 품을 수 없기 때문이다"라는 구절이 있어, 이후 '인신무외교지의'는 중국 내 봉건 체제하의 중앙정부와 제후국(諸侯國)의 관계뿐만 아니라 군신 관계로 의제화(擬制化)된 중국 중심의 국제 관계를 구성하는 기본 원리의 하나로 작동했다. 중국 봉건 체제의 기원을 이루는 상(商)·주(周) 성읍국가시대에 제후국의 상호 외교가 통제되다가, 주왕의 권위가 약화된 춘추시대에 이르러 패자(霸者)를 중심으로 '구합제후(鳩合諸侯)'가 이뤄지고, 주왕의 권위가 소멸된 전국시대에는 이른바 사대자소(事大字小) 관계가 출현했지만, 중국이 제국(帝國)에 의해 통일된 진(秦)·한(漢)시대 이후에는 중국의 국가와 주변 국가들 사이에 책봉·조공 관계가 성립되면서 '인신무외교' 원칙이 국제사회에서 다시 거론됐다. 중국, 한국, 월남, 유구, 일본 등 '동문국' 사이의 창화 외교 무대에서도 이 전통적 원칙이 다시 등장해서 작동하는 상황을 만나게 된다.

이미 송대(宋代) 이래로 중국에서는 한국의 사신과 창화함을 엄격하게 통제하고 있었다. 또한 한국의 사신들은 북경에 갔다가 월남의 사신을 만났지만 각각 다른 객관(客館)에 거처하여 금령(禁令)으로 서로 통할 수 없었기 때문에, 서로 필담을 나누지도 못하고 시문을 창화하지도 못했다. 종번 체제하에서 번속국(藩屬國)끼리는 사사로이 서로 교통할 수 없도록 통제됐고, 이로 인해 북경에서 사신 사이의 교왕은 형식상 반드시 명조 예부(禮部)를 통해야 했다. 조선의 사신은 예부 관원의 주관을 거쳐서야 유구 사신이 가지고 온 자문과 예물을 전해 받을 수 있었다.

'인신(人臣)에게는 외교가 없다'는 전통적 관념은 월남 북사(北使)의 창화 외교에 직접적 영향을 미치기도 했다. 월남의 사신이 중국에 체류하는 동안 중국의 사대부와 시문을 창화하는 즐거움을 함께할 수 없었던 경우도 있었는데, 이는 '신하 된 자는 의리상 외교할 수 없다'는 원칙에 규제됐기 때문이다. 월남의 사신이 한국에서 파견된 사신에게 만나자고 청했을 때 한국 사신이 "중국의 법이 엄하여 감히 올 수 없다"고 사양한 경우도 있었다. 중국의 책봉사(冊封使)들도 왕왕 월남에서 '인신에게는 외교가 없다'는 원칙을 들어 월남 문사와 시문을 창화하는 일을 기피하기도 했다. 그들은 월남인의 창화 요청을 "월경(越境)하여 사교(私交)할 수 없다"는 이유를 들어 거절하기도 했다. 월남의 북사가 중국의 사대부나 관원들과 시문을 교환하고 창화할 때 일정한 제한을 받았을 뿐만 아니라, 중국의 책봉사들도 '인신무외교' 원칙의 통제를 감지하고 있었던 것이다.

'인신무외교' 원칙의 작용은 한·중 창화 외교의 과정에서도 발견된다. 『조선왕조실록』은 조선 사신과 명조 인사의 창화·시작(詩作)에 대해 기록하지 않았는데, 그 까닭은 조선 정부가 '인신무외교' 원칙을 지키기 위해 명조에 파견된 조선 사신이 외국 사인과 사적인 교유와 창화 활동을 할 수 없도록 규제했기 때문이다. 명조에서 조선 사신의 사적 활동을 싫어해 조선 정부에서도 조선 사신이 중국에서 창화 활동하는 것을 염려했다. 이로 인해 조선 정부는 사신이 중국에서 시를 짓는 것을 고무하지 않았을 뿐만 아니라 어떤 때는 사납게 금지하기도 했다.

이처럼 '인신무외교' 원칙은 조·명 종번 관계와 중국 중심의 세계 질서를 유지하기 위한 기본적 장치로 작동됐다. 조선과 명조의 관계에서 '인신무외교지의'가 적용된 가장 대표적 사건은 조·명 초기에 발생한 여진(女眞) 문제였다. 명조는 조선과 건주여진(建州女眞) 사이의 사적 교왕과 구살(仇殺)이 명조의 국가 이익에 부합하지 않을 뿐만 아니라 명조와 조선의 종번 관계의 본질을 파괴한다고 판단하여, 문학지사 출신의 사신을 연이어 파견하면서 조선과 여진의 관계에 적극 개입했다. 명과 여진은 이미 명조의 개국 초부터 위소(衛所) 체제에 의한 책봉·조공 관계를 유지하고 있었는데, 조선도 여진의 추장을 책봉하고 조공을 받음으로써 이와 유사한 관계를 발전시켜 왔다. 책봉·조공 관계란 국제사회의 중심 즉 중국과 주변 즉 사국(四國)의 제도적 관계인데, 조선이 여진과 책봉·조공 관계를 성립시킨 것은 곧 스스로 '중국(中國)'을 지배하고 있는 국가임을 자처한 행위로 또 다른 중국 국가인 명과의 충돌은 불가피한 일이었다.

전통 시대의 동아시아 국제 질서에서는 '인신무외교' 원칙에 의해 중국과 사국의 수직적 관계만 허용되고 사국 상호간의 수평적 외교 관계는 허락되지 않았지만, 실제 현실에서는 중국과 사국 사이뿐만 아니라 사국 상호간의 창화 외교를 통해 일정한 범위 안에서 융통성 있게 운용되고 있었다. 조선이나 안남 등의 사신이나 접반사들은 중국의 명조 등의 사신이나 접반 인원들과 한시를 창화하며 서로 같은 문화와 가치를 공유하는 '동문국'임을 절감했을 뿐만 아니라, 한국의 조선국(朝鮮國)과 월남의 안남국(安南國), 유구의 중산국(中山國) 등의 사신들은 '왕회(王會)'를 위해 중국의 북경에서 조우하여 한시를 창화하며 역시 '동문의 나라'임을 인동할 수 있었다. 더구나 청대 말에 이르면 중국 중심의 전통적 동아시아 국제 질서가 흔들리면서 그 기본 구조를 지탱해 온 세계관의 변화까지 노출됐다.

전통 시대 동아시아의 국제 질서는 선진(先秦) 이래의 전통적 세계관 즉 천하가 중국(中國)과 동이(東夷)·서융(西戎)·남만(南蠻)·북적(北狄) 등 사이(四夷)로 구성됐다는 오방(五方) 관념 위에 구축되어 있었는데, '중국'이란 곧 문화의 중심이고 '사이'는 문화의 주변을 가리킨다. 그런데 전통 시대가 끝나는 단계에 이르면 이러한 세계관의 변화가 '사이'에 속하는 국가의 사신에 의해 노출됐다.

월남 북사가 중국에서 중국의 사대부나 관리들과 시문을 창화하는 목적 가운데 가장 중요한 것은 뛰어난 시 짓기 솜씨를 보여서 월남이 문헌과 문명의 나라임을 과시하는 것인데, 이는 당연히 자국은 '이적(夷狄)'이 아니라 '중화(中華)'의 문명국이라는 자의식의 표현이다. 북사들의 출사록에는 특히 서세동점에 의한 세계관의 변화와 병행해 월남인의 새로운 화이관이 강렬하게 표현됐다. 월남의 한 북사는 중국에 있는 사관(使館)의 문에 '월남이사공관(粵南夷使公館)'이라 쓴 제액을 보고 "나는 이(夷)가 아니니 이 이관(夷館)에 들어가지 않겠다"고 하며 입관을 거부하기도 하고, '화이지변(華夷之辨)'의 글을 써서 월남은 중국의 문화나 연원 등과 다르지 않고 의관(衣冠)이 모두 서로 같아 이적시할 수 없음을 주장하기도 했다. 월남 북사의 변이설(辨夷說)은 월남이 중국과 마찬가지로 문헌과 문명의 나라임을 드러내 보이려는 여타 월남 북사들의 전통적 동문의식의 또 다른 표현이었다.

월남의 조공사(朝貢使)가 중국에서 '화이지변'을 통해 전통적 화이관을 비판하면서 자국이 문헌과 문명의 나라임을 인정받으려 노력했듯이, 만청의 책봉사(册封使)는 월남에서 왕왕 '예의지쟁(禮儀之爭)'을 통해 만청의 정통성을 인정받기 위해 노력했다. 만청의 책봉사들은 명대부터 시행돼서 이미 월남의 '국속(國俗)'이 된 오배삼고(五拜三叩)의 배천지례(拜天之禮) 즉 천자에 대한 배례(拜禮)를 삼궤구고(三跪九叩)의 예로 바꿀 것을 월남에 요구해서 7차례나 논쟁을 불러일으켰다. 만청 3대의 100년 이상의 시간을 거친 다음에야 종결된 이 예의 쟁의는 쌍방이 자국의 정통성을 확인하고 문화적 정체성을 전시하려는 의지의 강렬한 표현이었다. 청조의 책봉사들은 명조와 다른 만청 특유의 예제(禮制)로써 만청의 정통성을 강조하면서 군사적 정복 대신 문화적 예론으로 상대를 제압하려 노력했다. 이에 반해 월남이 만청과 7차례나 예의 논쟁을 피하지 않았던 것도 문화인동(文化認同)을 통해 독자적 '화이지별(華夷之別)'을 구현하려 한 월남 사신들의 '변이론(辨夷論)'과 무관하지 않다. 그것은 스스로 '문명·문헌지방'임을 자처한 월남인의 독특한 자존 의식의 표출이라 이해할 수도 있다. 월남의 예관(禮官)들은 예의의 쟁변(爭辯)을 통해 안남의 정치적 자주성과 문화적 우월성을 내세워 이른바 '내제외신(內帝外臣)'의 전통을 강화하려 했다.

청조 책봉사와 안남국 예관 사이에서 장기간 전개된 '예의지쟁'과 같은 쟁의는 이미 명조 책봉사와 조선국 예관 사이에서도 영조례(迎詔禮)를 둘러싸고 빈번하고 장기간에 걸쳐 진행된 바 있다. 조선과 명이 만든 외교적 갈등 가운데서 가장 심각한 것은 예의(禮儀) 문제였다. 왜냐하면 양국 관계의 본질이 책봉과 조공의 '예(禮)'를 교환하는 종번 관계였기 때문이다. 예겸 이래로 문학지사 출신의 명사가 조선에 출사할 때마다 거의 빠짐없이 발생하는 문제는 바로 영조예의(迎詔禮儀)에 관한 이론(異論)이었으니, 명사와 원접사는 으레 영조예의를 어떻게 하느냐는 문제로 매우 격렬하고 상습적으로 충돌했다.

이처럼 중국을 지배한 국가들이 조선이나 안남 등에 저명한 문학지사 출신의 책봉사를 파견해서 영조례 등에 관한 예론을 제기하고 여악(女樂)과 예물을 물리쳐서 예적 결백성을 시위하게 한 것은 모두 전통적 종번 관계를 강화하여 중국 중심의 국제 질서를 유지하고 지키려는 노력의 일환이었다. 책봉사와 예관들의 예의 논쟁은 전통적 동아시아 국제 질서를 강화하려는 '중국'과 이완하려는 '사국'의 길항이었다.

빈번한 예의 쟁의는 '중국'과 '사국'의 관계를 거칠게 악화시킬 위험성을 내포하고 있었다. 그러나 이러한 충돌이 완화되고 미봉될 수 있도록 창화 외교가 준비되어 있었다. 영조례 등에 관한 예론을 제기하여 예의 논쟁을 야기한 명사나 청사들은 모두 저명한 문학지사 출신이어서 예의에 대한 논쟁과 동시에 접반사들과 시문을 창화할 수 있는 역량을 갖고 있었다. 예론을 제기한 책봉사뿐만 아니라 '인신무외교' 원칙을 관철하기 위해 노력한 책봉사들도 모두 저명한 문학지사였고, 심지어 '화이지변'을 역설한 조공사들까지 모두 저명한 문학지사로서 상대 국가의 접반사들과 시문을 창화했다는 사실은 창화 외교와 중국적 세계 질서의 상관관계를 이해하는 데 도움을 준다. 이러한 쟁의를 일으킨 당사자들이 방대한 양의 창화시집을 남겼음은 곧 이러한 논쟁과 시문의 창화가 서로 모순되지 않고 오히려 서로 보완될 수 있는 관계에 있었음을 의미한다.

'중국'의 책봉사가 제기하는 '예의지쟁'과 '사국'의 조공사가 제기하는 '화이지변'은 모두 전통적 동아시아 국제 질서를 건립하고 유지하는 데 문화적 요소가 얼마나 핵심적인 요소인지를 잘 보여 준다. 전통 시대의 '중국적 세계 질서'는 물리적 힘이 아니라 문화적 역량에 의해 건립·유지됐다. '중국'은 전통 시대 동아시아 국제사회에서 물리적 힘의 중심이 아니라 문화의 중심이었다. '중국'의 책봉사가 제기한 '예의지쟁'은 중국이 갖고 있는 혹은 인정받고 있는 문화적 역량으로 '중국적 세계 질서'를 재확립하려는 노력의 일환이었고, '사국'의 조공사가 제기한 '화이지변'은 조선이나 안남 같은 '사국'도 '중국' 못지않은 문화적 역량을 갖추고 있는 '동문국'임을 인정받아 동아시아 국제 질서에서 만족할 만한 지위를 확보하려는 노력의 일환이었다. '중국'과 '사국' 혹은 '사국'의 사신과 접반 문사들이 전통적 동아시아 국제 질서를 상징하는 '왕회'라는 기회에 서로 한시의 창화를 통해 '동문'을 확인하고 조화로운 관계를 모색한 외교 양식을 창화 외교라 부를 수 있다면, 이러한 일련의 쟁의를 통해 전통 시대 동아시아 국제 질서의 형성과 발전에 창화 외교가 일정한 역할을 담당하고 있었음을 엿볼 수 있다.

참고문헌

발표 연대 순. 같은 연도에 발표된 논저는 저자 이름 가나다 순

제1장

裵默農,「詩賦外交」,『世界知識』1986-16.

楊志才,「春秋時代外交活動中的賦詩」,『外交評論(外交學院學報)』1986-1.

潘重規,「海峽兩岸唱和詩」,『詩刊』1991-1.

裵默農,「外交藝術的奇葩-賦詩言志」,『外交評論』1992-4.

趙以武,「唐代和詩的演變論略」,『社科縱橫』1994-4.

易思平,「『詩經』與春秋外交」,『文史雜誌』1995-5.

陸家瑞,「南詔驃信與淸平官趙叔達唱和詩試析」,『大理學院學報(社會科學)』1996-4.

趙以武,「'和意不和韻':試論中唐以前唱和詩的特點與體制」,『甘肅社會科學』1997-3.

李鼎文,「古詩唱和有制-讀『唱和詩硏究』」,『西北師大學報(社會科學)』35-3, 1998.

趙以武,『唱和詩硏究』, 蘭州, 甘肅文化出版社, 1998.

祈慶富·金成南,「中韓文化交流史史料的發掘與整理」,『當代韓國』2000-秋季.

童向飛,「詩詞唱和的歷史,硏究意義及硏究現狀槪述」,『湖北大學成人敎育學院』2001-5.

郭俊萍,「不學詩 無以言-『詩經』在春秋外交中的作用」,『太原師範學院學報』2002-1.

李岩,「新羅儒學僧學僧在唐的文學交流」,『當代韓國』2002-秋季.

許結,「從'行人之官'看賦之源起暨外交文化的內涵」,『南京師範大學文學院學報』2003-4.

송용준,「北宋初期詩」,『宋詩史』, 서울, 亦樂, 2004.

岳娟娟,「唐代唱和詩硏究」, 復旦大學 博士論文, 2004.

劉麗文,「春秋時期賦詩言志的禮學淵源及形成的機制原理」,『文學遺産』2004-4.

王秀臣,「燕饗禮儀與春秋時代的賦詩風氣」,『福建師範大學學報』2005-3.

崔麗萍,「蘇軾和試探求」,『新疆師範大學』2005.

姜必任,「中國 初期 唱和詩 硏究」,『中語中文學』39, 2006.

郭灿輝,「論中國贈答詩發展成熟的軌迹」,『長沙民政職業技術學院學報』13, 2006-4.

筑本棟,「關于唱和詩詞硏究的幾個問題」,『江海學刊』2006-3.

張暉,「‘經常唱和’‘是對中外文化交流的一個貢獻’-記董晉先生與港臺,海外詩人的酬唱」,『對外傳播』2007.

陳友康,「儀式化寫作的困局和超越-論和韻的特點和功能」, 張立新『古典文學論集』, 雲南大學出版社, 2007.

陳友康,「和韻的產生與流變」,『雲南民族大學學報』2007-2.

김영죽,「秋齋 趙秀三의「外夷竹枝詞」소고」,『민족문학사연구』36, 2008.

胡大雷,「外交場景中的南北朝詩人詩作」,『東方叢刊』2008-4.

李霞,「‘賦詩言志’與詩歌唱和之關係淺析-以蘇門詩歌唱和爲研究對象-」,『安徽文學』2009-12.

陳友康,「中日文學交流中的詩詞唱酬問題」,『學術探索』2009-5.

毛振華,「先秦少數民族用『詩』考論」,『貴州民族研究』2011-3.

夏勇,「論淸代中外文學唱和集的槪貌與特質」,『晉中學院學報』28, 2011-6.

朴鍾錦,「中國‘詩賦外交’的起源及近代發展」,『國際政治研究』2012-1.

朴鍾錦,「中國‘詩賦外交’的起源」,『學理論』2013-33.

제2장

倪謙,『奉使朝鮮倡和集』, 1450.

張寧,『寶顔堂訂正方洲先生奉使錄』, 1460.

倪謙,『遼海編』, 1469.

龔用卿,『使朝鮮錄』, 1536.

朱之蕃,『奉使朝鮮稿』, 1606,

『皇華集』25冊 50卷, 1773; 韓國國學資料院 影印本, 1993.

魁齡,『東使紀事詩略』, 1866.

彭國棟,『中韓詩史』, 臺北, 正中書局, 1957.

鄭麟趾 等,『皇華集』, 臺北, 珪庭出版社, 1978.

楊昭全,「明淸時期中朝文學的交流」,『國外文學』1984-2.

楊昭全,「隋唐宋元時期中朝文學的友誼與交流」,『延邊大學學報』1985-1.

楊昭全,「中國古代文學對朝鮮文學的影響與交流」,『文學研究動態』1986-6.

王家鴻,『外交詩話』, 臺北, 臺灣商務印書館, 1986.
楊通方,『源遠流長的中朝文化交流』, 鄭州, 河南人民出版社, 1987.
徐日權·鄭判龍,「朝鮮古典文學在中國的傳播和影響-以中國古代近代時期爲中心」,『延邊大學學報』1989-2, 3.
韋旭升,『中國文學在朝鮮』, 廣州, 花城出版社, 1990.
金周漢,「『燕行錄』을 통해서 본 韓中文化交流」,『慕山學報』2, 1991.
葉泉宏,『明代前期中韓國交之硏究』, 臺北, 臺灣商務印書館, 1991.
嚴慶欽,「韓國使行詩硏究-14-17세기를 중심으로-」, 동아대학교 박사논문, 1993.
徐英章,「中朝二位壯元的唱和詩」,『遼海文物學刊』1995-1.
任范松 金東勛,『朝鮮古典詩話硏究』, 延吉, 延邊大學出版社, 1995.
董文渙,『韓客詩存』, 北京, 書目文獻出版社, 1996.
趙鍾業,『韓國詩話叢編』, 서울, 漢城太學社, 1996.
왕석천 曹喜武,「鴨綠絶嚮:申叔舟與倪謙」, (조선대)『외국문화연구』20, 1997.
鄭判龍,『韓國詩話硏究』, 延吉, 延邊大學出版社, 1997.
陳景富,『中朝歷史交往詩輯注』, 西安, 陝西旅游出版社, 1997.
夫馬進,「使琉球錄と使朝鮮錄」, 夫馬進 編,『使琉球錄解題及硏究』, 京都大學文學部東洋史硏究室, 1998.
朱慶烈,「權近의 使行詩 硏究-『奉使錄』을 中心으로-」,『漢文學論集』16, 1998.
陳蒲淸,「三千年延續不斷的文學因緣:古代朝鮮與中國的文學交流說略」,『外國文學硏究』1998-7.
崔康賢,「韓中 使行文學에 관한 연구 3-權近의 奉使錄을 중심으로-」(홍익대)『人文科學』6, 1998.
姜龍范 劉子敏,『明代中朝關係史』, 哈爾濱, 黑龍江朝鮮民族出版社, 1999.
祁慶富 校注,『朝鮮詩選校注,吳明濟序』, 瀋陽, 遼寧民族出版社, 1999.
김은정,「庚午本『皇華集』편찬경위와 詩文酬唱의 의미」,『韓國漢文硏究』7, 1999.
陳尙勝,『朝鮮王朝(1392-1910)對華觀的演變-『朝天錄』和『燕行錄』初探』, 濟南, 山東大學出版社, 1999.
洪瑀欽,「韓國文學接受中國文學影響的歷史」,『吉林師範學院學報』1999-2.
金德秀,「朝鮮文士와 明 使臣의 酬唱과 그 樣相」,『韓國漢文學硏究』27, 2001.

孟昭毅,『東方文學交流史』, 天津, 天津人民出版社, 2001.
王曉平,『亞洲漢文學』, 天津, 天津人民出版社, 2001.
이혜순,「『황화집』 수록 明 사신의 使行詩에 보이는 조선인식」,『韓國詩歌研究』 10, 2001.
林基中,『燕行錄全集』, 서울, 동국대학교출판부, 2001.
陳尙勝,「明淸時代的朝鮮使節與中國記聞-兼論『朝天錄』和『燕行錄』的資料價值」,『海交史研究』 2001-2.
許庚寅,「『洪吉童傳』作者許筠的批判意識-兼述其與明使臣的交往」,『韓華學報』 2001 創刊號.
郭俊萍,「不學詩無以言-『詩經』在春秋外交中的作用」,『太原師範學院學報』 2002-1.
鄺健行,『韓國詩話中論中國詩資料選粹』, 北京, 中華書局, 2002.
김남이,「15세기 조선 문사와 명 사신의 詩文 酬唱과 그 의미」,『동양고전연구』 16, 2002.
駱安生,「龔用卿『使朝鮮錄』的史料價值」,『東南學術』 2002-3.
孫衛國,「『朝天錄』與『燕行錄』-朝鮮使臣的中國使行記錄」,『中國典籍與文化』 2002-1.
吳蓮姬,「明淸時期中韓文化交流概況」,『當代韓國』 2002-3.
全寅初,「中國文學與東亞傳統文化」, 韓國情一文化社,『中國文學與東亞文化-中國語文研究會國際學術研討會論文集』, 2002.
陳尙勝,「重陪鵷鷺更何年?-朝鮮李珥出使明朝詩歌初探」,『山東大學學府』 2002-6.
黃有福,「『朝鮮詩選』編輯出版背景研究』,『當代韓國』 2002-秋季號.
金卿東,「白居易와 高麗 文人의 唱和詩 研究 序說-唱和詩 復原에 관한 諸問題를 중심으로」,『중국문학연구』 27, 2003.
邵毅平 黃海余暉,『中華文化在朝鮮半島及韓國』, 昆明, 雲南人民出版社, 2003.
嚴慶欽,「聘禮와 使行詩-明使行을 중심으로-」,『동방한문학회』 17, 2003.
殷夢霞·于浩,『中朝關係史料叢刊-使朝鮮錄』, 北京圖書館出版社, 2003.
李岩,『中韓文學關係史論』, 北京, 社會科學文獻出版社, 2003.
金卿東,「白居易와 高麗 文人의 唱和詩 研究-倡和의 諸樣相과 意味를 중심으로-」,『중국문학연구』 29, 2004.
金成南,『이야기로 읽는 한중 문화 교류사』, 프로젝트 409, 2004.
辛承云,「倪謙의『奉使朝鮮唱和詩卷』에 對한 研究』,『書誌學研究』 28, 2004.

楊昭全·何彤梅,『中國-朝鮮,韓國文化交流史』,『東方文化集成』1, 北京, 昆侖出版社, 2004.
曹婷婷,「『皇華集』-中朝文化交往的歷史見證」,『韓國學論文集』12, 2004.
韓梅,「論如何看待韓國漢文學」,『理論學刊』2004-9.
申太永,『명나라 사신은 조선을 어떻게 보았는가-『皇華集』研究-』, 서울, 다운샘, 2005.
楊慶華 李充陽,「略論唐代中朝人民友好歌詩」,『古籍研究』2005-卷上.
楊雨蕾,「十六至十九世紀初中韓文化交流研究」, 復旦大學 學位論文, 2005.
廉松心,「清代中朝文化交流的結晶-『奉使圖』-」,『北華大學學報(社會科學)』2005-3.
柳晟俊,『中國詩歌和韓國漢詩的交融』, 香港, 東亞文化出版社, 2005.
曹虹,「論董越「朝鮮賦」-兼談古代外交與辭賦的關係」,『域外漢籍研究集刊』2005-5.
詹杭倫,「中國明朝詔使與朝鮮李朝遠接使唱和詩研究」,『韓國學論文集』, 2005.
詹杭倫,「明朝壯元朱之蕃出使韓國考述」,『第四屆東方詩話國際學術研討會論文集』, 高雄, 中山大學, 2005.
何芳川,「古代來華使節考論」,『北京大學學報』2005-3.
김경록,「조선시대 使行과 使行記錄」, (서울대)『韓國文化』38, 2006.
王國良,「倪謙『遼海編』與『庚午皇華集』」,『域外漢籍研究集刊』2006-5.
周靜,「元代文人贈高麗安南日本人士詩文本事鉤沈」, 復旦大學 學位論文, 2006.
최소자,「조선후기 진보적 지식인들의 중국 방문과 交遊」,『명청사연구』23, 2006.
顧丹,「宋代文人與日本,高麗,安南人士詩文互贈本事鉤沈」, 復旦大學 學位論文, 2007.
金卿東,「白居易와 朝鮮 前期 文人의 唱和 藝術」,『중국학보』56, 2007.
金已花,「『皇華集』의 編纂과 版本」, 慶北大學 博士論文, 2007.
董就雄,「試論明朝使臣張寧詩在中韓詩話中之地位」,『시화학』8, 9, 2007.
杜慧月 詹杭倫,「『遼海編』與倪謙出使朝鮮考」,『北京化工大學學報』2007-1.
신영주,「朱之蕃의 조선사행과 문예교류에 관한 일고」,『한문학보』16, 2007.
嚴慶欽,「麗末 明 使臣의 接賓과 詩」,『한국중세사연구』22, 2007.
王鴻軍,「明代漢籍流入朝鮮李朝及其影響」, 內蒙古大學 碩士論文, 2007.
李香培,「朝鮮前期 詩話에 나타난 명 사신과의 唱和」,『시화학』8, 9, 2007.
詹杭倫·杜慧月,「『遼海編』與倪謙出使朝鮮考述」,『北京化工大學學報(社會科學)』2007-1.
項曉,「朝鮮赴清使臣與清代文人的交往研究」, 復旦大學 學位論文, 2007.
노경희,「17세기초 문관출신 明使 接伴과 韓中 문학교류」,『한국한문학연구』42, 2008.

杜慧月·詹杭倫,「明代金湜,張珹出使朝鮮與『甲申皇華集』述論」,『蘭州學刊』2008-1.
杜慧月·詹杭倫,「張寧出使朝鮮與『庚辰皇華集』考述」,『遼寧師範大學學報(社會科學)』2008-1.
민족문화추진회 편역,『신편 국역 연행록선집』, 서울, 한국학술정보, 2008.
朴蓮順·楊昕,「從『朝天錄』看朝鮮使節與域外文人的文化交流」,『延邊大學學報』2008-6.
楊昕,「“朝天錄”中的明代中國形象研究」,『中央民族大學』, 2009.
柳己洙,「『皇華集』의 刊行과 收錄된 明詞에 관한 고찰」,『中國學硏究』47, 2009.
兪士玲,「明末中國典籍誤題許蘭雪軒詩及其原因考論」,『風起雲揚:首屆南京大學域外漢籍研究國際學術研討會論文集』, 北京, 中華書局, 2009.
王克平,「朝鮮與明外交關係研究-以“詩賦外交”爲中心」, 延邊大學 博士論文, 2009.
林基中,「韓中交流與燕行錄」,『歷史上的中韓關係』, 桂林, 廣西師範大學出版社, 2009.
曹春茹,『明代使臣在朝鮮的政治文化活動」,『長江師範學院學報』25-4, 2009.
姜陽,『明初中期倪謙出使朝鮮的表現和貢獻」,『遼寧大學學報』2010-3.
杜慧月,『明代文臣出使朝鮮與『皇華集』』, 北京, 人民出版社, 2010.
杜慧月,「歷史鏡像中的『皇華集』詩歌-『李朝實錄』,『皇華集』的互文閱讀」,『東疆學刊』27-2, 2010.
馬志興,「淺析明朝遣往朝鮮文官使者的出身」,『廊坊師範學院學報(社會科學)』2010-5.
徐東日,『朝鮮朝使臣眼中的中國形象-以『燕行錄』『朝天錄』爲中心』, 北京, 中華書局, 2010.
申太永,「『皇華集』 소재 한시의 특징과 양상: 명 사신과 조선 접반사의 수창」,『동방한문학』42, 2010.
王克平,「『皇華集』所反映的中朝文化交流」, 中國中外關係史學會,『華僑大學中外關係史論叢』19, 2010.
殷雪征,「明景泰年間的中朝詩賦外交-以倪謙出使朝鮮爲中心的考察」,『중국문학』65, 2010.
韓梅,「韓國古代文人眼中的中國-以『朝天記』,『朝京日錄』,『入沈記』爲中心」,『東岳論叢』2010-9.
胡爽,「朝鮮詩家對明詩的批評」, 延邊大學 學位論文, 2010.
姜維東,「劉鴻訓,楊道寅與『辛酉皇華集』」,『長春師範大學學報』2011.
權赫子,「從『皇華集』“箕子題詠”看辭賦的外交功能」,『東疆學刊』28-3, 2011.

金子鷗, 「『韓客詩存』中朝鮮茹晩晴的詩歌交流研究」, 『延邊大學』, 2011.
金翰奎, 「明使 龔用卿의 『使朝鮮錄』과 朝明 倡和外交」, 『동아연구』 60, 2011.
楊雨蕾, 『燕行與中朝文化關係』, 上海, 上海辭書出版社, 2011.
王克平, 「『皇華集』的文學價值」, 『遼東學院學報』(社會科學版) 13-2, 2011.
王克平, 「詩賦外交在明朝與朝鮮關係史上的作用」, 『延邊大學學報』(社會科學) 44-1, 2011.
劉婧, 「19世紀-20世紀初 淸人編纂 朝鮮漢詩文獻 硏究」, 연세대학교 박사논문, 2011.
廖肇亨, 「從「搜奇獵異」到「休明之化」-由朱之蕃看晩明中韓使節文化書寫的世界圖像」, 『漢學研究』 29-2, 2011.
林基中 편, 『燕行錄叢刊』, 서울, 누리미디어, 2011.
夏勇, 「論淸代中外文學唱和集的槪貌與特質」, 『晉中學院學報』 28, 2011-6.
姜維東·黃爲放, 「程龍與『癸酉皇華集』」, 『長春師範大學學報』 2012.
馬鐵浩, 「明代詩賦外交的先聲-建文時期中朝交往的文學訴求」, 『河南理工大學學報』 2012-4.
孟憲堯, 「『皇華集』與明代中朝友好交流研究」, 延邊大學 學位論文, 2012.
劉婧, 「19세기 朝淸 문인들의 唱和詩集 『秋懷唱和詩』 연구 -서지 및 편찬배경을 중심으로-」, 『한중인문학연구』 36, 2012.
金秀炅, 「朝鮮-明"賦詩外交"中的用『詩』-以『皇華集』爲中心-」, 『중국학논총』 42, 2013.
안장리, 「여말선초 사대부의 奉使詩에 나타난 세계관 비교」, 『포은학연구』?, 2013.
吳伊琼, 「明朝與朝鮮王朝詩文酬唱外交活動考論-以『朝鮮王朝實錄』爲中心」, 復旦大學博士學位論文, 2013.
王玲玲, 「明代朝鮮朝使臣登州詩歌研究」, 魯東大學 學位論文, 2013.
劉曉東, 「明末朝鮮使臣在登州的詩歌唱和」, 『魯東大學學報』 30-4, 2013.
趙季 輯校, 『足本皇華集』上中下, 南京, 鳳凰出版社, 2013.
강석중, 「麗末鮮初 對明外交의 使行詩에 대하여」, 『한국한시연구』 22, 2014.
王克平, 「朝鮮使臣在明朝的文學交流」, 『南京師大學報』 2014-1.
王准, 「論『皇華集』詩賦創作的文學史意義」, 『學術探索』 2014-11.
鄭光·藤本幸夫·金文京 편, 『燕行使와 通信使-燕行 通信使行에 관한 韓中日 三國의 國際워크숍-』, 서울, 박문사, 2014.
박춘섭, 「韓中 文人들의 唱和詩에 나타난 箕子 認識의 展開」, 고려대학교 박사논문, 2015.

孫衛國,「劉鴻訓天啓使行茹朝鮮海上貢道之重啓-兼及『辛酉皇華集』茹『朝鮮光海君日記』敍事之比較」,『歷史教育月刊』2015-3.
殷雪征,「明末熊化出使朝鮮及其與東國的文化交流-以『己酉皇華集』爲中心-」,『한중인문학연구』47, 2015.
李培培,「明朝使臣祁順與朝鮮文人徐居正的唱和詩」,『齊齊哈爾大學學報』2016-10.
趙季,「中朝詩歌交流的歷史巔峰-明朝使節與朝鮮臣工詩歌唱酬芻論」,『南開學報』2016-3.
帥倩,「明代赴朝鮮使臣祁順與朝鮮名臣徐居正之交往略考」,『魯東大學學報』2017-1.

제3장
黎貴惇 編訂,『全越詩』, 河內, 越南漢喃研究院 館藏抄本.
黎崱,『安南志略』(1285-1307), 卷17,「至元李來名賢奉使安南詩」, 中華書局,『中外交通史籍叢刊』, 1961 초판, 2000 신판.
錢溥,『使交錄』, 1462.
孫承恩,『使交紀行』, 1522.
徐孚遠,『交行摘稿』, 1658.
鄧廷喆,『皇華詩草』, 1719.
武輝珽,『華程詩集』, 1772.
阮宗奎,『使華叢詠』, 1744-1748.
潘輝益,『星差紀行』, 1790.
吳時任,『使程詩畫』, 1793.
裵璧,『皇越詩選』, 1788.
阮嘉吉,『華程詩集』, 1802.
彭國棟,『談越南漢詩』,『中越文化論集』第一冊, 臺北, 中華文化出版事業委員會, 1956.
賈臻,『接護越南貢使日記』,『叢書集成』83, 臺北, 新文豊出版社, 1985.
陳玉龍,「中國和越南,柬埔寨,老撾文化交流」, 周一良,『中外文化交流史』, 河南人民出版社, 1987.
李修章,「讀越南詩人阮攸『北行雜錄』有感」,『東南亞研究』1991-1.
越南河內社會科學出版社,『出使詩』, 河內, 河內社會科學出版社, 1993.

陳玉龍·楊通方,『漢文化論綱-兼述中朝中日中越文化交流』, 北京, 北京大學出版社, 1993.
阮氏草,『越南使臣』, 河內, 越南信息文化出版社, 1996.
陸家瑞,「南詔驃信與清平官趙叔達唱和詩試析」,『大理師專學報』1996-4.
黃清根·陸妙春,「中越宗藩關係簡論」,『江漢論壇』1996-11.
馬明達,「元代出使安南考」,『明清之際中國和西方國家的文化交流-中國中外關係史學會6次學術討論會論文集』, 1997.
王明珂,『華夏邊緣-歷史記憶與族群認同』, 臺北, 允晨文化失業有限公司, 1997.
羅長山,「越南陳朝使臣中國使程詩文選輯」,『廣西教育學院學報』1998-7.
王介南,『中國與東南亞文化交流志』, 上海, 上海人民出版社, 1998.
陳忠喜,「越南唐詩研究和飜譯的情況」,『唐代文學研究年鑒』, 廣西師範大學出版社, 1999.
何芳川,『中外文化交流史』, 北京, 國際文化出版公司, 2000.
湯開建,『元代安南詩輯校』,『元代與民族史研究集刊』14, 海口, 南方出版社, 2001.
馬明達,「元代出使安南考」,『專門史論集』, 廣州, 暨南大學出版社, 2002.
王小盾·劉春銀·陳義 主編,『越南漢喃文獻目錄提要』, 臺北, 中央研究院中國文哲研究所, 2002.
劉春銀·林慶彰·陳義 主編,『越南漢喃文獻目錄提要補遺』, 臺北, 亞太區域研究專題中心出版, 2004.
朴現圭,「『皇越詩選』所載越南與朝鮮使臣酬唱詩」,『域外漢籍研究集刊』1, 2005.
牛軍凱,「三跪九叩與五拜三叩:清朝與安南的禮義之爭」,『南洋問題研究』2005-1.
李漢潤,「拒斥與認同:安南阮攸『北行雜錄』文獻價值審視」,『廣西民族大學學報』2005-6.
Liam C. Kelley, *Beyond the Bronze Pillars, Envoy Poetry and the Sino-Vietnamese Relationship*, Association for Asian Studies and University of Hawaii' Press, Honolulu, 2005.
何仟年,「越中典籍中的兩國詩人交往」,『揚州大學學報』2006-10.
夫馬進,「明清中國爲對朝,對越外交之鏡-以册封問題與'問罪之師'爲中心」,『中國東亞外交交流史研究』, 京都, 京都大學學術出版社, 2007.
王偉勇,「中越文人"意外"交流之成果-『中外群英會錄』述評」,『國立成功大學中文學報』2007-17.
于燕,「清代中越使節研究」, 山東大學 碩士論文, 2007.

劉玉珺,『越南漢喃古籍的文獻學研究』, 北京, 中華書局, 2007.
劉玉珺,「越南使臣與中越文學交流」,『學術研究』 2007-1.
劉玉珺,「中國使節文集考述-越南篇」,『首都師範大學學報』 2007-3.
劉春銀,「提要之編制:以『越南漢喃文獻目錄提要』暨『補遺』爲例」,『佛教圖書館館刊』 2007-46.
黎貴惇,『見聞小錄』, 河內, 越南教育出版社, 2008.
汪泉,「清朝與越南使節往來研究」, 暨南大學 碩士論文, 2008.
王偉勇,「中越文人'意外'交流之成果;『中外群英會錄』述評」,『詩詞越界思考』, 臺北, 里仁書局, 2009.
王皓的,「陳孚『交州稿』與元代的中越文化交流」, 四川師範大學 碩士論文, 2009.
鄭永常,「一次奇異的詩之外交-馮克寬與李睟光在北京的交會」,『臺灣古典文學研究集刊』 345, 2009.
周思成,「詩人使臣集一身-元代安南紀行詩人群體研究」,『北京師範大學』 2009.
復旦大學文史研究院·漢喃研究院 合編,『越南漢文燕行文獻集成』, 上海, 復旦大學出版社, 2010.
孫宏年,「阮述;悲壯使命中的優雅使者」,『世界知識』 2010-6.
張寧,「越南貢使與中國伴送官的文學交游-以裵文祀與楊恩壽交游爲中心」,『學術探索』 2010-4.
陳益源,「擦身而討:越南李文馥與臺灣蔡廷蘭的詩緣交錯」,『臺灣古典文學研究集刊』, 2010-077.
陳益源,「寓粵文人繆艮與越南使節的因緣際會」,『明淸小說研究』 2010-2.
何仟年,「中國所存越南漢詩文獻考論」,『中國典籍與文化』 2010-74.
賈臻,『接護越南貢使日記』,『邊疆邊務資料初編;西南邊務』, 北京, 中央編譯出版社, 2011.
김영죽,「『越南漢文燕行文獻集成』분석의 한 시각-『星槎紀行』과 '華程后集』에 나타난 朝越 使節의 文人交流를 중심으로」,『漢字漢文研究』 2011-7.
馬先登,『護送越南貢使日記』,『西南邊務-邊疆邊務資料初編』 12, 北京, 中央編譯出版社, 2011.
劉俊濤,「淺析唐代安南詩人與中原士人的交往」,『東南亞縱橫』 2011-10.
陸小燕·葉少飛,「李覺使安南考」,『紅河學院學報』 2011-5.

張京華,「從越南看湖南-『越南漢文燕行文獻集成』湖南詩提要」,『湖南科技學院學報』2011-3.
張京華,「黎貴惇『瀟湘百咏』校讀」,『湖南科技學院學報』2011-10.
張京華,「“北南還是一家親”-湖南永州浯溪所見越南朝貢使節詩刻述考」,『中南大學學報』2011-7.
張恩練,「越南仕宦馮克寬及其『梅嶺使華詩集』研究」, 暨南大學 碩士論文, 2011.
陳文,「安南黎朝使臣在中國的活動與管待-兼談明清封建朝貢制度給官民帶來的負擔」,『東南亞縱横』2011.
陳益源,「越南李文馥與臺灣蔡廷蘭的詩緣交錯」;「周遊列國的越南名儒李文馥及其華夷之辨」,『越南漢籍文獻述論』, 北京, 中華書局, 2011.
陳益源,「清代越南使節在中國的購書經驗」,『域外漢籍研究叢書』2, 北京, 中華書局, 2011.
陳益源·凌欣欣,「清同治年間越南使節的黃鶴樓詩文」,『長江學術』2011-4.
詹志和,「越南北使漢詩與中國湖湘文化」,『中南林業科技大學學報』2011-6
彭丹華,「越南使者咏柳宗元」,『湖南科技學院學報』2011-3.
彭丹華,『越南使者咏屈原詩三十首校讀」,『湖南科技學院學報』2011-10.
夏勇,「論清代中外文學唱和集的槪貌與特質」,『晉中學院學報』28, 2011-6.
劉玉珺,「越南北使文獻總說」,『華西語文學刊』2012.
張京華,「三‘夷’相會-以越南漢文燕行文獻爲中心」,『外國文學評論』2012-1.
張茜,「清代越南燕行使者眼中的中國地理景觀」, 復旦大學 碩士論文, 2012.
周亮,「清代越南燕行文獻研究」, 暨南大學 碩士論文, 2012.
陳國保,「越南使臣與清代中越宗藩秩序」,『清史研究』2012-2.
陳文,「安南後黎朝北使使臣的人員構成與社會地位」,『中國邊疆史地研究』2012-2.
梁德林,「元代詩人陳孚出使安南途經廣西的詩歌創作」,『廣西文史』2013.
游友基,「‘衰老天敎一壯遊’-張以寧出使安南詩述評」,『寧德師範學院』2013.
劉志强,『中越文化交流史論』, 北京, 商務印書館, 2013.
劉曉聰,「清代越南使臣之‘燕行’及其‘詩文外交’研究-以『越南漢文燕行文獻集成』爲中心」, 廣西民族大學碩士學位論文, 2013.
王志强,「從越南漢籍『往津日記』看晚清中越文化交流」,『蘭臺世界』2013-3.

彭茜,「試論國內學界對越南來華使節及其漢詩的研究」,『東南亞縱橫』2013-8.

李娜,「10-18世紀中國使安南使臣出使詩歌綜述」,『百色學院學報』2014-3.

李娜,「清使德保和顧如修與安南官員唱和試探析」,『廣西民族大學學報』2014-2.

李娜,「1849年越南與淸朝伴送官唱和試芻議」,『廣西師範學院學報』2014-6.

李娜,「10-18世紀中國赴越使臣與越南官員交流方式淺析」,『文史縱橫』2014-14.

張亞傑,「陳誠出使安南相關情況探析」,『絲綢之路』2014-12.

彭茜,「朝貢關係與文學交流:清代越南來和使臣與廣西研究」,『廣西民族大學』2014.

杜藝玫, 「元朝與安南陳朝的文學交流-以黎崱『安南志略』爲中心」, 山東大學 碩士論文, 2016.

王涵,「元代出使安南使節詩人考」,『長治學院學報』2017-4.

제4장

陳侃,『使琉球錄』, 1534.

郭汝霖,『重編使琉球錄』, 1562.

蕭崇業,『使琉球錄』, 1579.

夏子陽,『使琉球錄』, 1606.

張學禮,『使琉球記』, 1663.

汪楫,『使琉球雜錄』, 1683.

孫鋐 輯評, 黃朱芾 編校,『皇淸詩選』, 1705.

徐葆光,『中山傳信錄』, 1719.

程順則 編,『中山詩文集』, 1725.

周煌,『琉球國志略』, 1756.

趙文楷,『槎上存稿』, 1800.

李鼎元,『使琉球記』, 1800.

齊鯤,『續琉球國志』, 1808.

趙新,『續琉球國志略』, 1866.

伊波普猷 等 編,『琉球史料叢書』, 名取, 名取書店, 1941.

吳士達,『琉球與中國』, 臺北, 正中書局, 1948.

陳大端,『雍乾嘉時代的中琉關係』, 上海, 明華書局, 1956.

臺灣銀行經濟硏究室,『臺灣文獻叢刊』, 臺北, 臺灣銀行, 1957-1972.

蕭崇業 謝傑,『使琉球錄:附皇華唱和詩』, 臺北, 學生書局, 1969.

琉球王國,『歷代寶案』, 臺北, 臺灣大學, 1972.

楊亮功 等,『琉球歷代寶案選錄』, 北京, 開明出版社, 1975.

『使琉球錄』, 臺北, 商務印書館: 北京, 中華書局, 1983.

野口鐵郎,『中國與琉球』, 北京, 開明書院, 1977.

鄭國珍,「明淸兩代册封琉球使中的閩籍正副使考」,『海交史硏究』1986-2.

劉蕙孫,「中國與琉球交往遠在明代以前」,『福建師大學報』1987-1.

武尙淸,「明淸琉球使錄述議」,『中國邊疆史地硏究導報』1988-3.

方寶川,「明淸册封使及其從客在中琉關係中的作用」,『福建師大學報』1989-4.

沖繩縣立博物館友の會 編,『册封使-中國皇帝の使者』, 那覇, 沖繩縣立博物館友の會, 1989.

島尻勝太郞 選, 上里賢一 注,『琉球漢詩選』, 那覇, ひるぎ社, 1990.

謝必震,「明淸册封琉球論略」,『海交史硏究』1991-1.

謝必震,「明淸時期中國培養琉球留學生述略」,『教育評論』1992-2.

吳懷民,「淸代中國對琉球的册封」,『福建師大學報』1992-3.

第一歷史檔案館 福建師範大學,『淸代中琉關係檔案選編』, 北京, 中華書局, 1993-2009.

秦國經,「淸代國子監的琉球官生」,『歷史檔案』1993-1.

陳捷先,「明淸中琉封貢關係源流略考」,『第四屆中琉歷史關係國際學術會議論文集』, 1993.

謝必震,「明淸册封琉球趣談」,『臺灣歷史月刊』1994-3.

龐培法·劉金國,「古代中國與琉球王國友好關係的確立與中斷」,『山東師大學報』1995-5.

黃裔,「琉球漢詩·中國詩歌移植的碩果」,『福建師範大學學報(社會科學)』1995-3.

黃裔,「琉球漢詩再探」,『語文學刊』1995-4.

黃裔,「三探琉球漢詩」,『三明師專學報』1995-4.

徐恭生·謝必震,「論郭汝霖『重編琉球錄』的史料價値」,『海交史硏究』1996-2.

黃新憲,「琉球的‘閩人三十六姓’後裔在華儒學考述」,『教育硏究』1996-2.

黃裔,「四探琉球漢詩」,『語文學刊』1996-4.

米慶余,「明代中琉之間的册封關係」,『日本學刊』1997-4.

原田禹雄,『汪楫『册封琉球使錄』三篇譯注』, 宜野灣, 榕樹書林, 1997.

夫馬進,「使琉球錄と使朝鮮錄」, 夫馬進 編,『使琉球錄解題及研究』, 京都大學文學部東洋史研究室, 1998.
上里賢一 編,『中山詩文集』, 福岡, 九州大學出版社, 1998.
鄒愛蓮·高煥婷,「欽使趙文楷李鼎元赴琉球册封活動淺析」,『清史研究』1998-1.
夫馬進,『增訂使琉球錄解題及研究』, 宜野灣, 榕樹書林, 1999.
原田禹雄,『徐葆光『中山傳信錄』譯注』, 宜野灣, 榕樹書林, 1999.
李金明,「試論明朝對琉球的册封」,『歷史檔案』1999-4.
黃潤華·薛英 編,『國家圖書館藏琉球資料匯編』, 北京, 北京圖書館出版社, 2000.
傅朗,「清嘉慶朝趙文楷使琉球的影響與貢獻」,『福建師範大學學報』2001-1.
黃黎星,「琉球漢詩論略」,『漳州師範學院學報』2001-1.
謝必震,「明清士大夫與琉球」,『福建師大學報』2002-4.
謝必震·傅朗,「汪楫使琉球及其著述論略」,『海交史研究』2002-1.
溫惠愛,「琉球詩散論」,『福州大學學報』2002-4.
鄔揚華,『徐葆光『解船集』一門注釋』, 北京, 中國文聯出版社, 2003.
殷蒙霞·賈貴榮·王冠 編,『國家圖書館藏琉球資料續編』, 北京, 北京圖書館出版社, 2003.
方寶川,「新見六首曹學佺題贈册封琉球使詩」,『文獻季刊』2004-4.
賴正維·黃珊,「徐葆光與『中山傳信錄』考述」,『福州大學學報』2005-2.
李金明,「明清琉球册封使與中國文化傳播」,『歷史檔案』2005-3.
陳福康,「中國人不可不知道的一段文學史-琉球漢文學概述」,『學術月刊』2005-12.
王菡 編,『國家圖書館藏琉球資料三編』, 北京, 北京圖書館出版社, 2006.
容坤,「清代册封使咏琉球之紙詩三首」,『文獻季刊』2006-3.
丁春梅,「清代護送琉球貢使之伴送規定」,『福建論壇』2006 專刊.
毛翰,『中國周邊國家漢詩概覽』, 北京, 線裝書局, 2008.
域外漢籍珍本文庫 編纂委,『域外漢籍珍本文庫』, 重慶, 西南師大出版社; 北京, 人民出版社, 2008.
春梅,「清代册封琉球體制初探」,『福建師大學報』2008-5.
郭丹,「論琉球中山詩的漢詩傳統」,『閩江學院學報』2009-6.
松浦章,『明清時代東亞海域的文化交流』, 南京, 江蘇人民出版社, 2009.
廖肇亨,「四海斯文自一家;江戶前期日本儒者詩文中的世界圖像」,『域外漢籍研究集刊』

5, 北京, 中華書局, 2009.
廖肇亨,「知海則知聖人:明代琉球册封使海洋文化書寫義蘊探詮」,『臺灣古典文學研究集刊』2, 臺北, 里仁書局, 2009.
陳友康,「中日文學交流中的詩詞唱酬問題」,『學術探求』2009-5.
陳震,「夏子陽使琉球及其對中琉友好關係的貢獻」, 福建師大 碩士論文, 2009.
毛翰,「人間似隔紅尖外, 錯認悼園有路通-琉球漢詩概述」,『安徽理工大學學報』2010-3.
方亮·方媛,「汪楫使琉球及其著述論略」,『江蘇工業學院學報』2010-2.
鄔揚華,『徐葆光奉使琉球詩『舶中集』詳解』, 那覇, 出版會 Mugen, 2010.
王海利,「從清册封使錄及『琉球入學見聞錄』看儒學在古琉球的傳播」,『白城師範學院學報』2010-1.
弘華文 主編,『燕行錄全編』, 桂林, 廣西師大出版社, 2010.
郭丹,「琉球中山詩簡說」,『閩臺文化交流』2011-1.
徐斌,『明清士大夫與琉球』, 北京, 海洋出版社, 2011.
徐干,『琉球詩錄』,『傳世漢文琉球文獻輯稿』, 厦門, 鷺江出版社, 2012.
徐葆光,『中山傳信錄』附「中山增送詩文」,『傳世漢文琉球文獻輯稿』, 厦門, 鷺江出版社, 2012.
孫衣言,『琉球詩錄』,『傳世漢文琉球文獻輯稿』, 厦門, 鷺江出版社, 2012.
吳永寧,「清代册封琉球使齊鯤考述」,『福建師大學報』2012-2.
汪楫,『中山沿革志』附「中山詩文」,『傳世漢文琉球文獻輯稿』, 厦門, 鷺江出版社, 2012.
傳世漢文琉球文獻輯稿編委會,『傳世漢文琉球文獻輯稿』, 厦門, 鷺江出版社, 2012.
程順則,『雪堂燕游草』,『傳世漢文琉球文獻輯稿』, 厦門, 鷺江出版社, 2012.
蔡大鼎,『北燕游草』,『傳世漢文琉球文獻輯稿』, 厦門, 鷺江出版社, 2012.
高津孝 陳捷 主編,『琉球王國漢文文獻集成』, 上海, 復旦大學出版社, 2013.
賴正維,「琉球王國接待册封使團規制考述-以丙午年趙新册封琉球使團爲中心」,『第十三屆中琉歷史關係國際學術會議論文集』, 海洋出版社, 1913.
徐斌,「從客林熙及其詩集『中山紀游吟』考釋」,『黃裔,「琉球漢詩五探」,『第十三屆中琉歷史關係國際學術會議論文集』, 2013.
李金明,「明清時期中國文化在琉球的傳播-從文化傳乘看琉球的歸屬問題」,『福建論壇』2013-5.

蔡文溥,『四本堂詩文集』,『琉球王國漢文文獻集成』, 上海, 復旦大學出版社, 2013.
福建師範大學圖書館·方寶川·謝必震,『琉球文獻史料匯編』(上下), 北京, 海洋出版社, 2014.
楊雨蕾,「朝貢體制的另一面:朝鮮與琉球使臣在北京的交往」,『學術月刊』2014-12.
王振忠,「琉球漢文燕行文獻的學術價值-以晚清蔡大鼎的『北上雜記』爲例」,『安徽大學學報』2014-2.
孫清玲,『明淸時期中琉友好關係歷史遺存考』, 北京, 海洋出版社, 2015.
翟金明 主編,『傳世漢文琉球文獻輯稿』(第二輯), 廈門, 鷺江出版社, 2015.
夏敏,「琉球詩人的中國情結-以淸代琉球旅閩詩人漢詩爲例」,『福州大學學報』2015-2.
楊雨蕾,「萬曆年間朝鮮與琉球使臣在北京的交往」,『第十四屆中琉歷史關係國際學術會議論文集』, 2016.
張明明,「文學書寫中的晚淸郵驛場景-以琉球文獻『北燕游草』爲中心」,『福建師大學報』2016-5.
張明明,「日本圖書館藏琉球人漢文詩文集敍錄」,『新世紀圖書館』2016-9.
陳占彪,「論郭汝霖‘使琉’及其『重編使琉球錄』」,『海交史研究』2016-2.
賴正維·李郭俊浩,「回顧與展望:中琉關係史研究30年」,『中國邊疆史地研究』2017-1.

제5장

鄭夢周,『奉使日本作詩』(禑王朝).
申叔舟,『海東諸國記』, 1471.
金誠一,『海槎錄』(宣祖朝).
慶暹,『海槎錄』, 1607.
吳允謙,『東槎日錄』, 1617.
李景稷,『扶桑錄』, 1617.
姜弘重,『東槎錄』, 1624.
金世濂,『海槎錄』, 1636.
任絖,『日本日記』, 1636.
黃戶+木,『東槎錄』, 1636.
申濡,『海槎錄』, 1643.

趙絅,『東槎錄』, 1643.

南龍翼,『扶桑錄』, 1655.

金指南,『東槎日錄』, 1682.

洪譯官,『東槎錄』, 1682.

金顯文,『東楸錄』, 1711.

申維翰,『海遊錄』, 1719.

鄭幕裨,『扶桑紀行』, 1719.

洪致中,『海槎日錄』, 1719.

瀨尾維賢,『桑韓唱和塤篪集』, 京華書坊奎文館, 1720.

河間正胤,『桑韓唱酬集』, 1720.

趙曮,『海槎日記』, 1764.

金仁謙,『日東壯遊歌』, 1764.

洪啟禧,『海行摠載』28册 (英祖朝), 서울, 민족문화추진회, 1974-1981.

那波利貞,「明和元年の朝鮮國修好通信使團の渡來と我國の學者文人との翰墨上に于ける應酬唱和の一例に就きて」,『朝鮮學報』42, 1967.

中村榮孝,「朝鮮の日本通信使と大坂」,『日鮮關係史の研究』, 東京, 吉川弘文館, 1969.

李元植, 「朝鮮通信使と深見玄岱-'日光山八景和韻'詩序卷を重心に」, 『日本歷史』 384, 1980.

李元植,「天和度朝鮮信使裨將洪世泰と日本文士の筆談唱酬について」,『朝鮮學報』98, 1981.

최박광,「한일간 한문학 교류에 대하여-청천 신유한을 중심으로」,『한국한문학연구』 5, 1981.

中村榮孝 外,『朝鮮通信使』, 서울, 東湖書館, 1982.

崔康賢,『韓國紀行文學研究』, 서울, 一志社, 1982.

하우봉,「새로 발견된 日本使行錄들:『海行摠載』의 보충과 관련하여」,『歷史學報』 112, 1986.

李元植,『朝鮮通信使』, 서울, 民音社, 1988.

장승순,「조선후기 통신사행의 製述官에 대한 일고찰」,『전북사학』13, 1990.

이원식,「조선통신사의 방일과 문화교류-사행록과 필담창화집을 중심으로」,『모산학보』 2, 1991.
이혜순, 「18세기 한일문사의 교류양상: 己亥 使行詩 韓日文士의 唱酬集을 중심으로」, 『대동문화연구』 26, 1991.
최박광, 「창화집에 나타난 한일간의 시의 교류」, 『모산학보』 2, 1991.
김승우, 「기행시문집에 나타난 우리나라 역대 문인학자들의 일본관 연구-여한시대 일본기행 시문집 『해행총제』를 중심으로」, 『덕성어문학』 7, 1992.
엄경흠, 『한국 사행시 연구』, 동아대학교 박사논문, 1993.
池內敏, 「文藝作品と朝鮮通信使」, 『青丘學術論集』 3, 1993.
이혜순, 「17세기 통신사행 집단의 문학과 의식세계」, 『한국한문학연구』 17, 1994.
이혜순, 「18세기 한일문사의 창화시 연구-신묘사행시 대판성오십운 창화시를 중심으로」, 『한국한시연구』 2, 1994.
村井章介, 『東アジア往還-漢詩と外交』, 朝日新聞社, 1995.
한태문, 「朝鮮後期 通信使 使行文學 硏究」, 부산대학교 박사논문, 1995.
김성진, 「남옥의 생애와 일본에서의 필담창화」, 『한국한문학연구』 19, 1996.
金聲振, 「조선후기 통신사의 기행시문에 나타난 일본관 연구」, 『한국문학논총』 18, 1996.
德盛誠, 「唱和の世界の成り立ち-『鷄林唱和集』中の唱酬より」, 『季刊日本思想史』 49, 1996.
三宅英利, 『조선통신사와 일본』, 서울, 지성의 샘, 1996.
이채연, 「朝鮮前期 對日 使行文學에 나타난 日本認識」, 『한국문학논총』 18, 1996.
이혜순, 『조선통신사의 문학』, 서울, 이화여자대학교 출판부, 1996.
日原傳, 「岡島冠山と朝鮮通信使-正德元年十月晦日の唱酬を重心に」, 『季刊日本思想史』 49, 1996.
한국문학회, 『조선후기 통신사의 일본문학 인식』, 서울, 한국문학회, 1996.
姜東燁, 「十八世紀における韓日文學交流と宮瀨龍門」, 『朝鮮學報』 164, 1997.
信原修, 「正德辛卯信使の來日と詩文唱酬の實態-山縣周南.當壯菴一族らを中心に」, 『朝鮮學報』 162, 1997.
李元植, 『朝鮮通信使硏究』, 서울, 思文閣, 1997.
한태문, 「'東槎錄'所載 書簡에 반영된 韓日 文士의 교류양상 연구」, 『한국문학논총』 23, 1998.

辛基秀,『朝鮮通信使-人の往來,文化の交流』, 東京, 明石書店, 1999.
西村まり子,『日本見聞錄にみる朝鮮通信使』, 東京, 明石書店, 2000.
김성진,「朝鮮前期 韓日兩國 文人의 詩文唱和에 대해서」,『한국문학논총』 28, 2001.
金聲振,「조선전기 한일간 문학교류의 한 양상-송천유처시권 및 고림정시축과 관련해서」,『동양한문학연구』 14, 2001.
石川泰成,「龜井南冥と朝鮮通信使との應酬唱和をめぐって」,『九州産業大學 國際文化學部紀要』 20, 2001.
小島康敬,「太宰春台と朝鮮通信使-『韓館唱和稿』を題材として」,『國文學解釋と教材の研究』 46-7, 2001.
辛基秀,『新版朝鮮通信使往來-江戶時代260年の平和と友好』, 東京, 明石書店, 2002.
엄경흠,「빙례와 사행시-명 사행을 중심으로」,『동양한문학연구』 17, 2003.
石川泰成,「古野梅峰『藍島唱酬』解題竝びに飜刻-享保度朝鮮通信使との唱和筆語」,『九州産業大學國際文化學部紀要』 28, 2004.
구지현,「계미(1763) 통신사행의 문학교류 양상」, 연세대학교 박사논문, 2006.
구지현,『계미 통신사 사행문학 연구』, 서울, 보고사, 2006.
仲尾宏,『朝鮮通信使をよみなおす-「鎖國」史觀を越えて』, 東京, 明石書店, 2006.
하우봉,『조선시대 한국인의 일본 인식』, 서울, 혜안, 2006.
箕輪吉次,「天和二年(1682)の筆語唱和-揮毫と唱酬への規制-」,『조선통신사 사행록 연구총서 3(문학)』, 학고방, 2008.
김태준,「유교적 문명성과 문학적 교양」,『조선통신사 사행록 연구총서』 1, 학고방, 2008.
김태준,「동아시아 문학의 自國主義와 中華主義의 위기-18세기 韓日文學 交流의 樣相-」,『조선통신사 사행록 연구총서』 10, 학고방, 2008.
민족문화추진회 옮김,『(신편 국역) 사행록 해행총재』, 서울, 한국학술정보, 2008.
김보경,「南玉의『日觀記』 연구」,『조선통신사 사행록 연구총서』 1, 학고방, 2008.
박찬기,「18세기 초 大阪에서의 申維翰과 水足屛山,『조선통신사 사행록 연구총서』 1, 학고방, 2008.
박찬기,「조선학사의 일기 기행문에 나타난 조선통신사」,『조선통신사 사행록 연구총서』 3, 학고방, 2008.

박창기, 「일본 근세 초기 문학에 나타난 계몽성」, 『조선통신사 사행록 연구총서』 1, 학고방, 2008.

박창기, 「朝鮮時代 通信使와 日本의 文壇-1711年 使行時 林家와 木下順庵門과의 교류를 중심으로-」, 『조선통신사 사행록 연구총서』 3, 학고방, 2008.

이동찬, 「18세기 對日 使行體驗의 문화적 충격 양상-『海槎日記』와 『日東壯遊歌』를 중심으로-」, 『조선통신사 사행록 연구총서』 1, 학고방, 2008.

李慧淳, 「18세기 韓日 文士의 교류양상 -己亥 使行時 韓日文士의 酬唱集을 중심으로-」, 『조선통신사 사행록 연구총서』 1, 학고방, 2008.

張伯偉, 「漢文學史上的1764年:在外交場合以漢詩唱酬筆談,乃中國文化圈的同文諸國間習慣化的國際禮」, 『文學遺産』 2008-4.

장순순, 「조선후기 대일교섭에 있어서 尹趾完의 通信使 경험과 영향」, 『한일관계사연구』 31, 2008.

조규익·정영문 엮음, 『조선통신사 사행록 연구총서 10: 문화, 회화』, 서울, 學古房, 2008.

후마 스스무(夫馬進), 『연행사와 통신사』, 서울, 新書苑, 2008.

韓文泰, 「通信使 往來를 通한 韓日文化交流」, 『조선통신사 사행록 연구총서』 10, 학고방, 2008.

허경진, 「통신사와 접반사의 창수 양상 비교」, 『조선통신사 사행록 연구총서 3』 문학, 학고방, 2008.

구지현, 「18세기 필담창화집의 양상과 교류 담당층의 변화」, 『조선통신사연구』 9, 2009.

엄경흠, 「外交詩의 範疇와 갈래에 대하여-『東文選』 所載 作品을 中心으로」, 『석당논총』 44, 2009.

陳友康, 「中日文學交流中的詩詞唱酬問題」, 『學術探索』 2009-5.

허경진·김성은, 「하야시 라잔(林羅山)의 창수시를 통해 본 한일문사 초기교류의 양상」, 『한국어문학연구』 53, 2009.

구지현, 「1682년 한일 문사 교류 담당층의 확립과 소통의 확대」, 『열상고전연구』 32, 2010.

구지현, 「18세기 초 조일문사의 신분적 특성에 따른 필담교류의 분화현상에 대하여」, 『민족문화논총』 44, 2010.

권정원, 「筆談과 唱和의 同異性-일본 사행기를 중심으로-」, 『漢字漢文教育』 25, 2010.
박영미, 「韓日 문사의 교유시를 통해 본 상호인식-秋潭 兪瑒과 하야시 라잔(林羅山)을 중심으로-」, 『漢文學論集』 30, 2010.
夫馬進, 『朝鮮燕行錄和朝鮮通信使』, 上海古籍, 2010.
구지현, 「1763년 필담창화를 통해 본 조선과 일본의 시문창화 인식 변화」, 『동아시아 문화연구』 49, 2011.
구지현, 『1763 계미 통신사 사행문학 연구』, 서울, 보고사, 2011.
구지현, 『통신사 필담창화집의 세계』, 서울, 보고사, 2011.
김수경, 「通信使行 筆談 唱和에서의 引詩 論詩 연구」, 『한민족어문학』 2011.
김진경, 「『桑韓唱和塤篪集』에 관한 연구 -구성 및 내용 검토를 중심으로-」, 『漢文古典研究』 23, 2011.
徐毅, 「朝鮮通信使在中日文化交流中的作用」, 『南通大學學報-社會科學版』, 2011-5.
정영문, 『朝鮮時代 通信使文學 研究』, 서울, 지식과교양, 2011.
장진엽, 「洪世泰의 使行文學 연구」, 연세대학교 석사논문, 2012.
허경진, 「통신사 필담 창화집의 집대성: 鷄林唱和集」, 네이버 블로그 dibrary1004, 2013. 02.25.
문화재청, 『통신사기록조사, 번역 및 목록화 연구』, 서울, 문화재청, 2014.
鄭光·藤本幸夫·金文京 편, 『燕行使와 通信使-燕行 通信使行에 관한 韓中日 三國의 國際 워크숍』, 서울, 박문사, 2014.
조영심, 「趙泰億의 使行文學 연구: 對日觀을 중심으로」, 연세대학교 석사논문, 2014.
조영심, 「윤지완 사행문학의 양상과 의미」, 『열상고전연구』 46, 2015.
이성혜, 북경에서 만난 조선과 유구(琉球) 사신의 민간외교-이수광의 「유구사신증답록(琉球使臣贈答錄)」을 중심으로-」, 『포은학연구』 18, 2016.

第6장

金永鍵, 「安南國使臣唱和問答錄に就いて」, 『歷史學研究』 12-3, 1942.
崔常壽, 『韓國과 越南의 關係』, 서울, 韓越協會, 1966.
王家鴻, 『外交詩話』, 臺北, 臺灣商務印書館, 1968.

崔信浩,「韓國과 安南.琉球와의 文學交流 試考」,『韓國漢文學研究』8, 1981.

엄경흠,「李睟光의 使行問答錄에 대한 考察」,『文化傳統論集』2, 1994.

裵維新 著, 裵凉秀 譯,「중국에서의 韓越 使臣, 詩人의 만남: 문학교류에서 나타난 兄弟愛」, 하노이, Tap chO Van hoc, SO10, 1995.

姜東燁,「18세기 동아시아 문학교류의 연구」,『淵民學志』4, 1996.

姜東燁,「朝鮮時代 東南아시아 文學과의 交流研究」,『淵民學志』8, 2000.

清水太郎,「ベトナム使節と朝鮮使節の中國での邂逅-18世紀の事例を中心に」, 鳥取短期大學,『北東アジア文化研究』12, 2000.

清水太郎,「近世以前の北京におるベトナム使節と朝鮮使節の交流」,『東南アジア研究』48-3, 2000.

清水太郎,「ベトナム使節と朝鮮使節の中國での邂逅(2)-1790年の事例を中心に」, 鳥取短期大學,『北東アジア文化研究』14, 2001.

清水太郎,「ベトナム使節と朝鮮使節の中國での邂逅(3)-1597年の事例を中心に」, 鳥取短期大學,『北東アジア文化研究』16, 2002.

清水太郎, 「ベトナム使節と朝鮮使節の中國での邂逅(4)-16世紀以前の事例を中心に」, 鳥取短期大學,『北東アジア文化研究』18, 2003.

朴現圭,「『皇越詩選』과 베트남 사신의 조선 관련 시」,『베트남연구』4, 2005.

朴現圭,「『皇越詩選』所載越南與朝鮮使臣酬唱詩」,『域外漢籍研究集刊』1, 北京, 中華書局, 2005.

清水太郎,「朝鮮使節とベトナム使節の中國での邂逅-虛構の交流」,『全北史學』31, 2007.

朴蓮順 楊昕,「從『朝天錄』看朝鮮使節與域外文人的文化交流」,『延邊大學學報』2008-6.

鄭永常,「一次奇異的詩之外交-馮克寬與李睟光在北京的交會」, 成功大學文學院,『臺灣古典文學研究集刊』345, 2009.

김용태,「한국한문학 자료에 나타난 베트남 인식의 몇 가지 갈래」,『한국한문학연구』45, 2010.

엄경흠,「지봉 이수광의 在明京 외국 사신 교류에 대하여-「安南國使臣唱和問答錄」을 중심으로」,『동양한문학연구』30, 2010.

千金梅,「중국에서 이루어진 조선과 안남의 문학교류」,『중국학논총』29, 2010.

清水太郎,「北京におるベトナム使節と朝鮮使節の交流-15世紀から18世紀を中心に」,『東南アジア研究』48-3, 2010.
강찬수, 「16세기-19세기 越南漢文燕行文獻에 수록된 조선 사행문학에 대한 고찰」, 『중국어문논총』49, 2011.
김영죽, 「『越南漢文燕行文獻集成』분석의 한 시각-『星槎紀行』과『華程後集』에 나타난 朝越 문인교류를 중심으로」,『漢字漢文硏究』2011-7.
김영죽, 「『越南漢文燕行文獻集成』분석의 한 시각-『星槎紀行』과『華程後集』에 나타난 朝越 문인교류를 중심으로」,『한자한문연구』7, 2011.
徐臻, 「論『勅撰三集』中的渤海使-以王孝廉與日本嵯峨朝廷的詩賦外交爲中心」,『唐都學刊』2012-6.
清水太郎, 「ベトナム使節と朝鮮使節の中國での邂逅(6)-19世紀を中心に」, 關西大學文化交涉學教育硏究據點, 『周緣と中心の概念で讀み解く東アジアの『越.韓.琉』-歷史學.考古學硏究からの視座』(周緣の文化交涉學シリ-ズ6), 2012.
仁荷大學 韓國學硏究所 편,『한국과 베트남 사신, 북경에서 만나다-창화시(唱和詩)연구』, 서울, 소명출판, 2013.
仁荷大學 韓國學硏究所-越南漢喃硏究院 編,『韓越 使臣 唱和詩文』, 서울, 글로벌콘텐츠, 2013.
文化龍鄕, 「李睟光『芝峰先生集』選」,『文化龍鄕』2016.
朱孟臻, 「"休道衣冠殊制度,却將文字共詩書"-1597年朝鮮與安南使臣的詩文酬唱」,『名作欣賞』2016-24.
陳名揚, 「上國.東國.南極-從『安南國使臣唱和問答錄』看16世紀朝鮮的天下觀」,『名作欣賞』2016-21.

제7장

石川鴻齋 編,『芝山一笑』, 東京, 文升堂, 1878.
與謝野寬·正宗敦夫 注,『凌雲集』,『文華秀麗集』,『經國集』:『日本古典全集』, 東京, 日本古典全集刊行會 , 1926.
張步雲,『唐代中日往來詩輯注』, 西安, 陝西人民出版社, 1984.
楊知秋,『歷代中日友誼詩選』, 北京, 書目文獻出版社, 1986.

嚴紹璗,『中日古代文學關係史稿』, 長沙, 湖南文藝出版社, 1987.
王元明,『中日友好千家詩』, 上海, 學林出版社, 1993.
이훈,「조선후기 표민의 송환을 통해서 본 조선 유구 관계」,『사학지』27, 1994.
하우봉,「조선전기의 대유구관계」,『국사관논총』59, 1994.
손승철,「조-유 교린체제의 구조와 특징」,『강원사학』13+14, 1998.
張存武,「朝鮮人所知的盛世琉球」,『中央研究院近代史研究所集刊』1998-30.
王寶平,『中日詩文交流集』, 上海, 上海古籍出版社, 2004.
王寶平,「試論淸末中日詩文往來」, 王寶平 主編『晚淸東游日記匯編』의 하나인『中日詩文交流集』, 上海古籍出版社, 2004.
夫馬進,「국교 두절 하, 조선 류구 양국 사절단의 북경 접촉」,『대동문화연구』68, 2009.
陳友康,「中日文學交流中的詩詞唱酬問題」,『學術探索』2009-5.
허경진·조영심,「조선인과 류큐인의 소통 양상」,『일어일문학』54, 2012.

제8장

陳修和,『中越兩國人民的友好關係和文化交流』, 北京, 中國青年出版社, 1956.
최상수,『한월관계사』, 서울, 한월협회, 1966.
John K. Fairbank, *The Chinese World Order, Traditional China's Foreign Relations*, Cambridge, Harvard University Press, 1968.
王錫祺,『小方壺齋輿地叢鈔』, 臺北, 學生書局, 1971-1975.
全海宗,『韓中關係史研究』, 서울, 一潮閣, 1972.
徐玉虎,「明朝與琉球關係之研究」,『明代琉球王國對外關係之研究』, 臺北, 學生書局, 1982.
中國社會科學院 歷史研究所,『古代中越關係史資料選編』, 北京, 中國社會科學出版社, 1982.
鄧偉,「論渤海國文學」,『學習與探索』, 1984-3.
김태준,「동아시아 문학의 자국주의와 중화주의의 위기-18세기 한일문학교류의 한 양상」,『일본학』6, 1987.
彭大雍·范宏貴,「論中越宗藩關係與淸朝保藩固邊」,『廣西師範學院學報』1988-3.
竹田龍兒·陳奉林,「越南阮朝初期與淸朝的文化往來-文物制度的移植」,『東南亞縱橫』

1991.

李玉昆,「中琉關係史研究述略」,『海交史研究』1992-1.

鄭樑生,「琉球在清代册封體制中的定位試探-以順治康熙雍正三朝爲例」,『第四屆中琉歷史關係國際學術會議論文集』, 1993.

陳雙燕,「試論中越宗藩關係的歷史淵源」,『上海大學學報』1993-3.

黃枝連,『東亞的禮義世界-中國封建王朝與朝鮮半島關係形態論』, 北京, 中國人民大學出版社, 1994.

葛振家,「論明代中國人的朝鮮觀」,『韓國學論文集』4, 1995.

謝必震,『中國與琉球』, 廈門, 廈門大學出版社, 1996.

손승철,「조선중화주의와 일본형화이의식의 대립」,『일본연구』11, 1996.

조영록,「조선의 소중화론-명청교체기 동아삼국의 천하관의 변화를 중심으로」,『역사학보』149, 1996.

이원식,「통신사기록을 통해 본 대일본인식」,『국사관논총』76, 1997.

陳潮,「明清之季中韓宗藩關係探索」,『學術論壇』1997.

王裕明,「明代遣使朝鮮述論」,『齊魯學刊』1998-2.

蔣菲菲·王小甫,『中韓關係史』(古代卷), 社會科學文獻出版社, 1998.

孫承喆,『近世朝鮮의 韓日關係 硏究』, 서울, 國學資料院, 1999.

畢寶魁,『東北古代文學概覽』, 長春, 春風文藝出版社, 2000.

岡本弘道,「明代朝貢國琉球的地位及其演變」,『海交史研究』2001-1.

白新良,『中朝關係史-明清時期』, 北京, 世界知識出版社, 2001.

徐恭生,「九十年代以來中琉關係史研究概述-以中國大陸爲中心-」,『福建師大學報』2002-4.

劉爲,『清代中朝使者往來研究』, 哈爾濱, 黑龍江教育出版社, 2002.

沈定昌,『韓國對外關係』第6章「韓國與世界其他國家的關係」, 香港社會科學出版社, 2003.

呂書寶,「論渤海國的對外文化交流」,『北方論叢』2003-3.

原田禹雄,『琉球と中國』, 東京, 吉川弘文館, 2003.

李新峰,「明前期赴朝鮮使臣叢考」,『明清論叢』4, 2003.

臧嶸·周瑞祥,『中外文明的交融之路』, 北京, 星球地圖出版社, 2003.

戴可來,「略論古代中國和越南之間的宗藩關係」,『中國邊疆史地研究』2004-2.

鄧昌友,「宋朝與越南關係研究」, 暨南大學 博士論文, 2004.
馬歌東,『日本漢語詩歌溯源研究』, 北京, 中國社會科學出版社, 2004.
孫宏年,『清代中越宗藩關係研究』, 哈爾濱, 黑龍江教育出版社, 2004.
王寶平 編,『晚清東游日記匯編』第一集『中日詩文交流集』, 國家清史編纂委員會『文獻叢刊』, 上海古籍出版社, 2004.
李雲泉,「賓禮的演變與明清朝貢禮儀」,『河北師範大學學報』2004-1.
張君祥·俞培玲,『越南』第10章「外交與中越關係」, 重慶, 重慶出版社, 2004.
張世明,「清代宗藩關係的歷史法學多維透視分析」,『清史研究』2004-1.
馮天瑜,「'漢字文化圈'芻議」,『吉首大學學報』2004-2.
하우봉,「조선시대 동남아시아 국가와의 교류」,『해양사관으로 본 한국사의 재조명』, 서울, 해상왕장보고기념사업회, 2004.
高艷林,「明代中朝使臣往來研究」,『南開學報』2005-5.
김태준 외,『연행의 사회사』, 수원, 경기문화재단, 2005.
김한규,『天下國家』, 서울, 소나무, 2005.
鄧士龍 輯, 許大齡·王天有 點校,『國朝典故』上中下(明代 中國 蒙古 琉球 日本 朝鮮 安南史料), 北京, 北京大學出版社, 2005.
馬樹德,『中外文化交流史』, 北京, 北京語言大學出版社, 2005.
石源華·胡禮忠,『東亞漢文化圈與中國關係』, 北京, 中國社會科學出版社, 2005.
申太永,『明나라 사신은 朝鮮을 어떻게 보았는가』, 서울, 다운샘, 2005.
李志亮,「近代中越宗藩關係蠡測」, 廣西師範大學 碩士論文, 2005.
莊國土,「略論朝貢制度的虛幻性-以古代中國與東南亞的朝貢關係爲例」,『東洋問題研究』2005-3.
中國歷史第一檔案館,『中琉歷史關係檔案』, 北京, 中國檔案出版社, 2005-2009.
陳文源,「明朝與安南關係研究」, 暨南大學 博士論文, 2005.
清水太郎,「ベトナム使節と朝鮮使節の中國での邂逅(5)-17世紀の事例を中心に」,『北東アジア文化研究』22, 鳥取, 鳥取短期大學, 2005.
葛兆光,「從'朝天'到'燕行'-17世紀中葉後東亞文化共同體的解體」,『中華文化論叢』2006-1.
汪高鑫·程仁桃,『東亞三國古代關係史』, 北京, 北京工業大學出版社, 2006.
柳岳武 王禹,「古代時期的中日琉球關係研究-以明以前爲研究對象」,『廣西社會科學』

2006-5.
柳岳武,「明朝時期中日琉球關係研究」,『安徽史學』2006-4.
孫衛國,『大明旗號與小中華意識』, 北京, 商務印書館, 2007.
朱雲影,『中國文化對日韓越的影響』, 桂林, 廣西師範大學出版社, 2007.
김용태,「1790년 유득공이 만난 동아시아-『熱河紀行詩註』의 분석을 중심으로」,『한문학보』 20, 2009.
박희병,「조선 후기 지식인과 베트남」,『한국문화』 47, 2009.
嚴從簡,『殊域周咨錄』, 北京, 中華書局, 2009.
조흥국,「15-19세기 한국과 베트남의 접촉과 교류」,『한국과 동남아시아의 교류사』, 소나무, 2009.
조흥국,「고려시대 베트남 사람들의 한국 이주와 정착」,『한국과 동남아시아의 교류사』, 소나무, 2009.
최병욱,「이수광의 베트남, 1595-1598」,『동남아시아연구』 19-3, 2009.
엄경흠,「芝峰 李睟光의 在明京 外國 使臣 交流에 대하여-「安南國使臣唱和問答錄」을 중심으로」,『동양한문학연구』 30, 2010.
윤대영,「19세기 후반-20세기 초, 한국의 베트남 재인식 과정과 그 성격」,『동양사학연구』 112, 2010.
임형택,「17-19세기 동아시아 상황과 연행, 연행록」,『한국실학연구』 20, 2010.
賴正維,『淸代中琉關係研究』, 北京, 海洋出版社, 2011.
孫建黨,「'華夷'觀念在越南的影響與阮朝對周邊國家的亞宗藩關係」,『許昌學院學報』 2011-6.
王曉平,『東亞文學經典的對話與重讀』, 上海, 復旦大學出版社, 2011.
王志强·權赫秀,「從1883年越南遣使來華看中越宗藩關係的終結」,『史林』2011-2.
최귀묵,「越南의 중국 使行文獻 자료 개관 및 연구 동향 점검」,『대동한문학』 34, 2011.
김용태,「한국한문학 자료에 나타난 베트남 인식의 몇 가지 갈래」,『한국한문학연구』 45, 2012.
김영죽,「1790년 안남 사신의 중국 사행과 그 의미」,『대동문화연구』 78, 2012.
徐臻,「論'勅撰三集'中的渤海使-以王孝廉與日本嵯峨朝廷的詩賦外交爲中心」,『唐都學刊』 2012-6.

양수지, 「세조대의 유구사신 응접과 문물교류」, 『동북아문화연구』 33, 2012.
이유진, 「최치원(崔致遠)의 안남(安南) 인식-『桂苑筆耕集』의 「補安南錄異圖記」를 중심으로」, 인하대대학원한국학과개설 '베트남사특강' 기말에세이, 2012.
李育民, 「中越制度文化交流及其影響」, 『晉陽學刊』 2013-2.
沈文凡·李瑩, 「唐代渤日通聘贈答詩初探」, 『文藝爭鳴』 2015-4.
陳龍貴 主編, 『清代琉球史料匯編-宮中檔硃批奏折』(上下), 臺北, 故宮博物院, 2015.
方寶川·蘭英, 「明人別集散見中琉關係史料與若干史實鉤沈」, 『福建師大學報』 2016-5.
徐洁·李成, 「論渤海國唱和詩與初唐應製詩的異同」, 『哲學與人文科學: 中國文學: 名作欣賞』 2016.
連晨曦, 「明清中琉宗藩關係對東亞國際關係秩序的影響」, 『海交史研究』 2016-1.
이성혜, 「북경에서 만난 조선과 유구(琉球) 사신의 민간외교-이수광의 「유구사신증답록(琉球使臣贈答錄)」을 중심으로-」, 『포은학연구』 18, 2016.
주성지, 「베트남 관련 전근대 역사자료의 소개와 활용」, 경희대학교 한국고대사고고학연구소, 『研史雜錄』, 2017.

Abstract

The Ch'ang-ho(倡和) Diplomacy of East Asia

Most literati envoys of East Asian countries in traditional period, such as China, Korea, Vietnam, Ryukyu and Japan, presented and exchanged poems each other, or improvised poems according to the rhymes with their escort officials or accompaniment literati during the diplomatic journeys. These Ch'ang-ho(唱和) activities did not remained a literate exchanges, but evolved into a unique diplomatic forms of East Asia in traditional period.

They settled diplomatic problems harmoniously by exchanging versicular poetries, such as creating and responding the poems. Once one advanced the poems by suggesting diplomatic issues, then the opposite responded with possible answers to the issues in the exchange. This kind of habitual practice had been performed mainly in the diplomatic stages between China and the peripheral countries such as Korea, Vietnam, Ryukyu, and Japan, but it also had been developed vigorously on the diplomatic stages between Korea and the neighboring countries such as Vietnam, Ryukyu, and Japan.

Notable cases are Chinese envoys dispatched to Korea, Vietnamese envoys to China, and Korean envoys of Chosun-Tongsinsa(朝鮮通信使) dispatched to Japan. They vigorously and continuously had chances to present and exchange poems or improvised poems according to the rhymes with escort official or accompaniment literati. In special cases, some envoys for the tributary mission of Korea, Vietnam, and Ryukyu met by chance in Pei-ching(北京), and created and presented the antiphon poems.

In common, the countries that favored and performed the Ch'ang-ho diplomacy were ones of 't'ung-wên(同文)'. 'T'ung-wên' means that the countries shared the same characters, the same form of poetry and prose, and the same thought and value system. The reason why 'Ch'ang-ho' diplomacy became a successful trend in the international society of the traditional times is that, the literati envoys and their escort officials or accompaniment intellectuals displayed the cultural abilities of their countries to achieve the desired diplomatic purposes, through composing and presenting the antiphon poems according to identification each other as 't'ung-wên' countries.

The 'Ch'ang-ho' diplomacy in which the envoys of 't'ung-wên' countries favored and performed was restricted and regulated by the principle of 'jên-ch'ên-wu-wai-chiao(人臣無外交)', stating that a vassal country was not permitted to persue their own foreign policy. That was one of the principles which had organized and preserved the traditional Chinese world order of East Asia. For instance, Chinese envoys dispatched to Korea or Vietnam, Ryukyu to confer the royal titles upon Korean or Vietnamese, Ryukyuan kings, and they strived for maintaining or strengthening of the ceremonial system by exchanging the conferring of title and tribute through composing the antiphon poems and disputing over the diplomatic protocol. On the other hand, the envoys of "t'ung-wên' countries except China had endeavored to prove that their cultural abilities were not left behind the Chinese one by composing the antiphon poems, and trying to present the new standard for distinguishing 'hua-i(華夷)' by the cultural level.

Therefore, we understand the Ch'ang ho diplomacy not only as a widely favored performance for a long time in the diplomatic stages between 't'ung-wên' countries of East Asia, but also a structural specific characteristic of Chinese world order, which had been established and maintained through exchanging the diplomatic protocol of 'ts'ê-fêng(冊封) and 'ch'ao-kung(朝貢)' by the central kingdom(chung-kuo, 中國) and the peripheral countries(ssû-kuo, 四國).

찾아보기

ㅂ

ㅇ

ㅊ

ㅍ

ㅎ